KB099314

임동석중국사상100

고문진보

古文眞寶 [前集]

黃堅 撰 / 林東錫 譯註

"상아, 물소 뿔, 진주, 옥. 이런 진괴한 물건들은 사람의 이목은 즐겁게 하지만 쓰임에는 적절하지 않다. 그런가 하면 금석이나 초목, 실, 삼베, 오곡, 육재는 쓰임에는 적절하나 이를 사용하면 닳아지고 취하면 고갈된다. 그렇다면 사람의 이목을 즐겁게 하면서 이를 사용하기에도 적절하며, 써도 닳지 아니하고 취하여도 고갈되지 않고, 똑똑한 자나 어리석은 자라도 그를 통해 얻는 바가 저마다 그 자신의 재능에 따라주고, 어진 사람이나 지혜로운 사람이나 그를 통해 보는 바가 저마다 그 자신의 분수에 따라주되 무엇이든지 구하여 얻지 못할 것이 없는 것은 오직 책뿐이로다!"

《소동파전집》(34) 본 《眞寶》(後集) 099 〈이씨산방장서기〉에서, 구당(丘堂) 여원구(呂元九) 선생의 글씨

차례

《古文眞寶》[前集] 上

《古文眞寶》[前集] 卷六

칠언고풍장편七言古風長篇

《古文眞寶》[前集] 卷七

장단구長短句

《古文眞寶》[前集] 卷八

가류歌類

《古文眞寶》[前集] 卷九

가류歌類

《古文眞寶》[前集] 卷十

행류行類

《古文眞寶》[前集] 卷十一

행류行類

《古文眞寶》[前集] 卷十二

음류吟類

인류引類

곡류曲類

사류辭類

《古文眞寶》[前集] 卷六

칠언고풍장편七言古風長篇

七言古詩長篇은 唐初에 성행하여 敍事的인 내용을 가미하면서 차츰 漢魏의 賦를 대신하게 되었음. 따라서 서사적인 내용이 많아 뒷날 白樂天의 〈琵琶行〉이나 〈長恨歌〉와 같은 서사시로 발전하는 기틀을 이루게 됨. 한편 《唐詩訓解》에는 "范德機曰：「長篇古體, 參差中出整齊語, 猶是筆力最戒似對非對.」謝茂秦曰：「長篇之法, 如波濤初作一層緊於一層.」李嶠岡曰：「長篇古風, 最忌鋪叙, 意不可盡力, 不可竭, 貴有變化之妙.」"라 함.

150. 〈有所思〉 ·················· 宋之問(劉希夷)
유소사

*《眞寶》注에 "此篇謂世變無常, 老少更相禪代, 深寓慨嘆之感"이라 함.
*〈有所思〉:이 제목은 원래 漢代〈樂府〉鐃歌十八曲 중의 하나이며, 서로 떨어져 있는 사이의 그리움을 노래한 것임. 한편 본 작품은 작자가 宋之問이 아니라 劉希夷(廷芝)임이 밝혀짐. 제목도《唐詩遺響》(1)과《唐詩選》등에는〈代悲白頭翁〉으로 되어 있고, 劉希夷의 作이라 하였음. 특히《唐才子傳》에는 宋之問이 劉希夷로부터 이 시를 빼앗은 고사를 상세하게 싣고 있음. 참고란을 볼 것.

낙양성洛陽城 동쪽의 복숭아꽃 오얏꽃,
이리저리 흩날리며 누구의 집으로 떨어지는가?
깊은 규방 아가씨는 얼굴빛 늙어감을 아까워하며,
떨어지는 꽃을 보며 앉아서 길게 탄식을 하고 있네.
올해 꽃이 지면 얼굴빛은 또 바뀌고 말 것이니,
내년 꽃이 필 때엔 다시 누가 그 모습 그대로 남아 있을 것인가?
이미 소나무와 잣나무도 꺾여 땔감이 됨을 보았고,
다시금 뽕나무밭이 변하여 바다가 된다는 말도 들었네.
옛사람은 낙양성 동쪽으로 다시 돌아오지 못하는데,
지금 사람은 그래도 꽃 떨어뜨리는 바람을 마주하고 있네.
해마다 해마다 피는 꽃은 닮아 있지만,
해마다 해마다 사람들은 같은 모습 그대로가 아닐세.
한창 때를 만난 홍안紅顔의 젊은이에게 말하노니,
모름지기 반은 죽은 흰 머리 이 노인을 불쌍히 여겨주오.
이 노인의 흰 머리는 정말로 가엾게 여길 것이니,
나도 옛날에는 얼굴 붉은 미소년이었다오.

공자 왕손들과 함께 꽃다운 나무 아래에서,
지는 꽃 앞에 두고 맑은 노래와 묘한 춤을 즐겼었지.
광록대부光祿大夫 왕근王根은 못과 누대를 비단으로 꾸몄었고,
장군 양기梁冀는 누각에 신선 그림까지 그렸었지.
그런데 하루아침 병들어 누우니 알아주는 사람 하나 없어,
석 달 한창 봄날 행락철 누가 곁에 있어주나?
아리따운 고운 눈썹 얼마나 오래 갈 수가 있는가?
잠깐 사이 흰 머리가 실처럼 어지럽게 되나니.
다만 예로부터 노래하고 춤추며 즐기던 그 곳,
오직 황혼에 새들, 참새 떼 날고 있는 것을 볼 뿐이라네.

洛陽城東桃李花, 飛來飛去落誰家?
幽閨兒女惜顏色, 坐見落花長歎息.
今年花落顏色改, 明年花開復誰在?
已見松柏摧爲薪, 更聞桑田變成海.
古人無復洛城東, 今人還對落花風
年年歲歲花相似, 歲歲年年人不同.
寄言全盛紅顏子, 須憐半死白頭翁.
此翁白頭眞可憐, 伊昔紅顏美少年.
公子王孫芳樹下, 清歌妙舞落花前.
光祿池臺文錦綉, 將軍樓閣畫神仙.
一朝臥病無相識, 三春行樂在誰邊?
宛轉蛾眉能幾時? 須臾鶴髮亂如絲.
但看古來歌舞地, 惟有黃昏鳥雀飛.

【洛陽城東桃李花, 飛來飛去落誰家】'洛陽'은 唐나라 때 東都로서 크고 화려한 도
시였음. '城東'은 봄이 제일 먼저 오는 곳으로 여겨 이렇게 표현한 것.

【幽閨兒女惜顔色, 坐見落花長歎息】'幽閨' 여인들이 거처하는 깊은 방. '兒女'는 젊음이 감을 안타깝게 여기는 처녀들. '惜顔色'은 예쁜 얼굴이 지난 해 시집을 가지 못한 채 다시 한 해를 보내고 봄을 맞음을 안타깝게 여김.

【今年花落顔色改, 明年花開復誰在】'誰復在'는 '누가 금년과 같은 모습을 그대로 간직하고 있겠는가?'의 뜻. 세월이 감을 안타깝게 여김과 함께 사람의 存沒은 알 수 없음을 말함.

【已見松柏摧爲薪, 更聞桑田變成海】'松柏摧爲薪'은 무성하게 자라고 있던 소나무와 잣나무도 꺾여 결국 땔나무가 됨.《古詩十九首》(14)에 "出郭門直視, 但見丘與墳. 古墓犂爲田, 松柏摧爲薪"이라 함. 그러나《眞寶》注에는 〈古詩〉:「山中千歲松, 摧爲地下薪.」이라 함. '桑田變成海'는 '桑田碧海'를 말함. 뽕밭이 변하여 바다가 됨. 〈刺少年〉(145)의 注를 볼 것.《眞寶》注에는 "麻姑謂王方平曰:「自接待以來, 已三見東海變爲桑田.」"이라 함.

【古人無復洛城東, 今人還對落花風】'還'은 副詞로 '그래도, 또' 등의 뜻.《東坡詩集》(14) 〈留別釋迦院牡丹詩〉의 注에 "厚:《麗情集》載:崔護淸明獨游都城南, 得居人莊, 叩門求飮, 有女子開門以盂水至. 及來歲淸明護徃尋之, 則門已扃鎖, 因題詩曰:『去年今日此門中, 人面桃花相映紅. 人面不知何處去, 桃花依舊笑春風.』"이라 함.

【年年歲歲花相似, 歲歲年年人不同】《眞寶》注에 "此卽「人面不知何處去, 桃花依舊笑春風」之意"라 함. 한편 이 구절로 인해 宋之問이 劉希夷의 이 작품을 빼앗게 된 것임.

【寄言全盛紅顔子, 須憐半死白頭翁】'寄言'은 부탁의 말을 傳함. 혹은 말을 붙여 당부함.《文選》(22) 徐敬業의 〈古意〉詩에 "寄言封侯者, 數奇良可歎"이라 함.

【此翁白頭眞可憐, 伊昔紅顔美少年】'伊昔'은 옛날, '伊'는 接頭語, 發語詞.

【公子王孫芳樹下, 淸歌妙舞落花前】'公子'는 왕의 아들 중에 太子나 世子가 되지 못한 이들. 여기서는 귀족 자제를 뜻함. '王孫'은 그 선대가 왕을 역임했던 후손들.

【光祿池臺文錦綉, 將軍樓閣畫神仙】'光祿'은 나라에 큰 공을 세운 자에게 주는 爵號.《事物紀原》(4)에 "魏晉以來有左右光祿及光祿大夫, 皆銀印靑綬, 重者詔加金章紫綬, 因稱金紫光祿大夫. 後周以爲散官"이라 함. 여기서는 漢 成帝 때 曲陽侯 王根의 고사를 가리킴. '文'은 紋과 같으며 紋飾함. '文錦綉'의 綉는 '繡'와 같음.《漢書》元后傳에 "上幸商第, 見穿城引水, 意恨, 內銜之, 未言. 後微行出, 過曲陽侯第, 又見園中土山漸台似類白虎殿."이라 하여 光祿大夫 王根(五侯의 하나)이 자신의 정원에 있는 못과 누대를 비단으로 장식하며 富를 과시하였음. '將軍'은 梁冀

를 가리킴. 東漢 順帝 梁皇后의 오빠이며 跋扈將軍을 지낸 인물. 자신의 누각에 神仙圖을 그려 자신도 長壽하기를 기원하였음.《後漢書》(34) 梁統傳(梁冀)에 "冀 乃大起第舍, 而壽亦對街爲宅, 殫極土木, 互相誇競. 堂寢皆有陰陽奧室, 連房洞戶. 柱壁雕鏤, 加以銅漆, 窗牖皆有綺疏靑瑣, 圖以云氣仙靈. 台閣周通, 更相臨望; 飛 梁石蹬, 陵跨水道. 金玉珠璣, 異方珍怪, 充積臧室. 遠致汗血名馬"라 하여 온갖 사치를 다 부림.《眞寶》注에는 "光祿, 唐官名, 有金紫光祿大夫, 銀靑榮祿大夫, 皆從一品. 一曰: 光祿卿, 掌管酒食. 將軍, 掌扈從. 漢唐之時, 此職親近天子, 受承恩 寵, 富貴奢侈, 故特言之"라 함.

【一朝臥病無相識, 三春行樂在誰邊】'三春'은 아주 좋은 봄 석 달. '行樂'은 봄을 마 음껏 누리는 행락철.《眞寶》注에 "此卽「人面不知何處去, 桃花依舊笑春風」之意" 라 함. 注에 "謂公子王孫, 少年享池臺樓閣歌舞之娛, 一日老病, 無復三春之行樂矣" 라 함.

【宛轉蛾眉能幾時? 須臾鶴髮亂如絲】'婉轉'은 곱게 굽어 아름다운 모습을 뜻하는 疊韻連綿語. '蛾眉'는 나방의 곡선처럼 아름다운 눈썹을 말함.《詩》衛風 石人 "螓首蛾眉"의 朱熹 注에 "蛾, 蠶蛾也, 其眉細而長曲"이라 함. 여기서는 젊은 시절 의 고운 모습을 표현한 것. '須臾'는 아주 짧은 시간을 뜻하는 疊韻連綿語. '鶴髮' 은 학처럼 흰 머리. 백발.

【但看古來歌舞地, 惟有黃昏鳥雀飛】'鳥雀'은 새와 참새. 무심히 나는 새들.《眞寶》 注에 "古人歌舞行樂處, 今皆荒凉, 黃昏惟見鳥雀矣"라 함.《唐百家詩選》,《唐詩品 彙》,《石倉歷代詩選》등에는 '飛'가 '悲'로 되어 있으며,《文苑英華》에는 "一作悲" 라 함.

참고 및 관련 자료

1. 宋之問. 147 참조.

2. 劉希夷

자는 廷芝, 혹 庭芝, 延芝. 汝州 潁川 사람. 初唐 詩人으로 〈代悲白頭翁〉詩로 인하여 宋之問에게 살해되었음. 그의 文集과 詩에 대해서는《新唐書》(藝文志, 4) 에 文集, 詩集 4권이 기록되어 있으나 宋代의 여러 전적에는 著錄에 대한 기록이 없음.《全唐詩》(82)에 詩集이 전재되었으며,《全唐詩外編》,《全唐詩續拾》에 7首가 補入되었음. 그 외에《唐詩紀事》(13)에 그에 관한 기록이 있음.

3. 이 시는《唐詩遺響》(1),《唐文粹》(18. 宋之問),《唐百家詩選》(1),《唐詩品彙》(25),

《文苑英華》(207),《古今詩刪》(12, 劉庭芝),《石倉歷代詩選》(23),《唐詩鏡》(3) 등 아주 널리 실려 있음.

4. 韻脚은 '花, 家'. '色, 息'. '改, 在, 海'. '東, 風, 同, 翁'. '憐, 年, 前, 仙, 邊'. '時, 絲, 飛'.

5.《唐才子傳》(1) 劉希夷:

希夷, 字延(廷)芝, 潁川人. 上元二年鄭益榜進士, 時年二十五, 射策有文名. 苦篇詠, 恃善閨帷之作, 詞情哀怨, 多依古調, 體勢與時不合, 遂不爲所重. 希夷美姿容, 好談笑, 善彈琵琶, 飮酒至數斗不醉, 落魄不拘常檢. 嘗作〈白頭吟〉, 一聯云:「今年花落顏色改, 明年花開復誰在.」旣而歎曰:「此語讖也. 石崇謂『白首同所歸』, 復何以異?」乃除之. 又吟曰:「年年歲歲花相似, 歲歲年年人不同.」復歎曰:「死生有命, 豈由此虛言乎?」遂倂存之. 舅宋之問苦愛後一聯, 知其未傳於人, 懇求之, 許而竟不與. 之問怒其誑己, 使奴以土囊壓殺於別舍, 時未及三十, 人悉憐之. 有集十卷及詩集四卷, 今傳. ◎ 希夷天賦俊爽, 才情如此, 想其事業勳名, 何所不至, 孰謂奇蹇之運, 遭逢惡人, 寸祿不霑, 長懷頓挫, 斯才高而見忌者也. 賈生悼長沙之屈, 禰衡痛江夏之來, 倏焉折首, 夫何殞命? 以隋侯之珠, 彈千仞之雀, 所較者輕, 所失者重, 玉迸松摧, 良可惜也. 況於骨肉相殘者乎!

6.《舊唐書》(190, 中) 文苑傳(中) 劉希夷 참조.

7.《唐詩紀事》(13) 劉希夷(唐 劉肅의《大唐新語》를 引用한 것임.)

《唐新語》云: 希夷一名庭芝, 汝州人. 少有文華, 好爲宮體詩, 詞旨悲苦, 不爲時人所重. 善彈琵琶, 嘗爲〈白頭翁詠〉云:『今年花落顏色改, 明年花開復誰在?』旣而自悔曰:「我此詩似讖, 與石崇白首同所歸何異?」乃更作一聯云:『年年歲歲花相似, 歲歲年年人不同.』旣而歎曰:「此句復似向讖矣. 然死生有命, 豈復由此!」乃兩存之. 詩成未周歲, 爲奸人所殺. 或云宋之問害之. 後孫昱撰《正聲集》, 以希夷詩爲集中之最, 由是大爲人所稱. (或云: 之問害希夷, 而以洛陽之篇爲己作, 至今載此篇在之問集中.)

8.《全唐詩》(82) 劉希夷

劉希夷, 一名庭芝, 汝州人. 少有文華, 落魄不拘常格. 後爲人所害, 希夷善爲從軍閨情詩. 詞旨悲苦, 未爲人重. 後孫昱撰《正聲集》, 以希夷詩爲集中之最. 由是大爲時所稱賞, 集十卷, 今編詩一卷.

9.〈白頭吟〉一作代悲白頭翁 (《全唐詩》82 및《唐詩紀事》13도 같음.)

『洛陽城東桃李花, 飛來飛去落誰家. 洛陽女兒好顏色, 坐見落花長歎息. 今年花落顏色改, 明年花開復誰在. 已見松柏摧爲薪, 更聞桑田變成海. 古人無復洛城東, 今人還對落花風. 年年歲歲花相似, 歲歲年年人不同. 寄言全盛紅顔子, 應憐半死白頭翁. 此翁白頭眞可憐, 伊昔紅顔美少年. 公子王孫芳樹下, 淸歌妙舞落花前. 光祿池臺開錦繡, 將軍樓閣畫神仙. 一朝臥病無相識, 三春行樂在誰邊. 宛轉蛾眉能幾時, 須臾鶴髮亂如絲. 但看古來歌舞地, 惟有黄昏鳥雀悲.』(希夷善琵琶. 嘗爲白頭詠云:『今年花落顔色改, 明年花開復誰在.』既而悔曰:「我此詩似讖, 與石崇'白首同所歸'何異?」乃更作云:『年年歲歲花相似, 歲歲年年人不同.』既而歎曰:「復似向讖矣.」詩成未周歲. 爲姦人所殺. 或云: 宋之問害希夷. 而以白頭翁之篇爲己作. 至今有載此篇在之問集中者.)

10. 唐 韋絢《劉賓客嘉話錄》

劉希夷曰:「年年歲歲花相似, 歲歲年年人不同.」其舅宋之問苦愛此兩句, 懇乞許而不與, 之問怒以土袋壓殺之. 宋生不得其死, 天報之也.

11. 宋 王讜《唐語林》(5)

劉希夷詩曰:「年年歲歲花相似, 歲歲年年人不同.」其舅即宋之問也. 苦愛此兩句, 知其未示人, 懇乞此兩句許而不與. 之問怒以土囊壓殺之. 劉禹錫曰:「宋生不得死, 天報之矣.」

12. 宋 李昉《太平廣記》(134) 劉希夷

唐劉希夷, 一名庭芝, 汝州人. 少有文華, 好爲宮體詩, 詞旨悲苦, 不爲時人所重. 善彈琵琶, 嘗爲〈白頭翁〉, 詠云:「今年花落顔色改, 明年花開復誰.」在既而自悔曰:「我此詩讖, 與石崇'白首同所歸'何異也?」乃更作一聯云:「年年歲歲花相似, 歲歲年年人不同.」既而歎曰:「此句復似向讖矣!」然生死由命, 豈復由此乃兩存之詩成, 未周歲, 爲姦人所殺. 或云宋之問害之, 後孫昱撰《正聲集》, 以希夷詩爲集, 中之最. 由是大爲時人所稱. (出《唐新語》)

13. 宋 劉克莊《後村詩話》(14)

劉希夷〈代白頭翁〉云:「年年歲歲花相似, 歲歲年年人不同.」又云:「此翁白頭眞可憐, 伊昔紅顔美少年.」希夷詩雖則天時人, 然格律漸有天寶以後之風矣.

151. 〈荔枝歎〉 ·················· 蘇子瞻(蘇東坡)
여지를 한탄함

*《眞寶》注에 "此篇譏臣子貢花菓以媚其上, 貽百姓無窮之害"라 함.
*〈荔枝歎〉: '荔枝에 대한 탄식'. '荔枝'는 남방에서 나는 '리즈'(lizhi)라는 과일 이름. '荔支'로도 표기함. 晉 嵇含의 《南方草木狀》(下)에 "荔枝樹, 高五六丈餘, 如桂樹, 綠葉蓬蓬. 冬夏榮茂, 靑華朱實, 實大如鷄子. 核黃黑似熟蓮, 實白如肪, 甘而多汁, 似安石榴有甜酢者, 至日將中, 翕然俱赤, 則可食也. 一樹下子百斛.《三輔黃圖》曰:「漢武帝元鼎六年, 破南越, 建扶荔宮. 扶荔者, 以荔枝得名也. 自交趾移植百株于庭, 無一生者, 連年移植不息, 後數歲偶一株稍茂然, 終無華實, 帝亦珍惜之. 一旦忽萎死, 守吏坐誅死者數十, 遂不復茂矣. 其實則歲貢焉. 郵傳者疲斃於道, 極爲生民之患"이라 함. 한편 白樂天의 《白氏長慶集》(45) 〈荔枝圖序〉에는 "荔枝生巴峽間, 樹形團團如帷蓋, 葉如桂冬靑, 華如橘春榮, 實如丹夏熟, 紫如蒲萄, 核如枇杷, 殼如紅繒, 膜如紫綃, 瓤肉瑩白, 如氷雪, 漿液甘酸如醴酪. 大暑如彼其實過之, 若離本枝, 一日而色變, 二日而香變, 三日而味變, 四五日外色香味盡去矣"라함. 漢代부터 궁중에서 이 과일을 신선한 채로 맛을 보기 위해 남방으로부터급히 가져오도록 하였고, 특히 楊貴妃도 이 荔枝를 驛馬를 달려 長安으로 가져오도록 하여, 민원의 대상이 되었음.《新唐書》(76) 后妃傳 玄宗妃(楊貴妃)에 "妃嗜荔支, 必欲生致之, 乃置騎傳送, 走數千里, 味未變已至京師."라 함.

십 리마다 역驛을 두어 먼지 휘날리고,
5리마다 망루 세워 횃불로써 재촉하였네.
구덩이에 떨어지고 골짜기에 넘어져 서로 시신이 깔려지니,
이로써 여지荔枝와 용안龍眼을 날라 오고 있음을 알았다네.
나는 듯한 수레로 산을 넘고, 매같이 빠른 배로 바다를 건너니,
바람에 흔들리는 가지와 이슬 먹은 잎 새는 방금 새로 따온 듯하여,
궁중의 미인은 이를 보고 한바탕 좋아라 웃었지만,

사람들 놀라게 한 먼지와 흩뿌린 피는 천년을 두고 흐르고 있네.

후한 화제和帝 영원永元 연간에 교주交州로부터 여지를 날라 왔고,

당 현종 천보天寶 때는 해마다 부주涪州로부터 공물로 바쳐왔네.

지금에 이르도록 사람들은 재상 이임보李林甫의 살점을 먹겠다고 원망하지만,

그 폐해를 막아준 당백유唐伯游의 혼에는 술잔을 올리는 이 아무도 없네.

나는 원하건대 하느님은 백성들을 가엾게 여기시어,

기이한 물건을 두고 백성들을 괴롭히지 말았으면 하네.

비 순조롭고 바람 알맞아 모든 곡식 잘 여물어,

백성들이 기한에 떨지 않으면 이것이 가장 큰 복인 것을.

그대는 보지 못했는가, 무이산武夷山 시냇가의 속립아粟粒芽라는 차를?

앞에선 정위丁謂, 뒤에선 채양蔡襄이 뜯어 자꾸 바구니가 커졌지.

새로운 차를 다투고 이로써 총애를 사려 온갖 꾀를 다 내놓으니,

올해도 품질을 겨루어 조정에 바치는 차로 충당하네.

우리 임금께서 부족한 것이야 어찌 이런 물건이겠는가?

입과 몸만을 위한다면 이 얼마나 비루한 짓인가?

낙양洛陽의 재상 전유연錢惟演처럼 충효로 이름난 집에서도,

안타깝게도 요황姚黃이란 모란꽃을 바쳤다니.

十里一置飛塵灰, 五里一堠兵火催.
顛坑仆谷相枕藉, 知是荔枝龍眼來.
飛車跨山鶻橫海, 風枝露葉如新採.
宮中美人一破顏, 驚塵濺血流千載.
永元荔枝來交州, 天寶歲貢取之涪.
至今欲食林甫肉, 無人擧觴酹伯游.

我願天公憐赤子, 莫生尤物爲瘡痏.

雨順風調百穀登, 民不飢寒爲上瑞.

君不見武夷溪邊粟粒芽, 前丁後蔡相籠加?

爭新買寵出新意, 今年鬪品充官茶.

吾君所乏豈此物? 致養口體何陋邪?

洛陽相君忠孝家, 可憐亦進姚黄花.

【十里一置飛塵灰, 五里一堠兵火催】'十里一置'는《後漢書》和帝紀에 "舊南海獻龍眼荔枝, 十里一置, 五里一堠, 奔騰阻險, 死者繼路"라 함. '置'는《字彙》에 "置, 驛傳也. 馬遞曰置,《漢》烏孫傳有「便宜因騎置以聞.」師古曰:「卽今鋪馬也.」"라 함.《眞寶》注에 "置, 今驛路, 十里雙碑夜"라 함. '堠'는《字彙》에 "堠, 音後, 封堠里堡, 五里一堠. 堠, 望也, 以望烽火也"라 하였고,《眞寶》注에도 "堠, 音侯. 今五里碑"라 함. '兵火'는 횃불. 봉홧불.

【顚坑仆谷相枕藉, 知是荔枝龍眼來】'顚坑仆谷'은 荔枝를 날라 오던 사람들이 구덩이에 넘어져 처박히고 골짜기에 엎어짐. '仆'는《眞寶》注에 "音赴, 僵也"라 함. '相枕藉'는 이렇게 죽은 시신이 서로를 베고 깔리고 하여 포개져 있음. '龍眼'(lóngyǎn)도 역시 荔枝와 거의 비슷하나 조금 작은 크기의 과일. 남방 常綠喬木에 다발로 열림. 嵇陷의《南方草木狀》(下)에 "龍眼樹如荔枝, 但枝葉稍小, 殼青黃色, 形圓如彈丸, 核如木槵子而不堅, 肉白而帶漿, 其甘如蜜, 一朵五六十顆, 作穗如葡萄然. 荔枝過即龍眼熟, 故謂之荔枝奴, 言常隨其後也.《東觀漢記》曰:「單于來, 明楊, 橙, 橘, 龍眼, 荔枝.」魏文帝詔羣臣曰:「南方果之珍異者, 有龍眼, 荔枝. 令歲貢焉, 出九眞, 交趾"라 함.

【飛車跨山鶻橫海, 風枝露葉如新採】'飛車'는 날듯이 빠른 수레.《東坡詩集》注에 "飛車, 車名也.《金縷子》曰:「奇肱之民, 能爲飛車.」"라 함. '鶻'은 원래는 매를 뜻하나 '飛車'에 상대하여 바다를 매처럼 빨리 운행하는 배를 말함.《東坡詩集》注에 "龜父:「鶻橫海, 言船也.《兵書》:海鶻頭低尾高, 前大後小, 如旗之狀.」"이라 함. '風枝露葉如新採'는 바람에 흔들리는 가지와 이슬을 머금고 있는 잎이 마치 새로 꺾어온 荔枝 다발과 같음.

【宮中美人一破顏, 驚塵濺血流千載】'美人'은 楊貴妃를 가리킴. '破顏'은 환히 웃음.《眞寶》注에 "楊貴妃好食生荔枝, 以進駝載, 七日七夜至京, 人馬俱斃. 唐人詩云:

「一騎紅塵妃子笑, 無人知是荔枝來.」래 함. 한편《楊妃外傳》에 "妃子旣生於蜀, 酷
嗜荔枝. 天寶中, 每歲馳驛以獻"이라 함. '濺'은 물이나 피가 튀어 젖음.《眞寶》注
에 "濺, 音箭"이라 함. '流千載'은 천 년 뒤까지도 그 피가 흐르고 있음.《東坡詩集
註》에 "次公: 上四句以言漢和帝時交州貢荔支, 下四句以言唐明皇時涪州貢荔支也"
라 함.

【永元荔枝來交州, 天寶歲貢取之涪】'永元'은 後漢 和帝의 연호(89–104년). '交州'는
交趾. 지금의 越南 북부.《眞寶》注에 "今交趾. 漢和帝時, 嘗貢荔枝"라 함. '天寶'
는 唐 玄宗의 연호(742–755년). '歲貢'은 해마다 공물로 바침. '涪'는 涪州. 지금의
四川省 重慶 涪陵鎭.《眞寶》注에 "音浮, 東川州名"이라 함.

【至今欲食林甫肉, 無人擧觴酹伯游】'李林甫'는 玄宗 때의 재상이며 매우 간사했던
사람. '口蜜腹劍'의 고사를 남길 정도로 교활하였음.《舊唐書》(106)와《新唐書》
(223)에 傳이 있음. 그는 재상으로써 이 荔枝오 인한 민폐를 지적하여 막아야 하
나 이를 막지 못했음. 그 때문에 당시 백성들은 그의 살점을 먹겠다고 원망하였
음.《眞寶》注에 "李林甫, 相玄宗. 不能諫止荔枝之貢, 天下怨之, 欲食其肉"이라 함.
《東坡詩集註》에 "次公: 以言林甫爲相, 專事諂諛, 無一言救其弊也"라 함. '擧觴酹
伯游'는 술잔을 들어 제사를 올림. '酹'(뢰)는 술을 부으며 제사지내는 것.《字彙》
에 "酹, 音類. 餟祭也. 以酒沃地"라 함. '伯游'는 後漢 和帝 때의 唐羌의 字. 臨武의
長을 지내며 남쪽으로 荔枝를 가져오는 폐해를 상소하여 참상을 알리며 중지토
록 하였음.《眞寶》注에 "唐羌, 爲臨武長, 上書言貢荔枝之弊. 和帝罷之"라 하였고,
《東坡詩集註》에 "漢永元中, 交州進荔支龍眼, 十里一置, 五里一堠, 奔騰, 死亡罹猛
獸毒蛇之害者, 無數. 唐羌字伯游, 爲林武長. 上書言狀, 和帝罷之. 唐天寶中, 蓋取
涪州荔支, 自子午谷路進入子仁, 唐羌書云:「伏見交趾七郡, 獻生龍眼等, 鳥驚風發,
南州土地炎熱, 惡蟲猛獸不絶於路, 至於觸犯死亡之害, 死者不可生, 來者猶可救也.
此二物升殿未必延年益壽.」和帝詔曰:「遠國珍羞, 本以薦宗廟, 苟有傷害, 豈愛民之
本?」敕大官勿復受獻, 時永元十五年也"라 함.

【我願天公憐赤子, 莫生尤物爲瘡痏】'天公'은 하느님, 造物主. '赤子'는 갓난아기. 흔
히 불쌍한 백성을 일컫는 말로 쓰임.《尙書》康誥 "若保赤子, 惟民其康乂"의 注에
"愛養人如安孩子赤子, 不失其欲, 惟民其皆安治"라 함. '尤物'은 특출한 물건. '尤'
는 異의 뜻.《左傳》昭公 28년 "夫有尤物, 足以移人. 苟非德義, 則必有禍"의 杜預
注에 "尤, 異也"라 함. '瘡痏'는 부스럼과 종기 등 惡瘡. 백성들이 고통스러워하는
것. 張衡의 〈西京賦〉에 "所好生羽毛, 所惡成瘡痏"의 注에 "痏, 亦瘡也"라 함.

【雨順風調百穀登, 民不飢寒爲上瑞】 '百穀'은 모든 곡물. '登'은 豐登. 곡식이 잘 여무는 것. '上瑞'는 가장 좋은 상서로움. 최상의 복. 《字彙》에 "祥瑞, 天以人君有德, 將錫之以歷年, 錫之以五福先出, 此以與之爲信也"라 하였고, 《論衡》에는 "瑞以應善, 災以應惡"이라 함.

【君不見武夷溪邊粟粒芽, 前丁後蔡相籠加】 '武夷'는 지명. 지금의 福建省 武夷山市 남쪽에 풍경이 수려하고 黃柏溪와 崇陽溪가 흘러 武夷九曲을 이루고 있는 명승지. 고대 彭祖의 두 아들 彭武와 彭夷가 이곳에 이르러 도를 닦았다 하여 유래되었다는 전설이 있음. '武夷茶'의 명산지이며 朱熹가 講學하던 武夷精舍가 있음. '粟粒芽'는 차 이름. 좁쌀처럼 작은 잎의 눈을 따서 만든 차. 《眞寶》 注에 "建安武夷茶, 爲天下絶品"이라 하였고, 《東坡詩集註》에는 "次公:武夷山在建州. 粟粒芽, 茶之極品者也"라 함. '前丁後蔡相籠加'는 《事文類聚》(續集 12)「始造建茶」에 "建州大小龍團, 始于丁晉公而成於蔡君謨. 宋太平興國二年, 始置龍焙造龍鳳茶, 咸平中丁晉公爲福建漕監, 造御茶進龍鳳團. 慶曆間, 蔡公端明爲漕, 始改造小龍團茶. 仁宗尤所珍惜, 是後最精者曰龍團. 勝雪外, 有密雲龍一品, 號爲奇絶, 方靈芽敷坼之初, 常先民焙十餘日, 進發飛騎疾馳, 不出中春頭, 綱已至京師"라 하여, 建州의 大小龍團(茶名)은 丁晉公에서 시작하여 蔡君謨에 의하여 완성되었다 하였음. 이에 '前丁'은 宋代 丁晉公(丁謂)이 '龍鳳團'을 만들었음을 말하며, '後蔡'는 뒤에 蔡君謨(蔡襄)가 '小龍團茶'를 만들었음을 말함. 《眞寶》 注에는 "大小龍茶, 始於丁謂而成於蔡襄. 歐陽公聞蔡進小龍團, 嘆曰:「君謨, 士人也. 何至爲作此事?」"라 하였고, 《東坡詩集註》에는 "大小龍茶, 始於丁晉公, 成於君謨. 歐陽永叔聞君謨進小龍團, 驚歎曰:「君謨, 士人也. 何至作此事?」 援武夷未嘗有茶, 茶之精絶者, 在北苑, 自有一溪, 南流至富南城下, 方與西來武夷溪水合流, 東去劍浦"라 함. 《書言故事》(12)에는 "龍鳳團茶之品, 莫貴於龍鳳團, 八餠重一斤. 慶曆間, 蔡君謨爲福建運使, 始造小片龍茶, 其品絶精, 謂之小龍團. 凡二十餘餠重, 一斤眞金一兩. 每南郊致齋, 中書樞密, 各賜一餠. 宮人往往綴金其上, 貴重如此"라 함. '籠加'는 차를 만드는 바구니(籠)를 더 크게 하여 채움. 갈수록 좋은 차를 만들어냄을 뜻하는 것이 아닌가 함.

【爭新買寵出新意, 今年鬪品充官茶】 '爭新'은 새롭게 바쳐온 차를 두고 다툼. '買寵'은 차를 바쳐 총애를 받고자 함. '出新意'는 차를 차지하려는 자와 차를 바쳐 권세가의 총애를 받으려는 자들이 서로가 새로운 꾀를 냄. '鬪品'은 품질의 우열을 다툼. '官茶'는 관가를 통해 조정에 바치는 차.

【吾君所乏豈此物? 致養口體何陋邪】 '此物'은 차를 가리킴. '致養口體何陋邪'는 '이

렇게 하여 입과 몸만을 보양하겠다는 것이 얼마나 비루한 짓인가'의 뜻. 한편 《孟子》離婁(上)에 "將徹, 不請所與. 問有餘, 曰:「亡矣.」將以復進也, 此所謂養口體者也. 若曾子, 則可謂養志也. 事親若曾子者, 可也"라 함.

【洛陽相君忠孝家, 可憐亦進姚黄花】'洛陽相君忠孝家'는 《眞寶》注에 "謂錢惟演"이라 함. 錢惟演은 자가 聖幼이며 五代十國 때의 吳越王 錢鏐의 현손.《東都事略》(34)에 "臣偁曰:「子孫世有爵邑, 豈非忠孝之報乎?」"라 하였고, 東坡의 〈表忠觀碑〉(後集 097)에 錢氏 집안을 두고 "天祚忠孝, 世有爵邑, 尤文允武, 子孫千億"이라 함. 楊億, 劉筠 등과 文章으로 이름을 날렸던 인물. 宋나라 咸平 연간(995–1003)에 知制誥翰林學士를 거쳐 樞密에 올랐음.《東坡詩集註》에 "次公:忠孝家, 以言錢惟演. 蓋錢王, 則忠孝王也"라 함. 한편 《東坡詩集註》에는 다시 "洛陽貢花, 自錢惟演始"라 함. '姚黄'은 모란의 일종으로 洛陽의 姚氏 집에서 길러 名花로 이름난 꽃.《眞寶》注에 "牡丹千葉黄, 最爲絶品, 出洛陽姚家, 一歲纔數朶"라 함.《東坡詩集註》에 "厚:歐陽《牡丹譜》:姚黄者, 千葉黄花, 出於民姚氏"라 함. 歐陽修의 《洛陽牡丹記》에는 "姚黄者, 千葉黄花, 出於民姚氏家. 此花之出於今, 未十年. 姚氏居白司馬坡, 其地屬河陽, 然花不傳, 河陽傳洛陽, 洛陽亦不甚多, 一歲不過數朶."라 하여, '요황은 千葉黄花로서 기른 것으로 한 해에 몇 송이만 필 뿐'이라 하였음. 이어서 같은 곳에 "洛陽至東京六驛, 舊不進花. 自今徐州李相爲守時, 始進御藏遣牙校一員, 乘驛馬, 一日一夕至京師. 所進不過姚黄, 魏花三數朶, 以菜葉實竹籠子, 藉覆之使馬上不動搖, 以蠟封花蔕, 乃數日不落"이라 함. 여기서는 충효로 이름난 錢惟演조차도 궁중의 사랑을 받고자 자신의 임지 姚黄 집안에서 나는 명품 모란을 나라에 바치는 일을 하고 있었음을 탄식한 것.

참고 및 관련 자료

1. 蘇軾. 蘇東坡, 蘇子瞻, 044 참조.
2. 이 시는 《東坡全集》(23), 《東坡詩集註》(25), 《施註蘇詩》(36), 《蘇詩補註》(39), 《宋文鑑》(13), 《宋元詩會》(20), 《御選唐宋詩醇》(40), 《漁隱叢話》(後集 7), 《石倉歷代詩選》(150) 등에 실려 있음.
3. 韻脚은 '灰, 催, 來, 采, 載'. '州, 涪, 游, 疞, 瑞'. '芽, 加, 茶, 耶, 花'.

152. 〈定惠院海棠〉 ·················· 蘇子瞻(蘇東坡)
정혜원의 해당

＊《眞寶》注에 "院在黃州. ○子瞻序云:「寓居定惠院之東, 雜花滿山, 有海棠一株, 土人不知貴也.」"라 함.

＊〈定惠院海棠〉:'정혜원의 해당화'를 읊은 시. 定惠院은 黃州(지금의 湖北 黃州市)에 있던 지명이며 寺院 이름.《海棠譜》(下)와《說郛》(103) 등에는 '定慧院'으로 표기되어 있음. 蘇軾은 45세 때인 元豐 3년(1080) 2월 초 黃州로 유배되어, 우선 定惠禪寺에 있다가 뒤에 臨皐亭으로 거처를 옮겼음.《東坡年譜》(45세)에 "先生寓居定惠, 未久, 以是春, 遷臨皐亭, 乃舊日之回車院也. 又有遷居臨皐亭"이라 함. 그 곳에서 본 해당화를 자신의 처지와 연결시켜 이 시를 읊은 것임. '海棠'은 꽃이름.《事文類聚》(後集)에 "海棠, 李贊《黃集》云:「花木以海爲名者, 悉從海外來.」沈立〈海棠記〉云:「唯紫綿色者謂之海棠, 除乃海梨花耳.」"라 함.

장강長江 지역은 장기瘴氣가 심하고 초목은 무성한데,
오직 한 그루 명화名花가 그윽한 외로움을 괴로워하고 있네.
방긋 한 번 웃는 모습으로 대나무 울타리 사이에 피어 있으나,
온 산 가득한 복숭아 자두꽃은 모두가 조악하고 속될 뿐.
역시 알겠노라, 조물주께서 깊은 의도가 있어,
그 때문에 이런 미인을 이 빈 골짜기로 보내셨음을.
자연스러운 부귀는 천연의 자태에서 나오는 것,
금쟁반에 담아 화려한 집에 바쳐지기를 기다리지도 않지.
붉은 입술은 뺨에 술기운이 달아오른 듯하고,
푸른 소매는 비단 망사 걷어올린 살에 붉은 빛을 비추는 듯.
숲이 깊고 안개 짙어 새벽빛 더디니,
햇볕 따스하고 바람 가벼워 봄잠 실컷 자고 난 미인 같네.
빗속에 눈물 젖어 있으니 한편 처참하게 여겨지기도 하고,

달빛 아래 아무도 없으니 더욱 맑고 깨끗하네.
선생나은 배부르게 먹고 할 일이 아무것도 없어,
산보하고 소요하며 스스로 배를 문지르다가,
인가人家인지 승사僧舍인지 묻지도 아니한 채,
짚었던 지팡이로 문 두드리며 들어가 잘 자란 대나무 구경.
그런데 홀연히 절세의 아름다운 꽃이 늙고 쇠한 나를 비춤을 만나,
탄식하며 말없이 병든 눈을 비볐네.
이런 누추한 곳 어디에서 이런 꽃이 있게 되었을까?
호사가好事家가 서촉西蜀으로부터 옮겨온 것은 아닐까?
한 치 뿌리가 천 리를 옮겨오기란 쉽지 않으리니,
틀림없이 홍곡鴻鵠이 씨를 물고 날아와서 나게 된 것이리라.
하늘가 멀리 흘러 떨어진 너나 나는 함께 생각할 처지라서,
한 동이 술 마시며 이런 노래를 부르노라.
내일 아침술이 깨어 혼자 다시 와 봤을 때,
눈 날리듯 펄펄 꽃잎이 지고 있으면 차마 너를 어찌 대할꼬?

江城地瘴蕃草木, 只有名花苦幽獨.
嫣然一笑竹籬間, 桃李漫山總麤俗.
也知造物有深意, 故遣佳人在空谷.
自然富貴出天姿, 不待金盤薦華屋.
朱脣得酒暈生臉, 翠袖卷紗紅映肉.
林深霧暗曉光遲, 日暖風輕春睡足.
雨中有淚亦悽慘, 月下無人更清淑.
先生食飽無一事, 散步逍遙自捫腹.
不問人家與僧舍, 拄杖敲門看脩竹.
忽逢絶艷照衰朽, 歎息無言揩病目.
陋邦何處得此花? 無乃好事移西蜀?

寸根千里不易到, 銜子飛來定鴻鵠.
天涯流落俱可念, 爲飮一樽歌此曲.
明朝酒醒還獨來, 雪落紛紛那忍觸?

【江城地瘴蕃草木, 只有名花苦幽獨】'江城'은 湖北 黃州를 가리킴. 黃州는 지금의
武漢과 鄂州 사이 長江 연안에 위치하고 있어 江城이라 칭한 것. '瘴'은 습도가
높고 열기가 있어 풍토병이 심함을 말함. '蕃草木'은 그러한 기후에 도리어 초목
은 번성함. '幽獨'은 외롭고 고독함. 〈楚辭〉注에 "幽獨, 處乎山中"이라 함.

【嫣然一笑竹籬間, 桃李漫山總麁俗】'嫣然'은 방그레 웃는 모습. 美人의 웃는 모습
을 표현한 것.《眞寶》注에 "嫣, 虛延反, 笑貌"라 하여 '헌/헌'으로 읽도록 되어 있
으나 '언'으로 읽음. 같은《眞寶》注에 "登徒子부:「嫣然一笑, 惑陽城迷下蔡.」"라
하였으며, 이는《文選》(19)〈好色賦〉"嫣然一笑, 惑陽城迷下蔡"의 注에 "嫣, 笑貌.
陽城下蔡, 楚之二郡名, 蓋貴人所居中多美人, 故以爲喩"라 한 것을 注로 옮긴 것.
'桃李漫山總麁俗'은 복사꽃과 오얏꽃이 산에 흐드러지게 피었으나 모두가 흔한
꽃으로 여겨짐. '麁'는 麤, 粗와 같은 뜻의 글자. '거칠다, 조악하다' 등의 뜻. 일부
판본에는 '粗俗', '麤俗' 등으로 되어 있음.

【也知造物有深意, 故遣佳人在空谷】'也'는 강조법 문장을 구성하는 語詞. '深意'는
깊은 의도가 있음. '佳人'은 해당화를 가리킴. 杜甫〈佳人〉(091)에 "絶代有佳人, 幽
居在空谷"이라 함.《眞寶》注도 같음.

【自然富貴出天姿, 不待金盤薦華屋】'自然富貴出天姿'는 자연스러운 부유함과 귀함
은 천연 그대로의 姿態에서 나오는 것임. 인공이 가미되지 않은 천연의 아름다
움을 말함. '華屋'은 화려한 집. 귀인대작의 집. 귀한 대접을 받음.

【朱脣得酒暈生臉, 翠袖卷紗紅映肉】'朱脣'은 해당화의 꽃잎이 마치 붉은 입술과
같음을 표현한 것. '暈'은 해무리나 달무리.《眞寶》注에 "音運, 痕也"라 함. '臉'은
뺨.《眞寶》注에 "面頰"이라 함. '翠袖'는 비취빛 옷소매. 해당화의 꽃받침이 푸른
옷소매의 비단을 걷어 올려 드러난 살을 비추는 듯함.《眞寶》注에 "此二句, 形
容花之顏色, 最妙"라 함.

【林深霧暗曉光遲, 日暖風輕春睡足】'曉光遲'는 아침빛이 매우 늦음. '春睡足'은 봄
새벽잠 자기에 아주 좋음. 이는 해당화를 늦도록 잠을 자고 깨어난 미인의 모습
에 비유한 것임.《楊妃外傳》에 "上皇登沈香亭召太眞妃子; 妃子時卯醉未醒, 命力

士從侍兒扶腋而至, 妃子醉顔殘粧鬢亂釵橫, 不能再拜, 上皇笑曰:「此眞海棠睡未足耳.」라 함.

【雨中有淚亦棲慘, 月下無人更淸淑】'雨中有淚'는 비를 맞아 마치 눈물을 흘리고 있는 모습처럼 보임. '棲慘'은 애처로운 모습을 표현하는 雙聲連綿語. '淸淑'은 맑고 깨끗한 모습.

【先生食飽無一事, 散步逍遙自捫腹】'先生'은 蘇軾 자신을 가리킴. '無一事'는 귀양온 터라 달리 할 일이 없음. '捫腹'은 배불리 먹은 다음 부른 배를 문지르며 편안함을 취함.

【不問人家與僧舍, 拄杖敲門看脩竹】'不問人家與僧舍'는 사람 사는 人家인지 혹은 스님들이 사는 僧舍인지를 묻지 않음. '拄杖'은 지팡이를 짚음.《呂氏春秋》에 “公子見弟子, 抱杖而問其父母; 拄杖而問其兄弟, 曳杖而問其妻子, 尊卑之差也”라 함. '敲門'은 지팡이로 문을 두드림. '脩竹'은 길게 잘 자라 있는 대나무. 杜甫의 〈佳人〉에 “天寒翠袖薄, 日暮倚脩竹”이라 함. 蘇軾은 원래 잘 자란 대나무를 구경하고자 들어선 것임.

【忽逢絶艶照衰朽, 歎息無言揩病目】'絶艶'은 아주 절대적으로 아름다움. 해당화를 가리킴. '衰朽'는 쇠하고 썩은 것. 늙은 자신을 가리킴. 해당화가 자신을 비추고 있음을 만나게 됨. 시적인 표현이 아주 절묘함. '揩病目'은 더욱 자세히 보고자 병들어 시력이 흐려진 눈을 문지름.

【陋邦何處得此花? 無乃好事移西蜀】'陋邦'은 누추한 곳. 해당화처럼 귀한 꽃이 자라고 있기에는 적합하지 못한 곳이라는 의미를 가지고 있음. '無乃'는 '―이 아니겠는가?'의 표현법. '好事'는 기이한 일을 저지르기를 좋아하는 행위.《孟子》萬章(上) “好事者爲之也”의 朱熹 注에 “好事, 爲喜造言生事之人也”라 함. '西蜀'은 지금의 四川.

【寸根千里不易到, 銜子飛來定鴻鵠】'寸根'은 해당화의 뿌리. 그 짧은 뿌리를 가지고 와서 심는다고 해서 쉽게 살아날 수 없음. '不易到'는《蘇詩補註》에는 “不易致. 一作到”라 함. '銜子'는 씨를 물고 옴. '鴻鵠'은 고니. 아주 큰 새를 비유함.《事文類聚》(後集 46)에《詩疏》云:「鴻鵠羽毛純白似鶴而大, 肉美如鴈.」이라 함.《史記》陳勝吳廣列傳에 “燕雀焉知鴻鵠之志?”라 함.

【天涯流落俱可念, 爲飮一樽歌此曲】'天涯'는 하늘가 아주 먼 타향. 王勃의 〈杜少府任蜀州〉에 “海內存知己, 天涯若比隣”이라 함. '流落'은 유랑하여 떨어져 있는 상태를 표현하는 雙聲連綿語.

【明朝酒醒還獨來, 雪落紛紛那忍觸】'還'은 副詞로 '다시, 또'의 뜻. '雪落'은 해당화 꽃잎이 눈처럼 펄펄 날려 떨어짐. '那'는 哪와 같으며 疑問詞. '어찌, 어떻게'의 뜻. '觸'은 접촉함, 마주 대함. 또는 손으로 만져봄.

참고 및 관련 자료

1. 蘇軾. 蘇東坡, 蘇子瞻, 044 참조.

2. 이 시는 《東坡全集》(11), 《東坡詩集註》(25), 《施註蘇詩》(18), 《蘇詩補註》(18), 《宋元詩會》(20), 《宋詩鈔》(21), 《詩林廣記》(後集 3), 《山堂肆考》(199), 《說郛》(103) 등에 널리 실려 있음.

3. 韻脚은 '木, 獨, 俗, 谷, 屋, 肉, 足, 淑, 腹, 竹, 目, 蜀, 鵠, 曲, 觸'.

4. 《蘇詩補註》

愼按: 魏淳甫《詩人玉屑》云:「東坡海棠詩, 辭格超逸, 不復蹈襲. 前人平生喜爲人寫, 蓋人間刊石者, 自有五六本, 生平得意詩也.」

153. <陶淵明寫眞圖> ·················· 謝幼槃(謝邁)

도연명의 초상화

*<陶淵明寫眞圖>:'도연명의 초상화를 두고 읊음'. '寫眞'은 오늘날의 肖像畵와 같
으며, 혹 그 배경에 여러 가지 상황을 함께 넣어 그의 생애를 알 수 있도록 그
린 그림.

도연명이 심양潯陽 고향 마을로 돌아가서는,
명아주 지팡이 짚고 부들 짚신 신고 한 폭의 두건을 썼네.
그늘진 집 둘레 고목에는 꾀꼬리가 날아다니며 울고,
아름다운 동쪽 울타리에는 서리 맞은 국화가 곱게 피어 있네.
세상은 뒤얽혀 끝이 없지만 눈앞을 지나가면 빈 것이 되는 것,
생업은 풍족하지 않으나 뜻대로 하는 것만으로도 만족스럽게 여겼지.
조정에서 큰 벼슬할 자태이건만 빈한한 초가에서 늙으니,
벽이 곧 담인 집은 쓸쓸하여 그저 무릎을 용납할 정도.
큰아들은 완악하고 둔해서 글 읽기를 게을리하고,
작은아들은 어리석고 미련하여 배와 밤만 달라 하네.
해 지자 늙은 아내 호미 메고 돌아오니,
흔연히 기쁜 웃음으로 달팽이 같은 좁은 방을 함께 하네.
시를 읊조려도 가슴 속 시름 씻어낼 수 없어서,
취한 속에 아이를 불러 종이와 붓을 가져오라 하네.
때때로 시구를 얻으면 곧바로 이를 베껴놓으니,
오언구의 평담平淡한 내용 한결같았네.
농가에 술이 익자 밤중에도 문을 두드리고 들어와,
머리 위에는 스스로 술 거르는 두건이 얹혀 있지.
늙은 농부는 때때로 뽕나무 삼이 잘 자랐는가 물어보며,

술병과 술통 들고 찾아와 서로가 친하게 어울리네.
술 한 단지에 곧장 취하면 북녘 창 아래 누워서,
시원스레 스스로 복희씨 시대의 사람이라 말하네.
이 분은 도道를 들으면 아무리 궁해도 즐거워서,
용모는 초췌하지 않고 얼굴은 붉은 물을 들인 듯하네.
유림의 선비들은 혼탁한 세속을 뒤얽혀 따라갈 뿐,
산속의 높은 뜻은 오랫동안 적막함에 빠지고 말았네.
가령 구원九原에서 다시 그를 나오게 할 수만 있다면,
그 분 위해 남여籃輿를 메더라도 싫다 하지 않으리.

淵明歸去潯陽曲, 杖藜蒲鞵巾一幅.
陰陰老樹囀黃鸝, 艷艷東籬粲霜菊.
世紛無盡過眼空, 生事不豐隨意足.
廟堂之姿老蓬蓽, 環堵蕭條僅容膝,
大兒頑鈍懶詩書, 小兒矯癡愛梨栗.
老妻日暮荷鋤歸, 欣然一笑共蝸室.
哦詩未遣愁肝腎, 醉裏呼兒供紙筆.
時時得句輒寫之, 五言平淡用一律.
田家酒熟夜打門, 頭上自有漉酒巾.
老農時問桑麻長, 提壺挈榼來相親.
一樽徑醉北窓臥, 蕭然自謂羲皇人.
此公聞道窮亦樂, 容貌不枯似丹渥.
儒林紛紛隨溷濁, 山林高義久寂寞.
假令九原今可作, 舉公籃輿也不惡.

【淵明歸去潯陽曲, 杖藜蒲鞵巾一幅】 '淵明'은 153의 참고란을 볼 것. '歸去'는 도연
　명이 彭澤令이 되었다가(405년) 80여 일 만에 사직하고 고향으로 돌아오면서

〈歸去來辭〉를 읊음. '潯陽' 지금의 江西省 九江市 서남쪽에 있던 고을 이름. 潯陽의 柴桑(지금의 江西 星子縣)이 도연명의 고향임. '曲'은 외진 마을.《眞寶》注에 "潯陽, 江州郡名"이라 함. '杖藜'는 명아주대로 만든 지팡이를 짚음. '蒲鞵'는 부들로 만든 짚신. '鞵'는 '鞋'의 異體字.《字彙》에 "鞵, 革履, 同鞋"라 함.《眞寶》注에 "鞵, 鞋同"이라 함.

【陰陰老樹囀黃鸝, 艶艶東籬粲霜菊】'陰陰'은 도연명의 집이 숲에 싸여 있음을 말함. '囀'은 새의 지저귀는 소리. '黃鸝'는 꾀꼬리. 鸎(鶯), 流鶯.《事文類聚》(後集 4)에《說文》云:「黃鸝, 倉庚也. 鳴卽蠶生.」《詩疏》云:「黃鳥, 鸝鶹也. 或謂黃栗留, 幽州謂之黃鶯, 一名倉庚, 一名商庚, 一名鵹黃, 應節趣時鳥, 或謂之黃袍.」라 함. 王維의 시에 "陰陰夏木囀黃鸝"라 함. 다른 판본에는 '黃鸝'가 거의 '黃鶯'으로 되어 있음. '艶艶'은 아름답고 선명한 것. '霜菊'은 陶淵明의 〈飮酒〉詩(050) "採菊東籬下, 悠然見南山"을 말함.

【世紛無盡過眼空, 生事不豐隨意足】'世紛'은 세상살이가 紛然함. 紛亂과 갈등이 많음. '過眼空'은 눈앞을 지나가면 空虛한 것이 됨. 마음에 거리낌 없음. 연연해하지 않음.《東坡志林》(7)에 "俗傳: 書生入官庫見錢, 不識. 或怪而問之, 生曰:「固知其爲錢, 但怪其不在紙裹中耳.」予偶讀〈歸去來辭〉云:『幼稚盈室, 瓶無儲粟.』乃知俗傳信而有徵, 使瓶有儲粟, 亦甚微矣. 此翁平生只於瓶中見粟也耶〕馬后紀夫人見大練, 乃以爲異物. 晉惠帝問:「餓民何不食肉糜?」細思之, 皆一理也. 聊爲好事者一笑. 永叔嘗言孟郊詩:「鬢邊雖有絲, 不堪織寒衣.」就使堪織能得多少"라 함. '生事'는 生業과 같음. '隨意足'은 뜻대로 행동하면서 만족하는 것.

【廟堂之姿老蓬蓽, 環堵蕭條僅容膝】'廟堂之姿'는 조정에서 국정을 처리할 풍채와 재능을 가지고 있음. '蓬蓽'은 '蓬戶蓽門'의 줄인 말. 쑥대로 얽은 문과 대나무로 대강 엮은 문. 가난 속에 허덕임을 말함.《禮記》儒行篇 "蓽門圭窬, 蓬戶甕牖"의 蔡沈 注에 "蓽門, 以荊竹織門也; 蓬戶, 編蓬爲戶也"라 함. '環堵'는 방의 벽이 곧 담인 집. 혹은 아주 낮고 보잘것없는 담.《禮記》儒行篇 "儒有一畝之宮, 環堵之室"의 蔡沈 注에 "一畝謂徑一步, 長百步也. 折而方之, 則東西南北各十步. 宮, 牆垣也. 牆方六丈. 環, 周廻也, 方丈爲堵, 東西南北各一堵"라 함. '蕭條'는 쓸쓸한 모습을 뜻하는 疊韻連綿語. 이상은 도연명의 〈五柳先生傳〉(後集 015)에 "環堵蕭然, 不蔽風日. 短褐穿結, 簞瓢屢空, 晏如也"를 거론한 것임. '容膝'은 겨우 무릎을 용납할 정도의 공간. 집이 매우 좁음을 말함. 이는《韓詩外傳》(9)에 "楚莊王使使賷金百斤, 聘北郭先生. 先生曰:「臣有箕帚之使, 願入計之.」卽謂婦人曰:「楚欲以我爲相,

今日相, 卽結駟列騎, 食方丈於前, 如何?」婦人曰:「夫子李以織屨爲食. 食粥毳履, 無怵惕之憂者, 何哉? 與物無治也. 今如結駟列騎, 所安不過容膝; 食方丈於前, 所甘不過一肉. 以容膝之安, 一肉之味, 而殉楚國之憂, 其可乎?」於是遂不應聘, 與婦去之. 詩曰:『彼美淑姬, 可與晤言.』」이라 한 데서 나온 말. 역시 도연명의 〈歸去來辭〉(後集 014)에 "引壺觴以自酌, 眄庭柯以怡顏. 倚南窗以寄傲, 審容膝之易安"을 거론한 것임.

【大兒頑鈍懶詩書, 小兒矯癡愛梨栗】'大兒'는 陶淵明의 큰 아들 阿舒. 陶淵明에게는 다섯 아들이 있었으며 舒(儼), 宣(俟), 雍(份), 端(佚), 通(佟)이었다고 함. '懶'는 일부 판본에는 '嬾'으로 되어 있음. 注에 "〈責子〉詩:「阿舒已二八, 懶惰故無匹.」"이라 함. '小兒'는 막내아들 通(佟). 이 두 구절은 陶淵明의 〈責子〉(047) "白髮被兩鬢, 肌膚不復實. 雖有五男兒, 總不好紙筆. 阿舒已二八, 懶惰故無匹. 阿宣行志學, 而不愛文術. 雍端年十三, 不識六與七. 通子垂九齡, 但覓梨與栗. 天運苟如此, 且進杯中物"을 두고 말한 것임.《眞寶》注에 "〈責子〉詩:「阿舒已二八, 懶惰故無匹.」"이라 함.

【老妻日暮荷鋤歸, 欣然一笑共蝸室】'老妻日暮荷鋤歸'는 도연명의 〈歸園田居〉(032) 셋째 시 "種豆南山下, 草盛豆苗稀. 晨興理荒穢, 帶月荷鋤歸. 道狹草木長, 夕露霑我衣. 衣霑不足惜, 但使願無違"의 구절을 두고 거론한 것임.《眞寶》注에 "陶詩:「帶月荷鋤歸.」라 함. '蝸室'은 달팽이집. 아주 협소한 방을 말함.《韻會》에 "蝸蠃, 以有兩角, 故名蝸牛, 亦曰瓜牛, 魏隱者焦光作瓜牛廬, 卽蝸也. 爲廬舍圓而小如蝸殼"이라 함.

【哦詩未遣愁肝腎, 醉裏呼兒供紙筆】'哦'는 吟과 같음.《字彙》에 "哦, 牛何切. 吟也"라 함. '未遣'은 떨쳐버리지 못함. 해소해버리지 못함. '肝腎'은 간장과 신장. 여기서는 마음속에 품은 근심 등을 말함. '醉裏呼兒供紙筆'은 취하면 아이를 불러 紙筆을 가져오도록 함.

【時時得句輒寫之, 五言平淡用一律】'時時得句輒寫之'는 때때로 시구를 얻으며 곧바로 이를 필사해 놓음. '五言平淡'은 도연명의 시는 五言體가 주를 이루며 내용은 平易하고 淡白함. 鍾嶸의《詩品》(中)에 "宋徵士陶潛詩, 其源出於應璩, 又協左思風力. 文體省淨, 殆無長語. 篤意眞古, 辭興婉惬. 每觀其文, 想其人德, 世歎其質直. 至如「歡言酌春酒」,「日暮天無雲」, 風華淸靡, 豈直爲田家語耶? 古今隱逸詩人之宗也."라 하였고, 宋 蔡寬夫의《西淸詩話》에는 "淵明意趣, 眞古淸淡之宗, 詩家視淵明, 猶孔門視伯夷"라 하였으며,《龜山語錄》에는 "淵明詩所不可及者, 沖澹深

粹出於自然, 若曹用力學然後知淵明詩, 非著力之所能成"이라 함. '一律'은 똑같은 律調, 한결같음. 정도에 벗어나는 파격적인 것이 없음.

【田家酒熟夜打門, 頭上自有漉酒巾】'酒熟'은 도연명의 시로 잘못 알려진 〈問來使〉(江淹. 033)의 "歸去來山中, 山中酒應熟" 구절을 거론한 것. 《眞寶》 注에도 이를 잘못 인용하여 "陶詩:「歸去來山中, 山中酒應熟.」"이라 하였음. '頭上自有漉酒巾'은 蕭統의 〈陶淵明傳〉에 "貴賤造之者, 有酒輒設, 淵明若先醉, 便於客:「我醉欲眠, 卿可去.」其眞率如此. 郡將常候之, 值其釀熟, 取頭上葛巾漉酒, 漉畢, 還復著之"라 하였고, 陶淵明 자신의 〈飮酒〉시(20)에 "若復不快飮, 空負頭上巾. 但恨多謬誤, 君當恕醉人"이라 함. 한편 李白의 〈戲贈鄭溧陽〉(037)에도 "陶令日日醉, 不知五柳春. 素琴本無絃, 漉酒用葛巾."이라 함.

【老農時問桑麻長, 提壺挈榼來相親】'桑麻長'은 도연명의 〈歸園田居〉(065)에 "相見無雜言, 但道桑麻長. 桑麻日已長, 我土日已廣. 常恐雪霰至, 零落同草莽"라 한 것을 말함. 《眞寶》 注에 "長, 上聲. 陶詩:「相見無雜言, 但道桑麻長.」"이라 함. '提壺挈榼'은 '술동이를 들고 술 항아리를 끌어당기다'의 뜻. 《文選》 劉伶의 〈酒德頌〉 "動則挈榼提壺"의 注에 "榼, 壺, 皆酒器也"라 함. 《晉書》 陶淵明傳에 "其親朋好事, 或載酒肴而往, 潛亦無所辭焉. 每一醉, 則大適融然. 又不營生業, 家無悉委之兒僕. 未嘗有喜慍之色, 惟遇酒則飮, 時或無酒, 亦雅詠不輟"이라 함.

【一樽徑醉北窓臥, 蕭然自謂義皇人】'徑醉'는 곧바로 취함. 《晉書》 陶淵明傳에 "嘗言五月虛閑, 高臥北窓之下, 淸風颯至, 自謂義皇上人."이라 함. '蕭然'은 시원스러움. '義皇'은 고대 伏羲. 義皇人은 伏羲氏 시대의 근심 없이 살던 사람을 뜻함. 李白의 〈戲贈鄭溧陽〉시에도 "淸風北窓下, 自謂義皇人."이라 하였으며, 〈與子儼等疏〉에도 "見樹木交蔭, 時鳥變聲, 亦得歡然有喜. 常言五六月中, 北窓下臥, 遇涼風暫至, 自謂是義皇上人."이라 함. 《眞寶》 注에 "李詩:「淸風北窓下, 自謂義皇人.」"이라 함.

【此公聞道窮亦樂, 容貌不枯似丹渥】'聞道'는 도를 들어 터득함의 즐거움. 《論語》 里仁篇에 "朝聞道, 夕死可矣"라 하였고, 도연명의 〈癸卯歲始春懷古田舍〉(2)에 "先師有遺訓, 憂道不憂貧. 瞻望邈難逮, 轉欲志長勤"이라 함. 한편 陶淵明의 談理詩에 대해 《韻語陽秋》에 "東坡拈出淵明談理之詩, 有曰「采菊東籬下, 悠然見南山.」二曰「笑傲東軒下, 聊復得此生.」三曰「客養千金軀, 臨化消其寶.」皆以爲知道之言. 蓋綺章繪句, 嘲風弄月, 雖工何補? 若覩道者, 出於自然超詣, 非常人能踏其軌轍也"라 하였고, 許顗의 《彦周詩話》에는 "彭澤〈歸去來辭〉云:「旣自以心爲形役, 奚惆悵而獨悲?」是此老悟道處, 若人能用此兩句, 出處有裕餘也"라 함. '枯'는 말라 憔悴함

을 뜻함. 따라서 '不枯'는 회열에 차서 초췌하지 않음을 말함. '丹渥'은 '渥丹'을 거꾸로 표현한 것. 얼굴색이 붉은 물에 적신 것처럼 발그레 함.《詩》秦風 終南篇에 "錦衣狐裘, 顔如渥丹"이라 함.《眞寶》注에 "音惡.《詩》:「顔如渥丹.」"이라 함.

【儒林紛紛隨溷濁, 山林高義久寂寞】'儒林'은 儒家의 무리. 仁義와 道德을 주창하는 무리들. '溷濁'은 混濁과 같음. 〈離騷〉"世溷濁而不分兮"의 注에 "溷, 亂也"라 함. '隨溷濁'은 혼탁한 세속에 휩쓸림.

【假令九原今可作, 擧公籃輿也不惡】'九原'은 지금의 山西省 絳縣 북쪽 춘추시대 晉나라 卿大夫들의 무덤이 있던 곳. 여기서는 도연명이 이미 죽어 가 있는 저승을 뜻함.《古文大全》에 "九原, 春秋晉大夫葬地. 今通用言死者歸地下九原"이라 함. 이는《史記》晏子列傳에 司馬遷이 晏子를 흠모하여 "假令晏子而在, 余雖爲之執鞭, 所忻慕焉"이라 한 말을 원용한 것임.《眞寶》注에는 "九原, 地下也. 見《左氏》"라 함. '籃輿'는 대나무로 엮어서 만든 바구니 형태의 들 것. 가마.《眞寶》注에 "籃輿, 今之竹山轎"라 함. 도연명은 평소 脚疾이 있어 門生 두 아이가 그를 이 籃輿에 태우고 다녔음. '籃轝'로도 표기함.《南史》陶淵明傳에 "潛有脚疾, 使一門生二兒擧籃轝"라 하였고, 蕭統의 〈陶淵明傳〉에도 "淵明有脚疾, 使一門生二兒舁籃輿"라 하였으며, 〈蓮士高賢傳〉에도 "常往來廬山, 使一門生二兒舁籃輿以行"이라 함.《眞寶》注에는 "末, 謂世俗溷濁, 久無山林道義之風, 使淵明復生, 雖爲之執僕役, 亦不爲惡也"라 함.

참고 및 관련 자료

1. 謝幼槃(謝邁:?-1133)

宋 徽宗 때의 인물로 자는 幼槃, 호는 竹友, 혹 謝薖로 표기된 기록도 있음. 형 謝無逸(謝逸, 溪堂)과 함께 江西詩派의 하나.《竹友集》(10권)이 전함. 〈四庫全書〉《竹友集》提要에 "《竹友集》十卷, 宋謝薖(邁)撰. 薖字幼槃, 臨川人. 江西詩派二十五人之一也. 與從兄逸, 齊名號曰二謝. 逸所撰《溪堂集》久佚不傳, 僅散見《永樂大典》中, 惟薖集猶存於世, 然王士禎《居易錄》載《竹友集》十卷, 詩七卷, 雜文三卷. 此本乃止詩四卷, 則佚者, 又過半矣. 士禎評其詩曰:「在江西派中, 亦清逸可喜.」然涪翁沈雄豪健之氣, 則去之遠矣. 又稱其顔魯公〈祠堂十八學士圖〉, 諸長歌及「尋山紅葉半旬雨, 過我黃花三徑秋」二句靡靡江蘺, 只喚愁一詩持論, 皆允至所稱「挼挲蕉葉展新綠, 從臾榴花開晚紅. 瘦藤拄下萬峰頂, 老鶴來歸千歲巢」, 則殊不盡薖所長, 蓋一時興到之言, 非篤論也"라 함.《小學紺珠》(4)의 〈江西詩社宗派圖〉에 "黃庭堅(宗派之祖), 陳

師道, 潘大臨, 謝逸, 洪朋, 洪芻, 饒節, 祖可, 徐俯, 林敏修, 洪炎, 汪革, 李錞, 韓駒, 李彭, 晁沖之, 江端本, 楊符, 謝薖, 夏倪, 林敏功, 潘大觀, 王直方, 善權, 高荷, 呂本中"을 들고 있음. 《眞寶》諸賢姓氏事略에 "謝幼槃, 名薖. 溪堂弟, 號竹友先生, 臨川 人"이라 하였고, 《萬姓統譜》에는 "謝薖, 字幼槃, 宋徽宗時人, 與兄無逸修身屬行, 俱 入江西詩派中"이라 함. 그의 사적은 형 謝逸의 《溪堂集》(10)에도 일부 실려 있음.

2. 이 시는 《竹友集》(4), 宋 孫紹遠(撰) 《聲畫集》(1), 《兩宋名賢小集》(36), 《石倉歷 代詩選》(167), 《宋百家詩存》(12), 《宋詩紀事》(33), 《江西通志》(150) 등에 실려 있음.

3. 韻脚은 '曲, 幅, 菊, 足'. '畢, 膝, 栗, 室, 筆, 律'. '門, 巾, 親, 人'. '樂, 渥, 寞, 惡'.

154. 〈桃源圖〉 ·················· 韓退之(韓愈)

도원도

*《眞寶》注에 "按陶淵明叙〈桃源〉事云:「先世避秦, 隱居於此.」 後人不深考, 因謂秦
人至晉, 猶有不死, 指以爲神仙, 惟韓退之〈桃源圖〉, 王介甫〈桃源行〉, 東坡〈和桃源
詩〉, 深得淵明之指也"라 함.

*〈桃源圖〉: '桃源'(도화꽃이 떠내려오는 근원)의 그림을 보고 읊은 것. 도연명의
〈桃花源記〉를 제재로 한 글로는 이것 외에 王安石의 〈桃源行〉(222)과 蘇軾의
〈和桃源詩〉 등이 있음. 《方輿勝覽》(30)에 "桃源八景: 桃川仙隱, 白馬雲濤, 綠蘿晴
晝, 梅溪煙雨, 潯陽古寺, 楚山春曉, 沅江夜月, 童坊曉波"라 함. 《古詩歸》(9) 鍾伯
敬의 評語에 "桃源人可謂隱, 不可謂仙. 蘇長公辨之矣. 南公此記亦曾未一字及
'仙', 獨'迷路'一語, 似道仙家行徑, 爲後人口實耳"라 함. 《湖廣通志》(12)에 "靈巖山
在縣北七十里山下, 五洞相通, 旁爲靈巖寺. 桃花洞在桃源山下, 一名秦人洞. 洞前
石橋橫跨, 兩山名遇仙橋. 洞口瀑泉, 千丈落不見, 壁下距洞里許, 伏地不見, 至北三里
爲桃花溪. 水合流入江, 相傳即晉陶潛所記〈桃花源〉也. 按唐韓愈題〈桃源圖詩〉
云:神仙有無何渺茫? 桃源之說誠荒唐.」宋蘇軾云:「世傳桃源事, 多過其實考. 淵明
所記, 止言先世避秦來, 此則漁人所見, 似是其子孫, 非秦人不死者也.」蘇軾之言,
近是其實, 秦人漁父不必有其人, 桃花源不必有其地. 陶潛高士, 寓興幽遐, 彷彿
孫綽〈遊天台賦〉馳神運想, 如已再升者也. 俗又更立漁人姓名謂爲神仙, 漁隱今削
而不載"라 함.

신선이 있는지 없는지는 어찌 이리 묘연한고?
도원桃源 이야기는 진실로 황당한 것.
흐르는 물은 굽이치며 산 모양 백 번이나 돌고 있는,
비단에 그린 여러 폭의 그림 대청에 걸어 놓았네.
무릉武陵 태수는 기이한 일 좋아하는 이로서,
그림에 제사題辭를 써서 봉한 다음 멀리 내가 있는 남궁南宮으로 부쳐

왔네.

　나 남궁 선생은 이를 받고 기꺼워하며,
　파도치듯 붓을 넣어 시원하게 글을 지었지.
　글도 좋고 그림도 묘하여 각기 극치에 이르렀으니,
　기이한 세상 황홀하게 여기에다 옮겨놓았네.
　바위에 나무 걸치고 골짜기를 파내어 집을 지어놓고,
　지붕을 맞대고 담을 연이어 많은 세월 지내왔네.
　진秦나라가 망하고 한漢나라도 망했음을 전혀 알지 못하고,
　위魏나라가 망하고 진晉나라가 들어섰음도 걱정할 바 아니었네.
　복숭아 꽃 심어놓아 곳곳마다 꽃들만 한창 피어 있고,
　냇물과 언덕, 멀고 가까운 곳 붉은 노을이 아른거리네.
　이들도 처음 이곳에 올 때는 고향생각을 했었겠지만,
　오랜 세월 흐르자 도리어 이곳을 집으로 여겼네.
　고깃배 저어 온 어부는 어디에서 왔는가?
　사람들이 그를 보고 의심을 품고는 다시 물어보았지.
“한 고조高祖는 큰 뱀을 잘라내어 진秦나라를 멸망시켰고,
　서진西晉이 끝나면서 장강長江을 건너와 동진東晉을 새로 세웠다오.”
　듣기를 끝내고 설명도 끝이 나자 모두가 처연한 표정으로,
　자신들은 “지금까지 6백 년이나 지난 것일세”라고 말하네.
“그 당시 모든 일은 직접 눈으로 보았지만,
　그것들이 지금까지 얼마나 전해지고 있는지 모르겠다”라네.
　서로 다투어 쇠고기와 술을 가져다 대접하는데,
　예법도 술상 차리는 법도 지금과는 다른 것이었네.
　달 밝은 밤 옥당玉堂으로 함께 잠자리 들었으나 공허하기만 하여,
　뼈도 싸늘하고 혼백도 청량하여 꿈도 잠도 못 이루네.
　한 밤중 금계金雞 꼬꼬하고 울어대더니,
　아침 되어 해가 떠오르니 나그네 마음 놀라네.

인간 세상 얽힌 일도 많아 머무를 수 없어,
의연히 떠나는 마음 정으로는 못할 일.
배를 떠나 노 저으며 다시 한 번 돌아다보니,
만 리 저쪽은 창망하여 내 낀 물이 어스름에 잠기네.
속세에서야 어찌 그것이 거짓인지 진실인지 알 수 있으랴?
지금껏 이런 이야기 전한 이는 무릉의 어부 한 사람뿐인데.

神仙有無何渺茫? 桃源之說誠荒唐.
流水盤廻山百轉, 生綃數幅垂中堂.
武陵太守好事者, 題封遠寄南宮下.
南宮先生忻得之, 波濤入筆驅文辭.
文工畫妙各臻極, 異境怳惚移於斯.
架巖鑿谷開宮室, 接屋連墻千萬日.
嬴顚劉蹶了不聞, 地坼天分非所恤.
種桃處處惟開花, 川原遠近蒸紅霞.
初來猶自念鄕邑, 歲久此地還成家.
漁舟之子來何所? 物色相猜更問語.
「大蛇中斷喪前王, 羣馬南渡開新主.」
聽終辭絕共悽然, 自說「經今六百年.」
「當時萬事皆眼見, 不知幾許猶流傳.」
爭持牛酒來相饋, 禮數不同樽俎異.
月明伴宿玉堂空, 骨冷魂清無夢寐.
夜半金雞啁哳鳴, 火輪飛出客心驚.
人間有累不可住, 依然離別難爲情.
船開棹進一回顧, 萬里蒼茫煙水暮.
世俗寧知僞與眞? 至今傳者武陵人.

【神仙有無何渺茫? 桃源之說誠荒唐】'渺茫'은 '渺芒', '杳茫'으로도 표기하며 渺然
함. 아득하여 명확하지 않은 상태를 뜻하는 雙聲連綿語. '誠'은 副詞로 '진실로,
정말로'의 뜻. '荒唐'은 터무니없음을 표현하는 疊韻連綿語.《眞寶》注에 "晉太康
中, 武陵人捕魚從溪行, 忘路遠近, 逢桃林夾岸, 無雜花果, 云秦人避世至此"라 함.

【流水盤廻山百轉, 生綃數幅垂中堂】'盤廻'는 굽이굽이 돎. '山百轉'은 그림에서 산
의 모습이 끝없이 휘도는 상태. '生綃'는 비단. 두드려 곱게 다듬지 않은 상태의
비단으로 그림을 그리기 위한 것임.《五百家注昌黎文集》에 "綃生, 繒也"라 함. '中
堂'은 마루 가운데 거실. 그림을 걸어놓은 위치를 말함.

【武陵太守好事者, 題封遠寄南宮下】'武陵'은 湖南 常德府에 있던 郡 이름. 당시 武
陵太守는 竇常이었다 함. 그러나《後搜神記》의〈桃花源記〉에는 "既出, 得其船,
便扶向路, 處處志之. 及郡, 乃詣太守, 說如此. 太守劉歆, 卽遣人隨之往, 尋向所志,
不復得焉"이라 하여 '劉歆'으로 되어 있음. '題封遠寄南宮下'는 그림에 題를 써놓
고 봉한 다음 이를 멀리 南宮으로 보내줌. '南宮'은 尚書省(禮部)을 가리키며 당
시 韓愈는 禮部侍郞이었음.《眞寶》注에 "禮部, 爲南省, 亦稱南宮"이라 함.

【南宮先生忻得之, 波濤入筆驅文辭】'南宮先生'은 韓愈 자신을 가리킴. 그러나《韓
集點勘》에는 尚書省의 禮部郎中 盧汀을 가리키는 것이라 하였고,《五百家注昌黎
文集》에는 「南宮先生欣得之, 波濤入筆驅文辭.」 此必與一郎官賡和, 不復詳其名
氏矣"라 하여 구체적으로 알 수 없다 하였음. '忻'은 '기꺼이, 즐겁게'의 뜻. '波濤'
는 그림 속의 물결. '驅文辭'는 題辭를 몰아가듯 시원하게 써냄.

【文工畫妙各臻極, 異境恍惚移於斯】'臻極'은 극치에 이르도록 대단함. '恍惚'은 雙
聲連綿語.《字彙》에 "失意不分明也"라 함.

【架巖鑿谷開宮室, 接屋連墻千萬日】'架巖鑿谷開宮室'은 바위에 나무를 가설하고
골짜기를 파서 궁실을 만듦. '接屋連墻千萬日'은 지붕이 잇대어 있고 담이 연결
되어 있는 상태로 천만 일이나 세월이 흐르옴. 桃源에 사는 사람들의 집을 표현
한 것임. '宮室'은 일반인의 집도 옛날에는 宮이라 불렀음.

【嬴顚劉蹶了不聞, 地拆天分非所恤】'嬴'은 秦나라 姓.《史記》秦本紀에 "秦之先, 帝
顓頊之苗裔孫曰女脩. 女脩織, 玄鳥隕卵, 女脩吞之, 生子大業. 大業取少典之子, 曰
女華. 女華生大費, 與禹平水土. 已成, 帝錫玄圭. 禹受曰:「非予能成, 亦大費爲輔.」
帝舜曰:「咨爾費, 贊禹功, 其賜爾皁游. 爾後嗣將大出.」乃妻之姚姓之玉女. 大費拜
受, 佐舜調馴鳥獸, 鳥獸多馴服, 是爲柏翳. 舜賜姓嬴氏"라 함. 秦始皇은 이름의 嬴
政이었으며 秦나라를 대신하는 말로 쓴 것임. '劉'는 漢나라 姓으로 漢 高祖 劉

邦.《史記》高祖本紀에 "高祖, 沛豐邑中陽里人, 姓劉氏, 字季. 父曰太公, 母曰劉媼. 其先劉媼嘗息大澤之陂, 夢與神遇. 是時雷電晦冥, 太公往視, 則見蛟龍於其上. 已而有身, 遂産高祖"라 함. 따라서 '劉'는 漢나라를 대신하는 말로 쓴 것임. '了不聞'은 전혀 그런 일을 듣지 못함. 여기서는 桃源에 살던 사람들이 秦나라가 망하고 漢나라도 망하였으며, 뒤이어 三國과 晉나라로 이어온 역사를 전혀 듣지 못한 채 그곳에 완전 격리되어 살고 있었음을 말함. 〈桃花源記〉에 "自云先世避秦時亂, 率妻子邑人來此絶境, 不復出焉; 遂與外人間隔. 問今是何世, 乃不知有漢, 無論魏晉"이라 한 것을 말함.《五百家注昌黎文集》에 "孫曰:'嬴顚劉蹶', 謂秦漢之亡"이라 함. '地拆天分'은 땅이 갈라지고 하늘이 쪼개짐. 漢末 三國(魏, 蜀, 吳)의 혼란을 겪고 다시 晉(司馬氏)나라가 들어서는 큰 변화를 말함. '拆'은 坼과 같으며 '터지다, 갈라지다'의 뜻. '非所恤'은 걱정할 바가 아님. '恤'은 憂와 같음.《五百家注昌黎文集》에 "孫曰:'地坼天分', 謂晉魏之亂"이라 함.

【種桃處處惟開花, 川原遠近蒸紅霞】'種花處處惟開花'는 복숭아꽃을 심어 곳곳마다 오직 그 꽃만 필 뿐임. '蒸紅霞'는 붉은 노을이 서려 있음.

【初來猶自念鄕邑, 歲久此地還成家】'初來猶自念鄕邑'은 처음 그곳으로 올 때엔 그래도 고향을 그리워하였음. '還'은 '그래도, 그만, 도리어' 등의 뜻을 나타냄.

【漁舟之子來何所? 物色相猜更問語】'漁舟之子'는 처음으로 그곳을 찾아왔던 어부. '物色'은 안색이나 용모들 자세히 살펴보는 것.《後漢書》嚴光傳에 "光少與光武同遊學, 及卽位, 乃變名姓, 隱身不見. 帝思其賢, 令以物色訪之"라 함. '猜'는 '의심히다, 추측하다' 등의 뜻. 〈桃花源記〉에 "見漁人, 乃大驚; 問所從來, 具答之. 便要還家, 爲設酒殺鷄作食. 村中聞有此人, 咸來問訊"이라 함.

【大蛇中斷喪前王, 羣馬南渡開新主】'大蛇中斷喪前王'은《眞寶》注에 "大蛇, 漢高祖事"라 함. 劉邦이 天子가 될 徵兆를 알려준 고사.《史記》高祖本紀에 "高祖以亭長爲縣送徒酈山, 徒多道亡. 自度比至皆亡之, 到豐西澤中, 止飮, 夜乃解縱所送徒. 曰:「公等皆去, 吾亦從此逝矣!」徒中壯士願從者十餘人. 高祖被酒, 夜徑澤中, 令一人行前. 行前者還報曰:「前有大蛇當徑, 願還」. 高祖醉, 曰:「壯士行, 何畏!」乃前, 拔劍擊斬蛇. 蛇遂分爲兩, 徑開. 行數里, 醉, 因臥. 後人來至蛇所, 有一老嫗夜哭. 人問何哭, 嫗曰:「人殺吾子, 故哭之.」人曰:「嫗子何爲見殺?」嫗曰:「吾子, 白帝子也, 化爲蛇, 當道, 今爲赤帝子斬之, 故哭.」人乃以嫗爲不誠, 欲告之, 嫗因忽不見. 後人至, 高祖覺. 後人告高祖, 高祖乃心獨喜, 自負. 諸從者日益畏之.”라 하였음. '大蛇'는 白帝, 즉 서쪽의 황제인 秦나라 황제를 赤帝(동방의 황제)인 劉邦이 죽여 없앰.

《漢書》高帝紀의 기록도 대체로 같음. '喪'은 亡과 같음. '前王'은 秦나라 왕이 죽고 秦나라가 망함.《五百家注昌黎文集》에 "韓曰:《漢書》高祖爲亭長, 夜徑澤中, 前有大蛇, 乃拔劒斬之, 蛇分爲兩, 道開. 蓋白帝子化爲蛇當道, 而高祖以赤帝子, 斬之也"라 함. '羣馬'는 많은 西晉(司馬氏)의 아들들, 西晉의 五王이 함께 長江을 건너 남쪽으로 와서 동진이 이어감을 말함. 五王은 瑯琊王, 西陽王, 汝南王, 南頓王, 彭城王이며 그 중 낭야왕 司馬睿가 元帝가 되어 建鄴(建康, 金陵, 지금의 南京)을 도읍으로 하여 東晉이 됨. '新主'는 東晉의 새로운 천자 司馬睿(元帝, 317~323년 재위).《眞寶》注에 "《晉書》:元帝即位建鄴, 童謠云:「五馬浮渡江, 一馬化爲龍.」"이라 함.《五百家注昌黎文集》에 "孫曰:晉太安之際童謠曰:「五馬浮渡江, 一馬化爲龍.」五馬謂琅邪, 西陽, 汝南, 南頓, 彭城. 五王琅邪竟登大位, 是化爲龍也. 蔡曰: 按晉元帝, 姓司馬氏, 太興元年即位, 都於金陵"이라 함.

【聽終辭絕共棲然, 自說經今六百年】'聽'은 桃源에 살던 사람들이 이러한 역사 이야기를 들음. '自說經今六百年'은 그들 스스로 이미 6백 년이 경과하였다고 말함.

【當時萬事皆眼見, 不知幾許猶流傳】'當時'는 秦나라가 망해가던 그 당시, 즉 그들이 직접 보았던 역사의 한 부분. '不知幾許猶流傳'은 그러한 사실이 세상에 그대로 흘러 전해오고 있는지 알 수 없다고 여긴 것.

【爭持牛酒來相饋, 禮數不同樽爼異】'牛酒來相饋'는 소를 잡고 술을 마련하여 대접함. 〈桃花源記〉에 "便要還家, 爲設酒殺鷄作食. ……餘人各復延至其家, 皆出酒食"이라 함.

【禮數不同樽爼異】'禮數'는 禮儀法度. '樽爼'는 술상에 술그릇과 안주그릇을 차림. 그러한 예법이 옛날 자신들이 해 왔던 秦나라의 법으로 晉나라 때와는 다름. 〈桃花源記〉에 "爼豆猶古法, 衣裳無新製"라 함.

【月明伴宿玉堂空, 骨冷魂淸無夢寐】'明月伴宿玉堂空'은 漁父가 달 밝은 밤에 그곳 玉堂에서 자지만 매우 적막함. '玉堂'은 桃源 사람들의 집 중에 잘 꾸며진 집을 말함. '骨冷魂淸無夢寐'는 골이 시리고 혼이 맑아 잠을 이룰 수 없음.

【夜牛金鷄啁哳鳴, 火輪飛出客心驚】'啁哳'(조찰)은 닭이 시끄럽게 울어대는 소리를 音寫한 雙聲連綿語.《眞寶》注에 "〈楚辭〉:鵙鷄啁哳而悲鳴"이라 하였고, 朱熹 注에는 "鵙雞, 似鶴而黃白色; 啁哳, 聲繁細貌"라 함. '火輪'은 해.《眞寶》注에 "火輪, 日也"라 함. '客'은 漁父를 가리킴.

【人間有累不可住, 依然離別難爲情】'人間'은 인간세상. 세속의 삶. 세속의 삶에는 얽매임이 있어 그곳에 머물 수가 없음. 그곳을 찾았던 漁父는 仙境 桃源에 와 있

기는 하지만 다시 속세로 돌아가야 함을 말함. '依然'은 '여전히, 어쩔 수 없이'의 뜻. '難爲情'은 미련이 끊이지 않음. 정으로는 그럴 수 없음.

【船開棹進一回顧, 萬里蒼茫煙水暮】'船開'는 배가 출발함. '棹進'는 노를 저어 앞으로 나아감. '蒼茫'은 아득함을 뜻하는 疊韻連綿語. '煙'은 내.

【世俗寧知僞與眞? 至今傳者武陵人】'世俗寧知僞與眞'은 '세속에서는 어찌 그러한 일을 거짓인지 참인지 알겠는가?'의 뜻. '武陵人'은 武陵의 漁父 한 사람만을 말함. 《眞寶》注에 "眞僞不可辨, 應起句神仙渺茫之說"이라 함.

참고 및 관련 자료

1. 韓退之: 韓愈, 韓文公, 韓昌黎. 008 참조.

2. 이 시는 《五百家注昌黎文集》(3), 《東雅堂昌黎集註》(3), 《別本韓文考異》(3), 《全唐詩》(338), 《唐詩品彙》(35), 《御定歷代題畫詩類》(31), 《歷代詩話》(64), 《全閩詩話》(3), 《禮部集》(16) 등에 실려 있음.

3. 韻脚은 '茫, 唐, 堂'. '者, 下, 辭, 斯'. '室, 日, 恤'. '花, 霞, 家, 語, 主'. '然, 年, 傳'. '饋, 異, 寐'. '鳴, 驚, 情'. '顧, 暮'. '眞, 人'.

4. 陶淵明 〈桃花源記〉(幷詩)

晉太元中, 武陵人捕魚爲業, 緣溪行, 忘路之遠近, 忽逢桃花林. 夾岸數百步, 中無雜樹, 芳草鮮美, 落英繽紛, 漁人甚異之. 復前行, 欲窮其林. 林盡水源, 便得一山. 山有小口, 髣髴若有光; 便捨船從口入. 初極狹, 纔通人; 復行數十步, 豁然開朗. 土地平曠, 屋舍儼然, 有良田美池桑竹之屬; 阡陌交通, 鷄犬相聞. 其中往來種作, 男女衣著, 悉如外人; 黃髮垂髫, 並怡然自樂. 見漁人, 乃大驚; 問所從來, 具答之. 便要還家, 爲設酒殺鷄作食. 村中聞有此人, 咸來問訊. 自云先世避秦時亂, 率妻子邑人來此絶境, 不復出焉; 遂與外人間隔. 問今是何世, 乃不知有漢, 無論魏晉. 此人一一爲具言所聞, 皆歎惋. 餘人各復延至其家, 皆出酒食. 停數日, 辭去. 此中人語云:「不足爲外人道也.」 旣出, 得其船, 便扶向路, 處處誌之. 及郡下, 詣太守說如此. 太守卽遣人隨其往. 尋向所誌, 遂迷不復得路. 南陽劉子驥, 高尙士也. 聞之, 欣然規往. 未果, 尋病終, 後遂無問津者.

『嬴氏亂天紀, 賢者避其世. 黃綺之商山, 伊人亦云逝.
往跡寢復湮, 來逕遂蕪廢. 相命肆農耕, 日入從所憩.
桑竹垂餘蔭, 菽稷隨時藝. 春蠶收長絲, 秋熟靡王稅.
荒路曖交通, 鷄犬互鳴吠. 俎豆猶古法, 衣裳無新製.

童孺縱行歌, 斑白歡遊詣. 草榮識節和, 木衰知風厲.

雖無紀曆誌, 四時自成歲. 怡然有餘樂, 於何勞智慧!

奇蹤隱五百, 一朝敞神界. 淳薄既異源, 旋復還幽蔽.

借問游方士, 焉測塵囂外! 願言躡輕風, 高擧尋吾契.』

5. 《搜神後記》(1)

晉太元中, 武林人捕魚爲業. 緣溪行, 忘路之遠近, 忽逢桃花林, 夾岸數百步, 中無雜樹, 芳華鮮美, 落英繽紛. 漁人甚異之(漁人姓黃名道眞). 復前行, 欲窮其林. 林盡水源, 便得一山. 山有小口. 彷佛若有光. 便捨舟, 從口入. 初極狹, 纔通人, 復行數十步, 豁然開朗, 土地曠空, 屋舍儼然. 有良田美池桑竹之屬. 阡陌交通, 雞犬相聞. 男女衣著, 悉如外人. 黃髮垂髫, 並怡然自樂. 見漁人, 大驚, 問所從來, 具答之. 便要還家, 爲設酒殺雞作食. 村中人聞有此人, 咸來問訊. 自云先世避秦難, 率妻子邑人至此絶境, 不復出焉. 遂與外隔. 問今是何世, 乃不知有漢, 無論魏晉. 此人一一具言所聞, 皆爲歎惋. 餘人各復延至其家, 皆出酒食. 停數日, 辭去. 此中人語云:「不足爲外人道也.」既出, 得其船, 便扶向路, 處處誌之. 及郡, 乃詣太守說如此. 太守劉歆, 卽遣人隨之往, 尋向所誌, 不復得也.

155. 〈書王定國所藏煙江疊嶂圖王晉卿畫〉 ······ 東坡(蘇軾)
왕정국 소장의 왕진경 그림 '연강첩장도'에 적음

＊〈書王定國所藏煙江疊嶂圖王晉卿畫〉：王定國이 소장하고 있는 王晉卿이 그린
〈煙江疊嶂圖〉에 씀. 王定國은 王鞏, 자는 定國으로 蘇軾과 交遊하던 인물.《萬
姓統譜》에 "王定國, 字安卿, 宋高宗時人"이라 함. 소식이 귀양 가자 그도 賓州로
귀양 갔었음. 그림을 그린 王晉卿 역시 동파와 교유하던 인물. 王晉卿은 王詵,
자는 晉卿. 王全斌의 후손.《東坡詩集》(19)〈王晉卿詩序〉에 "元豊二年, 予得罪貶
黃州, 而駙馬都尉王詵亦坐累遠謫, 不相聞者七年, 予既召用而詵亦還朝, 相見殿
門外, 感歎之餘作詩相屬. 詵字晉卿, 功臣全斌之後云"이라 함.〈煙江疊嶂圖〉는
'내 낀 강에 첩첩 솟은 산을 그린 그림'으로《式古堂書畫彙考》(42)에는 "絹本：高
一尺, 長四尺. 有奇靑綠, 雲山層疊, 烟樹蕭森, 樓臺舟楫, 各極精微, 意象逈與畫家
各別"이라 함. 한편《東坡全集》등에 "公自注「王晉卿畫」"라 하여, 제목은〈書王
定國所藏煙江疊嶂圖〉여야 하며, 뒤의 '王晉卿畫'는 東坡 自注가 제목에 연결되
어 전체가 제목인 것처럼 잘못된 것임.

강가에는 수심에 찬 세 겹의 산이요,
공중에 떠 있는 수많은 푸른 봉우리는 구름이나 내 같구나.
산인지 구름인지 멀어서 알 수 없더니,
안개 걷히고 구름 흩어지자 산의 모습 그대로일세.
다만 보이나니 양쪽 절벽의 짙푸른 어두움,
깎아내린 골짜기엔 백 갈래로 날아 내리는 물줄기일세.
숲을 감돌고 바위를 이어가며 숨었다간 다시 보이더니,
아래 골짜기 어귀로 내려가서는 급류를 이루네.
냇물은 다시 평온해지고 산은 열리어 산록도 끊긴 곳에,
조그만 다리와 시골 주막이 산 앞을 의지하고 있네.
행인이 몇 사람 다리 건너 저쪽으로 가고 있고,

고깃배 하나 떠 있는 강물은 하늘빛을 삼키고 있네.
사군使君은 어디서 이런 그림을 얻었는고?
붓끝으로 맑고 아름다운 경치를 구분하여 세밀히 그려놓았네.
인간 사는 세상 어느 곳에 이런 경치가 있을지 알 수 없도다.
곧바로 찾아가 밭 두어 뙈기 마련하고 살고 싶구나.
그대는 무창武昌 번구樊口의 깊고 조용한 곳을 보지 못하였는가?
나 동파東坡 선생은 거기에 5년이나 머물렀었지.
봄이면 바람이 강 물결 일으켜 하늘은 아득했고,
여름이면 저녁 구름이 비를 거둬가고 나면 산 빛은 곱기도 하였지.
가을이면 단풍 속을 날던 까마귀가 물가에서 모여 함께 자고 있었고,
겨울이면 높은 소나무에서 눈 떨어지는 소리에 술 취한 잠이 놀랐지.
복숭아꽃 물 따라 흐르는 선경仙境에 이 인간 세상도 있었으니,
어찌 신선은 모두 무릉武陵에만 있어야 하는가?
강산은 맑고 조용한데 나는 이 티끌 세상에 있으니,
비록 갈 수 있는 길 있다 해도 갈 방법이 없구나.
그대에게 이 그림을 돌려보내며 세 번 탄식했노라.
산속 친구들 응당 나를 불러 돌아오라는 시를 짓고 있겠지.

江上愁心三疊山, 浮空積翠如雲煙.
山耶雲耶遠莫知, 煙空雲散山依然.
但見兩崖蒼蒼暗, 絶谷中有百道飛來泉.
縈林絡石隱復見, 下赴谷口爲奔川.
川平山開林麓斷, 小橋野店依山前.
行人稍度橋木外, 漁舟一葉江吞天.
使君何從得此本? 點檢毫末分淸姸.
不知人間何處有此境? 徑欲往買二頃田.
君不見武昌樊口幽絶處? 東坡先生留五年.

春風搖江天漠漠, 暮雲捲雨山娟娟.
丹楓翻鴉伴水宿, 長松落雪驚醉眠.
桃花流水在人世, 武陵豈必皆神仙?
江山淸空我塵土, 雖有去路尋無緣.
還君此畫三嘆息, 山中故人應有招我歸來篇.

【江上愁心三疊山, 浮空積翠如雲煙】'江上愁心'은《眞寶》注에 "張說有〈江上愁心
賦〉"라 함. 張說은 자는 道濟, 당나라 때 시인.《唐才子傳》에 그의 傳記가 있음.
〈江上愁心賦〉는《唐文粹》(9)에 실려 있음. '三疊'은 원전에는 모두 '千疊'으로 되어
있음. '浮空'은 공중에 떠 있음. '積翠'는 푸른빛을 쌓아올린 듯한 산을 말함.

【山耶雲耶遠莫知, 煙空雲散山依然】'山耶雲耶'는 산인지 구름인지 멀리서는 아득
하여 알 수 없음.《眞寶》注에 "接得好"라 함. '煙空'은 내가 공중으로 사라짐. '雲
散'은 구름이 흩어짐.

【但見兩崖蒼蒼暗, 絶谷中有百道飛來泉】'蒼蒼'은 초목이 무성하여 검푸른 모양.
'百道'는 여러 갈래. 여러 가닥.

【縈林絡石隱復見, 下赴谷口爲奔川】'縈'과 '絡'은 모두 '감기다, 얽히다'의 뜻.《廣韻》
에 "縈, 繞也"라 함. '隱復見'은 감추어져 있는 듯하다가 다시 드러남. '見'은 '현'으
로 읽음. '下赴谷口爲奔川'은 아래로 골짜기 入口로 가서는 급류가 됨.

【川平山開林麓斷, 小橋野店依山前】'川平'은 급히 흐르던 냇물이 평온해짐. '林麓'
은 산기슭의 숲. '小橋野店'은 산 아래 작은 다리와 들에 외롭게 있는 店鋪, 혹 酒
店. '店'은《字彙》에 "店, 音點. 肆也, 所以置貨鬻物也"라 함.

【行人稍度橋木外, 漁舟一葉江呑天】'稍'는 몇 사람 되지 않음. 적은 수. 행인 몇 사
람이 다리를 다 건너 길을 가고 있는 모습이 그려져 있음. '江呑天'은 강물이 하
늘을 삼킨 듯한 모습을 표현한 것. 물속에 하늘빛이 잠겨 있음을 말함.《眞寶》
注에 "此極畫趣"라 함.

【使君何從得此本? 點檢毫末分淸妍】'使君'은 刺史나 太守를 부르는 칭호. 여기서
는 王定國을 가리킴. '點檢'은 하나하나 자세히 따짐. '毫末'은 털끝, 즉 붓끝. '分
淸妍'은 맑고 곱게 구분해 그려 넣었음.

【不知人間何處有此境? 逕欲往買二頃田】'人間'은 인간세상. 속세. 이 세상. '逕'은
'곧바로, 지름길로' 등의 뜻. '二頃田'은 두 뙈기 정도의 농토. '頃'은 넓이의 단위로

1頃은 百畝라 함.

【君不見武昌樊口幽絶處? 東坡先生留五年】'武昌'은 蘇軾이 귀양 가 있던 黃州에
가까운 곳. 지금의 湖北 武昌. '樊口'는 지금의 湖南 鄂城縣 서북쪽 樊水가 長江
으로 들어가는 어귀의 지명. 蘇軾의 〈樊山記〉가 있음. '幽絶處'는 조용하고 그윽
하며 절험한 곳. '東坡先生'은 자신을 객관화하여 칭한 것. 그는 元豊 4년(1081) 黃
州로 귀양 가서 東坡라는 곳에 5년 동안 거처하면서 그 지명을 따서 東坡居士
라 號를 삼았던 곳임.《東坡全集》(12) 등 〈東坡八首〉의 序에 "余至黃州二年, 日以
困匱, 故人馬正卿哀余乏食, 爲於郡中請故營地數十畝, 使得躬耕其中. 地旣久荒,
爲茨棘瓦礫之場, 而歲又大旱. 墾闢之勞, 筋力殆盡. 釋耒而歎. 乃作是詩, 自愍其
勤, 庶幾來歲之入, 以忘其勞焉"이라 하였고,《東坡紀年錄》에도 "元豊四年, 公在
黃州, 是年馬正卿爲於郡中, 請得故營地數十畝, 使得躬耕其中, 地旣久荒, 墾闢之
勞, 釋耒而歎, 乃作東坡八詩, 自是號東坡居士"라 함.

【春風搖江天漠漠, 暮雲捲雨山娟娟】'天漠漠'은 하늘이 엷은 안개로 흐려서 자욱
한 것. '暮雲捲雨'는 저녁 구름이 비를 말아 감. 여름의 하늘 경치를 말함. '娟娟'
은 아름다운 모습을 뜻하는 疊語.

【丹楓翻鴉伴水宿, 長松落雪驚醉眠】'丹楓翻鴉'는 단풍나무 사이로 날아가는 까
마귀. 가을 경치를 말함. '長松落雪'은 높이 자란 소나무에 내린 눈. 겨울 경치
를 말함.

【桃花流水在人世, 武陵豈必皆神仙】'桃花流水'는 '桃源'의 경치. 李白의 〈山中答俗
人〉(102)에 "桃花流水窅然去, 別有天地非人間"이라 함. '武陵'은 湖南 常德縣. 陶淵
明의 '桃源' 전설이 있는 고장. '武陵桃源', 理想鄕을 말함.

【江山淸空我塵土, 雖有去路尋無緣】'淸空'은 맑고 깨끗하게 빈 상태. '塵土'는 塵世,
俗世. '雖有去路尋無緣'은 갈 수 있는 길이 그림 속에는 있지만 찾아가고자 해도
갈 수 있는 방법이 없음. '緣'은 '由'와 같음.

【還君此畫三嘆息, 山中故人應有招我歸來篇】'還君'은 그대에게 되돌려 줌. '故人'
은 친구. '산중의 친구들이 응당 나를 은거하라고 부르는 〈歸來詩〉를 지을 것'이
라는 뜻. 이는 陶淵明의 〈歸去來辭〉와 左思의 〈招隱詩〉를 차용하여 표현한 것
임.《東坡詩集注》에 "陶潛有〈歸去來詞〉, 左太冲有〈招隱詩〉."라 함.《眞寶》注에는
"左太冲有〈招隱篇〉"이라 함. 左太冲은 左思. 晉나라 때의 문인. '洛陽紙貴'의 고사
를 남긴 인물. 그의 〈招隱詩〉는 참고란을 볼 것.

1. 蘇軾. 蘇東坡, 蘇子瞻, 044 참조.

2. 이 시는 《東坡全集》(17), 《東坡詩集註》(27), 《施註蘇詩》(27), 《蘇詩補註》(30), 《宋詩鈔》(21), 《詩人玉屑》(14), 《漁隱叢話》(後集 6), 《御定歷代題畫詩類》(14), 《御選唐宋詩醇》(39) 등에 널리 실려 있음.

3. 韻脚은 '山, 煙, 然, 泉, 川, 前, 天, 姸, 田, 年, 娟, 眠, 仙, 緣, 篇'.

4. 左思(太冲) 〈招隱詩〉 (《文選》 22)

杖策招隱士, 荒塗橫古今. 巖穴無結構, 丘中有鳴琴. 白雪停陰岡, 丹葩曜陽林. 石泉漱瓊瑤, 纖鱗亦浮沈. 非必絲與竹, 山水有淸音. 何事待嘯歌? 灌木自悲吟. 秋菊兼糇糧, 幽蘭閒重襟. 躊躇足力煩, 聊欲投吾簪. 經始東山廬, 果下自成榛. 前有寒泉井, 聊可瑩心神. 峭蒨靑蔥間, 竹柏得其眞. 弱葉棲霜雪, 飛榮流餘津. 爵服無常玩, 好惡有屈伸. 結綬生纏牽, 彈冠去埃塵. 惠連非吾屈, 首陽非吾仁. 相與觀所尙, 逍遙撰良辰.

156. 〈寄盧仝〉 ·················· 韓退之(韓愈)

노동에게 부침

＊《眞寶》注에 "時韓公爲洛陽令"이라 함.
＊〈寄盧仝〉: 盧仝에게 부침. 노동(盧仝)은 호는 玉川子. 참고란을 볼 것. 이는 韓愈
　가 洛陽令을 지낼 때인 元和 6년(811)에 지은 것임. 《五百家注昌黎文集》題注에
　"韓曰: 元和六年春, 公爲河南令作. 仝閉門不出, 時洛陽有留守鄭餘慶, 有尹李素,
　仝皆不見. 水北謂石洪, 水南謂温造, 皆繼徃河陽幕, 少室謂李渤, 三人者, 皆仝所
　不爲也"라 함.

옥천玉川 선생 노동盧仝은 낙양성洛陽城 안에서,
낡아 부서져가는 집 몇 칸뿐이네.
하나 있는 남자 종은 긴 수염에 머리도 묶지 않았고,
하나 있는 계집종은 맨발에 늙어서 이도 다 빠졌네.
힘들게 수고하여 10여 가솔을 먹여 살리고 있는데,
위로는 자애로운 어버이에 아래로는 처자를 거느리고 있지.
선생은 소년시절부터 속된 무리들을 싫어하여,
문 닫고 세상에 나오지 않은 지 문득 12년이나 되었네.
이웃 스님이 쌀을 꿔서 보내주도록 하는 지경에 이르렀으니,
나로서는 욕되이 현윤縣尹 자리에 앉아 부끄럽지 않을 수 있겠는가?
녹봉으로 받는 돈을 공사公私에 쓰고 남겨,
때때로 조금이나마 제사에 쓰라고 도움을 주고 있기는 하네.
유수留守를 찾아뵙고 대윤大尹을 만나 보라 권하였더니,
말을 꺼내기 무섭게 곧바로 귀를 가리고 마네.
낙수洛水 북쪽의 산인山人 석홍石洪은 명성을 얻어,
지난해 세상에 나와 장군 막하幕下의 벼슬자리를 얻었고,

낙수 남쪽의 산인 온조溫造도 그를 뒤따라 나섰더니,
안장 없은 말과 하인들로 마을이 막힐 지경이었다네.
소실산少室山에 숨어살던 이발李渤은 요구하는 몸값이 높아서,
두 번이나 간관諫官으로 불렀으나 미동도 하지 않았다네.
그들은 모두가 세상일을 말로 풍자하며 논하지만,
힘 있는 이들에게 부림을 당함을 면하지 못하였지.
선생께서 평소 하시는 일은 헤아릴 수 없으니,
오직 성인의 법도를 가지고 자신 몸을 바로잡는 것.
춘추삼전春秋三傳은 모두 통달하여 높은 누각 위에 묶어두고,
홀로 성인께서 남긴 경서經書를 껴안고 시종始終을 궁구하네.
왕년에는 마이馬異와 자신의 이름을 두고 장난글을 짓기도 하였고,
〈월식月蝕〉시로는 괴이한 말로 사람들을 놀라게 하여 비방이 그치지
않았지.
　근래에는 스스로 평탄한 길을 찾고 있노라 말하고는 있으나,
　그래도 마치 녹이騄駬를 타고 하늘을 나는 듯 거침이 없네.
　지난해엔 아들을 낳아 이름을 첨정添丁이라 지었는데,
　이는 나라를 위해 농사짓는 장정壯丁에 충당하려는 의도였지.
　나라의 장정 수는 온 세상을 연이을 만큼 많은데,
　어찌 친히 쟁기와 보습 잡을 농부가 없겠는가?
　선생은 재능을 안고 있어 마침내는 크게 쓰일 분이지만,
　재상 자리를 허락하지 않는다면 끝내 벼슬하지 않으리라.
　만약 나라 일에 온힘을 쏟는 반열에 있지 않는다 해도,
　바른 말하고 본받을 행동을 보이시기만 해도 의지하기에 족하리라.
　후손들은 의당 그 음덕으로 열 자손까지 죄를 지어도 용서받을 것이니,
　어찌 그가 자손들에게 끼칠 터전을 마련하지 않았다 말할 수 있겠
는가?
　그러므로 충효란 천성에서 나오는 것임을 알겠거니,

제 한 몸 깨끗이 한답시고 인륜을 어지럽히는 무리들과 비길 수 있
으랴?
어젯밤에 긴 수염 난 하인을 시켜 나에게 편지를 보내왔는데,
담 넘어 이웃집 악동惡童이 하는 악한 짓이 말로 다할 수 없다 하네.
그 놈은 매번 지붕 용마루 타고 앉아 아래를 내려다보아,
온 집안이 놀라고 두려워 달아나다 발을 다치기 일쑤라 하네.
인척姻戚 관계를 빙자하여 관리들을 속이면서,
법으로 금하여 처리하겠다는 것도 믿지 않는다네.
선생께서는 굴욕을 당하는 일이 있어도 일찍이 말 한 적이 없었는데.
갑자기 이렇게 알려온 것은 틀림없이 이유가 있으리라.
아, 내 자신이 낙양의 현윤縣尹이 되어,
권력을 쥐고 있기만 한 채 쓰지 않고 무엇을 하고자 하겠는가?
곧바로 적조賊曹를 부르고 오백五百을 불러,
쥐 같은 무리들을 모조리 잡아 형벌에 처하여 저자에 보여주었네.
그러자 선생은 다시 긴 수염의 하인을 보내와서는,
이렇게 처리함은 그 자신이 좋아하는 바가 아니라면서.
하물며 또 계절은 만물이 자라나게 하는 봄이니만큼,
고을을 다스림에는 사나운 정치로 해서는 안 된다고 하네.
선생은 진실로 내가 두렵게 여기는 분이시니,
그의 도량은 저 바다 끝 같아 감히 엿볼 수 없을 정도이네.
마구 멋대로 이렇게 형벌에 처한 것은 누구의 잘못인가?
잘못을 저질러 그들을 죽였으니 옛날 사관史官에게 부끄럽네.
양고기 사고 술 받아서 나의 불민함을 사과하고 싶은데,
마침 밝은 달이 떠서 복숭아와 자두꽃을 비추는 때를 만났네.
선생께서 뜻을 품고 왕림하시기를 허락하신다면,
다시 긴 수염 난 하인 보내어 편지 전해주소서.

玉川先生洛城裏, 破屋數間而已矣.
一奴長鬚不裹頭, 一婢赤脚老無齒.
辛勤奉養十餘人, 上有慈親下妻子.
先生結髮憎俗從, 閉門不出動一紀.
至令鄰乞僧米送, 僕忝縣尹能不恥?
俸錢供給公私餘, 時致薄少助祭祀.
勸參留守謁大尹, 言語纔及輒掩耳.
水北山人得名聲, 去年去作幕下士.
水南山人又繼徃, 鞍馬僕從塞閭里.
少室山人索價高, 兩以諫官徵不起.
彼皆刺口論世事, 有力未免遭驅使.
先生事業不可量, 惟用法律自繩己.
春秋三傳束高閣, 獨抱遺經究終始.
徃來弄筆嘲同異, 怪辭驚衆謗不已.
近來自說尋坦途, 猶上虛空跨騄駬.
去歲生兒名添丁, 意令與國充耘耔.
國家丁口連四海, 豈無農夫親耒耜?
先生抱才終大用, 宰相未許終不仕.
假如不在陳力列, 立言垂範亦足恃.
苗裔當蒙十世宥, 豈謂貽厥無基址?
故知忠孝出天性, 潔身亂倫安足擬?
昨夜長鬚來下狀, 隔墻惡少惡難似.
每騎屋山下窺瞰, 渾舍驚怕走折趾.
憑依婚媾欺官吏, 不信令行能禁止.
先生受屈未曾語, 忽此來告良有以.
嗟我身爲赤縣尹, 操權不用欲何俟?
立召賊曹呼五百, 盡取鼠輩尸諸市.

先生又遣長鬚來, 如此處置非所喜.

況又時當長養節, 都邑未可猛政理.

先生固是余所畏, 度量不敢窺涯涘.

放縱是誰之過歟? 效尤戮僕愧前史.

買羊沽酒謝不敏, 偶逢明月耀桃李.

先生有意許降臨, 更遣長鬚致雙鯉.

【玉川先生洛城裏, 破屋數間而已矣】‘玉川先生’은 盧仝. 《眞寶》注에 “仝, 居東都, 自號玉川子”라 함. 《五百家注》에 “孫曰: 仝居洛陽自號玉川子. 韓曰: 選〈放歌行〉:「雞鳴洛城裏, 禁門平旦開.」”라 함. ‘破屋數間而已矣’는 다 허물어져가는 집 몇 칸이 되지 않음. 매우 淸貧함을 뜻함.

【一奴長鬚不裹頭, 一婢赤脚老無齒】‘一奴長鬚不裹頭’는 한 하인은 긴 수염에, 머리는 묶지도 않았음. ‘裹頭’는 성인이 된 남자는 머리를 묶고 비단 등 천으로 머리띠를 매었음. ‘一婢赤脚老無齒’는 한 하녀는 맨발에, 늙어 이가 빠졌음.

【辛勤奉養十餘人, 上有慈親下妻子】‘辛勤奉養十餘人’은 家率 10여 명을 먹여 살리느라 온갖 고생을 다함.

【先生結髮憎俗徒, 閉門不出動一紀】‘結髮’은 소년시절. 《五百家注》에 “孫曰: 結髮謂少年時”라 함. 남자들은 20세가 되면 머리를 묶어 매었음. 《漢書》李廣傳에 “廣結髮與匈奴大小七十餘戰”이라 함. ‘憎俗徒’는 속된 무리들을 증오함. ‘動’은 ‘잠깐 움직이는 사이에’의 뜻. ‘一紀’는 歲星(木星)의 1周期로서 12년. 木星은 주기가 12년이어서, 고대에는 이를 기준으로 ‘歲星紀年法’을 사용하였음. 그러나 실제로는 11,86년으로 정확하게 맞지 않아 이를 漢나라 때 劉歆이 발견하고 그 오류를 바로잡기 위해 144년에 한 번씩 ‘超辰法’으로 맞추어, 東漢 順帝 이후에는 歲星紀年法을 사용하지 않음. 《眞寶》注에 “一紀, 十二年也”라 함. 《五百家注》에 “韓曰: 《周禮》: 一紀十有二年”이라 함.

【至令鄰乞僧米送, 僕忝縣尹能不恥】‘至令鄰乞僧米送’은 이웃 승려들로 하여금 쌀을 구걸하여 보내주도록 함. ‘僕’은 韓愈 자신. ‘忝’은 욕됨. 겸양을 표시하기 위해 넣은 글자. ‘縣尹’은 縣令. 《事文類聚》外集(14)〈縣尹〉에 “歷代沿革: 周制: 四百里爲縣官, 有縣正, 各掌其縣之政令, 而賞罰之. 春秋: 千里百縣, 縣有四郡. 時縣大而郡小, 上大夫受縣, 下大夫受郡. 縣邑之長曰宰, 曰尹, 曰公, 曰大夫. 戰國以來郡大而

縣小. 秦有縣令長. 漢因之, 凡掌治其縣萬戶以上爲令, 減萬戶爲長, 侯國爲相, 秩亦如之. 凡縣道國邑千五百八十七, 後漢每縣邑道. 大者, 置令一, 人千石, 其次置長, 四百石, 小者, 置長三百石. 侯國之相, 秩次亦如之. 凡縣有蠻夷曰道, 公主所食湯沐曰國, 縣萬戶以上爲令, 不滿爲長. 侯國爲相皆秦制也. 凡掌治民, 顯善勸義, 察姦罰惡, 理, 晉謂之大夫, 魯衞謂之宰, 楚謂之令尹. 列侯所食縣爲國, 皇太后皇公主所食曰邑, 有蠻夷曰道. ……唐制縣有六等之差, 凡一千五百七十三縣, 令各一人, 掌導揚風化, 撫字黎氓, 敬四民之業, 崇五土之利, 養鰥寡, 恤孤窮, 審察寃, 屈躬親獄訟. 凡民田收受縣令給之. 每歲季冬行鄉飮酒禮'라 함. 여기서는 한유 자신이 洛陽令이 되어 있음을 말함. '나는 욕되게도 현령이 되어 그를 보살피지 못하고 있으니 부끄럽지 않을 수 있겠는가?'의 뜻. 자신이 노동을 잘 대접하거나 보살피지 못하고 있음을 자책한 것.

【俸錢供給公私餘, 時致薄少助祭祀】 '俸錢'은 俸祿. 봉급으로 받은 돈. '時致薄少助祭祀'는 때때로 薄하고 적은 돈이지만 제사에 보태 쓰도록 보내줌. '致'는 送과 같음. 《五百家注》에 "致, 送也"라 함.

【勸參留守謁大尹, 言語纔及輒掩耳】 '參'과 '謁'은 모두 '찾아가 뵙다'의 뜻. 《字彙》에 "參, 趨丞也. 覲也, 謁也"라 함. '留守'는 임금이 다른 곳으로 행차할 때 그곳을 남아 지키도록 임무를 맡은 자. 《事文類聚》 外集(7) 〈留守〉에 "歷代沿革: 漢和帝南巡, 張禹以太尉兼衞尉留守, 隋大業九年, 代王侑留守西京, 十二年李淵太原留守, 王威高君雅爲副. 唐太宗貞觀十七年親征遼東, 置京城留守以房玄齡, 充蕭瑀爲副. 其後車駕不在京都, 則置留守, 以金吾大將爲副. 咸亨二年高宗幸洛陽, 以雍州長史李晦爲西京留守, 其後車駕發京都, 則置留守, 以右金吾大將軍爲副留守, 太原府亦置尹及少尹, 以尹爲留守, 少尹爲副留守, 謂之三都留守. 五代晉天福七年, 勅留守之任委寄非輕"이라 함. '大尹'은 府尹. 《眞寶》注에 "大尹, 府尹也"라 함. 洛陽은 河南府에 속하여 河南府尹을 가리킴. 《事物紀原》(6)에 "府尹, 按〈漢百官表〉曰: 右內史, 武帝太初元年更名京兆尹, 唐以州郡建府者, 皆曰尹"이라 하여 洛陽은 東都로써 留守가 있고, 동시에 河南府가 있어 府尹(大尹)이 있었음. 당시 洛陽留守는 鄭餘慶이었으며, 河南府尹은 李素로서 小尹이면서 大尹의 직책을 겸하고 있었음. 《五百家注》에 "樊曰: 洛城有東都留守, 有河南尹. 公送溫造序曰:「自居守河南, 尹及百司之執事, 誌盧登封墓. 日爲書告.」 留守與河南尹, 是時鄭餘慶留守東都, 李素以少尹行大尹事"라 함. 《眞寶》注에는 "洛陽, 本漢郡, 故置重臣留守, 大尹, 府尹也"라 함. '纔'는 '하자마자, 겨우' 등의 뜻. 《眞寶》注에 "纔, 音才"라 함. '輒掩耳'는 곧바로 귀를 막음. 듣지

않으려 함.

【水北山人得名聲, 去年去作幕下士】'水北'은 洛水 북쪽 기슭. '山人'은 隱者의 다른
말. 隱者 石洪을 가리킴. 石洪은 자는 濬川. 원래 그도 은일을 고집하였으나 烏重
胤이 河陽三城節度使가 되어 그를 부르자 나와서 벼슬하였음을 말함. 《眞寶》 注
에 "水北山人, 石洪, 字濬川, 居洛之北涯"라 함. 《眞寶》(後集 039) 韓愈의 〈送石洪
處士序〉를 참조할 것. '幕下士'는 幕府(將軍, 節度使 陣營의 幕舍)에서 벼슬하는 사
람. '幕'은 《事物紀原》(6) '幕府'에 "《漢書》 李廣傳注: 晉灼曰:「衛靑征匈奴大克, 就拜
大將軍於幕中. 故曰幕府. 幕府之名始於此也.」 顔師古曰:「幕府者, 以軍幕爲義, 軍
旅無常居止, 故以帳幕遮之, 廉頗, 李牧, 市租皆入幕府, 此則非因衛靑始有號矣.」
又漢文帝問馮唐, 唐對有上功幕府之說, 則上將之稱, 幕府其來久矣. 今人以稱元帥,
義取諸此"라 함.

【水南山人又繼往, 鞍馬僕從塞閭里】'水南山人'은 洛水 남쪽 기슭에 은거하던 溫造
(字 敬興)를 가리킴. 그 역시 烏重胤에게 발탁되어 벼슬에 나섬. 《眞寶》 注에 "水
南山人, 溫造, 字簡興(敬興), 居洛之南涯"라 함. 《眞寶》(後集 040) 韓愈의 〈送溫造
處士序〉를 참조할 것. 《五百家注》에 "孫曰: 水北水南, 謂洛水之南北也. 在洛陽城
中. 元和五年烏重胤爲河陽三城節度使, 辟石洪爲從事, 洪居水北; 溫造字敬興, 亦
爲所辟, 造居水南, 故云水北水南山人也"라 함. '鞍馬僕從塞閭里'는 안장을 얹은
말과 그를 따르는 僕從(하인)들이 마을을 메울 정도로 대단하였음.

【少室山人索價高, 兩以諫官徵不起】'少室山'은 嵩山의 서쪽 봉우리. 그곳에 은거하
던 李渤을 가리킴. 그 역시 처음에는 벼슬을 거부하였으나 河南令이 글을 보내
어 권유하자 東都 洛陽으로 벼슬길에 나섰음. 《眞寶》 注에 "李渤, 字濬之, 涉之
兄. 初隱廬山, 後隱嵩岳少室山, 上書言時政, 徵之不起"라 함. '諫官'은 잘못을 간
하는 관리. 李渤 역시 河陽少尹 杜兼이 두 번이나 諫官이 되어 달라고 불렀을
때는 나오지 않았음. 《五百家注》에 "孫曰:李渤字濬之, 刻志于學. 與仲兄涉, 偕
隱廬山, 久之, 徙少室. 元和元年鹽鐵轉運使李巽諫議大夫, 韋況交薦之, 詔以左拾
遺召, 不至. 四年河陽少尹杜兼遣吏持詔敦促, 又不赴. 公爲河南令, 遺渤書譬說,
渤善公言, 始出家東都"라 함.

【彼皆刺口論世事, 有力未免遭驅使】'彼'는 그들 세 사람. 즉 水北山人(石洪), 水南山
人(溫造), 少室山人(李渤)과 같은 사람들. '刺口'는 세태의 잘못을 입으로 풍자함.
'刺'은 《眞寶》 注에 "七亦反"이라 하여 '척'으로 읽음. '有力'은 有力者. '驅使'는 부림
을 당함.

【先生事業不可量, 惟用法律自繩己】'先生'은 盧仝을 가리킴. '事業'은 평소 修行하며 道를 지켜 固執하는 事案들. '法律'은 성인의 올바른 율법. '繩'은 새끼. 줄. 먹줄을 켜서 나무를 바르게 깎거나 자르듯이 몸가짐을 바르게 함.《尙書》說命篇에 "惟木從繩則正, 后從諫則聖"이라 하였고,《荀子》勸學篇에도 "木直中繩; 輮以爲輪, 其曲中規, 雖有槁暴, 不復挺者, 輮使之然也. 故木受繩則直, 金就礪則利, 君子博學而日參省乎己, 則知明而行無過矣"라 하였으며,《大戴禮記》勸學篇에도 "木從繩則直, 金就礪則利, 君子博學如日參省焉, 故知明則行無過"라 함.

【春秋三傳束高閣, 獨抱遺經究終始】'春秋三傳'은 孔子가 저술한《春秋》에 대한 三家의 해설. 左丘明의《左氏傳》, 公羊高의《公羊傳》, 穀梁赤의《穀梁傳》.《眞寶》注에 "春秋有《左氏》,《公羊氏》,《穀梁氏》三傳, 傳, 去聲"이라 함. '傳'은 '經' 다음으로 賢人이 經을 풀이한 책을 말함.《博物志》文籍考에 "聖人制作曰經, 賢者著述曰傳, 曰章句, 曰解, 曰論, 曰讀"이라 함. '束高閣'은 묶어서 높은 누각에 둠. 모두 통달하여 더 볼 것이 없음을 뜻함.《晉書》殷浩傳에 "殷浩才多冠世, 庾翼曰:「此輩宜束之高閣, 後天下太平, 徐議其任爾.」"라 함.《五百家注》에 "補注:《隱居詩話》: 班固云:「春秋五傳, 謂左丘明, 公羊高, 穀梁赤, 鄒氏, 夾氏也.」 又云:「鄒氏無書, 夾氏未有書.」 而韓〈贈盧仝詩〉云:「春秋五傳果何書」也. 孫曰: 晉杜乂, 殷洪並才名冠世, 庾翼弗之重, 語人曰:「此輩宜束之高閣, 俟天下太平, 然後議其任耳」五傳一作, 三傳"이라 함. '遺經'은 성인이 남겨놓은 經書들. 남들이 다 보지 못한 逸書들.

【仕來弄筆嘲同異, 怪辭驚衆謗不已】'仕來'는 '仕年'의 오기. 보는 판본에 모두 '仕年'으로 되어 있음. '弄筆'은 장난삼아 글을 지음. 盧仝은 馬異와 교유하면서 자신 이름 '仝'(同)과 馬異의 '異'자를 戲化하여 "「昨日仝不同, 異自異, 是謂大同而小異; 今日仝自同, 異不異, 是謂同不往而異不至.」"라는 시를 지어 보낸 고사가 있음.《唐才子傳》(5) 馬異傳에 "馬異, 睦州人也. 興元元年, 禮部侍郎鮑防下進士第二人. 少與皇甫湜同硯席, 賦性高疎, 詞調怪澁. 雖風骨稜稜, 不免枯瘠. 盧仝聞之, 頗合己志, 願與結交, 遂立同異之論. 以詩贈答, 有云:「昨日仝不同, 異自異, 是謂大同而小異; 今日仝自同, 異不異, 是謂同不往而異不至.」 斯亦怪之甚也. 後不知所終, 集今傳世"라 함.《五百家注》에 "孫曰: 仝與馬異結交, 詩云:『仝不同, 異不異, 是謂大仝而小異; 仝自同, 異自異, 是謂仝不往兮異不至.』"라 함.《眞寶》注에 "仝與馬異詩:「同不同, 異不異.」"라 함. '怪辭驚衆'은 그의〈月蝕〉시의 괴이한 문구들이 사람들을 놀라게 함.《唐才子傳》盧仝傳에 "元和間月蝕, 仝賦詩, 意切當時逆黨, 愈極稱工, 餘人稍恨之"라 함. '謗'은 비방함. 盧仝이〈月蝕〉시를 통해 당시 逆黨들을 비

방하였음. 〈月蝕〉詩는 참고란을 볼 것.

【近來自說尋坦途, 猶上虛空跨騄駬】 '坦途'는 평탄한 길. 근래에는 그저 平坦한 길을 찾고 있다고 스스로 말함. 더 이상 괴팍한 행동을 하지 않을 것임을 밝힘. 《五百家注》에 "孫曰:坦途, 謂平易也"라 함. '虛空'은 일부 판본에는 '靑雲'으로 되어 있음. '跨'는 '걸터앉다. 올라타다'의 뜻. '騄駬'는 周 穆王이 타던 八駿馬의 하나. 《列子》에는 '綠耳'로 표기하고 있음. 《淮南子》에 "騏驥, 騄駬, 天下疾馬也"라 함. 《五百家注》에 "騄駬, 良馬名. 耳色綠. 韓曰:《淮南子》:「騏驥, 騄駬, 天下之疾馬.」孫曰:《史記》:「造父得驊騮綠耳之乘.」騄, 音綠. 駬, 音耳. 虛空, 一作靑雲"이라 함.

【去歲生兒名添丁, 意令與國充耘耔】 '添丁'은 원의대로는 '壯丁을 더하다'의 의미. 그러나 《唐才子傳》에 "先是, 生子名「添丁」, 人以爲讖云"라 하여 '丁'은 스무 살이며 동시에 '釘'과 음이 같아 유추한 讖言으로 '20대에 못을 박다'의 의미. 즉 노동이 그런 이름을 지어줌으로 해서 첨정이 일찍 죽었다고 여겼던 것임. 이 이야기는 宋代에 널리 퍼졌으며, 錢易의 《南部新書》(壬部), 晁公武의 《郡齋讀書志》(4), 劉克莊의 《後村詩話》(前集 1) 등에 모두 실려 있음. 그러나 盧仝이 죽은 것은 唐 憲宗 元和 8年(813) 전후로 40여 세였고 甘露之變은 그로부터 20여 년 후(835)의 일로 사실과 맞지 않음. 《眞寶》注에 "唐制:二十成丁"이라 함. 《五百家注》에 "孫曰:仝有〈添丁〉詩"라 함. '耘耔'는 김을 매고 북돋움. 농사일을 말함. 농사짓는 장정을 늘리기 위해 자신의 아들 이름을 '添丁'으로 지었다는 뜻.

【國家丁口連四海, 豈無農夫親耒耜】 '丁口'는 壯丁의 인구 수. 농사지을 사람의 숫자를 말함. 이로써 租稅를 징수함. 《字彙》에 "唐志:男子二十爲丁, 一說二十以上爲丁. 人壽百年爲期, 一幹十年, 則丁當四十强壯之時, 故曰丁"이라 함. 한편 《新唐書》 食貨志에는 "凡民始生爲黃, 四歲爲小, 十六爲中. 二十一爲丁, 六十爲老, 授田之制:丁及男年十八以上者人一頃, 其八十畝爲口分, 二十畝爲永業. 凡授田者, 丁歲輸粟二斛稻三斛, 謂之租丁"이라 함. '耒耜'는 쟁기와 보습. 농기구. 농사일을 말함.

【先生抱才終大用, 宰相未許終不仕】 '先生抱才終大用'은 노동은 재능을 안고 있어 끝내 크게 등용될 것임. '宰相未許終不仕'는 재상 정도의 자리를 허락하지 않으면 끝까지 벼슬하지 않을 것임.

【假如不在陳力列, 立言垂範亦足恃】 '陳力列'은 힘을 다해 나랏일을 하는 官位의 班列. 《論語》季氏篇에 "孔子曰:「求! 周任有言曰:『陳力就列, 不能者止.』危而不持, 顚而不扶, 則將焉用彼相矣? 且爾言過矣, 虎兕出於柙, 龜玉毁於櫝中, 是誰之過與?」"이라 함. 《五百家注》에 "列, 位也. 韓曰:《語》:「陳力就列.」"이라 함. '立言'은 후

세에까지 교훈이 될 만한 말을 남겨 가르쳐 줌. '垂範'은 모범을 늘어뜨려 보여줌. 모범이 됨을 말함.

【苗裔當蒙十世宥, 豈謂貽厥無基址】'苗裔'는 後裔, 후손.《楚辭》離騷經 "帝高陽之 苗裔"의 朱熹 注에 "苗裔, 遠孫也. 苗者, 草之莖葉根所生也; 裔者, 衣裾之末衣之 餘也, 故以爲遠末子孫之稱也"라 함. '十世宥'는 훌륭한 일을 한 사람은 그 후손 십대를 두고 죄를 용서하여 귀감으로 삼음.《左傳》襄公 21년에 "於是祁奚老矣, 聞之, 乘駟而見宣子, 曰: 「《詩》曰: 『惠我無疆, 子孫保之』《書》曰: 『聖有謩勳, 明徵 定保』夫謀而鮮過, 惠訓不倦者, 叔向有焉, 社稷之固也, 猶將十世宥之, 以勸能者. 今壹不免其身, 以棄社稷, 不亦惑乎? 鯀殛而禹興, 伊尹放大甲而相之, 卒無怨色; 管, 蔡爲戮, 周公右王. 若之何其以虎也棄社稷? 子爲善, 誰敢不勉? 多殺何爲?」라 함.《眞寶》注에는 "《左》襄二十一年: 社稷之臣也, 猶將十世宥之, 以勸能者"라 함. 《五百家注》에 "孫曰: 襄二十一年《左氏》: 「謀而鮮過, 惠訓不倦者, 叔向有焉, 社稷之 固也. 猶將十世宥之」라 함. '貽'는 업적을 남겨 후대에 영향을 끼침. '詒'와 같음. '厥'은 其와 같음. '址'는 터.《詩》大兒 文王有聲 "詒厥孫謀, 以燕翼子"의 朱熹 注 에 "謀及其孫, 則子可以無事矣"라 함.《眞寶》注에 "音止.《詩》: 「詒闕孫謀」라 함.

【故知忠孝出天性, 潔身亂倫安足擬】'故知忠孝出天性'은 그러므로 忠과 孝는 천성 에서 나옴을 알 수 있음. '潔身亂倫'은 자기 한 몸만을 깨끗이 하고자 하다가 人 倫을 어지럽히게 됨. '擬'는 '비기다, 그에 맞추다'의 뜻.《論語》微子篇에 "子路從 而後, 遇丈人, 以杖荷蓧. 子路問曰: 「子見夫子乎?」丈人曰: 「四體不勤, 五穀不分. 孰爲夫子?」植其杖而芸. 子路拱而立. 止子路宿, 殺雞爲黍而食之, 見其二子焉. 明 日, 子路行以告. 子曰: 「隱者也」使子路反見之. 至, 則行矣. 子路曰: 「不仕無義. 長 幼之節, 不可廢也; 君臣之義, 如之何其廢之? 欲潔其身, 而亂大倫. 君子之仕也, 行 其義也. 道之不行, 已知之矣」라 함.

【昨夜長鬚來下狀, 隔墻惡少惡難似】'長鬚'는 수염이 긴 하인. '狀'은 편지, 牒狀. 그 가 어젯밤 한유에게 牒狀을 가지고 옴. '隔墻惡少惡難似'는 그 편지의 내용임. '隔墻'은 담 넘어, 이웃집. '惡少'는 惡童. 염치도 예의도 없이 먹는 것만 밝히는 아 이. '難似'는 '무엇을 닮았다고 표현하기조차 어려움'. 우례를 찾아볼 수 없을 정 도임.《五百家注》: "韓曰:《荀子》: 「無廉恥而嗜乎飮食, 可謂惡少者也」라 함.

【每騎屋山下窺瞰, 渾舍驚怕走折趾】'屋山'은 지붕 대마루. '窺瞰'은 '엿보고 내려다 봄'. '窺闞'으로도 표기함.《眞寶》注에 "窺, 缺規反; 瞰, 苦暫反"이라 함. '渾舍'는 온 집안. '折趾'는 발가락을 접지르거나 다침. 피해 다니느라 고통을 당함을 뜻함.

【憑依婚媾欺官吏, 不信令行能禁止】'婚媾'는 姻戚 관계를 말함.《易》震卦 上六에 "婚媾有言. 婚, 娶婦也; 媾, 音姤. 重婚也"라 함. 인척관계임을 빙자하여 관리를 속임. '憑依'는 憑藉와 같은 뜻임. '不信令行能禁止'는 법령이 시행되어 능히 그런 못된 짓을 금지시키게 될 것이라는 것을 믿지 않음.

【先生受屈未曾語, 忽此來告良有以】'先生受屈未曾語'는 盧仝은 그러한 굴욕을 받아도 일찍이 이를 말로 털어놓아 본 적이 없음. '忽此來告良有以'는 홀연히 이렇게 고하는 것은 진실로 이유가 있음. '以'는 由, 因 등과 같음.《詩》邶風 旄丘 "何其久也, 必有以也"의 朱熹 注에 "以, 他故也"라 함.

【嗟我身爲赤縣尹, 操權不用欲何俟】'嗟'는 안타까움을 표현할 때 사용하는 감탄사. 劉熙《釋名》에 "嗟, 佐也. 言之不足以盡意, 故發此聲以自佐也"라 함. '赤縣尹'은 京都에 속한 縣의 尹. 洛陽은 東都이므로 赤縣이라 한 것. 韓愈 자신이 낙양 현령을 맡고 있었으므로 이렇게 표현한 것. 唐代에는 縣을 6등급으로 나누었음.《事文類聚》(外集 14)에 "唐制:縣有六等之差, 赤, 畿, 望, 緊, 上中下, 京都所治爲赤縣, 旁邑, 邑爲畿縣, 其餘則以戶口多少, 地美惡爲差"라 함.《眞寶》注는에 "京邑曰赤縣, 洛水東京, 故亦曰赤縣"이라 함. '操權不用欲何俟'의 '操'는 '잡다, 쥐다'의 뜻. '權'은 저울대. 따라서 '操權'은 권력을 쥐고 결정권을 가짐. '이를 사용하지 아니하고 언제 어디에 쓰려고 기다리려 하겠는가?'의 뜻.

【立召賊曹呼五百, 盡取鼠輩尸諸市】'賊曹'는 刑罰을 다스리는 官職 이름. 杜佑《通典》職官典에 "掌水火, 盜賊, 詞訟, 罪法"이라 함.《事文類聚》(遺集 15)에는 "兩漢有決曹賊曹掾, 主刑法. 歷代皆有. 唐掌律令, 定罪盜賊贓贖之事"라 함. '五百'은 형을 집행하는 관리. 行杖人과 같음. 원래 伍伯(伍佰)으로 표기하여왔음. 崔豹《古今注》에 "五伯, 一伍之伯也, 五人曰伍, 伍長爲伯. 古稱伍伯. 一曰戶伯. 漢制:兵吏五人一戶竈, 置一伯. 故戶伯又曰火伯, 以爲一竈之主. 漢諸公行則戶伯率其伍以導引"이라 함.《後漢書》曹節傳의 注에 "韋昭《辨釋名》曰:五百, 字本爲伍佰. 伍, 當也; 佰, 道也, 使之導引當道陌中以驅除也. 按今俗呼行杖人爲五百也"라 함.《五百家注》에는 "孫曰:漢郡國有賊曹, 主盜賊事. 張敞爲京兆尹, 有賊曹掾絮舜, 是其職也.《古今注》:「五百, 一伍之長. 五人曰伍, 伍長爲伯, 即今之行杖人也.」韓曰:《後漢》注:韋昭《辨釋名》曰:「五百字本爲伍陌. 伍, 當也; 陌, 道也. 使之導引當道陌中驅除也. 按今俗呼行杖人爲五百.」又「禰衡不遜于黃祖, 祖怒令五百將出, 加筆. 衡大罵祖, 遂殺之.」注:「五百, 猶今之問事者.」라 함.《眞寶》注에는 "韋昭曰:五百, 本作伍陌. 伍, 當也; 陌, 道也. 使人導引當道陌中, 以驅除也. 今俗呼行杖人爲五百"이라 함.

'鼠輩'는 쥐 같은 무리. 惡少들을 가리킴.《眞寶》注에 "鼠輩, 賊人"이라 함. '尸諸市'는 죄인을 죽여 그 시신을 저잣거리에 내걸어 구경시키는 것. 諸는 '之於', '之乎'의 合音字.《眞寶》注에 "尸, 殺也"라 함.

【先生又遣長鬚來, 如此處置非所喜】'先生又遣長鬚來'는 노동이 다시 수염 긴 노비를 보내어 옴. '如此處置非所喜'는 이렇게 처치하는 것은 자신이 기뻐하는 바가 아니라 함.

【況又時當長養節, 都邑未可猛政理】'長養節'은 만물을 자라게 하고 길러주는 계절. 곧 봄. 이에 따라 고대 仲春에는 정치에서도 여러 가지 恩賜를 베풀었음.《禮記》月令에 "仲春之月, 安萌芽, 養幼少, 存諸孤. 命有司省囹圄, 去桎梏, 毋肆掠, 止獄訟"이라 함. '都邑未可猛政理'는 도읍을 사나운 행정으로 다스리는 것은 옳지 않음.

【先生固是余所畏, 度量不敢窺涯涘】'固'는 副詞로 '진실로'의 뜻. '畏'는 敬畏함. 두렵게 여기면서 공경함. '度量'은 마음의 넓이와 폭. 사람이 품고 있는 아량. '涯涘'(애사)는 바다 저쪽 가 끝.《眞寶》注에 "涘, 音似"라 함.《說文》에 "涘, 水厓也"라 함.

【放縱是誰之過歟? 效尤戮僕愧前史】'放縱'은 멋대로 행동함. '恣'와 같음. 멋대로 처형한 일. '歟'는 感歎이나 가벼운 의문을 표시하는 終結詞. '效尤'는 잘못을 본받음.《左傳》襄公 21년 "欒盈過於周, 周西鄙掠之. 辭於行人曰:「天子陪臣盈, 得罪於王之守臣, 將逃罪. 罪重於郊甸, 無所伏竄, 敢布其死, 昔陪臣書能輸力於王室, 王施惠焉. 其子黶不能保任其父之勞. 大君若不棄書之力, 亡臣猶有所逃. 若棄書之力, 而思黶之罪, 臣, 戮餘也, 將歸死於尉氏, 不敢還矣. 敢布四體, 唯人君命焉.」王曰:「尤而效之, 其又甚焉.」"의 杜預 注에 "尤, 晉逐盈而自掠之, 是效尤"라 함. 여기서는 惡少를 처형하면서 惡少의 행동처럼 난폭한 방법으로 하였음을 말함. '戮僕'은 천한 자를 죽임. 곧 惡少들을 죽임. '愧前史'는 前代 史官에게 부끄러움. '前史'는 구체적으로 左丘明의《左傳》의 구절을 인용한 것. 襄公 3년에 "晉侯之弟揚干亂行於曲梁, 魏絳戮其僕. 晉侯怒, 謂羊舌赤曰:「合諸侯, 以爲榮也. 揚干爲戮, 何辱如之? 必殺魏絳, 無失也!」對曰:「絳無貳志, 事君不辟難, 有罪不逃刑, 其將來辭, 何辱命焉?」言終, 魏絳至, 授僕人書, 將伏劍. 士魴, 張老止之. 公跣而出, 曰:「日君乏使, 使臣斯司馬. 臣聞『師衆以順爲武, 軍事有死無犯爲敬』. 君合諸侯, 臣敢不敬? 君師不武, 執事不敬, 罪莫大焉. 臣懼其死, 以及揚干, 無所逃罪. 不能致訓, 至於用鉞, 臣之罪重, 敢有不從以怒君心? 請歸死於司寇.」公跣而出, 曰:「寡人之言, 親愛也; 吾子之討, 軍禮也. 寡人有弟, 弗能敎訓, 使干大命, 寡人之過也. 子無重寡人之過也, 敢以爲請.」晉侯以魏絳爲能以刑佐民矣, 反役, 與之禮食, 使佐新軍. 張老爲

中軍司馬, 士富爲侯奄.'이라 함.《眞寶》注에는 "若效尤晉之魏絳戮楊干之僕, 有愧
於春秋之前史"라 함.

【買羊沽酒謝不敏, 偶逢明月耀桃李】'沽'는 '사다'의 뜻. '謝不敏'은 민첩하게 행동하
지 못하였음을 사과함. '偶逢明月耀桃李'는 밝은 달빛에 桃李가 빛나는 때를 만
남. 좋은 계절임을 말함.《五百家注》에 "補注: 即〈李花詩〉云:「日光赤色照未好, 明
月暫入都交加. 夜領張徹投盧全, 乘雲共至玉皇家」也"라 함.

【先生有意許降臨, 更遣長鬚致雙鯉】'先生有意許降臨'은 선생께서 뜻이 있으시면
왕림함을 허락하시기 바람. '雙鯉'는 편지를 일컫는 말. 漢代 樂府上(084)에 "客從
遠方來, 遺我雙鯉魚. 呼童烹鯉魚, 中有尺素書"라 한 구절에서 유래됨.《眞寶》注
에 "雙鯉, 書也"라 함.《五百家注》에 "孫曰:〈古樂府〉云:「客從遠方來, 贈我雙鯉魚.
呼兒烹鯉魚, 中有尺素書.」致雙鯉, 欲遣之以書也"라 함.

참고 및 관련 자료

1. 韓退之:韓愈, 韓文公, 韓昌黎. 008 참조.

2. 이 시는《五百家集注昌黎文集》(5),《別本韓文考異》(5),《東雅堂昌黎集註》(5),
《御定全唐詩錄》(49),《御選唐宋詩醇》(30),《全唐詩》(340) 등에 실려 있음.

3. 韻脚은 '裏, 矣, 齒, 子, 紀, 恥, 祀, 耳, 土, 里, 起, 使, 己, 始, 已, 駬, 耔, 耜, 仕,
恃, 址, 擬, 似, 趾, 止, 以, 俟, 市, 喜, 理, 涘, 史, 李, 鯉'.

4. 盧仝(775?–835, 755?–811?)

(1)'玉川子'라 부르며《河南通志》(卷65)〈文苑〉에 "盧仝, 濟源人, 號玉川子, 好學博
覽, 工詩"라 함. 그의 文集은《新唐書》(藝文志, 4)에《玉川子詩》1卷,《崇文總目》,《郡
齋讀書志》(4)에 역시 1卷이라 하였으나,《直齋書錄解題》(19)에는《盧仝集》3卷이라
하였음.《全唐詩》에 詩 3卷(387–389)이 실려 있으며,《全唐詩外編》및《全唐詩續拾》
에 詩 1首와 斷句 1句가 補入되어 있음.《唐詩紀事》(35)에 관련 기록이 있음.

(2)《新唐書》(176) 참조.

(3)《唐詩紀事》(35)

仝, 居東都, 退之爲河南令, 愛其詩, 厚禮之, 自號玉川子, 嘗爲〈月蝕詩〉, 譏切元和
朋黨.

(4)《全唐詩》(387)

盧仝, 范陽人, 隱少室山, 自號玉川子. 微諫議不起, 韓愈爲河南令, 愛其詩, 厚禮之.
後因宿王涯第, 罹甘露之禍, 詩三卷.

(5)《唐才子傳》(5)

盧仝: 范陽人. 初, 隱少室山, 號「玉川子」. 家甚貧, 惟圖書堆積. 後卜居洛城, 破室數間而已.「一奴長鬚不裹頭, 一婢赤脚老無齒.」終日苦哦, 隣僧送米. 朝廷知其淸介之節, 凡兩備禮徵爲諫議大夫, 不起. 時韓愈爲河南令, 愛其操, 敬待之. 嘗爲惡少所恐, 訴於愈, 方爲申理, 仝復慮盜憎主人, 願罷之, 愈益服其度量. 元和閒月蝕, 仝賦詩, 意切當時逆黨, 愈極稱工, 餘人稍恨之. 時王涯秉政, 胥怨於人. 及禍起, 仝偶與諸客會食涯書館中, 因留宿, 吏卒掩捕, 仝曰:「我盧山人也, 於衆無怨, 何罪之有?」吏曰:「旣云山人, 來宰相宅, 容非罪乎?」倉忙不能自理, 竟同甘露之禍. 仝老無髮, 奄人於腦後加釘. 先是, 生子名「添丁」, 人以爲讖云. 仝性高古介僻, 所見不凡近. 唐詩體無遺, 而仝之所作特異, 自成一家, 語尙奇譎, 讀者難解, 識者易知. 後來倣效比擬, 遂爲一格宗師. 有集一卷, 今傳. ◎古詩云:「枯魚過河泣, 何時悔復及. 作書與魴鱮, 相戒愼出入.」斯所以防前之覆轍也. 仝志懷霜雪, 操擬松柏, 深造括囊之高, 夫何戶庭之失! 噫! 一蹈非地, 旋踵逮殃, 玉石俱爛, 可不通哉!

(6)盧仝〈月蝕詩〉(《全唐詩》387:《唐詩紀事》35도 같음.)

『新天子卽位五年, 歲次庚寅, 斗柄揷子. 律調黃鐘, 森森萬木夜殭立, 寒氣屭贔頑無風. 爛銀盤從海底出, 出來照我草屋東. 天色紺滑凝不流, 冰光交貫寒瞳矓. 初疑白蓮花, 浮出龍王宮. 八月十五夜, 比並不可雙. 此時怪事發, 有物吞食來. 輪如壯士斧斫壞, 桂似雪山風拉摧.』(下略)

(7)〈一格宗師〉

○ 宋 嚴羽《滄浪詩話》詩體에 '盧仝體'라 하고《詩評》에 "玉川之怪, 長吉之瑰詭, 天地間自欠此體不得"이라 하였다.

○ 宋 劉克莊《後村詩話》新集(2)

「玉川詩有古朴而奇怪者, 有質俚而高深者, 有僻澁而條暢者. 元和, 大曆間詩人多出韓門, 韓於諸人多稱其名, 惟玉川常加『先生』二字.」

○ 金 元好問〈論詩三十首〉13(《遺山先生文集》11)

『萬古文章有坦途, 縱橫誰似玉川盧? 眞書不入今人眼, 兒輩從敎鬼畫符.』

157. 〈李伯時畫圖〉 ················ 邢敦夫(居實)
이백시의 그림

* 〈眞實〉注에 "山谷之弟黃知命, 衣白衫騎驢, 緣道搖頭而歌; 陳履常, 負杖挾囊于後, 一市大驚. 李伯時因畫爲圖, 邢敦夫爲作長歌"라 함.
* 〈李伯時畫圖〉: 李伯時의 그림을 두고 邢敦夫가 시로 읊은 것. 《宋詩紀事》에는 제목이 〈李伯時畫黃知命騎驢圖爲賦長歌〉로 되어 있음. 李伯時는 李公麟. 宋代의 유명한 화가. 자는 伯時, 호는 龍眠居士. 〈題太乙眞人蓮葉圖〉(141)를 볼 것. 《山堂肆考》(166)에 "〈騎驢圖〉: 宋黃叔達, 號知命. 君在黔中作數詩, 附《山谷集》中, 殊有家法. 嘗與陳履常謁法雲禪師, 夜歸衣白衫騎驢緣道, 搖頭而歌, 履常行於後. 一市驚以爲異人. 明日李伯時畫以爲圖, 邢敦夫作歌"라 함. 한편 邢敦夫는 자가 居實이며 夫和叔의 아들로 蘇東坡의 칭찬을 받고 이름을 날리게 됨. 일찍 요절하였으며 《呻吟集》(1권)을 남김. 한편 《漁隱詩話》(52) 등에 《王直方詩話》를 인용하여 "王直方《詩話》云: 雙井黃叔達, 字知命. 初自江南來與彭城陳履常, 俱謁法雲禪, 師于城南夜歸, 過龍眠, 李伯時知命衣白衫, 騎驢緣道, 搖頭而歌. 履常負杖挾囊于後, 一市大驚, 以爲異人. 伯時因畫爲圖, 而邢敦夫作長歌, 云:「長安城頭烏欲棲, 長安道上行人稀. 浮雲卷盡暮天碧, 但有明月流淸輝. 君獨騎驢向何處? 頭上倒着白接䍦. 長吟搔首望明月, 不學山翁醉似泥. 到得城中燈火鬧, 小兒拍手攔街笑. 道旁觀者那得知? 相逢疑是南山皓. 龍眠居士畫無比, 搖毫弄筆長風起. 酒酣閉目望窮途, 紙上軒昂無乃似? 君不學長安游俠誇年少? 臂鷹挾彈章臺道. 君不能提携長劒取靈武? 指揮猛士驅貔虎. 胡爲脚踏梁宋塵, 終日飄飄無定所? 武陵桃源春欲暮, 白水靑山起煙霧. 竹杖芒鞋歸去來, 頭巾好掛三花樹.」惇夫時年未二十也"라 함.

장안長安 성마루에 까마귀들 깃들려 하자,
장안 길거리에는 오가는 사람 뜸해졌네.
뜬구름 다 걷혀 저녁 하늘은 푸르고,
다만 밝은 달이 맑은 빛을 흘리고 있네.

그대 홀로 나귀 타고 어디로 가고 있나?

머리 위에 흰 접리接䍦를 거꾸로 쓴 채.

길게 읊조리고 머리 긁으며 밝은 달을 바라보니,

산간山簡을 흉내내지 않았음에도 진탕 취했구려.

성 안에 이르자 등불이 번화한데,

아이들은 손뼉 치며 거리를 막고 웃는구나.

길 옆에서 구경하는 이들 무슨 영문인지 어찌 알겠는가?

상산사호商山四皓를 만난 것이 아닌가 서로 의아히 여기네.

용면거사龍眠居士 이백시는 그림 솜씨 견줄 데 없으니,

붓털 흔들며 붓을 놀리자 긴 바람이 일어나네.

술 취해 눈 감고 더 갈 곳 없는 길을 상상해보니,

종이 위의 시원하게 난 길이 비슷하지 않겠는가?

그대는 능히 장안에 유협처럼 뽐내는 젊은이들이,

팔에는 매 얹고 탄궁彈弓을 끼고 장대章臺 거리를 활보하는 모습은 배우지 않았고,

그대는 긴 칼을 차고 영무靈武 지역에서,

사나운 군사들을 지휘하고 비호貔虎와 같은 군사들을 부리는 것도 하지 못하였고,

발로는 양송梁宋 지역을 먼지만 밟고 다녔으면서,

어찌하여 하루 종일 이리저리 정처 없이 떠다니고만 있는가?

무릉도원武陵桃源의 봄이 저물어 가고 있어,

맑은 물 푸른 산에 내와 안개 일고 있다네.

그러니 대지팡이에 짚신 신고 귀거래歸去來하시어,

세 그루 꽃나무에 두건이나 잘 걸어 두시기를.

長安城頭烏欲棲, 長安道上行人稀.

浮雲卷盡暮天碧, 但有明月流淸輝.

君獨騎驢向何處? 頭上倒著白接䍦.

長吟搔首望明月, 不學山翁醉以泥.

到得城中燈火鬧, 小兒拍手攔街笑.

道傍觀者那得知? 相逢疑是商山皓.

龍眠居士畫無比, 搖毫弄筆長風起.

酒酣閉目望窮途, 紙上軒昂無乃似?

君不學長安遊俠誇年少? 臂鷹挾彈章臺道.

君不能提携長劒取靈武? 指揮猛士驅貔虎.

胡爲腳踏梁宋塵, 終日飄飄無定所?

武陵桃源春欲暮, 白水青山起烟霧.

竹杖芒鞋歸去來, 頭巾好掛三花樹.

【長安城頭烏欲棲, 長安道上行人稀】'長安城頭烏欲棲'는 長安에 황혼이 지자 까마
귀들이 깃들려 함.《眞寶》注에 "棲, 音栖. ○李詩:「黃雲城邊烏欲栖.」"(114)라 함.
'長安道上行人稀'는 저녁이 되어 길에 다니는 사람이 적음.

【浮雲卷盡暮天碧, 但有明月流淸輝】'浮雲卷盡暮天碧'은 뜬 구름조차 모두 말려서
사라지자 저녁 하늘이 파란색으로 변함. '但有明月流淸輝'는 다만 밝은 달이 맑
은 빛을 흐르게 하고 있음.

【君獨騎驢向何處? 頭上倒著白接䍦】'君獨騎驢向何處'는 黃知命이 法雲禪師를 알
현하고 나서 밤에 城南에서 돌아오는 도중임. '君'은 黃知命을 가리킴. '白接䍦'는
두건의 일종. 흰 색의 接䍦.《世說新語》任誕篇에 "山季倫爲荊州, 時出酣暢. 人爲
之歌曰:「山公時一醉, 徑造高陽池; 日莫倒載歸, 茗艼無所知. 時復乘駿馬, 倒箸白
接䍦. 擧手問葛彊, 何如幷州兒?」高陽池在襄陽; 彊是其愛將, 幷州人也."라 하였
고,《晉書》山簡傳에도 내용이 같음. 그 白接䍦는 白鷺의 깃으로 장식한 것이라
함. 그러나《眞寶》注에 "䍦, 音離.《世說》:接䍦乃襴衫, 非帽也"라 함.

【長吟搔首望明月, 不學山翁醉以泥】'長吟搔首望明月'은 길게 노래를 읊으며, 머리
를 긁으며 밝은 달을 바라봄. '學'는 '효'로 읽으며 '흉내내다'의 뜻. '山翁'는 山簡
(253-312)을 가리킴. 山簡은 자는 季倫. 山濤의 아들. 太子舍人, 太子庶人, 侍中,
吏部尙書, 靑州, 荊州, 雍州 등의 刺史를 지냈으며, 천하에 대란이 일어나자 술에

빠져 정사를 돌보지 않다가 劉聰, 嚴嶷에게 패배를 당함. 죽은 뒤 征南大將軍, 儀同三司에 추증됨.《晉書》(43)에 傳이 있음. '醉似泥'는 몸을 가누지 못할 정도로 몹시 취함.

【到得城中燈火鬧, 小兒拍手攔街笑】'鬧'는 시끄러움. 왁자지껄함. 번화함. '攔'은 막다.《眞寶》注에 "事見〈襄陽歌〉"라 함. 李白의 〈襄陽歌〉(179)에 "落日欲沒峴山西, 倒著接䍦花下迷, 襄陽小兒齊拍手, 攔街爭唱白銅鍉. 傍人借問笑何事? 笑殺山翁醉似泥."라 한 것을 가리킴.

【道傍觀者那得知? 相逢疑是商山皓】'那'는 哪와 같으며 의문사. '商山皓'는《眞寶》注에 "商山四皓"라 함. 秦末에 난을 피하여 상산에 숨었던 東園公, 甪里先生, 綺里季, 夏黃公의 네 사람. 모두 80여 세로 머리와 수염이 모두 희어 '四皓'라 하였음. 杜甫 〈寄李白〉(095)의 注를 볼 것.

【龍眠居士畫無比, 搖毫弄筆長風起】'龍眠居士'는 李伯時의 號. '搖毫弄筆長風起'는 붓털을 흔들어 붓을 놀리며 그림을 그리자 길게 바람이 일어남. 시원하게 그림을 그리는 모습을 표현한 것.

【酒酣閉目望窮途, 紙上軒昻無乃似】'酒酣閉目望窮途'는 술이 잔뜩 취하자 눈을 감고, 그림 속에 길을 더 그릴 수 없어 더 보이지 않는 길을 바라보며 어디로 이어졌을까 하고 상상함. '紙上軒昻無乃似'의 '軒昻'은 우뚝함. 그림 속의 형세가 시원함. '無乃似'의 '乃'는 疑問文을 구성함. '그와 닮지 않았겠는가?'의 뜻.

【君不學長安遊俠誇年少? 臂鷹挾彈章臺道】'長安遊俠誇年少'은 長安 소년들은 遊俠과 같은 의기가 있다고 스스로 뽐내는 이들임을 말함. 李白의 〈少年子〉(047)를 참조할 것. '臂'는 팔. '鷹'은 매. '挾'은 끼다. 팔 양편에 낌. '彈'은 새를 잡는 데 쓰던 彈弓과 탄환. '章臺道'는 章臺는 戰國시대 秦나라 궁전 안의 누대 이름. 지금의 陝西省 長安縣 故城의 서남쪽 모퉁이에 있었음. 매사냥과 탄환 사냥을 즐기는 모습을 유행으로 여겨 이를 늘 끼고 章臺街道를 활보함.

【君不能提携長劍取靈武? 指揮猛士驅貔虎】'提携'는 '들다, 들어올리다'의 뜻. '靈武'는 唐 玄宗이 安祿山의 난으로 蜀으로 피난 가자 肅宗이 대신 즉위했던 長安 서북쪽 군 이름.《眞寶》注에 "靈武, 西方邊郡也. 方與夏人相爭"이라 함. '貔'(비)는 매우 사나운 짐승 貔貅. 여기서는 용맹스러운 군사에 비유함.

【胡爲脚踏梁宋塵, 終日飄飄無定所】'梁宋'은 梁은 河南 開封, 宋은 河南 商丘 옛날 나라 이름. 따라서 그 지역 일대를 마구 쏘다님을 말함. '飄飄'는 바람에 날리는 모양. 일부 전재된 기록에는 '飄颻'로 되어 있음.

【武陵桃源春欲暮, 白水靑山起烟霧】'武陵桃源'은 陶淵明의 〈桃花源記〉의 仙境을 뜻함.《眞寶》注에 "事見〈桃源行〉注"라 함. 王安石의 〈桃源行〉(222)을 참조할 것. '白水靑山起烟霧'는 그림 속의 흰 물과 푸른 산에 내와 안개가 피어오름.

【竹杖芒鞋歸去來, 頭巾好掛三花樹】'芒鞋'는 짚신. '三花樹'는 꽃이 피어 있는 세 그루의 나무. 두건은 陶淵明이 술을 거르던 葛巾을 연상토록 한 것임.

참고 및 관련 자료

1. 邢敦夫《眞寶》諸賢姓氏事略에 "邢敦夫, 名居實, 絮子, 有文名, 早夭"라 함.

2. 이 시는《宋詩紀事》(34),《時人玉屑》(18),《竹莊詩話》(18),《漁隱叢話》(前集 52),《宋藝圃集》(15),《山堂肆考》(166),《宋詩鈔》(36),《宋元詩會》(25),《詩話總龜》(216) 등에 널리 실려 있음.

3. 韻脚은 '稀, 輝, 羅, 泥'. '鬪, 笑, 皓'. '比, 起, 似'. '少, 道'. '武, 虎, 所, 霧, 樹'.

4.《文獻通考》(237)

邢敦夫《呻吟集》一卷: 龜氏曰: 邢居實, 字敦夫, 和叔之子也. 年十四賦〈明君〉, 引蘇子瞻見而稱之, 由是知名. 未幾和叔貶隨州, 敦夫侍行, 病羸嘔血. 一日有鈴下老卒, 驕慢應對不遜, 敦夫怒而擊之, 無何卒死. 和叔怒, 以敦夫屬吏, 以故疾日侵而夭. 故黃魯直爲之挽云:「眼看白璧埋黃壤, 何況人間父子情?」蓋隱之也. 集後有子瞻, 魯直, 無咎諸公跋.

5.《郡齋讀書志》(4下)

邢敦夫《呻吟集》一卷: 右皇朝邢君實敦夫, 和叔之子. 年十四賦〈明妃〉, 引蘇子瞻見而稱之, 由是知名. 未幾和叔貶隨州, 敦夫侍行病羸嘔血. 一日有鈴下老卒, 驕慢應對不遜, 敦夫怒而擊之, 無何卒死. 和叔怒以敦夫屬吏, 以故疾日侵而夭. 黃魯直爲之挽云:「眼看白璧埋黃壤, 何況人間父子情?」蓋隱之也. 集後有子瞻, 魯直, 無咎諸公跋.

6.《宋詩紀事》(34)

邢居實: 居實字惇夫, 河南原武人恕子, 早卒, 有《呻吟集》.《合璧事類前集》: 邢惇夫有文早夭, 東坡云:「敦夫自爲童所與交, 皆諸公長者, 百不一見, 遂與草木共盡.」山谷云:「謝師復年未二十; 文章不類少年語, 方行萬里出門而車軸折甚矣. 敦夫似吾師復也.」且有絶句云:「詩到隨州更老成, 江山爲助筆縱橫. 眼看白璧埋黃壤, 何況人間父子情?」敦夫父名恕, 字和叔, 從伊川先生學, 元祐初除御史, 後謫隨州.《王直方詩話》: 惇夫自少便多憔悴, 感慨之意, 其〈秋懷詩〉云:「高歌感人心, 心悲將奈何?」〈棗陽道中〉云:「有意問山神, 此生復來否?」已而果卒於漢東.《雪浪齋日記》: 恕子年十四賦〈明妃〉, 引子瞻見而稱之, 由是知名. 病羸早夭, 王直方編其遺草爲《呻吟集》.

7.《詩話總龜》(22),《時人玉屑》(18)

雙井黃叔達, 字知命. 初自江南來與陳履常, 俱謁法雲禪師, 於城南夜歸, 過龍眠居士李伯時. 知命衣白衫, 騎驢緣道, 搖頭而歌, 履常負杖挾囊于後, 一市皆驚以爲異人. 伯時因畫爲圖, 而邢敦夫爲作歌曰: 「長安城頭烏夜棲, 長安道上行人稀. 浮雲卷盡暮天碧, 但見明月流清輝. 君獨騎驢向何處? 頭上倒着白接䍦. 長吟搔首望明月, 不學山翁醉似泥. 到得城中燈火鬧, 小兒拍手攔街笑. 道傍觀者那得知? 相逢疑是商山皓. 龍眠居士畫無比, 搖毫弄筆長風起. 酒酣閉目望窮途, 紙上軒昂無乃似. 君不學長安遊俠誇年少? 臂鷹挾彈章臺道. 君不能提携長劍取靈武? 指揮猛士驅貔虎. 胡爲脚踏梁宋塵, 終日飄颻無定所? 武陵桃花春欲暮, 白水青山起烟霧. 竹杖芒鞋歸去來, 頭巾任掛三花樹.」 惇夫時年未二十.

《古文眞寶》[前集] 卷七

장단구長短句

흔히 글자 수를 일정하게 맞춘 定型詩가 아닌, 긴 구절과 짧은 구절을 섞어 완성한 작품들을 長短句라 함. 이는 주로 노래의 가사로 쓰인 시들이 많으며, 특히 漢代의 〈樂府詩〉와 뒤의 宋代 詞 역시 長短句라 부르기도 했음. 그 뒤 그러한 가사의 풍모나 내용을 그대로 본받아 노래 가사가 아닌 시를 지을 때도, 정형이 아닐 경우 長短句라 불렀음.

158. 〈將進酒〉 ·················· 李太白(李白)

술을 권하네

*〈將進酒〉: 원래 《樂府》 鼓吹曲 漢鐃歌의 옛 제목. 《李太白文集》(2)과 《李太白集注》(3)에는 "一作〈惜空樽酒〉"라 하여 제목이 〈惜空樽酒〉였음. 《李太白集分類補注》(3) 題注에는 "(蕭)士贇曰:〈將進酒〉者, 漢短簫鐃歌二十二曲之一也. 太白塡之以伸己之意耳"라 함. 그리고 《李太白集注》에는 《宋書》:漢鼓吹鐃歌十八曲有〈將進酒〉曲. 《樂府詩集》將進酒:古詞云:「將進酒, 乘太白. 大畧以飮酒放歌爲言.」宋何承天〈將進酒篇〉曰:將進酒, 慶三朝備繁, 禮薦佳肴, 則言朝會進酒, 且以濡首荒志爲戒. 若梁昭明太子云:「洛陽輕薄子, 但叙遊樂飮酒而已.」"라 함.

그대는 보지 못하였는가, 황하黃河의 물이 하늘에서 내려와,

내빼듯 흘러 바다에 이르러 다시는 돌아오지 못하는 것을!

그대는 보지 못하였는가, 높은 집 나이 들어 맑은 거울에 백발을 비춰 보며,

아침에는 푸른 실 같던 머리가 저녁에 흰 눈이 되었음을 슬퍼하는 것을!

사람으로 살면서 득의할 때면 모름지기 즐거움을 다할 것이니,

좋은 술잔으로 하여금 공연히 달이나 마주 대하고 있도록 하지 말라.

하늘이 나에게 이런 재주 내렸음은 틀림없이 쓰일 곳이 있어서일 것이니,

천금을 모두 즐거움을 위해 흩어 써도 다시 내게 돌아오리라.

양을 삶고 소를 잡아 장차 즐거움으로 삼을 것이며,

모름지기 한 번 마셨다 하면 삼백 배는 되어야 하리라.

잠부자岑父子여, 단구생丹丘生아.

(술 잔 주노니 잔은 멈추지 말라!)

그대들 위해 한 곡조 부르노니,

그대들 귀 기울여 내 노래를 들어다오.

"종정鍾鼎도 옥백玉帛도 귀할 것이 없나니,

다만 원하건대 길이 취하여 깨어나지를 말았으면!

예로부터 성현들도 모두 죽은 뒤에는 적막하나,

오직 술 마신 자만이 그 술로 이름을 남겼더라!

진왕陳王 조식曹植은 그 옛날 평락平樂에서 잔치를 벌이면서,

한 말에 만 전짜리 술로 방자하게 즐겼다지.

주인은 어찌하여 돈이 적다 말하는가?

곧바로 달려가서 술을 사와 그대들과 대작하세.

오화마五花馬, 천금구千金裘를 아이 불러 가져다가 좋은 술과 바꿔오게.

그대들과 더불어 만고에 풀지 못할 근심을 녹여 없애보자꾸나!"

君不見黃河之水天上來, 奔流到海不復回!

又不見高堂明鏡悲白髮, 朝如靑絲暮如雪!

人生得意須盡歡, 莫把金樽空對月.

天生我材必有用, 千金散盡還復來.

烹羊宰牛且爲樂, 會須一飮三百杯.

岑夫子, 丹丘生, (將進酒, 杯莫停!)

與君歌一曲, 請君爲我聽.

「鍾鼎玉帛不足貴, 但願長醉不願醒!

古來賢達皆寂寞, 惟有飮者留其名!

陳王昔時宴平樂, 斗酒十千恣讙謔.

主人何爲言少錢? 且須沽酒對君酌.

五花馬, 千金裘, 呼兒將出換美酒, 與爾同銷萬古愁!」

【君不見黃河之水天上來, 奔流到海不復回】‘君不見’은 反語法으로 의미를 강조하기 위해 사용하는 상투적 표현. ‘黃河’는 漢 桑欽의 《水經》에 “崑崙墟在西北, 去嵩高五萬里, 地之中也. 其高萬一千里, 河水出其東北陬屈, 從其東南流入于渤海”라 함. ‘天上來’는 高步瀛의 《唐宋詩擧要》(2)에 “河出昆侖, 以其地極高, 故曰從「天上來」”라 함. ‘到海’는 《李太白集分類補註》에는 ‘倒海’로 되어 있음. ‘不復回’는 판본에 따라 ‘不復廻’로 되어 있음. 《補註》注에 “(蕭)士贇曰:《山海經》:「河源出崑崙之上.」”이라 함. 《文選》(27) 曹植 〈長歌行〉에 “百川東到海, 何時復西歸? 少壯不努力, 老大乃傷悲”라 함.

【又不見高堂明鏡悲白髮, 朝如靑絲暮如雪】‘又不見’은 《李太白集》 및 《全唐詩》 등 모두 ‘君不見’으로 되어 있음. ‘高堂’은 마침내 성공하여 훌륭한 집에 잘 살며 더 이상 고생할 일이나 걱정할 일이 없는 사람. 左思의 〈白髮賦〉에 “秋霜生而皓素, 始覽明鏡惕然”이라 함. ‘如雪’은 다른 판본에 거의 ‘成雪’로 되어 있음. 《眞寶》注에 “設二辭引起”라 함.

【人生得意須盡歡, 莫把金樽空對月】‘人生’은 사람으로서 살아감. 또는 사람의 일생. 《史記》 李斯傳에 “二世皇帝曰:「夫人生居世間也, 譬猶騁六驥過決隙也.」”라 하였고, 〈古詩十九首〉(4)에 “人生寄一世, 奄忽若飆塵. 何不策高足, 先據要路津”이라 함. ‘莫把’는 모든 판본에 ‘莫使’로 되어 있으며, 의미 또한 확연하고 명료함. ‘金樽’은 좋은 술동이. 金罇과 같음. 李白의 〈把酒問月〉(139)에 “月光長照金樽裏”이라 함. 《眞寶》注에 “引入進酒意”라 함.

【天生我材必有用, 千金散盡還復來】‘天生我材必有用’은 《集注》에는 “一作「天生我身必有財」, 又作「天生吾徒有俊材」, 又‘用’, 一作‘開’”라 함. ‘千金散盡還復來’는 나의 재능을 위해 천금을 모두 흩어 써도 다시 돌아올 것임. ‘千金’은 혹 ‘黃金’으로도 표기함. 《文集》에 “一作黃”이라 함. ‘還’은 副詞로 ‘그래도, 또한, 다시’ 등의 뜻. 李白의 〈上安州裴長史書〉에 “曩昔東游維揚, 不逾一年, 散金三十如萬, 有落魄公子, 悉皆濟之”라 함.

【烹羔宰牛且爲樂, 會須一飮三百杯】‘烹羔’는 양(염소)을 삶음. ‘羔’는 ‘殺’와 같으며 검은 염소. 《眞寶》注에 “羔, 音膏”라 함. 그러나 다른 판본에는 일체 모두 ‘烹羊’으로 되어 있음. ‘宰牛’의 ‘宰’는 動詞로 ‘축생을 잡다, 죽이다’의 뜻. ‘會須’는 副詞로 ‘모름지기’의 뜻. 李白의 〈襄陽歌〉(179)에 “百年三萬六千日, 一日須傾三百杯”라 함.

【岑夫子, 丹丘生, (將進酒, 杯莫停!)】‘岑夫子’는 岑勛. 岑徵君. 이름은 勛(勳). 南陽 사람. 夫子는 존칭. 《李白集》에 〈鳴皐歌送岑徵君〉이라는 詩가 있음. ‘丹丘生’은 元丹

丘. 李白의 친구. 그 때문에 '生'이라 한 것임. 《李白集》에 〈元丹丘歌〉와 〈酬岑勳見尋就元丹丘對酒相待以詩見招〉 등의 시가 있음. 《眞寶》注에는 "岑勳, 元丹丘, 當時與二人同會"라 하였고, 《李太白集分類補註》에는 "齊賢曰: 杜工部詩, 多與岑參唱和. 岑夫子必此人也. 丹丘生即元丹丘."라 함. 岑勳은 '夫子'로, 元丹丘는 '生'으로 부른 것으로 보아 岑勳은 이백의 연장자이며 元丹丘는 아랫사람이었음을 알수 있음. 《李太白集分類補註》(25) 〈題元丹丘潁陽山居〉의 序에 "丹丘家于潁陽新卜別業, 其地北倚馬嶺, 連峯嵩丘, 南瞻鹿臺, 極目汝海, 雲巖映鬱, 有佳致焉. 白從之遊, 故有此作"라 함. '將進酒, 杯莫停'은 《眞寶》에는 이 구절이 누락되어 있음. 그러나 이 역시 《全唐詩》에만 '將進酒, 杯莫停'으로 되어 있고, 《李太白文集》과 《李太白集注》에는 "進酒君莫停"(注:一作「將進酒, 杯莫停.」)으로 되어 있으며, 《李太白集分類補註》에도 "進酒君莫停"으로만 되어 있음.

【與君歌一曲, 請君爲我聽】'請君爲我聽'은 《李太白文集》과 《李太白集注》에는 "請君爲我傾耳聽"으로 되어 있으며, 《李太白集分類補註》와 《全唐詩》에는 "聽君爲我側耳聽"으로 되어 있음. 《淮南子》主術訓에 "天下所側目而聽, 側耳而聽也"라 함.

【鍾鼎玉帛不足貴, 但願長醉不願醒】'鍾鼎玉帛不足貴'는 《李太白文集》에는 "鐘鼓饌玉不足貴"(注:一作「玉帛豈足貴?」)라 하였고, 《李太白集分類補註》와 《李太白集注》에도 "鐘鼓饌玉不足貴"(注:一作「鐘鼎玉帛豈足貴?」)로 되어 있음. '鍾鼎'은 '鐘鼎'으로도 표기하며 고대에 鐘과 鼎 둘 모두 귀한 禮器로 보물로 여김. 그러나 식솔이 많아 종을 울려 알리고 鼎을 늘어놓고 식사를 할 정도의 아주 부유함을 뜻하기도 함. 王勃〈滕王閣序〉에 "閭閻撲地, 鍾鳴鼎食之家, 舸艦迷津, 靑雀黃龍之舳"의 《必讀古文》注에 "大家將食, 必鳴鐘爲號, 皆列鼎而食"이라 하였고, 張衡의 〈西京賦〉에도 "張里之家, 擊鐘鼎食"이라 함. '玉帛'은 옥과 비단. 그러나 '饌玉'이 훨씬 내용에 맞으며, 梁 戴暠의 〈煌煌京洛行〉에 "揮金留客坐, 饌玉待鍾鳴"이라 함. '但願長醉不願醒'은 《李太白文集》과 《李太白集注》에는 "但願長醉不用醒(注:用, 一作復; 一作復, 蕭本作願)라 하였고, 《李太白集分類補註》에는 본 《眞寶》와 같음.

【古來賢達皆寂寞, 惟有飮者留其名】'賢達'은 다른 모든 판본에 '聖賢'으로 되어 있음. 다만 '寂寞'은 혹 '死盡'으로 되어 있으며, 각 곳 注에 "一作「死盡.」"이라 함. '惟'는 '唯'와 섞여 쓴 판본이 많음. 《莊子》에는 "醉者神全"이라 하였으며, 역대 술로이름을 날린 자로는 阮籍, 嵇康, 劉伶, 陶潛 등 헤아릴 수 없이 많음. 특히 曹操의 「對酒當歌」, 劉伶의 〈酒德頌〉(後集 011), 陶潛의 〈飮酒詩〉 등은 중국 술 문화의 대표적 작품임. 隋末唐初 王績은 자칭 '五斗先生'이라 하였으며, 자신의 〈五斗

先生傳〉에 "有五斗先生者, 以酒德游於人間. ……先生絶思慮, 過言語, 不知天下有
仁義厚薄也. 忽焉而去, 倏然而來; 其動也天, 其靜也地. 故萬物不能縈心焉"이라
할 정도였음.

【陳王昔時宴平樂, 斗酒十千恣讙謔】'陳王'은 注에 "陳王, 陳思王曹植"이라 함. '陳
王'은 曹植(192-232). 字는 子建. 曹操의 셋째 아들이며 曹丕의 아우. 문학과 시문
에 뛰어났으며 형으로부터 심한 질투와 미움을 받음. 東阿王에 봉해졌었음. 시문
80여 수를 남겼으며 죽은 뒤 魏 明帝 太和 6년 陳王에 봉해졌고 시호를 '思'라
하여 흔히 陳思王으로도 불림.《曹子建集》10권이 전하며《三國志》(19)에 傳이
있음. '昔時'는 '昔日'도 된 판본도 있음. '平樂'은 樓臺(樓觀) 이름.《眞寶》注에 "平
樂, 鄴中房名"이라 함. 曹植의〈名都篇〉에 "歸來宴平樂, 美酒斗十千"이라 함. '斗酒
十千'은 한 말의 술값이 一萬錢에 해당하는 술. '讙謔'은 마음대로 즐기고 기뻐하
는 모습을 표현하는 雙聲連綿語.《李太白集注》에는 '歡謔'으로 표기되어 있음.
《李太白集分類補註》에는 "齊賢曰:曹子建封陳王. 爲〈名都篇〉曰:「歸來宴平樂, 美
酒斗十千.」 平樂, 觀名"이라 함.

【主人何爲言少錢? 且須沽酒對君酌】'且須沽酒對君酌'은《李太白文集》,《李太白集
注》,《李太白集分類補註》등에는 모두 "徑須沽取對君酌"으로 되어 있음. '徑'은
'곧바로, 즉시, 지름길로 달려가' 등의 뜻. '沽'는 술을 사옴. '對君酌'은《李太白集
注》와《李太白文集》注에 "一作「且須沽酒共君酌」"이라 함.

【五花馬, 千金裘, 呼兒將出換美酒, 與爾同銷萬古愁】'五花馬'는 五色 꽃무늬의 말.
혹은 갈기가 다섯 무늬가 나는 말. 혹은 名馬의 이름.《名畫要錄》에 "開元內廐有
飛黃, 照夜, 浮雲, 五花之乘"이라 하였고, 杜甫의〈高都護驄馬行〉(210) "五花散作
雲滿身" 구절의《杜詩鏡銓》注에 "仇注:《名畫錄》:開元內廐有飛黃, 照野, 浮雲, 五
花之乘. 李白集注:五花, 馬毛色也. 于郭若虛云:五花者, 翦鬃爲瓣, 或三花或五花.
白樂天詩所謂「馬鬣翦三花」是也. 此另一說"이라 함. 그 외 岑參의〈走馬川行〉에
"五花連錢旋作冰, 幕中草檄硯水凝"라 함. '千金裘'는 값이 千金이나 되는 가죽 외
투.《史記》孟嘗君傳 鷄鳴狗盜로 살아난 고사에 "孟嘗君有一狐白裘, 直千金, 天下
無雙"이라 함.《李太白集分類補註》에 "齊賢曰:《史記》孟嘗君有一狐白裘, 直千金.」
(蕭)士贇曰:「五花馬, 言其毛色也. 如九花, 三花之類. 此篇雖似任達放浪, 然太白素
抱用世之才, 而不遇合, 亦自慰解之詞耳.」"라 함. '呼兒將出換美酒'의 '將出'은 "가지
고 나가다"의 뜻. '與爾同銷萬古愁'의 '爾'는 你와 같음. 인칭대명사. '銷'는 녹여서
없앰.《漢書》東方朔傳에 "銷憂者, 莫如酒"라 함. '萬古愁'는 萬古를 두고 녹여 없

앨 수 없는 근심. 영원한 고통이나 근심. 〈古詩〉에 "人生不滿百, 常懷千年愁"라 하였으며 이를 과장한 것임.《李太白集注》에 "曹植詩:「中廚辦豐膳, 烹羊宰肥牛.」《世說》註:〈鄭玄別傳〉曰:「袁紹辭玄, 及去, 餞之城東, 欲玄必醉, 會者三百餘人, 皆離席奉觴, 自旦及暮. 度玄飮三百餘杯而溫克之容, 終日無怠.」陳暄〈與兄子秀書〉:「鄭康成一飮三百杯, 吾不以爲多」岑夫子即集中所稱岑徵君是, 丹丘生即集中所稱元丹丘是, 皆太白好友也. 鮑照詩:「爲君歌一曲.」《禮記》:「傾耳聽之, 不可得而聞也.」何晏《論語註》:「饌, 飮食也.」左思〈吳都賦〉:「矜其宴居, 則珠服玉饌.」李周翰註:「玉饌. 言珍美可比于玉.」曹植以太和六年封爲陳王, 其所作〈名都篇〉有曰:「歸來宴平樂, 美酒斗十千.」李善註:「平樂, 觀名.」五花馬, 謂馬之毛色作五花文者. 讀杜甫〈高都護聰馬行〉云:「五花散作雲滿身.」厥狀可覩矣.《杜陽雜編》謂:「代宗御馬九花虯, 以身被九花, 故名.」亦是. 此義或謂據《圖畫見聞志》云:「唐開元天寶之間, 承平日久, 世尙輕肥, 三花飾馬, 舊有家藏韓幹畫〈貴戚閱馬圖〉中有三花馬, 兼曾見蘇大參家有韓幹畫三花御馬, 晏元獻家張萱畫〈虢國出行圖〉中有三花馬, 三花者剪鬃爲三瓣. 白樂天詩云:「鳳箋裁五色, 馬鬃剪三花.」乃知所謂五花者, 亦是剪馬鬃爲五瓣耳.」其說亦通. 蕭註謂:「其義出於隋丹元子〈步天歌〉:「五个吐花王良文, 言馬之紋上應星宿.」而嗤杜註無舉此者, 則大謬矣.《史記》孟嘗君:「有一狐白裘, 直千金, 天下無雙.」"이라 함.

참고 및 관련 자료

1. 李太白. 李白. 李翰林. 016 참조.

2. 이 시는《李太白文集》(2),《李太白集分類補註》(3),《李太白集注》(3),《唐文粹》(13),《樂府詩集》(17),《唐詩品彙》(26),《石倉歷代詩選》(44上),《河嶽英靈集》(上),《全唐詩》(17) 등에 널리 실려 있음.

3. 韻脚은 '來, 回', '髮, 雪, 月', '來, 杯', '生, 停', '聽, 醒, 名', '樂, 謔, 酌', '裘, 酒, 愁'.

4. 이는 開元 23년(735) 元丘丹이 嵩山으로 李白을 초청하여 즐겁게 술을 마실 때 자신의 울분을 읊은 것으로 보고 있음.

5. 이는 雜言體의 樂府詩로서《樂府》〈將進酒〉는 이백에 의해 승화되었음.《樂府詩集》에 "古詞曰:「將進酒, 乘太白」大略以飮酒放歌爲言"이라 함.

6. 李陽冰의《草堂集》序에 "醜正同列, 害能成謗, 格言不入, 帝用疏之. 公乃浪迹縱酒, 以自昏穢"라 함.

159. <將進酒> ·················· 李長吉(李賀)
술을 권하네

유리 술잔에 호박琥珀빛 술은 짙고,

작은 술통에서 방울져 흐르는 술 진주처럼 붉구나.

용을 삶고 봉을 구우니 옥 같은 기름기 이글거리고

비단 휘장 수놓은 장막에는 향기로운 바람이 에워쌌네.

용적龍笛 불고 악어가죽 북을 치니,

하얀 치아 미인은 노래하고, 가는 허리 미인은 춤을 추네.

하물며 푸른 봄 해는 저물려 하는 이때에,

복사꽃 어지러이 떨어져 붉은 비 오듯 흩날림에랴!

그대에게 권하노니 하루 종일 실컷 취하게나,

술은 유령劉伶의 무덤 위 흙에까지 가져가지는 못하는 것.

琉璃鍾, 琥珀濃; 小槽酒滴眞珠紅.

烹龍炮鳳玉脂泣, 羅幃綉幕圍香風.

吹龍笛, 擊鼉鼓; 皓齒歌, 細腰舞.

況是靑春日將暮, 桃花亂落如紅雨!

勸君終日酩酊醉, 酒不到劉伶墳上土.

【琉璃鍾, 琥珀濃; 小槽酒滴眞珠紅】'瑠璃', '流離'로도 표기하며 청색의 투명한 寶
玉을 이르는 雙聲連綿語. '鍾'은 술잔 종지. 《眞寶》注에 "酒器也. 從重. 或從童者,
非"라 함. 《漢書》西域傳에 "罽賓國: 珠璣珊瑚, 虎魄璧, 流離"의 注에 "孟康曰: 「流
離, 靑色如玉.」 師古曰: 「《魏略》云: 「大秦國出赤白黑黃靑綠縹紺紅紫十種流離, 孟
言靑色, 不博通也. 此蓋自然之物, 采澤光潤, 踰於衆玉, 其色不恒. 今俗所用皆銷冶

石, 汁加以衆藥, 灌而爲之, 尤虛脆不貞, 實非眞物.」이라 함. '琥珀'은 松脂가 땅 속에서 굳어 형성된 寶玉으로 짙고 투명한 흑갈색을 띰.《眞寶》注에 "上音虎, 下音拍. 松脂入地千年爲琥珀. 酒色似之"라 함. '琥珀濃'은 호박 빛의 짙은 술. '小槽'는 크기가 작은 나무 술통. '槽'는 원래 구유.《韻會》에 "槽, 畜獸之食器, 又酒槽也"라 함. '滴'은 방울이 져서 떨어짐. '眞珠紅'은 술이 진주처럼 맑은 윤이 나면서 붉은 색을 띰. '眞珠'는 珍珠로도 표기함. 陸務觀의《老學庵筆記》(5)에 "唐人喜赤酒, 甛酒, 灰酒, 皆不可解. 李長吉云:「琉璃鍾, 琥珀濃, 小槽酒滴眞珠紅.」白樂天云: 「荔枝新熟鷄冠色, 燒酒初開琥珀香.」杜子美云:「不放香醪如蜜甛.」陸魯望云:「酒滴灰香似去年.」이라 함.

【烹龍炮鳳玉脂泣, 羅幃繡幕圍香風】 '烹龍炮鳳'은 용을 삶고 봉새를 구움. 좋은 안주를 마련함. '龍'은 水生 동물 식재료를, '鳳'은 닭을 가리키는 과장법임. '玉脂泣'은 구슬 같은 기름이 흐르거나 이글거림을 말함. '羅幃'는 비단 휘장.《全唐詩》에는 '羅屛'으로 되어 있음. '繡幕'은《全唐詩》에는 繡幕으로 되어 있으며 수놓은 장막. '圍香風'은 술자리 전체에 향기로운 바람이 둘러쳐져 있음. '香風'은《全唐詩》에는 '春風'으로 되어 있음.

【吹龍笛, 擊鼉鼓;皓齒歌, 細腰舞】 '吹龍笛'은 용이 읊조리는 것과 같은 음악의 피리. 庾信의 詩에 "惟有龍吟笛"이라 함. '鼉'는 鼉龍, 악어의 일종. '鼉鼓'는 악어가 죽으로 만든 북. '鼓'는 鼓와 같음. 여기서는 훌륭한 음악을 뜻함.《詩》靈臺篇 "鼉鼓逢逢, 矇瞍奏公"의 疏에 "鼉, 形似蜥蜴, 四足, 長丈餘. 甲如鎧, 皮堅厚, 宜冒鼓"라 함. '皓齒'는 이가 하얀 미인. 曹植의〈洛神賦〉에 "丹脣外朗, 皓齒內鮮, 明眸善睞"라 함. '細腰'는 허리가 가는 미녀.《後漢書》馬廖傳에 "夫改政移風, 必有其本. 傳曰:「吳王好劍客, 百姓多創瘢;楚王好細腰, 宮中多餓死.」"라 하였고, 注에 "《墨子》曰:楚靈王好細腰, 而國多俄人也"라 함.

【況是靑春日將暮, 桃花亂落如紅雨】 '靑春'은 重義法으로 표현한 것. '亂落'은 어지럽게 떨어짐.

【勸君終日酩酊醉, 酒不到劉伶墳上土】 '酩酊'은 술이 마음껏 심하게 취함을 표현하는 疊韻連綿語.《眞寶》注에 "酊, 音頂"이라 함. '醉'는《全唐詩》에는 "一作歸"라 함. '劉伶'은 자는 伯倫. 용모가 못생겼다 하며 魏末 司馬氏가 정권을 휘두르자 自然으로 돌아가 老莊을 신봉하여 無爲而治를 주장하면서 음주로 세월을 보냄. 竹林七賢의 하나.〈酒德頌〉을 남김.《世說新語》任誕篇 참조.《晉書》(49)에 傳이 있음. 唐 이전에는 '劉靈'으로 표기하였음. 언제나 술병을 차고 다니며 사람으로

하여금 삽을 메고 따라다니게 하면서 '죽으면 곧바로 이 자리에 나를 묻어 달라' 할 정도로 술을 좋아하였음. 아내가 禁酒를 요구하자 유명한 〈酒德頌〉(《世說新語》任誕篇 및 《晉書》劉伶傳, 《眞寶》後集 011을 볼 것)을 지었음. 《眞寶》注에 "晉劉伶, 字伯倫. 好飮酒, 每出携鍤自隨, 語人曰:「遇醉死, 輒卽埋我.」"라 함. 《箋註評點李長吉詩歌》에 "琥珀濃, 言酒色若琥珀也. 羅屛, 一作羅幃; 香風, 一作春風. 陸璣 〈草木〉疏曰:「鼉形似蜥蜴, 四足, 長丈餘, 甲如鎧甲, 其皮堅厚, 可冒鼓.」〈上林賦〉曰: 「擊鳴鼉之鼓.」是以鼉皮爲鼓也. 〈楚詞〉大招:「朱脣皓齒, 娭以姱只.」荊公云:「梨花 一枝春帶雨.」 '桃花亂落如紅雨', 「珠簾暮捲西山雨」, 皆警句也. 然終不若「院落深沈 杏花雨.」 言盡而意不盡, 此言生當飮酒, 盡歡死則已矣"라 함.

참고 및 관련 자료

1. 李長吉, 李賀, 昌谷. 145 참조.

2. 이 시는 《昌谷集》(4), 《箋註評點李長吉歌詩》(4), 《唐文粹》(13), 《樂府詩集》(17), 《全唐詩》(17. 393), 《全唐詩錄》(51), 《漁隱叢話》(後集 2), 《石倉歷代詩話》(71), 《詩林廣記》(8) 등에 실려 있음.

3. 韻脚은 '濃, 紅, 風'. '鼓, 舞, 雨, 土'.

4. 《晉書》劉伶傳

劉伶字伯倫, 沛國人也. 身長六尺, 容貌甚陋, 放情肆志. 常以細宇宙, 齊萬物爲心, 澹黙少言, 不妄交游. 與阮籍, 嵇康相遇, 欣然神解, 携手入林. 初不以家産, 有無介意, 常乘鹿車攜一壺酒, 使人荷鍤而隨之, 謂曰:「死便埋我.」其遺形骸如此. 嘗渴甚, 求酒於其妻. 妻捐酒毁器, 涕泣諫曰:「君酒太過, 非攝生之道, 必宜斷之.」伶曰:「善! 吾不能自禁, 惟當祝鬼神自誓耳. 便可具酒肉.」妻從之, 伶跪祝曰:「天生劉伶, 以酒爲 名, 一飮一斛五斗解酲, 婦兒之言, 愼不可聽.」仍引酒銜肉, 隗然復醉.

5. 《世說新語》任誕篇

劉伶病酒渴甚, 從婦求酒, 婦捐酒毁器, 涕泣諫曰:「君飮太過, 非攝生之道, 必宜斷 之!」伶曰:「甚善. 我不能自禁, 唯當祝鬼神自誓斷之耳. 便可具酒肉.」婦曰:「敬聞命.」 供酒肉於神前, 請伶祝誓. 伶跪而祝曰:「天生劉伶, 以酒爲名; 一飮一斛, 五斗解酲. 婦 人之言, 愼不可聽.」便引酒進肉, 隗然已醉矣.

6. 〈酒德頌〉(後集 011)

有大人先生, 以天地爲一朝; 萬期爲須臾. 日月爲扃牖, 八荒爲庭衢. 行無轍跡, 居 無室廬, 幕天席地, 縱意所如. 止則操卮執觚; 動則挈榼提壺. 唯酒是務, 焉知其餘?

有貴介公子, 搢紳處士, 聞吾風聲, 議其所以, 乃奮袂攘衿, 怒目切齒, 陳說禮法, 是非鋒起. 先生於是, 方捧甖承槽, 銜盃漱醪, 奮髯箕踞, 枕麴藉糟, 無思無慮. 其樂陶陶, 兀然而醉, 怳爾而醒, 靜聽不聞雷霆之聲; 熟視不見泰山之形. 不覺寒署之切肌, 慾之感情, 俯觀萬物擾擾焉, 如江漢之浮萍. 二豪侍側焉, 如蜾之與螟.

160. 〈觀元丹丘坐巫山屛風〉 ·················· 李太白(李白)

원단구가 무산이 그려진 병풍 앞에 앉아 있는 것을 보고

＊《眞寶》注에 "巫山峽在峽州. 首尾百六十里. 宋玉〈高唐賦〉: 楚襄王游於雲夢, 夢婦
人曰:「妾在巫山之陽高丘之阻, 朝爲行雲, 暮爲行雨, 朝朝暮暮, 陽臺之下.」"라 함.

＊〈觀元丹丘坐巫山屛風〉: 元丹丘가 巫山을 그린 병풍 앞에 앉아 있는 것을 보고
읊은 시. 元丹丘는 앞의 〈將進酒〉(158)의 丹丘生.《李太白文集》(5)〈元丹丘歌〉에
"元丹丘愛神仙, 朝飮潁川之淸流, 暮還嵩岑之紫煙. 三十六峰長周旋, 長周旋躡星
紅, 身騎飛龍耳. 生風橫河跨海與天通, 我知爾遊心無窮."이라 함. '巫山'은 四川省
巫山縣 동남쪽에 있는 산 이름. 巫山에는 12봉이 있고, 그 중 神女峰 아래엔 神
女廟가 있음. 宋玉의 〈高唐賦〉序에 楚 襄王(頃襄王)이 이곳에서 神女와 雲雨之
情의 꿈을 꾼 전설을 남긴 곳.《文選》(19) 宋玉의 〈高唐賦〉와 〈神女賦〉를 참조
할 것. 이를 그림으로 그린 병풍 앞에 앉아 있는 元丹丘를 보고 이태백이 시로
읊은 것임.

지난 날 삼협三峽에 놀러 갔다가 무산巫山을 보았었지.

그런데 무산의 그림 보니 완연히 비슷하네.

의심하였네, 하늘가에 열두 봉우리가,

그대의 집 채색 병풍 속으로 날아든 것인가 하고.

세한歲寒의 소나무는 소슬하여 마치 소리를 내는 듯하고,

양대陽臺는 가물가물 마치 운우지정雲雨之情이 있는 듯하네.

비단 이불과 옥돌 자리는 어찌 그리 적막한가?

초왕楚王과 신녀神女는 공연히 안타깝기만 하네.

높은 언덕 지척이 마치 천리 먼 듯 보이고,

푸른 절벽, 붉은 벼랑은 비단처럼 빛을 내네.

창창한 먼 나무들은 형문산荊門山을 둘러쌌고,

뚜렷한 모습으로 가고 있는 배는 파수巴水에 떠 있네.
물은 바위를 돌아 철철 수많은 골짜기에 나누고 있고,
내의 빛은 풀 빛깔과 어울려 함께 자욱한 모습일세.
시냇가 꽃은 해를 향해 웃고 있으니 어느 때에 필 것이며,
강객江客은 원숭이 소리를 언제부터 들을 것인가?
사람으로 하여금 이 그림 대하면서 마음 아스라해져서,
높은 산으로 들어가 채색 운우지정을 꿈꾸게 하네.

昔遊三峽見巫山, 見畫巫山宛相似.
疑是天邊十二峰, 飛入君家彩屏裏.
寒松蕭瑟如有聲, 陽臺微茫如有情.
錦衾瑤席何寂寂? 楚王神女徒盈盈.
高丘咫尺如千里, 翠屏丹崖粲如綺.
蒼蒼遠樹圍荊門, 歷歷行舟汎巴水.
水石潺湲萬壑分, 煙光草色俱氤氳.
溪花笑日何時發, 江閣聽猿幾歲聞?
使人對此心緬邈, 疑入高丘夢綵雲.

【昔遊三峽見巫山, 見畫巫山宛相似】'三峽'은 長江 상류 四川과 湖北 사이 7백리 사이의 협곡. 瞿塘峽(巴峽, 歸峽), 巫峽, 西陵峽(明月峽, 黃牛峽)을 말함. 盛弘之의 《荊州記》에 "三峽七百里中, 兩岸連山, 略無重岸疊嶂, 隱天蔽日, 非亭午及午後, 不見日月"이라 함. '見畫巫山宛相似'는 巫山의 그림이 宛然히 닮았음.

【疑是天邊十二峰, 飛入君家彩屏裏】'十二峰'은 巫山의 望霞, 翠屏, 朝雲, 松巒, 集仙, 聚鶴, 淨壇, 上昇, 超雲, 飛鳳, 登龍, 聖泉의 열두 봉우리. 《眞寶》注에 "夔州巫山有十二峰: 望霞, 翠屏, 朝雲, 松巒, 集仙, 聚鶴, 淨壇, 上昇, 超雲, 飛鳳, 登龍, 聖泉. 神女廟居其下"라 함. '飛入君家彩屏裏'는 그 봉우리들이 그대 집으로 날아와 병풍 속에 그림이 되었음.

【寒松蕭瑟如有聲, 陽臺微茫如有情】'寒松'은 '歲寒松'. '蕭瑟'은 바람 소리를 형상화

한 雙聲連綿語. '陽臺'는 雲陽臺라고도 하며, 巫山의 神女가 살던 곳. 宋玉의 〈高唐賦〉序에 "昔者, 楚襄王與宋玉, 游於雲夢之臺, 望高唐之觀, 其上獨有雲氣崒兮直上忽兮. 改容須臾之間, 變化無窮. 王問玉曰:「此何氣也?」玉對曰:「所謂朝雲者也.」王曰:「何謂朝雲?」玉曰:「昔者, 先王嘗游高唐, 怠而晝寢. 夢見一婦人曰:『妾巫山之女也.』」王問玉曰:「此何氣也?」玉對曰:「所謂朝雲者也.」王曰:「何謂朝雲?」玉曰:「昔者, 先王嘗游高唐, 怠而晝寢, 夢見一婦人曰:『妾巫山之女也. 聞君游高唐, 願薦枕席, 因幸之.』去而辭曰:『妾在巫山之陽, 高丘之岨. 旦爲朝雲, 暮爲行雨. 朝朝暮暮, 陽臺之下.』」旦朝視之, 如言. 故爲立廟, 號曰朝雲."이라 함. 한편《方輿勝覽》에는 "十二峰上有神女廟陽雲臺"라 하였고,《大明一統志》에는 "陽臺山在巫山縣治北, 高百丈, 上有雲陽臺遺址"라 함. '微茫'은 雲霧 등이 자욱하게 낀 모습을 표현하는 雙聲連綿語. '如有情'은 마치 정말 그 雲雨之情이 있는 듯함.

【錦衾瑤席何寂寂? 楚王神女徒盈盈】'錦衾'은 비단이불. '瑤席'은 옥돌로 장식한 자리. '楚王'은 楚襄王. 戰國 말 楚 頃襄王(熊橫)을 가리킴. B.C.298−B.C.263년까지 36년간 재위하고 考烈王(熊完)으로 이어짐. '徒'는 공연히. 소용없이. '盈盈'은 안타까워하는 심정을 형용한 疊語. 〈古詩十九首〉(2)에 "盈盈樓上女"의 注에 "盈盈, 不得志貌"라 함.

【高(丘)咫尺如千里, 翠屛丹崖粲如綺】《眞寶》 판본에는 '丘'자가 누락되어 있음. '咫尺'은 아주 가까운 거리.《南史》景陵王子良傳에 "賁字文煥, 善畫, 能於扇上圖山水, 咫尺之內便覺萬里爲遙"라 힘.《眞寶》注에 "高丘咫尺如重"이라 힘. '翠屛'은 병풍처럼 둘러쳐진 山勢를 뜻함. '丹崖'는 붉은 빛이 나는 절벽. '粲'은 빛이 고운 것. '綺'는 비단.

【蒼蒼遠樹圍荊門, 歷歷行舟汎巴水】'荊門'은 湖北 宜都縣 서북쪽 長江의 절험한 곳에 있는 산 이름.《唐書》地理志(30)에 "山南道江陵府, 有荊門縣. 荊門, 本山名, 唐因山名縣"이라 하였고, 盛弘之《荊州記》에는 "郡西泝江六十里南岸, 有山名曰荊門, 上合下開, 路達山南, 有門形, 故因以爲名"이라 함.《眞寶》注에는 "荊門, 地名, 在峽東江陵北"이라 함. '歷歷'은 뚜렷한 모양. '汎'은 '뜨다'. '巴水'는 四川省 巴州에 있는 강물 이름.《眞寶》注에 "巴水, 在蜀中"이라 함.

【水石潺湲萬壑分, 煙光草色俱氤氳】'潺湲'은 물이 세차게 흐르는 모습을 표현하는 疊韻連綿語.《楚辭》九歌에 "荒忽兮遠望, 觀流水兮潺湲"이라 함. '壑'은 골짜기. '氤氳'은 기운이나 연기가 자욱한 모습을 뜻하는 疊韻連綿語. '絪縕'과 같음.

【溪花笑日何時發, 江閣聽猿幾歲聞】'溪花笑日何時發'은 그림에서 계곡에 있는 꽃

을 두고 표현한 것. '江閣'은 '江客'의 오류.《李太白文集》,《李太白集分類補註》,
《李太白集註》,《全唐詩》모두 '江客'으로 되어 있음. '江客'은 강을 따라 여행하는
사람.

【使人對此心緬邈, 疑入高丘夢綵雲】'緬邈'은 아득하고 먼 상황을 표현하는 雙聲
連綿語.《文選》(25) 謝宣遠의 시 "遵途歎緬邈"의 注에 "緬邈, 長遠也"라 함. '高丘'
는《李太白集分類補註》에는 '嵩丘'로 되어 있으며,《李太白集註》에는 '高丘'로 되
어 있고, 注에 "蕭本作嵩, 誤"라 함. '綵雲'은 彩雲과 같음. '夢綵雲'은 채색 구름을
꿈꿈. 즉 楚 襄王처럼 巫山神女를 만나 雲雨之情을 꿈꾸게 함.

> ### 참고 및 관련 자료

1. 이태백(李太白) 李白, 李翰林. 016 참조.

2. 이 시는《李太白文集》(22),《李太白集分類補註》(24),《李太白集注》(24),《全唐
詩》(183),《全唐詩醇》(8),《全蜀藝文志》(8) 등에 실려 있음.

3. 韻脚은 '似, 裏'. '聲, 情, 盈'. '里, 綺'. '水'. '分, 氛, 聞, 雲'.

161. 〈三五七言〉 ················· 李太白(李白)
삼오칠언

*〈三五七言〉:'三言, 五言, 七言의 구절로 이루어진 시'라는 뜻. 《李太白集註》에 "楊齊賢曰: 古無此體, 自太白始"라 함. 이 시는 《李太白集註》에 "《滄浪詩話》以此 詩爲隋鄭世翼之詩;《瞿仙詩譜》以此篇爲無名氏作. 俱誤"라 하여, 隋나라 鄭世翼 의 시, 또는 無名氏의 시라 하였으나 모두가 오류이며 이태백의 시가 맞는 것으 로 여겼음.

가을바람 맑고,

가을 달 밝은데,

낙엽은 모였다가 다시 흩어지고,

추운 날씨에 까마귀는 깃들었다가 다시 놀라 움직인다.

그리운 그대 서로 만나볼 날 언제일까?

오늘 이 밤 그리운 정 견딜 수 없구나!

秋風淸, 秋月明;

落葉聚還散, 寒鴉栖復驚.

相思相見知何日? 此時此夜難爲情!

【秋風淸, 秋月明】3글자씩으로 가을 서정을 표현한 것.

【落葉聚還散, 寒鴉栖復驚】'落葉聚還散'의 '還'은 副詞로 '또, 다시' 등의 뜻. '寒鴉' 는 慈烏와 같음. 차가운 겨울 날씨에 더욱 눈에 띄어 寒鴉라 한 것임. 《李太白集 註》에 "《本草綱目》: 慈烏北人謂之寒鴉, 以冬月尤盛也"라 함. '栖'는 棲와 같음. 둥 지에 깃들어 쉬려 하면서 다시 놀라 움직임.

【相思相見知何日? 此時此夜難爲情】'相思'는 그리움. '難爲情'은 정을 어쩔 수 없음. 그리운 정에 괴롭고 안타까움을 말함.

1. 이태백(李太白) 李白, 李翰林. 016 참조.

2. 이 시는《李太白文集》(22),《李太白集分類補註》(25),《李太白集註》(25),《全唐詩》(184),《唐宋詩醇》(8),《石倉歷代詩選》(44下),《古詩鏡》(19) 등에 실려 있음.

3. 韻脚은 '淸, 明, 驚, 情'.

4.《滄浪集》(1) 및《詩人玉屑》(2)

有〈三五七言〉自三言而終以七言. 隋鄭世翼有此詩:「秋風淸, 秋月明. 落葉聚還散, 寒鴉栖復驚. 相思相見知何日? 此時此夜難爲情.」

162. <登梁王栖霞山孟氏桃園中> ·················· 李太白(李白)
양왕이 놀았다는 서하산의 맹씨 도원에 올라

＊〈登梁王栖霞山孟氏桃園中〉: 注에 "梁王, 漢梁孝王"이라 함. 梁王이 놀았다는 栖霞山의 孟氏의 桃園에 오름. 梁王은 漢나라 文帝의 次子 梁孝王 劉武. 景帝(劉啓)의 아우로 둘 모두 竇太后 소생. 文帝 12년에 梁王에 책봉되었으며 시호는 孝王. '七國叛亂'때 吳, 楚에 대항한 공로를 인정받아 文帝와 竇太后의 총애를 입었으며, 梁(지금의 河南 開封)을 봉지로 받았음. 그는 조정의 신임을 믿고 온갖 사치를 다한 것으로 유명함. 栖霞山(棲霞山)은 山東省 兗州府 單縣 동쪽 4리에 있는 산. 《大明一統志》(23)에 "兗州府棲霞山, 在單縣東四里. 世傳梁孝王嘗遊此"라 함. 孟氏는 구체적으로 누구인지 알 수 없음. 《李太白文集》등에는 제목이 모두 〈攜妓登梁王棲霞山孟氏桃園中〉으로 되어 있음.

파란 풀 이미 땅을 가득 덮었고,
버들과 매화는 봄을 다투고 있네.
사공謝公은 자신만이 동산東山에 기녀妓女들을 가지고 있어,
금병풍 앞에 웃음 지으며 앉아 있는 모습 꽃과 같았지.
그러나 오늘은 어제가 아니고,
내일은 그래도 다시 오고 마는 법
백발이 되어 푸른 술을 대하고서,
억지로 노래 불러 보아도 마음은 이미 꺾이고 말았네.
그대는 양梁 효왕孝王 토원兎園의 못 위에 비치는 달을 보지 못했는가?
옛날엔 양 효왕의 술잔 속에 비추던 것이었지.
양왕도 이미 가고 밝은 달만 남았는데,
꾀꼬리도 시름 속에 취하여 봄바람에 울고 있네.
분명 눈앞에 비친 무상한 세상사에 느낌이 격할 것이니,

도원桃園 동쪽에 취해 눕는 것을 아까워하지 말게나.

碧草已滿地, 柳與梅爭春.
謝公自有東山妓, 金屛笑坐如花人.
今日非昨日, 明日還復來.
白髮對綠酒, 强歌心已摧.
君不見梁王池上月? 昔照梁王樽酒中.
梁王已去明月在, 黃鸝愁醉啼春風
分明感激眼前事, 莫惜醉臥桃園東.

【碧草已滿地, 柳與梅爭春】 '碧草'는 푸른 풀. 봄이 한창임을 말함. '爭春'은 서로 먼저 피어 자신을 자랑하고자 다툼.《李太白集注》에 "陳後主詩:「三春桃照李, 二月柳爭梅.」"이라 함.

【謝公自有東山妓, 金屛笑坐如花人】 '謝公'은 謝安(320–385). 晉나라 때의 名士, 자는 安石. 謝裒의 아들이며 謝琰(望蔡)의 아버지. 謝奕의 동생. 덕망이 있고 기개가 높아 桓彝, 王濛의 사랑을 받음. 처음에는 벼슬에 뜻을 버리고 王羲之, 支遁 등과 산수를 즐기며 조정의 부름에 응하지 않았으나, 40이 넘어 桓溫의 司馬를 거쳐 吳興太守, 侍中, 吏部尙書, 太保錄尙書事 등의 관직을 지냄. 뒤에 다시 太傅에 추증되었으며 시호는 文靖.《晉書》(79)에 傳이 있음. 會稽의 東山에 은거하며 자신만의 삶을 즐김. '東山'은 지금의 浙江省 上虞縣에 있는 산으로 謝安이 은거한 적이 있어 뒤에는 隱居의 뜻으로 쓰임.《眞寶》注에 "謝安栖遲東山, 放情丘壑, 好音樂, 每遊賞, 必以妓從"이라 함.

【今日非昨日, 明日還復來】 '還'은 副詞로 '다시, 그래도' 등의 뜻.

【白髮對綠酒, 强歌心已摧】 '强歌'는 억지로 노래함. 노래할 분위기가 아님. '摧'는 꺾임.

【君不見梁王池上月? 昔照梁王樽酒中】 '梁王'은《眞寶》注에 "漢梁孝王"이라 함. '梁王池'는 梁王이 화려하게 꾸며 놓고 즐겼던 苑囿의 못으로 이름을 兎園이라 하였음.《西京雜記》(2)에 "梁孝王好營宮室苑囿之樂, 作曜華宮, 築兎園. 園上有百靈山, 山有膚寸石, 落猿巖, 棲龍岫. 又有雁池, 池間有鶴洲鳧渚. 其諸宮觀相連, 延亘

數十里. 奇果異樹, 瑰禽怪獸畢備. 王日與宮人賓客, 弋釣其中"이라 함.

【梁王已去明月在, 黃鸝愁醉啼春風】'黃鸝'는 꾀꼬리. '黃鶯', '倉庚' 등으로도 불림.

【分明感激眼前事, 莫惜醉臥桃園東】'感激'은 격정을 느끼는 것. '眼前事'는 눈앞에
보고 있는 무상한 세상사를 말함. '桃園'은 복사꽃이 만발했던 봄날의 동산.

참고 및 관련 자료

1. 이태백(李太白) 李白, 李翰林. 016 참조.

2. 이 시는 《李太白文集》(16), 《李太白集分類補註》(20), 《李太白集注》(20), 《全唐詩》(179), 《古詩鏡》(19), 《全唐詩錄》(22), 《唐詩品彙》(27), 《文苑英華》(213), 《淵鑑類函》(187) 등에 실려 있음.

3. 韻脚은 '春, 人'. '來, 催'. '中, 風, 東'.

163. 〈高軒過〉 ·················· 李長吉(李賀)

귀한 분들이 들르셨네

* 《眞寶》注에 "軒, 車也. 過音戈. 李賀, 七歲能詞章. 韓愈, 皇甫湜, 過其家, 使賀賦 詩, 援筆輒就, 名〈高軒過〉"라 함.
* 〈高軒過〉: 높은 수레가 찾아옴. '高軒'은 높은 수레 덮개를 가리키며 신분이 높 은 고관대작을 뜻함. '過'는 지나가는 길에 들름. 李賀가 7세에 능히 시를 지어 長安이 떠들썩하자 당시 명사 韓愈와 皇甫湜이 그의 집에 들러 직접 그에게 시 를 짓도록 하였음. 이에 그 자리에서 이 시를 지었다 함. 한편 李賀의 아버지 이 름이 晉肅이었는데 뒤에 李賀가 進士에 薦擧되어 응시하여 명성이 날리자, 혹 어떤 이가 "進士는 晉肅과 발음이 비슷하여 응당 諱해야 하니, 진사에 응시해 서는 안 되는 일을 한 것"이라고 비방하였음. 이에 응시를 권했던 韓愈는 이를 辨釋하여 〈諱辨〉이라는 글을 짓게 됨. 본 《古文眞寶》後集 〈諱辨〉(046)을 참고 할 것.

화려한 옷자락은 비취무늬로 짜서 푸르기가 마치 파와 같고,
금고리가 고삐를 누르고 있으나 흔들리며 영롱하네.
말발굽은 귀에 울리면서 소리는 우르릉우르릉,
문에 들어와 말에서 내리는 모습, 높은 의기는 무지개 같구나.
동경東京 낙양의 재자才子이며 문장의 대가들이라 말하네.
이십팔수二十八宿 무늬가 가슴에 펼쳐져 있고,
만물의 정기가 번쩍번쩍 그 가운데를 꿰뚫고 있네.
궁전 앞에서 부賦를 지으면 명성이 창공에 닿을 정도요,
붓은 조화를 보필하여 하늘은 할 일이 없을 정도인 분들.
눈썹이 희끗희끗한 서생들께서는 가을 쑥대 같은 감회를 느끼시겠지만,
죽은 풀에도 꽃피울 바람이 불어올 줄 누가 알 수 있으리오?
나는 지금 날개 늘어뜨리고 있지만 하늘 높이 나는 기러기에 의지하

고 있으니,

　뒷날 뱀이 용이 되듯 출세해도 이런 분들을 뵈었으니 부끄러울 것이
없으리!

　　華裾織翠靑如葱, 金環壓轡搖玲瓏.
　　馬蹄隱耳聲隆隆, 入門下馬氣如虹.
　　云是東京才子文章鉅公.
　　二十八宿羅心胷, 元精炯炯貫當中.
　　殿前作賦聲摩空, 筆補造化天無功.
　　厖眉書客感秋蓬, 誰知死草生華風?
　　我今垂翅附冥鴻, 他日不羞蛇作龍!

【華裾織翠靑如葱, 金環壓轡搖玲瓏】'華裾'는 화려한 옷자락. '織翠'는 翠色으로 짜
　낸 것. '葱'은 파. '金環'은 금으로 만든 고리. 말의 재갈 양쪽 고삐와 연결된 고리.
　'轡'는 고삐. '玲瓏'은 구슬 등이 반짝이는 모습을 뜻하는 雙聲連綿語.
【馬蹄隱耳聲隆隆, 入門下馬氣如虹】'馬蹄'는 말굽. '隱耳'는 귀에 은은히 들림. '殷
　耳' 또는 '隱隱'으로 된 판본도 있음. '隆隆'은 말이 달리는 요란한 소리를 표현한
　疊語. '氣如虹'은 그 기상과 기품이 무지개처럼 곱게 보임.
【云是東京才子文章鉅公】'말하기를 東京의 才子이며 문장에 뛰어난 鉅公'이라 함.
　'東京'은 洛陽. 唐나라 때 洛陽을 東都, 東京으로 삼았으며 《眞寶》注에 "東京, 洛
　陽也"라 함. 당시 韓退之(韓愈)가 洛陽令이었음. '鉅'는 巨와 같으며 大의 뜻. 대단
　한 신분임을 알려옴. 즉 韓愈와 皇甫湜이었음을 말함. 그러나 '云是'와 '鉅'는 《全
　唐詩》등에는 "一本無云是二字; 一本無鉅字"라 함. 이 경우 '東京才子文章公'으로
　7언이 됨. 《眞寶》注에 "已上言二公衣服車馬之華飾也"라 함.
【二十八宿羅心胷, 元精炯炯貫當中】'二十八宿'는 하늘의 28개의 별자리. '宿'는 '수'
　로 읽음. 二十八宿는 東方의 角, 亢, 氐, 房, 心, 尾, 箕;北方의 斗, 牛, 女, 虛, 危, 室,
　壁;西方의 奎, 婁, 胃, 昴, 畢, 觜, 參;南方의 井, 鬼, 柳, 星, 張, 翼, 軫의 총 28개
　별자리를 가리킴. '羅'는 '벌이다, 나열되어 있다'의 뜻. '胷'은 胸과 같음. '元氣'는
　만물의 근원이 되는 精氣. '炯炯'은 빛이 남. 《昌谷集》에는 '耿耿'으로 되어 있으며

《箋注評點李長吉歌詩》에는 "九精耿耿"으로 되어 있음. '貫當中'은 그 가운데를 꿰고 있음. 《全唐詩》에는 '元精炯炯'이 '九精照耀'로 되어 있으며 注에 "一作元精耿耿"이라 함.

【殿前作賦聲摩空, 筆補造化天無功】 '殿前作賦聲摩空'은 '궁전 앞에서 賦를 지으면 그 명성이 蒼空을 어루만질 정도'임. 명성이 하늘에 닿을 듯 대단함을 말함. '筆'은 문필. 문장. '造化'는 우주 자연의 창조와 변화. '天無功'은 하늘은 공로가 없음. 문장이 너무 뛰어나 하늘의 造化가 역할을 한 것이 없음.

【厖眉書客感秋蓬, 誰知死草生華風】 '厖'은 雜의 뜻. 厖眉는 '흑백의 毛色이 섞인 눈썹.' 늙었음을 뜻함. 《昌谷集》과 《箋注評點李長吉歌詩》에는 '厖'이 '龐'으로 표기되어 있음. 《後漢書》 循吏傳(劉寵) 注에 "厖, 雜也. 老者眉雜白黑也"라 하였고, 《文選》(15) 張衡 〈思玄賦〉 "尉厖眉而郎潛兮逮三葉而遘武"의 注에 "厖, 蒼也. 善曰: 《漢武故事》曰: 顔駟不知何許人, 漢文帝時爲郎. 至武帝輦過郎署, 見駟厖眉皓髮. 上問曰:「叟何時爲郎? 何其老也?」答曰:「臣文帝時爲郎, 文帝好文而臣好武; 至景帝好美而臣貌醜. 陛下卽位好少而臣已老. 是以三世不遇, 故老於郎署.」上感其言擢拜會稽都尉"라 함. '蓬'은 다북쑥. '感秋蓬'은 가을의 쑥대처럼 된 자신의 처지를 느낌. 흔히 가을바람에 이리저리 飄轉하는 상황이나 신세를 비유함. '華風'은 꽃바람. 꽃을 피게 하는 봄바람. 다시 봄바람에 새 풀이 나듯 희망이 있을 것임을 말한 것.

【我今垂翅附冥鴻, 他日不羞蛇作龍】 '垂翅'는 날갯죽지를 내려뜨림. 아직 미천한 신분임을 뜻함. 《後漢書》 馮異傳에 "始雖垂翅回谿, 終能奮翼澠池"라 함. 杜甫의 〈贈韋左丞〉시에도 "靑冥却垂翅"이라 함. '附冥鴻'의 '冥鴻'은 하늘을 높이 나는 큰 기러기에 의지함. 여기서 '冥鴻'은 天鴻과 같음. 韓愈와 皇甫湜을 지칭하는 것으로 보이며 이들이 나를 인정하게 될 것임을 뜻함. 冥鴻은 《眞寶》注에 "高飛也"라 함. 《唐摭言》에는 '負冥鴻'으로, 《太平廣記》에는 '負天鴻'으로 되어 있어 '뜻을 펴지 못하다'는 의미로 되어 있음. '冥'은 높은 하늘을 의미함. 揚子 《法言》에 "鴻飛冥冥, 弋人何簒焉?"이라 함. '蛇作龍'은 뱀이 용이 됨. 그게 출세함을 말함. 《史記》 外戚傳에 "蛇化爲龍, 不變其文; 家化爲國, 不變其姓"이라 함.

1. 李長吉, 李賀. 145 참조. 한편 〈高軒過〉에 대해 《唐詩紀事》(43)와 《全唐詩》
(393)에는 “『華裾織翠靑如蔥, 金環壓轡搖玲瓏, 馬蹄隱耳聲隆隆, 入門下馬氣如虹,
云是東京才子, 文章鉅公, 二十八宿羅心胸, 元精耿耿貫當中, 殿前作賦聲摩空, 筆補
造化天無功, 龐眉書客感秋蓬, 誰知死草生華風, 我今垂翅附冥鴻, 他日不羞蛇作
龍.』(韓退之, 皇甫湜聯騎造門, 賀總角荷衣而出, 此詩操觚立成.)”라 하였고, 《箋註評點
李長吉歌詩》에는 “韓員外愈皇甫侍御湜見過因而命作. 賀七歲能詞章, 韓愈, 皇甫湜
未信. 過其家, 使賦詩, 援筆輒就, 如素搆目曰〈高軒過〉. 二人大驚, 自是有名”이라 함.

2. 이 시는 《昌谷集》(4), 《箋註評點李長吉歌詩》(4), 《唐文粹》(15上), 《全唐詩》(393),
《全唐詩錄》(51), 《詩人玉屑》(15), 《詩林廣記》(8), 《太平廣記》(202), 《唐撫言》(10), 《竹莊
詩話》(14), 《漁隱叢話》(前集 20), 《詩話總龜》(後集 20), 《韻語陽秋》(4), 《唐詩紀事》(43),
《淵鑑類函》(253) 등에 실려 있음.

3. 韻脚은 ‘蔥, 瓏, 虹, 公, 中, 功, 風, 龍’.

4. 《唐撫言》(10)

李賀, 字長吉, 唐諸王孫也. 父瑨肅, 邊上從事. 賀年七歲以長短之製, 名動京華. 時
韓文公與皇甫湜覽賀所業, 奇之而未知其人, 因相謂曰:「若是古人, 吾曹不知者; 若
是今人, 豈有不知之理?」會有以瑨肅行止言者, 二公因連騎造門, 請見其子, 既而總角
荷衣而出, 二公不之信, 因面試一篇, 承命欣然, 操觚染翰, 旁若無人, 仍目曰〈高軒
過〉曰:『華裾織翠靑如蔥, 金環壓轡搖冬瓏. 馬蹄隱耳聲隆隆, 入門下馬氣如虹. 云是
東京才子文章鉅公. 二十八宿羅心胷, 殿前作賦聲摩空. 筆補造化天無功, 元精炯炯貫
當中. 龐眉書客感秋蓬, 誰知死草生華風? 我今垂翅負冥鴻, 他日不羞蛇與龍.』二公
大驚, 以所乘馬, 命聯鑣而還. 所居親爲束髮, 年未弱冠, 丁內艱. 他日擧進士, 或謗
賀, 不避家諱. 文公特著〈辨諱〉一篇, 不幸未登, 壯室而卒.

5. 《太平廣記》(202)

李賀, 字長吉, 唐諸王孫也. 父瑨肅, 邊上從事. 賀年七歲, 以長短之歌, 名動京師.
時韓愈與皇甫湜, 賢賀所業奇之, 而未知其人. 因相謂曰:「若是古人, 吾曹不知者; 若
是今人, 豈有不知之理?」會有以瑨肅行止言者, 二公因連騎造門, 請見其子. 既而總角荷
衣而出, 二公不之信, 因面試一篇, 賀承命欣然, 操觚染翰, 旁若無人, 仍目曰〈高軒
過〉曰:『華裾織翠靑如蔥, 金環壓轡搖玲瓏. 馬蹄隱隱聲隆隆, 入門下馬氣如虹. 云是
東京才子文章鉅公. 二十八宿羅心胸, 殿前作賦聲摩空. 筆補造化天無功, 元精耿耿貫

當中. 麗眉書客感秋蓬, 誰知死草生華風? 我今垂翅負天鴻, 他日不羞蛇作龍.』二公大驚, 遂以所乘馬, 命聯鑣而還. 所居親爲束髮. 年未弱冠, 丁內艱. 他日擧進士, 或謗賀, 不避家諱. 文公時著〈辨諱〉一篇. 不幸未壯室而終. (出《摭言》)

6.《詩林廣記》(8)

〈高軒過〉:『華裾織翠青如蔥, 金環壓轡搖玲瓏. 馬蹄隱耳聲隆隆, 入門下馬氣如虹. 云是東京才子文章鉅公. 二十八宿羅心胷, 元精炯炯貫當中. 殿前作賦聲摩空, 筆補造化天無功. 麗眉書客感秋蓬, 誰知死草生華風? 我今垂翅附冥鴻, 他日不羞蛇作龍.』《摭言》云: 李賀年七歲以長短之製, 名動京華. 時韓文公與皇甫湜覽賀所作, 奇之因連騎造門求見. 賀卝角荷衣而出, 二公不之信, 因令面賦一篇. 賀承命欣然, 操觚染翰, 傍若無人, 仍名曰〈高軒過〉, 二公大驚, 遂以所乘馬, 命聯鑣而還, 所居親爲束髮. 後擧進士, 賀父名瑨, 或謗賀不避家諱, 韓文公特爲著〈辨諱〉一篇.

164. 〈有所思〉 ·················· 盧仝

그리움

*《眞寶》注에 "詩中所謂美人, 卽《詩》'彼美人兮, 西方之人兮'之意"이라 함.
*〈有所思〉: 이 제목은 원래 漢代 樂府인 鐃歌十八曲의 하나로, 멀리 떨어져 있는 임을 그리워하는 노래임.

옛날에 내가 미인의 집에서 술에 취했을 때,
미인의 얼굴 아리땁기 꽃과 같았지.
오늘엔 미인이 나를 버리고 떠나,
청루靑樓의 구슬발은 하늘 가처럼 멀어졌네.
곱고 고운 항아姮娥가 사는 저 달,
보름 기망旣望이 지나 찼다가 다시 기울고 있네.
비취빛 푸른 눈썹 검은 매미 머리 그대 생이별하고,
바라보아도 보이지 않으니 애간장 끊어지네.
애간장은 끊어지는데, 몇천 리나 떨어져 있는가?
꿈속에 취해 누워 무산巫山 신녀神女를 만난 듯 운우지정을 펴다가,
깨어나니 눈물이 상강湘江에 방울져 뿌리는데,
상강 양쪽 언덕엔 꽃나무만 무성하네.
고운 임 뵈지 않아 내 마음 시름에 쌓이기에,
그 시름 머금은 채 다시 녹기금綠綺琴을 타본다네.
가락이 높아 줄이 끊어졌어도 이 곡조 알아주는 이도 없네.
고운 임이여, 고운 임이여!
모르겠노라, 무산 신녀처럼 저녁 비가 되었다가 아침 구름 되는 것
일까?
그리움에 한밤 지나니 매화가 피어나서,

홀연히 창 앞에 다가오니 그대인가 의심하네.

當時我醉美人家, 美人顔色嬌如花.
今日美人棄我去, 靑樓珠箔天之涯.
娟娟姮娥月, 三五二八盈又缺.
翠眉蟬鬢生別離, 一望不見心斷絶.
心斷絶, 幾千里? 夢中醉臥巫山雲.
覺來淚滴湘江水, 湘江兩岸花木深.
美人不見愁人心, 含愁更奏綠綺琴.
調高絃絶無知音.
美人兮美人! 不知爲暮雨兮爲朝雲.
相思一夜梅花發, 忽到窓前疑是君.

【當時我醉美人家, 美人顔色嬌如花】'美人'은 《詩》邶風 簡兮篇에 "山有榛, 隰有苓.
云誰之思, 西方美人. 彼美人兮, 西方之人兮"라 함. '顔色'은 얼굴 색. '嬌'는 교태,
아리따움.

【今日美人棄我去, 靑樓珠箔天之涯】'靑樓'는 婦人이 거처하는 누각으로 흔히 푸른
칠을 하였음. 혹 妓院을 靑樓라고도 함. 王褒의 시에 "靑樓臨大道, 遊俠盡淹留"
라 함. '珠箔'은 구슬을 꿰어 만든 아름다운 발(簾). 《眞寶》注에 "箔, 音泊, 簾也"
라 함. '天之涯'는 하늘 끝 멀리 떨어져 있음. 〈古詩十九首〉에 "相去萬餘里, 各在
天一涯"라 함.

【娟娟姮娥月, 三五二八盈又缺】'娟娟'은 예쁜 모양. 고운 모양. '姮娥'는 《眞寶》注
에 "姮娥, 月宮女"라 함. 嫦娥라고도 표기하며, 옛 后羿의 아내로 남편이 西王母
에게서 얻어 온 불사약을 훔쳐 달로 도망해 선녀가 되었다 함. 《淮南子》覽冥訓
에 "羿請不死之藥於西王母, 姮娥竊以奔月"이라 하였고, 高誘 注에 "姮娥, 羿妻.
羿請藥於西王母, 未及服, 姮娥盜食之, 得仙奔入月中"이라 함. 李尤의 《獨異志》
(上)에도 "羿燒仙藥, 藥成, 羿妻姮娥竊而食之, 遂奔入月中"이라 하여 중국 仲秋節
의 기원 고사가 됨. '三五二八'은 '三五'는 滿月인 15일, '二八'은 달이 기울기 시작
하는 16일 旣望. '又缺'은 그러고 나서 다시 기울기 시작함.

【翠眉蟬鬢生別離, 一望不見心斷絶】'翠眉'는 비취색 깃털처럼 아름다운 눈썹.《文選》好色賦에 "眉如翠羽, 肌如白雪"이라 함. "蟬鬢"은 매미 빛깔의 검은 머리. 崔豹《古今注》에 "魏文帝宮人絶所愛者有莫瓊樹, 薛夜來, 田尚衣, 段巧笑四人. 一日夕在側, 瓊樹乃制蟬鬢, 縹眇如蟬, 故曰蟬鬢"이라 함.

【心斷絶, 幾千里? 夢中醉臥巫山雲】'巫山'은 四川省 巫山縣에 있는 산 이름. 앞의 〈觀元丹丘坐巫山屛風〉(160)의 注를 참조할 것. '雲'은 雲雨之情, 즉 남녀관계의 다른 말.

【覺來淚滴湘江水, 湘江兩岸花木深】'覺'는《眞寶》"音敎"라 하여 '교'로 읽도록 되어 있음. '湘江'은 湖南省을 흐르는 강. 湘水라고도 하며 瀟水와 합쳐 洞庭湖로 흘러들어감. 옛날 舜이 남쪽을 巡狩하다 蒼梧에서 죽었을 때, 그 부인 娥皇과 女英은 舜을 기다리다 그곳에서 죽어 湘水의 女神이 되었으며, 이들이 흘린 눈물이 대나무에 떨어져 瀟湘斑竹이 되었다 함.

【美人不見愁人心, 含愁更奏綠綺琴】'綠綺琴'은 漢代 司馬相如가 卓文君을 유혹하던 琴.《眞寶》注에 "司馬相如琴名"이라 함.《文選》(30) 張孟陽〈擬四愁〉詩 "佳人遺我綠綺琴, 何以贈之雙南金"의 注에 "善曰:傅玄〈琴賦〉序「齊桓公有名琴曰號鍾, 楚莊有名琴曰繞梁. 中世司馬相如有綠綺, 蔡邕有焦尾, 皆名器也.」"라 함.

【調高絃絶無知音】'調'는 曲譜. 注에 "調, 去聲, 曲譜"라 함. '絃絶'은 금의 줄이 끊어짐.《事文類聚》(續集22)에 "蔡琰, 邕之女, 年六歲, 邕夜彈琴, 絃絶. 琰聞之曰:「第一絃也.」復斷, 聞之曰:「第四絃也.」邕曰:「偶中耳.」琰曰:「昔季札觀風知四國興衰, 師曠吹律知南風不競, 由是言之, 何得不知?」"라 함. '知音'은 음악을 이해해 주는 사람. 伯牙와 鍾子期의 '伯牙絶絃'의 고사를 빗댄 것.《列子》(湯問篇)에 "伯牙善鼓琴, 鍾子期善聽. 伯牙鼓琴, 志在登高山. 鍾子期曰:「善哉! 峨峨兮若泰山!」志在流水. 鍾子期曰:「善哉! 洋洋兮若江河!」伯牙所念, 鍾子期必得之. 伯牙游於泰山之陰, 卒逢暴雨, 止於巖下;心悲, 乃援琴而鼓之. 初爲霖雨之操, 更造崩山之音. 曲每奏, 鍾子期輒窮其趣. 伯牙乃舍琴而嘆曰:「善哉! 善哉! 子之聽夫! 志想象猶吾心也. 吾於何逃聲哉!」"라 하였으며,《呂氏春秋》(本味篇)에도 "伯牙鼓琴, 鍾子期聽之, 方鼓琴而志在太山, 鍾子期曰:「善哉乎鼓琴, 巍巍乎若太山.」少選之間, 而志在流水, 鍾子期又曰:「善哉乎鼓琴, 湯湯乎若流水.」鍾子期死, 伯牙破琴絶弦, 終身不復鼓琴, 以爲世無足復爲鼓琴者. 非獨琴若此也, 賢者亦然. 雖有賢者, 而無禮以接之, 賢奚由盡忠? 猶御之不善, 驥不自千里也."라 하였고,《韓詩外傳》(9)에도 "伯牙鼓琴, 鍾子期聽之. 方鼓琴, 志在山, 鍾子期曰:「善哉! 鼓琴! 巍巍乎如太山」志在流水, 鍾子

期曰:「善哉! 鼓琴! 洋洋乎若江河.」鍾子期死, 伯牙擗琴絶絃, 終身不復鼓琴, 以爲世無足與鼓琴也. 非獨琴如此, 賢者亦有之. 苟非其時, 則賢者將奚由得逢其功哉?」라 하였으며,《說苑》(尊賢篇)에는 "周公旦白屋之士, 所下者七十人, 而天下之士皆至; 晏子所與同衣食者百人, 而天下之士亦至; 仲尼脩道行, 理文章, 而天下之士亦至矣. 伯牙子鼓琴, 鍾子期聽之, 方鼓而志在太山, 鍾子期曰:「善哉乎! 鼓琴. 巍巍乎若太山.」少選之間, 而志在流水, 鍾子期復曰:「善哉乎! 鼓琴. 湯湯乎若流水.」鍾子期死, 伯牙破琴絶絃, 終身不復鼓琴, 以爲世無足爲鼓琴者. 非獨鼓琴若此也, 賢者亦然, 雖有賢者而無以接之, 賢者奚由盡忠哉! 驥不自至千里者, 待伯樂而後至也."라 하는 등《藝文類聚》(44),《淮南子》(脩務訓) 등에 널리 전함.

【美人兮美人! 不知爲暮雨兮爲朝雲】'暮雨, 朝雲'은 앞의〈觀元丹丘坐巫山屛風〉(160)의 주를 참조할 것.

【相思一夜梅花發, 忽到窓前疑是君】梅花를 마무리로 하여 그리운 정을 표현한 것.

참고 및 관련 자료

1. 盧仝(775?-835, 755?-811?)

號는 '玉川子'.《河南通志》(65)〈文苑〉에 "盧仝, 濟源人, 號玉川子, 好學博覽, 工詩"라 하였으며, 그의 文集은《新唐書》(藝文志, 4)에《玉川子詩》1卷,《崇文總目》,《郡齋讀書志》(4)에 역시 1卷이라 하였으나,《直齋書錄解題》(19)에는《盧仝集》3卷이라 함.《全唐詩》에 詩 3卷(387-389)이 실려 있으며,《全唐詩外編》및《全唐詩續拾》에 詩 1首와 斷句 1句가 補入되어 있음.《唐詩紀事》(35)에 관련 기록이 실려 있음.《新唐書》(176)을 참조할 것. 한편《古詩鏡(唐詩鏡)》(47) 注에 "盧仝, 號玉川子, 洛陽人. 累擧不第. 韓愈爲河南尹, 愛其詩, 厚禮之. 後因宿王涯第中遂預甘露之禍. 仝 老無髮, 奄人於腦後加釘焉, 以爲添丁之兆. 有詩一卷"이라 함.《眞寶》諸賢姓氏事略에 "盧仝, 洛陽人, 號玉川子"라 함.

2. 이 시는《玉川子詩集》(2),《唐文粹》(15 下),《全唐詩》(17, 388),《唐音》(12),《唐詩遺響》(5),《樂府詩集》(17),《唐詩紀事》(35),《詩人玉屑》(15),《漁隱叢話》(前集 19),《唐詩品彙》(36),《容齋隨筆》(續筆 5),《事文類聚》(17, 25),《唐百家詩選》(15),《石倉歷代詩話》(71),《對床夜語》(3) 등에 널리 실려 있음.

3. 韻脚은 '家, 花, 涯'. '月, 缺, 絶'. '雲'. '深, 琴, 音'. '人, 雲, 君'.

4.《唐才子傳》(5) 盧仝

仝, 范陽人. 初, 隱少室山, 號「玉川子」. 家甚貧, 惟圖書堆積. 後卜居洛城, 破室數間而已.「一奴長鬚不裹頭, 一婢赤脚老無齒」終日苦哦, 隣僧送米. 朝廷知其淸介之節, 凡兩備禮徵爲諫議大夫, 不起. 時韓愈爲河南令, 愛其操, 敬待之. 嘗爲惡少所恐, 訴於愈, 方爲申理, 仝復慮盜憎主人, 願罷之, 愈益其度量. 元和閒月蝕, 仝賦詩, 意切當時逆黨, 愈極稱工, 餘人稍恨之. 時王涯秉政, 胥怨於人. 及禍起, 仝偶與諸客會食涯書館中, 因留宿, 吏卒掩捕, 仝曰:「我盧山人也, 於衆無怨, 何罪之有?」吏曰:「旣云山人, 來宰相宅, 容非罪乎?」倉忙不能自理, 竟同甘露之禍. 仝老無髮, 奄人於腦後加釘. 先是, 生子名「添丁」, 人以爲讖云. 仝性高古介僻, 所見不凡近. 唐詩體無遺, 而仝之所作特異, 自成一家, 語尙奇譎, 讀者難解, 識者易知. 後來倣效比擬, 遂爲一格宗師. 有集一卷, 今傳. ◎古詩云:「枯魚過河泣, 何時悔復及. 作書與魴鱮, 相戒愼出入.」斯所以防前之覆轍也. 仝志懷霜雪, 操擬松柏, 深造括囊之高, 夫何戶庭之失! 噫! 一蹈非地, 旋踵逮殃, 玉石俱爛, 可不通哉!

5.《唐詩紀事》(35)

仝, 居東都, 退之爲河南令, 愛其詩, 厚禮之, 自號玉川子, 嘗爲〈月蝕詩〉, 譏切元和朋黨.

6.《全唐詩》(387)

盧仝, 范陽人, 隱少室山, 自號玉川子. 徵諫議不起, 韓愈爲河南令, 愛其詩, 厚禮之. 後因宿王涯第, 罹甘露之禍, 詩三卷.

7. 韓愈〈寄盧仝〉(《韓昌黎詩繫年集釋》7)

『玉川先生洛城裏, 破屋數閒而已矣. 一奴長鬚不裹頭, 一婢赤脚老無齒. 辛勤奉養十餘人, 上有慈妾親下妻子. 先生結髮憎俗徒, 閉門不出動一紀. 至令鄰僧乞米送, 僕忝縣尹能不耻?』

8. 韓愈〈寄盧仝〉에「昨晚長鬚來下狀, 隔墻惡難似. 每騎屋山下窺闞, 渾舍驚怕走折趾. 憑依婚媾欺官吏, 不信令行能禁止. 先生受屈未曾語, 忽來此告良有以. 嗟我身爲赤縣令, 操權不用欲何俟? 立召賊曹呼伍伯, 盡取鼠輩尸諸市. 先生又遣長鬚來. 如此處置非所喜. 況又時當長養節, 都邑未可猛政理. 先生固是余所畏, 度量不敢窺涯涘」라 하였으며,《繫年集釋》에 程學恂의 評語를 引用하여「語染詼諧, 極寫好賢之誠耳. 若認眞看, 則惡少窺屋, 罪不至死, 枉法徇友, 豈是公道?」라 함.

9. 盧仝〈月蝕詩〉(《全唐詩》387:《唐詩紀事》35도 같음.)

『新天子卽位五年, 歲次庚寅, 斗柄揷子. 律調黃鐘, 森森萬木夜殭立, 寒氣晶鬞頑無風. 爛銀盤從海底出, 出來照我草屋東. 天色紺滑凝不流, 冰光交貫寒瞳朧. 初疑白蓮花, 浮出龍王宮. 八月十五夜, 比並不可雙. 此時怪事發, 有物呑食來. 輪如壯士斧

斫壞, 桂似雪山風拉摧.』(下略)

10. 〈一格宗師〉

○ 宋 嚴羽《滄浪詩話》詩體에 '盧仝體'라 하고《詩評》에 "玉川之怪, 長吉之瑰詭, 天地間自欠此體不得"이라 함.

○ 宋 劉克莊《後村詩話》(新集 2)

「玉川詩有古朴而奇怪者, 有質俚而高深者, 有僻澁而條暢者. 元和, 大曆間詩人多出韓門, 韓於諸人多稱其名, 惟玉川常加『先生』二字.」

○ 金 元好問〈論詩三十首〉13《遺山先生文集》11)

『萬古文章有坦途, 縱橫誰似玉川盧? 眞書不入今人眼, 兒輩從敎鬼畫符.』

11.《漁隱叢話》(前集 19)《詩林廣記》8도 같음)

《雪浪齋日記》云: 玉川子詩讀者易解, 識者當自知之. 蕭才子宅問答詩, 如莊子寓言高僧對禪機, 惟〈有所思〉一篇語似不類, 疑他人所作. 然飄逸可喜. 其詞曰:「當時我醉美人家, 美人顏色嬌如花. 今日美人棄我去, 青樓朱箔天之涯. 娟娟姮娥月, 三五二八圓又缺. 翠眉蟬鬢生別離, 一望不見心斷絶. 心斷絶, 幾千里? 夢中醉臥巫山雲. 覺來淚滴湘江水, 湘江兩岸花木深. 美人不見愁人心. 含愁更奏綠綺琴, 調高絃絶無知音. 美人兮美人, 不知爲暮雨兮爲朝雲. 相思一夜梅花發, 忽到窗前疑是君.」

165. 〈行路難〉·················· 張轂(張籍)

　　가는 길 험난하네

＊〈行路難〉:이 제목은 원래 漢代 〈古樂府〉 道路六曲의 하나. '가는 길이 험난함'
　을 뜻함. 작자 張轂은 오류이며 張籍의 詩임.

　　상수湘水 동쪽을 떠도는 나그네 길게 탄식하노니,

　　집 떠난 지 십 년 되도록 돌아가지 못하고 있네.

　　낡아 해진 갖옷에 여윈 말이라 괴로워 길 가기 힘든데,

　　동복조차 모두가 굶주려 근력도 줄어들었네.

　　그대는 보지 못했는가, 머리맡에 황금 다 떨어지면,

　　장사도 얼굴빛 없게 되며,

　　용도 진흙 속에 서려 있는 채 구름조차 없으면,

　　저 하늘에 오를 날개가 생길 수 없다는 것을?

　　湘東行人長歎息, 十年離家歸未得.

　　翠裘羸馬苦難行, 僮僕盡飢少筋力.

　　君不見牀頭黃金盡, 壯士無顏色;

　　龍蟠泥中未有雲, 不能生彼昇天翼?

【湘東行人長歎息, 十年離家歸未得】'湘東'은 湘水의 동쪽. 지금의 湖南省 동부 일
　대. '十年離家歸未得'의 '離'는 《眞寶》注에 "去聲"이라 함.

【翠裘羸馬苦難行, 僮僕盡飢少筋力】'翠裘'는 모든 다른 기록에 '敝裘'(獘裘, 弊裘)로
　되어 있어 《眞寶》 판본이 잘못된 것임. '羸馬'(리마)는 파리하게 여윈 말. '僮僕'은
　부리고 있는 아이와 하인들. '盡飢'는 《全唐詩》에는 "饑寒(一作盡飢)"로 되어 있음.

【君不見牀頭黃金盡, 壯士無顏色】'牀頭'는 침대머리. 머리맡. 머리맡에 돈이 떨어
　지면 壯士라도 힘을 잃게 됨. 이는 戰國時代 蘇秦에 비유한 것. 《戰國策》(趙策一),

《史記》蘇秦列傳 등을 참조할 것.

【龍蟠泥中未有雲, 不能生彼昇天翼】'蟠'은 '서리다'의 뜻. '不能生彼昇天翼'은 하늘
　로 올라야 할 날개가 나지 못함. '昇天翼'은 모두 '升天翼'으로 표기 되어 있음.

참고 및 관련 자료

　1. 張穀(→張籍)

　이 시는 다른 모든 기록이나 轉載文에 작자가 張籍(766–830?)으로 되어 있으며,
張籍의 《張司業詩集》(1)에도 실려 있어, 張穀이 아닌 것으로 여겨짐. 한편 張穀은
《古文大全》에는 '張穀'으로 표기되어 있으며 구체적인 생애나 사적은 알 수 없음.
張籍은 자는 文昌, 和州 烏江(지금의 安徽 和縣) 사람. 혹 蘇州 사람이라고도 함.
唐 德宗 貞元 15년(799) 진사에 올라 元和 초에 西明寺大祝이 되어 10년 동안 승
진을 하지 못하였음. 50세에 이르자 안질이 생겨 고통을 겪기도 함. 孟郊의 소개
로 韓愈를 알게 되었으며 韓愈의 추천으로 國子博士를 거쳐 水部員外郎에 오름.
唐 文宗 太和 2년(828)에는 國子司業을 역임하여 그를 張水部, 혹 張司業이라 부
름. 樂府詩에 뛰어났으며, 그의 詩風은 古風스러우면서도 담백하였음. 《張司業集》
을 남김.

　2. 이 시는 《張司業集》(2), 《唐文粹》(12), 《全唐詩》(25, 383), 《全唐詩錄》(54), 《樂府
詩集》(71), 《唐詩品彙》(34), 《山堂肆考》(137), 《事文類聚》(別集 25), 《石倉歷代詩選》
(59) 등에 실려 있음.

　3. 韻脚은 '息, 得, 力, 色, 翼'.

166. 〈邀月亭〉·················· 馬子才(馬存)
요월정

*〈邀月亭〉: 달맞이 정자. 《四川通志》(26) 儀隴縣과 《大淸一統志》(103)에 "邀月亭, 在儀隴縣北二十里, 有石數十丈方而絶險, 上平潤丈餘, 可坐十人, 名曰邀月臺"라 하였고, 《山東通志》(9)에는 "邀月亭, 在禹城縣東關外一里, 東邱側"이라 하였으나 두 곳 모두 이 邀月亭과 같은 곳인지는 알 수 없음.

정자 위엔 아주 많은 녹서주綠醑酒요,
쟁반 속엔 한 젓가락 황금 닭고기 안주.
푸른 바다 동쪽 자락에서 항아姮娥를 맞이하니,
얼음 바퀴 빙글빙글 파란 유리 같은 하늘 위로 떠오르고 있네.
하늘에 떠 있는 구름을 쓸어내어 사라지게 하니,
많은 바위와 수많은 골짜기는 경요굴瓊瑤窟이로구나.
달 속 계수나무 꽃 그림자는 나의 잔 속으로 들어와,
그 잔 기울여 가슴 속으로 부으니 맑은 뼈까지 비추네.
옥토끼는 약을 빻아 누구에게 먹이려는 것일까?
장차 우리 같은 호걸에게 주어 젊은 얼굴 머물게 해 다오.
젊은 얼굴을 그대로 머물게 할 수만 있다면,
그러한 은혜는 중重하기가 산과 언덕 같으리.
그대 위해 월식月蝕을 일으키는 두꺼비 요정 죽이려 하니,
허리에 찬 오래된 칼의 빛줄기가 차구나.
술잔 들어 밝은 달에게 권하노라,
내 노랫소리 발하노니 잘 들어다오.
옛사람들의 얼마나 많은 근심 비추었는가?
그런데 또다시 지금 사람들의 이별하는 자리 비추고 있구나.

우리들은 스스로 고양高陽의 호방한 술꾼이라 자처하거늘,
찼다 기울었다 하는 달을 탄식하는 아이들 따라 하겠는가?

亭上十分綠醑酒, 盤中一筯黃金雞.
滄溟東角邀姮娥, 氷輪碾上靑琉璃.
天風洒掃浮雲沒, 千巖萬壑瓊瑤窟.
桂花飛影入盞來, 傾下脣中照淸骨.
玉兔擣藥與誰餐? 且與豪客留朱顔.
朱顔如可留, 恩重如丘山.
爲君殺却蝦蟆精, 腰間老劍光芒寒.
擧酒勸明月, 聽我歌聲發.
照見古人多少愁, 更與今人照離別.
我曹自是高陽徒, 肯學羣兒嘆圓缺?

【亭上十分綠醑酒, 盤中一筯黃金雞】'十分'은 副詞로 '매우, 아주, 대단히' 등의 뜻.
여기서는 매우 많음을 뜻함. '綠醑酒'는 녹색 빛이 나는 좋은 술. '筯'는 箸로도
쓰며 젓가락.
【滄溟東角邀姮娥, 氷輪碾上靑琉璃】'滄溟'은 푸르고 넓은 바다. '姮娥'는 달에 사
는 선녀. 앞장의 注를 참조할 것. 여기서는 달을 대신하는 말. '氷輪'은 얼음 수레
바퀴. 맑은 달을 가리킴. '碾上'은 달이 빙글빙글 돌면서 올라옴. '碾'(연)은 연자방
아처럼 돎. 《眞寶》注에 "音轉"이라 하여 '전'으로 읽도록 되어 있음. '靑琉璃'는
파란 유리. '琉璃'는 투명한 옥돌을 뜻하는 雙聲連綿語. 여기서는 투명하고 푸른
하늘을 뜻함.
【天風洒掃浮雲沒, 千巖萬壑瓊瑤窟】'洒掃'는 灑埽로도 표기하며 시원하게 씻어냄.
'瓊瑤窟'의 '瓊'과 '瑤'는 옥돌 이름. 《詩》衛風 木瓜篇에 "報之以瓊瑤"라 함. '瓊瑤
窟'은 옥돌로 만든 굴. 달이 비친 月下世界의 모습을 표현한 것.
【桂花飛影入盞來, 傾下脣中照淸骨】'桂花'는 계수나무 꽃. 달 속에는 계수나무가
있으며 그 아래 사람이 신선술을 배우다가 잘못하여 달로 쫓겨난 吳剛이라는
사람이 계수나무를 베고 있으나, 나무가 즉시 다시 달라붙어 영원히 베고 있다

는 전설이 있음.《酉陽雜俎》에 "月桂高五百丈, 下有一人, 常斫之, 樹創隨合, 人姓吳名剛, 西河人, 學仙有過, 謫令伐樹"라 함. '傾下胷中照淸骨'은 잔을 가슴 속으로 기울이면 그 술이 맑은 뼈를 비출 정도임.

【玉兎擣藥與誰餐? 且與豪客留朱顏】'玉兎擣藥'는 옥토끼가 약을 빻고 있음.《藝文類聚》(1)에 "傅咸〈擬天問〉曰:「月中何有? 白兎擣藥, 興福降祉.」"라 하였고,《山堂肆考》(2)에는 "《淮南子》曰:「日中有踆烏, 謂三足烏也.」 張衡〈靈憲〉曰:「日者, 陽精之宗, 積而成象烏. 烏, 陽之類, 其數奇; 月者, 陰精之宗, 積而成獸象兎, 兎, 陰之類, 其數偶.」"라 함. '留朱顏'은 붉은 얼굴이 머물러 있음. 즉 늙지 않음.

【朱顏如可留, 恩重如丘山】'朱顏'은 紅顏과 같음. '留'는 住, 停과 같음. 변함없이 그대로 멈춤.

【爲君殺却蝦蟆精, 腰間老劍光芒寒】'蝦蟆精'의 蝦蟆는 두꺼비를 뜻하는 疊韻連綿語 物名. 蟾蜍. 두꺼비의 精이 달을 갉아먹어 月蝕이 생긴다는 전설이 있음.《眞寶》注에 "蝦蟆, 蝕月"이라 함.《事文類聚》(前集2) 盧仝의 〈月蝕詩〉에 "又聞古老說:「蝕月蝦蟇精, 徑圓千里入汝腹.」 如此癡騃阿誰生? 可從海窟來, 便解緣靑溟."이라 함. '光芒寒'의 '光芒'은 빛줄기를 뜻하는 말. 칼날 빛줄기가 차가움. 칼날이 예리하게 빛남을 형용한 말.

【擧酒勸明月, 聽我歌聲發】술을 들어 달에게 권하면서 자신의 노래를 들어달라고 청함.

【照見占人多少愁, 更與今人照離別】'多少'는 '얼마나 많은'의 뜻. 달은 古來로 많은 사람들의 근심을 보고 비추어주었을 것임을 말한 것.

【我曹自是高陽徒, 肯學羣兒嘆圓缺】'我曹'는 우리들. '曹'는 等과 같으며 複數를 나타내는 接尾辭. '高陽徒'의 高陽은 河南 陳留 雍丘의 옛 고을 이름.《眞寶》注에 "酈食其, 稱高陽酒徒"라 함. 역이기(酈食其)가 처음 沛公 劉邦을 만나고자 했을 때 유방이 "이젠 유생 따위는 필요없다"라고 거절하자 대뜸 "우리는 고양의 술꾼들이지 유생이 아니다"라 한 말에서 비롯됨. 뒤에 호방한 술꾼을 가리키는 말로 쓰임.《史記》酈食其傳에 "初, 沛公引兵過陳留, 酈生踵軍門上謁曰:「高陽賤民酈食其, 竊聞沛公暴露, 將兵助楚討不義, 敬勞從者, 願得望見, 口畫天下便事.」 使者入通, 沛公方洗, 問使者曰:「何如人也?」 使者對曰:「狀貌類大儒, 衣儒衣, 冠側注.」 沛公曰:「爲我謝之, 言我方以天下爲事, 未暇見儒人也.」 使者出謝曰:「沛公敬謝先生, 方以天下爲事, 未暇見儒人也.」 酈生瞋目案劍叱使者曰:「走! 復入言沛公, 吾高陽酒徒也, 非儒人也.」 使者懼而失謁, 跪拾謁, 還走, 復入報曰:「客, 天下壯士也, 叱臣,

臣恐, 至失謁. 曰『走! 復入言, 而公高陽酒徒也』.」沛公遽雪足杖矛曰:「延客入!」이
라 함. '肯學'은 '배우려들겠는가? 흉내 내려 하겠는가?'의 뜻. 달이 기울고 차는
것을 두고 탄식하고 있는 그러한 자들처럼 하겠는가? 달이 기울고 참에 관계없
이 술을 실컷 마시겠다는 뜻임.

참고 및 관련 자료

1. 馬子才. 馬存. 143 참조.
2. 이 시는 《宋藝圃集》(13)에 실려 있음.
3. 韻脚은 '鷄, 璃'. '沒, 窟, 骨'. '餐, 顔, 山, 寒'. '月, 發, 別, 缺'.

167. 〈長淮謠〉 ·················· 馬子才(馬存)

장회의 노래

*〈長淮謠〉: '長淮의 노래'. '長淮'는 지금의 江蘇省 揚州 지역 淮水가 바다로 들어
가는 곳 일대를 널리 포함하여 이르는 지명. 한편 淮水는 河南省 桐柏山에서
시작되어 安徽, 江蘇 두 省의 북부를 거쳐 동쪽으로 바다에 흘러들던 강물 이
름. 여러 번 흐름이 바뀌어 지금은 江蘇 淮陰縣에서 동쪽 바다로 흘러듦. 《水
經》에 "淮水出南陽平子縣胎簪山, 至下邳陰縣西, 又東過淮陰縣, 至廣陵淮浦縣入
于海"라 하였고, 《釋名》에는 "淮, 圍也. 圍繞揚州, 北界東至海也"라 함. 한편 《廣
陵志》序에는 "長淮之區綿亘數百里, 揚州其都會也. 迷樓九曲鳳池螢苑之名甲于
前代, 而十里珠簾二十四橋, 風月之景, 尤爲東南佳麗, 以至春風蕩城郭, 滿耳沸笙
歌, 與夫重城向夕絳紗萬戶珠翠塡咽於街陌, 又天下所無也"라 함.

장회長淮의 물은 푸르기가 청태와 같건만,

나그네는 오직 마음과 눈이 열려짐을 느낄 뿐.

상강湘江에 어찌 물이 없으리오?

물고기 배 속에 충신 굴원屈原의 혼이 묻혔으나,

다만 시름 띤 구름이 엉겨 비가 되고, 원숭이 소리만 애처롭게 우는
모습만 보일 뿐.

절강浙江에 어찌 물이 없으리오?

말가죽 포대 속에 오자서伍子胥의 시신 담겨 떠내려갔으나,

다만 파도치는 물결 위에 노한 기운이 마치 산더미처럼 밀려오는 모습
만 보일 뿐.

외로이 밀려난 신하 오자서나 시인 굴원이 이 강가에 와서,

어찌 그들의 심회를 풀 수 있었으리오?

장회의 물은 초楚나라 땅을 감돌아 흐르고,

나의 집은 바로 회수 가에 있다네.

황금빛 넘실거리는 물 수만 곡斛이 밝은 달 목욕시키니,

벽옥의 한 조각 하늘은 맑은 가을 기운을 머금고 있네.

술기운 얼굴이 불그레한 채 노래 한 곡조 뽑으니,

회수 가의 모든 물건들은 한가하게 근심을 느낄 겨를도 없다네.

長淮之水靑如苔, 行人但覺心眼開.

湘江豈無水?

魚腹忠魂埋, 但見愁雲結雨猿聲哀.

浙江豈無水?

鴟革漂胥骸, 但見潮頭怒氣如山來.

孤臣詞客到江上, 何以寬心懷?

長淮之水遶楚流, 先生家住淮上頭.

黃金萬斛浴明月, 碧玉一片含淸秋.

酒光入面歌一聲, 淮上百物無閑愁.

【長淮之水靑如苔, 行人但覺心眼開】‘苔’는 이끼. 파란 초록색을 말함. 長淮의 淮水 물 색깔을 표현한 것. ‘行人但覺心眼開’는 나그네로서 그곳을 보게 되면 단지 心眼이 시원하게 트임을 느끼게 될 뿐임.

【湘江豈無水? 魚腹忠魂埋, 但見愁雲結雨猿聲哀】‘湘江’은 물 이름. 앞 盧仝〈有所思〉(164)의 注를 참조할 것. ‘忠魂埋’는 戰國시대 楚나라 충신이며 시인인 屈原이 江南으로 방축되어 떠돌다가 湘江 하류인 汨羅水에 투신한 것을 말함. 《眞寶》注에 “屈原, 沉汨羅葬於魚腹; 伍子胥棄尸江中, 化爲神, 白馬乘潮”라 함. 《史記》屈原賈生列傳을 참조할 것. ‘但見愁雲結雨猿聲哀’는 근심 띤 구름이 맺혀 비가 되고 원숭이 소리가 애처로움만 볼 뿐임.

【浙江豈無水? 鴟革漂胥骸, 但見潮頭怒氣如山來】‘浙江’은 浙江, 曲江, 漸江 등으로도 불리며, 新安江과 蘭溪가 建德縣에서 합수함. 桐廬縣을 거쳐 桐溪와 합친 곳은 桐江, 富陽縣을 지나는 곳은 富春江, 蕭山縣에서 錢淸江이 합류하여 杭州

동남쪽을 지날 때는 錢塘江이라 부름.《大明一統志》(38)에 "杭州府浙江在府城西三里, 舊志出歙縣玉山, 其水經建德合婺溪, 過富春爲浙江入于海. 江口有山琚江中, 潮水投山, 十折而曲, 故云浙江. 盧肇曰:「浙者, 蓋取潮水出海屈折倒流也.」"라 하였고,《潛確類書》(37)에는 "錢塘江在浙江杭州府, 本名浙江, 按《史記》水至會稽山陰爲浙江.《虞喜志林》謂:「潮水投浙山下折而曲, 一云江有反濤, 水勢折歸, 故云浙江. 一名浙河.」《山海經》曰:「禹治水至于浙河.」莊翼曰:「浙河之水, 濤山浪屋, 雷擊霆碎, 有吞天沃日之勢, 是也. 今以其地介于錢塘縣, 遂名錢塘江, 潮水晝夜再上, 奔騰衝激撼地軸.」"이라 함. '鴟革'은 鴟夷革이라고도 하며 말가죽을 뜻함. '漂胥骸'는 吳王 夫差가 伍子胥를 죽인 다음 鴟革에 넣어 강물에 던져 떠내려가도록 한 사건을 말함.《史記》伍子胥傳에 "吳王曰:「微子之言, 吾亦疑之.」乃使使賜伍子胥屬鏤之劍, 曰:「子以此死.」伍子胥仰天歎曰:「嗟乎! 讒臣嚭爲亂矣, 王乃反誅我. 我令若父霸. 自若未立時, 諸公子爭立, 我以死爭之於先王, 幾不得立. 若旣得立, 欲分吳國予我, 我顧不敢望也. 然今若聽諛臣言以殺長者.」乃告其舍人曰:「必樹吾墓上以梓, 令可以爲器; 而抉吾眼縣吳東門之上, 以觀越寇之入滅吳也.」乃自剄死. 吳王聞之大怒, 乃取子胥尸盛以鴟夷革, 浮之江中. 吳人憐之, 爲立祠於江上, 因命曰胥山."이라 하였고,〈吳太伯世家〉에도 "越王句踐率其衆以朝吳, 厚獻遺之, 吳王喜. 唯子胥懼, 曰:「是棄吳也.」諫曰:「越在腹心, 今得志於齊, 猶石田, 無所用. 且盤庚之誥有顚越勿遺, 商之以興.」吳王不聽, 使子胥於齊, 子胥屬其子於齊鮑氏, 還報吳王. 吳王聞之, 大怒, 賜子胥屬鏤之劍以死. 將死, 曰:「樹吾墓上以梓, 令可爲器. 抉吾眼置之吳東門, 以觀越之滅吳也.」"라 함. '但見潮頭怒氣如山來'는 억울하게 죽은 伍子胥의 魂魄이 潮水를 타고 노한 기색으로 밀려왔다 함.《臨安志》에 "吳王旣賜子胥死, 乃取其尸盛以鴟夷之革, 浮之江中. 子胥因流揚波, 依潮來徃, 蕩激隄岸, 勢不可禦, 或有見其乘白馬素車. 在潮頭者, 因爲之立廟, 每歲仲秋旣望, 潮水極大, 杭人以旗鼓迓之. 弄潮之戱, 蓋始于此. 然或有沈溺者"라 함.

【孤臣詞客到江上, 何以寬心懷】'孤臣詞客到江上'은 '외로운 신하 伍子胥와 글을 읊는 시인 屈原이 이 강가에 이르러'의 뜻. '寬心懷'은 '심회를 풀다, 품은 한을 풀다'의 뜻.

【長淮之水遠楚流, 先生家住淮上頭】'遠楚流'는 '장회의 물이 揚州를 감돌아 흐르다'의 뜻.《大明一統志》(12)에《揚州府沿革》云:禹貢楊洲之域, 春秋時屬吳越, 戰國時屬楚"라 함. '先生家住淮上頭'의 '先生'은 馬存(馬子才) 자신을 3인칭으로 말한 것. 馬存이 長淮 근처에 살았음.

【黃金萬斛浴明月, 碧玉一片含淸秋】‘黃金萬斛’의 1斛은 10斗. 달빛으로 인해 황금 빛이 된 큰물을 가리킴. ‘碧玉’은 푸른 옥. 하늘을 가리킴.

【酒光入面歌一聲, 淮上百物無閑愁】‘酒光’은 《宋藝圃集》에는 ‘酒光’으로 되어 있으나, 《宋詩紀事》와 《事文類聚》 등에는 ‘酒花’로 되어 있음. 둘 모두 얼굴에 술기운이 올라 불그레한 모습을 말함. ‘淮上百物無閑愁’는 淮水 가의 온갖 물건들은 한가하게 근심이나 품을 일이 없음. 그곳 만물들은 근심 따위는 모른 채 풍성하게 자라 펼쳐져 있음. ‘閑’은 閒으로도 표기함.

> ### 참고 및 관련 자료

1. 馬子才. 馬存. 143 참조.

2. 이 시는 《宋藝圃集》(13), 《宋詩紀事》(32), 《事文類聚》(前集 16), 《山堂肆考》(21) 등에 실려 있음.

3. 韻脚은 ‘苔, 開, 埋, 哀, 骸, 來, 懷’. ‘流, 頭, 秋, 愁’.

168. 〈贈寫眞何秀才〉 ·················· 蘇子瞻(蘇東坡)
초상화 그려준 하수재에게 드림

＊《眞寶》注에 "秀才, 名充"이라 함.

＊〈贈寫眞何秀才〉: '寫眞'은 肖像畫를 뜻함. 蘇軾이 자신의 肖像畫를 그려준 何秀
  才에게 드림. 何秀才는 何充. 다른 기록에는 제목이 모두 〈贈寫眞何充秀才〉로
  되어 있음. 元 夏文彦《圖繪寶鑑》에 의하면 何充은 姑蘇 사람으로 초상화에 뛰
  어났던 화가라 함. 《蘇詩補註》에는 "鄧公壽《畫繼》:「何充, 不知何許人也.」郭若虛
  《紀藝》:「宋自建隆以至熙寧, 獨工傳寫者七人. 何充與焉. 亦不詳其里居.」○愼按:
  本集〈與王定國尺牘〉云:「蘇州何充, 畫眞, 雖不全似, 而筆墨之精, 已可奇也.」則
  充乃蘇州人"이라 함.

그대는 보지 못했는가, 노주별가潞州別駕 당唐 현종玄宗이 눈을 번개처
럼 뜨고,

왼손에 활을 걸고 화살을 비스듬히 장전하고 있는 초상화를?

또 보지 못했는가, 눈 속에 나귀를 타고 가는 맹호연孟浩然이,

눈썹 찌푸린 채 시를 읊으면서 어깨가 산처럼 솟아 있는 초상화를?

기한에 고통받는 사람이나 부귀를 누리던 사람이 모두 어디에 있
는가?

공연히 초상화만 세상에 남겨졌을 뿐이지.

이 몸은 항상 외물外物과 동화同化하여,

뜬 구름 변하듯 종적을 남기지 않고 산다네.

그대에게 묻건대 어찌 노고롭게 나의 초상을 그리려 하는가?

그대 대답은 애오라지 좋아서 하는 일이라 하였지.

누린 모자에 야인野人 복장을 한 산골 사람 모습으로 그렸으니,

그 뜻은 나를 바위 속에 두어 숨어살게 하려는 의도로군.

공훈과 명성 세운 장수나 재상이야 지금 어찌 한계가 있겠는가?

가서 포공褒公 단지현段志玄이나 악공鄂公 울지경덕尉遲敬德 같은 이들
의 초상화나 그리게나!

君不見潞州別駕眼如電? 左手挂弓橫撚箭.
又不見雪中騎驢孟浩然? 皺眉吟詩肩聳山.
饑寒富貴兩安在? 空有遺像留人間.
此身常擬同外物, 浮雲變化無蹤跡.
問君何苦寫我眞? 君言好之聊自適.
黃冠野服山家容, 意欲置我山巖中.
勳名將相今何限? 徃寫褒公與鄂公!

【君不見潞州別駕眼如電? 左手挂弓橫撚箭】 '潞州別駕'의 潞州는 지금의 山西省 長
　治縣, '別駕'는 觀察使의 副官. 唐 玄宗(李隆基, 713~755 재위)은 제위에 오르기 전
　에 이 潞州別駕의 직위에 있었음.《眞寶》注에 "潞州別駕, 唐明皇也"라 함.《東坡
　詩集註》에 "次公:潞州別駕, 唐明皇也. 繽:王戎, 神彩秀徹, 視日不眩. 裴楷曰:「戎
　眼爛爛. 如岩下電.」"이라 함.《唐書》玄宗紀에 "玄宗諱隆基, 性英武, 善騎射. 始封
　楚王, 後爲臨淄郡王, 後遷衛尉少卿潞州別駕"라 함.《通典》에 "從刺史行部別乘一
　乘傳車, 故謂之別駕"라 함. '橫撚箭'은 '화살을 옆으로 비껴 잡음'. 여기서는 玄宗
　의〈狩獵圖〉를 가리킨 것임.《眞寶》注에 "《尙書譚錄》云:明皇有一目微斜. 故作橫
　撚箭之狀"이라 함.《東坡詩集註》에 "堯卿:唐明皇, 英武善射. 初封臨淄王爲潞州
　別駕.《尙書譚錄》云:潞州啟聖宮有明皇欹枕斜書壁處, 腰鼓馬槽並在. 明皇有一目
　微斜, 故作橫撚箭之狀"이라 함.

【又不見雪中騎驢孟浩然? 皺眉吟詩肩聳山】 '孟浩然'(689-740)은 盛唐 대표적인 自
　然詩人으로 字는 浩然이며《新唐書》〈藝文志〉에《孟浩然詩集》3卷이 著錄되어 있
　고, 지금 전하는 宋刻本도 역시 3卷임. 그리고 宜城 王士源의《孟浩然集》에 序가
　전하며《全唐詩》(卷159, 160)에 그의 詩 2卷이 실려 있음.《全唐詩外編》및《全唐
　詩續拾》에 詩 2首와 斷句 6句가 補入되어 있음. 한편《唐詩紀事》(23)과《唐才子
　傳》(2),《舊唐書(卷190下) 文苑傳(下),《新唐書》(203 文藝傳(下)에 그에 관한 傳과 기

사가 실려 있음. 이는 孟浩然의 〈赴命途中逢雪〉시를 주제로 그린 그림을 가리킴. 《孟浩然集》(3)에 "迢遞秦京道, 蒼茫歲暮天. 窮陰連晦朔, 積雪滿山川. 落鴈迷沙渚, 饑烏噪野田. 客愁空佇立, 不見有人烟"이라 함. '皺眉'는 눈썹을 찌푸림. '肩聳山'은 바짝 말라 양 어깨가 산처럼 솟아 있는 모습. 《眞寶》 注에 "或問鄭綮詩思, 對曰: 「詩思, 在灞橋雪中驢子上.」"이라 함.

【饑寒富貴兩安在? 空有遺像留人間】《眞寶》 注에 "飢寒謂浩然, 富貴謂明皇. 二者皆歸於滅沒"이라 함. '人間'은 人間 世上. 俗世, 塵世. 天上 세계와 구분하여 이르는 말.

【此身常擬同外物, 浮雲變化無蹤跡】'擬'는 '~에 비기다. 비슷하다' 등의 뜻. '同外物'은 外物과 동화하여 하나가 됨. '蹤跡'은 발자취. 발자취를 남긴 흔적. '蹤迹'으로 표기된 판본도 많음.

【問君何苦寫我眞? 君言好之聊自適】'問君何苦寫我眞'은 '그대는 어찌 고생스럽게 나의 초상화를 그리는가?'의 뜻. '聊自適'은 애오라지 스스로 즐기기 위한 것. '聊'는 '애오라지'. '自適'은 스스로 만족함. 즐김.

【黃冠野服山家容, 意欲置我山巖中】'黃冠'은 누런 천으로 만든 관. 《禮記》 郊特牲에 "野夫黃冠草服"이라 함. '山家容'은 산 속에 사는 사람 모습. '意欲置我山巖中'은 《眞寶》 注에 "顧愷之爲謝琨(鯤)像, 在石巖裏云: 「此子宜置丘壑中」"이라 함. 《東坡詩集註》에 "次公: 顧愷之爲謝鯤像, 在石巖裏, 云: 「此子宜置丘壑中」 鯤自謂: 「一丘一壑, 過於庾亮.」"이라 함. 顧愷之가 謝鯤(謝琨)의 초상화를 그리되 그 배경을 바위 속으로 하면서 "이런 사람은 의당 골짜기 속에 있어야 하지"라 한 것을 빗댄 것. 顧愷之는 010의 해설 부분을 볼 것. 謝鯤(280~322)은 謝豫章. 자는 幼輿. 謝衡의 아들이며 謝尙의 아버지. 老莊과 《易》에 밝았으며 豫章太守를 지냄. 東海王(司馬越)에게 발탁되어 掾을 거쳐 參軍을 지냄. 뒤에 다시 王敦에게 발탁되었으며 王敦이 난을 일으키자 이를 극구 말리며 간언하였음. 《晉書》(49)에 傳이 있음.

【勳名將相今何限? 徃寫褒公與鄂公】'勳名將相'은 공훈을 세워 명성이 높은 장수와 재상. '褒公'은 唐 太宗(李世民) 때의 장수로 勇名을 떨친 段志玄. 뒤에 褒國公에 봉해졌음. '鄂公' 역시 唐 太宗 때의 名將 울지경덕(尉遲敬德). 뒤에 鄂國公에 봉해졌음. 尉遲敬德은 이름은 恭. 朔州 善陽(지금의 山西 朔縣) 사람으로 唐나라 초기의 명장. 秦王府(李世民의 幕府)의 護軍으로서 玄武門 政變에 가담하였음. 唐 太宗은 이 두 사람을 비롯한 功臣 24인의 초상화를 그려 凌煙閣에 모셨음.

《眞寶》注에 "杜詩〈丹靑引〉: 「褒公鄂公毛髮動, 英姿颯爽來酣戰.」 褒公, 段志玄; 鄂公, 尉遲敬德也"라 함. 《東坡詩集註》에 "續: 杜甫〈丹靑引〉: 「凌烟功臣少顔色, 將軍下筆開生面. 良相頭上進賢冠, 猛將腰間大羽箭. 褒公鄂公毛髮動, 英資颯爽來酣戰.」 褒公, 段志玄; 鄂公, 尉遲敬德也"라 함. '鄂'은 《眞寶》注에 "昂入"이라 하여 '악'으로 읽음.

> ### 참고 및 관련 자료

1. 蘇軾. 蘇東坡, 蘇子瞻, 044 참조.

2. 이 시는 《東坡前集》(6), 《東坡詩集註》(27), 《施註蘇詩》(9), 《蘇詩補註》(12), 《聲畫集》(3), 《宋藝圃集》(4), 《事文類聚》(前集 41), 《山堂肆考》(167), 《歷代題畫詩類》(54) 등에 실려 있음.

3. 韻脚은 '電, 箭, 山, 間'·'跡, 適'·'用, 中, 公'.

169. <薄薄酒> ·················· 蘇子瞻(蘇東坡)

박박주

*《眞寶》注에 "兩章, 此選其首章"이라 함.
*<薄薄酒>: 묽고 텁텁하여 맛이 없는 술. 이는 동파가 密州(지금의 山東 諸城)에 벼슬할 때 지은 것으로 自序에 "膠西先生趙明叔, 家貧好飮, 不擇酒而醉常云: 「薄薄酒勝茶湯, 醜醜婦勝空房」 其言雖俚而近乎達, 故推而廣之以補東州之樂府. 旣又以爲未也, 復自和一篇, 聊以發覽者之一噱云爾"라 하여 趙明叔이란 사람이 가난하면서도 술을 좋아해 취하면 '薄薄酒勝茶湯, 醜醜婦勝空房'이라고 입버릇처럼 말하자 이에 東坡가 樂府體로 지은 것이라 하였음. 모두 2수 중의 제 1편임.

텁텁하고 맛없는 술일지라도 끓인 찻물보다는 낫고,

거칠고 조악한 마포麻布일지라도 없는 치마보다는 낫지.

추처醜妻나 악첩惡妾일지라도 빈 방에 홀로 자는 것보다는 낫지.

오경五更 새벽에 대루원待漏院 앞에서 조회 시간 기다리느라 신발에 서리 가득한 벼슬살이는,

한여름 삼복더위에 해가 높이 치솟도록 시원한 북창北窓 아래에서 실컷 잠을 즐기는 것만 못하지.

구슬로 장식한 옷 입혀 옥으로 짠 관 속에 넣어져 만인의 전송을 받으며 북망산北邙山으로 돌아가는 것은,

달아맨 메추라기처럼 누덕누덕 백 번 기운 옷 입고 홀로 앉아 아침 햇볕을 등에 쬐는 즐거움만 못하지.

살아서는 부귀를 누리려 하고, 죽은 뒤엔 문장文章을 남기고자 하나,

백 년도 순식간이요, 만세도 바삐 지나가 버리는 것.

백이伯夷 숙제叔齊나 도척盜跖 같은 자도 다 같이 양을 잃기는 똑같은 것이니,

눈앞에 한 번 취하여 시비도, 우락憂樂도 두 가지 모두 잊느니만 못하지.

薄薄酒, 勝茶湯; 粗粗布, 勝無裳.
醜妻惡妾勝空房.
五更待漏靴滿霜, 不如三伏日高睡足北窓凉.
珠襦玉匣萬人祖送歸北邙, 不如懸鶉百結獨坐負朝陽.
生前富貴死後文章, 百年瞬息萬世忙.
夷齊盜跖俱亡羊, 不如眼前一醉是非憂樂都兩忘.

【薄薄酒, 勝茶湯; 粗粗布, 勝無裳】'薄薄酒, 勝茶湯'은 '묽고 맛없는 술일지라도 끓인 찻물보다 낫다'의 뜻. '勝'은 비교격으로 '낫다'의 의미. '粗粗布'는 거칠고 거칠어 조악하게 짠 麻布. '麤麤布'로도 표기함.

【醜妻惡妾勝空房】'추하게 생긴 아내나 성질이 악한 첩일지라도 빈 방보다는 낫다'의 뜻.

【五更待漏靴滿霜, 不如三伏日高睡足北窓凉】'五更'은 새벽 시간, 古代 밤 시간을 5경으로 나누어 구분하였음. '待漏'의 '漏'는 물시계가 가리키는 시각을 뜻함. 宋나라 때는 궁궐 丹鳳門 오른 쪽에 待漏院을 세우고 신하들이 이곳 일찍 나와 조회시간을 기다렸음. 《眞寶》(後集) 王禹偁의 〈待漏院記〉(066)를 참조할 것. '三伏'은 여름 더위의 절정기. 《太平御覽》時序部 伏日에 "《曆忌》釋曰:伏者, 何也? 金氣伏藏之日也. 四時代謝, 皆以相生. 立春木代水, 水生木;立夏火代木, 木生火;立冬水代金, 金生水. 至於立秋, 以金代火, 金畏火, 故至庚日必伏. 庚者, 金也"라 함. 한편 《星曆考原》(5)에는 구체적으로 "三伏:《曆例》曰:三伏者, 四時代謝, 皆以相生. 立春以木代水, 水生木也;立夏以火代木, 木生火也;立冬以水代金, 金生水也. 至於立秋, 以金代火, 金畏火尅. 故至庚日, 則必伏. 藏庚者, 金也. 金氣伏藏, 則火益熾. 三, 陽數也. 故夏至後第三庚爲初伏, 第四庚爲中伏, 立秋後初庚爲末伏. 謂之三伏, 如夏至日得庚, 便爲初庚, 立秋日得庚, 亦即爲末伏也"라 하여, 한여름이지만 이미 金氣(가을 기운)가 시작되어 五行 중의 金氣가 엎드려 숨어 기다리기 시작하는 날이라는 뜻이며, 夏至 後 세 번째 庚日을 初伏, 네 번째 庚日을 中伏, 그리고 立

秋 後 첫 번째 庚日을 末伏으로 하여 三伏으로 나누었음. '北窓'은 陶淵明이 가장 편안하게 느꼈던 생활로,《晉書》(94) 陶淵明傳에 "嘗言夏月虛閑, 高臥北窓之下, 淸風颯至, 自謂羲皇上人. 聲不解音, 而畜素琴一張, 絃徽不具, 每朋酒之會, 則撫而和之, 曰:「但識琴中趣, 何勞絃上聲!」以宋元嘉中卒, 時年六十三, 所有文集並行於世"라 하여 여름의 閒靜한 생활을 뜻함.《東坡詩集註》에 "厚:陶潛:「夏日虛閒, 高臥北窓之下.」"라 함.

【珠襦玉匣萬人祖送歸北邙, 不如懸鶉百結獨坐負朝陽】 '珠襦'는 구슬을 황금 실로 엮어 만든 저고리. '玉匣'은 옥 조각을 황금실로 엮어 만든 下衣로 모두 屍衣이며, 갑옷 같은 형상이었음.《西京雜記》(1)에 "漢帝送死, 皆珠襦玉匣. 匣形如鎧甲, 連以金縷. 武帝匣上, 皆鏤爲蛟, 龍, 鸞, 鳳, 龜, 麟之象, 世謂蛟龍玉匣."라 하였고,《漢書》董賢傳의 "(哀帝)以賢妻父爲將作大匠, 弟爲執金吾. 詔將作大匠爲賢起大第北闕下, 重殿洞門, 木土之功窮極技巧, 柱檻衣以綈錦. 下至賢家僮僕皆受上賜, 及武庫禁兵, 上方眞寶. 其選物上弟盡在董氏, 而乘輿所服乃其副也. 及至東園秘器, 珠襦玉柙, 豫以賜賢, 無不備具. 又令將作爲賢起塚塋義陵旁, 內爲便房, 剛柏題湊, 外爲徼道, 周垣數里, 門闕罘罳甚盛"라 하였고 顔師古 註에 "《漢舊儀》云: 東園秘器作棺梓, 素木, 長二丈, 崇廣四尺; 珠襦, 以珠爲襦, 如鎧狀, 連縫之以黃金爲鏤, 要以下玉爲匣, 至足亦縫以黃金爲鏤"라 함. '祖送'의 '祖'는 纍祖. 고대 黃帝의 아들 유조(纍祖)가 먼 길을 떠나 도중에 죽자 사람들이 그를 '路神'으로 여겨 길 떠나는 자를 보호해 달라는 뜻으로 祭를 올리기 시작한 깃에서 유래되었다 함. '北邙'은 河南省 洛陽縣 동북쪽에 있는 산 이름. 東漢 이래로 唐宋에 걸쳐 名臣들의 묘가 많아, 후세 사람들은 죽어서 가는 곳을 대신하는 말로 쓰게 되었음.《大明一統志》河南府에 "北邙山在府城北一十里, 山連偃師, 鞏, 孟津三縣, 綿亘四百餘里, 東漢諸陵及唐宋名臣墳多在此. 晉張協賦:「地稅窊隆, 丘墟陂陀; 墳隴嵬疊, 某布星羅.」陶淵明詩:「一旦百歲後, 相與還北邙.」"이라 함.《東坡詩集註》에 "次公:漢哀帝豫以東園, 祕器珠襦玉柙賜董賢. 北邙山, 在河南偃師東北, 王公多葬其地."라 함. '懸鶉'은 매달아놓은 메추라기. 옷이 해져 너절너절한 것에 비유한 말.《荀子》大略篇에 "子夏家貧, 衣若縣鶉. 人曰:「子何不仕?」曰:「諸侯之驕我者, 吾不爲臣. 大夫之驕我者, 吾不復見. 柳下惠與後門者同衣而不見疑, 非一日之聞也. 爭利如蚤甲而喪其掌.」"에서 비롯된 말. '懸鶉'은 縣鶉으로도 표기함. '百結'은 옷을 누덕누덕 기운 것을 말함.《逸士傳》에 "晉董京在洛陽隱居白社, 以殘絮縷帛爲衣, 號百結衣"라 함.《東坡詩集註》에 "厚:子夏衣若懸鶉, 董京衣百結. 宋國有田夫嘗衣

縕袍, 自曝於日. 顧其妻曰:「負日之暄, 人莫知.」欲獻之於君"이라 함. '負朝陽'은 추운 겨울 아침, 등에 햇볕을 쬐고 앉아 있는 즐거움을 말함.《列子》楊朱篇에 "昔者, 宋國有田夫, 常衣緼黂, 僅以過冬. 暨春東作, 自曝於日, 不知天下有廣廈隩室, 綿纊狐貉. 顧謂其妻曰:'負日之暄, 人莫之者;以獻吾君, 將有重賞.' 里之富室告之曰:'昔人有美戎菽, 甘枲莖芹萍子者, 對鄉豪稱之. 鄉豪取而嘗之, 蜇於口, 慘於腹, 衆哂而怨之. 其人大慙."이라 함.

【生前富貴死後文章, 百年瞬息萬世忙】'生前富貴死後文章'은 살아서는 부귀를 누리고 죽어서는 후세 사람들이 그의 문장을 칭송함. '瞬息'은 한 번 눈 깜짝하고 한 번 숨 쉬는 동안.

【夷齊盜跖俱亡羊, 不如眼前一醉是非憂樂都兩忘】'夷齊'는 伯夷와 叔齊. 殷末 孤竹君의 아들 형제. 임금 자리를 서로 양보하다가 周 文王을 찾아 나섰다가 殷이 망한 뒤에는 周나라 곡식을 먹지 않겠다고 首陽山에 숨어 採薇를 하다가 굶어 죽었다 함.《史記》伯夷列傳을 참조할 것. 흔히 淸廉高潔를 대표하는 인물로 거론됨. '盜跖'은 春秋時代 秦나라의 유명한 도적.《莊子》盜跖篇을 참조할 것. '俱亡羊'은 둘 모두 양을 잃음.《眞寶》注에 "臧與穀, 一是一非, 而亡羊則一也. 亡羊, 失羊也"라 함.《莊子》騈拇篇에 "臧與穀二人相與牧羊而俱亡其羊. 問臧奚事, 則挾筴讀書;問穀奚事, 則博塞以遊. 二人者, 事業不同, 其於亡羊均也. 伯夷死名於首陽之下, 盜跖死利於東陵之上, 二人者, 所死不同, 其於殘生傷性均也. 奚必伯夷之是而盜跖之非乎!"라 하여 臧과 穀이라는 두 사람이 양을 치다가, 臧은 책 읽는 데 정신이 팔려 양을 잃고, 穀은 노름에 정신이 팔려 양을 잃었다 함.《東坡詩集註》에도 "援《莊子》:臧與穀, 相與牧羊, 而俱亡其羊. 問臧:「奚事?」 則挾冊讀書. 問穀:「奚事?」 則博塞以遊. 二人者事業不同, 其於亡羊均也. 伯夷死名於首陽之下. 盜跖死利於東陵之上. 二人所死不同, 其於殘生傷性均也"라 함. '不如眼前一醉是非憂樂都兩忘'의 '都'는 '皆'와 같음. '모두, 다, 똑같이, 함께' 등의 뜻.

참고 및 관련 자료

1. 蘇軾. 蘇東坡, 蘇子瞻, 044 참조.

2. 이 시는《東坡全集》(7),《東坡詩集註》(32),《施註蘇詩》(11),《蘇詩補註》(14),《宋藝圃集》(4) 등에 실려 있음.

3. 韻脚은 '湯, 裳, 房, 霜, 涼, 邙, 陽, 章, 忙, 羊, 忘'.

4.〈薄薄酒〉제 2수

薄薄酒, 飮兩鍾; 麤麤布, 著兩重. 美惡雖異醉煖同. 醜妻惡妾壽乃公. 隱居求志義之從, 本不計較東華塵土北窓風. 百年雖長要有終富死未必輸, 生窮但恐珠玉留君容千載不朽. 遭樊崇文章自足欺盲聾, 誰使一朝富貴面發紅? 達人自達酒何功? 世間是非憂樂本來空.

170. 〈於潛令刁同年野翁亭〉·················· 蘇子瞻(蘇東坡)
오잠령 조동년의 야옹정

*〈於潛令刁同年野翁亭〉: 오잠(於潛)은 浙江省 杭州俯에 있던 읍 이름. 《眞寶》注에 "於潛, 邑名"이라 함. '於'는 지명 등에는 '오'로 읽음. 《大明一統志》浙江 杭州府에 "於潛縣, 在府城西一百七十里"라 함. '令'은 현령, '刁同年'의 '刁'는 刁氏 성의 인물이며 '同年'은 같은 해에 과거에 급제한 사람을 일컫는 말. '刁氏'는 구체적으로 알 수 없으나 혹 조숙(刁璹), 또는 刁約(자 景純)이 아닌가 함. '野翁亭'은 그곳 현령이 세운 정자 이름. 《東坡集》題注에는 "按《圖經》:岞崿山在縣西二里, 野翁亭在山之北"이라 하였으며, 《一統志》에 "野翁亭在於潛縣治西, 宋縣令刁璹建"이라 함. 한편 《咸淳臨安志》(86)에는 "野翁亭:熙寧間令刁璹建. 東坡爲賦詩云:「山翁不出山, 溪翁長在溪. 不如野翁來徃溪山間.」後遂增觚三翁亭. 前抱岞崿, 下臨浮溪, 爲一邑絶景. 淳熙初, 令趙師密, 更新之"라 함.

산옹山翁은 산을 나서지 않고,
계옹溪翁은 늘 골짜기에만 있구나.
그러니 야옹野翁이 골짜기와 산 사이를 내왕하면서,
위로는 고라니와 사슴, 아래로는 오리와 갈매기를 벗함만은 못하지.
야옹에게 물었네. "즐기는 바가 무엇이기에,
3년이 되도록 떠나지 않아 번거롭게 밀쳐내도록 하는가?"
야옹 말하되 "이곳에도 즐거움이 있으니,
현악기도 아니요, 관악기도 아니며 아름다운 여자도 아닐세.
산 사람은 취한 뒤엔 철관鐵冠을 떨어뜨리기도 하고,
골짜기 여인은 웃을 때면 머리의 은빗이 흘러내리기도 한다네."
내 여기 와서 행정을 살펴보고 풍요風謠에 대해 물었더니,
모두가 말하되 "짖는 개도 뛰어다닐 일 없어 발아래에 긴 털 자랐아오.

다만 걱정거리는 이 야옹이 어느 날 이곳을 버리고 떠나면,

　　오래도록 산인散人은 적막해하고 계녀溪女를 울게 될까 하는 것이
라오."

　　山翁不出山, 溪翁長在溪.
　　不如野翁來徍溪山間, 上友麋鹿下鳧鷖.
　　問翁「何所樂, 三年不去煩推擠?」
　　翁言「此間亦有樂, 非絲非竹非蛾眉.
　　山人醉後鐵冠落, 溪女笑時銀櫛低.」
　　我來觀政問風謠, 皆「云吠犬足生氂.
　　但恐此翁一旦捨此去, 長使山人索寞溪女啼.」

【山翁不出山, 溪翁長在溪】'山翁'은 산에 사는 늙은이. '溪翁'과 상대하여 이른 말.

【不如野翁來徍溪山間, 上友麋鹿下鳧鷖】'麋鹿'은 고라니와 사슴. 山翁이 가까이
하는 동물. '鳧鷖'(부예)는 오리와 갈매기. 溪翁이 벗으로 여기는 동물. '鷖'는《字
彙》에 "音衣, 水鳥, 卽鷗也. 形色似白鴿而羣飛.《詩》大雅:「鳧鷖在涇.」"이라 함.

【問翁何所樂, 三年不去煩推擠】'煩推擠'는 '번거로이 밀어 제치다, 애써 따 고을로
전임시키고자 하다'의 뜻.《東坡詩集註》에 "擠:吳人歌曰:「鄧侯挽不留, 謝令推不
去.」"라 함.

【翁言此間亦有樂, 非絲非竹非蛾眉】'絲'는 絃樂器를 통틀어 이르는 말. '竹'은 管樂
器를 뜻함. '蛾眉'는 나방 눈썹. 예쁜 눈썹의 미녀를 상징함.《東坡詩集註》에 "次
公:非絲非竹, 雖語意當如此. 亦出左太冲詩:「何必絲與竹, 山水有清音.」"이라 함.

【山人醉後鐵冠落, 溪女笑時銀櫛低】'鐵冠'은 法冠. 冠의 貫珠를 철로 만들었음. 흔
히 도사들이 쓰는 모자.《眞寶》注에 "天目山, 唐道士常冠鐵冠"이라 함. '銀櫛'은
銀으로 만든 빗. '逢沓(蓬沓, 篷沓)'이라 불렀음. 於潛 지방 여자들은 흔히 은으로
만든 한 자 길이의 큰 빗을 머리에 꽂았다 함.《眞寶》注에 "於潛婦女, 皆揷大銀
櫛, 長尺許, 謂之逢沓"이라 하였고,《東坡全集》注에도 "天目山唐道士常冠鐵冠.
於潛婦女皆揷大銀櫛, 長尺許, 謂之篷沓"이라 함.

【我來觀政問風謠, 皆云吠犬足生氂】'風謠'는 그곳 백성들의 풍속, 소문, 노래. 이

를 통해 民情을 알아봄.《後漢書》李郃傳에 "和帝卽位, 分遣使者, 皆微服單行, 各至州縣, 觀採風謠"라 함. '吠'는 '개가 짖다'의 뜻. '足生氄'의 '氄'는 긴 털. 옛날 岑熙(岑彭의 六世孫)가 魏郡太守가 되어 정치를 잘하여 太平을 이루어, 개조차도 놀라서 뛰어다닐 일이 없어 발아래 긴 잡 털이 많이 났다 함.《後漢書》岑彭傳에 "杞卒, 子熙嗣, 尙安帝妹涅陽長公主. 少爲侍中, 虎賁中郎將, 朝廷多稱其能. 遷魏郡太守, 招聘隱逸, 與參政事, 無爲而化. 視事二年, 輿人歌之曰:「我有枳棘, 岑君伐之. 我有蟊賊, 岑君遏之. 狗吠不驚, 足下生氄. 含哺鼓腹, 焉知凶災? 我喜我生, 獨丁斯時. 美矣岑君, 於戲休玆!」라 함.《眞寶》注에도 "音氅. 岑熙爲魏郡太守, 人歌之曰:「我有枳棘, 岑君伐之. 我有蟊賊, 岑君遏之. 吠犬不驚, 足下生氄.」"라 함.

【但恐此翁一旦捨此去, 長使山人索寞溪女啼】'索寞'은 외롭고 쓸쓸함을 뜻하는 疊韻連綿語.

참고 및 관련 자료

1. 蘇軾. 蘇東坡, 蘇子瞻, 044 참조.
2. 이 시는《東坡全集》(4),《東坡詩集註》(28),《施註蘇詩》(6),《蘇詩補註》(9),《宋藝圃集》(4),《咸淳臨安志》(86),《文章辨體彙選》(622),《明文解》(124) 등에 실려 있음.
3. 韻脚은 '溪, 鷖, 擠, 眉, 低, 氄, 啼'.

171. 〈太行路〉 ·················· 白樂天(白居易)

태항로

*《眞寶》注에 "太行, 山名. 在今懷孟內縣, 爲天下之脊. 上有九折坂, 最爲險絶"이
라 함.

*〈太行路〉: 太行山의 길. 《白氏長慶集》題注에 "借夫婦以諷君臣之不終也"라 함.
《事文類聚》에는 제목이 〈行路難〉으로 되어 있음. 세상살이가 매우 어려움을 표
현한 것으로, 白居易의 新樂府 詩風이 잘 드러난 작품임. 한편 '太行山'은 河南省
濟源縣에서 山西省 晉城, 平順, 潞城, 昔陽 등을 거쳐 다시 河南 輝縣, 武安, 河
北省 井陘縣, 獲鹿縣까지 뻗친 아주 큰 산맥. 《大明一統志》에 "懷慶府太行山, 在
府城北二十里, 山勢綿亘數千里, 雖各因地立名, 其實皆名太行. 〈禹貢〉太行恒山至
於碣石, 蓋相接也. 魏武帝〈苦寒行〉:「北上太行山, 艱哉何巍巍. 羊腸坂詰屈, 車輪
爲之摧.」라 하였고, 《楊升菴文集》(76)에는 "《山海經》:「太行山一名五行山.」《列子》
作太形, 行本音也. 《河圖括地象》云: 太行, 天下之脊."이라 하였으며, 郭緣生《述征
記》에는 "太行首始河內, 自河南至幽州, 凡有八陘"이라 함. 한편 崔伯陽의 〈感山
賦〉에는 "上正樞星, 下開冀方. 起爲名丘, 妥爲平岡. 巍巍甚尊, 其名太行"이라 함.

태항산太行山 산길은 능히 수레를 꺾을 정도라 해도,
그대 마음에 비하면 평탄한 길인 셈이오.
무협巫峽의 물길은 배를 뒤엎을 정도라 해도,
그대 마음 비하면 안전한 흐름인 셈이지.
그대 마음의 호오好惡는 괴롭도록 일정치가 않아,
좋아할 때는 빠진 머리털이 다시 난 것처럼 여기고, 싫어할 때는 종기
가 난 것처럼 여기네.
그대와 머리 묶어 결혼한 지 미처 5년도 되지 않았는데,
어찌 견우직녀가 삼성參星과 상성商星처럼 될 줄 알았으리오?
옛 말에 얼굴빛 시들면 버림받고 등지게 된다 하여,

당시 미인들도 오히려 원망하고 후회하였거늘,

어찌 하물며 지금 난경鸞鏡 속에 비치는,

첩의 얼굴 아직 변하지도 않았는데 그대 마음 변한단 말이오?

그대 위해 옷에 향기 쐬어 주어도,

그대는 난향蘭香과 사향麝香 냄새 맡고도 향기롭다 하지 않고,

그대 위해 풍성히 화장하고 치장을 하고 있어도,

그대는 진주와 비취를 보고도 환한 얼굴빛이 전혀 없네.

가는 길 험난함은 거듭 진술하기도 어려우니,

사람으로 태어남에 여자 몸 되지 말기를.

백 년의 고락이 타인에게 달려 있나니.

가는 길 험난함은 산길보다 어렵고 물길보다 험하네.

유독 인간세상의 지애비와 아내 사이만이 그런 것이 아니어서,

근래의 임금과 신하 사이도 역시 이와 같구나.

그대는 보지 못하였는가, 왼쪽엔 납언納言, 오른쪽에는 내사內史가,

아침에는 은총을 받다가 저녁에는 죽음이 내려지는 것을?

가는 길의 험난함은 물에도 있지 않고, 산에도 있지 않고,

다만 인정人情이 뒤집히고 엎어지는 사이에 있을 뿐!

太行之路能摧車, 若比君心是坦途.

巫峽之水能覆舟, 若比君心是安流.

君心好惡苦不常, 好生毛髮惡生瘡.

與君結髮未五載, 豈期牛女爲參商?

古稱色衰相棄背, 當時美人猶怨悔.

何況如今鸞鏡中, 妾顏未改君心改?

爲君熏衣裳, 君聞蘭麝不馨香.

爲君盛容飾, 君看珠翠無顏色.

行路難難重陳, 人生莫作婦人身.

百年苦樂由他人, 行路難難於山險於水.
不獨人間夫與妻, 近代君臣亦如此.
君不見左納言右納史, 朝承恩暮賜死?
行路難不在水不在山, 祗在人情反覆間!

【太行之路能摧車, 若比君心是坦途】'太行'의 '行'은 《眞寶》注에 "音杭"이라 하여
'항'으로 읽음. '摧車'는 수레를 꺾어버림. 길이 너무 험해 자칫하면 수레가 굴러
부서질 정도임. '坦途'는 평탄한 길. '君心'은 《白香山詩集》에 "一作人心"이라 하였
고, 《全唐詩》에는 '人心'으로 되어 있으며 그 注에 "一作君心"이라 함.

【巫峽之水能覆舟, 若比君心是安流】'巫峽'은 長江 三峽의 하나. 三峽은 《眞寶》注
에 "協州有三峽, 明月峽, 巫山峽, 廣澤峽, 其水至險"이라 하여 明月峽, 巫山峽, 廣
澤峽을 들고 있으나, 지금은 흔히 巫峽, 西陵峽, 瞿塘峽을 三峽이라 함. '覆舟'는
물살이 거세어 배를 뒤엎어 버림.

【君心好惡苦不常, 好生毛髮惡生瘡】'好惡'는 좋아하는 것과 싫어하는 것. '苦不常'
은 일정하지 않아 그것이 고통스러움. '好生毛髮惡生瘡'은 좋아할 때는 늙어서
빠졌던 머리카락이 다시 난 것처럼 여기고, 싫어할 때는 종기가 난 것처럼 여김.
張衡의 〈西京賦〉에 "所好生毛羽, 所惡生瘡痏'라 함. '瘡'은 종기. 부스럼.

【與君結髮未五載, 豈期牛女爲參商】'結髮'은 남녀가 결혼을 한 때 댕기머리를 틀
어 올려 쪽을 찌는 것. 결혼을 대신하는 말로 쓰임. 《眞寶》注에 "設爲婦人之辭"
라 함. '牛女'는 牽牛와 織女. 《荊楚歲時記》에 "七月七日爲牽牛織女聚會之夜"라 함.
'參商'은 參星과 商星. '參'과 '商'은 둘 모두 黃道 28수(宿)의 성수(星宿) 이름. 參星
은 西方 白虎 7수(宿)의 하나이며, 商星은 심수(心宿)에 속하며 東方 蒼龍 7수(宿)
의 하나로 서로 180도 차이가 있어 뜨고 질 때 동시에 나타나 보이는 경우가 없
음. 《眞寶》注에 "參商, 二星名"이라 함. 한편 《左傳》昭公 元年에 "子産曰:「昔高辛
氏有二子, 伯曰閼伯, 季曰實沈, 居于曠林, 不相能也, 日尋干戈, 以相征討. 后帝不
臧, 遷閼伯于商丘, 主辰. 商人是因, 故辰爲商星. 遷實沈于大夏, 主參, 唐人是因,
以服事夏, 商. 其季世曰唐叔虞. 當武王邑姜方震大叔, 夢帝謂己:『余命而子曰虞,
將與之唐, 屬諸參, 而蕃育其子孫.』及生, 有文在其手曰虞, 遂以命之. 及成王滅唐,
而封大叔焉, 故參爲晉星. 由是觀之, 則實沈, 參神也.」라 함.

【古稱色衰相棄背, 當時美人猶怨悔】'色衰'는 얼굴빛이 시들어 미색이 쇠함. '棄背'

는 '버리고 등지다'의 뜻.《韓非子》說難篇에 "彌子色衰愛弛, 得罪於君"이라 함.
'當時'는 한창 아름다운 미색을 지니고 있을 때. 이는 卓文君의 〈白頭吟〉의 내용
과 같음. 司馬相如는 탁문군이 늙자 武陵의 여인을 첩으로 삼게 되었으며, 이에
탁문군이 〈白頭吟〉 "皚如山上雪, 皎若雲間月. 聞君有兩意, 故來相決絶. 今日斗酒
會, 明旦溝水頭, 躞蹀御溝上, 溝水東西流. 凄凄復凄凄, 嫁娶不須啼. 願得一心人,
白頭不相離"를 읊어 自絶했다 함.

【何況如今鸞鏡中, 妾顔未改君心改】'鸞鏡'은 봉황의 일종인 난새를 조각하여 장식
한 거울. 劉敬叔의《異苑》에 "罽賓王一鸞, 三年不鳴, 夫人曰:「聞見數則鳴, 懸鏡
照之.」鸞睹彩飛鳴. 中宵一奮而絶"이라 하였고,《眞寶》注에도 "罽賓王獲一雌鸞,
絶不鳴, 一日懸鏡于庭, 鸞見鏡中影, 遂起鳴, 舞而絶"이라 함.

【爲君熏衣裳, 君聞蘭麝不馨香】'熏'은 향을 피워 향내를 쐼. '蘭麝'는 蘭香과 麝香.
'馨香'은 향내. 향기로움.

【爲君盛容飾, 君看珠翠無顔色】'容飾'은 화장하고 치장함. '珠翠'는 진주와 비취. 구
슬과 비취 깃 등으로 꾸밈. '無顔色'은 안색을 느끼지 않음. 예쁘게 여기지 않음.

【行路難難重陳, 人生莫作婦人身】'重陳'은 '거듭 진술하건대, 거듭 말하건대'의 뜻.

【百年苦樂由他人, 行路難難於山險於水】'百年'은 한 일생. '由他人'은 모든 것이 남
으로부터 말미암음.《大戴禮記》本命篇에 "孔子曰:「婦人伏於人也. 是故無專制之
義. 有三從之道: 在家從父, 適人從夫, 夫死從子, 無所敢自遂也.」"라 함.

【不獨人間夫與妻, 近代君臣亦如此】'人間'은 인간세상. 俗世, 塵世, 此世.《全唐詩》
에는 "一作人家"라 함. '近代君臣亦如此'는《眞寶》注에 "說出一篇主意"라 함.

【君不見左納言右納史, 朝承恩暮賜死】'納言'은 벼슬 이름으로 임금에게 신하들의
의견을 전하기도 하고, 임금의 詔命을 아래로 전달하기도 하는 일을 관장했음.
《書經》舜典 "帝曰:「龍, 朕聖讒說殄行, 震驚朕師, 命汝作納言, 夙夜出納朕命, 惟
允!」"의 注에 "納言, 喉舌之官, 總下言納於上, 受上言宣於下, 必以信"이라 하였고,
蔡沈 注에는 "納言, 官名, 命令制敎必使審之. 周之內史, 漢之尙書, 魏晉以來所謂
中書門下者, 皆此職也"라 함. '納史'는《周禮》에 內史, 外史, 左史, 右史는 있으나
納史는 없어 內史의 잘못이 아닌가 함. 內史는 임금의 政令과 詔勅 등을 기록하
던 궁중 서기관.《禮記》玉藻篇에는 "動則左史書之, 言則右史記之"라 하여 임금
곁에서 역사를 기록하는 史官이 아닌가 함.《眞寶》注에는 "左納言, 右納史, 漢官
名"이라 함.

【行路難不在水不在山, 秖在人情反覆間】'秖'는 只와 같음. '反覆'은 뒤집히고 엎어

지고 함.

1. 白居易: 白樂天, 白香山, 006 참조.

2. 이 시는 《白氏長慶集》(3), 《白香山詩集》(3), 《唐文粹》(12), 《全唐詩》(426), 《樂府詩集》(97), 《記纂淵海》(56), 《古今事文類聚》(後集 14, 續集 3) 등에 실려 있음.

3. 韻脚은 '途'. '舟, 流'. '常, 瘡, 商'. '背, 悔, 改'. '裳, 香'. '飾, 色'. '陳, 身, 人'. '水'. '妻'. '此, 史, 死'. '山, 間'.

172. 〈七德舞〉 ················ 白樂天(白居易)
칠덕무

*《眞寶》注에 "唐太宗爲秦王時, 征伐四方, 每克輒奏. 故製樂舞, 名〈秦王破陣樂〉. 卽位七年正月, 改〈秦王破陣樂〉曰〈七德〉. 故詩言太宗功德之盛"이라 함.

*〈七德舞〉:일곱 가지 덕을 기리는 춤. 〈破陣樂舞〉였으나 뒤에 〈七德舞〉로 이름이 바뀜. 원래는 〈秦王破陣樂曲〉이며 武德 3년(620) 秦王 李世民(뒤에 太宗이 됨)이 劉武周를 평정하자, 河東의 士庶들이 경축하며 軍中에서 이 곡을 작곡했다 함. 이에 李世民이 제위에 오른 貞觀 원년(627) 정월 이를 궁중에서 연주하기 시작하였으며, 貞觀 7년(633)에 〈秦王破陣樂舞圖〉를 제정하고 이를 음악으로 정리하여 魏徵과 虞世南 등으로 하여금 가사를 붙이도록 하여 반란을 토벌한 태종의 정벌과 武功을 칭송한 것임. 뒤에는 이를 〈七德舞〉라 하였음. '七德'은 《左傳》宣公 12년 "夫武, 禁暴, 戢兵, 保大, 定功, 安民, 和衆, 豊財者也, 故使子孫無忘其章. 今我使二國暴骨, 暴矣! 觀兵以威諸侯, 兵不戢矣! 暴而不戢, 安能保大? 猶有晉在, 焉得定功? 所違民欲猶多, 民何安焉? 無德而强爭諸侯, 何以和衆? 利人之幾, 而安人之亂, 以爲己榮, 何以豊財? 武有七德, 我無一焉, 何以示子孫? 其爲先君宮, 告成事而已, 武非吾功也. 古者明王伐不敬, 取其鯨鯢而封之, 以爲大戮, 於是乎有京觀以懲淫慝. 今罪無所, 而民皆盡忠以死君命, 又可以爲京觀乎?"의 七德(禁暴, 戢兵, 保大, 定功, 安民, 和衆, 豊財)을 가리킴. 한편 《新唐書》禮樂志에 "唐之自製樂, 凡三大舞:一曰七德舞, 二曰九功舞, 三曰上元舞. 七德舞者, 本名〈秦王破陣樂〉. 太宗爲秦王, 破劉武周, 軍中相與作〈秦王破陣樂曲〉, 及卽位宴會, 必奏之, 謂侍臣曰:「雖發揚蹈厲異乎文容, 然功業由之被於樂章, 示不忘本也.」右僕射封德彝曰:「陛下以聖武戡難, 陳樂象德文容, 豈足道哉!」帝矍然曰:「朕雖以武功興, 終以文德綏海內, 謂文容不如蹈厲, 斯過矣.」乃製舞圖, 左圓右方, 先偏後伍交錯, 屈伸以象魚麗鵝鸛, 命呂才以圖, 敎樂工百二十八人, 被銀甲執戟, 而舞凡三變. 每變爲四陣, 象擊刺佳來, 歌者和曰〈秦王破陣樂〉. 後令魏徵與員外散騎常侍褚亮, 員外散騎常侍虞世南, 太子右庶子李百藥, 更製歌辭名曰〈七德舞〉. 舞初成, 觀者皆扼腕踊躍, 諸將上壽, 羣臣稱萬歲. 蠻夷在庭者, 請相率以舞. 太常卿蕭瑀曰:「樂所

以美盛德形容, 而有所未盡. 陛下破劉武周, 薛擧, 竇建德, 王世充. 願圖其狀以識.」帝曰:「方四海未定, 攻伐以平禍亂, 製樂陳其梗槩而已. 若備寫禽獲今將相, 有嘗爲其臣者觀之, 有所不忍, 我不爲也.」自是元日, 冬至, 朝會, 慶賀, 與〈九功舞〉同奏. 舞人更以進賢冠, 虎文袴, 螣蛇帶, 烏皮鞾, 二人執旌居前, 其後更號〈神功破陣樂〉"이라 하였으며, 《通鑑綱目》에는 "貞觀七年春正月, 更名〈破陣樂〉曰〈七德舞〉"라 하였고, 그 注에 "取禁暴, 戢兵, 保大, 定功, 安民, 和衆, 豐財之義也"라 함. 《貞觀政要》禮樂篇에도 "貞觀十七年, 太常卿蕭瑀奏言:「今〈破陳樂舞〉, 天下之所共傳, 然美盛德之形容, 尙有所未盡, 前後之所破劉武周, 薛擧, 竇建德, 王世充等, 臣願圖其形狀, 以寫戰勝攻取之容.」太宗曰:「朕當四方未定, 因爲天下救焚拯溺, 故不獲已, 乃行戰伐之事, 所以人間遂有此舞, 國家因玆亦制其曲. 然雅樂之容, 止得陳其梗槩. 若委曲寫之, 則其狀易識. 朕以見在將相, 多有曾經受彼驅使者, 旣經爲一日君臣, 今若重見其被擒獲之勢, 必當有所不忍, 我爲此等, 所以不爲也.」蕭瑀謝曰:「此事非臣思慮所及.」"이라 함. 《幼學瓊林》에는 "更知唐主頌成功, 舞揚七德; 且仰漢高頒令典, 約法三章"이라 함. 이 시는 白居易가 憲宗 元和 때 그 〈七德舞〉를 관람하고 唐 太宗의 위업을 찬미한 것으로 《白氏長慶集》(3) '新樂府' 50수 중의 하나이며, 題序에 "美撥亂陳王業也"라 하였고 그 注에 "武德中, 天子始作〈秦王破陳樂〉, 以歌太宗之功業. 貞觀初, 太宗重制〈破陳樂舞圖〉, 詔魏徵, 虞世南等爲之歌詞, 名〈七德舞〉. 自龍朔已後, 詔郊廟享宴, 皆先奏之"라 함. 《白香山詩集》에도 "美撥亂陳王業也(武德中, 天子始作〈秦王破陳樂〉以歌太宗之功業. 貞觀初, 太宗重制〈破陳樂舞圖〉. 詔魏徵, 虞世南等爲之歌詞, 名〈七德舞〉. 自龍朔已後, 詔郊廟享宴, 皆先奏之"라 함.

칠덕무七德舞와 칠덕가七德歌는,

고조高祖의 무덕武德 연간부터 시작해서 지금의 원화元和 연간에 이르렀네.

원화 연간의 작은 신하 나 백거이白居易는,

그 춤을 보고 노래를 듣고서 음악의 뜻 알게 되어,

곡이 끝남에 머리 조아려 그 사실의 내력을 진술하게 되었네.

태종太宗께서는 18세 나이에 의병義兵을 일으켜,

백모白旄와 황월黃鉞을 들고 지휘하여 장안長安과 낙양洛陽을 평정하셨네.

왕세충王世充을 사로잡고 두건덕竇建德을 죽여 사해四海를 청소하였으며,

24세 나이에 공업功業을 완성시켰네.

29세 나이에 황제 자리에 오르셨고,

35세 나이에는 태평성대를 이루셨네.

공업의 완성과, 다스림의 안정이 어찌 그리 신처럼 빨랐던가?

그 빠름은 자신의 진심을 미루어 남의 뱃속에 넣어주셨기 때문이지.

죽은 병졸들의 유해는 비단을 나누어 주며 거둬 주셨고,

굶주린 사람이 자식을 팔자 황금을 나누어 주어 되찾도록 하셨네.

위징魏徵이 병이 나자 문병을 하고, 꿈에 그를 만난 뒤 그가 죽자 천자의 몸으로 곡읍을 하셨고,

장공근張公謹이 죽자 진일辰日이라는 말에도 곡을 하셨네.

궁에 갇혀 원망하는 궁녀 3천 명을 풀어주어 궁궐에서 나가도록 하였고,

사형수 4백 명을 일시 풀어주었으나 그들이 모두 약속대로 다시 돌아왔다네.

공신 이적李勣이 병이 나자 자신의 수염을 잘라 태워 약을 만들어 내려주자,

이적은 오열하며 몸을 바쳐 은혜에 보답할 것임을 다짐하였네.

장수 이사마李思摩가 고구려高句麗 정벌에 화살을 맞자, 그 상처의 피를 빨아주고 군사들을 위로하니,

이사마는 분격하여 소리치며 죽음으로 보답할 것을 맹세하였네.

이로써 보면 오직 전투에 뛰어나고 때를 잘 탔던 이유만은 아니며,

진심으로 사람들을 감동시켜 사람들도 그에게 마음을 귀의하였기 때문이었음을 알게 되었네.

그런 이래로 이미 190년,

천하는 지금에 이르도록 그 일을 노래하고 춤추고 있네.

칠덕을 노래로 하고 칠덕을 춤추는 것은,

성인께서 지으신 것으로 길이길이 끝없이 드리워 전하는 것일세.

어찌 한갓 신 같은 무위武威만을 빛내고,

어찌 다만 성인의 문덕文德만을 뽐내려 함이겠는가?

태종의 뜻은 왕업을 진술함에 있는 것이니,

왕업이란 어렵고 힘든 것임을 자손들에게 보여주려는 것일세.

七德舞七德歌, 傳自武德至元和.

元和小臣白居易, 觀舞聽歌知樂意, 曲終稽首陳其事.

太宗十八擧義兵, 白旄黃鉞定兩京.

擒充戮竇四海淸, 二十有四功業成,

二十有九卽帝位, 三十有五致太平.

功成理定何神速? 速在推心置人腹.

亡卒遺骸散帛收, 飢人賣子分金贖.

魏徵夢見天子泣, 張謹哀聞辰日哭.

怨女三千放出宮, 死囚四百來歸獄.

剪鬚燒藥賜功臣, 李勣嗚咽思殺身.

含血吮瘡撫戰士, 思摩奮呼乞效死.

則知不獨善戰善乘時, 以心感人人心歸.

爾來一百九十載, 天下至今歌舞之.

歌七德舞七德, 聖人有作垂無極.

豈徒耀神武, 豈徒誇聖文?

太宗意在陳王業, 王業艱難示子孫.

【七德舞七德歌, 傳自武德至元和】‘武德’은 唐 高祖 李淵의 연호(618-626). 《眞寶》

注에 "高祖年號"라 함. '元和'는 唐 憲宗 李純의 연호(806-820). 《眞寶》注에 "憲宗年號"라 함. 작자 白居易가 활동하던 시기임.

【元和小臣白居易, 觀舞聽歌知樂意, 曲終稽首陳其事】元和 연간은 백거이가 살아있던 당시였음. '小臣'은 자신을 낮추어 부른 것임. '稽首'는 머리를 조아림. '頓首'와 같음.

【太宗十八擧義兵, 白旄黃鉞定兩京】'太宗'은 당 2대 황제 李世民(599-649). 高祖 李淵의 둘째 아들. 아버지를 도와 隋나라를 멸하고 군웅을 제압한 다음 大唐帝國(618)을 건설한 인물. 秦王에 봉해졌으며 뒤에 玄武門의 政變(626)을 일으켜 태자 李建成과 아우 李元吉을 죽이고 제위에 오름. 연호를 貞觀으로 하여 627-649년까지 23년간 재위하였으며 중국 역대 가장 英明한 제왕 중의 하나로 평가받음. 그에 관한 기록은 《貞觀政要》에 자세히 실려 있으며 《新, 舊唐書》太宗紀를 참조할 것. 그는 隋 恭帝의 義寧 元年(大業 13년), 당시 18세의 나이로 아버지 李淵(당시 唐國公, 太原留守)을 唐王이라 칭하고 反隋 깃발을 듦. '義兵'은 폭정에 시달리는 백성을 구한다는 명분으로 일어서는 군대. 《漢書》魏相傳에 "救亂誅暴謂之義兵, 義兵者王"이라 함. 여기서는 隋末 폭정과 민란을 함께 정벌하여 새로운 大唐을 세웠음을 말함. '白旄'는 흰 쇠꼬리를 달아 맨 깃발. '黃鉞'은 누런 황금색의 도끼. 《尙書》牧誓 "時甲子昧爽, 王朝至于商郊牧野, 乃誓. 王左杖黃鉞, 右秉白旄以麾, 曰: 「逖矣, 西土之人!」"의 注에 "鉞以黃金飾斧, 左手杖鉞, 示無事於誅; 右手把旄, 示有事於敎. 白旄, 旄牛尾"라 하였고 〈正義〉에는 "《廣雅》云: 鉞, 斧也. 斧稱黃鉞, 故知以黃金飾斧也. 把旄何以白旄? 用白者, 取其易見也"라 함. '兩京'은 西京 長安과 東京 洛陽. 《眞寶》注에 "《書》牧誓: 「王左仗黃鉞, 右秉白旄以麾.」"라 함.

【擒充戮竇四海淸, 二十有四功業成】'擒充戮竇'는 王世充을 사로잡고 竇建德을 죽여 없앤 일. 王世充(?-621)은 자는 行滿. 원래 隋나라 때 지방장관이었으며 煬帝가 죽자 洛陽에서 越王 楊侗을 帝(恭帝)로 추대하고 李密의 瓦崗軍을 격패하였으며, 이듬해 4월 恭帝를 가두고 스스로 황제를 칭하며 국호를 '鄭'이라 하였음. 그러나 武德 4년(621) 秦王 李世民에게 와해되었음. 《北史》(79), 《舊唐書》(54), 《新唐書》(85)에 傳이 있음. '竇建德'(573-621) 역시 隋나라 말기 河北에서 기병하였던, 농민 출신의 수령으로 武德 2년(619) 10월 黎陽을 함락하자 李勣이 이에 항복함. 다음해 正月 李勣은 다시 唐에 투항하여 長安에 이르렀음. 한편 두건덕은 大業 13년(617) 10만 병력을 거느리고 樂壽(지금의 河北 獻縣)에서 長樂王을 칭하였다가 이듬해 '夏王'을 칭하고, 연호를 '五鳳', 국호를 '夏'로 하였음. 그러나 뒤에

秦王 李世民에게 포로가 되어 長安에서 참수됨.《舊唐書》(54),《新唐書》(85)에 傳이 있음.《眞寶》注에 "擒充王世充弑, 隋越王侗據洛, 稱鄭帝; 戮竇, 竇建德, 據河間稱夏王. 武德四年, 秦王擊世充, 乾德來援, 幷擒戮之"라 함. '二十有四'는 唐 高祖 武德 4년(621) 辛巳 5월까지 竇建德을 잡고, 王世充이 항복하자 7월 長安에 이르러 太廟에 바쳤음. 隋 大業 13년(617)년 17세에 기병하여 이때까지 5년이었음. 따라서 나이 24세에 제업을 이루었다 한 것임.

【二十有九卽帝位, 三十有五致太平】29세에 즉위하여 35세 때 唐 帝國의 안정시킴. 그러나 이 숫자들은 과장한 것으로, 실제 연도와는 맞지 않음. '三十有五致太平'은《資治通鑑》貞觀 4年 庚寅(630)에 "是歲天下大稔, 流散者咸歸鄉里, 米斗不過三四錢, 終歲斷死刑纔二十九人, 東至海南及五嶺, 皆外戶不閉, 行旅不齎糧. 取給於道路焉. 帝謂曰: 「此魏徵勸我行仁義, 旣效矣.」"라 함.

【功成理定何神速? 速在推心置人腹】'理定'은 '다스림이 안정되다. 禮樂刑政이 구비되어 안정되다'의 뜻. '神速'은 神이 하는 것처럼 빠름. '推心置人腹'은 자신의 진심을 다른 사람의 뱃속에 밀어 넣음. 眞心으로 함으로써 사람들을 感動시켜 誠心으로 따르도록 함을 말함.《後漢書》光武紀에 "光武立爲蕭王, 降者相語曰: 「蕭王推赤心置人腹中, 安得不投死乎?」"라 함.

【亡卒遺骸散帛收, 飢人賣子分金贖】'亡卒遺骸散帛收'는 과거 隋나라 죽은 병사들의 버려진 유해를, 그 가족들에게 비단을 나누어 주어 거두어 장례를 치르도록 함.《長慶集》에 "貞觀初, 詔天下, 陣死骸骨致祭, 瘞埋之尋. 又散帛以求之也"라 하였고, 〈太宗本紀〉에는 "貞觀二年四月, 瘞隋人暴骸; 四年九月, 瘞長城南隋人暴骨"이라 함. '分金贖'은 금을 나누어 주어 되찾아오도록 함. 貞觀 5년(631) 큰 기근이 들어 자식을 팔았던 이들의 값을 나라에서 물어주고 되찾을 수 있도록 해 주었음.《長慶集》에 "貞觀五年, 大飢, 人有鬻男女者. 詔出御府金帛, 盡贖之還其父母"라 함.

【魏徵夢見天子泣, 張謹哀聞辰日哭】'魏徵(580-643)은 唐 太宗의 최고 名臣이며 寵臣으로 자는 玄成. 직언으로 太宗을 보필한 것으로 유명함. 北周 靜帝 大象 2년(580) 襄國郡 鉅鹿縣에서 태어나 어릴 때 고아가 되어 隋나라 말 떠돌다가 道士라 속이고 李密의 瓦崗軍과 竇建德의 河北義軍에 들어가 공을 세움. 太宗이 즉위하여 諫議大夫와 尙書右丞을 겸하였음. 다시 貞觀 3년(629)에 秘書監이 되어 국정에 참여하였으며 7년(633) 侍中이 되어 鄭國公에 봉해졌음. 17년(643) 병으로 長安에서 죽음. 시호는 文貞. 昭陵 곁에 묻혔음.《舊唐書》에 太宗과의 관계에 대

하여 "討論政術, 往復應對, 凡數十萬言"이라 함.《舊唐書》(71),《新唐書》(97)에 傳이 있음. 그가 병이 나자 친히 문병까지 하였고 그날 밤에는 太宗은 魏徵과 이별하는 꿈을 꾸면서 울었는데 그 때 魏徵이 죽어 "殷 高宗은 꿈에 傅說을 얻었는데, 나는 깨고 나서 魏徵을 잃었다"라고 비문을 썼다 함.《長慶集》에 "魏徵疾亟, 太宗夢與徵別, 既寤流涕, 是夕徵卒. 故御親制碑云:「昔殷宗得良弼於夢中, 今朕失賢臣於覺後.」"라 함.《眞寶》注에는 "徵疾甚, 帝親問疾. 是夕, 帝夢徵若平生, 及旦, 薨, 帝臨哭爲之慟"이라 함. '張謹'은 張公謹. 자는 弘愼. 魏州 사람으로 貞觀 초에 代州都督이 되어 突厥 頡利汗을 깨뜨리는 데 공을 세워 左武侯將軍이 되었고, 定遠郡公에 봉해졌다가 다시 鄒國侯에 봉해짐. 뒤에 襄州都督이 되어 선정을 베풀음.《舊唐書》(68),《新唐書》(89)에 傳이 있음. 그가 49세에 죽었는데 죽은 날이 마침 辰日이었음. 태종이 곡을 하려 하자 당시 辰日은 禁忌日로 예로부터 哭을 하지 않는 풍습이 있었다는 이유로 有司가 이를 말리자, 태종은 君臣之義는 父子之情과 같은 것이라 하면서 곡을 하였다 함.《新唐書》張公謹傳에 "卒年四十九, 帝將出次哭之, 有司奏:「日在辰, 不可.」帝曰:「君臣猶父子也, 情感於內, 安有所避?」遂哭之"라 함.《長慶集》에도 "張公謹卒, 太宗爲之擧哀, 有司奏曰:「在辰陰陽所忌, 不可哭.」上曰:「君臣義重父子之情也. 情發於中, 安知辰日?」遂哭之"라 함.《眞寶》注에는 "張公謹卒, 上出次發哀, 有司奏:「辰日忌哭.」上曰:「君之於臣, 猶父子也. 情發於衷, 安避辰日?」"이라 함.

【怨女三千放出宮, 死囚四百來歸獄】'怨女'는 궁녀들을 가리킴. 궁녀들은 궁중에 갇혀 사는 것을 원망하는 이가 많았으므로 그렇게 표현한 것임. 태종은 즉위하자마자(627) 궁녀 3천여 명을 풀어 귀가시켰음.《貞觀政要》仁惻篇에 "貞觀初, 太宗謂侍臣曰:「婦人幽閉深宮, 情實可愍. 隋氏末年, 求採無已, 至於離宮別館, 非辛御之所, 多聚宮人. 此皆竭人財力, 朕所不取. 且灑掃之餘, 更何所用? 今將出之, 任求伉儷. 非獨以省費, 兼以息人, 亦各得遂其情性.」於是後宮及掖庭, 前後所出三千餘人."이라 하였고,《資治通鑑》(191)에 "詔以宮女衆多, 幽閟可愍, 宜簡出之, 各歸親戚, 任其適人"이라 함.《長慶集》에도 "太宗常謂侍臣曰:「婦人幽閉深宮, 情實可愍, 今將出之, 任求伉儷.」於是令左丞戴冑, 給事中杜正倫於掖庭宮西門, 揀出數千人, 盡放歸"라 함. '死囚'는 死刑이 확정된 죄수들. '來歸獄'은 와서 옥으로 되돌아옴. 太宗 6년(632)에 사형수 390명을 놓아주어 귀가시키면서 다음해 가을 돌아오도록 하였는데 모두가 돌아오자 그 信義를 높이 여겨 모두 赦免했다 함.《通鑑輯覽》(50)에 "七年秋九月, 赦死囚三百九十人. 先是上親錄繫囚, 見應死者, 憫之縱使

歸家, 期以來, 秋來就死. 仍敕天下死囚皆縱遣, 使至期來, 詣京師. 至是皆如期自詣朝堂, 上皆赦之"라 하였고,《長慶集》에도 "觀六年, 錄囚徒死罪者三百九十; 放出歸家, 令明年秋來. 就刑應期畢至. 詔悉原之"라 함.《眞寶》注에 "六年, 親錄囚徒, 死罪者三百九十人, 縱之還家, 期以明年秋卽刑. 及期, 囚皆詣朝堂, 無後者. 太宗嘉其誠信, 悉赦之"라 함. 이를 주제로 한 歐陽修의〈縱囚論〉이《眞寶》後集(081)에 실려 있음.

【剪鬚燒藥賜功臣, 李勣嗚咽思殺身】'剪鬚燒藥'은 李勣이 갑자기 병이 났을 때 의원이 사람의 수염을 태워 그 재를 약으로 쓰면 낳을 수 있다고 하자, 태종은 즉시 자신의 수염을 잘라 태워 약으로 쓰게 하였음.《貞觀政要》文史篇에 "李勣, 曹州離狐人也. 本姓徐, 初仕李密, 爲左武候大將軍, 密後爲王世充所破, 擁衆歸國, 勣猶據密舊境十郡之地. ……其後幷州改置大都督府, 又以勣爲長史, 累封英國公. 在幷州凡十六年. 召拜兵部尙書, 兼知政事. 勣時遇暴疾, 驗方云鬚灰可以療之. 太宗自剪鬚爲其和藥. 勣頓首見血, 泣以陳謝. 太宗曰:「吾爲社稷計耳, 不煩深謝.」"라 하였고,《長慶集》에도 "李勣常疾, 醫云:「得龍鬚燒灰, 方可療之.」太宗自剪鬚燒灰, 賜之. 服訖而愈, 勣叩頭泣涕而謝"라 함. '李勣'(594-669)은 원이름은 徐世勣. 자는 懋功. 隋末 翟讓을 따라 봉기, 瓦崗軍에 참가하여 東海郡公에 봉해졌음. 와강군이 와해되자 唐에 귀의하여 여러 차례 공을 세워 李氏 성을 하사받음. 貞觀 3년(629) 李靖과 함께 東突厥을 깨뜨리고 英國公에 봉해졌으며 다시 萊國公에 봉해짐. 高宗 때 司空兼同中書門下가 되어 국성에 참여하였으며 96세에 생을 미침.《舊唐書》(67),《新唐書》(93)에 傳이 있음.《眞寶》注에도 "李勣嘗暴疾, 帝乃自剪鬚以和藥, 及愈入謝, 頓首流涕"라 함.

【含血吮瘡撫戰士, 思摩奮呼乞效死】'含血吮瘡'은 피를 입에 물고 상처를 빨아 상처를 급히 치료함. 貞觀 18년(644) 太宗이 高句麗를 정벌할 때 右衛大將軍 李思摩가 毒矢에 맞자 태종이 직접 상처에 입을 대고 피와 독기를 빨아냈음. 이 말을 듣고 전 장병들이 감격의 눈물을 흘렸다 함.《舊唐書》(199上)에 "(貞觀十八年, 帝親征高麗, 進軍白巖城), 右衛大將軍李思摩中弩矢, 帝親爲吮血. 將士聞之, 莫不感勵."라 하였고,《長慶集》에도 "李思摩嘗中矢, 太宗親爲吮血"이라 함.《眞寶》注에도 "貞觀十八年, 征高麗, 右衛大將軍李思摩中毒矢, 上親爲吮血, 將士聞之皆感泣"이라 함. '思摩'는 李思摩. 원래 突厥 출신으로 唐 高祖 때 귀순하여 太宗 때에 懷化郡王에 봉해졌음. 그 뒤에 高句麗 정벌에 따라나서기도 하였음.《新唐書》突厥傳 참조. '乞效死'는 '죽음으로 보답할 수 있게 해달라고 청원함'.

【則知不獨善戰善乘時, 以心感人人心歸】'乘時'는 시기를 탐. 때를 잘 이용함. 天時에 맞음.《說苑》建本篇에 "順風而呼, 聲不加疾而聞者衆; 登丘而招, 臂不加長而見者遠. 故魚乘於水, 鳥乘於風, 草木乘於時"라 하였고, 〈雜言篇〉에는 "騰蛇遊於霧露, 乘於風雨而行, 非千里不止"라 함. '以心感人人心歸'는 진정한 마음으로 사람을 감동시키면 그들로 하여금 감동하여 귀의하게 됨.《論語》堯曰篇에 "興滅國, 繼絶世, 擧逸民, 天下之民歸心焉"라 함.

【爾來一百九十載, 天下至今歌舞之】'爾來'는 以來, 已來와 같음. 高祖 즉위의 武德 戊寅(618)년으로부터 11대를 거쳐 憲宗 元和 2년 丁亥(807)년까지 190년임.

【歌七德舞七德, 聖人有作垂無極】'聖人有作'은 聖人, 즉 太宗 李世民이 이 곡을 지음. 태종이 〈七德舞〉를 지었음을 뜻함. '垂無極'은 무궁하게 드리워지게 함.

【豈徒耀神武, 豈徒誇聖文】'耀神武'은 신과 같은 武威를 빛냄. '誇聖文'은 성인 같은 文德을 뽐냄.《中庸》(28)에 "非天子, 不議禮, 不制度, 不考文. 今天下車同軌, 書同文, 行同倫. 雖有其位, 苟無其德, 不敢作禮樂焉; 雖有其德, 苟無其位, 亦不敢作禮樂焉"이라 함.

【太宗意在陳王業, 王業艱難示子孫】'陳王業'은 '왕업을 진술하다'의 뜻. '艱難'은 매우 어려움을 뜻하는 疊韻連綿語.《貞觀政要》君道篇에 "**貞觀**十年, 太宗謂侍臣曰:「帝王之業, 草創與守成孰難?」尙書左僕射房玄齡對曰:「天地草昧, 群雄競起, 攻破乃降, 戰勝乃剋. 由此言之, 草創爲難.」魏徵對曰:「帝王之起, 必承衰亂, 覆彼昏狡, 百姓樂推, 四海歸命; 天授人與, 乃不爲難. 然旣得之後, 志趣驕逸. 百姓欲靜而徭役不休, 百姓凋殘而侈務不息; 國之衰弊, 恆由此起. 以斯而言, 守成則難.」太宗曰:「玄齡昔從我定天下, 備嘗艱苦, 出萬死而遇一生, 所以見草創之難也. 魏徵與我安天下, 慮生驕逸之端, 必踐危亡之地, 所以見守成之難也. 今草創之難, 旣已往矣, 守成之難, 當思與公等愼之.」라 함.

> ### 참고 및 관련 자료

1. 白居易: 白樂天, 白香山, 006 참조.

2. 이 시는《白氏長慶集》(3),《白香山詩集》(3),《唐文粹》(12),《樂府詩集》(97),《全唐詩》(426),《唐宋詩醇》(02),《事文類聚》(別集 15),《文苑英華》(333) 등에 실려 있음.

3. 韻脚은 '歌, 和, 事'. '兵, 京, 成, 平'. '腹, 贖, 哭, 獄'. '臣, 身'. '士, 死, 歸, 之'. '德, 極'. '文, 孫'.

173. 〈磨崖碑後〉················ 張文潛(張耒)

마애비의 훗날

*《眞寶》注에 "註見前七言〈摩崖碑〉詩註"라 함. 黃庭堅의 〈磨崖碑〉(148)를 참조할 것.

*〈磨崖碑後〉: 磨崖碑의 뒷날 모습을 두고 안타까움을 읊은 것. 원제목은 〈讀中興頌碑〉이며 磨崖碑는 지금의 湖南 祁陽縣 서남쪽 浯溪 가의 절벽에 唐 元結의 〈大唐中興頌〉《眞寶》後集 021)을 새겨 넣은 碑文. 이는 張耒(1054–1114)의 친구 黃庭堅의 〈題磨崖碑〉(148)와 관련이 있음. 한편 앞의 黃庭堅(山谷)의 시와 혼동하여 제목이 〈磨崖碑後〉로 된 듯하며,《宋詩紀事》등에는 〈題中興頌碑〉로,《竹莊詩話》에는 〈讀中興頌〉으로 되어 있고 《復齋謾錄》云:「《張文潛集中》載〈中興頌詩〉. 此詩號傑出. 《竹坡詩話》云:「〈中興碑詩〉可謂妙絶今古.」라 함. 한편 歐陽修《集古錄》(7) 「唐中興頌」(大曆六年) 《文忠集》140도 같음)에는 〈大唐中興頌〉, 元結撰, 顏眞卿書. 書字尤奇偉, 而文辭古雅, 世多模以黃絹爲圖障. 碑在永州, 磨崖石而刻之. 模打旣多, 石亦殘缺. 今世人所傳字畫完好者多, 是傳模補足, 非其眞者, 此本得自故西京留臺御史李建中家, 蓋四十年前崖石眞本也, 尤爲難得爾.」라 함.

양옥환楊玉環의 요사스런 피는 죽은 뒤에도 쓸어 주는 이 없는데,
안녹산安祿山의 말들은 장안長安의 풀을 실컷 먹었네.
동관潼關에는 싸우다 죽은 사람 뼈가 산보다 높이 쌓였는데,
만 리 피난길 떠난 임금은 촉蜀 땅에서 늙어갔네.
황금 창에 쇠 갑옷 입힌 말 탄 군사들이 서쪽으로부터 왔으니,
바로 곽자의郭子儀가 늠름한 영웅 재질로 이끄는 군사들이었지.
깃발을 들면 바람 일어나고 깃발 눕히면 비가 내릴 정도,
이들은 물 뿌리고 비로 쓸 듯 구묘九廟를 티끌 없이 평정하였지.
그 으뜸가는 공로와 높은 명성은 누구와 더불어 기록해 주어야 하는가?

풍아風雅의 시를 짓던 이들도 없어졌고, 시인들조차 죽어 사라졌는데.

그 때 수부랑水部郎 원결元結의 가슴 속에는 성두星斗와 같은 글재주 있었고,

태자태사太子太師 안진경顔眞卿의 붓 밑에는 용사龍蛇와 같은 글씨 솜씨가 있었지.

하늘이 이런 두 사람을 통해 그 기록을 먼 훗날까지 전해주도록 하셔서,

높은 산 열 길 높이 푸른 절벽 깎고 갈아 이를 새기도록 하였다네.

누가 이 비문碑文 탁본拓本을 가지고 내 방까지 전해주려 왔는고?

나로 하여금 보자마자 어둡던 눈동자 확 열리게 해 주었네.

백 년 동안 흥망에 탄식과 강개함을 더하게 하였노니,

옛날 몇몇 그분들은 지금 어디에 있는고?

그대는 보지 못하였는가, 황량한 오수浯水 가에 버려진 채 거두어 주는 이 없이,

때때로 떠도는 이들이 그 비문을 탁본하여 팔러 다니고 있는 것을?

玉環妖血無人掃, 漁陽馬厭長安草.
潼關戰骨高於山, 萬里君王蜀中老.
金戈鐵馬從西來, 郭公凜凜英雄才.
擧旗爲風偃爲雨, 洒掃九廟無塵埃.
元功高名誰與紀? 風雅不繼騷人死.
水部胷中星斗文, 太師筆下龍蛇字.
天遣二子傳將來, 高山十丈磨蒼崖.
誰持此碑入我室? 使我一見昏眸開.
百年廢興增欷慨, 當時數子今安在?
君不見荒凉浯水棄不收, 時有遊人打碑賣?

【玉環妖血無人掃, 漁陽馬厭長安草】'玉環'은 唐 玄宗의 妃 楊貴妃 이름. 현종의 아들 壽王의 妃였으나 현종이 차지해 총애하였음. 安祿山의 난이 일어나 현종이 蜀으로 피난할 때 馬嵬坡에서 군사들의 원성에 의해 그의 사촌오빠 楊國忠과 함께 양귀비도 죽음을 당함. '妖血'은 양귀비를 폄훼하여 표현한 것임.《眞寶》注에 "《楊妃外傳》: 術士李遐周, 先有詩曰: 「若逢山下鬼, 環子繫羅衣.」 山下鬼, 馬嵬也; 妃小字玉環, 及死, 力士以羅巾縊焉"이라 함. '漁陽馬'는 安祿山 반군의 兵馬. '漁陽'은 河北 薊縣, 平谷縣 일대의 땅. 安祿山은 平盧, 范陽, 河東 등 三鎭의 節度使였으며, 漁陽은 范陽에 속함. 唐 玄宗 天寶 14년(755)에 그곳을 중심으로 10여만의 군사로써 반란을 일으켰음.《眞寶》注에 "漁陽. 今薊州. 安祿山以范陽兵反"이라 함. 白居易 〈長恨歌〉에도 "漁陽鼙鼓動地來"라 함. '厭'은 '말이 풀을 실컷 먹다'의 뜻으로 반군이 長安을 마음대로 蹂躪하였음을 말함.

【潼關戰骨高於山, 萬里君王蜀中老】'潼關'은 陝西 華陰縣에 있는 관문. 安祿山이 난을 일으켜 洛陽을 점령하고 長安으로 향하자 高句麗 출신 장군 高仙芝가 封常淸과 함께 이곳에서 막아 長安은 일시 무사하였음. 그러나 환관 邊令誠의 참언으로 이들이 죽음을 당하고 哥舒翰이 대신 20만 대군으로써 이곳 潼關에서 싸웠으나 大敗하고 말았음.《眞寶》注에 "潼關, 卽桃林塞, 在今陝州. 潼音童"이라 함. '蜀中老'는 蜀땅에서 늙어감. 蜀은 지금의 四川 成都. '君王'은 玄宗을 가리킴. 安祿山의 난을 피해 촉으로 피난하여 그곳에서 시간을 보냄.

【金戈鐵馬從西來, 郭公凜凜英雄才】'金戈鐵馬'는 금으로 장식한 창을 들고 쇠 갑옷을 입힌 말. 武威를 갖춘 군대를 뜻함. '西從來'는 郭子儀가 玄宗의 명을 받고 서쪽에서 달려와 東京(洛邑)을 탈환함. '郭公'은 唐나라 郭子儀 장군.《眞寶》注에 "郭公, 謂郭子儀"라 함. 그는 玄宗으로부터 德宗까지 4대를 섬겼으며, 安祿山의 난을 평정한 공으로 汾陽王에 봉해졌음. 郭子儀는 梅聖兪 〈采石月贈郭功甫〉(138)의 주를 참조할 것. '凜凜'은 늠름함. '英雄'은 劉邵《人物志》英雄篇에 "夫草之精秀者爲英, 獸之特群者爲雄. 故人之文武茂異, 取名於此. 是故聰明秀出謂之英, 膽力過人謂之雄, 此其大體之別名也."라 함.

【擧旗爲風偃爲雨, 洒掃九廟無塵埃】'擧旗爲風偃爲雨'는 깃발을 들면 바람이 되고 이를 눕히면 비가 됨. 郭子儀의 통솔과 지휘에 뛰어난 武威를 보인 그의 군대를 말함. '洒'는 灑와 같음. '洒掃九廟'는 九廟를 물 뿌리고 쓸어내듯 깨끗하게 함. 九廟는 천자의 아홉 개의 사당. 여기서는 나라를 상징함. '無塵埃'는 더 이상 먼지나 티끌이 일어나지 않음. 난이 평정되어 나라가 평온을 되찾았음을 말함.

【元功高名誰與紀? 風雅不繼騷人死】‘元功’은 大功과 같음. ‘紀’는 큰 줄기. 紀元.
《資治通鑑》(11) 太祖高皇帝(中)에 “詔定元功十八人位次: 皆曰: 「平陽侯曹參, 身被
七十創, 攻城畧地, 功最多, 宜第一”이라 함. ‘風雅不繼’은 《詩》의 國風과 雅(小雅,
大雅)를 지은 詩人들이 계승되지 못하고 있음. 安祿山의 난을 평정한 사실을 기
록을 해낼 사람이 더 이상 없음. ‘騷人’은 《楚辭》의 離騷를 지은 屈原 같은 작가.
詩人을 뜻함.

【水部胷中星斗文, 太師筆下龍蛇字】‘水部’는 元結이 지냈던 벼슬 이름. 水部는 津
梁, 溝洫과 舟楫, 漕運의 일을 관장하는 직책. ‘星斗文’은 하늘의 별자리와 북두
칠성처럼 찬란한 文藻. 〈大唐中興頌〉을 지은 元結의 문장능력을 뜻함. 《眞寶》注
에 “元結爲水部, 作〈大唐中興頌〉”이라 함. ‘太師’는 唐나라 명필 顔眞卿을 가리킴.
그는 太子太師 벼슬을 지냈음. 《新唐書》顔眞卿傳에 “顔眞卿, 字淸臣. 秘書監師
古五世從孫, 少孤, 旣長, 博學工辭章. 開元中擧進士, 又擢制科. 調醴泉尉. 後爲太
子少師, 又改太子太師. 李希烈借稱帝, 使問儀式, 對曰: 「老耄矣. 曾掌國禮, 所記諸
侯朝覲耳.」希烈使閹奴害眞卿, 遂縊殺之, 年七十六. 眞卿善正草書, 筆力遒婉, 世
寶傳之”라 함. 元結이 〈大唐中興頌〉을 짓고 이를 顔眞卿이 글씨를 써서 새김.
‘龍蛇字’는 용이나 뱀처럼 살아 움직이는 듯한 훌륭한 글씨의 힘. 《眞寶》注에
“太師顔眞卿, 寫此頌刻碑”라 함.

【天遣二子傳將來, 高山十丈磨蒼崖】‘天遣二子傳將來’는 하늘이 이러한 두 사람을
파견하여 그들의 글과 글씨가 장래에 전해지도록 함. ‘二子’는 元結과 顔眞卿. ‘高
山’은 浯溪 곁 磨崖碑가 있는 높은 산. ‘磨蒼崖’는 푸른 절벽을 갈아서 글씨를 쓸
수 있는 암벽. 여기에 〈大唐中興頌〉을 새긴 것임.

【誰持此碑入我室? 使我一見昏眸開】‘誰持此碑入我室’은 ‘누가 이 비석 탁본 글씨
를 가지고 내 방에 들어 왔는가?’의 뜻. 탁본 글씨를 보고 감탄하여 이른 말. ‘昏
眸開’는 어둡던 눈이 확 열림. 눈을 둥그렇게 뜨고 놀라움을 금치 못함을 뜻함.

【百年廢興增歎慨, 當時數子今安在】‘百年廢興’은 唐 이후 백 년 동안 흥망성쇠의
역사. ‘增歎慨’는 歎息과 慷慨함을 더하게 함. ‘數子’는 郭子儀, 元結, 顔眞卿 등
磨崖碑에 관련된 사적과 비를 세우고 글을 짓고 글씨를 쓰는 등 참여한 사람들.

【君不見荒涼浯水棄不收, 時有遊人打碑賣】‘浯水’는 浯溪의 물. 浯溪는 〈大唐中興
頌〉磨崖碑가 있는 곳. 황량하게 浯水 가에 버려진 채 거두는 사람이 없음. ‘打’
는 두드려 탁본을 뜸. ‘打’는 《歐陽公文集》(127)에 실려 있는 《歸田錄》(下)에 “今世
俗言語之訛, 而擧世君子小人皆同其繆者, 惟打字爾(打, 丁雅反). 其義本謂考擊, 故

人相毆以物相擊, 皆謂之打, 而工造金銀器, 亦謂之打可矣, 蓋有槌搗作擊之義也.
至於造舟車者, 曰打船打車; 網魚曰打魚; 汲水曰打水; 投夫餉飯曰打飯; 兵士給衣糧
曰打衣糧; 從者執傘曰打傘; 以糊黏紙曰打黏; 以丈尺量地曰打量; 擧手試眼之昏明
曰打試, 至於名儒碩學語, 皆如此. 觸事皆謂之打, 而徧檢字書, 了無此字. 其義主考
擊之, 打自音謫耿, 以字學言之打字, 從手從丁, 丁又擊物之聲, 故音謫耿爲是. 不知
因何轉爲丁雅也."라 함.

참고 및 관련 자료

1. 張文潛(1054–1114).
張耒, 자는 文潛. 楚州 淮陰(지금의 江蘇 淸江縣) 사람으로 北宋 仁宗 皇祐 4년에
태어나 徽宗 政和 2년에 생을 마침. 향년 61세. 13살에 능히 문장을 지었고 17세
에 〈函關賦〉를 지어 사람들이 즐겨 외울 정도였다 함. 20세 進士에 올라 臨淮主
簿, 咸平縣丞을 거쳐 著作郞, 史館檢討가 되었으며, 紹聖 연간에 潤州 知州가 되
었으나 뒤에 元祐黨에 연루되어 귀양을 가기도 하였음. 徽宗 때 다시 불려 太常少
卿을 거쳐 潁州, 汝州 知州가 되었다가 다시 黨爭에 휘말려 좌천되고 말았음. 그
는 古文 詩詞에 능하여 蘇軾 문하에 공부하여 흔히 '蘇門四學士'로 널이 알려져
있음. 二蘇와 黃庭堅, 晁補之 등이 잇따라 세상을 떠나자 張文潛만이 독보적인 문
장가가 되었으며, 만년에는 문장이 더욱 평담하고 질박하여 白居易와 張籍의 문
풍을 다시 진작시키기도 히였음. 王直方의 《詩話》에 "文潛先與周翰公擇輩來飮余
家, 作長句. 後數日再同東坡來, 讀其詩, 嘆息云:「此不是喫煙火食人道底言語!」"라
함. 문집으로 《苑丘集》, 《柯山集》이 있으며, 《宋史》(444) 文苑傳에 傳이 있음. 《眞
寶》 諸賢姓氏事略에 "張文潛, 名耒, 宛丘人. 蘇門四學士之一"이라 함.

2. 이 시는 《柯山集》(11), 《宋詩鈔》(30), 《宋元詩會》(26), 《石倉歷代詩選》(154), 《宋
藝圃集》(5), 《漁隱叢話》(前集 47, 後集 31), 《竹莊詩話》(16), 《宋詩紀事》(26) 등에 실려
있음.

3. 韻脚은 '掃, 草, 老'. '來, 才, 埃'. '紀, 死, 字'. '來, 崖, 開, 在, 賣'.

4. 元結(次山)의 〈大唐中興頌〉《次山集》(6) 및 《眞寶》(後集 021)
天寶十四載, 安祿山陷洛陽, 明年陷長安, 天子幸蜀, 太子卽位於靈武. 明年皇帝移
軍鳳翔, 其年復兩京, 上皇還京師. 於戲, 前代帝王, 有盛德大業者, 必見于歌頌. 若
今歌頌大業, 刻之金石, 非老於文學, 其誰宜爲. 頌曰:『噫噫前朝, 孽臣姦驕, 爲昏爲
妖, 邊將騁兵, 毒亂國經, 羣生失寧. 大駕南巡, 百寮竄身, 奉賊稱臣. 天將昌唐, 繄曉

我皇, 匹馬北方. 獨立一呼, 千麾萬旗. 我卒前驅. 我師其東, 儲皇撫戎, 蕩攘羣兇. 復服指期, 曾不踰時, 有國無之. 事有至難, 宗廟再安, 二聖重歡, 地闢天開, 蠲除祅災, 瑞慶大來. 兇徒逆儔, 涵濡天休, 死生堪羞, 功勞位尊, 忠烈名存, 澤流子孫. 盛德之輿, 山高日昇, 萬福是膺. 能令大君, 聲容沄沄, 不在斯文, 湘江東西, 中直浯溪, 石崖天齊, 可磨可鐫, 刊此頌焉, 何千萬年?』

174. 〈勸酒惜別〉 ·················· 張乖崖(張詠)
이별을 아쉬워하며 술을 권함

*〈勸酒惜別〉: 술을 권하며 이별을 애석히 여김.

봄 하늘 해는 느릿느릿 하늘의 푸르름 속에서 굴러가고,
푸른 버들과 붉은 살구꽃은 봄빛을 그려내고 있네.
사람으로 태어나 젊은 나이 두 번 오지 않는 법,
이 푸른 청춘을 헛되이 내던져버리지 말게나.
생각해 보아도 불가한 일, 사람만 놀라게 하니,
마음속에 만 가지 한과 천 가지 시름이 함께 있기 때문이지.
오늘 꽃에 다가가 비로소 마음껏 술 마시고 있는데,
좌중에 떠나갈 손님 있어 이별의 정에 마음 신산해지네.
내 그대 위해 긴 칼을 들고 춤추고자 하나,
칼 들고 부르는 노래 너무 슬퍼 사람들 아주 싫어할 테고,
내 그대 위해 옥 장식한 금琴을 타고자 하나,
순박한 가락 죽어들어 마음 거둘 수 없겠네.
바닷물을 돌려 술로 삼고 꽃으로 장막삼고,
푸른 봄을 잠깐 동안이라도 즐김만 못하리라.
내일 아침 한 필 말이 봄바람에 울면서 가고 나면,
낙양洛陽에는 꽃이 피어 연지처럼 붉으리라.
수레 내닫고 말 달리기 그 광기狂氣 물 끓듯 하고,
집집마다 장막은 맑은 하늘 향해 드리워져 있으리라.
천자께선 성명聖明하시고 그대는 한창 젊은 나이,
공명 일찍 이루지 못함을 한스러워하지 말게나.
부귀는 다가오는 때가 있는 것이니,

한가한 틈을 찾아 억지로라도 즐기고 웃고 하며,
이별의 시름 때문에 늙는 일, 생으로 사서 하지는 말게나!

春日遲遲輾空碧, 綠楊紅杏描春色.
人生年少不再來, 莫把青春枉抛擲.
思之不可令人驚, 中有萬恨千愁幷.
今日就花始暢飮, 坐中行客酸離情.
我欲爲君舞長劒, 劒歌苦悲人苦厭.
我欲爲君彈瑤琴, 淳風死去無回心.
不如轉海爲飮花爲幄, 嬴取青春片時樂.
明朝疋馬嘶春風, 洛陽花發臙脂紅.
車馳馬走狂似沸, 家家帳幕臨晴空.
天子聖明君正少, 勿恨功名苦不早.
富貴有時來, 偸閑强歡笑, 莫與離憂買生老!

【春日遲遲輾空碧, 綠楊紅杏描春色】'遲遲'는 더디고 더딤. 느릿느릿 흘러감. '輾空
碧'은 푸른 하늘 속을 굴러감. 봄날이 천천히 사라져가고 있음을 말함. '綠楊紅杏
描春色'은 푸른 버들과 빨간 살구꽃이 봄 색깔을 묘사하고 있음.
【人生年少不再來, 莫把青春枉抛擲】'人生'은 사람으로 태어남. '年少'는 젊은 날. 청
춘 시절. '把'는 그 다음 어휘를 目的語(賓語)로 만드는 前置詞. '枉抛擲'은 헛되이
내던짐. 포기함.
【思之不可令人驚, 中有萬恨千愁幷】'思之不可令人驚'은 생각해 보아도 불가한 일이
어서 사람만 놀라게 함. 혹은 '이를 생각하여 사람들로 하여금 놀라게 해서는 안
됨'의 뜻으로도 봄. '幷'은 "함께"의 뜻. '中'은 마음속. 마음속에 萬恨千愁가 함께
있음.
【今日就花始暢飮, 坐中行客酸離情】'就花'는 '꽃에게 다가가다'의 뜻. '暢飮'은 '창통
하게 술을 마시다, 마음껏 술을 마시다'의 뜻. '酸離情'은 이별의 정으로 인해 마
음이 辛酸함.

【我欲爲君舞長劍, 劍歌苦悲人苦厭】 '舞長劍'는 씩씩한 춤을 뜻함.《孔子家語》好生篇에 "子路戎服見於孔子, 拔劍而舞之曰:「古之君子, 以劍自衛乎?」孔子曰:「古之君子, 忠以爲質, 仁以爲衛, 不出環堵之室, 而知千里之外. 有不善則以忠化之, 侵暴則以仁固之, 何持劍乎?」子路曰:「由乃今聞此言, 請攝齊以受敎.」라 하였고,《說苑》貴德篇에도 "子路持劍, 孔子問曰:「由, 安用此乎?」子路曰:「善, 古者固以善之;不善, 古者固以自衛.」孔子曰:「君子以忠爲質, 以仁爲衛, 不出環堵之內, 而聞千里之外;不善以忠化寇, 暴以仁圉, 何必持劍乎?」子路曰:「由也請攝齊以事先生矣.」라 함. 한편《史記》項羽本紀에도 "莊則入爲壽, 壽畢, 曰:「君王與沛公飮, 軍中無以爲樂, 請以劍舞.」項王曰:「諾.」項莊拔劍起舞, 項伯亦拔劍起舞, 常以身翼蔽沛公, 莊不得擊"라 함. '劍歌苦悲人苦厭'의 '苦'는 '매우, 괴롭도록' 등의 뜻.

【我欲爲君彈瑤琴, 淳風死去無回心】 '瑤琴'은 옥으로 장식한 금. 앞 구절의 '劍舞'에 상대하여 쓴 것. '淳風'은 순박한 가락. '風'은 가락, 노래를 뜻함. 혹 唐 李淳風으로 보기도 하나,《新唐書》李淳風傳에 의하면 그는 天文, 曆法, 陰陽 등에 밝았을 뿐 琴과는 무관하여 이 시의 내용과 관계가 없음.

【不如轉海爲飮花爲幄, 嬴取靑春片時樂】 '幄'은 장막.《眞寶》注에 "音惡, 幕也"라 함. '嬴取'는《眞寶》에는 "嬴, 音盈"이라 하였으나《乖崖集》,《宋詩鈔》,《宋藝圃集》등에는 다른 기록에는 모두 '嬴'이 '贏'으로 되어 있음. '片時'는 아주 짧은 시간. 靑春이 매우 짧음을 말함.

【明朝疋馬嘶春風, 洛陽花發臙脂紅】 '疋馬'는 한 필의 말. '疋'은 匹과 같음.《乖崖集》등에는 '匹馬'로 되어 있음. '嘶'는 말의 울음. '臙脂'는 '燕脂'로도 표기하며 여자들이 얼굴에 바르던 붉은색 화장품. 燕(지금의 北京)에서 나는 것이어서 '燕脂'라 하였다 함.《事文類聚》(別集 6)에 "燕脂起自紂, 以紅藍花汁凝作脂, 以爲桃花粧. 蓋燕國所出, 故名燕脂"라 함.

【車馳馬走狂似沸, 家家帳幕臨晴空】 '狂似沸'는 광란이 물 끓듯 함. '帳幕'은 휘장.《乖崖集》에는 '帳幙'으로 되어 있음. '晴空'은 맑게 갠 하늘.

【天子聖明君正少, 勿恨功名苦不早】 '少'는《眞寶》注에 "去聲"이라 하여 '젊다, 어리다'의 뜻. '勿恨功名苦不早'는 '어린 나이에 공명을 이루지 못함을 한스럽게 여기지 말라'의 뜻.

【富貴有時來, 偸閑强歡笑, 莫與離憂買生老】 '富'는 경제적으로 부유함. '貴'는 신분상 高貴함. '偸閑'은 바쁜 중에도 한가한 시간을 냄. '閑'은 閒과 같음. '買生老'는 生으로 늙음을 삼. 일부러 사서 늙음.《乖崖集》,《宋詩鈔》,《宋藝圃集》등에는 모

두 '買'가 '賈'로 되어 있음. 이 경우 '賈'는 '고'로 읽으며 '買'의 뜻임.

참고 및 관련 자료

1. 張乖崖(946–1015)

張詠. 宋初의 인물로 濮州 鄄城 사람. 자는 復之, 호는 乖崖. 宋 太宗 太平興國 5년에 進士에 올라 太常博士, 樞密直學士 등을 지냈으며, 眞宗 때 御史中丞에 오름. 益州知使를 거쳐 升州, 宣州 등 10州의 按撫使를 지냄. 뒤에 다시 吏部尙書, 陳州知史 등으로 역임함. 죽은 뒤 左僕射로 追敍되었음. 諡號는 忠定.《宋史》(293) 에 傳이 있으며 "自號乖崖, 以爲'乖'則違衆, '崖'不利物"라 함.《乖崖集》을 남김《萬姓統譜》에는 "張詠, 濮州鄄城人. 太宗時進士. 兩知益州, 築隄灌田萬餘頃, 威惠及民, 民皆信服. 後以江左旱充, 昇宣等十州按撫使, 遷吏部尙書, 知陳州. 卒贈左僕射, 諡忠定. 詠剛方自任, 爲治尙嚴猛, 自號乖崖. 以爲乖則遠衆, 崖不利物"이라 함.

2. 이 시는《乖崖集》(2),《宋詩鈔》(6),《宋藝圃集》(5) 등에 실려 있음.

3. 韻脚은 '碧, 色, 擲'. '驚, 幷, 情'. '劍, 厭, 心'. '幄, 樂'. '風, 紅, 空'. '少, 旱, 笑, 老'.

175. 〈古意〉 ·················· 釋 貫休
　　고의

*〈古意〉: 이는 승려 貫休의 《禪月集》(2)에 실려 있는 〈古意〉 9수 중 제8수로 제목
은 〈常思李白〉으로 되어 있음.

언제나 생각하건대 이태백李太白이여,
신선 같은 필치로 조화를 구사하였지.
현종玄宗이 그를 칠보상七寶牀 앞으로 불러오니,
호전용루虎殿龍樓의 궁궐 위엄에서도 거리낄 것이 없었지.
하루아침 고력사高力士가 그의 신발을 벗겨준 뒤에는,
그 고력사는 구슬 위에 파리 한 마리 생겨난 격이 되고 말았네.
자황전紫皇殿 책상 앞에 있던 오색의 기린麒麟 같던 이백은,
홀연히 황금 쇠사슬을 끊고 달아나듯 떠나버렸네.
오호五湖의 큰 물결은 은산銀山처럼 크게 거센데,
배에 가득 술을 싣고 북 두드리며 지나갔다네.
그의 친구 하지장賀知章도 죽어 딴 세상으로 가버렸으니,
그의 광기狂氣를 누가 감히 함께 해 줄 수 있었겠나?
어찌 알랴, 강가 그의 무덤,
술에 취해 누워 있는 모습과는 같지 않음을?

常思李太白, 仙筆驅造化.
玄宗致之七寶牀, 虎殿龍樓無不可.
一朝力士脫靴後, 玉上靑蠅生一箇.
紫皇案前五色麟, 忽然掣斷黃金鎖.
五湖大浪如銀山, 滿船載酒槌鼓過.

賀老成異物, 顚狂誰敢和?
寧知江邊墳, 不是猶醉臥?

【常思李太白, 仙筆驅造化】늘 이태백을 생각해보면 그의 글은 신선 같은 필력이
造化翁을 몰고 다닐 정도임. '驅造化'는 造化를 驅使함. '造化'는 조물주.

【玄宗致之七寶牀, 虎殿龍樓無不可】'玄宗'은 唐 玄宗(李隆基). '七寶牀'은 七寶로 장
식한 상. 《西京雜記》(2)에 "武帝爲七寶牀, 雜寶案"이라 함. '牀'은 床과 같음. 玄宗
이 李白의 대단함을 듣고 그를 불렀을 때 칠보로 장식된 상에 음식을 차려, 친
히 국을 조리하여 권하기도 하였음. 李陽冰 《太白集》 序에 "公之文章力敵造化,
天寶中, 玄宗下詔徵就金馬, 降輦步迎, 以七寶牀, 賜食御手調羹以飯之"라 함. '虎
殿龍樓'는 궁궐의 위엄을 말함. '無不可'는 하지 못할 것이 없음. 거리낄 것이 없
음. 李白의 호탕함을 말함.

【一朝力士脫靴後, 玉上靑蠅生一箇】'力士'는 高力士. 당시 宦官. 玄宗의 총애로 驃
騎大將軍에 오르기도 하였음. 이백은 술에 취하자 현종 앞에서 高力士를 불러
자기 신을 벗기도록 명하였음. 高力士는 이 일로 원한을 품고 楊貴妃에게 모함
하여 李白은 결국 조정에서 쫓겨나게 됨. 《新唐書》 李白傳을 참조할 것. 《眞寶》
注에 "太伯嘗醉, 令高力士脫靴. 力士深以爲恥, 以白樂章飛燕事, 激妃子之怨怒"라
함. '玉上靑蠅'은 구슬 위에 앉은 파리. 결백한 사람을 讒毀하는 간신을 비유함.
《詩》 小雅 〈靑蠅〉에 "營營靑蠅, 止于樊. 豈弟君子, 無信讒言. 營營靑蠅, 止于棘.
讒人罔極, 交亂四國. 營營靑蠅, 止于榛. 讒人罔極, 構我二人"이라 함. 여기서는 高
力士를 가리킴.

【紫皇案前五色麟, 忽然挈斷黃金鎖】'紫皇'은 天帝. 紫微垣 별자리 가운데에 천제
가 있다고 여겨 紫皇이라 함. '五色麟'은 五色의 무늬의 麒麟. 여기서는 李白에
가리킴. '挈斷'은 잡아 당겨 끊음. '鎖'는 '黃金鎖'. 《李太白集》과 《唐文粹》에는 '黃
金鑠'로 되어 있음. '鑠'는 鎖의 異體字. 쇠사슬. 자물쇠.

【五湖大浪如銀山, 滿船載酒槌鼓過】'五湖'는 다섯 개의 큰 호수. 《幼學瓊林》에 "饒
州之都陽, 岳州之靑草, 潤州之丹陽, 鄂州之洞庭, 蘇州之太湖, 此爲天下之五湖"라
함. 그러나 五湖에 대한 설은 여러 가지가 있음. 여기서는 五湖는 모두 南方에 있
으며 이백이 南方으로 가서 술을 즐겼음을 말함. '銀山'은 은빛의 파도가 산처럼
크게 넘실거려 사납고 거셈을 표현한 것. '槌鼓'는 북을 울림. 북을 침. 《禪月集》

등에는 모두 '搊鼓'로 되어 있음. 이는 李白이 牛渚磯를 지나며 술로 풍류를 마음껏 즐기던 모습을 말함.

【賀老成異物, 顚狂誰敢和】'賀老'는 이백의 친구 賀知章.《眞寶》注에 "賀老, 賀知章也"라 함. 그는 李白을 처음 만나자마자 謫仙人(귀양 온 신선)이라 불렀음. 李白의 〈對酒憶賀監〉(035)을 참조할 것. '成異物'은 다른 물건이 됨. 죽어서 이 세상에 없음을 말함. '顚狂'은 멋대로 狂氣를 부림. '和'는 《眞寶》注에 "去聲"이라 하여 그와 함께 함을 뜻함.

【寧知江邊墳, 不是猶醉臥】'江邊墳'은 강가의 무덤. 이백은 采石江 牛渚磯에서 뱃놀이를 하다가 술에 취하여 물속의 달을 건지려다 물에 빠져 죽었다 함. 이는 《新唐書》 등에는 전혀 그러한 기록이 없고 다만 「唐才子傳」에만 "白晩節好黃老, 度牛渚磯, 乘舟捉月沈水中"이라 함.《眞寶》注에 "白溺水, 葬于采石江邊"이라 함. '不是猶醉臥'는 죽어서는 더 이상 어쩌지 못함.

참고 및 관련 자료

1. 釋 貫休(832-912)

晩唐의 승려로써 處默과 함께 출가하여 승려가 됨. 詩僧. 속성은 姜氏이며 글씨에도 능하였음. 宋 贊寧의 《宋高僧傳》(30) 貫休傳에 "休能草聖, ……休書迹好事者傳, 號曰姜體是也"라 하였음.《郡齋讀書志》(4, 中)에 文集 30卷이 실려 있으며 지금 전하는 《禪月集》은 25권임.《全唐詩》에는 그의 詩가 12卷(826 837)으로 편집되어 있고,《全唐詩外編》 및 《全唐詩續拾》에 詩 17首, 斷句 6句, 題目 하나가 실려 있음. 그 외에 《唐詩紀事》(75),《全唐詩話》(6)에 관련 기록이 실려 있음.

2. 이 시는 《禪月集》(2),《李太白集》(33),《唐文粹》(14上),《全唐詩》(826) 등에 실려 있음.

3. 韻脚은 '化, 可, 箇, 銷, 過, 和, 臥'.

4.《唐才子傳》(10) 貫休

休, 字德隱, 婺州, 蘭溪人. 俗姓姜氏. 風騷之外, 尤精筆札. 荊州成中令問以書法, 休勃然曰:「此事須登壇可授, 安得草草而言!」中令銜之, 乃遞放黔中, 因爲〈病鶴〉詩, 以見志云:「見說氣淸邪不入, 不知爾病自何來?」初, 昭宗以武肅錢鏐平董昌功, 拜鎭東軍節度使, 自稱「吳越王」. 休時居靈隱, 往投詩賀, 中聯云:「滿堂花醉三千客, 一劍霜寒十四州.」武肅大喜, 然僭侈之心始張, 遣諭令改爲「四十州」, 乃可相見. 休性躁急, 答曰:「州亦難添, 詩亦難改. 余孤雲野鶴, 何天不可飛!」即日裹衣鉢, 拂袖而去. 至蜀,以詩投孟知祥云:「一瓶一鉢垂垂老, 萬水千山特特來.」知祥久慕, 至是非常尊禮之. 及王建僭位, 一日遊龍華寺, 召休坐, 令口誦近詩, 時諸王貴戚皆侍, 休意在箴戒, 因讀〈公子行〉曰:「錦衣鮮華手擎鶻, 閑行氣貌多陵忽. 稼穡艱難總不知, 五帝三皇是何物?」建小忤, 然敬事不少怠也. 賜號「禪月大師」. 後順寂, 勅塔葬丈人山靑城峰下. 有集三十卷, 今傳. ◎ 休, 一條直氣, 海內無雙, 意度高疏, 學問叢脞, 天賦敏速之才, 筆吐猛銳之氣, 樂府古律, 當時所宗. 雖尙崛奇, 每得神助, 餘人走下風者多矣. 昔謂「龍象蹴踏, 非驢所堪」, 果僧中之一豪也. 後少其比者, 前以方支道林不過矣.

5.《唐詩紀事》(75)

貫休, 姓姜氏, 字德隱, 婺州蘭溪人. 錢鏐自稱吳越國王, 休以詩投之曰:『貴逼身來不自由, 幾年勤苦踏林丘. 滿堂花醉三千客, 一劍霜寒十四州. 萊子衣裳宮錦窄, 謝公篇詠綺霞羞. 他年名上凌烟閣, 豈羨當時萬戶侯!』鏐諭改爲四十州, 乃可相見. 曰:「州亦難添, 詩亦難改. 然閑雲孤鶴, 何天而不可飛?」遂入蜀, 以詩投王建曰:『河北河南處處災, 惟聞全蜀少塵埃. 一瓶一鉢垂垂老, 萬水千山得得來. 秦苑幽樓多勝景, 邑歌陳貢愧非才. 自慚林藪龍鍾者, 亦得親登郭隗臺.』建遇之甚厚. 建二年, 召令誦近詩. 時貴戚皆坐, 休欲諷之, 乃稱〈公子行〉云:『錦衣鮮華手擎鶻, 閑行氣貌多輕忽. 稼穡艱難總不知, 五帝三皇是何物?』建稱善, 貴倖皆怨之. 休與齊己齊名, 有《西岳集》十卷, 吳融爲之序. 卒死于蜀.

6.《全唐詩》(826)

貫休, 字德隱, 俗姓姜氏, 蘭谿人. 七歲出家, 日讀經書千字, 過目不忘. 旣精奧義, 詩亦寄險, 兼工書畫. 初爲吳越錢鏐所重, 後謁成汭荊南, 汭欲授書法. 休曰:「須登壇乃授.」汭怒, 遞放之黔. 天復中, 入益州, 王建禮遇之. 署號『禪月大師』, 或呼爲『得得來和尙』. 終於蜀, 年八十一. 初有《西嶽集》, 吳融爲序, 極稱之. 後弟子曇域更名《寶月集》. 其全集三十卷, 已亡. 胡震亨謂宋睦州刻本多載他人詩, 不足信. 其說亦不知何據, 胡存詩僅三卷, 今編十二卷.

176. 〈蜀道難〉 ·················· 李太白(李白)
촉으로 가는 험난한 산길

＊《眞寶》注에 "論蜀道之險阻艱難, 托興, 譏世道之危險, 人心之嶮巇也"라 함.
＊〈蜀道難〉: 원래 《樂府》相和歌詞 瑟調曲의 옛 제목.《樂府古題要解》에 "〈蜀道難〉
備言銅梁, 玉壘之阻"라 하여 蜀道는 陝西 長安에서 蜀(四川)으로 가는 銅梁山
과 玉壘山, 즉 劍閣山脈이 험한 산길로, 劍閣이 있으며 棧道로 이루어져 있음.
《唐摭言》과《本事詩》에는 모두 天寶 3년(744) 이전 李白이 長安에 들어오기 전
에 지은 것으로 보았으나 殷璠의 《河岳英靈集》에는 天寶 12년이라 여겼으며,
顧炎武는 開元, 天寶 사이에 지은 것이라 보았음. 蜀道의 험난함을 벼슬길의 어
려움에 비유한 것이라고도 하며, 혹 唐 玄宗이 安祿山의 난 때 蜀으로 피난한
것을 諷諭한 것이라고도 함. 그러나 淸 顧炎武는 《日知錄》(26)에서 "李白蜀道難
之作, 當在開元, 天寶間. 時人共言錦城之樂, 而不知畏途之險, 異地之虞, 卽事名
篇, 別無寓意"라 함.

햐! 아이구!
위험하고도 높구나!
촉蜀으로 가는 길 어려움이여,
푸른 하늘 오르기보다 어렵구나!
촉나라 옛 임금 잠총蠶叢과 어부魚鳧,
나라를 개국한 뒤 얼마나 아득한 세월 흘렀는가!
그로부터 사만 팔천 년 동안,
진秦나라 변방과 막혀 사람 사는 곳과 통하지 않았었네.
서쪽으로 태백산太白山이 가로막아 겨우 새나 날아 넘어갈 길이,
아미산峨嵋山 꼭대기를 가로로 끊었네.
땅이 무너지고 산이 꺾여 장사壯士가 죽고 나서,
그런 뒤에야 하늘 구름다리 돌사다리로 비로소 연결되었네.

위로는 육룡六龍이 태양신을 끌고 되돌아간 자리에 표목이 있고,
아래로는 부딪치고 물결이 거꾸로 꺾여 휘돌아 치는 냇물이 있네.
황학이 날아올라도 지나갈 수 없고,
원숭이도 건너려다 잡고 오르기를 걱정하네.
청니령靑泥嶺 고개는 어찌 그리 굽었는지,
백 걸음에 아홉 번 꺾여 바위산에 얽혀 있네.
삼성參星을 만질 수 있고, 정성井星을 지나갈 듯 숨이 막혀,
손으로 가슴 쓸어내리며 앉은 채 길게 탄식을 하네.
임금께 묻노니 서쪽으로 왔다가 어느 때에 돌아갈 것인고?
가는 길 바위산 참암嶄巖하여 잡고 오르지 못할까 두렵소이다!
다만 산새들 고목나무에서 슬피 울면서,
수컷은 날아다니고 암컷은 따라 다니며 수풀사이를 돌고 있을 뿐.
게다가 달밤에 서쪽새 우는 소리,
텅 빈 산에 수심만 가득하리.
촉으로 가는 길 어려움이여,
푸른 하늘 오르기보다 더 어렵구나!
사람들에게 이 말을 들려주면 겁을 먹어 얼굴이 붉어지네.
이어진 봉우리는 하늘과 한 자도 안 되는 거리,
마른 소나무는 거꾸로 걸려 절벽에 의지하고 있네.
솟구치는 여울물과 쏟아지는 폭포는 시끄러움을 다투고,
펑펑 물결치는 낭떠러지에 구르는 돌들로 골짜기마다 우레 소리.
그 험함이 이와 같도다!
아, 먼 길 가는 사람이여,
어떻게 이렇게 이곳에 왔는가!
검각산劍閣山은 우뚝우뚝 높이 솟아 가파르니,
한 사람이 관문關門을 지키면,
만 사람도 열 수 없는 곳.

그 관문을 지키는 사람이 혹 친한 사람 아니라면,

이리나 승냥이의 먹이가 되고 말 곳이니라.

아침에는 맹호를 피하고,

저녁에는 장사長蛇를 피하리니.

이를 갈고 피를 빨아,

죽은 사람이 삼대같이 많았노라.

금성錦城 땅 비록 즐거운 곳이라 말들 하지만,

차라리 일찍 집으로 되돌아감만 못하리라.

촉으로 가는 길 어려움이여,

푸른 하늘 오르기보다 더 어렵구나!

몸을 옆으로 하고 서쪽 그곳을 바라보며 길게 탄식만 하노라!

噫嚱戲! 危乎高哉!

蜀道之難, 難於上靑天!

蠶叢及魚鳧, 開國何茫然!

爾來四萬八千歲, 不與秦塞通人烟.

西當太白有鳥道, 可以橫絶峨眉巓.

地崩山摧壯士死, 然後天梯石棧方勾連.

上有六龍回日之高標, 下有衝波逆折之回川.

黃鶴之飛尙不能過, 猿猱欲度愁攀緣.

靑泥何盤盤, 百步九折縈巖巒.

捫參歷井仰脅息, 以手撫膺坐長歎.

問君西遊何時還? 畏途巉巖不可攀!

但見悲鳥號古木, 雄飛從雌遶林間.

又聞子規啼夜月, 愁空山.

蜀道之難, 難於上靑天!

使人聽此凋朱顏.

連峯去天不盈尺, 枯松倒掛倚絶壁.

飛湍瀑流爭喧豗, 砅崖轉石萬壑雷.

其險也如此!

嗟爾遠道之人, 胡爲乎來哉!

劒閣崢嶸而崔嵬, 一夫當關, 萬夫莫開.

所守或匪親, 化爲狼與豺.

朝避猛虎, 夕避長蛇.

磨牙吮血, 殺人如麻.

錦城雖云樂, 不如早還家.

蜀道之難, 難於上靑天!

側身西望長咨嗟!

【噫嚱戲! 危乎高哉】'噫吁戲'는《李太白集》에는 '噫吁噓'로도 표기되어 있음. 모두
가 아주 강한 감탄사. '어휴! 아! 휴! 하!' 등의 뜻.

【蜀道之難, 難於上靑天】蜀으로 가는 길은 하늘에 오르기보다 어려움.

【蠶叢及魚鳧, 開國何茫然】'蠶叢'은《李太白集》,《李太白集分類補註》등에는 모두
'蠶叢'으로 표기되어 있음. '蠶叢'과 '魚鳧'는 모두 전설 속 蜀王 先代의 이름.《文
選》左思〈蜀都賦〉劉淵林의 注에 揚雄의《蜀王本紀》를 인용하여 "蜀王之先名
蠶叢, 栢灌, 魚鳧, 浦澤, 開明. 是時人, 萌椎髻, 左言, 不曉文字, 未有禮樂, 從開明
上到蠶叢, 積三萬四千歲"라 함.《成都記》에는 "蠶叢之子有栢灌, 栢灌之後有魚鳧,
皆蠶叢之子. 魚鳧治導江縣, 嘗獵湔山得道, 乘虎而去, 杜子遂繼魚鳧. 秦惠王
二十七年, 使張儀築都城, 後置蜀郡, 以李氷爲守. 氷穿兩江爲人開田, 百姓享其利.
蜀人始通中國"이라 함.《李太白集》注에는 "蜀王蠶叢祠, 今呼爲靑衣神. 在聖壽寺.
蠶叢氏敎人養蠶, 蜀後爲魚鳧氏"라 함.《眞寶》注에도《蜀王本紀》:「蜀王之先名
蠶叢, 栢灌, 魚鳧, 浦澤, 開明. 從開明上到蠶叢, 積三萬四千歲.」《成都記》:「蠶叢之
後, 有栢灌, 魚鳧, 皆蠶叢之子. 魚鳧治導江縣, 嘗獵湔山, 得道乘虎而去. 杜宇繼魚
鳧.」라 함.

【爾來四萬八千歲, 不與秦塞通人烟】'爾來'는 '그로부터'의 뜻. '四萬八千歲'는 장구
한 세월을 말함. 앞의《蜀王本紀》에서 말한 '三萬四千歲'와 같은 과장법임. '秦塞'

는 고대 秦나라를 '四塞之國'이라 불렀음. '不'은 《李太白集》에 "一作乃"라 함. 따라서 '4만 8천년 동안 개방되지 못했다'와 '4만 8천 년 만에 비로소 개방되었다'의 두 가지 뜻으로 볼 수 있음. '人烟'은 '人煙'으로도 표기하며 사람 사는 곳. 中原지역을 가리킴.

【西當太白有鳥道, 可以橫絶峨嵋巓】'太白'은 산 이름. 太一山이라고도 함. 지금의 陝西 郿縣 남쪽에 있으며 秦나라 도읍 咸陽의 서쪽이었음. 蜀으로 가는 요충지. '鳥道'는 새나 넘어갈 수 있는 험한 산길임을 말함. 고대 蜀은 중원과 교통이 닿지 않아 고립된 지역이었으며 秦 惠王이 蜀을 멸한 다음 張儀로 하여금 성을 쌓도록 하고 蜀郡을 두었음. '峨嵋'는 '峨嵋', '峨眉' 등으로도 표기하며 산 이름. 지금의 四川 峨嵋縣 서남쪽에 있음. 《眞寶》注에 "峨, 音莪; 嵋, 音眉. 山名, 見前〈山月歌〉"라 함. '巓'은 산의 정상. 산꼭대기.

【地崩山摧壯士死, 然後天梯石棧方勾連】'地崩'은 秦 惠王이 다섯 딸을 蜀에 시집보낼 것을 허락하자, 蜀王이 다섯 壯丁을 보내어 이들을 맞아 오도록 하였음. 이들은 가던 길에 梓潼에 이르러 곁에 큰 뱀이 굴로 들어가는 것을 보고 다섯 장사가 힘자랑을 보이려고 뱀의 꼬리를 잡아당기자 산이 무너져 미녀와 장사가 모두 깔려 죽었으며, 산은 다섯 고개(五嶺)로 변했다 함. 《華陽國志》(3) 蜀志에 "周顯王二十二年, 蜀侯使朝秦, 秦惠王數以美女進蜀王, 感之故朝焉. 惠王知蜀王好色, 許嫁五女於蜀. 蜀遣五丁迎之, 還到梓潼見一大蛇入穴中, 一人攬其尾, 掣之不禁, 至五人相助, 大呼抴蛇, 山崩. 時壓殺五人及秦五女, 并將從而山, 分爲五嶺. 直頂上有平石, 蜀王痛傷, 乃登之, 因命曰五婦冢. 山川平石上爲望婦堠, 作思妻臺. 今其山或名五丁冢"이라 하였고, 《蜀王本紀》에는 "山崩, 秦五女皆山上化爲石"이라 함. 이는 蜀道를 개척한 신화임. 《眞寶》注에도 "昔蜀中無路入秦, 秦惠王聞蜀有五丁力士, 乃以鐵作牛, 詐稱其牛糞金. 蜀侯使五丁壯士開山作路取牛, 後五丁死, 蜀爲秦所滅. ○《蜀王本紀》曰:「天爲蜀王生五丁力士, 能徙山. 秦王獻美女於蜀王, 蜀王遣五丁力士迎女, 見大蛇入山穴中, 五丁共引蛇, 山崩壓殺五丁, 秦女上山化爲石.」"이라 함. '天梯石棧'은 하늘을 가로지르고 바위와 바위를 연결하여 설치한 구름사다리와 棧道. '勾連'은 갈고리로 엮어 연결함. 《李太白集》 등에는 모두 '鉤連'으로 표기되어 있음.

【上有六龍回日之高標, 下有衝波逆折之回川】'六龍回日'은 太陽神을 위해 여섯 마리 용이 끄는 수레. 《初學記》에 《淮南子》注를 인용하여 "日乘車駕以六龍, 羲和御之. ……至此而回六螭"라 하였음. '高標'는 표지목. 蜀山의 봉우리 정상에 세워

져 있음. 孫綽의 〈天台山賦〉에는 "赤城霞起而建標"라 하였고, 李善 注에 "建標, 立物以爲之標識也"라 함. 左思 〈蜀都賦〉에 "陽鳥回翼乎高標"라 하여 이를 원용한 것임. 태양신의 수레를 끄는 六龍이 이 표지목을 보고 너무 높고 험준하여 되돌아갔다는 뜻.

【黃鶴之飛尙不能過, 猿猱欲度愁攀緣】'黃鶴'은 고니를 가리킴. '鶴'은 '鵠'과 같으며 天鵝. '尙不能過'는 《李太白文集》에는 '尙不得'으로 '過'자가 누락되어 있으며, 《李太白集》과 《李太白集分類補註》에는 '尙不得過'로 되어 있음. '猿猱'는 《李太白文集》에는 '猨猱'로 되어 있음. '猱'(노)는 四川 등 남방에 사는 긴팔원숭이의 일종. '錦線狨'이라고 부름. '攀緣'은 攀牽과 같으며 붙잡고 옮겨감. 그러나 《李太白集》과 《李太白集分類補註》에는 '攀援'으로 되어 있음. 《爾雅》에 "猱猨善援"이라 하였고, 郭璞 注에 "便攀援"이라 함.

【靑泥何盤盤, 百步九折縈巖巒】'靑泥'는 고개 이름. 지금의 甘肅 徽縣 남쪽과 陝西 略陽縣 서북쪽 사이에 있음. 唐나라 때 蜀으로 들어갈 때 반드시 이 길을 통과해야만 했음. 《元和郡縣志》(25)에 "靑泥嶺, 懸崖萬仞, 山多雲雨, 行者屢逢泥淖, 故號爲靑泥嶺"이라 하였고, 《輿地廣記》에는 "靑泥嶺, 在沔州長擧縣西北五十里. 懸崖萬仞, 上多雲雨, 行者多逢泥淖"라 함. 《眞寶》注에는 "或曰嶺名"이라 함.

【捫參歷井仰脅息, 以手拊膺坐長歎】'捫參歷井'의 '捫'은 摸와 같음. 《楚辭》"擧靑冥而擽虹兮, 遂倏忽而捫天"의 注에 "捫, 摸也"라 함. '參'과 '井'은 모두 28수(宿)의 성수(星宿) 이름. 參宿七星은 獵座戶로서 益州(蜀)에 해당하며, 井宿八星은 雙子座로서 雍州(秦)에 해당하는 分野임. 《地理志》에 "禹貢梁州之域, 秦地鶉首之次, 天官東井, 與鬼之分野, 入參一度, 古蜀國也"라 함. 《眞寶》注에 "參井 秦蜀分野之星"이라 함. '脅息'은 겁이 나서 숨을 제대로 쉬지 못함. 《漢書》酷吏傳(嚴延年) "豪强脅息"의 顔師古 注에 "脅, 斂也. 屛氣而息也"라 함. '拊膺'은 《李太白集》 등 모두 '撫膺'으로 되어 있음. '拊膺'은 '가슴을 두드리다'의 뜻이며, '撫膺'은 '가슴을 쓸어내리다'의 뜻. 《眞寶》注에는 "拊, 音撫, 擊也; 膺, 胷也"라 함.

【問君西遊何時還? 畏途巉巖不可攀】'聞君西遊'에서의 '君'은 구체적으로 明皇(唐玄宗)을 가리킴. 그가 安祿山의 난 때 서쪽 蜀으로 피난 왔었음을 말함. 《李太白集》注에 "(蕭)士贇曰: 君字非泛然而言, 猶杜子美《北征》詩, 恐君有遺失. 及君誠中興主之義, 所謂君, 明皇也"라 함. '巉巖'은 산이 험준함을 이르는 疊韻連綿語.

【但見悲鳥號古木, 雄飛從雌遶林間】'雄飛從雌'는 《李太白文集》과 《李太白集》에는 '雄飛雌從'으로 되어 있으며, 《李太白集分類補註》에만 '雄飛從雌'로 되어 있음.

'遶林間'은 《李太白集》과 《李太白集分類補註》에는 '繞林間'으로 되어 있음.

【又聞子規啼夜月, 愁空山】 '子規'의 '規'는 規와 같음. 서쪽새, 두견새. 고대 蜀王 杜宇가 죽어 이 새가 되었다 함. 《蜀記》에 "昔有人姓杜名宇, 王蜀, 號曰望帝, 宇死, 俗云宇化爲子規. 子規, 鳥名也. 蜀人聞子規鳴, 皆曰望帝也"라 함. 한편 《禽經》에는 "江左曰子規, 蜀右曰杜鵑"이라 하였고, 《蜀王本紀》에 "鼈靈死, 其屍逆江而流至蜀, 王杜宇以爲相, 宇自以德不及靈, 傳位而去, 其魄化爲鳥, 因名此, 亦曰杜鵑, 卽望帝也"라 함. 우는 소리가 '不如歸去(돌아감만 못하다)'라는 음을 내며 鼈靈에게 나라를 빼앗긴 것을 원통해한다고 믿었음. 그곳 남방 촉 땅에는 두견이 많아 이렇게 거론한 것. 한편 《華陽國志》에는 "次王曰魚鳧, 魚鳧王田於湔山, 忽得仙道. 蜀人思之爲立祠. 後有王曰杜宇, 教民務農, 一號杜主. 時朱提有梁氏女, 利遊, 江源, 宇悅之, 納以爲妃. 移治郫邑, 或治瞿上, 七國稱王. 杜宇稱帝, 號曰望帝, 更名蒲卑. 自以功德高, 諸王乃以褒斜爲前門, 熊耳, 靈關爲後戶; 玉壘, 峨眉爲城郭, 江潛, 綿洛爲池澤; 以汶山爲畜牧, 南中爲園苑. 會有水災, 其相開明, 決玉壘山, 以除水害. 帝遂委以政事, 法堯舜禪授之義. 遂禪位於開明, 帝升西山隱焉. 時適二月子鵑鳥鳴, 故蜀人悲子鵑鳥鳴也. 巴亦化其教而力農務, 迄今巴蜀民農時先祀杜主君"이라 함.

【蜀道之難, 難於上靑天】 중간에 첫 구절을 반복하여 시의 빠르기를 조절함.

【使人聽此凋朱顔】 '朱顔'은 붉은 얼굴.

【連峯去天不盈尺, 枯松倒掛倚絶壁】 '不盈尺'은 하늘과 連峰의 거리가 한 자도 되지 않을 정도로 붙어 있음.

【飛湍瀑流爭喧豗, 砯崖轉石萬壑雷】 '喧豗'는 '훤회'로 읽으며 물과 돌이 서로 부딪치는 소리를 형용한 雙聲連綿語. 《眞寶》 注에 "豗, 音灰, 相擊有聲"이라 함. '砯崖'는 '평'하고 물이 절벽 벼랑에 부딪쳐 떨어지는 소리. 郭璞 〈江賦〉 "砯巖鼓作"의 注에 "砯, 水擊巖之聲"이라 함.

【其險也如此】 '也'는 문장 중간에 사용할 때는 강조의 의미를 나타냄.

【嗟爾遠道之人, 胡爲乎來哉】 '胡爲來哉'는 《孔子家語》(4)에 "孔子往觀之曰: 「麟也, 胡爲來哉?」"라 한 말을 인용한 것. 《李太白集》 注에 "(蕭)士贇曰: '嗟爾遠道之人, 胡爲乎來哉'者, 以喩踈遠之臣. 若白者, 雖欲從君於難, 胡爲而來"라 함.

【劍閣崢嶸而崔嵬, 一夫當關, 萬夫莫開】 '劍閣'은 劍閤으로도 표기하며 산 이름. 동시에 關門, 棧道 이름. 지금의 四川省 劍閣縣 동북쪽 大劍閣山과 小劍閣山 사이에 있으며 劍閣關이라고도 함. 諸葛亮이 쌓은 것으로 陝西와 四川의 중요한 통로. 《水經注》에 "小劍去大劍三千里, 連山絶險, 飛閣相連, 故謂之劍閣"이라 함. 《眞

寶》注에 "利州隆慶府有山, 閣道至險. 有大劍山小劍山, 相去三十里, 連山絶險, 飛閣相通"이라 함. '崔嵬'는 山勢가 높고 험한 모습을 형용하는 疊韻連綿語.《爾雅》에 "石戴土謂之崔嵬"라 하였고《字彙》에는 "崔嵬, 高峻貌"라 함. '一夫當關'은 한 사람만 관문을 지켜도 萬人이 지나가지 못함.《文選》張載의 〈劍閣銘〉에 "一夫荷戟, 萬夫趑趄. 形勝之地, 匪親勿居"라 하였고, 左思의 〈蜀都賦〉에는 "至于臨谷爲塞, 因山爲障, 一人守隘, 萬夫莫向"이라 함.

【所守或匪親, 化爲狼與豺】'匪親'은 자신의 친척이나 아주 친한 사람이 아닐 경우 그 험함을 기회로 해코지를 할 수도 있음을 말함.

【朝避猛虎, 夕避長蛇】아침에는 맹수를 피해야 하고 저녁이면 뱀을 피해야 할 정도로 맹수나 독충도 많음.

【磨牙吮血, 殺人如麻】'磨牙'는 잘 갈아 더욱 날카롭게 한 이빨. 揚雄 〈長楊賦〉에 "鑿齒之徒相與, 磨牙而爭之"라 함. '吮血'(연혈)은 피를 빪.《眞寶》注에 "吮, 全上"이라 하여 '전'의 上聲이라 하였음. '如麻'는 빽빽이 자라는 삼대처럼 많음.

【錦城雖云樂, 不如早還家】'錦城'은 錦官城. 四川 成都. 錦城이라고도 함.《元和郡縣志》(32)에 "劍南道成都府成都縣, 錦城在縣南十里, 故錦官城也"라 함. 원래는 비단(錦) 織組를 주관하던 官署가 있어 錦官이라 하였으며, 강 이름 역시 錦江이라 부르게 된 것임. 成都에는 옛날 大城, 小城이 있었으며 小城 아래 錦江은 비단 세탁으로 이름이 나서, 文翁이라는 관리가 蜀을 다스릴 때 小城에 錦里라는 마을을 두어 이름이 생겼으며, 드디어 小城을 錦官城이라 부르게 되었다 함. 뒤에 成都를 대신하는 말로도 쓰였음.

【側身西望長咨嗟】西望 '側身'은 몸을 옆으로 기울임. 成都는 長安 西南쪽에 있으므로 이렇게 표현한 것. '咨嗟'는 탄식과 감탄을 함께 함. 疊韻連綿語로 표현한 것.

참고 및 관련 자료

1. 이태백(李太白) 李白, 李翰林. 016 참조.

2. 이 시는《李太白文集》(2),《李太白集分類補註》(3),《李太白集注》(3),《唐文粹》(12),《樂府詩集》(40),《唐詩品彙》(26),《全唐詩》(20, 162),《唐詩紀事》(18),《河嶽英靈集》(上),《文苑英華》(200),《石倉歷代詩選》(44上),《唐詩鏡》(18),《唐宋詩醇》(2),《全唐詩錄》(22),《竹莊詩話》(5),《淵鑑類函》(339),《蜀中廣記》(26),《成都文類》(2),《全蜀藝文志》(5),《聲調譜》(3) 등에 널리 실려 있음.

3. 이는 雜言體로서 한 구절이 11자 혹은 3자부터 9자까지 다양함. 韻脚은 '天, 然, 煙, 巓, 連, 川, 援', '盤, 巒, 嘆', '還, 攀, 間, 山, 顔', '尺, 壁', '虺, 雷, 哉, 嵬, 開', '豺', '蛇, 麻, 家, 嗟' 등으로 7번 換韻함.

4. 이 시를 賀知章이 처음 보고 이백을 '謫仙'이라 불렀다 함. 唐 孟棨의 《本事詩》에 "李太白初自蜀至京師, 舍於逆旅, 賀監知章聞其名, 首訪之, 旣奇其姿, 復請所爲文, 出〈蜀道難〉示之, 讀未竟, 稱歎者數四, 號爲謫仙. 解金龜換酒, 與傾盡醉, 期不間日, 由是稱譽光赫"이라 함.《太平廣記》도 같음)

5. 淸 李鍈의 《詩法易簡錄》에는 "蜀道二句凡三見, 直以古文章法行之, 縱橫馳驟, 神變無方, 而一歸於自然, 大可爲化不可爲, 此太白絶調也"라 함.

177. 〈廬山高〉 ·················· 歐陽永叔(歐陽脩)

여산은 높도다

＊《眞寶》注에 "劉中允, 字凝之, 與歐陽公同年, 爲潁上令, 棄官歸, 徙居廬山之陽, 歐公高其節, 賦〈廬山高〉以美之"라 함.

＊〈廬山高〉: 廬山은 江西省 九江縣에 있는 산 이름. 이는 歐陽修가 宋 皇祐 5년 (1053), 어머니 상을 당하여 汴京에서 고향(江西 吉安)으로 가서 상례를 치르고 돌아가는 길에 九江(고대 南康) 廬山 아래 落星渚에 들러 친구 劉中允을 찾아, 그가 廬山처럼 높은 기개로 살고 있음을 기려 지은 것으로 歐陽修는 이 시에 대해 크게 自負心을 가졌다 함. 劉中允은 이름이 渙, 자는 凝之이며 自號는 西磵居士. 歐陽修와 同年(같은 해에 과거에 급제함)으로 潁上令을 지냈으나 곧 벼슬을 버리고 廬山 落星渚에 은거한 인물.《詩林廣記》에 "劉渙, 字凝之, 負氣節不屈於時, 卜居廬山落星渚, 歐公作此贈之"라 하였고, 《萬姓統譜》에는 "劉渙, 字凝之, 高安人. 志尙高潔, 精詳史學, 天聖中進士, 仕爲潁上令, 以剛直不能事上官, 棄去家于廬山. 歐陽修高其節, 作〈廬山高〉詩以美之, 自號西磵居士"라 함. 원제목은 〈廬山高贈同年劉中允歸南康〉, 〈廬山高送中允〉, 〈廬山高贈同年劉凝之歸南康〉 등으로 되어 있음. 지금 廬山 錦繡谷 북쪽에 明 王陽明이 쓴 '廬山高' 3자와 明 嘉靖 6년(1527) 九江兵備副使 何棐가 세운 詩碑 石坊이 있음. 廬山은 해발 1483 m의 산으로 고대 匡裕 형제 7인이 隱居하여 匡廬山, 匡山 등으로 불리게 되었다 하며, 암석과 폭포 등 수려한 풍경과 역사상 많은 신화, 전설, 고사로 인해 道家의 聖地이며 수많은 시인, 묵객의 探訪地였음. 특히 李白의 〈望廬山瀑布〉 "飛流直下三千尺, 疑是銀河落九天"과 蘇東坡의 〈題西林寺壁〉 "不識廬山眞面目, 只緣身在此山中" 등의 絶唱, 그리고 근처 星子縣의 陶淵明 舊址, 白鹿洞書院, 東林寺, 五老峯 및 펄 벅이 《大地》를 집필했던 곳, 鄱陽湖 등이 있어 지금도 景勝地, 文化遺跡地로 널리 알려져 있음.《大明一統志》(51)에 "南康府廬山在府西北二十里, 古名南障. 世傳周武王時匡裕兄弟七人, 結廬隱居於此, 故名. 其山疊嶂九層, 崇巖萬仞, 周五百餘里, 實南方巨鎭也"라 하였고, 《藝文類聚》(7)에는 "廬山者, 江陽之名嶽. 其大形也背岷流, 面彭蠡, 盤根所據亘九百里, 重嶺桀嶂仰揷雲日,

俯瞰川湖之流焉"이라 함.《實宇記》에는 "匡裕兄弟七人, 皆有道術, 結廬于此, 仙去宮廬尙在, 故曰廬山. 山有三宮: 上宮居嚴表, 人不能及. 有三名梁, 長十丈闊盈尺, 其下虛懸. 晉術士吳猛嘗於此, 嚴樹下見, 一老翁以玉盃承甘露漿與飮; 次宮隔一谷有界城, 悉是平石兩邊有一圓峯, 呼爲左右帳, 立羣石如駝馬之形; 下宮在彭蠡湖際, 其山有紫芝田四十畝, 常有二仙童採芝, 山有上霄峯, 雙劒峯, 雞公山, 圭璧峯, 錦繡峯, 蓮華峯, 佛手巖, 香爐峯, 大林峯, 擲筆峯, 紫霄峯, 石門諸勝, 而五老峯爲最高. 又有蓮華洞, 繙經臺, 聖燈崖, 虎溪, 天池, 康王谷, 棲賢谷, 文殊臺, 淸源池, 金井, 玉淵, 無不極其高深幽怪, 而瀑布尤甲天下, 至如石雁之翔舞寶樹之扶疎, 乃其小者矣. 伏滔謂爲江陽之嶽, 梁元帝謂謂南國之德鎭, 湛方生以爲神明之區域云"이라 함.

여산의 높음이여, 몇천 길이나 되는가?
둘레는 몇백 리에 걸쳐 있어,
절연히 장강長江 옆에 우뚝 솟아 있구나.
장강은 서쪽으로부터 흘러와 그 밑을 달려왔으니,
이것이 양란좌리揚瀾左里로구나!
큰 파도와 거센 물결이 밤이나 저녁이나 방아 찧듯 부딪치고 있도다.
구름 사라지고 바람 그치면 물은 거울처럼 깨끗하여,
배를 대고 언덕에 올라 멀리 여산을 바라보도다!
위로는 아득하게 푸른 하늘에 닿아 있고,
아래로는 대지大地의 홍방鴻龐함을 누르고 있네.
시험 삼아 그 사이에 다가가 이르러,
바위 비탈길 부여잡고 텅 빈 골짜기를 엿보도다.
천암만학千巖萬壑에 소나무는 바람소리 울리고,
현애거석懸崖巨石에는 물이 날아 흐르누나.
물소리 콸콸 사람 귀를 시끄럽게 하는데,
6월이건만 눈처럼 날리는 물보라 돌 징검다리에 뿌려지네.
신선 노인과 승려들도 간간이 만나지만,

나는 일찍부터 그들의 허황되고 잡된 논리를 싫어했네.

다만 단하丹霞와 취벽翠壁이 원근의 누각들에 비추는 것이 보일 뿐이요,

아침 종소리와 저녁 북소리에 아련하게 깃발들이 줄지어 있네.

유화야초幽花野草는 그 이름은 알 수 없지만,

바람에 흔들리고 안개에 젖은 채 골짜기에서 향기를 풍기고,

때때로 흰 학이 쌍을 이루어 날아오르네.

그윽한 곳을 더듬어 멀리까지 가보아도 끝이 없으니,

문득 속세와 끊고 어지러운 일들 버리고 싶네.

부럽도다, 그대는 그러한 산 밑에 밭 사고 집 지어 늙음 보내면서,

심어놓은 벼는 이랑에 가득하고, 빚어 놓은 술은 항아리에 가득한 것은,

떠다니는 산 기운과 엷은 푸른빛의 천만 가지 형상들로 하여금,

앉으나 누우나 항상 창문을 통해 마주 대하도록 하고자 함이겠지.

그대는 우뚝한 생각을 품고 지극한 보배 지니고 있으나,

세속에는 돌과 옥을 분별하지 못하고 있네.

책명策命을 받아 관리를 역임한 지 20년,

청삼青衫에 백발로 이 고장에서 곤궁히 지내고 있네.

총영성리寵榮聲利에는 구차하게 굽힐 수 없었으니,

스스로 푸른 구름 흰 돌에 깊은 취미가 없었다면,

그대 의취 우뚝함이 어디로부터 내려와 주었겠는가?

대장부의 큰 절조라 해도 그대 같은 이는 적을 것이니,

아, 내 그대의 이런 모습을 표현하고자 하나 긴 깃대 같은 큰 붓을 어찌 얻을 수 있겠는가?

盧山高哉幾千仞兮! 根盤幾百里, 巉然屹立乎長江.

長江西來走其下, 是爲揚瀾左里兮!

洪濤巨浪, 日夕相舂撞.

雲消風止水鏡淨, 泊舟登岸而遠望兮!

上摩青蒼以晻靄, 下壓后土之鴻龐.

試徂造乎其間兮, 攀緣石磴窺空谾.

千巖萬壑響松檜, 懸崖巨石飛流淙.

水聲聒聒亂人耳, 六月飛雪灑石矼.

仙翁釋子亦徍徍而逢兮, 吾嘗惡其學幻而言哤.

但見丹霞翠壁遠近映樓閣, 晨鍾暮皷杳靄羅旛幢.

幽花野草不知其名兮, 風吹霧濕香澗谷, 時有白鶴飛來雙.

幽尋遠去不可極, 便欲絶世遺紛厖.

羨君買田築室老其下, 插秧盈疇兮釀酒盈缸.

欲令浮嵐曖翠千萬狀, 坐臥常對乎軒窓.

君懷磊砢有至寶, 世俗不辨珉與玒.

策名爲吏二十載, 青衫白首困一邦.

寵榮聲利不可以苟屈兮, 自非青雲白石有深趣, 其意矹碑何由降?

丈夫壯節似君少, 嗟我欲說安得巨筆如長杠?

【廬山高哉幾千仞兮! 根盤幾百里, 巉然屹立乎長江】 '仞'은 길이의 단위. 1仞은 8尺, 혹 4척, 혹 7척 등 여러 설이 있음. '根盤'은 뿌리와 基盤. 산이 차지하고 있는 둘레와 넓이. '巉然'은 산이 깎아지르듯 높은 모습. '巉'은 《眞寶》注에 "音截, 高貌"라 함. '屹立'은 우뚝 서있는 것. 長江은 九江 廬山을 거쳐 동쪽으로 흘러감. 明 吳拭의 〈武夷游記〉에 "水與山相映發者, 武夷, 匡廬耳. 匡廬, 水在山外; 武夷, 水在山中. 匡廬雖峙江湖浩蕩間, 終是主客相偶; 武夷則淸溪九曲流出其中"이라 함.

【長江西來走其下, 是爲揚瀾左里兮】 '左里'는 《文忠集》에 "一作蠡"라 하여 '左蠡'와 같음. 지금의 鄱陽湖가 고대 彭蠡湖로 彭蠡湖의 왼쪽, 즉 左蠡山 아래임을 뜻함. 혹 揚瀾과 左里는 모두 파양호의 두 深淵 이름이며, 바람이 없을 때도 물결이 심하여 배가 운행하기 어려운 곳이라고 함. 《傳燈錄》(26)에 "道堅先師章云:「如何始祖師西來意?」師云:「揚瀾左里, 無風浪起.」"라 하였고, 그 〈抄文〉에 "在江西廬山

之下鄱陽湖中二處名, 其處風浪至多也"라 함.

【洪濤巨浪, 日夕相舂撞】'舂撞'(용당)은 방아를 찧듯이 서로 부딪침.

【雲消風止水鏡淨, 泊舟登岸而遠望兮】구름이 사라지고 바람이 그쳐 물이 거울처럼 맑아지자 배를 대고 언덕에 올라 멀리 바라봄.

【上摩靑蒼以晻靄, 下壓后土之鴻厖】'靑蒼'은 《文忠集》에 "一作雲霄"라 함. '摩'는 摸와 같음. '晻靄'는 아득하고 가물가물한 모습을 표현한 雙聲連綿語. '晻'은 《眞寶》注에 "晻, 於感反"이라 하여 '암'으로 읽음. '后土'는 땅. 대지. 혹 大地의 神. 皇天에 상대하여 이르는 말. 《國語》魯語(上)에 "共公氏之伯九有也, 其子曰后土, 能平九土, 故祀以爲社"라 하였고, 《左傳》僖公 15년에 "晉大夫稽首曰:「君履后土而戴皇天.」"이라 하였고, 文公 18년에는 "舜臣堯, 擧八愷, 使主后土, 以揆百事, 莫不時序, 地平天成"이라 하였으며, 杜預 注에 "后土, 地官. 禹作司空, 平水土, 卽主地之官"이라 함. '鴻厖'은 크고 두터운 것. '鴻'은 《眞寶》注에 "音洪, 大也"라 함. '厖'은 《眞寶》注에 "莫江反, 厚也"라 하여 '망'으로 읽도록 되어 있으나 풀이에는 원음대로 '방'으로 표기하였음.

【試徃造乎其間兮, 攀緣石磴窺空谾】'造'는 '이르다, 도착하다, 찾아가다' 등의 뜻. '其間'은 廬山을 가리킴. '攀緣'은 攀援과 같음. '石磴'은 바위 비탈길. 혹은 돌계단. 산 비탈길. '空谾'은 '공홍'으로 읽으며 '涳谾'으로도 표기함. 텅 빈 상태를 말하는 疊韻連綿語. 司馬相如〈賦〉에 "深山涳谾"이라 함.

【千巖萬壑響松檜, 懸崖巨石飛流淙】'松檜'는 소나무와 전나무. '懸崖'는 매달린 것과 같은 모습의 높은 절벽. '淙'은 물소리. 《眞寶》注에 "淙, 水聲"이라 함.

【水聲聒聒亂人耳, 六月飛雪灑石矼】'聒聒'은 물이 흐르며 '콸콸'하고 내는 요란한 소리. '灑石矼'은 돌 징검다리 위에 뿌려짐. '矼'은 징검다리, 돌다리. 《眞寶》注에 "音江, 石橋"라 함.

【仙翁釋子亦徃徃而逢兮, 吾嘗惡其學幻而言哤】'仙翁'은 늙은 도인. 도인은 신선세계를 추구하여 仙翁이라 부른 것. '釋子'는 승려. 釋迦牟尼의 가르침을 수행하여 釋을 성씨로 삼음. 廬山에는 道敎의 36福地와 佛敎의 많은 절이 있음. '學幻而言哤'은 학문이 환상적이어서 현실성이 없으며 주장이 잡됨. '哤'(방)은 말이 야비하고 잡된 것. 《眞寶》注에 "言卑而雜也"라 하였고, 《字彙》에는 "語雜亂也. 四方之民雜處, 則言哤哤雜異"라 함.

【但見丹霞翠壁遠近映樓閣, 晨鍾暮皷杳靄羅旛幢】'丹霞翠壁'은 붉은 노을과 푸른 절벽. '杳靄'는 엷은 안개로 인해 아득하고 희미함. '羅旛幢'은 깃발이 나열되어

있음.

【幽花野草不知其名兮, 風吹霧濕香澗谷, 時有白鶴飛來雙】'幽花'는 그윽이 숨겨져
있는 꽃. '風吹霧濕'은 바람에 흔들리고 안개에 젖은 모습을 말함. '香澗谷'은 澗
谷에서 향기를 풍김.

【幽尋遠去不可極, 便欲絶世遺紛厖】'遺紛厖'은 어지럽고 잡된 것들을 버림. 속세를
벗어남. '紛厖'은 얽히고설킨 속세의 일들을 가리키며 雙聲連綿語로 표현한 것.

【羨君買田築室老其下, 揷秧盈疇兮釀酒盈缸】'君'은 劉中允을 가리킴. '揷秧盈疇'은
모내기를 한 논에 벼가 가득히 자라고 있음. '釀酒盈缸'은 술을 빚어 항아리에
가득함.

【欲令浮嵐曖翠千萬狀, 坐臥常對乎軒窓】'浮嵐曖翠'는 떠다니는 산기운과 엷고 푸
른빛. '軒窓'은 집의 창. '窓'은 窻, 窗의 異體字.

【君懷磊砢有至寶, 世俗不辨珉與玒】'磊砢'는 돌무더기의 모양. 특출한 보물. 道德
과 節操를 비유한 것. '珉與玒'은 돌과 옥. '珉'은 美石.《眞寶》注에 "音民, 石之美
者"라 함. '玒'은 옥의 이름.《眞寶》注에 "音江, 玉名"이라 함.

【策名爲吏二十載, 靑衫白首困一邦】'策名'은 벼슬에 임명됨을 말함.《左傳》僖公 23
년에 "狐突曰:「策名委質, 貳乃辟也.」"의 杜預 注에 "名書於所臣之策, 屈膝而君, 事
之, 則不可貳"라 함. '靑衫白首'의 靑衫은 옛날 천한 사람들이 입던 푸른 짧은 저
고리, '白首'는 흰 머리로 늙은 것. '困一邦'은 한 고장에서 곤궁히 지냄. 劉渙(中
允)이 廬山 아래 은거하고 있음을 말함.

【寵榮聲利不可以苟屈兮, 自非靑雲白石有深趣, 其意矹硉何由降】'寵榮聲利'는 寵愛
와 榮光, 그리고 名聲과 利祿. '苟屈'은 구차하게 굽실거림. 비굴하게 寵榮과 名利
를 쫓아감. '靑雲白石'은 푸른 구름과 흰 돌. 廬山의 산수 경치를 뜻함. '矹硉'은
위태롭도록 우뚝 솟은 모습을 표현하는 疊韻連綿語. 지조가 매우 높음을 비유
함. '何由降'은 '어디로부터 말미암아 그대에게 내려주었겠는가?'의 뜻.

【丈夫壯節似君少, 嗟我欲說安得巨筆如長杠】'巨筆'은 大筆. '長杠'은 자루가 긴 붓.
'杠'(강)은 깃대의 긴 장대를 뜻함. 특출한 文筆力. 歐陽修 자신이 필력이 모자람
을 謙辭로 말한 것.《晉書》(65) 王珣傳에 "珣夢, 人以大筆如椽與之. 旣覺語人曰:
「此當有大手筆事」 俄而帝崩, 哀冊謚議, 皆珣所草"라 하였고,《蒙求》「王珣短簿」에
도 "晉, 王珣字元琳, 丞相導之孫. 弱冠與謝玄爲溫掾. 溫嘗謂之曰:「謝掾年四十; 必
擁旄杖節. 王掾當作黑頭公. 皆未易才也.」 孝武時, 爲僕射領吏部. 帝雅好典籍, 以
才學文章見昵. 夢人以大筆如椽與之, 旣覺, 語人曰:「此當有大手筆事.」 俄而帝崩.

哀冊諡議, 皆珣所草."라 함.

1. 歐陽修(1007-1072)

宋代 문장가이며 시인. '歐陽脩'로도 표기하며 자는 永叔, 吉州 廬陵(지금의 江西 吉安縣) 사람으로 北宋 眞宗 景德 4년에 태어나 神宗 熙寧 5년에 생을 마침. 향년 66세. 仁宗 天聖 8년(1030) 진사에 올라 慶曆 3년(1043)에 知諫院이 되었다가 右正言을 거쳐 知制誥가 되었음. 당시 韓琦, 富弼 등이 계속 재상 직에서 파면되자 이에 반대하여 간언을 올렸다가 미움을 받아 滁州(지금의 安徽 滁縣)로 폄직되었으며, 그곳에서 스스로 호를 '醉翁'이라 함. 元和 원년(1054) 다시 돌아와 翰林學士, 兼史館修撰이 되었으며 嘉祐 2년(1057) 知貢擧가 되었음. 실용성 있는 古文運動을 주장하여 曾鞏, 蘇軾 등이 모두 그의 문하에서 나왔으며, 唐宋八大家의 수령급임. 神宗 초 신법을 비난하여 王安石과 대립하자 太子少師 벼슬을 그만두고 潁州(지금의 安徽 阜陽)로 낙향하여 만년에 호를 '六一居士'라 하였음. 일생 古文에 심취하여 송초 西崑體를 반대하였으며, 唐代 韓愈의 뒤를 이어 北宋 古文家의 맹주 역할을 하였음. 시호는 文忠. 《歐陽文忠公集》, 《新五代史》, 《毛詩本義》, 《集古錄》 등이 있으며 《宋史》(319)에 傳이 있음. 《眞寶》 諸賢姓氏事略에 "歐陽永叔, 名脩, 廬陵永豐人, 守滁州, 號醉翁. 晚唐居潁, 號六一居士, 嘉祐中參大政. 諡文忠公"이라 함.

2. 이 시는 《文忠集》(5), 《江西通志》(150), 《三劉家集》, 《宋文鑑》(13), 《宋藝圃集》(9), 《竹莊詩話》(16), 《詩林廣記》(後集1), 《宋詩紀事》(12), 《漁隱叢話》(後集23), 《詩人玉屑》(17) 등에 실려 있음.

3. 韻脚은 '江, 撞, 望, 龐' '筇, 淙' '矼, 咙, 幢, 雙, 庬, 缸, 窓, 豇, 邦, 降, 杠'.

4. 《竹莊詩話》(16)

王直方《詩話》云: 郭功甫少時喜誦文忠公詩, 一日過梅聖俞曰: 「近得永叔書, 方作〈廬山高〉詩贈劉同年, 自以爲得意, 恨未見此詩.」 功甫爲誦之, 聖俞擊節嘆賞曰: 「使吾更作詩三十年, 亦不能道其中一句.」 功甫再誦, 不覺心醉, 遂置酒又再誦, 酒數行, 凡誦十數徧, 不交一談而罷. 明日聖俞贈功甫詩, 其略曰:「一誦〈廬山高〉, 萬景不得藏. 設令古畫師, 極意未能詳.」 《石林詩話》云: 毗陵正素處士張子厚善書, 余嘗於其家見歐公子棐, 以烏絲欄絹一軸, 求子厚書文忠公〈明妃曲〉兩篇, 〈廬山高〉一篇. 略云:「先公平生未嘗矜大, 所爲文一日, 被酒語棐〈廬山高〉, 今人不能爲, 惟李太白能之;〈明妃曲後篇〉, 太白不能爲, 惟杜子美能之; 至於前章則子美, 亦不能爲, 惟吾能之也.」
因欲別錄此三篇藏之, 以志公意.

5.《詩人玉屑》(17) 歐公自負

《石林詩話》云: 歐公一日被酒語其子棐曰:「吾詩〈廬山高〉, 今人莫能爲, 惟李太白能
之;〈明妃曲後〉篇, 太白不能爲, 惟杜子美能之; 至於前章, 則子美亦不能爲, 惟吾能之
也.」 近觀《本朝名臣傳》乃云: 歐陽某爲詩謂人曰:「〈廬山高〉, 惟韓愈可及;〈琵琶前引〉
韓愈不可及, 杜甫可及;〈後引〉李白可及, 杜甫不可及.」 其自負如此, 則與石林所紀全
不同,〈琵琶引〉, 即〈明妃曲〉也. 此三詩並錄於此.

《古文眞寶》[前集] 卷八

가류歌類

　'歌'는 詩體의 한 장르로 《文體明辨》에 "其放情長言, 雜而無方者曰歌"라 하였으며, 《文心雕龍》明詩篇에는 "大舜云：「詩言志, 歌咏言.」 聖謨所析義已 明矣. 是以在心爲志, 發言爲詩, 舒文載實其在玆乎!"라 함. 〈樂府詩〉에는 古 詩 文體의 하나로 되어 있으며, 원래는 노래의 가사였으나 후세에는 가사 의 風調나 함축된 意趣나 주제를 살려 제목에 '歌'라는 명칭을 붙여 사용 하기도 하였음.

178. 〈大風歌〉·················· 漢 高祖(劉邦)
대풍가

＊《眞寶》注에 "漢高祖有天下, 遷沛置酒, 召故人父老子弟飮酒, 發沛中兒, 得百二十人, 敎之歌, 酒酣, 上擊筑歌之"라 함.

＊〈大風歌〉: 漢 高祖 劉邦이 12년(B.C. 195) 黥布의 난을 제압하고 돌아가는 길에 자신의 고향 沛를 지나다가 고향 父老와 젊은이들을 불러 잔치하며 부른 노래.

큰바람 일어나니 구름이 날리도다.
위력을 떨쳐 천하를 평정하고 고향으로 돌아왔도다.
어찌하면 용맹스런 장사들을 얻어 사방을 지킬까?

大風起兮雲飛揚,
威加海內兮歸故鄕.
安得猛士兮守四方?

【大風起兮雲飛揚】'大風'은 큰바람. 구름과 함께 群雄이 서로 다투던 어지러운 세상을 상징함. 《文選》注에 "風起雲飛, 以喩羣雄競逐而天下亂也"라 함.

【威加海內歸故鄕】'威加海內'는 자신의 위력을 온 천하에 가하여 혼란을 평정함. 《文選》注에 "威加四海, 言已靜也"라 함.

【安得猛士兮守四方】'安'은 疑問詞. 胡, 何, 焉, 惡 등과 같음. 《文選》注에 "夫安不忘危, 故思猛士以鎭之"라 함. 이상 《眞寶》注에 六臣注 《文選》의 注를 인용하여 "翰曰: 風自喩, 雲喩亂也. 言已平亂而歸故鄕, 故思賢才共守之"라 함.

[참고 및 관련 자료]

1. 漢 高祖.
　劉邦(B.C.256-B.C.195) 漢나라를 세운 개국군주. 자는 季. 沛縣 豐邑(지금의 江蘇

豐縣) 中陽里에서 어머니가 大澤의 언덕에서 쉬다가 꿈에 蛟龍과 相接하여 劉邦을 낳았다 함. 劉邦은 태어나면서 코가 우뚝하고 龍顔의 얼굴이었다 함. 秦末 천하가 혼란에 빠졌을 때 亭長의 지위로 장정들을 이끌고 長役에 나섰다가 늪에서 길을 잃고 白蛇를 죽인 일로 천명을 예견하고 反秦隊列에 나섬. 秦나라가 망하고 項羽로부터 漢王이 되었으나 다시 項羽와 楚漢戰을 벌여 垓下에서 승리를 거둔 뒤 大帝國 漢나라를 일으킴. 중국 역사상 최초의 농민 황제가 되었으며, 그의 생애는 많은 故事와 수없는 逸話를 남김. 漢王 4년, 稱帝 8년을 거쳐 62세로 생을 마침. 次子 劉盈(惠帝)이 뒤를 이었고, 뒤이어 文帝(劉恒), 景帝(劉啓)에 이르러 文景之治의 시대에 명실상부한 帝國의 기틀을 확립하게 됨.《史記》高祖本紀,《漢書》高祖紀를 참조할 것.

2. 이 시는 《史記》(高祖本紀),《漢書》(高祖紀),《文選》(28),《樂府詩集》(58),《詩話總龜》(後集5),《漁隱叢話》(前集5) 등에 널리 실려 있음.

3. 韻脚은 '揚, 鄕, 方'.

4. 《史記》高祖本紀

十二年, 十月, 高祖已擊布軍會甀, 布走, 令別將追之. 高祖還歸, 過沛, 留. 置酒沛宮, 悉召故人父老子弟縱酒, 發沛中兒得百二十人, 敎之歌. 酒酣, 高祖擊筑, 自爲歌詩曰:「大風起兮雲飛揚, 威加海內兮歸故鄕, 安得猛士兮守四方!」令兒皆和習之. 高祖乃起舞, 慷慨傷懷, 泣數行下. 謂沛父兄曰:「游子悲故鄕. 吾雖都關中, 萬歲後吾魂魄猶樂思沛. 且朕自沛公以誅暴逆, 遂有天下, 其以沛爲朕湯沐邑, 復其民, 世世無有所與.」沛父兄諸母故人日樂飮極驩, 道舊故爲笑樂. 十餘日, 高祖欲去, 沛父兄固請留高祖. 高祖曰:「吾人衆多, 父兄不能給.」乃去.

5. 《漢書》高祖紀

十二年冬十月, 上破布軍於會缶. 布走, 令別將追之. 上還, 過沛, 留, 置酒沛宮, 悉召故人父老子弟佐酒. 發沛中兒得百二十人, 敎之歌. 酒酣, 上擊築自歌曰:「大風起兮云飛揚, 威加海內兮歸故鄕, 安得猛士兮守四方!」令兒皆和習之. 上乃起舞, 忼慨傷懷, 泣數行下. 謂沛父兄曰:「遊子悲故鄕. 吾雖都關中, 萬歲之後吾魂魄猶思沛. 且朕自沛公以誅暴逆, 遂有天下, 其以沛爲朕湯沐邑, 復其民, 世世無有所與.」沛父老諸母故人日樂飮極歡, 道舊故爲笑樂. 十餘日, 上欲去, 沛父兄固請. 上曰:「吾人衆多, 父兄不能給.」乃去.

6. 王世貞《弇州四部稿》(145)

大風三言, 氣籠宇宙, 張千古帝王赤幟, 高帝哉! 傳語〈大風〉, 安不忘危, 其霸心之存乎?

179. 〈襄陽歌〉 ·················· 李太白(李白)
양양가

*〈襄陽歌〉: 襄陽의 노래. 원래 〈樂府〉 곡명으로 〈襄陽樂〉이 있었음. 襄陽은 지금
의 湖北 襄樊으로 晉나라 때까지는 雍州라 불리던 곳임.《李太白集分類補註》에
"齊賢曰:《唐》禮樂志: 襄陽歌宋隋王誕作"이라 하였고, "士贇曰:〈樂府〉正聲淸商曲
有〈襄陽樂〉. 宋隋王誕始爲. 襄陽郡, 元嘉末, 仍爲雍州, 夜聞諸女歌謠, 因爲之詞
焉. 古詞曰:「朝發襄陽城, 暮至大堤宿. 大堤諸女兒, 花艶驚郎目.」"이라 함.

지는 해는 현산峴山 서쪽으로 사라지려 하는데,
접리接䍦 모자를 거꾸로 쓴 채 꽃 아래에서 혼미해 있네.
양양襄陽 어린아이들 일제히 손뼉을 치며,
거리를 막고 다투어 백동시白銅鞮를 노래하고 있네.
곁에 있는 사람이 무슨 일로 저렇게 웃느냐 물었더니,
산간山簡의 취한 모습, 마치 진흙에 빠진 것 같다고 심하게 웃는 것이
라네.
가마우지 형상의 술 국자와 앵무새 잔으로,
백 년이라야 날 수로 3만 6천 일,
매일 모름지기 3백 잔의 술은 기울여야지.
멀리 보이나니 한수漢水는 오리 머리처럼 푸르러,
마치 포도주가 비로소 익어 아직 거르지 않은 모습일세.
이 강물을 만약 봄 술로 변하게 한다면,
쌓이는 누룩으로 조구대糟丘臺를 세울 정도는 되리라.
황금 안장 준마라면 내 첩과 바꾸어,
황금 안장에 웃으며 앉아 낙매가落梅歌를 부르리라.
수레 곁에는 비스듬히 술 한 병 걸어 놓고,

봉생鳳笙과 용관龍管을 울리면서 술 마시기 재촉하리.

이사李斯가 함양咸陽 저잣거리에서 처형당할 때, 황견黃犬을 끌고 사냥하던 시절 그리워했으니,

달빛 아래 금 술잔이나 기울이는 게 어떻겠는가?

그대는 보지 못했는가, 진晉나라 양호羊祜의 한 조각 비석이,

용머리 거북 좌대는 떨어져 나가고 이끼만 나 있는 것을?

타루비墮淚碑라 하지만 눈물도 이젠 그를 위해 흘려 줄 수도 없고,

마음도 이 때문에 슬퍼해 줄 수도 없게 되었지.

청풍명월을 사는 데는 한 푼도 들 필요가 없으니,

옥산玉山은 스스로 무너진 것이지 남이 밀어 넘어뜨린 게 아니라네.

서주舒州 술 국자와 역사力士의 술 데우는 솥이여,

나 이백李白은 이것들과 사생死生을 함께하리라.

양왕襄王이 즐긴 운우雲雨는 지금 어디에 있겠는가?

강물은 동쪽으로 흐르고, 원숭이들은 밤이면 슬피 울고 있는데.

落日欲沒峴山西, 倒著接䍦花下迷,
襄陽小兒齊拍手, 攔街爭唱白銅鞮.
傍人借問笑何事? 笑殺山翁醉似泥.
鸕鶿杓鸚鵡杯, 百年三萬六千日, 一日須傾三百杯.
遙看漢水鴨頭綠, 恰似葡萄初醱醅.
此江若變作春酒, 壘麴便築糟丘臺.
金鞍駿馬喚小妾, 笑坐金鞍歌落梅.
車傍側掛一壺酒, 鳳笙龍管行相催.
咸陽市上嘆黃犬, 何如月下傾金罍?
君不見晉朝羊公一片石, 龜龍剝落生莓苔?
淚亦不能爲之墮, 心亦不能爲之哀.
清風明月不用一錢買, 玉山自倒非人推.

舒州杓力士鐺, 李白與爾同死生.
襄王雲雨今安在? 江水東流猿夜聲.

【落日欲沒峴山西, 倒著接䍦花下迷】 '峴山'은 湖北 襄陽 남쪽에 있는 산. 峴目山이라고도 부름. 《大明一統志》 襄陽府에 "峴山在府城南七里. 晉羊祜每登此山置酒, 嘗謂從事鄒湛曰: 「自有宇宙便有此山, 由來賢哲登此者多矣. 皆湮滅無聞.」 湛對曰: 「公德冠四海, 聞望當與此山俱傳.」"이라 함. 晉나라 때 羊祜가 襄陽都督으로 이곳에 와서 주연을 벌였으며, 羊祜가 죽자 후인이 그를 기려 그 산 위에 비석을 세웠는데, 많은 사람들이 그 글을 보고 눈물을 흘려 '墮淚碑'라 불렀음. 羊祜(221–278)는 자는 叔子. 羊續의 손자이며 司馬師 羊皇后의 아우. 삼국 魏나라 때 司馬昭가 권력을 독점하자 이를 좇아 中書侍郞, 給事中, 黃門郞, 秘書監 등의 직책을 담당하면서 荀勖과 더불어 국가 기밀을 관장함. 荊州를 지키면서 吳나라 백성들에게 善政을 베풀어 吳나라 사람들이 그들 羊公이라 불렀음. 그가 죽자 백성들이 罷市를 할 정도였다 하며 이에 峴山에 비를 세운 것임. 비문은 杜預가 지은 것이라 함. 그는 《老子傳》을 남기기도 하였음. 《晉書》(34) 羊祜傳에 "羊祜, 字叔子, 泰山南城人. 世吏二千石. 祜博學能屬文, 魏高貴鄕公時, 公車徵拜中書侍郞. 武帝有滅吳之志, 以祜都督荊州諸軍事, 出進南夏, 累進征南大將軍南城侯, 卒贈太傅. 祜樂山水, 每風景必造峴山置酒, 言詠終日不倦. 襄陽百姓於祜平生遊憩之所, 建碑立廟, 歲時享祀. 望其碑者, 莫不流涕. 杜預因名爲墮淚碑. 荊州人爲祜諱名云"이라 함. 《眞寶》 注에 "晉羊祜卒, 百姓於峴山建碑, 望其碑者, 莫不流涕, 因名爲墮淚碑"라 함. 羊祜는 梅聖兪 〈采石月贈郭功甫〉(138)의 注를 참조할 것. '接䍦'는 두건의 일종. 白鷺 깃털로 장식한 모자. 晉나라 山簡(자는 季倫)은 세상이 어지러운 때 襄陽을 다스리며 늘 高陽池에 가서 술에 취한 채 接䍦를 거꾸로 쓴 채 白馬를 타고 다녔음. 《世說新語》 任誕篇에 "山季倫爲荊州, 時出酣暢. 人爲之歌曰: 「山公時一醉, 徑造高陽池; 日莫倒載歸, 茗苓無所知. 時復乘駿馬, 倒箸白接䍦. 擧手問葛彊, 何如幷州兒?」 高陽池在襄陽; 彊是其愛將, 幷州人也."라 함. '山季倫'은 山簡(253–312). 자는 季倫. 山濤의 아들. 太子舍人, 太子庶人, 侍中, 吏部尙書, 靑州, 荊州, 雍州 등의 刺史를 지냈으며 천하에 大亂이 일어나자 술에 빠져 정사를 돌보지 않다가 劉聰, 嚴嶷에게 패배를 당함. 죽은 뒤 征南大將軍, 儀同三司에 추증됨. 《晉書》(43)에 傳이 있음. '高陽池'는 못 이름. 漢나라 때 習郁이 판 연못으로 원래 이름은 '習郁池'. 山簡이 이곳에 벼슬할 때 늘 이곳에서 취하면 "이곳은 나의 高

陽池"라 하여 이름이 바뀌었다 함. 西漢 때 역이기(酈食其)가 高陽人으로 스스로 '高陽酒徒'라 한 것을 본뜬 것임.《晉書》山簡傳의 내용도 같음.《眞寶》注에 "晉 山簡每至高陽習家池, 飮輒大醉, 歸家曰:「山公時一醉, 逍遙高陽池. 日暮倒載歸, 酩酊無所知. 時時騎白馬, 倒著白接䍦. 擧鞭謝葛强, 何如幷州兒?」"라 함.

【襄陽小兒齊拍手, 攔街爭唱白銅鞮】'齊'는 '一齊히'의 뜻. '攔街'는 길거리를 가로막음. '白銅鞮'는 梁 武帝가 지었다는 옛 악곡 이름.《李太白集》에는 모두 '白銅鞮'로 표기되어 있으나 이는 오류로 보고 있음.《隋書》樂志에 "梁武帝在雍, 童謠曰:「襄陽白銅鞮, 反駮楊州兒. 義師興實以鐵騎, 楊州土皆面縛如謠言.」及卽位, 更造新聲, 帝自爲三曲"이라 하여 梁 武帝가 揚州(楊州)를 평정한 기념으로 지은 것이라 함. '白銅鞮'는 踏銅蹄라고도 함.《玉臺新詠》에 2首가 실려 있음.《眞寶》注에 "《廣韻》: 鞮音低.〈樂府〉有〈銅鞮歌〉. 釋云「胡人歃血之器.」《韻府》作鞾, 注「革履, 連脛, 卽今靴」, 恐非"라 함. '銅鞮'에 대해서는 梅聖兪〈采石月贈郭功甫〉(138)의 注를 참조할 것.

【傍人借問笑何事? 笑殺山翁醉似泥】'笑殺'의 '殺'(쇄)는 '甚'의 뜻. '煞'로도 표기함. '山翁'은 山簡을 가리킴. '醉似泥'는 취하여 몸을 가누지 못할 정도임을 말함.《後漢書》儒林傳(周澤)에 "(周澤)淸潔循行, 盡敬宗廟. 常臥疾齋宮, 其妻哀澤老病, 窺問所苦. 澤大怒, 以妻干犯齋禁, 遂收送詔獄謝罪. 當世疑其脆激. 時人爲之語曰:「生世不諧, 作太常妻, 一歲三百六十日, 三百五十九日齋.」"라 함.

【鸕鶿杓鸚鵡杯, 百年三萬六千日, 一日須傾三百杯】'鸕鶿'는 새 이름. 가마우지.《眞寶》注에 "鸕, 音盧; 鶿, 音慈. 水鳥名. 鳥頭喙長, 能捕魚"라 함. 물속으로 들어가 물고기를 잡는 능력을 가지고 있음. 이 '鸕鶿杓'는 가마우지 형상의 긴 목을 조각한 술 뜨는 국자. '鸚鵡杯'는 앵무새 모습을 조각하여 만든 술잔.《李太白集分類補註》에 "齊賢曰: 鸕鶿, 水鳥也. 其頸長, 刻杓爲之形.《山海經》: 黃山有鳥, 其形如鶚, 靑羽赤喙, 人舌能言, 名鸚鵡. 鏤杯爲之形. 今人以海螺如鸚鵡. 形作之, 亦曰鸚鵡杯. 並酒器名也"라 함. '三萬六千日'은 10년을 날짜로 계산한 것. 사람의 일생이 백 년을 산다 해도 日數로 3만 6천 일을 넘지 못함.

【遙看漢水鴨頭綠, 恰似葡萄初醱醅】'漢水'는 襄陽의 동쪽을 흘러 長江과 合水하는 강물. 長江의 가장 큰 지류임.《詩》周南 廣漢篇 "漢之廣矣, 不可泳"의 朱熹 注에 "漢水出興元府嶓冢山, 至漢陽軍大別山入江"이라 함. '鴨頭綠'은 오리 머리 빛의 푸른색.《李太白集》齊賢 注에 "高麗有鴨綠水,《唐》志安東都護府故漢襄平城, 東南至平壤城八百里, 西南至都里海口六百里. 南至鴨綠江, 其水如鴨頭綠"이라 함.

'葡萄'는 西域에서 들여온 과일.《漢書》西域傳에 "大宛國左右以葡萄爲酒, 富人藏酒至萬餘石, 久者至數十歲不敗"라 함. '醱醅'는 술이 괴어 묵은 채 있음. '醅'는 注에 "音杯, 酒熟也"라 하였으나 '거르지 않은 술'을 뜻함. 杜甫〈客至〉에 "盤飧市遠無兼味, 樽酒家貧只舊醅"라 함.《爾雅》何剡 注에 "醱, 重醞酒也; 醅, 未汴酒也"라 하였고,《李太白集分類補註》에도 "士贇曰: 醅,《釋名》:「酒未漉也.」"라 함.

【此江若變作春酒, 壘麴便築糟丘臺】'此江若變作春酒'는 '이 강물을 모두 變化시켜 春酒로 만든다면'의 뜻. '壘麴'은 쌓이는 누룩. 누룩을 쌓아. '糟丘臺'는 술지게미를 언덕처럼 쌓아놓고 그 위에 만든 樓臺. 劉向《新序》(節士)에 "桀爲酒池, 足以運舟; 糟丘, 足以望七里, 一鼓而牛飲者三千人"이라 하였고,《列女傳》(7)「夏桀末姬」에도 "(桀)爲酒池, 可以運舟, 一鼓而牛飲者三千人, 其頭而飲之於酒池, 醉而溺死者, 末喜笑之以爲樂"이라 함.《李太白集分類補註》에 "士贇曰: 糟, 酒滓也. 王充《論衡》:「紂釀酒積糟因爲丘.」此形容嗜酒思想之極云耳"라 함.

【金鞍駿馬喚小妾, 笑坐金鞍歌落梅】'妾'은 자신의 첩을 가리킴.《李太白集》에는 '金鞍駿馬'는 '千金駿馬'로, '喚'은 '換'으로 되어 있음. 李沆의《獨異志》(中)에 "後魏趙彰, 性倜儻, 遇逢駿馬愛之, 其主所惜也. 彰曰:「余有美妾, 可換. 唯君所選.」馬主因指一妓, 彰遂換之"라 하였고,《異聞集》에는 "酒徒鮑生多蓄聲妓, 外弟韋生好乘駿馬遊行四方, 各以所好相遇於山寺, 兩易所好, 乃以女妓善四絃者, 換紫叱撥"이라는 고사가 있음. '金鞍'은 황금으로 장식한 말안장. 좋은 말안장. '落梅'는〈樂府〉의 곡명〈落梅花〉,〈梅花落〉을 가리킴. 羌族 음악이며 別恨을 주제로 한 내용임.

【車傍側掛一壺酒, 鳳笙龍管行相催】'側掛'는 비스듬히 걸어놓음. '鳳笙'은 봉황을 조각한 笙簧.《眞寶》注에 "十三篁, 象鳳之身"이라 함. 潘岳의〈笙賦〉에 "管攢羅而表列, 音要妙而含情. 各守一以司應, 統大塊以爲笙. 基黃鐘以舉韻, 望儀鳳以擢形"이라 하였고,《說文》에 "笙十三篁, 象鳳之身, 列管以象鳳翼"이라 함. '龍管'은 용을 조각한 笛. 馬融의〈笛賦〉에 "近世雙笛從羌起, 美人伐竹末及已. 龍鳴水中不見已, 截竹吹之聲相似"라 함. '行相催'는 계속 술을 권하여 마실 것을 재촉함.

【咸陽市上嘆黃犬, 何如月下傾金罍】'咸陽'은 秦나라 때의 도읍. 長安 서북쪽에 있음. 秦 孝公 이후 이곳을 도읍으로 정했었음. '嘆黃犬'은 秦 승상 李斯가 咸陽에서 처형당하면서 "다시 누런 개를 끌고 東門으로 나가 사냥을 할 수 있을까?"라고 탄식한 것을 말함.《史記》李斯列傳에 "二世二年七月, 具斯五刑, 論腰斬咸陽市. 斯出獄, 與其中子俱執, 顧謂其中子曰:「吾欲與若復牽黃犬俱出上蔡東門逐狡兎, 豈可得乎!」遂父子相哭, 而夷三族."이라 함.《眞寶》注에 "秦李斯臨刑, 嘆曰:「安得

復牽黃犬, 遊東門逐狡兔乎?"라 함. '金罍'(금뢰)는 금 술잔. '罍'는 구름과 번개의 모양을 조각하고 황금으로 장식한 술잔. 《詩》 周南 卷耳篇 "我姑作彼金罍, 維以不永懷"의 注에 "罍, 酒器. 刻爲雲雷之象, 以黃金飾之"라 함.

【君不見晉朝羊公一片石, 龜龍剝落生莓苔】 '一片石'은 墮淚碑를 가리킴. 《太平廣記》(198) 《朝野僉載》를 인용하여 "梁庾信從南朝初至北方, 文士多輕之, 信將〈枯樹賦〉以示之, 於後無敢言者. 時溫昇作〈韓陵山寺碑〉, 信讀而寫其本, 南人問信曰: 「北方文士何如?」信曰: 「唯有韓陵山一片石堪共語. 薛道衡, 盧思道少解把筆, 自餘驢鳴狗吠聒耳而已.」"라 함. '龜頭'는 거북 모양으로 조각한 비석 받침돌의 거북 머리. 《事文類聚》(前集60)에 "唐葬令: 五品以上螭首龜趺, 降五品爲碣, 方趺圓首, 其高四尺"이라 함. '莓笞'는 이끼.

【涙亦不能爲之墮, 心亦不能爲之哀】 '涙'는 타루비가 흘리는 눈물.

【淸風明月不用一錢買, 玉山自倒非人推】 '淸風明月'은 《世說新語》 言語篇에 "劉尹云: 「人想王荊産佳, 此想長松下當有淸風耳.」"이라 함. '玉山自倒'는 玉山이 저절로 무너지듯 함. 竹林七賢의 하나인 晉나라 嵇康은 늘 술에 취하여 玉山이 무너지듯 몸이 쓰러졌다 함. 《世說新語》 容止篇에 "嵇康身長七尺八寸. 風姿特秀. 見者歎曰: 「蕭蕭肅肅, 爽朗淸擧.」 或云: 「肅肅如松下風, 高而徐引.」 山公曰: 「嵇叔夜之爲人也, 巖巖若孤松之獨立;其醉也, 傀俄若玉山之將崩.」"이라 함. 《眞寶》 注에 "晉嵇康醉倒, 人謂: 「如玉山之將頹.」"라 함.

【舒州杓力士鐺, 李白與爾同死生】 '舒州杓'는 舒州에서 나는 술 국자. 《唐書》 地理志에 舒州 同安郡에서는 좋은 酒器와 鐵器를 생산하였다 함. '力士鐺'은 力士를 조각한 솥. '鐺'은 술을 데우는 데 쓰는 솥.

【襄王雲雨今安在? 江水東流猿夜聲】 '襄王雲雨'는 楚나라 襄王이 宋玉에게서 들은 巫山 神女와의 즐김. 李白의 〈觀元丹丘坐巫山屛風〉(160)의 注를 참조할 것.

> ### 참고 및 관련 자료

1. 이태백(李太白) 李白, 李翰林. 016 참조.

2. 이 시는 《李太白文集》(5), 《李太白集分類補註》(7), 《李太白集注》(7, 34), 《唐文粹》(16上), 《樂府詩集》(85), 《全唐詩》(29, 166), 《湖廣通志》(85), 《文苑英華》(201), 《唐詩品彙》(26), 《唐詩鏡》(18), 《唐宋詩醇》(5), 《全唐詩錄》(22), 《竹莊詩話》(5), 《詩林廣記》(3) 등에 널리 실려 있음.

3. 韻脚은 '迷, 鎞, 泥'. '杯, 醅, 臺, 梅, 催, 罍, 苔, 哀, 推'. '鐺, 生, 聲'.

4. 《詩林廣記》(3)

　歐陽公云:「落日欲沒峴山西, 倒著接䍦花下迷. 襄陽小兒齊拍手, 攔街爭唱白銅
鞮.」此常語也, 至於「清風明月不用一錢買, 玉山自倒非人推.」然後見太白之橫放, 所
以驚動千古者, 固不在此乎!

180. 〈飮中八僊歌〉 ·················· 杜子美(杜甫)

술 마시는 여덟 신선을 노래함

＊〈飮中八僊歌〉: 술 속의 여덟 신선의 모습을 노래함. '僊'은 仙의 이체자. 酒趣를 달리했던 유명한 詩人墨客 李白, 賀知章, 李適之, 汝陽王(李璡), 崔宗之, 蘇晉, 張旭, 焦遂 등 여덟 명의 술버릇과 호탕함, 奇才 등을 함께 묶어 노래로 읊은 것. 그러나 이들 여덟 명이 동시에 長安에서 술을 마신 것은 아니며 각기 달리 활동하였음. 《杜詩鏡銓》에 "朱注: 考《唐史》, 蘇晉死開元二十二年, 賀知章, 李白去天寶三載. 〈八仙歌〉當是綜括前後言之, 非一時俱在長安也"라 함. 한편 詩體에 대해 沈確士는 "前不用起, 後不用收, 參差歷落, 似八章仍是一章, 格法古未曾有"라 함. 《杜詩鏡銓》에는 "蔡寬夫《詩話》: 「此歌'眠'字'天'字再押, '前'字三押, 亦周詩分章之意也.」 ○王右仲曰: 「描寫八公, 各極平生醉趣而俱帶仙氣.」 ○李子德云: 「似贊似頌, 只一二語可得其人平生. 妙是敍述, 不涉議論, 而八公身分自見, 風雅中司馬太史也.」"라 함.

하지장賀知章은 술 취하면 말 타기를 마치 배 타듯이 하고,
눈이 어지러워 우물 속에 떨어져도 그 바닥에서 그대로 잠이 든다네.
여양왕汝陽王 이진李璡은 술 세 말을 마시고서야 비로소 조정에 나갔고,
길에서 누룩 실은 수레만 만나도 침을 흘리면서,
주천酒泉으로 봉지를 옮겨주지 않음을 한스럽게 여겼다네.
좌상左相 이적지李適之는 흥이 나면 하루 잔치에 만전萬錢을 썼다네.
마실 때는 큰 고래가 백천百川의 많은 물을 들이켜듯 하였으며,
잔을 물고 청주〔聖〕를 즐기며 탁주〔賢〕는 피했다지.
최종지崔宗之는 시원한 미소년으로,
잔을 들어 눈을 희게 뜨고 푸른 하늘 바라보면,
깨끗하기가 마치 옥나무가 바람 앞에 서 있는 듯하였다네.
소진蘇晉은 수불繡佛 앞에서 오래도록 재계齋戒를 하면서,

취중에는 가끔 좌선坐禪하다 자리를 피하기 일쑤였지.

이백李白은 술 한 말 마시면 시 백 편,

장안長安 저잣거리 술집에서 잠들기도 하였으며,

천자가 불러도 배에 오를 수 없을 정도로 취한 채로,

스스로 자신은 술 속의 신선이라 칭하였지.

장욱張旭은 석 잔 술에 초서草書의 성인聖人으로 전해오며,

모자를 벗고 이마를 드러낸 채 왕공王公 앞에서,

휘두르는 붓을 종이에 대면 마치 구름과 연기를 그려내듯 써내려갔지.

초수焦遂는 다섯 말은 마셔야 비로소 탁연卓然해져서,

고담웅변高談雄辯으로 자리에 있는 모든 이들을 놀라게 하였다네.

知章騎馬似乘船, 眼花落井水底眠.
汝陽三斗始朝天, 道逢麴車口流涎.
恨不移封向酒泉, 左相日興費萬錢.
飮如長鯨吸百川, 銜盃樂聖稱世賢.
宗之瀟灑美少年, 擧觴白眼望靑天.
皎如玉樹臨風前, 蘇晉長齋繡佛前.
醉中徃徃愛逃禪, 李白一斗詩百篇.
長安市上酒家眠, 天子呼來不上船.
自稱臣是酒中仙, 張旭三盃草聖傳.
脫帽露頂王公前, 揮毫落紙如雲烟.
焦遂五斗方卓然, 高談雄辯驚四筵.

【知章騎馬似乘船, 眼花落井水底眠】'知章'은 賀知章(677–744). 자는 季眞. 太常博
士, 秘書監 등의 벼슬을 거쳤으며, 四明狂客, 秘書外監이라 불림. 李白을 처음 만
나자 '謫仙人'이라 불렀음.《杜詩鏡銓》에《唐書》:「賀知章, 會稽永興人, 性放曠,
萬年尤縱誕, 無不規檢, 自號四明狂客, 又稱秘書外監. 天寶三載, 上疏請度爲道士
還鄕里.」라 함. 李白의〈對酒憶賀監〉(035)을 참조할 것. '騎馬似乘船'은《杜詩鏡

銓》에 "騎馬似乘船, 以知章吳人故云"이라 함. 吳지역은 주로 배를 타고 다님을 가리킨 것. '眼花'는 눈이 어지러워짐.《杜詩鏡銓》에 "眼花落井, 乃極狀其狂態, 或 當時偶有此事也"라 함.

【汝陽三斗始朝天, 道逢麴車口流涎】'汝陽'은 玄宗의 형 讓王의 맏아들 李璡. 汝陽 郡王에 봉해졌으며, 賀知章, 褚庭晦 등과 詩酒로서 사귐.《眞寶》注에 "汝陽王, 璡"이라 함.《杜詩鏡銓》에 "《舊唐書》:讓皇帝長子璡, 與賀知章, 褚廷誨爲詩酒之交" 라 함. '朝天'은 조정에 천자를 뵈러 가는 것. 그러나 王仁裕의《唐史拾遺》에는 "汝陽王嘗於明皇前醉, 不能下殿, 上遣人掖出之. 璡謝罪曰:「臣以三斗壯膽, 不覺至 此.」"라 함. '麴車'는 누룩을 실은 수레.《眞寶》注에 "車, 尺奢反"이라 하여 '차'로 읽음. '麴'은 '麯'으로도 표기함. '涎'은 침.《補註杜詩》에 "見麴車而口流涎, 戲其好 飮之急"이라 함.

【恨不移封向酒泉, 左相日興費萬錢】'酒泉'은 甘肅省의 酒泉郡.《漢書》地理志에 "酒 泉郡, 武帝太初元年開"라 하였고, 注에 "應劭曰:其水若酒, 故曰酒泉"이라 함.《杜 詩鏡銓》에 "《三秦記》:酒泉郡城下有金泉, 泉味如酒, 故名酒泉.《拾遺記》:羌人姚馥 嗜酒, 群輩呼渴羌. 武帝擢爲朝歌宰, 遷酒泉太守"라 함. '左相'은 左丞相 李適之. 《新唐書》(131) 李適之傳에 "李適之, 恒山愍王孫也. 始名昌, 神龍初, 擢左衞郎將. 開元中, 遷累通州刺史, 以辦治聞. ……適之, 喜賓客飮酒, 至斗餘不亂, 夜宴娛晝, 決事案無留辭. 天寶元年, 代牛仙客爲左相, 累封淸和縣公. 嘗與李林甫爭權不協, 林甫陰賊, 即好謂適之曰:「華山生金, 采之可以富國, 顧上未之知.」 適之性疏信其 言, 他日徒容爲帝道之, 帝喜以問林甫, 對曰:「臣知之舊矣. 顧華山, 陛下本命, 王氣 之舍, 不可以穿治, 故不敢聞.」 帝以林甫爲愛已, 而薄適之不親"이라 하였으며 뒤에 결국 자결함.《杜詩鏡銓》에 "《舊唐書》:李適之雅好賓客, 飮酒一斗不亂. 天寶元年 爲左丞相, 五載罷"라 함. '萬錢'은 음식을 위해 하루에 萬錢을 아끼지 않고 씀. 《晉書》(33) 何曾傳에 "性奢豪, 務在華侈. 帷帳車服, 窮粒綺麗, 厨膳滋味過於王者. 每燕見, 不食太官所設, 帝輒命取其食蒸餠上, 不拆作十字, 不食. 食日萬錢, 猶曰: 「無下著處.」"라 함.

【飮如長鯨吸百川, 銜盃樂聖稱世賢】'長鯨'은 긴 고래. 큰 고래. '百川'은 木玄의〈虛 海賦〉에 "橫海之鯨, 吹潈, 則百川倒流"라 함. '銜盃樂聖'은 李適之가 李林甫의 讒 訴로 罷職하고 지은 詩 "避賢初罷相, 樂聖且銜杯. 爲問門前客, 今朝幾個來?"를 인용한 것. 聖과 賢은 淸酒와 濁酒의 다른 말. 三國 魏나라 鮮于輔가 손님들에게 淸酒를 聖, 濁酒를 賢이라 했다는 데서 유래됨.《三國志》(魏志) 徐邈傳에 "徐邈字

景山, 燕國薊人也. 太祖平河朔, 召爲丞相軍謀掾, 試守奉高令, 入爲東曹議令史. 魏國初建, 爲尙書郞. 時科禁酒, 而邈私飮至於沈醉. 校事趙達問以曹事, 邈曰:「中聖人.」達白之太祖, 太祖甚怒. 度遼將軍鮮于輔進曰:「平日醉客謂酒淸者爲聖人, 濁者爲賢人, 邈性脩愼, 偶醉言耳.」竟坐得免刑."이라 함. 李白의 〈獨酌〉(071)을 참고할 것. '稱世賢'의 '世'는 '避'의 오기로 보고 있음. 李適之가 벼슬을 그만두며 '賢(탁주)을 피하며 聖(청주)을 즐기겠다'고 하였음.《容齋三筆》에도 "杜子美〈八仙歌〉, '銜盃樂聖稱避賢', 正用適之詩語, 今所行本誤以爲'世賢', 絶無意義. 兼'世'字是太宗諱, 豈敢用哉?"라 함.《眞寶》注에 "據左相李適之詩, 則世當爲避. ○李適之詩云:「避賢初罷相, 樂聖且銜盃.」"라 함.

【宗之瀟灑美少年, 擧觴白眼望靑天】'宗之'는 齊國公 崔日用의 아들 崔宗之. 李白과 杜甫를 사귀었음.《杜詩鏡銓》에 "《舊唐書》:崔宗之, 日用之字, 襲封齊國公. 〈李白傳〉:侍御史崔宗之謫金陵, 與白詩酒唱和"라 함.《舊唐書》(99) 崔日用傳을 참조할 것. '瀟灑'는《杜詩鏡銓》에 '蕭灑'로 되어 있음. '瀟灑'는 깨끗하고 시원한 모습을 표현하는 雙聲連綿語. '觴'은 잔. '白眼'은 세속의 禮敎에 얽매이지 않는 행동을 말함.《世說新語》雅量篇에 "王夷甫與裴景聲志好不同, 景聲惡欲取之, 卒不能回. 乃故詣王, 肆言極罵, 要王答己, 欲以分謗. 王不爲動色, 徐曰:「白眼兒遂作.」"이라 하였고,《晉書》阮籍傳에 "籍又能爲靑白眼, 見禮俗之士, 以白眼對之. 及嵇喜來吊, 籍作白眼, 喜不懌而退. 喜弟康聞之, 乃齎酒挾琴造焉, 籍大悅, 乃見靑眼. 由是禮法之士疾之若仇, 而帝每保護之"라 함.

【皎如玉樹臨風前, 蘇晉長齋繡佛前】'皎'는 희고 깨끗하며 밝음. '玉樹'는 고귀한 사람을 비유하는 말.《世說新語》言語篇에 "謝太傅問諸子姪:「子弟亦何預人事, 而正欲使其佳?」諸人莫有言者. 車騎答曰:「譬如芝蘭玉樹, 欲使其生於階庭耳.」"라 하였고,〈容止篇〉에는 "魏明帝使后弟毛曾, 與夏侯玄共坐, 時人謂「蒹葭倚玉樹.」"라 함. '蘇晉'은 蘇珦의 아들. 中書舍人, 汝州刺史, 太子左庶子 등을 역임함.《杜詩鏡銓》에 "《新唐書》:蘇晉, 珦之子, 數歲知爲文, 歷官戶吏兩部侍郞, 終太子左庶子"라 함.《新唐書》蘇珦傳을 참조할 것. '長齋'는 오랜 기간 재계함. '繡佛'은 수놓은 부처.《杜詩鏡銓》에 "《舊唐書》蘇珦傳:太宗以珦好佛道, 嘗賞繡佛像一軀"라 하여 太宗이 蘇珦에게 수놓은 불상 일구를 보내주었던 고사가 있음. 한편 陳元龍의《格致鏡原》(22)에는 "《酒史》:蘇晉, 頲之子也. 學浮圖術, 嘗得胡僧慧澄繡彌勒佛一本, 寶之曰:「是佛好米汁, 正與吾性合, 吾願事之他佛, 不愛也.」"라 함.

【醉中徃徃愛逃禪, 李白一斗詩百篇】'逃禪'은 술 때문에 坐禪을 하다가 자리를 피

함. 仇兆鰲《杜詩詳注》에 "持齋而仍好飮. 晉非眞禪直逃禪耳. 逃禪猶云逃墨逃楊. 是逃而出非, 逃而入. 杜臆云:「醉酒而悖其敎, 故曰逃禪. 後人以學佛者, 爲逃禪, 誤矣.」"라 함. '李白一斗詩百篇'은 이백은 술 한 말에 시 백 편이 나옴.《杜詩詳註》에 "斗酒百篇, 言白之興豪而才敏"이라 함.

【長安市上酒家眠, 天子呼來不上船, 自稱臣是酒中仙】'長安市上酒家眠'은 술이 취하면 長安의 술집에서 그대로 잠이 들어버림. '天子呼來'는 玄宗이 白蓮池에서 뱃놀이를 하다 李白을 불렀으나 이백은 이미 술에 취해 있어 高力士의 부축을 받고서야 겨우 배에 올랐던 고사를 말함. 范傳正〈李白新墓碑〉에 "玄宗泛白蓮池, 公不在宴, 皇懽旣洽, 召公作序. 時公已被酒, 命高將軍扶以登舟"라 함. 그러나《眞寶》注에는 "玄宗嘗宴白蓮池, 欲造樂府新詞, 遣使召李白, 白已醉於長安酒肆矣. 及至帝所, 醉不能登舟, 帝命力士扶上船. 或以蜀人呼衫矜爲船者, 非是"라 함.

【張旭三盃草聖傳】'張旭'은 자는 伯高. 唐代 草書의 名人. 술에 취해 미친 듯 글씨를 썼으며, 혹 머리에 먹을 묻혀 머리로 글씨를 쓰기도 하여 '張顚'이라 부르기도 하였음. 吳中四士의 하나이며 李白의 詩, 裴旻의 劍舞와 더불어 당시 '三絶'이라 불렀음. 蘇州 사람으로 詩와 草書에 뛰어나 '草聖'이라 칭하였으며《草書古詩四帖》을 남김.《新唐書》藝文志 張旭傳에 "旭, 蘇州人, 嗜酒, 每大醉, 呼叫狂走, 乃下筆. 或以頭濡墨而書, 旣醒, 自視, 以爲神, 世號張顚. 自言始見公主擔夫爭道. 又聞鼓吹而得筆法意. 觀倡公孫舞〈劍器〉得其神"이라 하여 奇行을 일삼은 것으로도 유명함.《新唐書》李白傳에 "張旭草書爲三絶, 旭蘇州吳人, 嗜酒每大醉呼叫狂走, 乃下筆. 或以頭濡墨而書, 旣醒自視以爲神不可復得也. 世呼張顚"이라 함.《杜詩鏡銓》에 "王愔《文章志》: 後漢張芝好草書, 學崔杜之法, 韋仲將謂之草聖"이라 함.

【脫帽露頂王公前, 揮毫落紙如雲烟】《杜詩鏡銓》에 "《舊唐書》:吳郡張旭善草書而好酒, 每醉後, 索筆麾灑, 變化無窮, 若有神助.《金壺記》:旭官右率府長史"라 하였고,《眞寶》注에는 "漢張芝善草書, 號草聖, 故以比張旭, 蓋旭善草書, 每飮大醉, 以頭濡墨就壁書, 及醒自以爲神"이라 함.

【焦遂五斗方卓然, 高談雄辯驚四筵】'焦遂'는 布衣의 선비였음.《新, 舊唐書》에 傳은 실려 있지 않음. 王仁裕의《唐史拾遺》에 의하면 그는 평소 말을 더듬다가도 술에 취하면 말이 거침없이 나왔다 함. '方卓然'은 '비로소 卓然해지다'의 뜻. '卓然'은 빼어난 모습, 의젓한 모습. 여기서는 말을 바르게 함을 뜻함. '四筵'은 宴席 사방의 사람들.《杜詩鏡銓》에 "袁郊〈甘澤謠〉:陶峴開元中家於崑山, 自製三舟. 客有前進士孟彦深, 孟雲卿, 布衣焦遂, 共載遊山水"라 함.

1. 杜子美:杜甫, 杜少陵, 杜工部. 042 참조.

2. 이 시는 《九家集注杜詩》(2), 《補注杜詩》(2), 《集千家註杜工部詩集》(1), 《杜詩詳注》(2), 《杜詩鏡銓》(1), 《李太白集注》(32, 34), 《唐詩品彙》(28), 《全唐詩》(216), 《全唐詩錄》(27), 《漁隱叢話》(前集 17), 《詩人玉屑》(7), 《竹莊詩話》(14), 《歷代詩話》(42) 등에 널리 실려 있음.

3. 韻脚은 '船, 眠, 涎, 錢, 賢, 天, 前, 篇, 船, 傳, 煙, 筵'.

4. 《杜詩諺解》初刊本(15)

知章의 물 토미 비 톰 곧ᄒᆞ니

누넷 고지 눈 우므레 듣거든 믌 미틔셔 ᄌᆞ오놋다

汝陽王은 서 맔 수를 먹고ᅀᅡ 비르서 天子ᄭᅴ 朝會ᄒᆞᄂᆞ니

길헤 누룩 시른 술위ᄅᆞᆯ 맛보아든

이베 추믈 흘리고 封爵을 옮겨 酒泉郡으로 向ᄒᆞ디 몯ᄒᆞᄂᆞᆫ 이ᄅᆞᆯ 슬놋다

左相은 날마다 니러 萬錢을 費用ᄒᆞᄂᆞ니

술 머구믈 긴 고래 온 냇믈 마숌 ᄀᆞ티 ᄒᆞ야

잔ᄋᆞᆯ 머구므며 ᄆᆞᆯᄀᆞᆫ 수를 즐기고 어딘 사ᄅᆞᄆᆞᆯ 避ᄒᆞ얏노라 니ᄅᆞ놋다

崔宗之ᄂᆞᆫ 조촐ᄒᆞᆫ 아ᄅᆞᆷ다온 져믄 소니니

잔ᄋᆞᆫ ᄃᆞ러셔 흰 누느로 프른 하ᄂᆞᆯ홀 ᄇᆞ라니

믈고미 玉樹ㅣ ᄇᆞᄅᆞᆷ 알ᄑᆡ 臨ᄒᆞ얫ᄂᆞᆫ 둣ᄒᆞ도다

蘇晋은 繡혼 부텻 알ᄑᆡ셔 댱샹 齋戒ᄒᆞᄂᆞ니

醉中에도 ᄆᆞ리ᄆᆞ리예 逃去ᄒᆞ야 坐禪호ᄆᆞᆯ ᄉᆞ랑ᄒᆞ놋다

李白은 술 ᄒᆞᆫ 말 먹고 詩ᄅᆞᆯ 一百篇 짓ᄂᆞ니

長安ㅅ 져젯 숤지븨셔 ᄌᆞ올어늘

天子ㅣ 브르신대 즉재 빅예 오ᄅᆞ디 몯ᄒᆞ고

제 닐오ᄃᆡ 臣은 이 酒中엣 仙人이로라 ᄒᆞ니라

張旭은 세 잔 머거든 草聖을 傳ᄒᆞᄂᆞ니

王公ㅅ 알ᄑᆡ 곳갈 밧고 니마ᄒᆞᆯ 내야셔

부들 횟두로텨 죠히예 디니 雲煙이 곧놋다

焦遂ᄂᆞᆫ 닷 말 먹고ᅀᅡ ᄇᆡ야ᄒᆞ로 ᄆᆞᅀᆞ미 卓然ᄒᆞᄂᆞ니

노ᄑᆞᆫ 말ᄉᆞᆷ과 雄壯ᄒᆞᆫ 말ᄉᆞ미 四面ㅅ 둣깃 사ᄅᆞᄆᆞᆯ 놀래ᄂᆞ니라

181. 〈醉時歌〉 ················· 杜子美(杜甫)
취시가

* 《眞寶》注에 "贈廣文舘學士鄭虔"이라 함.
* 〈醉時歌〉: 杜甫 自注에 "贈廣文館學士鄭虔"이라 하였으며, 《九家集注杜詩》에는
"贈廣文館博士鄭虔. 按《新唐書》鄭虔, 鄭州滎陽人, 天寶初爲協律郎"이라 함. 鄭虔
은 唐나라의 高士. 鄭州 사람으로 당시 재상 蘇許公(蘇頲, 許國公에 봉해짐)과 친
분이 아주 두터웠으며 그로 인해 著作郎으로 추천됨. 玄宗이 그를 총애하여 곁
에 두었다가 開元 25년(737) 廣文館을 열고 그를 廣文館博士에 임명하여 그 때
문에 '鄭廣文'이라 부름. 《新唐書》(202) 文藝傳(中)과 《唐才子傳》(2), 《歷代名畫
記》(9) 등에 그에 관한 기록이 실려 있으며, 《全唐詩》(255)에 詩 1首가 실려 있고
《全唐詩續拾》에 斷句 1句가 補入되어 있음. 《唐詩紀事》(20)에 그에 관한 기록이
실려 있음. 杜甫 〈戲簡鄭廣文兼呈蘇司業〉(042)을 참조할 것.

여러 고관들 꾸역꾸역 관청으로 오르고 있으나,
정건鄭虔선생은 홀로 벼슬자리 차가운 자리.
다른 관리들은 가장 좋은 저택에서 많고 많은 음식과 고기에 싫증내
고 있지만,
정건선생은 밥조차 부족하다네.
선생의 도道는 복희씨伏羲氏 시대에서 나온 것이며,
선생의 글재주는 굴원屈原이나 송옥宋玉보다 뛰어나지.
그토록 덕망은 일대에 높아도 항상 불우한 모습,
이름을 만고에 남긴들 무슨 소용 있겠는가?
나 역시 두릉杜陵의 늙은이라고 사람들이 더욱 비웃는데,
거친 옷은 짧고 좁으며 머리는 마치 실타래처럼 희었네.
매일 나라 창고에서 닷 되 쌀 꾸어다 살면서,
때때로 정노인과는 같은 흉금을 기약한다네.

돈이 생기면 곧 서로를 찾고,

술 받아 마시며 의심해 본 적 없네.

육신을 잊고 너나하는 사이가 되었으니,

통쾌하게 술 마시며 진정 나의 스승이 되었네.

맑은 밤은 깊어 가는데 격동해서 봄 술 마시며,

등불 앞에 가랑비 내려, 처마 끝에서 꽃잎이 떨어지듯 하네.

다만 깨닫기는 신나는 노래 소리에 도와줄 귀신 있으리라 여기는 것,

굶어 죽어 도랑이나 골짜기를 메우게 될지 어찌 알겠는가?

사마상여司馬相如는 빼어난 재주를 지니고도 친히 술집의 그릇을 씻었고,

양웅揚雄은 글자를 알았다는 이유로 마침내 천록각天祿閣에서 뛰어내렸지.

선생은 일찍이 귀거래歸去來를 읊으며 고향으로 돌아가리라 하면서,

돌밭과 모옥이 황폐하여 이끼가 푸르다고 하였지.

유학儒學이 나에게 무슨 소용 있겠는가?

공자孔子나 도척盜跖이 다 같이 진애塵埃가 되고 말았는데.

이런 말을 듣고 모름지기 처창하게 느낄 필요도 없나니,

살아 생전 서로 만나면 또 술잔이나 입에 물면 되는 것을!

諸公袞袞登臺省, 廣文先生官獨冷.
甲第紛紛厭粱肉, 廣文先生飯不足.
先生有道出羲皇, 先生有才過屈宋,
德尊一代常坎軻, 名垂萬古知何用?
杜陵野老人更嗤, 被褐短窄鬢如絲.
日糴太倉五升米, 時赴鄭老同襟期.
得錢卽相覓, 沽酒不復疑.
忘形到爾汝, 痛飮眞吾師.

清夜沈沈動春酌, 燈前細雨簷花落.
但覺高歌有鬼神, 焉知餓死塡溝壑?
相如逸才親滌器, 子雲識字終投閣.
先生早賦歸去來, 石田茅屋荒蒼苔.
儒術於我何有哉? 孔丘盜蹠俱塵埃.
不須聞此意慘慘, 生前相遇且銜盃!

【諸公袞袞登臺省, 廣文先生官獨冷】'袞袞'은 계속 줄을 서서 꾸역꾸역 이어가는 모습. 고관들의 출퇴근 모습을 표현한 것.《九家集注杜詩》에 "袞袞, 言相繼而登. 賢不肖無所辨也"라 함.《眞寶》注에 "袞袞, 相繼不絶也"라 함. '臺省'의 '臺'는 御史臺, 蘭臺 등. '省'은 尙書省, 中書省, 門下省 등의 중요한 관청들. '廣文先生'은 鄭虔을 가리킴. 廣文館 博士를 역임하여 '鄭廣文'이라 부름. '獨冷'은 그의 벼슬자리는 미천하여 제대로 대접을 받지 못함.《九家集注杜詩》에 "言其淸且冷也"라 하였고,《眞寶》注에는 "臺省, 淸要之職. 今賢不肖無所甄別, 相繼而登, 鄭虔恥與之並進, 甘心居乎冷官"이라 함.

【甲第紛紛厭粱肉, 廣文先生飯不足】'甲第'는 가장 훌륭한 第宅. 최고의 훌륭한 저택이어서 모든 것이 풍부함. '紛紛'은 아주 많고 풍성한 모습. '厭粱肉'은 좋은 음식과 고기에 싫증이 날 정도임. 그럼에도 鄭虔은 밥조차 풍족히 먹을 수 없음.

【先生有道出羲皇, 先生有才過屈宋】'羲皇'은 黃帝 伏羲氏. 옛 伏羲氏 시대의 道德을 말함. 진솔하고 소박하며 자연 그대로의 삶을 뜻함. '屈宋'은 戰國시대 楚나라의 屈原과 宋玉. 楚辭의 작가로 알려져 있음.

【德尊一代常坎軻, 名垂萬古知何用】'坎軻'는 울퉁불퉁함을 뜻하는 雙聲連綿語. '轗軻', '坎坷' 등으로도 표기하며《說文》에 "轗音坎, 車不平也; 軻音可, 折軸車也"라 함. 여기서는 不遇함을 뜻함.

【杜陵野老人更嗤, 被褐短窄鬢如絲】'杜陵野老'는 杜甫 자신을 가리킴. 杜陵은 陝西 長安縣 동남쪽에 있는 지명으로 漢 宣帝의 陵이 있음. 杜甫는 그 서쪽에 살아 杜陵布衣, 少陵野老. 杜陵野客, 杜少陵 등으로 불렸음. '嗤'는 비웃음, 빈정거림.《眞寶》注에 "嗤, 音蚩. 笑侮也. ○漢宣帝陵在京兆, 子美本杜陵人, 故自稱杜陵野客"이라 함. '被褐'은《眞寶》注에 "毛布爲衣, 一曰短衣"라 함. '被褐短窄'은 입고 있는 거친 毛布가 짧고 좁음.《孟子》滕文公(上)에 "有神農之言者許行, 其徒數

十人, 皆衣褐"의 注에 "褐, 毛布賤者之服"이라 함. '鬢如絲'는 머리는 명주실처럼 힘이 없이 희어져 있음.

【日糴太倉五升米, 時赴鄭老同襟期】 '糴'(적)은 糶(조)와 상대되는 말로 곡식을 꾸어 오거나 삼. '太倉'은 곡물을 저장하던 큰 창고. 《漢書》食貨志에 "武帝初, 國家亡事, 都鄙倉廩皆滿, 大倉之粟, 陳陳相因"이라 함. 《杜詩鏡銓》注에 "天寶十二載八月, 京城霖雨米貴, 令出太倉米十萬石, 減價糴與貧人. 公困於長安, 亦在日糴之數"라 함. '鄭老'은 鄭虔을 가리킴. 《眞寶》注에 "鄭老, 指虔也"라 함. '同襟期'는 胸襟을 같이 하기로 기약함. 《九家集注杜詩》 등에는 '同衾'으로 되어 있으며, 注에 "趙云:'同襟'一作'同衾'非是. 同衾却嫌於涉夫婦兄弟事矣. 曹植〈閑居賦〉云「願同衾於寒女」, 則夫婦之同衾也. 又〈贈白馬王彪〉詩曰:「何必同衾幬, 然後同慇懃?」 則兄弟之同衾也. '同襟'則江淹〈傷友人賦〉云:「共齊術而共徑, 豈是異袖而同襟?」 蓋云氣味之相同也"라 함.

【得錢卽相覓, 沽酒不復疑】 '覓'은 '찾다. 찾아가다', '沽'는 '사다'의 뜻.

【忘形到爾汝, 痛飮眞吾師】 '忘形'는 肉身을 잊음. 《莊子》讓王篇에 "養志者, 忘形; 養形者, 忘利"라 함. '到爾汝'는 '너나'하는 사이가 됨. 허물이나 스스럼이 없는 친한 사이가 됨. 《文士傳》에 "禰衡有逸才, 與孔融作爾汝交. 時衡年三十餘, 融年已五十"이라 함. '吾師'에 대해서는 《九家集注杜詩》에 "趙云:《左傳》子産有毁鄕校曰:「其所善者, 吾則行之;其所惡者, 吾則改之, 是吾師也.」 羊祜亦曰:「疎廣是吾師也.」"라 함.

【淸夜沈沈動春酌, 燈前細雨簷花落】 '沈沈'은 밤이 깊어감. '動春酌'은 春酒에 흥을 돋움. '簷花落'은 지붕 추녀의 落水가 등불에 비쳐 마치 떨어지는 꽃잎과 같음.

【但覺高歌有鬼神, 焉知餓死塡溝壑】 '有鬼神'은 귀신의 도움이 있음. 《九家集注杜詩》에 "漢〈公孫述傳〉: 政事修理, 郡中謂有鬼神"이라 하였고, 《杜詩詳註》에는 "蘇曰:吳肅醉, 發耳熱, 浩歌春風, 疑有鬼神所助"라 함. '塡溝壑'은 죽어서 그 시신이 도랑과 골짜기를 메움. 흔히 전쟁이나 가난, 억울한 사안 등으로 죽은 시신을 거두어주는 이가 없음을 비유하여 쓰는 말. 《孟子》梁惠王(下)에 "孟子對曰:「凶年饑歲, 君之民老弱轉乎溝壑, 壯者散而之四方者, 幾千人矣;而君之倉廩實, 府庫充, 有司莫以告, 是上慢而殘下也.」"라 하였고, 《史記》范雎傳에 "范雎既相, 王稽謂范雎曰:「事有不可知者三, 有不可奈何者亦三. 宮車一日晏駕, 是事之不可知者一也. 君卒然捐館舍, 是事之不可知者二也. 使臣卒然塡溝壑, 是事之不可知者三也.」"라 함.

【相如逸才親滌器, 子雲識字終投閣】 '相如'는 司馬相如. 그는 젊어서 成都 卓王孫

의 딸 과부 卓文君과 눈이 맞아 臨邛으로 도망하여 생계를 위해 술집을 열고, 卓文君은 부엌일을 하고 자신은 犢鼻褌을 입고 직접 그릇을 씻었음. 《史記》司馬相如傳에 "卓王孫大怒曰:「女至不材, 我不忍殺, 不分一錢也.」人或謂王孫, 王孫終不聽. 文君久之不樂, 曰:「長卿第俱如臨邛, 從昆弟假貸猶足爲生, 何至自苦如此!」相如與俱之臨邛, 盡賣其車騎, 買一酒舍酤酒, 而令文君當鑪. 相如身自著犢鼻褌, 與保庸雜作, 滌器於市中. 卓王孫聞而恥之, 爲杜門不出."이라 함. 《眞寶》注에 "〈司馬傳〉: 文君奔相如, 俱之臨邛, 盡賣車騎, 買酒舍, 乃令文君當墟, 相如身著犢鼻褌, 滌器於市"라 함. '子雲'은 揚雄(B.C.53~A.D.18). '楊雄'으로도 표기하며 蜀郡 成都 사람. 西漢때 賦家, 哲學家. 〈甘泉賦〉, 〈羽獵賦〉 등과 《太玄經》, 《方言》등의 저술이 있음. 《漢書》揚雄傳에 "揚雄字子云, 蜀郡成都人也. 其先出自有周伯僑者, 以支庶初食采於晉之揚, 因氏焉, 不知伯僑周何別也. ……王莽時, 劉歆, 甄豐皆爲上公, 莽旣以符命自立, 即位之後, 欲絶其原以神前事, 而豐子尋, 歆子棻復獻之. 莽誅豐父子, 投棻四裔, 辭所連及, 便收不請. 時, 雄校書天祿閣上, 治獄使者來, 欲收雄, 雄恐不能自免, 迺從閣上自投下, 幾死. 莽聞之曰:「雄素不與事, 何故在此?」間請問其故, 乃劉棻嘗從雄學作奇字, 雄不知情. 有詔勿問. 然京師爲之語曰:「惟寂寞, 自投閣; 爰淸靜, 作符命.」"이라 하여, 揚雄이 王莽 때 甄豐의 上公이었는데, 王莽이 왕이 된 뒤 甄豐 父子를 죽이고 양웅이 가르쳤던 적이 있는 劉棻까지 귀양을 보내며, 그들과 관계되는 자들도 모두 죽이려 하였음. 揚雄은 마침 天祿閣에서 책을 교정하고 있었는데, 獄吏가 오자 지레 겁을 먹고 天祿閣에서 뛰어내려 거의 죽을 지경에 이르렀음. 《眞寶》注에도 "〈揚雄傳〉: 王莽時, 甄豐爲上公, 莽旣以符命, 自立. 卽位之後, 誅豐父子, 投棻四裔, 辭所連及, 便收不請. 時雄校書天祿閣上, 治獄使者來欲收雄, 雄恐, 乃從閣上自投下幾死. 棻嘗從雄學, 作奇字. 京師爲之語曰:「唯寂寞, 自投閣.」"이라 함.

【先生早賦歸去來, 石田茅屋荒蒼苔】 '歸去來'는 晉나라 陶淵明은 彭澤令의 버슬을 버리고 〈歸去來辭〉를 읊듯이 鄭虔도 버슬을 버리고 낙향함. '石田'은 쓸모없는 돌밭. 《杜詩詳註》에 "石田, 沙石之田, 其田最瘦"라 함. 《史記》伍子胥列傳에 "伍子胥諫曰:「夫越, 腹心之病, 今信其浮辭詐僞而貪齊. 破齊, 譬猶石田, 無所用之.」"라 함. '蒼苔'는 푸른 이끼.

【儒術於我何有哉? 孔丘盜蹠俱塵埃】 '儒術'은 儒家의 사상, 孔孟之道, 즉 仁義禮智 등을 말함. 《杜詩詳註》에 "洙曰:《莊子》:「帝力何有於我哉!」"라 함. "儒術이 나에게 무슨 힘이 되리오!"의 뜻. '盜蹠'은 春秋時代 도적으로 이름이 났던 인물. '蹠'은

跖으로도 씀.《莊子》盜跖篇에 "孔子與柳下季爲友, 柳下季之弟, 名曰盜跖. 盜跖從卒九千人, 橫行天下, 侵暴諸侯, 穴室摳戶, 驅人牛馬, 取人婦女, 貪得忘親, 不顧父母兄弟, 不祭先祖. 所過之邑, 大國守城, 小國入保, 萬民苦之."라 함.《眞寶》注에 "音隻, 亦作跖"이라 함.

【不須聞此意慘慘, 生前相遇且銜盃】'慘慘'은 '慘愴'의 오류. 모든 판본에 '慘愴'으로 되어 있음. '慘愴'은 실의에 찬 모습을 표현하는 雙聲連綿語.《眞寶》注에는 "慘慘, 上聲, 失意貌"라 함.《杜詩詳註》에는 "儒術遇用武之際, 不足負恃. 如孔子號爲眞儒, 終以不遇老死于行; 盜跖橫行天下, 膾食人肝. 其善惡雖不同, 而死朽化爲塵埃, 則一人生天地間, 浮名浮利, 皆不足慕, 要之終歸一死. 生前相遇, 且以酒同遣適, 其他不足慘愴區區然, 以爲憂也"라 함.

참고 및 관련 자료

1. 杜子美: 杜甫, 杜少陵, 杜工部. 042 참조.

2. 이 시는《九家集注杜詩》(1),《補注杜詩》(1),《集千家註杜工部詩集》(2),《杜詩詳注》(3),《杜詩鏡銓》(2),《全唐詩》(216),《全唐詩錄》(27),《唐宋詩醇》(9),《文苑英華》(336) 등에 널리 실려 있음.

3. 韻脚은 '省, 冷'. '肉, 足'. '宋, 用'. '絲, 期, 疑, 師'. '酌, 落, 壑, 閣'. '來, 苔, 埃, 盃'.

4.《杜詩鏡銓》

王嗣奭曰: 「此詩總屬不平之鳴, 無可奈何之辭. 非眞謂垂名無用, 非眞謂儒術可廢, 亦非眞欲孔跖齊觀, 非眞欲同尋醉鄕也. 公〈詠懷〉詩云: 「沈飮聊自遣, 放歌頗愁絶.」卽可移作此詩之解.」

5.《杜詩諺解》初刊本(15)

諸公은 니섬 臺省애 오루거늘

廣文先生은 벼스리 호오사 冷호도다

위두흔 지븐 어즈러이 粱肉을 아쳐러커늘

廣文先生은 밥도 不足호도다

先生의 둣논 道理는 羲皇ㅅ 우희 나고

先生의 둣논 직조는 屈原 宋玉이게 넘도다

德이 一代예 尊호딕 샹녜 轗軻호니

일후미 萬古애 드려간 둘 아노라 므스게 쓰리오

杜陵ㅅ 野客을 사루미 또 웃느니

니분 누비 뎌르며 줍고 귀밑터리 실 근호라

나날 太倉앳 닷됫 뿟룰 내야

時로 鄭老의게 오니 무스미 혼가지로다

도놀 어더든 곧 서르 어더

술 사믈 쏘 疑心 아니호노라

이 얼구를 니주미 너나호매 니르누니

구장 술 머구미 眞實로 내 스승이로다

믈근 바미 기픈 딕셔 붉 술 브서 머구믈 호니

붉 알핏 구는 비예 집 기슬겟 고지 듣놋다

오직 노폰 놀애여 鬼神 잇는 듯호믈 아디웨

므스므라 주려 주거 굴허에 몃귀욜 이룰 알리오

相如ㅣ 放逸혼 즤조로도 親히 그르슬 싯고

子雲이 奇字룰 아라도 내종애 閣애셔 누려디니라

先生은 일 歸去來룰 지스라

돌받과 새지븨 프른 이시 거츠렛누니라

儒術이 내 거긔 므슴 됴혼 이리 이시리오

孔丘와 盜跖괘 다 혼가지로 드틀 두외니라

구틔여 이 말 듣고 뜨들 슬허티 말오

사라신 저긔 서르 마조보매 술올 머굴 디니라

182. 〈徐卿二子歌〉 ·················· 杜子美(杜甫)
서경의 두 아들을 노래함

*〈徐卿二子歌〉: 徐卿의 두 아들을 두고 노래함. 徐卿이 누구인지는 확실치 않음. 혹 그 집 잔치에 초청을 받아 갔다가 祝詩로 지어준 것이 아닌가 함. 《集千家註杜工部詩集》에 "上元二年作"이라 하고 〈補注〉에 "鶴曰: 公至成都時徐知道爲西川兵馬使. 上元二年七月反. 徐卿, 或者爲知道如荊南兵馬使, 太常趙卿是也. 從舊以爲上元二年作"이라 함.

그대는 보지 못했는가, 서경徐卿의 두 아들이 절기絶奇하게 태어남을?
길몽에 감응하여 차례로 연이어 태어났다네.
공자와 부처가 친히 안아서 보내주는 꿈을 꾸고 낳았다니,
둘 모두 천상天上의 기린아麒麟兒일세.
큰 아이는 아홉 살로 피부색이 맑고 깨끗하고,
가을 물이 정신이 되고 옥이 뼈가 되었네.
작은 아이는 다섯 살로 소를 잡아먹을 기개를 지니고 있어,
집안 가득한 온 손님들이 모두 돌아보며 감탄을 하지.
내 알겠노라, 서공徐公은 모든 일에 걱정이 없을 것임을,
선을 쌓은 집안이니 대대로 공후公侯가 될 인물을 낳은 것이지.
대장부 아이 낳기를 이 두 어린아이 같기만 하면,
명성과 지위가 어찌 낮고 한미寒微한 채로 그치고 말겠는가?

君不見徐卿二子生絶奇? 感應吉夢相追隨.
孔子釋氏親抱送, 並是天上麒麟兒.
大兒九齡色淸澈, 秋水爲神玉爲骨.
小兒五歲氣食牛, 滿堂賓客皆回頭.

吾知徐公百不憂, 積善衰衰生公侯.

丈夫生兒有如此二雛者, 名位豈肯卑微休!

【君不見徐卿二子生絶奇? 感應吉夢相追隨】'生絶奇'는 매우 기특하게 잘생겼음. '吉夢'은 아주 상서로운 胎夢.《詩》小雅 斯干篇에 "下莞上簟, 乃安斯寢. 乃寢乃興, 乃占我夢. 吉夢維何, 維熊爲羆, 維虺維蛇. 大人占之, 維熊維羆, 男子之祥. 維虺維蛇, 女子之祥"이라 함. '相追隨'는 서로 연이어 태어남.

【孔子釋氏親抱送, 並是天上麒麟兒】'釋氏'는 釋迦牟尼의 姓을 釋氏로 여겨 흔히 부처를 칭하는 말로 쓰임. 공자와 부처가 친히 그를 안아서 이 세상으로 보내주는 태몽을 꾸었음. '麒麟兒'는 기린처럼 용모와 재주가 빼어난 아이.《玉臺新詠》의 저자 徐陵이 어렸을 때 어떤 승려가 보고 '天上의 石麒麟이라'고 찬탄한 고사가 있음.《陳書》(26) 徐陵傳에 "徐陵字孝穆, 東海剡人也祖. 母臧氏嘗夢五色雲化而爲鳳集, 左肩上已而誕陵焉. 時寶誌上人者, 世稱其有道. 陵年數歲, 家人携以候之. 寶誌手摩其頂曰:「天上石麒麟也」. 光宅惠雲法師, 每嗟陵早成就, 謂之顔回. 八歲能屬文, 十二通莊老義. 既長博涉史籍, 縱橫有口辯"이라 함.

【大兒九齡色淸澈, 秋水爲神玉爲骨】'色淸澈'은 피부색이 맑고 깨끗함. '淸澈'은 맑고 깨끗함을 뜻하는 雙聲連綿語. '秋水'는 아주 깨끗하고 맑은 가을물. 가을물처럼 맑음이 그의 정신이 됨. '玉爲骨'은 옥이 그의 뼈가 됨.

【小兒五歲氣食牛, 滿堂賓客皆回頭】'氣食牛'는 氣槪가 소를 잡아먹을 듯함.《藝文類聚》(91)에 《尸子》曰: 虎豹未成文, 而有食牛之氣; 鴻鵠之鷇, 羽翼未全而有四海之心. 賢者之生亦然"이라 함. 여기서는 호랑이나 표범 새끼처럼 대단한 기개를 지니고 있음을 말함. '滿堂'은 徐卿의 집에 모인 많은 빈객들. '回頭'는 머리를 돌려 바라봄..

【吾知徐公百不憂, 積善衰衰生公侯】'吾知'는 杜甫 자신이 알게 됨. '百不憂'는 그 어떤 일에도 걱정할 것이 없음. '積善'은 선을 쌓음.《周易》坤卦 文言傳에 "積善之家必有餘慶"이라 하였음. '衰衰'은 끊임이 없음. '公侯'는 높은 벼슬. 원래 周代 五爵 公侯伯子男의 하나. 諸侯의 爵位.

【丈夫生兒有如此二雛者, 名位豈肯卑微休】'雛'는 원래 병아리. 여기서는 어린 자식을 뜻함. '卑微'는 지위나 신분이 낮고 寒微함. 王充《論衡》에 "位雖卑微, 行苟離俗, 必與之友"라 함. '休'는 止와 같음. 그침.

1. 杜子美:杜甫, 杜少陵, 杜工部. 042 참조.

2. 이 시는 《九家集注杜詩》(7), 《補注杜詩》(7), 《集千家註杜工部詩集》(8), 《杜詩詳注》(10), 《杜詩鏡銓》(8), 《全唐詩》(219), 《唐詩鏡》(23), 《古今事文類聚》(前集44), 《山堂肆考》(142) 등에 실려 있음.

3. 韻脚은 '隨, 兒'. '澈, 骨', '牛, 頭, 侯, 休'.

4. 《杜詩諺解》初刊本(8)

그듸는 徐卿의 두 아ᄃ리 나 ᄀ장 奇異호믈 보디 아니ᄒᄂᆫ다?

됴ᄒᆫ ᄭ믈 感應ᄒ야 서르 조차 나도다

孔子와 부텨왜 親히 아나 보내니

다 이 하ᄂᆳ 우흿 麒麟의 삿기로다

큰아ᄃ른 아홉 서레 비치 믈ᄀ니

ᄀᆳᆭ 믈로 精神을 삼고 玉ᄋ로 ᄲᅥᄅᆞᆯ 삼도다

져근 아ᄃ른 다ᄉᆞᆺ 서레 氣運이 쇼ᄅᆞᆯ 머그리로소니

지븨 ᄀᄃ기 안쟀ᄂᆫ 손들히 다 머리를 도ᄅᆞ혀 보ᄂ다

徐公이 온가짓 이를 시름 아니ᄒ요믈 내 아노니

善을 積ᄒ야 니섬 公侯를 낟놋다

丈夫이 아들 나호미 이 ᄀᆫᄒᆫ 두 삿기 잇ᄂ니

일홈과 벼슬와ᄂᆫ 엇뎨 ᄂᆺ가오며 微少ᄒ야 말리오

183. 〈戲題王宰畫山水歌〉 ················· 杜子美(杜甫)
왕재가 그린 산수화에 장난삼아 적음

*〈戲題王宰畫山水歌〉: 王宰가 그린 山水畫에 戲題로 쓴 시. 王宰는 蜀(四川省) 사
람으로 山水畫에 뛰어났던 화가. 《杜詩鏡銓》 등에는 제목이 모두 〈戲題王宰畫
山水圖歌〉라 하여 '圖'자가 들어 있으며, 注에 "張彦遠《名畫記》: 王宰, 蜀中人, 多
畫蜀山, 玲瓏嵌空, 巉嵯巧峭"라 함. 《畫斷》에는 "王宰家于西蜀, 能畫山水, 意出
象外"라 하였고, 《益州名畫錄》(下)에도 "王宰者, 大曆年, 家于蜀川, 善畫山水樹
石, 意出像外. 故杜甫歌云:「十日畫一水, 五日畫一石.」(下略)"이라 함. 《太平廣記》
(213)에도 "唐王宰者, 家于西蜀. 貞元中, 韋皐以客禮待之. 畫山水樹石, 出於象外,
故杜甫贈歌云:「十日畫一松, 五日畫一石. 能事不受相促迫, 王宰始肯留眞跡.」又嘗
於席夔廳見圖一障陵江, 雙松一柏枯藤縈繞, 上盤半空, 下著水面, 千枝萬葉, 交
查屈曲, 分布不雜. 或枯或茂, 或垂或直, 葉疊千重, 枝分四面, 精人所難, 凡目莫
辨, 山水松石, 並上上品"이라 함.

열흘 걸려 물 하나 그리고,
닷새 걸려 바위 하나 그리네.
능숙한 일은 남의 재촉을 받지 않아야 하는 것,
왕재王宰도 비로소 진품을 남기기를 원하여 그린 것이지.
웅장하도다, 그가 그린 곤륜산崐崙山, 방호산方壺山이여,
그대의 고당高堂 흰 벽에 이런 그림 걸려 있구나.
파릉巴陵과 동정호洞庭湖며 일본 동쪽까지 다 나타나 있고,
적안赤岸의 물은 은하수로 통해 있구나.
가운데는 구름 기운이 날아다니는 용을 따르고 있으며,
배를 타고 고기 잡는 어부가 포구로 배를 대고 있구나.
산의 나무들은 모두 큰 물결 바람에 옆으로 누워 있고,
더욱 뛰어난 것은 먼 곳의 형세로서 옛 사람 누구도 따를 수가 없으니,

지척의 좁은 공간 안의 그림을 두고 만 리를 논해야 하네.
어찌하면 병주幷州의 잘 드는 가위를 얻어서,
오송강吳松江 그린 부분 반쪽만이라도 도려내어 가질 수 있을까?

十日畫一水, 五日畫一石.
能事不受相促迫, 王宰始肯留眞跡.
壯哉崐崙方壺圖, 挂君高堂之素壁.
巴陵洞庭日本東, 赤岸水與銀河通.
中有雲氣隨飛龍, 舟人漁子入浦溆.
山木盡亞洪濤風, 尤工遠勢古莫比, 咫尺應須論萬里.
焉得幷州快剪刀, 剪取吳松半江水?

【十日畫一水, 五日畫一石】열흘에 물 하나, 닷새에 돌 하나 그릴 정도로 진척이
느림.
【能事不受相促迫, 王宰始肯留眞跡】'能事'는 일에 능숙함. '促迫'은 재촉함. 촉박하
게 안달함.《文苑英華》에는 '促逼'으로 되어 있음. '眞跡'은 진품. 그렇게 해야 비
로소 신품을 남길 수 있음.
【壯哉崐崙方壺圖, 挂君高堂之素壁】'崐崙'은 '崑崙', '崐崙' 등으로도 표기하며 중
국 서쪽에 있는 산. 神仙이 사는 곳으로 여겼으며 지금의 카라코룸 산맥을 중국
식 疊韻連綿語로 표기한 것.《眞寶》注에 "崐崙, 山名. 黃河源所出"이라 함. 東海
멀리 있다고 여긴 三神山의 하나. '方壺'는 方丈, 蓬萊, 瀛洲 중 方丈을 方壺라고
도 부름. 그러나《眞寶》注에는 "渤海中五仙山之一"이라 하여 五仙山의 하나라
하였음. '方壺'는《杜詩鏡銓》에 "一作方丈"이라 하였고, 注에《拾遺記》:「三壺, 海
中三山也. 一曰方壺, 則方丈; 二曰蓬壺, 則蓬萊; 三曰瀛壺, 則瀛洲. 形如壺器, 上廣
中狹下方.」杜臆:崑崙方壺, 乃擧極西極東言之, 非眞畫此兩山也. 下文日本銀河, 亦
卽此意"라 함. 한편 東方朔《海內十洲記》에 "崑崙號曰崑陵. 在西海之戌地, 北海
地亥地. 去岸十三萬里. 又有弱水周廻繞帀, 山高地平三萬六千里. 上有三角, 方廣萬
里, 形似偃盆, 下狹上廣, 故名曰崑崙山"이라 하였고,《拾遺記》에는 "崑崙山有崑陵
之地, 其高出日月之上, 山有九層, 每層相去萬里, 有雲色, 從下望之, 如城闕之象.

四面有風, 羣仙常駕龍乘鶴, 遊戲其間"이라 함. 한편 《海內十洲記》에는 "方丈洲在 東海中心, 西南東北岸等, 方丈方面各五千里, 上專是羣龍所聚, 有金玉琉璃之宮, 三千司命所治之處. 羣仙不欲昇天者, 皆往來此洲, 上有九原丈人宮, 主領天下水神 及龍蛇巨鯨之輩"라 함. '挂'는 掛와 같음. '素壁'은 흰 벽. 아무런 장식도 하지 않 은 깨끗한 벽.

【巴陵洞庭日本東, 赤岸水與銀河通】'巴陵'은 湖南 岳陽의 縣이름. 洞庭은 洞庭湖. 《眞寶》注에 "洞庭在巴陵之左, 海東有日本國"이라 함.《杜詩鏡銓》注에 "《山海經》 注:長沙巴陵縣西有洞庭陂, 潛伏通江.《唐書》外國傳:日本者, 倭國之別種也, 以其 日在國邊, 故名日本. 仇注:巴陵日本, 言水亦自西而東"이라 함. '赤岸'은 산 이름. 江 蘇省 六合縣 동남쪽에 있으며, 長江 큰 물결이 이는 어귀에 있음.《南兗州記》에 "瓜步山南五里, 江有赤岸山, 南臨江中, 濤水自海入江, 衝徼六七百里, 至此岸側, 其 勢始衰"라 하였고, 郭璞의 〈江賦〉에 "鼓洪濤於赤岸, 綸餘波於柴桑"이라 함.

【中有雲氣隨飛龍, 舟人漁子入浦漵】'中有雲氣隨飛龍'은 《九家集注杜詩》에 《莊子》 (齊物論):姑射山有神人, 乘雲氣御飛龍, 而遊乎四海之外"라 함. '舟人漁子'는 배를 타고 고기를 잡는 漁夫. '浦漵'는 浦口. '漵'는 물가를 뜻하는 말.

【山木盡亞洪濤風, 尤工遠勢古莫比, 咫尺應須論萬里】'亞'는 낮게 처짐. 바람에 나 뭇가지가 옆으로 누운 모습을 표현한 것. '洪濤'는 크게 넘실거리는 파도. 木華의 〈海賦〉"洪濤亂汗, 萬里無際"의 注에 "洪, 大也;濤, 波也"라 함.《杜詩鏡銓》注에 "言風湧洪濤而山木盡爲低亞"라 함. '古莫比'는 옛 사람 중에도 이와 견줄 만한 이 가 없음. '咫尺'은 극히 짧은 거리. 咫는 옛날의 8寸.《九家集注杜詩》에 "薛云:按 《南史》竟陵王子良孫賁, 字文炳, 能書善畫于扇上, 圖山水咫尺之間, 便覺萬里爲遙" 라 함.

【焉得幷州快剪刀, 剪取吳松半江水】'焉'은 疑問詞. 何, 惡, 安 등과 같음. '幷州'는 지금의 山西 太原. '快剪刀'는 아주 잘 드는 가위. 옛날 幷州에서는 좋은 가위를 생산하는 곳으로 유명하였음. '吳松'은 江蘇 지역을 흐르는 강물 이름. 吳江, 松 江, 吳淞江, 南江, 淞陵江, 蘇州河 등 여러 명칭을 가지고 있음.《杜詩鏡銓》에는 '吳淞'으로 되어 있으며 '一作吳松'이라 하였고, 그 注에 "《吳郡志》:「松江在郡南 四十五里.〈禹貢〉三江之一.」朱注:末二句卽用咫尺萬里意. 公少時嘗遊吳地, 思之 不忘, 故因題畫而及之.〈劉少府畫障〉詩「悄然坐我天姥下, 亦此意也"라 함.《眞 寶》注에 "索靖見顧愷之畫, 欣然曰:「恨不帶幷州快剪刀來, 欲剪松江半幅紋練歸 去.」"라 하여, 옛날 索靖이 顧愷之의 그림을 보고 좋아하며 '병주의 잘 드는 가위

를 가지고 오지 않은 것이 한이로다. 松江의 반폭 紋練을 잘라 가고 싶도다'라 한 고사를 인용한 것임. 《潛確類書》(37)에는 "吳淞江在崑山縣南, 〈禹貢〉三江之一. 東北下二百餘里曰婁江, 亦曰下江, 又名新江. 宋置新江驛于此"라 함.

┌─────────────────┐
│ 참고 및 관련 자료 │
└─────────────────┘

1. 杜子美: 杜甫, 杜少陵, 杜工部. 042 참조.

2. 이 시는 《九家集注杜詩》(7), 《補注杜詩》(7), 《集千家註杜工部詩集》(7), 《杜詩詳注》(9), 《杜詩鏡銓》(7), 《益州名畫錄》(下), 《全唐詩》(219), 《唐詩品彙》(28), 《歷代題畫詩類》(11), 《詩人玉屑》(14), 《文苑英華》(339), 《山水純全集》, 《畫史會要》(1), 《能改齋漫錄》(7), 《說郛》(90), 《古今事文類聚》(前集40), 《山堂肆考》(166), 《淵鑑類函》(328), 《聲畫集》(4), 《全蜀藝文志》(42), 《唐詩鏡》(23), 《唐宋詩醇》(11), 《全唐詩錄》(27), 《漁隱叢話》(前集8, 後集6) 등에 널리 실려 있음.

3. 韻脚은 '石, 跡, 壁'. '東, 通, 風'. '比, 里, 水'.

4. 《杜詩諺解》初刊本(16)

열흐레 흔 믈 그리고 닷쇄에 흔 돌 그리니
能흔 이룬 서르 뵈아몰 튼디 아니ᄒᆞᄂ니
王宰ㅣ 비르서 眞實ㅅ 자최룰 머믈오도다
壯ᄒᆞ다 崑崙山과 方壺山ㅅ 圖룰
그딋 노푼 집 흰 ᄇᆞᄅᆞ매 거렛노다
巴陵 洞庭 日本ㅅ 東과
赤岸ㅅ므리 銀河로 다뭇 通ᄒᆞ니
그 가온ᄃᆡ 구룸 氣運이 ᄂᆞᆫ 龍을 조초 잇도다
빈 튼 사름과 고기잡는 사ᄅᆞ미 갯 ᄀᆞᅀᆞ로 드러가ᄂᆞ니
뭀 남ᄀᆞᆫ 큰 믌겴 ᄇᆞᄅᆞ매 다 기우렛도다
더욱 먼 양ᄌᆞ룰 바지로이 ᄒᆞ야 녯 사름도 가줄비디 몯ᄒᆞ리로소니
咫尺만흔 짜해 당당이 萬里옛 이룰 議論ᄒᆞ리로다
엇뎨 幷州ㅅ 快히 버히는 갈홀 어더
吳松ㅅ 半江ㅅ 므를 버혀 아ᅀᆞ려뇨

184. <茅屋爲秋風所破歌> .... 杜子美(杜甫)
초가집이 가을바람에 부서졌네

* 《眞寶》注에 "借物喩變, 深有感傷"이라 함.
* <茅屋爲秋風所破歌>: '초가집이 가을바람에 의해 부서지는 바가 됨'을 歌의 형식
  을 빌려 읊은 것. '歌'는 詩體의 한 장르로《文體明辨》에 "其放情長言, 雜而無方
  者曰歌"라 함. 乾元 2년(759) 杜甫가 成都의 浣花溪에 草堂을 짓고 살 때 겪었던
  일을 읊은 것.

8월 가을은 하늘은 높은데 바람이 노하여 울부짖더니,
나의 집 지붕 세 겹 이엉을 말아가 버렸네.
이엉은 강을 건너 날아가 강가에 뿌려지는데,
높게 난 것은 길고 높은 숲 나뭇가지 꼭대기를 덮어씌우고,
낮게 난 것은 빙글빙글 돌더니 작은 웅덩이에 처박히네.
남쪽 마을 아이 녀석들 내가 늙어 힘없음을 속여,
차마 얼굴을 마주하였는데도 도적이 되어,
공공연히 이엉을 껴안고 대나무 숲속으로 사라지네.
입술 타고 입 마르도록 불러도 어쩔 수 없어,
지팡이에 의지하고 돌아와 스스로 탄식만 하네.
조금 뒤 바람이 멎고 구름이 검은색으로 변하더니,
가을 하늘은 막막히 컴컴해지고 말았네.
이불은 여러 해를 덮어 차기가 쇠와 같은데,
어린 녀석들은 잠버릇이 고약해 발길질에 속까지 찢겨진 거라네.
침상마다 지붕이 새어 마른 곳이란 없는데,
빗줄기는 삼대처럼 굵어 그칠 줄을 모르네.
상란喪亂을 겪고부터 잠마저 줄었는데,

긴 밤 이렇게 젖었으니 어떻게 지샐꼬?

어이하면 천만 칸짜리 넓고 큰 집을 얻어서,

천하의 빈한한 선비들을 모두 가려주어 함께 기쁜 얼굴 지으며,

비바람에도 끄떡없기가 마치 산과 같이 할 수 있을까?

아! 어느 때면 눈앞에 우뚝 이런 집이 나타날까?

그러면 홀로 내 움막이 무너져 얼어 죽더라도 족하련만.

八月秋高風怒號, 卷我屋上三重茅.

茅飛度江洒江郊, 高者掛胃長林梢, 下者飄轉沈塘坳.

南村羣童欺我老無力, 忍能對面爲盜賊, 公然抱茅入竹去.

脣焦口燥呼不得, 歸來倚杖自歎息.

俄頃風定雲黑色, 秋天漠漠向昏黑.

布衾多年冷似鐵, 嬌兒惡臥踏裏裂.

床床屋漏無乾處, 雨脚如麻未斷絶.

自經喪亂少睡眠, 長夜沾濕何由徹?

安得廣廈千萬間, 大庇天下寒士俱歡顔, 風雨不動安如山?

嗚呼! 何時眼前突兀見此屋? 吾廬獨破受凍死亦足.

【八月秋高風怒號, 卷我屋上三重茅】 '八月'은 仲秋에 해당하며 가을의 한 중간. '秋高'는 가을 하늘이 높음. '怒號'는 바람이 노하여 부르짖음. '卷'은 捲과 같음. 둘둘 말림. '三重茅'는 세 겹으로 이은 지붕의 이엉. 그러나 《補注杜詩》에는 安祿山의 난과 연관을 지어 "蘇曰:'八月', 陰中也. 陰以肅殺爲事. '秋高風怒號'者, 秋于五性爲義. 天寶十四載十一月九日, 范陽節度使安祿山率藩漢兵十餘萬, 自幽州南向指闕, 詭言起義以誅楊國忠爲名, 其怒號之甚也. '卷我屋上三重茅'者, 是時方陷三郡, 謂先殺太原尹楊光翽于博陵郡. 十二月六日陷陳留郡, 殺張介然. 九日陷滎陽郡, 殺太守崔無波. 故云'卷三重茅'也"라 함.

【茅飛度江洒江郊, 高者掛胃長林梢, 下者飄轉沈塘坳】 '度江'은 渡江과 같음. '洒江郊'의 '洒'는 灑와 같음. '강가 郊外에 뿌려짐'. '掛'는 挂와 같음. '胃'은 '견(古犬切)

으로 읽으며 '그물처럼 덮어씌우다'의 뜻. '梢'는 나뭇가지 끝. '飄轉'은 바람에 날려 뱅글뱅글 구르며 돎. '塘坳'는 웅덩이. 움푹한 패인 곳. '坳'는 凹와 같음. 《莊子》에 "覆杯水於坳堂之上, 則芥爲之舟"라 함. 《杜詩詳註》에 "此記風狂而屋破也"라 함. 《補注杜詩》에 "蘇曰:分茅之臣悉皆奔逃, 濱于患難之側, 而不顧者. 若范陽副使封常清, 三與戰, 皆不勝, 西奔陝. 高仙芝鎭陝棄城西保渭闕, 故曰'洒江郊'也. '高者', 以義爲高也. '林', 君也. 肅宗卽位靈武, 玄宗在蜀, '長林'也. 高義之臣扈從左右, 如韋見素, 陳玄禮. 故曰'挂罥長林稍'也. '塘坳', 泥塗也. '下者', 卑汙喪節處于泥塗. 是時河北二十四郡, 俱爲所陷. 如譙守, 陽萬石, 令狐潮, 楊希文, 劉貴哲, 皆附賊. 其後潮亦說張巡曰:「盍相從以苟富貴?」可謂飄轉而不能自守也"라 함.

【南村羣童欺我老無力, 忍能對面爲盜賊, 公然抱茅入竹去】'南村'은 《杜詩詳註》에는 '南邨'으로 표기되어 있음. '邨'은 村의 異體字. '欺'는 '속이다. 업신여기다'의 뜻. '忍'은 차마. 차마 능히 얼굴을 마주하고 있는데도 이엉을 훔쳐 달아나는 도적질을 함. '公然'은 '공공연히, 거리낌 없이'의 뜻. 공공연히 이엉을 껴안고 대나무 숲 속으로 사라짐.

【脣燋口燥呼不得, 歸來倚杖自歎息】'脣燋口燥'는 입술이 타고 입 안이 마름. '燥'는 '마르다'의 뜻. 《眞寶》注에 "燥音喿, 乾也"라 함. 《補注杜詩》에 "蘇曰:'南', 明也; '村', 鄙也; '童', 無知也. 明明鄙野無知之輩, 以我國家師, 老而莫能爲之敵. 所以盜吾土疆, 賊吾善良. 故令狐潮說張巡曰:「本朝危蹙兵, 不能出闕, 天下事去矣.」豈非'欺我老無力'也? 平原太守顔眞卿, 以食盡援絶棄郡, 渡河. 于是河北郡縣, 盡陷賊, 豈非'對面爲盜賊'也? '竹', 制節也; '公然抱茅入竹'者, 祿山反顔杲卿, 袁履謙, 緋袍令與假子, 守土門所謂'抱茅制節'者也. 杲卿謂祿山曰:「汝營州牧羊羯奴, 竊荷恩寵天子, 負汝何事而乃反乎?」祿山怒縛之, 節解而罵不絶, 賊鉤斷其舌, 杲卿含胡而絶不得者, 是張巡保睢陽使南霽雲, 詣賀蘭進明告急. 賀蘭無意出援兵, 且張樂以大享霽雲言, 城中食盡, 力屈賀蘭. 不聽遂截指, 示信竟不食而去, 豈非'呼不得'也?"라 함. '倚杖'은 지팡이에 의지함.

【俄頃風定雲黑色, 秋天漠漠向昏黑】'俄頃'은 '잠시 뒤. 얼마 안 되어'의 뜻. '漠漠'은 구름이 자욱한 모습. '向昏黑'은 저녁이 가까워지며 어두워짐.

【布衾多年冷似鐵, 嬌兒惡臥踏裏裂】'布衾'은 木棉이나 麻布로 만든 이불. '冷似鐵'은 이불이 차기가 마치 쇠와 같음. '嬌兒'는 귀여우면서 한편 버릇없는 자녀들. 자신의 자녀를 일컫는 말. '惡臥'는 잠버릇이 고약함. 譚元春은 "惡臥, 蓋小兒睡性"이라 함.

【床床屋漏無乾處, 雨脚如麻未斷絶】'床床'은 모든 寢牀. '床'은 牀으로도 표기함. '乾'은 '마르다, 건조하다'의 뜻으로 '간'(音干)으로 읽어야 하나 한국 한자음은 '건'으로 읽힘. '雨脚'은 빗줄기. '如麻'는 삼대 같음. 빗줄기가 굵고 세차게 내리는 모습을 형용한 것임.

【自經喪亂少睡眠, 長夜沾濕何由徹】'喪亂'은 喪事와 亂離. 安祿山의 난을 가리킴. '徹'은 徹夜. 밤을 지샘.《杜詩鏡銓》에 "徹, 曉也. 夜雨之苦, 乃因屋破而究極言之"라 함.《杜詩詳註》에 "此傷夜雨侵迫之苦"라 함.

【安得廣廈千萬間, 大庇天下寒士俱歡顔, 風雨不動安如山】'廣廈'는 아주 넓고 큰 집. '大庇'는 비바람으로부터 가려 庇護해 줌.《杜詩鏡銓》注에 "朱注:白樂天詩:「安得大裘長萬丈, 與君都蓋洛陽城?」即此意"라 함.

【嗚呼! 何時眼前突兀見此屋? 吾廬獨破受凍死亦足】'突兀'은 우뚝 솟은 모습을 표현하는 疊韻連綿語.《杜詩詳註》에 "末從安居推及人情, 大有民胞物與之意"라 함.

참고 및 관련 자료

1. 杜子美: 杜甫, 杜少陵, 杜工部. 042 참조.

2. 이 시는《九家集注杜詩》(10),《補注杜詩》(10),《集千家註杜工部詩集》(12),《杜詩鏡銓》(8),《杜詩詳注》(10),《全唐詩》(219),《唐詩鏡》(24),《文章正宗》(24),《古今事文類聚》(續集 6),《成都文類》(7),《唐宋詩醇》(11),《全唐詩錄》(27),《後村詩話》(10),《竹莊詩話》(15),《詩林廣記》(2),《역대시화》(41) 등에 널리 실려 있음.

3. 韻脚은 '號, 茅, 梢, 坳'. '力, 賊, 得, 息, 色, 黑'. '鐵, 裂'. '徹'. '間, 顔'. '屋, 足'.

4. 이 시는 敍事性을 가진 것으로 뒤에 宋詩를 열어주는 開端이 되었다 함.《杜詩鏡銓》에 "邵子湘云: 詩亦以樸勝, 遂開宋派"라 함.

5.《杜詩諺解》初刊本(6)

八月에 マ会 하늘히 놉고 ㅂㄹ미 怒ㅎ야 우르ㄴ니
내 집 우흿 세 볏 뛰를 거더 ㅂ리ㄴ다
뛰 ㄴ라 マㄹ물 건너 マㄹ쉿 미해 쓰료디
노프닌 긴 수플 그테 걸엣고
ㄴ가오닌 불여 올마가 못 우묵ㅎ 디 둠기놋다
南녁 マ会 모든 아히 내의 늘거 힘 업수믈 欺弄ㅎ야
ㅊ마 能히 ㄴ출 對ㅎ야셔 일벗ㄴ다
번드기 뛰를 아나 댓 서리로 드러가거늘

입시우리 무르며 이비 무르두록 브르다가 몯 호라

도라와 막대 지여셔 내 歎息ᄒ다니

아니 한 더데 ᄇᆞ르미 긋고 구루미 먹 빗 ᄀᆞᆮᄒ니

ᄀᆞᆲ 하늘히 아득아득ᄒᆞ야 나죄 어드우미 向ᄒᆞᄂ다

뫼 니브리 여러 ᄒᆡᆯ롤 冷ᄒ미 쇠 ᄀᆞᆮᄒ니

일의 노ᄂ 아ᄒᆡ 아니 환히 누워 안홀 ᄇᆞᆯ와 ᄆᆡ여 ᄇᆞ리ᄂ다

臥床마다 지비 식여 무른 ᄯᅡ히 업스니

빗바리 삼 낫 ᄀᆞᆮᄒᆞ야[ᄀᆞᆮᄒᆞ아] 긋디 아니ᄒᆞᄂ다

喪亂 디내요ᄆᆞ로브터 ᄌᆞ오로미 져고니

긴 바밋 저주믈 어느 줄로 ᄉᆞᄆᆞᄎᆞ려뇨

엇뎨 너븐 집 千萬閒을 어더

天下앳 치운 사ᄅᆞᆷ믈 키 그늘워 다 깃븐 ᄂᆞ치에 ᄒᆞ야

ᄇᆞ름 비예 뮈디 아니ᄒᆞ야 便安ᄒ미 뫼 ᄀᆞᆮ게 ᄒᆞ려뇨

슬프다 언제 눈 알ᄑᆡ 노픈 이런 지블 보려뇨

내 지비 ᄒᆞ올로 허러뎌 어러 주구믈 어더도 ᄯᅩ 足ᄒ리라

185. <觀聖上親試貢士歌> ·················· 王元之(王禹偁)
성상께서 친히 공사들 시험 보는 것을 관람하며

＊〈觀聖上親試貢士歌〉:《小畜集》(12)에는 제목이 〈應制皇帝親試貢士歌〉로 되어 있음. 임금(宋 太宗)이 친히 貢士들의 시험을 주관하는 광경을 관람하고 지은 노래. 이 시는 宋 太宗이 貢士들에게 시험을 보이면서 王禹偁에게 詔命을 내려 짓도록 한 것임. 宋代에는 각 지방의 鄕試나 尙書省 禮部의 省試에 합격한 뒤 殿試를 보았음. '貢士'는 각 鄕試에 합격한 선비.《禮記》射義에 "古者, 天子之制, 諸侯歲獻貢士於天子, 天子試之於射宮"이라 함. 한편《事文類聚》(前集 26)에는《通典》을 인용하여 〈唐取士制〉:唐貢士之科: 有秀才, 有明經, 有進士, 有明法, 有書, 有算. 每歲仲冬, 郡縣館監課試. 其成者, 長史會屬僚, 設賓主陳俎豆, 備管絃, 牲用少牢, 行鄕飮酒禮, 歌鹿鳴之詩. 召者艾叙少長而觀焉. 旣餞而與計偕, 其不在館學而擧者, 謂之鄕貢. 武德以來禮部閱試之日, 皆嚴設兵衞, 薦棘闈之, 搜索衣服, 譏訶出入, 以防假濫焉"이라 하였고, 〈殿試〉에 대해서는 "則天永昌元年二月, 策問貢擧人於洛陽城殿前, 殿試自此始"라 하였으며, 〈進士科〉에 대해서는 "進士科, 始隋大中, 盛貞觀永徽之際. 縉紳雖位極, 人臣不由進士者, 不以爲美, 其推重謂之白衣, 卿相以白衣之士, 卽卿相之資也. 重之如此"라 함. 그리고 宋代의 科擧에 대해서는 "宋初, 每歲放榜取士極少, 方安德裕作魁日九人而已. 蓋天下未混一也. 至太宗朝浸多, 所得東南之秀. 其後又別立分數考校五路擧人, 以北人拙於詞令. 故優取熙寧二年, 廷試罷三題專以策取士. 非雜犯不復黜, 然五路擧人尤爲疎畧黃道, 夫榜傳臚至第四甲党鐻卷子, 神宗大笑曰:「此人何由過省知擧?」舒信道對以「五路人用分數, 末名過省」. 上命降作第五甲末, 自後人日益廣. 宣和七年沈元用榜正奏名殿試, 至八百五人, 蓋燕雲免省者, 旣衆天下赴南宮試者, 萬人無蹤. 此歲之盛, 推原事始. 開寶六年因徐士廉伐鼓訟不公, 帝御講武殿覆試, 御試自此始"라 함.

천자께서 동방 진역震域에서 나오셔서 천하가 맑아지니,
규성奎星이 찬란하게 문명文明을 밝혀주네.

조칙을 내려 군국郡國에 많은 선비를 바쳐 올리도록 하여,
크게 펴 놓은 그물로 뛰어난 인재들을 모두 망라하였네.
성상聖上께서는 힘쓰고 노력하심에 끝내 지치지도 아니하시어,
해가 기울어도 오히려 금란전金鑾殿에 계시네.
궁궐 버들 낮게 드리워 삼월 봄날 안개 서렸는데,
향로의 향기는 시험 보는 선비들 벼루로 날아드네.
선비들 삼베옷은 희고 희어 마치 눈처럼 빛나는데,
하나하나 밝으신 눈빛으로 몸소 그들 능력을 감별하시네.
외롭고 빈한한 선비들 벼슬길에 올라 임금의 은혜 입게 될 것이니,
머리 모아 모두가 신하로서의 절의를 다 하겠노라 말하네.
나도 살아온 자취가 본래 먼지나 진흙 같은 출신이었으나,
과거에 올라 지난날 어전御前에서 과제에 따라 시를 지었었지.
손꼽아 헤아려 보니 바야흐로 5, 6년이 지났는데,
지금은 이미 청운靑雲의 벼슬길 사다리를 오르고 있네.
직위는 간관諫官의 반열이면서 한 마디 말도 못하고 있으니,
무엇으로 명주明主에게 보답할는지 스스로 부끄러울 뿐일세.
천자의 명에 응하기는 하나 재주 모자라 단지 눈물만 흘리다가,
억지로 광가狂歌를 지어 순舜, 우禹 같은 임금을 노래하네.

天王出震寰宇淸, 奎星燦燦昭文明.
詔令郡國貢多士, 大張一網羅羣英.
聖情孜孜終不捲, 日斜猶御金鑾殿
宮柳低垂三月烟, 爐香飛入千人硯.
麻衣皎皎光如雪, 一一重瞳親鑑別.
孤寒得路荷君恩, 聚首皆言盡臣節.
小臣蹤迹本塵泥, 登科曾賦御前題.
屈指方經五六載, 如今己上靑雲梯.

位列諫官無一語, 自愧將何報明主.
應制非才但淚垂, 強作狂歌歌舜禹.

【天王出震寶宇淸, 奎星燦燦昭文明】 '天王出震'은 天王은 震域(동방)에서 나옴.《周易》說卦傳에 "帝出乎震"이라 하였으며, '震'은 東方, 봄에 해당하여 만물의 發生을 주관함. 한편 宋 太祖 趙匡胤은 涿郡(河北) 출신으로 동방 震이며, 그 아우 太宗 趙匡義가 창업을 계승하여 완성시켰음을 상징함.《眞寶》注에 "《易》: 帝出乎震. 上卦爲本位東方, 於時爲春, 主發生. 帝者, 天之主宰, 所以生物者, 故出乎震而萬物從之而出"이라 함. '寶宇'는 우주 천하. 그러나《小畜集》에는 '寶海'로 되어 있음. '奎星'은 28수의 하나로 하늘의 書庫를 관장하는 별로 文章을 대신하는 말로 쓰임. '昭文明'은《周易》乾卦 文言傳에 "見龍在田, 天下文明"이라 하였고, 程傳에 "龍德見於地上, 則天下見其文明之化也"라 함. 한편《宋史》(263)에 "丁卯歲, 五星聚奎. 自此天下太平"이라 하여, 宋 太祖 乾德 5년(967) 丁卯년에 五星이 奎星에 모였으며, 이때부터 천하가 태평을 누리기 시작하였다 하였음.《眞寶》注에도 "宋, 寶儼善推步星曆, 與盧多遜. 楊徽之, 同在諫垣, 謂二公曰: 「丁卯歲, 五星當聚奎, 自此天下始太平. 二拾遺必見之.」"라 함.

【詔令郡國貢多士, 大張一網羅羣英】 '郡國'은 漢나라 때부터 시작된 제도로 周代 封建制와 秦始皇의 郡縣制를 절충하여 천하를 郡(중앙집권)과 國(지방분권)으로 나누어 다스렸던 제도. '貢多士'는 많은 才士들을 뽑아 올리도록 함. '一網'은《小畜集》에는 '珠網'으로 되어 있음. '羅羣英'은 여러 뛰어난 인물들을 그물로 훑듯이 網羅하여 모아들임. 劉劭《人物志》英雄篇에 "夫草之精秀者爲英, 獸之特群者爲雄. 故人之文武茂異, 取名於此. 是故聰明秀出謂之英, 膽力過人謂之雄, 此其大體之別名也."라 함.

【聖情孜孜終不捲, 日斜猶御金鑾殿】 '聖情'은《小畜集》에 '皇情'으로 되어 있음. '孜孜'는 부지런히 힘쓰는 모습.《尙書》益稷篇 "予思日孜孜"의 注에 "孜孜者, 勉力不怠之謂"라 함. '金鑾殿'은 汴京(지금의 河南 開封)에 있던 궁궐. 翰林學士들이 근무하던 곳.

【宮柳低垂三月烟, 爐香飛入千人硯】 '低垂'는《小畜集》에 '低籠'으로 되어 있음. 궁궐의 버드나무가 봄 안개에 낮게 드리워져 있음. '烟'은 煙과 같으며 내. 煙霧. '爐'

는 御爐. 궁궐 시험장에 피워놓은 香爐. '千人硯'은 많은 사람들의 벼루. 貢士들이 殿試 답을 쓰고자 먹을 갈아놓은 벼루.

【麻衣皎皎光如雪, 一一重瞳親鑑別】'麻衣'는 '白衣', '深衣'와 같음. 아직 進士 시험에 오르지 못한 선비의 복장을 뜻함.《通典》에 "縉紳雖位極人臣, 不世進士者, 不以爲美. 其推重謂之白衣卿相, 以白衣之士, 卽卿相之資也"라 함.《潛確類書》(88)에는 "詩云'麻衣如雪', 如雪鮮潔也. 麻衣, 深衣也"라 함. '重瞳'은 겹으로 된 눈동자. 천자의 눈. 천자로서의 식별력이 뛰어남을 뜻함. 옛날 舜이 重瞳이었음.《眞寶》注에 "重瞳, 舜也. 指人君"이라 함. 한편《史記》項羽傳贊에 "吾聞之, 周生曰:舜目蓋重瞳子, 又聞項羽亦重瞳子, 羽豈其苗裔邪?"라 함.

【孤寒得路荷君恩, 聚首皆言盡臣節】'孤寒'은 孤陋하고 貧寒한 선비. '得路'는 과거 시험을 통해 출세의 길을 얻음. '荷'는 짊어짐. 책임을 지고 일을 함. '親鑑別'은 《小畜集》에 '賞鑑別'로 되어 있음. '皆言'은《小畜集》에 '唯言'으로 되어 있음. 모두가 머리를 모아 오직 신하로서의 의절을 다하겠노라 다짐의 말을 함.

【小臣蹤迹本塵泥, 登科曾賦御前題】'小臣'은 王禹偁 자신을 가리킴. '蹤迹'은 자신이 겪어온 발자취.《小畜集》에는 '蹤跡'으로 표기되어 있음. '塵泥'는 티끌과 진흙. 빈천한 신분이었으나 이들처럼 과거를 통해 국정에 참여하게 되었음을 뜻함. '賦御前題'는 황제 앞에서 내려준 제목에 따라 賦詩를 지음.

【屈指方經五六載, 如今已上靑雲梯】'屈指'는 손가락을 굽혀 세어보니 바야흐로 5, 6년이 경과하였음. '靑雲梯'는 푸른 구름 위로 오르는 사다리. 높은 벼슬자리를 사다리로 오르듯 승진함.

【位列諫官無一語, 自愧將何報明主】'諫官'은 임금의 과실을 諫하는 벼슬. 당시 王禹偁은 左司諫知制誥의 직책이었음. '自愧'는《小畜集》에 '自問'으로 되어 있음. '明主'는 황제를 지칭하여 이른 말. 孟浩然 시에 "不才明主棄"라 함.

【應制非才但淚垂, 强作狂歌歌舜禹】'應制'는 制命에 응함. 천자의 명에 의해 짓는 시를 말함. '强作'은 억지로 지어냄. '狂歌'는 자신의 시를 낮추어 이른 것.《小畜集》에는 '登謌'로 되어 있음. 舜禹는 太祖(趙匡胤)과 太宗(趙匡義)을 舜과 禹의 덕과 빗대어 칭송한 것.

참고 및 관련 자료

1. 王元之

왕우칭(王禹偁:954-1001). 宋初 문인, 자는 元之. 그의 문집으로는 《小畜集》 30권
과 《小畜外集》 7권이 있음. 《宋史》(293) 王禹偁傳에 "王禹偁, 字元之, 濟州鉅野人,
世爲農家. 九歲能文, 畢士安見而器之, 太平興國八年, 擢進士. 授成武主簿, 徙知長
洲縣, 就改大理評事. 同年生羅處約時, 宰吳縣, 日相與賦詠, 人多傳誦. 端拱初, 太
宗聞其名, 召試擢右拾遺直史館賜緋, 故事賜緋者, 給塗金銀帶. 上特命以文犀帶寵
之, 即日獻.(下略)"이라 하였으며, 「四庫全書」《小畜集》 提要에 "王禹偁, 字元之, 鉅
野人. 太平興國八年進士, 官至翰林學士知制誥. 屢以事謫守郡, 終於知蘄州"라 함.
《眞寶》諸賢姓氏事略에 "王元之, 名禹偁, 濟州鉅野人. 眞宗朝知制誥"라 함.

2. 이 시는 《小畜集》(12), 《古今事文類聚》(26), 《御選宋詩》(25), 《淵鑑類函》(137) 등
에 실려 있음.

3. 韻脚은 '淸, 明, 英'. '捲, 殿, 硯'. '雪, 別, 節'. '泥, 題, 梯'. '主, 禹'.

186. <畫山水歌> ·················· 吳融

산수화를 노래함

*<畫山水歌>: 산수화를 보고 노래로 읊음. 누구의 그림인지는 알 수 없음.《聲畫集》에는 제목이 <題觀畫山水障歌>로 되어 있음.

그림의 고수, 그림 이치를 잘 터득하여,
항상 초가지붕 밑에서 산수화를 그리네.
먼 곳 땅 모퉁이를 한 치 넓이 사이에 옮겨와서는,
하늘 저 끝 풍경을 붓끝 속에서 그려내네.
해는 지지 않고 달은 항상 떠서 있고,
구름은 조각조각이요 물은 싸늘하게 흐르고 있네.
해가 지나도록 나비는 날아가지 아니하고,
몇 해가 되도록 복사꽃은 과실을 맺지 않네.
한 조각 돌과 몇 그루 소나무,
먼 곳은 엷게 칠하고 가까운 것은 짙게 그리네.
문 앞 뜰 서너 걸음 나가지 않고도,
천만 겹 강과 산을 다 구경하게 해주네.

良工善得丹青理, 輒向茅茨畫山水.
地角移來方寸間, 天涯寫在筆鋒裏.
日不落兮月將生, 雲片片兮水泠泠.
經年蝴蝶飛不去, 累歲桃花結不成.
一片石數株松, 遠又淡近又濃.
不出門庭三五步, 觀盡江山千萬重.

【良工善得丹靑理, 輒向茅茨畫山水】'良工'은 뛰어난 匠人. 高手.《孟子》滕文公(下)에 "昔者, 趙簡子使王良與嬖奚乘, 終日而不獲一禽. 嬖奚反命曰:「天下之賤工也.」或以告王良. 良曰:「請復之.」彊而後可, 一朝而獲十禽. 嬖奚反命曰:「天下之良工也.」"라 함. '丹靑理'는 그림을 그리는 이치. '丹靑'은 그림을 뜻함. '理'는 원리.《輟耕錄》(8) 등에 "作畫祇是箇'理'字最繁要. 吳融詩云:「良工善得丹靑理.」"라 함. '輒'은 문득 매번. '茅茨'는 초가지붕의 이엉. '茅茨'는 억새나 띠풀로 이엉을 삼음.《史記》秦本紀에 "二世曰:吾聞之韓子曰:「堯舜采椽不刮, 茅茨不剪.」"이라 하였고, 漢 王褒의 〈聖主得賢臣頌〉에 "生於窮巷之中, 長於蓬茨之下"라 함.

【地角移來方寸間, 天涯寫在筆鋒裏】'地角'은 땅의 한 모서리. 대지의 한 구석. 풍경을 말함. 이를 方寸의 좁은 지면으로 옮겨다 놓음. '天涯'는 하늘가 아득히 먼 곳. 〈古詩十九首〉에 "相去萬餘里, 各在天一涯"라 하였고, 王勃의 〈杜少府任蜀州〉에 "海內存知己, 天涯若比隣"이라 함. '寫'는 '베끼다, 그리다'의 뜻.

【日不落兮月將生, 雲片片兮水泠泠】'月長生'은 달은 늘 떠 있음. '長'은 常, 恒과 같음. 疊韻互訓. 그림 속의 해는 지지 않고, 달은 늘 떠 있음. '雲片片'은《山堂肆考》에는 '花片片'으로 되어 있음. '泠泠'(령령)은 차고 싸늘한 느낌을 주는 모습. 일부 판본에는 '冷冷'으로 되어 있으나《眞寶》注에 "音, 靈"이라 하여 '泠'이 맞음.

【經年蝴蝶飛不去, 累歲桃花結不成】'經年'은 '해가 경과하도록'의 뜻. '蝴蝶'은 나비. '胡蝶'으로도 표기함. '累歲'는 經年과 같음.

【一片石數株松, 遠又淡近又濃】'一片石數株松'은 돌은 한 조각, 소나무는 몇 그루. '遠又淡近又濃'은 먼 곳 풍경은 담담하게 그렸으며 가까운 곳은 짙게 그림.

【不出門庭三五步, 觀盡江山千萬重】'不出門庭三五步'는 '문 앞 뜰로 서넛 걸음 나가보지 않고도'의 뜻. '觀盡江山千萬重'은 강산의 천만 겹 모습을 모두 관람할 수 있음.《山堂肆考》에는 "坐見江山千萬重"으로 되어 있음.

참고 및 관련 자료

1. 吳融(850~901)

唐末 詩人. 字는 子華이며 越州 山陰(지금의 浙江 紹興) 사람.《新唐書》(藝文志, 4),《宋史》(藝文志, 7)에《吳融賦集》5卷이 著錄되어 있으며,《全唐詩》에는 그의 詩가 4卷(684~687)으로 편집되어 있고,《全唐詩外編》및《全唐詩續拾》에 詩 3首와 斷句 2聯이 실려 있음.《全唐文》에 그의 문장이 실려 있고,《唐詩紀事》(68),《全唐詩話》(5)에 관련 기록이 있음.《新唐書》(203)에 그의 傳이 있음.《唐才子傳》(9)에는

"吳融, 字子華, 山陰人. 初力學, 富辭, 調工捷. 龍紀元年, 李瀚榜及進士第. 韋昭度討蜀, 表掌書記. 坐累去官, 流浪荊南, 依成汭. 久之, 召爲左補闕, 以禮部郎中爲翰林學士, 拜中書舍人. 天復元年元旦, 東內反正, 旣御樓, 融最先至, 上命於前座跪草十數詔, 簡備精當, 曾不頃刻, 皆中旨. 大加賞激, 進戶部侍郎. 帝幸鳳翔, 融不及從, 去客閿鄉, 俄召爲翰林承旨. 卒. 爲詩靡麗有餘, 而雅重不足. 集四卷, 及《制誥》一卷, 並行."이라 함.《唐詩紀事》(68)에는 "融, 字子華, 越州人. 昭宗時爲翰林學士, 卒官."이라 하였고,《全唐詩》(684)에는 "吳融, 字子華, 越州山陰人. 龍紀初, 及進士第. 韋昭度討蜀, 表掌書記, 累遷侍御史. 去官依荊南成汭, 久之, 召爲左補闕, 拜中書舍人. 昭宗反正, 造次草詔, 無不稱旨, 進戶部侍郎. 鳳翔劫遷. 融不克從, 去客閿鄉. 俄召還翰林, 遷承旨卒. 有《唐英集》三卷, 今編詩四卷."라 함.《眞寶》諸賢姓氏事略에 "吳融, 字子華, 越州山陰人"이라 함.

2. 이 시는《山堂肆考》(166),《聲畫集》(4) 등에 실려 있음.

3. 韻脚은 '理, 水, 裏'. '生, 泠, 成'. '松, 濃, 重'.

187. 〈短檠歌〉 ·················· 韓退之(韓愈)
짧은 등잔대

*《眞寶》注에 "公所以詠幽閨之思者, 如此"라 함.
*〈短檠歌〉: 짧은 등잔대 노래를 노래함. 원제목은 모두 〈短燈檠歌〉로 되어 있음.
  閨房에서 사용하는 짧고 낮은 등잔대를 말하며, 남편이 부귀해진 다음 버려
  진 여인을 상징함.

긴 등잔대 여덟 자나 되지만 공연히 길이만 길 뿐,
짧은 등잔대 두 자이지만 편하고도 밝네.
노란 발 푸른 장막 쳐진 붉은 문은 닫힌 채로,
바람과 이슬 머금은 기운 불어들어 가을 집안은 써늘하네.
옷 지어 멀리 보내려니 눈물이 흘러 잘 보이지 않아,
머리 긁으며 자주 심지 돋우면서 침상 가까이로 옮겨 놓네.
태학太學의 유생은 동쪽 노魯나라에서 온 나그네들,
스무 살에 집 떠나 과거보러 왔다네.
밤이면 가는 글씨 쓰면서 지을 말들을 엮느라,
두 눈엔 눈곱 끼어 어둡고 머리는 눈처럼 희어졌네.
이런 시각에도 등잔대를 책상 앞에 당겨 놓고,
새벽에 이르도록 책을 보아야 하니 어찌 잠을 잘 수 있겠는가?
그러나 하루아침에 등과하여 부귀해지면 제멋대로 살게 되어,
긴 등잔대 높이 펼쳐 진주와 비취로 장식한 여자를 비추네.
아! 세상일이란 그렇지 않은 것이 없으니,
그대는 저 담 귀퉁이에 버려진 짧은 등잔대를 보게나!

長檠八尺空自長, 短檠二尺便且光.

黃簾綠幕朱戶閉, 風露氣入秋堂凉.
裁衣寄遠淚眼暗, 搔頭頻挑移近床.
太學儒生東魯客, 二十辭家來射策.
夜書細字綴語言, 兩目眵昏頭雪白.
此時提挈當案前, 看書到曉那能眠?
一朝富貴還自恣, 長檠高張照珠翠.
吁嗟世事無不然, 墙角君看短檠棄!

【長檠八尺空自長, 短檠二尺便且光】'長檠'은 높은 벼슬로 宮闕이나 高堂에서 사용하는 크고 화려한 등잔대. '短檠'은 길이가 2척밖에 되지 않으나 도리어 편하고 빛도 밝음.

【黃簾綠幕朱戶閉, 風露氣入秋堂凉】'黃簾綠幕'은 노란 발과 푸른 장막. 閨房을 말함. 남편이 멀리 太學의 儒生이 되어 공부하러 떠나 홀로 남겨진 부인을 일컬음. '風露氣入秋堂凉'은 바람과 이슬의 기운이 가을 閨房으로 들어와 써늘함.

【裁衣寄遠淚眼暗, 搔頭頻挑移近床】'裁衣寄遠淚眼暗'은 멀리 있는 남편에게 보낼 옷을 지으면서 눈물이 앞을 가려 잘 보이지 않음. '搔頭'는 머리를 긁음.《西京雜記》에 "武帝過李夫人, 就翠玉簪搔頭"라 함.《詩經》邶風 靜女에는 "愛而不見, 搔頭踟躕"라 함. '頻挑'는 자주 등불 심지를 돋움. '挑'는 挑燈의 줄인 말.《昌黎集》注에 "頻挑, 一作挑燈"이라 함.

【太學儒生東魯客, 二十辭家來射策】'東魯'는 동쪽 魯나라 지역. 孔子의 고향이 曲阜이어서 그곳 선비들은 儒學을 신봉함. 여기서는 그곳에서 와서 과거를 보고자 공부에 매달린 儒生들임을 말함. '射策'은 貢士들이 조정에서 과거를 볼 때, 제목이 적힌 대쪽[策]을 뽑은 뒤 그 제목에 따라 논술문을 지었음. 따라서 과거시험을 대신하는 말로 쓰임.《漢書》蕭望之傳에 "望之以射策甲科爲郎, 署小苑東門侯. 仲翁出入從倉頭盧兒, 下車趨門, 傳呼甚寵, 顧謂望之曰: 「不肯錄錄, 反抱關爲?」 望之曰: 「各從其志.」"의 顏師古 注에 "射策者, 謂爲難問疑義書之於策, 量其大小署爲甲乙之科, 列而置之不使彰顯, 有欲射者, 隨其所取得而釋之, 以知優劣. 射之言投射也. 對策顯問以政事經義, 令各對之, 以觀其文辭, 定高下也"라 함.

【夜書細字綴語言, 兩目眵昏頭雪白】'夜書'는 밤에도 글을 쓰면서 연습을 함. '綴語言'는 좋은 구절들을 모아 논술문[對策文]을 엮어냄.《宋國朝事實》에 "唐制禮部

試擧人, 夜以三鼓爲限. 本朝率用白晝, 不許繼燭"이라 하여 唐나라 때는 밤 三鼓
때까지 가능했으나, 宋나라 때에 이르러 밤에는 불을 밝히지 못하도록 되어 있
었음. '眵昏'(치혼)은 눈곱(眵, 音蚩, 尺支切)이 끼고 눈이 어두워짐.《昌黎集》注에
"眵, 音癡, 目汁凝"이라 함. '雪白'은 머리가 눈처럼 하얗게 백발이 됨.

【此時提挈當案前, 看書到曉那能眠】'提挈'(제설)은 등잔대를 들고 끌어당겨옴.《別
本》에는 '提携(攜)'로 되어 있으며 '一作提挈'이라 함. '案前'은 책상 앞. '那'는 疑問
詞. 哪와 같음.

【一朝富貴還自恣, 長檠高張照珠翠】'富貴'는 對策에 합격하여 벼슬길에 올라 부귀
를 누림. '還自恣'은 도리어 멋대로 행동하게 됨을 말함. '高張'은《昌黎集》注에
"一作焰高"라 함. '珠翠'는 진주와 비취. 진주와 비취로 장식한 여인들을 가리킴.
《昌黎集》에는 '朱翠'로 되어 있으며 '一作珠'라 함.

【吁嗟世事無不然, 墻角君看短檠棄】'吁嗟'는 감탄사. '世事'는 세속의 일들. '墻角'
은 담 귀퉁이. 부귀해진 다음에는 규방의 짧은 등잔대는 거들떠보지도 않고 담
장 귀퉁이에 버리게 됨. 부귀해지면 조강지처를 버림을 비유함.

참고 및 관련 자료

1. 韓退之: 韓愈, 韓文公, 韓昌黎. 008 참조.

2. 이 시는《五百家注昌黎文集》(5),《別本韓文考異》(5),《東雅堂昌黎集注》(5),《全
唐詩》(340),《唐宋詩醇》(31),《全唐詩錄》(49),《事文類聚》(續集 18) 등에 실려 있음.

3. 韻脚은 '長, 光, 凉, 床'. '客, 策, 白'. '前, 眠'. '恣, 翠, 棄'.

188. <浩浩歌> ·················· 馬子才(馬存)
호호가

＊<浩浩歌>：넓고 큰 기상으로 세상을 대하는 노래. '浩浩'는《孟子》의 浩然之氣
에서 나온 말이며, 세상살이에 거리낌 없는 넓고 큰 안목을 뜻함.《楚辭》九歌
에도 "與女沐兮咸池, 晞女髮兮陽之阿. 望嫭人兮未徠, 臨風怳兮浩歌"라 하여 '浩
歌'라는 말이 쓰이고 있음.《古文大全》에는 "此篇謂大丈夫當以萬物爲一體, 若
富貴榮華如好音過耳而已矣"라 함.

호호浩浩함을 노래함이여!
하늘과 땅, 만물이 나 같은 이에게 어찌하겠는가?
나를 써주면 허리띠 풀어 관복으로 갈아입고 봉록을 먹는 것이요,
나를 써주지 않으면 베개 밀쳐내고 산 속으로 돌아가면 되지.
그대는 보지 못했는가, 위수渭水의 어부漁父 여상呂尙이 낚싯대 하나로
때를 기다린 일과,
유신씨有莘氏의 들에서 밭 갈던 노인 이윤伊尹이 몇 마지기 농사를 지
으며 때를 기다린 일을?
이윤은 기뻐하며 와서 일어나 상商나라의 단비 같은 존재가 되었고,
여상은 노한 뒤에 곧바로 주周 무왕武王의 창을 잡고 주紂를 정벌하
였지.
또 엄자릉嚴子陵이 광무제光武帝와 함께 잘 때 발을 황제 배 위에 올
려놓았던 일을 보지 못했는가?
황제는 감히 움직이지도 않았으니, 어찌 감히 꾸짖을 수 있었겠는가?
황천皇天은 이 때문에 당황하고 핍진하여,
별들이 서로 부딪치고 마찰을 일으켰지.
가련한 재상 후패侯霸는 바보여서,

엄광을 몰라보고 자신에게 먼저 찾아와 달라고 청했었지.

호호함을 노래함이여!
하늘과 땅, 만물이 나 같은 이에게 어찌하겠는가?
굴원屈原은 헛되이 멱라수汨羅水에 몸을 던져 죽었고,
백이伯夷와 숙제叔齊는 공연히 서산西山 언덕에서 굶어 죽었지.
대장부란 우뚝하여 묶인 데가 없어야 하는 것,
자신의 몸을 어찌 스스로를 마멸시키겠는가?
내 성현들의 마음 보건대,
스스로 즐길 뿐 어찌 다른 것이 있었겠는가?
창생蒼生 중에 하나로 태어나 운명이 궁해지면,
나의 올바른 길도 뒤뚱거리게 되는 것.
곧바로 천하 사람들을 불쌍히 여겨야 하는 것이니,
어찌 도가 행해지지 않음을 두고 공자와 맹자를 안타까워하겠는가?

호호함을 노래함이여!
하늘과 땅, 만물이 나 같은 이에게 어찌하겠는가?
옥당玉堂이나 금마문金馬門이 어디에 있는가?
구름 낀 산 바위 동굴은 높게 솟아 있네.
머리 숙여 밭 갈려 하면 땅은 비록 적지만,
고개 들어 긴 휘파람 불면 하늘이 얼마나 넓고 끝없는가?
그대에게 청하노니, 한 말 술로 나를 취하게 해주게.
붉은 술기운 얼굴에 들어오면 봄바람처럼 온화해지리라.

浩浩歌! 天地萬物如吾何?
用之解帶食太倉, 不用拂枕歸山阿.
君不見渭川漁父一竿竹, 莘野耕叟數畝禾?

喜來起作商家霖, 怒後便把周王戈.
又不見子陵橫足加帝腹? 帝不敢動豈敢訶?
皇天爲忙逼, 星宿相擊摩.
可憐相府癡, 邀請先經過.

浩浩歌! 天地萬物如吾何?
屈原枉死汨羅水, 夷齊空餓西山坡.
丈夫犖犖不可羈, 有身何用自滅磨?
吾觀聖賢心, 自樂豈有他?
蒼生如命窮, 吾道成蹉跎.
直須爲吊天下人, 何必嫌恨傷丘軻?

浩浩歌! 天地萬物如吾何?
玉堂金馬在何處? 雲山石室高嵯峨.
低頭欲耕地雖少, 仰面長嘯天何多?
請君醉我一斗酒, 紅光入面春風和.

【浩浩歌! 天地萬物如吾何】'如吾何'는 '나에게 어찌하겠는가?', '나에게 있어서 무엇이겠는가?'의 뜻.

【用之解帶食太倉, 不用拂枕歸山阿】'用'은 '등용되다. 임용되다'의 뜻. '解帶'는 '허리띠를 풀어 평민의 옷을 벗고 관복으로 갈아입음'. 즉 관직에 오름. '太倉'은 나라의 큰 곡물 창고. 《漢書》食貨志에 "武帝初, 國家亡事, 都鄙倉廩盡滿, 太倉之粟, 陳陳相因"이라 하였음. 여기서는 俸祿을 뜻함. '拂枕'은 베개를 밀쳐버림. 훌훌 털고 떠남. '歸山阿'는 산언덕으로 돌아감. 물러나 자연으로 돌아가 은거함.

【君不見渭川漁父一竿竹, 莘野耕叟數畝禾】'渭川漁父'는 姜太公 呂尙(子牙)이 渭水에서 낚시를 하고 있을 때 周文王(姬昌)이 사냥을 나섰다가 그를 만나 얘기를 나눈 끝에, 자신의 조부 '太公(太王 古公亶父)께서 가 그토록 기다리던 분'이라 하여 함께 돌아와 스승으로 모시면서 太公望이라 불렀음. 뒤에 呂尙은 武王(姬發)을

도와 殷의 紂를 멸하고 周나라를 일으켰으며, 齊(지금의 山東 淄博 臨淄)를 봉지로 받아 齊나라 시조가 됨. '父'는 注에 '音甫'라 하여 '보'로 읽어야 하나 속음으로 읽음. 흔히 隱者로서의 漁父를 지칭하는 말. '一竿竹'은 낚싯대를 뜻함.《史記》齊太公世家에 "太公望呂尙者, 東海上人. 其先祖嘗爲四嶽, 佐禹平水土甚有功. 虞夏之際封於呂, 或封於申, 姓姜氏. 夏商之時, 申, 呂或封枝庶子孫, 或爲庶人, 尙其後苗裔也. 本姓姜氏, 從其封姓, 故曰呂尙. 呂尙蓋嘗窮困, 年老矣, 以漁釣奸周西伯. 西伯將出獵, 卜之, 曰「所獲非龍非彲, 非虎非羆; 所獲霸王之輔」. 於是周西伯獵, 果遇太公於渭之陽, 與語大說, 曰:「自吾先君太公'當有聖人適周, 周以興'. 子眞是邪? 吾太公望子久矣.」故號之曰「太公望」, 載與俱歸, 立爲師"라 함. '莘野耕叟'는 有莘氏의 들에서 밭 갈던 늙은이 伊尹을 가리킴. 伊尹은 이름은 摯. 湯이 有莘氏의 딸을 아내로 맞을 때 媵臣으로 따라가면서, 조리 기구를 짊어지고 가서 주방장이 되어 湯에게 접근하였음. 뒤에 湯에게 발탁되어 재상에 올랐으며, 夏의 末王 桀을 쳐서 殷왕조를 일으키는 데에 큰 공을 세웠음.《孟子》萬章(上)에 "萬章問曰:「人有言:『伊尹以割烹要湯.』有諸?」孟子曰:「否, 不然. 伊尹耕於有莘之野, 而樂堯舜之道焉. 非其義也, 非其道也, 祿之以天下, 弗顧也; 繫馬千駟, 弗視也. 非其義也, 非其道也, 一介不以與人, 一介不以取諸人. 湯使人以幣聘之, 囂囂然曰:『我何以湯之聘幣爲哉? 我豈若處畎畝之中, 由是以樂堯舜之道哉?』湯三使往聘之, 旣而幡然改曰:『與我處畎畝之中, 由是以樂堯舜之道, 吾豈若使是君爲堯舜之君哉? 吾豈若使是民爲堯舜之民哉? 吾豈若於吾身親見之哉? 天之生此民也, 使先知覺後知, 使先覺覺後覺也. 予, 天民之先覺者也; 予將以斯道覺斯民也. 非予覺之, 而誰也?』思天下之民匹夫匹婦有不被堯舜之澤者, 若己推而內之溝中. 其自任以天下之重如此, 故就湯而說之以伐夏救民. 吾未聞枉己而正人者也, 況辱己以正天下者乎? 聖人之行不同也, 或遠或近, 或去或不去, 歸潔其身而已矣. 吾聞其以堯舜之道要湯, 未聞以割烹也.〈伊訓〉曰:『天誅造攻自牧宮, 朕載自亳.』」."이라 함.

【喜來起作商家霖, 怒後便把周王戈】'商家霖'은 商나라에게 있어서 단비와 같은 역할이 됨. '霖'은 3일 동안 내리는 비.《左傳》隱公 9년에 "凡雨自三日已往爲霖"이라 함. 이는 부열(傅說)과 관련 있는 고사임.《尙書》說命篇에 殷 高宗(武丁)이 傅說을 등용하여 재상으로 삼은 뒤 "夢帝賚予良弼, 其代予言." 乃審厥象, 俾以形旁求于天下. 說築傅巖之野, 惟肖, 爰立作相, 王置諸其左右. 命之曰:「朝夕納誨, 以輔台德. 若金, 用汝作礪; 若濟巨川, 用汝作舟楫; 若歲大旱, 用汝作霖雨.」라 함. '怒'는 周 武王(姬發)이 殷 紂의 惡政을 끝까지 참다가 결국 怒하여 정벌에 나서게 되었

으며, 이에 呂尙이 武王을 도와 창을 잡고 전투에 나섰음을 말함. '把周王戈'는 '周王의 창을 잡다'의 뜻. 《史記》 齊太公世家에 "文王崩, 武王卽位. 九年, 欲修文王業, 東伐以觀諸侯集否. 師行, 師尙父左杖黃鉞, 右把白旄以誓, 曰:「蒼兒蒼兒, 總爾衆庶, 與爾舟楫, 後至者斬!」遂至盟津. 諸侯不期而會者八百諸侯. 諸侯皆曰:「紂可伐也.」武王曰:「未可.」還師, 與太公作此太誓. 居二年, 紂殺王子比干, 囚箕子. 武王將伐紂, 卜龜兆, 不吉, 風雨暴至. 群公盡懼, 唯太公彊之勸武王, 武王於是遂行. 十一年正月甲子, 誓於牧野, 伐商紂. 紂師敗績. 紂反走, 登鹿, 臺遂追斬紂. 明日, 武王立于社, 群公奉明水, 衛康叔封布采席, 師尙父牽牲, 史佚策祝, 以告神討紂之罪. 散鹿臺之錢, 發鉅橋之粟, 以振貧民. 封比干墓, 釋箕子囚. 遷九鼎, 脩周政, 與天下更始. 師尙父謀居多. 於是武王已平商而王天下, 封師尙父於齊營丘."라 함.

【又不見子陵橫足加帝腹? 帝不敢動豈敢訶】'子陵'은 後漢 嚴光. 어려서 光武帝(劉秀)와 함께 공부하였으나 劉秀가 제위에 오르자 숨어 나타나지 않음. 光武帝가 그를 찾아 궁중으로 불러들여 함께 잠을 자다 嚴光이 자신의 발을 황제의 배위에 올려놓자 이튿날 신하들이 '客星이 帝座를 범하였다'고 보고함. 劉秀가 그에게 諫議大夫 벼슬을 강요하였으나 끝내 사양하고 富春山으로 들어가 숨어살았음. 《後漢書》逸民傳(嚴光)에 "嚴光字子陵, 一名遵, 會稽餘姚人也. 少有高名, 與光武同遊學. 及光武卽位, 乃變名姓, 隱身不見. 帝思其賢, 乃令以物色訪之. 後齊國上言:「有一男子, 披羊裘釣澤中」帝疑其光, 乃備安車玄纁, 遣使聘之. 三反而後至. 舍於北軍, 給牀褥, 太官朝夕進膳. 司徒侯霸與光素舊, 遣使奉書. 使人因謂光曰:「公聞先生至, 區區欲卽詣造. 迫於典司, 是以不獲. 願因日暮, 自屈語言.」光不答, 乃投札與之, 口授曰:「君房足下:位至鼎足, 甚善. 懷仁輔義天下悅, 阿諛順旨要領絶.」霸得書, 封奏之. 帝笑曰:「狂奴故態也.」車駕卽日幸其館. 光臥不起, 帝卽其臥所, 撫光腹曰:「咄咄子陵, 不可相助爲理邪?」光又眠不應, 良久, 乃張目熟視, 曰:「昔唐堯著德, 巢父洗耳. 士故有志, 何至相迫乎!」帝曰:「子陵, 我竟不能下汝邪?」於是升輿歎息而去. 復引光入, 論道舊故, 相對累日. 帝從容問光曰:「朕何如昔時?」對曰:「陛下差增於往.」因共偃臥, 光以足加帝腹上. 明日, 太史奏客星犯御坐甚急. 帝笑曰:「朕故人嚴子陵共臥耳.」除爲諫議大夫, 不屈, 乃耕於富春山, 後人名其釣處爲嚴陵瀨焉. 建武十七年, 復特徵, 不至. 年八十, 終於家. 帝傷惜之, 詔下郡縣賜錢百萬, 穀千斛."이라 하였고, 皇甫謐《高士傳》(下)에도 "嚴光, 字子陵, 會稽餘姚人也. 少有高名, 同光武遊學. 及帝卽位, 光乃變易姓名, 隱逝不見. 帝思其賢, 乃物色求之. 後齊國上言:「有一男子, 披羊裘釣澤中」帝疑光也, 乃遣安車玄纁聘之, 三反而後至.

司徒霸與光素舊, 欲屈光到霸所語言, 遣使西曹屬侯子道奉書. 光不起, 於牀上箕踞
抱膝, 發書讀訖, 問子道曰:「君房素癡, 今爲三公, 寧小差否?」子道曰:「位已鼎足,
不癡也.」光曰:「遣卿來何言?」子道傳霸言. 光曰:「卿言不癡, 是非癡語也? 天子徵
我三乃來, 人主尙不見, 當見人臣乎?」子道求報, 光曰:「我手不能書.」乃口授之, 使
者嫌少, 可更足. 光曰:「買菜乎? 求益也?」霸封奏其書, 帝笑曰:「狂奴故態也.」車駕
卽日幸其館, 光臥不起, 帝卽臥所, 撫其腹曰:「咄咄子陵, 不可相助爲理邪?」光又眠
不應, 良久, 乃張目而言曰:「昔唐堯著德, 巢父洗耳. 士故有志, 何至相迫乎!」帝曰:
「子陵, 我竟不能下汝邪?」於是升輿, 歎息而去. 復引光入, 論道舊故, 相對累日, 因
共偃臥. 帝爲諫議大夫, 不屈, 乃耕於富春山. 後人名其釣處爲嚴陵瀨焉. 建武十七
年, 復特徵, 不至, 年八十; 終於家. 『吽嗟子陵, 少與龍潛. 飛騰天位, 書玉連編. 北軍
親就, 內榻同眠. 富春之濱, 客星皎懸.』」이라 하였고, 袁宏《後漢紀》(5)에도 "是歲,
徵會稽嚴光, 太原周黨. 光, 字子陵, 少與世祖同學. 世祖卽位, 下詔徵光. 光變姓名,
漁釣川澤. 至是, 復以禮求光, 光不得已, 舁疾詣京師. 舍於北軍, 給床褥, 太官朝夕
進膳. 上就見光曰:「子陵不可相助邪?」光臥而應曰:「士固有執節者, 何至相逼乎?」
天子欲以爲三公, 光稱病而退, 不可得而爵也." 라 하였으며,《十八史略》(3)에도 "處
士嚴光, 與上嘗同游學, 物色得之齊國, 披羊裘釣澤中. 徵至, 亦不屈. 上與光同臥,
以足加帝腹. 明日太史奏:「客星犯御座甚急.」上曰:「朕與故人嚴子陵共臥耳.」拜諫
議大夫不肯受, 去耕釣, 隱富春山中終. 漢世多淸節士子此始." 라 함.《蒙求》〈嚴光
去釣〉에도 "後漢, 嚴光字子陵, 會稽餘姚人, 少與光武同遊學. 光武卽位, 乃變名姓,
隱身不見. 帝思其賢, 乃令以物色訪之. 後齊國上言:「有一男子, 披羊裘釣澤中.」帝
疑其光, 乃備安車玄纁聘之, 三反而後至. 舍於北軍, 給牀褥, 太官進膳, 車駕幸其
館, 光臥不起, 帝卽臥所, 撫光腹. 良久乃張目, 熟視曰:「昔唐堯著德, 巢父洗耳. 士
故有志. 何至相迫乎?」帝歎息而去. 復引入, 論道舊故, 相對累日. 因共偃臥, 光以足
加帝腹上. 明日太史奏:「客星犯帝坐甚急.」帝笑曰:「朕故人子陵共臥耳.」除諫議大
夫不屈. 乃耕於富春山. 後人名其釣處爲嚴陵瀨焉." 이라 하는 등 아주 널리 膾炙되
고 있음. 본《眞寶》後集 范仲淹의〈嚴先生祠堂記〉(068)을 참조할 것. '帝不敢動
豈敢訶'의 '訶'는 '꾸짖다'의 뜻.

【皇天爲忙逼, 星宿相擊摩】'皇天爲忙逼'은 皇天도 그 때문에 바삐 허둥대어 성수
(星宿)들이 서로 부딪치고 마찰을 일으킴. 嚴光이 발을 光武帝의 배 위에 올려놓
자 하늘도 황망하고 다급하여 星座들이 궤도를 잃어 客星이 帝座를 범함.

【可憐相府癡, 邀請先經過】'相府'는 大司徒 벼슬의 다른 말. 당시 재상이었던 司徒

侯霸를 가리킴. 侯霸는 자는 君房, 河南 密縣 사람으로 嚴光과 친한 사이였음.
九江太守 房元을 스승으로 모셔《春秋穀梁傳》을 전공함. 光武帝 建武 5년 大司
徒, 關內侯가 되어 공정하게 일을 처리한 것으로 이름을 날림. '先經過'는 먼저
찾아오도록 함. 당시 侯霸는 嚴光과 전부터 잘 아는 사이였는데, 만나고자 하면
서 자신은 바쁘니 엄광이 찾아올 것을 청하면서 이에 사람을 시켜 편지를 보냈
으나, 엄광은 그가 어린 시절 바보였음을 들추며 심하게 대꾸하면서 심부름 온
자에게 답을 받아 적도록 하였음. 皇甫謐《高士傳》에 "司徒霸與光素舊, 欲屈光
到霸所語言, 遣使西曹屬侯子道奉書. 光不起, 於牀上箕踞抱膝, 發書讀訖, 問子道
曰:「君房素癡, 今爲三公, 寧小差否?」子道曰:「位已鼎足, 不癡也.」光曰:「遣卿來何
言?」子道傳霸言. 光曰:「卿言不癡, 是非癡語也? 天子徵我三乃來, 人主尙不見, 當
見人臣乎?」子道求報, 光曰:「我手不能書.」乃口授之, 使者嫌少, 可更足. 光曰:「買
菜乎? 求益也?」"라 함.

【屈原枉死汨羅水, 夷齊空餓西山坡】'屈原'은 戰國시대 楚나라 충신이며 시인. 懷王
과 襄王의 어리석음에 참언을 입어 江南으로 방축되어 떠돌다가 湘江 하류인
汨羅水에 투신함.《史記》屈原賈生列傳에 "屈原者, 名平, 楚之同姓也. 爲楚懷王左
徒. 博聞彊志, 明於治亂, 嫺於辭令. 入則與王圖議國事, 以出號令;出則接遇賓客,
應對諸侯. 王甚任之. 上官大夫與之同列, 爭寵而心害其能. 懷王使屈原造爲憲令,
屈平屬草稿未定. 上官大夫見而欲奪之, 屈平不與, 因讒之曰:「王使屈平爲令, 衆莫
不知, 每一令出, 平伐其功, 以爲非我莫能爲也.」王怒而疏屈平."이라 함. '夷齊'는
伯夷와 叔齊. 孤竹君의 두 아들로 서로 왕위를 사양하다가 西伯 姬昌(周文王)이
노인을 잘 대접한다는 소식을 듣고 그를 찾아 서쪽으로 나섰다가 문왕의 아들
武王(姬發)이 殷을 치러 나선 대열을 간하다가 거부당하자 이를 의롭지 못하다
고 여겨 首陽山(西山)으로 들어가 採薇를 하다가 굶어 죽었다 함.《史記》伯夷列
傳에 "伯夷, 叔齊, 孤竹君之二子也. 父欲立叔齊, 及父卒, 叔齊讓伯夷. 伯夷曰:「父
命也.」遂逃去. 叔齊亦不肯立而逃之. 國人立其中子. 於是伯夷, 叔齊聞西伯昌善養
老, 盍往歸焉. 及至, 西伯卒, 武王載木主, 號爲文王, 東伐紂. 伯夷, 叔齊叩馬而諫
曰:「父死不葬, 爰及干戈, 可謂孝乎? 以臣弑君, 可謂仁乎?」左右欲兵之. 太公曰:
「此義人也.」扶而去之. 武王已平殷亂, 天下宗周, 而伯夷, 叔齊恥之, 義不食周粟,
隱於首陽山, 采薇而食之. 及餓且死, 作歌. 其辭曰:「登彼西山兮, 采其薇矣. 以暴易
暴兮, 不知其非矣. 神農, 虞, 夏忽焉沒兮, 我安適歸矣? 于嗟徂兮, 命之衰矣!」遂餓
死於首陽山. 由此觀之, 怨邪非邪?"라 함. '西山'은 首陽山. 山西省 永濟縣, 河北省

盧龍縣, 河南省 偃師縣, 甘肅省 隴西縣 등 이 산의 위치는 정설이 없음.

【丈夫犖犖不可羈, 有身何用自滅磨】'犖犖'(락락)은 우뚝 뛰어난 모습. '羈'는 말을 매는 가죽 끈. 얽매이고 묶여 자유롭지 못한 상태를 뜻함. '自滅磨'는 스스로를 마멸시킴.

【吾觀聖賢心, 自樂豈有他】'성현의 마음은 이런 것을 기꺼워할 뿐 달리 무엇을 바라겠는가'의 뜻.

【蒼生如命窮, 吾道成蹉跎】'蒼生'은 많은 사람들. '蹉跎'는 발을 헛디뎌 넘어지거나 뒤뚱거림을 뜻하는 疊韻連綿語.

【直須爲吊天下人, 何必嫌恨傷丘軻】'直須'는 '곧바로 오직 ……해야만 함'을 뜻하는 문장 구조를 만듦. '直'은 只와 같음. '吊'은 '조문하다. 위로하다'의 뜻. 흔히 '弔'와 통용하여 쓰기도 함. '嫌恨'은 싫어하고 한스러워함. 미워하고 원망함. '丘軻'는 孔子와 孟子. '丘'는 孔丘(仲尼), '軻'는 孟軻. 둘 모두 大刀를 펼치고자 나섰으나 끝내 자신의 뜻을 성취시키지 못함.

【玉堂金馬在何處? 雲山石室高嵯峨】'玉堂'은 翰林院의 별칭. '金馬'는 金馬門. 漢代 宦者署의 문으로 銅馬가 있어 별칭이 됨. 《三輔黃圖》(3)에 "金馬門, 宦者署, 武帝時大宛馬以銅鑄像立署門, 因以爲名"이라 함. 둘 모두 황제를 가까이서 모시는 요직을 뜻함. '雲山石室'은 구름 낀 산의 바위 동굴. 隱士가 사는 곳. '嵯峨'는 산이 높은 모습을 표현하는 疊韻連綿語. '峩'는 峨와 같음.

【低頭欲耕地雖少, 仰面長嘯天何多】'低頭欲耕地雖少'는 '머리를 떨구고 농사나 짓고자 하였을 때 농지가 비록 적다해도'의 뜻. '長嘯'는 길게 휘파람을 붊. 悠悠自適을 표현한 말. 《楚辭》에 "臨深水而長嘯"라 함. '天何多'는 '하늘은 얼마나 끝이 없는가'의 뜻. 〈中庸〉(26)에 "天地之道: 博也, 厚也, 高也, 明也, 悠也, 久也. 今夫天, 斯昭昭之多, 及其無窮也, 日月星辰繫焉, 萬物覆焉. 今夫地, 一撮土之多, 及其廣厚, 載華嶽而不重, 振河海而不洩, 萬物載焉."이라 함.

【請君醉我一斗酒, 紅光入面春風和】'紅光'은 술로 인해 얼굴이 붉어짐. 그렇게 붉어지게 하는 색깔, 즉 술이 몸으로 들어와 얼굴에 이르면 봄바람처럼 화평해짐.

참고 및 관련 자료

1. 馬子才. 馬存. 143 참조.
2. 이 시는 출처를 찾을 수 없음.
3. 韻脚은 '歌, 何, 阿, 禾, 戈, 訶, 摩, 過, 何, 坡, 磨, 他, 跎, 軻, 何, 峨, 多, 和'.

189. 〈七夕歌〉 ·················· 張文潛(張耒)

칠석

*《眞寶》注에 "此歌善於叙事狀"이라 함.
*〈七夕歌〉:칠석날을 노래함. 牽牛와 織女의 전설을 읊음.《事文類聚》(前集 10)에 "《史記》天官書:「織女, 天女孫也.」"라 하였고《天中記》(2)에는 "牽牛織女, 焦林《大斗記》云:「天河之西有星, 煌煌與參俱出, 謂之牽牛; 天河之東有星, 微微在氐之下, 謂之織女.」《荊楚歲時記》云:「嘗見《道書》云:牽牛婆織女, 取天帝二萬錢備禮, 久不還, 被驅在營室.」"又《小說》云:「天河之東有織女, 天帝之子也. 年年機杼勞役, 織成雲錦天衣, 容貌不暇整理, 天帝憐其獨處, 許嫁河西牽牛郎. 嫁後, 遂廢織紝, 天帝怒焉. 責令歸河東, 但使其一年一度相會.」라 함.《齊諧記》에는 "七月七日織女當渡河, 暫詣牽牛. 世人至今云織女嫁牽牛也"라 함. 한편 張華《博物志》(10)에는 "舊說云:天河與海通. 近世有人居海渚者, 年年八月有浮槎, 去來不失期. 人有奇志, 立飛閣於查上, 多齎糧, 乘槎而去. 十餘日中, 猶觀星月日辰, 自後芒芒忽忽, 亦不覺晝夜. 去十餘日, 奄至一處, 有城郭狀, 屋舍甚嚴, 遙望宮中多織婦. 見一丈夫, 牽牛渚次飮之. 牽牛人乃驚問曰:「何由至此?」此人具說來意, 幷問此是何處. 答曰:「君還至蜀郡, 訪嚴君平則知之.」竟不上岸, 因還如期. 後至蜀, 問君平曰:「某年月日, 有客星犯牽牛宿.」計年月, 正是此人到天河時也."라 하였음. 이날 민간 풍속으로는 여인들이 바늘에 실을 꿰는 놀이를 하였음.《西京雜記》(1)에 "漢彩女常以七月七日穿七孔針於開襟樓, 俱以習之"라 하였고,《荊楚歲時記》에도 "七夕, 婦人結綵樓(縷), 穿七孔鍼. 或以金銀鍮石爲鍼"이라 함.

인간 세상에 오동나무 한 잎 흩날리니,
가을이 되어 욕수蓐收가 북두칠성 자루 돌려놓았네.
신관神官들은 신령스런 까치를 불러 모아 부려서,
곧바로 은하수를 건너 가로지르는 다리를 놓도록 했네.
은하수 동쪽에 미인은 천제天帝의 딸이었는데,
베틀에서 북으로 해마다 옥 같은 손가락을 움직여,

운무雲霧 무늬 자줏빛 옷감 짜느라,

온갖 고생을 다하며 즐거움도 없고 얼굴 치장도 하지 않았다네.

천제는 그가 홀로 지내며 더불어 즐길 이도 없음을 불쌍히 여겨,

은하수 서쪽 남자 견우牽牛에게 시집을 보냈다네.

그런데 시집을 간 뒤로는 베 짜는 일을 그만둔 채,

아침저녁으로 푸르도록 검고 구름 같은 머리만 빗질하고 있었네.

즐김만 탐하고 친정에 돌아올 줄 모르자 천제는 그만 화가 나서,

꾸짖으며 시집가던 길 따라 다시 돌아오게 하고,

다만 1년에 한 번씩만 서로 만날 수 있도록 하여,

7월 칠석이면 은하수 다리를 건너게 되었다네.

이별의 날은 길고 만나 있는 시간은 짧으니 어찌할 줄 몰라,

지난날 사랑의 많은 즐거움만 그리워하였다네.

총총히 서두르느라 온갖 이야기 다하지 못했는데,

해를 태운 옥룡玉龍의 수레는 희화羲和가 모는 대로 따라가네.

은하수 가의 신령神靈들 관원은 새벽이 되었다고 출발을 재촉하는데,

그토록 명령 엄해도 이들은 쉽게 이별을 하려들지 않네.

그 때문에 눈물이 비가 되어 펑펑 쏟아지니,

그 눈물 흔적은 다함이 있으나 시름은 그침이 없네.

내 직녀에게 말하노니 그대는 한탄하지 말게나.

천지는 무궁하니 만날 수 있으리라.

오히려 달 속의 항아嫦娥는 시집도 가지 못한 채,

밤마다 외롭게 광한전廣寒殿에서 홀로 자는 것보다 나으리라.

人間一葉梧桐飄, 蓂收行秋回斗杓.
神官召集役靈鵲, 直渡銀河橫作橋.
東河美人天帝子, 機杼年年勞玉指.
織成雲霧紫綃衣, 辛苦無歡容不理.

帝憐獨居無與娛, 河西嫁與牽牛夫.
自從嫁後廢織紝, 綠鬢雲鬟朝暮梳.
貪歡不歸天帝怒, 責歸却踏來時路.
但令一歲一相見, 七月七日橋邊渡.
別多會少知奈何, 却憶從前歡愛多.
匆匆萬事說不盡, 玉龍已駕隨羲和.
河邊靈官催曉發, 令嚴不肯輕離別.
便將淚作雨滂沱, 淚痕有盡愁無歇.
我言織女君莫歎, 天地無窮會相見.
猶勝嫦娥不嫁人, 夜夜孤眠廣寒殿.

【人間一葉梧桐飄, 蓐收行秋回斗杓】 '人間'은 人間 世上. 俗世, 사람이 사는 塵世. '飄'는 가을이 되어 오동잎이 바람에 흩날려 떨어짐. 七月 七夕이 되어 감을 말함. '蓐收'는 가을을 담당하는 神. 《禮記》月令에 "孟秋之月, 日在翼. 昏建星中, 旦畢中. 其日庚申, 其帝少皞, 其神蓐收"라 하였고, 注에 "蓐收, 金官之臣, 少皞氏之子該也"라 하여 蓐收는 少皞의 아들 該로 가을을 맡은 신이 되었다 함. 《眞寶》注에도 "蓐收, 西方秋神也"라 함. '斗杓'는 북두칠성의 자루에 해당하는 세 개의 별. 斗柄이라고도 하며 北極星을 중심으로 하여 正月에는 寅, 2월엔 卯를 가리키며, 돌아 7월에는 申의 방향을 가리키게 됨.

【神官召集役靈鵲, 直渡銀河橫作橋】 '神官'은 天帝의 명령을 집행하는 하늘의 관리. '靈鵲'은 신령스런 까치. 이들을 부려 은하수에 모여 다리가 되도록 함. 이를 烏鵲橋, 靈鵲橋라 함. 많은 注에 《淮南子》를 인용하여 "烏鵲塡河而渡織女"라 하였으나, 《淮南子》에는 이런 구절이 없음. '直渡銀河橫作橋'는 곧바로 은하를 건널 수 있도록 은하수를 가로질러 橫으로 다리를 놓음. '橫作橋'는 《柯山集》에는 '雲作橋'로 되어 있음.

【東河美人天帝子, 機杼年年勞玉指】 '河東美人'은 은하수 동쪽의 미인, 즉 織女星을 가리킴. '天帝子'의 子는 딸. 織女는 원래 天帝의 딸이었음. '機杼'는 베틀과 북. '玉指'는 옥처럼 고운 손가락. 직녀의 베 짜는 손을 말함.

【織成雲霧紫綃衣, 辛苦無歡容不理】 '雲霧'는 옷감의 무늬를 뜻함. '紫綃衣'는 자

줏빛 비단 옷감. 하늘 세계에서 입는 天衣. 그러나 《柯山集》에는 '紫星衣'로 되어 있음. '辛苦無歡容不理'는 고생을 하면서도 얼굴 꾸미기를 좋아하지 않음. 殷芸의 《小說》에는 "容貌不暇整理"라 하여 뜻이 명확함.

【帝憐獨居無與娛, 河西嫁與牽牛夫】'帝憐獨居無與娛'는 織女가 홀로 살면서 즐길 일도 없음에 대해 天帝가 가련하게 여김. '牽牛夫'는 牽牛郎. 소를 끌고 농사를 짓는 사내. 牽牛星을 말함. 殷芸의 《小說》에는 "天帝憐其獨處, 許嫁河西牽牛郎"이라 함.

【自從嫁後廢織紝, 綠鬢雲鬟朝暮梳】'織紝'은 베 짜는 일. '紝'은 絍과 같음. 《柯山集》에는 '自從嫁得廢織紝'으로 되어 있음. '綠鬢雲鬟'은 綠色의 머리와 구름 같은 머리. '梳'는 빗질함. 아침저녁으로 자신을 아름답게 꾸미기에만 힘씀.

【貪歡不歸天帝怒, 責歸却踏來時路】'貪歡不歸'는 牽牛와의 신혼생활의 즐거움에 탐닉하여 친정[天帝]에게 돌아오지 않음. '歸'는 '歸寧'과 같음. 친정 부모를 찾아 뵙는 것을 말함. '責歸'는 돌아오라고 질책함. 《柯山集》에는 '謫歸'로 되어 있음. '却踏來時路'는 견우에게 시집갈 때의 그 길로 다시 걸어서 오도록 함. 옛날 은하수 동쪽으로 돌려보냈음을 말함. '却踏'은 《柯山集》에는 '却理'로 되어 있음.

【但令一歲一相見, 七月七日橋邊渡】'但令一歲一相見'은 단지 1년에 한 번씩만 만나도록 명령함. '七月七日橋邊渡'는 7월 7일이면 건너가고자 烏鵲橋 가에 이름.

【別多會少知奈何, 却憶從前歡愛多】'別多會少知奈何'는 이별의 기간은 길고 만나는 시간은 짧아 어쩔 줄 몰라 함. '別多'는 《柯山集》에는 '別長'으로 되어 있음. '却憶從前歡愛多'는 지난날 많은 사랑을 받으며 즐거워했던 때를 그리워함. '從前'은 《柯山集》에는 '從來'로 되어 있음.

【匆匆萬事說不盡, 玉龍已駕隨義和】'匆匆'은 《柯山集》에는 '忽忽'으로 되어 있음. 마음이 바쁨. 忽忙함. '玉龍'은 《柯山集》에는 '燭龍'으로 되어 있음. 燭龍은 해를 운행하는 수레를 끌고 있는 여섯 마리의 용이라고도 하며, 玉燭을 물고 있는 龍으로서 天帝가 鍾山의 신 燭龍에게 玉燭을 입에 물고 천국의 문을 비추도록 하였는데 그 빛이 밝으면 계절과 날씨가 순조로우며 어두우면 가뭄과 홍수가 일어난다고 믿었음. 《爾雅》釋天에 "四氣和調謂之玉燭"이라 함. 《山海經》大荒北經에 "有神, 人面蛇身而赤, (身長千里.) 直目正乘, 其瞑乃晦, 其視乃明. 不食不寢不息, 風雨是謁. 是燭九陰, 是謂燭龍."이라 함. '義和'는 원래 義氏와 和氏로 堯임금 시대 四時의 운행을 맡았던 신하. 《尙書》堯典에 "乃命羲和, 欽若昊天, 厤象日月星辰, 敬授人時. 分命羲仲, 宅嵎夷, 曰暘谷. 寅賓出日, 平秩東作; 日中, 星鳥, 以殷仲

春;厥民析, 鳥獸孶尾. 申命義叔, 宅南交, 平秩南訛, 敬致;日永. 星火, 以正仲夏;厥民因, 鳥獸希革. 分命和仲, 宅西, 曰昧谷. 寅餞納日, 平秩西成;宵中, 星虛, 以殷仲秋;厥民夷, 鳥獸毛毨. 申命和叔, 宅朔方, 曰幽都. 平在朔易, 日短, 星昴, 以正仲冬;厥民隩, 鳥獸氄毛.”라 하여 羲氏와 和氏는 모두 重(少皥의 후손)과 黎(顓頊의 후손)의 후손이며, 羲仲, 羲叔, 和仲, 和叔을 이름. 이들 집안은 天地四時의 季節과 氣候 등을 담당하였음. 馬融은 “羲氏掌天官, 和氏掌地官, 四子掌四時”라 함. 여기서는 이들을 신격화하여 표현한 것임.《眞寶》注에 “羲氏, 和氏, 主四時日出入之官”이라 함.

【河邊靈官催曉發, 令嚴不肯輕離別】‘靈官’은 신령한 관리. 神官처럼 천제의 명령으로 아침이 밝아오는 임무를 맡고 있음. ‘令嚴不肯輕離別’은 명령이 엄하지만 쉽게 이별하려 하지 않음. ‘不肯’은《柯山集》에는 不管으로 되어 있음.

【便將淚作雨滂沱, 淚痕有盡愁無歇】‘滂沱’는 비가 펑펑 쏟아짐을 표현하는 連綿語.《詩經》小雅 漸漸之石篇에 “有豕白蹢, 烝涉波矣. 月離于畢, 俾滂沱矣”라 하였고,《字彙》에 “滂沱, 大雨也”라 함. ‘便將’은《柯山集》에는 ‘空將’으로 되어 있음. ‘淚痕有盡愁無歇’은 눈물 흔적이야 다하여 마를 날이 있지만 수심은 그칠 수가 없음.

【我言織女君莫歎, 天地無窮會相見】‘我言’의 시의 작자 張文潛. ‘君’은 이인칭. 그대. 여기서는 織女를 가리킴. ‘天池無窮’은 시간이 무궁함을 말함. ‘會相見’은 만날 수 있음.

【猶勝嫦娥不嫁人, 夜夜孤眠廣寒殿】‘嫦娥’는 姮娥로도 표기하며, 羿의 아내로서 남편이 西王母로부터 구한 不死藥을 훔쳐 달로 도망하여 그곳에서 옥토끼로 하여금 계수나무 아래에서 약을 찧게 하면서 살고 있는 여인.《淮南子》覽冥訓에 “譬若羿請不死之藥於西王母, 恒娥竊以奔月, 悵然有喪, 無以續之. 何則? 不知不死之藥所由生也”라 함.《眞寶》注에 “嫦娥, 卽姮娥”라 함. ‘廣寒殿’은 달 속에 있는 殿閣.《天寶遺事》에 “唐明皇遊月宮, 見天府, 榜曰「廣寒淸虛之府.」見素娥十餘人 皓衣乘白鸞, 舞於桂樹下”라 함.

참고 및 관련 자료

1. 張文潛, 張耒. 173 참조.

2. 이 시는《柯山集》(3),《侯鯖錄》(3),《錦繡萬花谷》(前集 4),《歲時雜詠》(27),《宋藝圃集》(5),《石倉歷代詩選》(493),《宋詩紀事》(26) 등에 실려 있음.

3. 韻脚은 ‘飄, 杓, 橋’. ‘指, 理’. ‘娛, 夫, 梳, 路, 渡’. ‘何, 多, 和’. ‘發, 別, 歇’. ‘見, 殿’.

190. 〈茶歌〉 ·················· 盧仝
차가

*《眞寶》注에 "謝孟諫議簡惠茶"라 함.
*〈茶歌〉: 孟簡이 盧仝에게 차를 보내주자 이에 감사함을 시로 지은 것. 원제목은 〈走筆謝孟諫議寄新茶〉로 되어 있음. 孟簡은 자는 幾道. 德州 平昌 사람. 諫議大夫를 지냄. 《舊唐書》(163)와 《新唐書》(160)에 傳이 있음. 《新唐書》에 "孟簡, 字幾道, 德州平昌人. 曾祖詵, 武后時同州刺史. 簡擧進士宏辭, 連中累遷倉部員外郎. 王叔文任戶部, 簡以不附, 離見疾不敢顯黜. 宰相韋執, 誼爲徙它曹. 元和中拜諫議大夫"라 하였고, 《萬姓統譜》에도 "孟簡, 字幾道, 平昌人. 工詩, 尙節義, 擧進士宏詞, 連累官至諫議大夫"라 함.

해가 한 발이나 되도록 높이 떴어도 한창 잠에 빠져 있는데,
군軍의 장령이 찾아와 문을 두드리는 바람에 주공周公을 꿈꾸다 놀라 깨었네.
간의대부諫議大夫께서 편지를 보내셨다고 일러주는데,
흰 비단으로 비스듬히 봉하고 세 개의 도장이 찍혀 있네.
봉함 열었더니 완연히 대부의 얼굴이 보이는 듯하고,
열자마자 먼저 월단月團 차 3백 편片이 보이네.
듣건대 새해 기운이 이 산 속까지 들어와서,
동면하던 벌레를 놀라 깨어나게 하고 봄바람 일으키는 때라네.
천자께서는 모름지기 양선陽羨의 차를 맛보셔야 할 때,
그 어떤 풀도 감히 차보다 먼저 꽃을 피우지 못하는 것.
인풍仁風이 몰래 구슬 같은 꽃봉오리 맺게 하는 봄,
그러나 그 봄에 앞서 차는 황금의 싹을 내밀었겠지.
신선한 싹을 따서 향기롭게 덖어낸 다음 곧바로 봉하여 묶으니,

지극한 정품이요 지극히 좋은 것이지만 사치스럽지는 않네.

천자께서 드신 나머지 차는 왕공王公들에게나 합당한 것인데,

어찌 산 속에 사는 이 사람에게까지 오게 되었을까?

사립문 거꾸로 닫고 살아도 되는 곳이라 속된 손님이란 없으니,

사모紗帽로 머리 눌러 쓰고 스스로 차 끓여 마셔보네.

푸른 구름 같은 차 김은 바람을 끌어들여 끊임없이 불어오고,

흰 꽃 같은 차 거품은 빛이 떠올라 찻잔 표면에 엉기네.

첫째 잔은 목과 입술을 적셔주고,

둘째 잔은 외로운 시름을 깨뜨려 사라지게 하고,

셋째 잔은 메마른 창자를 찾아다니지만, 그 배 속엔 5천 권의 읽은 책의 지식만 있을 뿐인데.

넷째 잔은 가벼운 땀이 나도록 하여, 평소의 불평스러운 일들을 모두 털구멍을 향해 흩어져 빠져나가게 하네.

다섯째 잔은 살갗과 뼈를 맑게 해주고.

여섯째 잔은 신령神靈과 통하게 해주네.

일곱째 잔은 마실 것도 없이, 양쪽 겨드랑이에 날개 돋아 맑은 바람이 습습習習 일어남을 느끼게 하네.

봉래산은 어디에 있는가?

나 옥천자玉川子는 이 맑은 바람을 타고 그곳으로 돌아가고자 하네.

봉래산 위의 여러 신선들이 아래의 속세 이 땅을 다스리지만,

그들 자리가 맑고 높아 속세의 비바람과는 막혀 있으니,

수백억만 창생蒼生들이,

높은 벼랑에서 떨어져 고통받고 있는 운명을 어찌 알겠는가?

문득 간의대부에게 창생들에 대하여 물어보건대,

마침내 그 창생들도 다시 살아날 수 있도록 해줄 수 있을까, 없을까?

日高丈五睡正濃, 軍將扣門驚周公.

口傳諫議送書信, 白絹斜封三道印.

開緘宛見諫議面, 首閱月團三百片.

聞道新年入山裏, 蟄虫驚動春風起,

天子須嘗陽羨茶, 百草不敢先開花.

仁風暗結珠琲蕾, 先春抽出黃金芽.

摘鮮焙芳旋封裹, 至精至好且不奢.

至尊之餘合王公, 何事便到山人家?

柴門反關無俗客, 紗帽籠頭自煎喫.

碧雲引風吹不斷, 白花浮光凝碗面.

一碗喉吻潤.

二碗破孤悶.

三碗搜枯腸, 惟有文字五千卷.

四碗發輕汗, 平生不平事, 盡向毛孔散.

五碗肌骨清.

六碗通仙靈.

七碗喫不得, 也唯覺兩腋習習清風生.

蓬萊山在何處? 玉川子乘此清風欲歸去.

山上羣仙司下土, 地位清高隔風雨,

安得知百萬億蒼生, 命墮顛崖受辛苦?

便從諫議問蒼生, 到頭合得蘇息否?

【日高丈五睡正濃, 軍將扣門驚周公】'丈五'은 1丈 5尺. 해가 하늘 높이 솟음. '睡正濃'
은 한창 단잠에 빠짐. '軍將'은 孟簡의 부하 將令. 孟簡의 심부름을 온 사람. '扣門'
은 《全唐詩》,《唐百家詩選》 등에는 '打門'으로, 《詩林廣記》 등에는 '叩門'으로 되어
있음. '周公'은 '夢見周公'을 줄인 말로 공부하다가 조는 것을 말함. 《論語》 述而篇
에 "子曰:「甚矣, 吾衰也! 久矣, 吾不復夢見周公!」"라 하였고, 朱熹 注에 "孔子盛時,
志欲行周公之道, 故夢寐之間, 如或見之. 至其老而不能行也, 則無復是心, 而亦無

復是夢矣, 故因此而自歎其衰之甚也."라 함. '周公'은 姬旦. 西周 초기 文王(姬昌)의
아들이며 武王(姬發)의 아우. 魯나라를 봉지로 받아 始祖가 되었으나 조카 成王
(姬誦)이 어린 나이에 등극하자 이를 攝政하여 文物制度를 완비하고 왕권을 되
돌려주었음. 儒家에서 聖人으로 추앙하며 孔子가 매우 흠모하여 늘 거론하였음.
그 때문에 孔子가 꿈에라도 周公을 뵈었으면 하는 염원을 피력한 것임.

【口傳諫議送書信, 白絹斜封三道印】'口傳'은 말을 전함. 그러나 《全唐詩》, 《唐百家
詩選》, 《詩林廣記》 등에는 모두 '口云'으로 되어 있음. '諫議'는 諫議大夫 孟簡을
가리킴. '書信'은 편지. '白絹'은 흰 비단. '斜封'은 비스듬히 봉함. 唐宋시대 편지를
봉하던 방법. '三道印'은 남이 뜯어보지 못하도록 3개의 封印을 찍어 표시함.

【開緘宛見諫議面, 首閱月團三百片】'宛見'은 완연히 드러나 보임. '首閱'은 열어 맨
먼저 보이는 것. 그러나 《全唐詩》, 《唐百家詩選》, 《詩林廣記》 등에는 모두 '手閱'
로 되어 있음. '月團'은 차 이름. 달처럼 둥글게 다져 형태를 만든 차. 團茶라고도
부름. 《眞寶》注에 "月團, 茶名"이라 함.

【聞道新年入山裏, 蟄虫驚動春風起】'聞道'는 '전해 주는 말을 듣기로'의 뜻. '道'는
'說'과 같음. 일부 판본에는 '聞說'로 되어 있음. '新年'은 새해. 새해 기운. 봄기운
을 가리킴. '蟄虫'의 '虫'은 蟲과 같음. 冬眠하는 벌레. 다른 판본에는 모두 '蟄蟲'
으로 되어 있음. 《禮記》 月令篇에 "仲春之月, 雷乃發, 聲始電, 蟄蟲咸動, 啓戶始出"
이라 함.

【天子須嘗陽羨茶, 百草不敢先開花】'嘗'은 '嚐'과 같음. 맛을 봄. '陽羨茶'는 陽羨에
서 나는 차. 陽旋은 江蘇省 宜興縣 동남쪽 옛 縣 이름으로 그 곳 唐貢山은 좋은
차의 명산지로 유명함. 《大明一統志》 常州府에 "唐貢山, 在宜興縣東南三十五里,
山産茶, 唐時入貢, 故名"이라 함. 《事文類聚》(續集 12) 〈會湖常境上〉에 "唐茶惟湖
州紫筍入貢, 每歲以淸明日貢到, 先薦宗廟, 然後分賜近臣. 紫筍生顧渚, 在湖常二
境之間. 當采茶時, 兩郡守畢至, 最爲盛集. 白樂天守姑蘇, 聞賈常州崔湖州茶山境
會, 寄詩云:「遙聞境會茶山夜, 珠翠歌鍾俱遶身. 盤下中分兩州界, 尊前合作一家春.」
이라 함. '百草不敢先開花'는 모든 풀들도 감히 이보다 먼저 꽃을 피우지 못함.

【仁風暗結珠蓓蕾, 先春抽出黃金芽】'仁風'은 어진 바람. 만물을 소생케 하는 봄바
람. '蓓蕾'는 꽃봉오리를 뜻하는 疊韻連綿語. 그러나 《全唐詩》, 《唐百家詩選》 등
에는 '琲瓃'로, 《詩林廣記》 등에는 '蓓蘦'로 되어 있음. '先春抽出黃金芽'는 봄에
앞서 황금색의 싹을 틔워냄.

【摘鮮焙芳旋封裹, 至精至好且不奢】'摘鮮焙芳'은 신선한 싹을 따서 향기롭게 불에

덖어 말림. '旋封裹'는 곧바로 봉하여 묶음. '至精至好且不奢'는 아주 뛰어난 정품이면서 지극히 좋으나 사치롭게 꾸미지는 않았음.

【至尊之餘合王公, 何事便到山人家】'至尊'은 지극히 존귀한 분. 千字를 가리킴. '山人'은 산에 사는 사람. 작자 자신[盧仝]을 가리킴.

【柴門反關無俗客, 紗帽籠頭自煎喫】'柴門'은 싸리문. 사립문. '紗帽籠頭'는 얇은 비단 모자를 머리에 눌러 씀. '自煎喫'은 자신이 직접 달여 마셔봄. '喫'는 '吃'과 같음.

【碧雲引風吹不斷, 白花浮光凝碗面】'碧雲'은 푸른 구름. 끓는 차의 수증기(김)을 형용한 말. '白花'는 흰 꽃. 끓는 차 거품을 형용한 말. '碗'은 찻잔. 다른 판본에는 모두 '椀'으로 되어 있으며 아래 모두 같음.

【一碗喉吻潤】'吻'(문)은 입술. '喉吻潤'은 목구멍과 입술에 윤기가 나도록 적셔줌.

【二碗破孤悶】'二碗'은 다른 판본에는 모두 '兩椀'으로 되어 있음.

【三碗搜枯腸, 惟有文字五千卷】'搜枯腸'은 차의 기운이 메마른 창자를 구석구석 찾아다님. '五千卷'은 자신의 창자 속에는 오직 학문만 들어 있을 뿐임을 자랑한 것.

【四碗發輕汗, 平生不平事, 盡向毛孔散】'平生'은 平素, 日常. '不平事'는 평탄하지 못한 일상사.

【五碗肌骨淸】'肌骨淸'은 살과 뼈가 모두 맑아짐.

【六碗通仙靈】'通仙靈'은 신령과 통함. 신선의 경지에 이름.

【七碗喫不得, 也唯覺兩腋習習淸風生】'喫不得'은 더 마실 필요가 없음. 더 이상 마시지 않아도 됨. '兩腋'은 양편 겨드랑이. '習習'은 바람소리.《詩經》邶風 谷風에 "習習谷風, 以陰以雨. 黽勉同心, 不宜有怒"라 함. 여기서는 마치 신선이 되어, 날개가 돋아 날아보고자 하는 소리가 나는 듯한 느낌을 받음.

【蓬萊山在何處? 玉川子乘此淸風欲歸去】'蓬萊山'은 동쪽 바다 속에 있다고 여긴 瀛洲, 方丈(方壺)과 함께 三神山의 하나. 東方朔의《海內十洲記》에 "蓬丘, 蓬萊山是也. 對東海之東北岸, 周廻五千里, 外別有圓海繞山. 圓海水正黑, 而謂之冥海也. 無風而洪波百丈, 不可得往來. 上有九老丈人九天眞王宮, 蓋太上眞人所居. 唯飛仙有能到其處耳"라 함. '玉川子'는 작자 盧仝의 호. '欲歸去'는 蓬萊山으로 돌아가고자 함.

【山上羣仙司下土, 地位淸高隔風雨】'司下土'는 아래 땅[俗世]을 맡아 관장함.

【安得知百萬億蒼生, 命墮顚崖受辛苦】'安得知'의 '安'은 疑問詞. '命墮顚崖'는 운명

에 의하여 높은 절벽으로부터 떨어짐. 《全唐詩》에는 '命墮在巓崖'로, 《唐百家詩選》에는 '命墮在顚崖'로, 《詩林廣記》에는 '命墮顚崖'로 되어 있음.

【便從諫議問蒼生, 到頭合得蘇息否】'便從'은 다른 판본에는 모두 '便爲'로 되어 있음. '到頭'는 '끝에는, 결국, 마침내'의 뜻. '合得'은 《全唐詩》에는 '還得'으로 되어 있음. '蘇息'은 '되살아나다, 소생하다'의 뜻을 표현하는 雙聲連綿語. '否'는 앞 글자의 可否, 與否를 확인하는 疑問文을 구성함.

참고 및 관련 자료

1. 盧仝, 玉川子. 164 참조.

2. 이 시는 《詩林廣記》(8), 《全唐詩》(388), 《全唐詩錄》(52), 《唐百家詩選》(15), 《山堂肆考》(193), 《全芳備祖集》(後集 28), 《事文類聚》(續集 12), 《佩文齋廣群芳譜》(20), 《詩話總龜》(後集 29), 《漁隱叢話》(後集 11), 《詩人玉屑》(15), 《續茶經》(下) 등에 실려 있음.

3. 韻脚은 '濃, 公'. '信, 印, 片'. '裏, 起'. '茶, 花, 芽, 奢, 家'. '客, 喫'. '斷, 面, 悶, 卷, 散'. '淸, 靈, 生'. '處, 去'. '土, 雨, 苦, 否'.

4. 《詩人玉屑》(15) 評茶歌

玉川子有〈謝孟諫議惠茶歌〉, 范希文亦有〈鬪茶歌〉. 此二篇皆佳作也. 殆未可以優劣論, 然玉川歌云: 「至尊之餘合王公, 何事便到山人家?」而希文云: 「北苑將期獻天子, 林下雄豪先鬪美.」若論先後之序, 則玉川之言差勝. 雖然, 如希文豈不知上下之分者哉? 亦各賦一時之事耳.

191. <菖蒲歌> ·················· 謝疊山(謝枋得)

창포를 노래함

*<菖蒲歌>:창포를 노래함. '菖蒲'는 물기에 나는 풀로 李時珍《本草綱目》에 의하
면 泥菖蒲, 水菖蒲, 白菖蒲, 石菖蒲 등 여러 가지가 있음. 여기서는 그 중 石菖蒲
를 두고 읊은 것으로, 石菖蒲는 天南星科의 외떡잎으로 관상용 및 약용으로 쓰
이는 남방계 초본식물이며, 특히 水石 사이에 자라는 것이 名品이라 함. 학명은
Acoris gramineus Sol. 晉 稽含의《南方艸木狀》에 "菖蒲番禺東有澗, 澗中生菖蒲,
皆一寸九節. 安期生採服仙去, 但留玉舃焉."이라 함.

돌 하나 기이하게 솟으니 하늘이 쪼아 만든 것이요,

풀 하나 싱싱하여 겨울이고 여름이고 내내 푸른 빛.

창포는 한 가지만이 아니라고 사람들이 말하고 있으니,

상품은 줄기 한 치 사이에 아홉 마디가 있어 신선과 통한다 하네.

특이한 뿌리는 세속의 먼지나 티끌 기운을 띠지 않고,

고고한 절조는 샘과 돌 곁에 자라겠다고 약속 맺기 좋아한다지.

밝은 창, 깨끗한 궤상几床과는 오래도록 인연이 있으나,

꽃 피는 숲속이나 풀 우거진 섬돌과는 사귈 정이 없다네.

밤 깊어 맑은 이슬 무겁게 내리는 것도 싫어하지 않고,

아침 햇살에는 흰 구름 피어나는 것인가 의심을 자아내게 하네.

야들야들하기는 진시황秦始皇 때 동녀들이 봉래蓬萊, 영주瀛洲에 오르
면서,

손에 녹옥綠玉 지팡이 들고 천천히 걷는 모습 같으며.

수척하기는 천태산天台山 위의 성현聖賢 같은 스님이,

곡기穀氣를 끊고 득도하여 마치 외로운 학의 형상을 하고 있는 듯
하며.

군세기는 오백 의사義士들이 제齊나라 전횡田橫을 따를 때,
영기英氣 늠름하여 푸른 하늘에 닿을 듯한 기상 같고.
맑기는 3천 제자들이 공자 집 뜰에 서서 공부할 때,
안회顏回의 금琴과 증점曾點의 슬瑟이 천리天理를 울리는 듯하네.
그러한 집 앞에는 붉은 연지와 흰 분 따위의 여자들은 들여올 뜻이
없고,
자리에는 언제나 시詩, 서書 읽는 소리가 들리고 있지.
괴석怪石과 소탕篠簜 같은 것도 모두가 공물貢物에 충당되었으니,
이 석창포도 순舜임금 궁정엔 당연히 공물로 함께 올랐었으리라.
신농神農은 지혜가 많아 이를 《본초本草》에 넣었으나,
굴원屈原은 잘못하여 이소離騷에서 이를 빠뜨리고 말았네.
그윽한 정취를 가진 사람이 이를 완상翫賞하면 신선의 홍취를 발하게
되고,
방사方士들이 이를 복용하면 수명을 길게 연장시킨다네.
채색의 난조와 자줏빛 봉조가 노는 기화원琪花苑이요,
붉은 규룡虯龍과 옥 기린麒麟이 노니는 부용성芙蓉城이로다.
천상의 신선들은 맑고 깨끗함 좋아하시니,
이처럼 신령한 석창포 싹 본다면 의당 크게 놀라리라.
나는 이를 가지고 태청궁太淸宮을 찾아가 조알하고자 하니,
요초瑤草의 그 향기를 감히 나 혼자 즐길 수 없기 때문.
옥황상제玉皇上帝께서는 웃으며 향기로운 책상 위에 간수했다가,
올바른 도를 가진 이에게 장생의 선물로 하사하리라.
인간세상 천만 가지 화초가 아무리 아름답고 곱다 해도,
틀림없이 이 풀과는 감히 고상한 이름을 다투지 못하리라!

有石奇峭天琢成, 有草夭夭冬夏青.
人言菖蒲非一種, 上品九節通仙靈.

異根不帶塵埃氣, 孤操愛結泉石盟.
明窗淨几有宿契, 花林草砌無交情.
夜深不嫌清露重, 晨光疑有白雲生.
嫩如秦時童女登蓬瀛, 手携綠玉杖徐行.
瘦如天台山上賢聖僧, 休糧絶粒孤鶴形.
勁如五百義士從田橫, 英氣凜凜磨青冥.
清如三千弟子立孔庭, 回琴點瑟天機鳴.
堂前不入紅粉意, 席上嘗聽詩書聲.
恠石篠蕩皆充貢, 此物舜廊當共登.
神農知己入本草, 靈均蔽賢遺騷經.
幽人耽翫發仙興, 方士服餌延脩齡.
綵鸞紫鳳琪花苑, 赤虯玉麟芙蓉城.
上界眞人好清淨, 見此靈苗當大驚.
我欲携之朝太清, 瑤草不敢專芳馨.
玉皇一笑留香案, 錫與有道者長生.
人間千花萬草儘榮艶, 未必敢與此草爭高名!

【有石奇峭天琢成, 有草夭夭冬夏青】'奇峭'는 기이하게 솟아난 산이나 바위의 형상. 석창포 주위의 돌과 바위를 형용한 것. 혹 창포의 분재를 표현한 것으로도 봄. '天琢成'은 천연적으로 彫琢하여 이루어진 것임. '夭夭'는 여리고 예쁜 모습을 표현하는 疊語.《詩經》周南 桃夭篇 "桃之夭夭, 灼灼其華"의 朱熹 注에 "夭夭, 少好之貌"라 함.

【人言菖蒲非一種, 上品九節通仙靈】'人言菖蒲非一種'은 사람들은 창포는 한 종류가 아니라고 말함. '上品九節'은 상급 품종의 창포는 줄기 한 치 사이에 아홉 개의 마디가 있음.《藝文類聚》(81)에《羅浮山記》曰: 「羅浮山中菖蒲, 一寸二十節.」이라 함. '通仙靈'은 신령과 통함. 즉 이를 복용하면 신선이 됨.《神仙傳》(10) 王興에 "王興者, 陽城人也, 常居一谷中. 本凡民, 不知書, 無學道意也. 昔漢武帝元封二年, 上嵩山, 登大愚石室, 起道宮, 使董奉君, 東方朔等, 齋潔思神. 至夜, 忽見仙人長二

丈餘, 耳下垂至肩. 武帝禮而問之, 仙人答曰:「吾九疑仙人也, 聞中嶽有石上菖蒲, 一寸九節, 服之可以長生, 故來採之.」言訖, 忽然不見. 武帝顧謂侍臣曰:「彼非欲學道服食者, 必是中嶽之神, 以此敎朕耳.」乃採菖蒲服之, 且二年. 而武帝性好熱食, 服菖蒲每熱者, 輒煩悶不快, 乃止. 時從官多皆服之, 然莫能持久. 唯王興聞仙人使武帝常服蒼蒲, 乃採服之, 不息, 遂得長生, 魏武帝時猶在, 其隣里老小皆云傳世見之. 視興常如五十許人, 其强健, 日行三百里. 後不知所之.」라 함.

【異根不帶塵埃氣, 孤操愛結泉石盟】 '異根'은 특이한 뿌리를 가진 창포. '塵埃氣'는 속세의 티끌과 먼지 등의 俗氣. '孤操'는 고고한 志操. '泉石盟'은 샘물과 돌과 盟約을 맺음. 석창포가 물과 돌을 의지하여 생장함을 말함.

【明窓淨几有宿契, 花林草砌無交情】 '明窓淨几'은 밝은 창 앞의 깨끗한 책상. '窓'은 《宋元詩會》에는 '窗'으로 표기되어 있음. 《歐陽公試筆》에 "蘇子美嘗言:「明窓淨几紙墨, 皆極精良, 亦自是人生一樂」"이라 함. '宿契'는 오래된 약속. 오래된 인연. 文人이나 隱士들이 菖蒲 盆栽를 書齋에 들여놓고 가까이 하였음을 말함. '草砌'는 풀이 우거진 섬돌. '交情'은 서로 사귐의 정. 《漢書》鄭當時傳에 "一生一死, 迺知交情; 一貴一賤, 交情迺見"이라 함.

【夜深不嫌淸露重, 晨光疑有白雲生】 '不嫌'은 혐의를 두지 않음. 꺼리지 않음. '淸露'는 맑은 이슬. '晨光'은 아침 햇살. 아침의 맑은 빛.

【嫩如秦時童女登蓬瀛, 手携綠玉杖徐行】 '嫩'은 부드럽고 야들야들함. '秦時童女'는 秦나라 때 童女. 秦始皇이 서불(徐市)로 하여금 童男童女 수천 명을 거느리고 東海의 三神山에 가서 不老草를 구해오도록 한 고사를 말함. 《史記》始皇本記에 "齊人徐市等上書, 言海中有三神山, 名曰蓬萊, 方丈, 瀛洲, 僊人居之. 請得齋戒, 與童男女求之. 於是遣徐市發童男女數千人, 入海求僊人"이라 함. '蓬瀛'은 蓬萊山와 瀛洲山. 方丈山과 함께 三神山의 이름. 《眞寶》注에 "瀛, 音盈. ○秦始皇遊東海, 方士徐福等上書:「請得與童男女, 入海求三神山, 不死藥.」"이라 하여 徐福을 들고 있으나 徐福은 漢 武帝 때의 방사임. '携'는 《宋元詩會》에는 '攜'로 표기되어 있음. '綠玉'은 綠柱石. 옥돌의 일종으로 綠寶石이라고도 부름.

【瘦如天台山上賢聖僧, 休糧絶粒孤鶴形】 '天台山'은 지금의 浙江 天台縣 북쪽에 있는 산. 《一統志》에 "台州府天台山, 在天台縣西一百一十里. 道書是山上應台星, 超然秀出. 有八重, 視之如一帆, 高一萬八千丈, 周廻八百里. 山去天下遠, 路由福溪水, 險而淸. 前有石橋, 廣不盈尺, 長數十丈, 下臨絶澗, 惟忘其身然後能濟. 濟者梯岩壁, 援藤葛始得平路"라 함. 漢나라 때 劉晨과 阮肇가 약초를 캐러 갔다가 그 곳에서

仙人을 만났다 하며, 隋나라 智者大師는 그 곳에서 수양을 하여 天台宗을 열었음. 《搜神記》佚文(明鈔本《太平廣記》61)에 "劉晨, 阮肇入天台取穀皮, 遠不得返. 經十三日, 飢. 遙望山上有桃樹, 子實熟. 遂躋險援葛至其下, 噉數枚, 飢止體充. 欲下山, 以杯取水. 見蕪青葉流下, 其鮮新. 復有一杯流下, 有胡麻焉. 乃相謂曰:「此近人家矣.」遂渡山, 出一大溪. 溪邊有二女子, 色甚美. 見二人持杯, 便笑曰:「劉, 阮二郞捉向杯來.」劉, 阮驚. 二女遂欣然如舊相識曰:「來何晚耶?」因邀還家. 南東二壁各有絳羅帳, 帳角懸鈴, 上有金銀交錯. 各有數侍婢使令. 其饌有胡麻飯, 山羊脯, 牛肉, 甚美. 食畢, 行酒. 俄有群女持桃子, 笑曰:「賀汝婿來.」酒酣作樂. 夜後各就一帳宿, 婉態殊絶. 至十日, 求還, 苦留半年. 氣候草木是春時, 百鳥啼鳴, 更懷鄕, 歸思甚苦. 女遂相送, 指示歸路. 旣還, 鄕邑零落, 已十世矣."라 함. '賢聖'은 《疊山集》에는 '聖賢'으로 되어 있음. '休糧絶粒'은 양식을 밀리하고 곡식을 끊음. '絶穀'과 같으며 道家 修養法의 하나. '孤鶴形'은 득도한 神仙의 형상이 마치 孤高한 鶴과 같음.

【勁如五百義士從田橫, 英氣凜凜磨靑冥】'勁'은 굳세고 질김. '田橫'(?−B.C.202)은 秦나라 말엽 齊나라 임금 田榮의 아우. 秦始皇이 제나라를 멸하자 형 田儋과 군사를 일으켜 재건을 꾀하여 楚漢戰 때 자립하여 齊王이 됨. 그러다가 劉邦이 승리하여 漢나라가 들어서자 다시 5백여 명을 이끌고 바다의 섬(지금의 田橫島)으로 들어가 한나라에 버팀. 이에 漢 高祖(劉邦)가 즉위하여 부르자 長安 궁문에 이르러 그의 신하가 될 수 없다고 자결하고 말았음. 이에 따르던 자들이 차마 울지 못하고 대신 노래를 불렀는데 이것이 뒤에 輓歌(挽歌)의 근원이 되었으며 五百義士들도 모두 함께 자결하고 말았음. 《史記》田儋列傳에 "田橫懼誅, 而與其徒屬五百餘人入海, 居島中. 高帝聞之, 以爲田橫兄弟本定齊, 齊人賢者多附焉, 今在海中不收, 後恐爲亂, 迺使使赦田橫罪而召之. 田橫因謝曰:「臣亨陛下之使酈生, 今聞其弟酈商爲漢將而賢, 臣恐懼, 不敢奉詔, 請爲庶人, 守海島中.」使還報, 高皇帝迺詔衛尉酈商曰:「齊王田橫卽至, 人馬從者敢動搖者致族夷!」迺復使使持節具告以詔商狀, 曰:「田橫來, 大者王, 小者迺侯耳;不來, 且擧兵加誅焉.」田橫迺與其客二人乘傳詣雒陽. 未至三十里, 至尸鄕廏置, 橫謝使者曰:「人臣見天子當洙沐.」止留. 謂其客曰:「橫始與漢王俱南面稱孤, 今漢王爲天子, 而橫迺爲亡虜而北面事之, 其恥固已甚矣. 且吾亨人之兄, 與其弟並肩而事其主, 縱彼畏天子之詔, 不敢動我, 我獨不愧於心乎? 且陛下所以欲見我者, 不過欲一見吾面貌耳. 今陛下在洛陽, 今斬吾頭, 馳三十里閒, 形容尚未能敗, 猶可觀也.」遂自剄, 令客奉其頭, 從使者馳奏之高帝. 高帝曰:「嗟乎, 有以也夫! 起自布衣, 兄弟三人更王, 豈不賢乎哉!」爲之流涕, 而拜其

二客爲都尉, 發卒二千人, 以王者禮葬田橫. 旣葬, 二客穿其冢旁孔, 皆自剄, 下從之. 高帝聞之, 迺大驚, 以田橫之客皆賢. 吾聞其餘尙五百人在海中, 使使召之. 至則聞田橫死, 亦皆自殺. 於是迺知田橫兄弟能得士也."라 하였고, 《漢書》田儋傳에도 "漢滅項籍, 漢王立爲皇帝, 彭越爲梁王. 橫懼誅, 而與其徒屬五百餘人入海, 居島中. 高帝聞之, 以橫兄弟本定齊, 齊人賢者多附焉, 今在海中不收, 後恐有亂, 乃使使赦橫罪而召之. 橫謝曰:「臣亨陛下之使酈食其, 今聞其弟商爲漢將而賢, 臣恐懼, 不敢奉詔, 請爲庶人, 守海島中.」使還報, 高帝乃詔衛尉酈商曰:「齊王橫卽至, 人馬從者敢動搖者致族夷!」乃復使使持節具告以詔意, 曰:「橫來, 大者王, 小者乃侯耳; 不來, 且發兵加誅.」橫乃與其客二人乘傳詣雒陽. 至尸鄉廄置, 橫謝使者曰:「人臣見天子, 當洗沐.」止留. 謂其客曰:「橫始與漢王俱南面稱孤, 今漢王爲天子, 而橫乃爲亡虜, 北面事之, 其媿固已甚矣. 又吾亨人之兄, 與其弟幷肩而事主, 縱彼畏天子之詔, 不敢動搖, 我獨不媿於心乎? 且陛下所以欲見我, 不過欲壹見我面貌耳. 陛下在雒陽, 今斬吾頭, 馳三十里間, 形容尙未能敗, 猶可知也.」遂自剄, 令客奉其頭, 從使者馳奏之高帝. 高帝曰:「嗟乎, 有以! 起布衣, 兄弟三人更王, 豈非賢哉!」爲之流涕, 而拜其二客爲都尉, 發卒二千, 以王者禮葬橫. 旣葬, 二客穿其冢旁, 皆自剄從之. 高帝聞而大驚, 以橫之客皆賢者, 吾聞其餘尙五百人在海中, 使使召至, 聞橫死, 亦皆自殺. 於是乃知田橫兄弟能得士也."라 함. 그외 《古今注》(中), 《樂府詩集》(27), 《酉陽雜俎》(續四), 《初學記》(14), 《北堂書鈔》(29), 《十八史略》(2), 《蒙求》(上) 등에 아주 널리 실려 있음. '凜凜'은 위엄 있고 출중한 모습. '磨靑冥'의 '磨'는 《疊山集》에는 '摩'로 되어 있어 의미가 순통함. '푸른 하늘을 어루만지다. 푸른 하늘에 닿다'의 뜻.

【淸如三千弟子立孔庭, 回琴點瑟天機鳴】 '孔庭'은 공자의 집 마당. 공자의 講學 장소를 말함. '三千弟子'는 《史記》孔子世家에 "孔子以詩書禮樂敎弟子, 蓋三千焉. 身通六藝者七十有二人"이라 함. '回琴點瑟'은 공자 제자 顔回가 타는 琴과 曾點이 타는 瑟. 《莊子》讓王篇에 "孔子謂顔回曰:「回, 來! 家貧居卑, 胡不仕乎?」顔回對曰:「不願仕. 回有郭外之田五十畝, 足以給飦粥; 郭內之田十畝, 足以爲絲麻; 鼓琴足以自娛, 所學夫子之道者足以自樂也. 回不願仕.」孔子愀然變容曰:「善哉回之意! 丘聞之:『知足者不以利自累也, 審自得者失之而不懼, 行修於內者無位而不怍.』丘誦之久矣, 今於回而後見之, 是丘之得也.」라 하였고, 《論語》先進篇에 "「點! 爾何如?」鼓瑟希, 鏗爾, 舍瑟而作, 對曰:「異乎三子者之撰.」子曰:「何傷乎? 亦各言其志也.」曰:「莫春者, 春服旣成, 冠者五六人, 童子六七人, 浴乎沂, 風乎舞雩, 詠而歸.」夫子喟然歎曰:「吾與點也!」라 함. 《眞寶》注에 "回, 顔回; 點, 曾點"이라 함. '天機'

는 自然之性. 天然의 機樞.

【堂前不入紅粉意, 席上嘗聽詩書聲】'堂前'은 그러한 창포를 들여놓고 있는 선비나 은자의 집을 말함. '紅粉意'는 붉은 연지와 흰 분을 바른 여자의 氣味. 화장한 여인들이 그 집에 들어오지 않음. '嘗'은《疊山集》과《宋元詩會》등에는 모두 '常'으로 되어 있어 의미가 순통함.

【怪石篠簜皆充貢, 此物舜廊當共登】'怪石'은 靑州에서 나는 옥과 비슷한 돌. '怪'는 怪와 같으며《疊山集》에는 '怪'로 되어 있음.《尙書》禹貢에 "海, 岱惟靑州:嵎夷旣略, 濰, 淄其道. 厥土白墳, 海濱廣斥. 厥田惟上下, 厥賦中上. 厥貢鹽絺, 海物惟錯. 岱畎絲枲, 鉛, 松, 怪石. 萊夷作牧, 厥篚檿絲. 浮于汶, 達于濟."라 함. '篠簜'은 揚州에서 나는 대나무로 공물로 바쳤음.《尙書》禹貢에 "淮, 海惟揚州:彭蠡其豬, 陽鳥攸居. 三江旣入, 震澤底定. 篠簜旣敷, 厥草惟夭, 厥木惟喬. 厥土惟塗泥, 厥田惟下下, 厥賦下上, 上錯. 厥貢惟金三品, 瑤, 琨, 篠, 簜, 齒, 革, 羽, 毛惟木. 島夷卉服, 厥篚織貝, 厥包橘柚, 錫貢. 沿于江, 海, 達于淮, 泗."라 함. '篠'(소)는 가는 대나무(竹箭). '簜'(탕)은 큰 대나무(大竹). '充貢'은 貢物에 충당됨.《眞寶》注에 "靑州貢怪石, 揚州貢篠簜"이라 함. '舜廊'은《疊山集》과《宋元詩會》등에는 모두 '舜廟'로 되어 있음. '怪石'과 '篠簜'은 모두 禹의〈禹貢〉에 貢物로서 舜의 조정(사당)에 바쳐졌으니 이 석창포도 당연히 그렇게 舜의 조정에 올랐을 것이라 추측한 것.

【神農知己入本草, 靈均蔽賢遺騷經】'神農'은 上古시대 帝王. 炎帝, 烈山氏. 처음으로 온갖 풀들을 맛보고 藥性을 알아내어 醫藥의 시초를 열었다 함.《史記》五帝本紀에〈正義〉에 "《帝王世紀》云:神農氏, 姜姓也. 母曰任姒, 有蟜氏女, 登爲少典妃, 遊華陽, 有神龍首, 感生炎帝. 人身牛首, 長於姜水. 有聖德, 以火德王, 故號炎帝"라 하였고,《十八史略》(1)에 "炎帝神農氏:姜姓人身牛首, 繼風姓而立, 火德王. 斲木爲耜, 揉木爲耒, 始敎耕, 作蜡祭. 以赭鞭鞭草木, 嘗百草, 始有醫藥. 敎人日中爲市, 交易以退. 都於陳, 徙曲阜"라 하였으며,《搜神記》(1)에도 "神農以赭鞭鞭百草, 盡知其平, 毒, 寒, 溫之性, 臭味所主. 以播百穀. 故天下號神農也."라 함. '本草'는 神農이 지었다는《本草經》3권. 藥材에 관한 가장 오래된 책으로 알려짐. '知己'는 서로 잘 알아줌.《史記》刺客列傳(豫讓)에 "士爲知己者死, 女爲說己者容"이라 함. 그러나《宋元詩會》에는 '多智'로 되어 있어 의미가 순통함. '靈均'은 戰國시대 楚나라 시인 屈原의 자.《楚辭》離騷에 "帝高陽之苗裔兮, 朕皇考曰伯庸. 攝提貞于孟陬兮, 惟庚寅吾以降. 皇覽揆余于初度兮, 肇錫予以嘉名. 名余曰正則兮, 字余曰靈均."이라 함. '遺騷經'은《離騷》에서 석창포에 대한 언급을 빠뜨림. 굴원은

《離騷》에서 온갖 향초를 동원하여 성인군자에 비유하였는데 창포에 대한 언급
은 전혀 없음을 말함. 《眞寶》注에 "靈均, 卽屈原也. 《離騷經》中不言菖蒲, 是遺亡
也"라 함.

【幽人耽翫發仙興, 方士服餌延脩齡】'幽人'은 幽閑風雅한 선비. '耽翫'은 탐닉하여
완상함. '翫'은 玩과 같으며, 《疊山集》등에는 모두 '玩'으로 되어 있음. '發仙興'은
신선의 흥취를 유발시킴. '方士'는 方術, 곧 仙道를 닦는 사람. '服餌'는 道人들이
仙藥으로 여겨 복용함. 《疊山集》注에 "梅子眞於玉笥山, 採菖蒲服之昇仙"이라 하
였고, 《漢書》梅福傳에 "梅福, 字子眞, 九江壽春人, 爲郡文學補南昌尉. 後去官歸
壽春, 居家以讀書養性爲事, 元始中王莽顓政, 福一朝棄妻子去, 九江至今傳以爲仙"
이라 함. '脩齡'은 長壽. '脩'는 《疊山集》에는 '修'로 표기되어 있음.

【綵鸞紫鳳琪花苑, 赤虬玉麟芙蓉城】'綵鸞紫鳳'은 채색의 鸞鳥와 자줏빛 鳳鳥. 창
포꽃의 아름다움을 비유한 것. '琪花苑'은 琪花瑤草가 가득한 정원. 仙境을 가리
킴. '赤虬玉麟'은 붉은 虬龍과 옥빛 麒麟. 창포 줄기와 뿌리의 아름다움을 비유
한 것. '芙蓉城'은 王逈(子高)가 仙女 周瑤英과 놀던 곳. 《唐宋詩醇》(35) 蘇軾의
〈芙蓉城〉注에 "世傳王逈子高與仙人周瑤英游芙蓉城"이라 하였고 다시 "胡微之
《芙蓉城傳》略曰: 胡微之《芙蓉城傳》畧曰: 王逈字子高, 初遇一女, 自言周太尉女, 語
王曰:「我於人間嗜欲未盡緣, 以冥契當侍巾幘.」自是朝去夕至, 凡百餘日. 周云:「卽
預朝列.」王曰:「朝帝耶?」不言其詳, 由此倏去, 不來者數日, 忽一夕, 夢周道服而至,
謂王曰:「我居幽僻, 君能一往否?」喜而從之, 但覺其身飄然與周同擧, 須臾過一嶺
及一門, 珍禽佳木, 淸流怪石, 殿閣金碧相照. 遂與王, 自東廂門入, 循廊至一殿亭,
甚雄壯. 下有三樓相視而聳, 廊間半開. 周忽入, 王少留. 須臾周與一郎至周, 曰:
「三山之事息乎?」曰:「雖已息, 奈情何?」於是拊掌而去逡巡, 東廊之門啓, 有女流道
裝而出者, 百餘人立於庭下. 俄聞殿上捲簾, 有美丈夫一人, 朝服憑几, 而庭下之女,
循次而上. 少頃憑几者起簾, 復下諸女流, 亦復不見. 周遂命王登東廂之樓, 上有酒
具憑欄, 縱觀山川淸秀, 梁上有碑題曰「碧雲」, 其字則《眞誥》, 八龍雲篆. 王未及下, 一
女郎復登上樓, 年可十五, 容色嬌媚, 亦周之比, 周曰:「此芳卿也. 與我最相愛.」芳
卿蓋其字耳. 夢之明日, 周來, 王語以夢, 周笑曰:「芳卿之意, 甚勤也.」王問:「何地?」
周曰:「芙蓉城也.」曰:「憑几者誰? 三山之事何?」謂周, 皆不對. 問:「芳卿, 何姓?」
曰:「與我同.」王感其事, 作詩遺周, 周臨別留詩云:「久事屏幃不暫閒, 今朝離意尚闌
珊. 臨行惟有相思淚, 滴在羅衣一半斑.」이라 함.

【上界眞人好淸淨, 見此靈苗當大驚】'上界眞人'은 天上의 仙人. '靈苗'는 신령스런 풀

의 싹. 석창포를 가리킴.

【我欲携之朝太淸, 瑤草不敢專芳馨】'太淸'은 道家의 三淸境 중의 하나인 太淸宮. 玉皇上帝가 있는 곳. '朝太淸'은 《宋元詩會》에는 '朝上帝太淸'으로 '上帝' 2글자가 더 있음. '瑤草'는 藼草로도 표기하며 菖蒲의 다른 말. 《山海經》 中山經에 "又東二百里, 曰姑媱之山. 帝女死焉, 其名曰女尸. 化爲藼草, 其葉胥成, 其華黃, 其實如菟丘, 服之媚于人"이라 함.

【玉皇一笑留香案, 錫與有道者長生】'玉皇'은 여러 신선을 다스리는 玉皇上帝. '錫'는 '賜'와 같은 뜻임. 《宋元詩會》에는 '賜'로 표기되어 있음.

【人間千花萬草儘榮艷, 未必敢與此草爭高名】'榮艷'은 꽃 피고 고운 것. '艷'은 豔과 같으며 《疊山集》에는 '豔'으로 되어 있음. '未必敢與此草爭高名'은 이 풀과 어느 것이 이름이 높은가를 감히 다투지 못할 것임.

참고 및 관련 자료

1. 謝疊山(謝枋得: 1226~1289).

南宋 末의 문학가이며 충신으로 자는 君直, 호는 疊山. 信州 弋陽(지금의 江西) 사람. 시호는 文節. 歐陽修와 蘇軾을 숭앙하였으며, 《疊山集》(16권)이 〈四部叢刊〉에 실려 있고, 《宋史》(425)에 그의 傳이 있음. 송말 文天祥과 同榜으로 함께 진사에 올랐으며, 元(蒙古)이 中原으로 들어오자 벼슬을 버리고 建寧에 은거하며 남의 점을 쳐주는 일로 생업을 삼고 있었음. 그 뒤 원나라 조정에서 옛 인재를 찾는 과정에 大都(지금의 北京)로 끌려갔으나 끝까지 절의를 지키며 병이 들자 음식을 끊고 자결해 버렸음. 지금 전하는 《千家詩》의 절반인 七言 絶句와 律詩 부분은 바로 이 謝枋得이 편찬한 것임. 《宋史》 〈謝枋得傳〉에 "謝枋得字君直, 信州弋陽人也. 爲人豪爽. 每觀書, 五行俱下, 一覽終身不忘. 性好直言, 一與人論古今治亂國家事, 必掀髯抵几, 跳躍自奮, 以忠義自任. 徐霖稱其「如驚鶴摩霄, 不可籠縶.」"이라 하였으며, 《大明一統志》에는 "謝枋得, 弋陽人. 號爲疊山. 爲人豪爽以忠義自奮, 實祐中, 試經科, 除敎授. 德祐初, 以江西招諭使知信州. 遣將與元兵, 戰不利, 乃變姓名, 入建寧山中. 元初大臣屢薦, 輒辭. 有怒者逼, 以北行至元都, 問謝大后攢所及瀛國公所在, 再拜痛哭不食而死"라 함. 《眞寶》 諸賢姓氏事略에 "謝疊山, 名枋得, 字君直, 廣信人"이라 함.

2. 이 시는 《疊山集》(1), 《宋元詩會》(51), 《宋詩紀事》(67), 《佩文齋廣群芳譜》(88) 등에 실려 있음.

3. 韻脚은 '成, 靑, 靈, 盟, 情, 生, 行, 形, 冥, 鳴, 聲, 登, 經, 齡, 城, 驚, 馨, 生, 名'.

192. 〈石鼓歌〉 ···················· 韓退之(韓愈)
석고를 노래함

*《眞寶》注에 "歐陽文忠公云: 石鼓在岐陽. 韋應物以爲文王之鼓, 至宣王刻詩爾. 韓退之直以爲宣王之鼓. 在今鳳翔孔子廟中. 鼓有十; 先時散棄于野. 鄭餘慶置于廟而亡其一. 宋皇祐四年向傳師求於民間, 得之, 十鼓乃足. 其文可見者, 四百六十五; 磨滅難識者, 過半矣"라 함.

*〈石皷〉: '石鼓'와 같음. '皷'는 '鼓'의 異體字. 북처럼 생긴 石物의 고대 유물로, 大篆體(籀書)의 글씨가 새겨져 있음. 唐 太宗 貞觀 연간 陝西 天興(지금의 鳳翔) 남쪽 20리에서 발견되었으며, 처음에는 '獵碣'이라 불렀으나 북처럼 생겼고, 韋應物, 韓愈가 각기 〈石鼓歌〉를 지음으로써 뒤에 비로소 '石鼓'라는 명칭으로 굳어지게 되었음. 모두 열 개이며 높이는 각기 1m 정도. 전혀 역사에 기록이 없어 구체적으로 알지 못하였음. 大篆體 연구의 귀중한 자료이며 지극한 보물로 여겼음. 《元和郡縣志》에 "關內道鳳翔府天興縣: 石鼓文在縣南二十里許, 石形如鼓, 其數有十. 蓋紀周宣王畋獵之事, 其文卽史籀之迹也. 貞觀中吏部侍郎蘇勗紀其事云:「虞(世南), 褚(遂良), 歐陽(詢)共稱古妙」라 하였고, 《一統志》에 "石鼓山, 在寶雞縣南二十里, 山麓舊有石如鼓者十, 相傳周宣王時所鑿石鼓, 今在國子監"이라 함. 한편 歐陽修의 《集古錄》(1) 〈石鼓文〉條에 "石鼓文在岐陽(지금의 陝西 岐山 남쪽), 初不見稱於前世, 至唐人始盛稱之. 而韋應物以爲周文王之鼓, 至宣王刻詩爾. 韓退之直以爲宣王之鼓, 在今鳳翔孔子廟. 鼓有十; 先時散棄於野, 鄭餘慶始置於廟, 而亡其一. 宋皇祐四年, 向傳師求於民間得之, 十鼓乃足. 其文可見者四百六十五, 磨滅不可識者過半, 然其可疑者三四"라 함. 이에 宋 王厚之의 〈石鼓文跋〉에도 역시 처음 발견 당시 교외에 방치되어 있어, 韓愈가 이를 太學으로 옮길 것을 청하였으나 조정에서 허락하지 않았음. 뒤에 鄭餘慶이 鳳翔의 孔子廟로 옮겨 안치했으나 五代의 혼란 중에 다시 흩어졌다가 宋代 司馬池가 鳳翔府 知事가 되어 다시 이를 수습, 鳳翔府의 府學 처마에 옮겨놓았으나, 그 때 이미 하나가 사라지고 없었다 함. 다시 宋 仁宗 皇祐 4년(1052) 向傳師가 사라졌던 하나를 민가에서 찾았으나 이미 훼멸된 채 절구로 사용하고 있었다 하였음. 이어서 北宋이 망하고 남쪽으로 옮겨간 뒤 金나라가 이를 燕京(北京)으로 옮겼으며 元, 明, 淸을 거쳐 계

속 北京의 國子監에 안치하였다가 지금은 北京故宮博物館에 소장되어 있음. 10개의 石鼓는 각기 四言體의 詩가 大篆體(籒文)로 새겨져 있으며 全文은 약 700자가 넘으나 지금은 200여 자만 남아 있음. 내용은 "我車旣攻, 我馬旣同. ……我車旣好, 我馬旣駒. 君子負獵, 負獵負游. 麋鹿速速, 君子之求"라 하여 주로 漁獵의 행사를 頌揚한 韻文임. 제작 연대에 대해서는 각기 이설이 있어, 韓愈는 周 宣王이 새긴 것이라 하였고, 혹은 宣王의 신하인 사주(史籒)의 작이라 여기기도 하였으나 宋代 鄭樵는 秦 昭王(B.C.306-B.C.251 재위) 때 제작된 것으로, 周 赧王 27년(B.C.288)으로부터 29년(B.C.286) 前이라 주장하였음. 그러나 지금 많은 학자들은 秦나라 때의 金石碑刻 文辭를 근거로 校閱한 결과 秦代의 문장이라 考證하였으며, 구체적으로 춘추시대 秦 襄公(B.C.777-B.C.766 재위) 前後로 보고 있음. 이에 따라 '秦鼓'라 부르기도 함. 글자는 南宋 때 이미 거의 마멸되어 알아볼 수 없을 정도였으며, 北宋 때 〈先鋒〉, 〈中權〉, 〈後勁〉 등 3개의 탁본이 日本으로 건너갔으나 지금은 그 행방을 알 수 없다 함. 郭沫若의 〈石鼓文研究〉에 이 3개의 탁본 사진이 실려 있으며 이것이 유일한 眞本 사진임. 이는 文字學의 古文字 大篆 연구에 귀중한 자료이며, 동시에 書藝界에도 큰 영향을 미쳤음. '歌'는 詩體의 한 장르. 《文體明辨》에 "其放情長言, 雜而無方者曰歌"라 함.

장적張籍이 직접 〈석고문石鼓文〉 탁본을 가지고 와서,
나에게 〈석고가〉를 지어 보라 권하네.
두보杜甫도 죽고 이백李白도 죽고 없는 지금,
재주 없는 이 몸이 〈석고문〉을 어찌 지으리!
주周나라 기강 서서히 허물어지고 사해四海가 들끓자,
선왕宣王께서 분을 내어 천자의 무위武威를 휘둘렀네.
명당明堂을 크게 열고 제후들의 조알을 받으시니,
복종한 제후들의 검과 패옥이 부딪혀 맑은 소리를 내었네.
기산岐山 남쪽에서 사냥하며 열병閱兵함에 웅준한 이들 내달리니,
만 리의 금수들이 한 그물에 막혀 걸려들었네.
이러한 공적과 성취를 새겨 만세에 전하고자,
돌을 파서 북 모양을 만들었는데 높은 산을 허물어 캐낸 돌일세.

선왕을 따르는 신하들 재주는 누구 할 것 없이 천하제일,

가리고 뽑아 글을 새겨 산기슭에 남겨두었지.

긴 세월 비에 젖고 볕에 쬐고 들불에 달궈져도,

온갖 번거로움에도 귀신이 수호하여 사악한 것을 질책하며 물리쳤네.

장적 그대는 어디에서 탁본을 얻었는가?

털끝조차도 모두 다 갖추어 조금도 틀림이 없네.

글은 엄하고 뜻은 깊어 읽어도 알아보기 어려우며,

글씨체는 예서隸書도 과두문蝌蚪文도 닮지 않았네.

오랜 세월 어찌 능히 획 하나도 결락됨을 면했을까?

날카로운 칼날 아래 잘린 모습 교룡 같은 형체일세.

필세는 난새가 날고 봉황이 춤을 추어 뭇 신선들이 내려오듯,

산호와 벽옥의 나무가 서로 가지를 교차한 듯.

금으로 꼰 새끼줄이며 쇠로 만든 노끈에 무쇠 손잡이와 고리 모습,

옛 구정九鼎이 물에서 솟아오르고 베틀 북이 용이 되어 날아가듯.

그러나 비루한 선비들이 《시》를 편찬할 때 이를 싣지 못하여,

〈소아〉와 〈대아〉는 편이 좁아 제대로 수용하지도 못하였네.

공자께서 서쪽으로 행하실 때 석고가 있던 진秦나라에는 이르지 못하셔서,

《시》의 작품들은 별들은 모아왔으나 해와 달 같은 이 작품은 놓치고 말았구나.

아! 나는 옛것을 좋아하되, 너무 늦게 태어난 것이 아쉽도다.

지금에야 이를 보니 두 눈에 눈물이 펑펑 쏟아지네.

지난날 생각하니 내 처음 박사博士가 되어 불려왔을 때

그 해는 연호를 바꾸어 원화元和라 불리던 첫해.

정여경鄭餘慶께서는 종군하여 우부풍절도사右扶風節度使가 되시어,

나를 위해 생각 끝에 석고를 안치할 자리를 파 놓았네.

그리하여 나는 관을 씻고 목욕하고 좨주祭酒 정여경에게 이렇게 아뢰

었지.

"이와 같은 지극한 보물이 어찌 많을 수 있으리오!

두터운 털 담뇨를 깔고 감싼다면 가히 곧바로 가져올 수 있을 것이며,

열 개의 돌 북은 낙타 몇 마리면 실어 옮길 수 있으리니,

태묘太廟에 이를 올려 바치면 옛날 고정郜鼎을 옮겼던 예에 비견될 것이오.

그렇게 하면 그 빛난 값이 어찌 차마 백 배 넘는 정도에 그치리까?

임금께서 은혜를 내려 태학太學에 보관하도록 허락만 하신다면,

여러 선비 읽고 풀어 학문을 닦기에 그만일 것이오.

옛날 홍도문鴻都門에 석경石經을 세우자 이를 보고자 구경꾼들이 길거리를 메웠으며,

앉아서 온 나라의 인재들이 물결처럼 몰려듦을 볼 수 있었다오.

이끼를 깎고 긁어내어 마디와 각도에 맞게 자획을 밝혀내고,

평탄한 곳에 안정되게 두어 기울어지지 않게 할지니,

큰 건물 깊은 처마에 덮개와 지붕을 씌우시면,

오랜 세월이 흘러도 별다른 문제가 없으리다."

그런데도 조정의 대관들은 일에 능숙하다면서,

어찌 감격도 하지 않은 채 한갓 망설이고만 있는지?

만약 목동牧童이 불을 놓고 소들이 뿔로 긁으면,

누가 다시 손을 대어 이를 만져 볼 수 있으리까?

날로 삭고 달로 녹아 끝내 이것이 매몰된다면,

6년 세월, 서쪽을 바라보며 소망한 것 헛된 신음이 되고 말겠네.

왕희지王羲之의 글씨는 예쁘다는 당시 유행을 타서,

종이 몇 장 쓰기만 해도 흰 거위와 바꿀 수 있었는데.

주周나라를 이어 여덟 조대를 지나 이제 전쟁도 끝난 지금,

아무도 이 석고를 거두지 않으니 어찌된 까닭인가?

바야흐로 지금 천하가 태평하고 무사한 오늘에,

유교儒敎의 높은 교훈을 받들어 공맹孔孟을 숭상한다면서,
어찌하면 능히 이것으로써 거론의 반열에 올릴 수 있으리까?
그리하여 현하懸河 같은 말 잘하는 이를 빌려 논하기를 원하도다.
석고의 노래는 여기에서 그치지만,
아! 아무래도 내 뜻이 제대로 실행될 수 없을 것 같도다!

張生手持石鼓文, 勸我試作石鼓歌.
少陵無人謫仙死, 才薄將奈石鼓何!
周綱陵遲四海沸, 宣王憤起揮天戈.
大開明堂受朝賀, 諸侯劍珮鳴相磨.
蒐于岐陽騁雄俊, 萬里禽獸皆遮羅.
鐫功勒成告萬世, 鑿石作鼓隳嵯峨.
從臣才藝咸第一, 簡選譔刻留山阿.
雨淋日炙野火燒, 鬼物守護煩撝訶.
公從何處得紙本? 毫髮盡備無差訛.
辭嚴義密讀難曉, 字體不類隸與蝌.
年深豈免有缺畫? 快劍斫斷生蛟鼉.
鸞翔鳳翥衆仙下, 珊瑚碧樹交枝柯.
金繩鐵索鎖紐壯, 古鼎躍水龍騰梭.
陋儒編詩不收入, 二雅褊迫無委蛇.
孔子西行不到秦, 掎摭星宿遺羲娥.
嗟余好古生苦晚, 對此涕淚雙滂沱.
憶昔初蒙博士徵, 其年始改稱元和.
故人從軍在右輔, 爲我度量掘臼科.
濯冠沐浴告祭酒:「如此至寶存豈多!
氈包席裹可立致, 十鼓只載數駱駝.
薦諸大廟比郜鼎, 光價豈止百倍過!

聖恩若許留大學, 諸生講解得切磋.
觀經鴻都尙塡咽, 坐見擧國來奔波.
剜苔剔蘚露節角, 安置妥帖平不頗.
大廈深簷與盖覆, 經歷久遠期無佗.」
中朝大官老於事, 詎肯感激徒媕娿?
牧童敲火牛礪角, 誰復著手爲摩挲?
日銷月鑠就埋沒, 六年西顧空吟哦.
羲之俗書趁姿媚, 數紙尙可博白鵝.
繼周八代爭戰罷, 無人收拾理則那?
方今太平日無事, 柄用儒術崇丘軻.
安能以此上論列? 願借辯口如懸河.
石皷之歌止於此, 嗚呼吾意其蹉跎!

【張生手持石皷文, 勸我試作石皷歌】'張生'은 張籍(766–830). 자는 文昌, 和州 烏江 (지금의 安徽 和縣) 사람. 혹 蘇州 사람이라고도 함. 唐 德宗 貞元 15년(799) 進士에 올라 元和 초에 西明寺大祝이 되었으나 10년 동안 승진을 하지 못하였음. 50세에 이르자 眼疾로 고통을 겪기도 함. 孟郊의 소개로 韓愈를 알게 되었으며 한유의 추천으로 國子博士를 거쳐 水部員外郞에 오름. 唐 文宗 太和 2년(828)에는 國子司業을 역임하여 그를 張水部, 혹 張司業이라 부름.《眞寶》注에 "孫曰:(張生), 張籍. ○可見者, 其略曰:「我車旣攻, 我馬旣同.」又曰:「我車旣如, 我馬旣駒. 君子員獵, 員獵員游. 麋鹿速速, 君子之求.」又曰:「其魚維何? 維鱮維鯉, 何以橐之? 維楊維柳.」'駒', 大刀切. '鱮', 序去聲. '橐', 音高. '員', 爰通."이라 함. 그러나 다른 해석본에는 張生은 韓愈의 제자 張徹이라 주장하기도 함.

【少陵無人謫仙死, 才薄將奈石皷何】'少陵'은 杜甫를 가리킴. 일찍이 長安의 少陵原에 살아 號가 되었음. '謫仙'은 李白. 이백의 〈對酒憶賀監詩序〉에 "太子賓客賀公於長安紫極宮, 一見余, 號余爲謫仙人"이라 하여 賀知章이 처음 이백을 '謫仙人'이라 불렀음. 이 구절은 李白은 762년에, 杜甫는 770년에 삶을 마쳐 韓愈(768년 출생)가 이 시를 쓸 때는 李白과 杜甫는 모두 세상에 없었음을 말함.

【周綱陵遲四海沸, 宣王憤起揮天戈】'周綱'은 西周 말기 厲王의 失政으로 周나라

綱領이 쇠미하여 제 구실을 못하였음을 뜻함. '陵遲'는《五百家注昌黎文集》에는 '凌遲'로 되어 있으며 衰落함을 뜻함. 원래의 뜻은 '천천히 흐르는 시간의 경과'를 의미하는 말이었음.《韻會》에《荀子》注를 인용하여 "丘陵之勢, 漸慢也"라 하였으며,《說苑》政理篇에 "夫一仞之牆, 民不能踰, 百仞之山, 童子升而遊焉, 陵遲故也! 今是仁義之陵遲, 久矣, 能謂民弗踰乎?"라 함. 여기서는 천하가 動蕩하여 周나라가 쇠미해짐을 말함. 鄭玄의 〈詩譜序〉에 "後王稍更陵遲, 厲也, 幽也, 政敎尤衰, 周室大壞"라 함. '宣王'은 西周 말 厲王의 太子였으며 이름은 姬靜. B.C.827–B.C.782년까지 46년간 재위함. 厲王이 무도하게 굴어 백성의 난으로 彘로 도망하여 찾을 수 없게 되자 14년간 共和政治를 거쳐 召公의 집에 은신하고 있던 姬靜을 찾아 王으로 세웠으며 이가 宣王임.《史記》周本紀에 "宣王卽位, 二相輔之, 修政, 法文武成康之遺風, 諸侯復宗周"라 하여 宣王은 中興을 꾀했으나 뒤를 이은 幽王이 다시 무도하게 굴다가 결국 西周가 망하였으며, 平王(姬宜臼)이 도읍을 洛邑으로 옮겨 東周로 이어짐. '天戈'는 天子의 武威. 周나라는 종주국으로서 천하의 기강을 바로잡고자 하였음을 말함.《眞寶》注에 "沸, 音費"라 함.

【大開明堂受朝賀, 諸侯劍珮鳴相磨】'明堂'은 고대 帝王이 政敎를 선포하거나 나라의 큰 儀典을 거행하기도 하고 제후를 접견하기 위한 건물.《禮記》明堂位에 "昔者, 周公朝諸侯于明堂之位: 天子負斧依南鄕而立; 三公, 中階之前, 北面東上. 諸侯之位, 阼階之東, 西面北上. 諸伯之國, 西階之西, 東面北上. 諸子之國, 門東, 北面東上. 諸男之國, 門西, 北面東上. 九夷之國, 東門之外, 西面北上. 八蠻之國, 南門之外, 北面東上. 六戎之國, 西門之外, 東面南上. 五狄之國, 北門之外, 南面東上. 九采之國, 應門之外, 北面東上. 四塞, 世告至. 此周公明堂之位也. 明堂也者, 明諸侯之尊卑也."라 함. '劍珮'는 제후들의 의전 복장. 칼을 차고 鳴玉을 다는 예복.《東雅堂昌黎集註》와《全唐詩》에는 '劍佩'로 표기되어 있음.

【蒐于岐陽騁雄俊, 萬里禽獸皆遮羅】'蒐'는 천자의 봄 사냥으로 閱兵을 위한 것임.《左傳》隱公 5년에 "故春蒐, 夏苗, 秋獮, 冬狩, 皆於農隙以講事也. 三年而治兵, 入而振旅. 歸而飮至, 以數軍實. 昭文章, 明貴賤, 辨等列, 順少長, 習威儀也"라 함. 그러나《公羊傳》桓公 4년에는 "公狩于郎, 狩者何? 田狩也. 春曰苗. 秋曰蒐. 冬曰狩"라 하여 가을 사냥을 蒐라 한다 하였음.《司馬法》人本篇에도 "故國雖大, 好戰必亡; 天下雖安, 忘戰必危. 天下旣平, 天下大愷, 春蒐秋獮; 諸侯春振旅, 秋治兵, 所以不忘戰也"라 하여 원래 '蒐'는 군사훈련을 목적으로 사냥의 행사를 했던 것임.《眞寶》注에 "蒐, 音搜. 春獵之名, 謂蒐索禽獸不孕者, 取之周禮. 中春, 敎振旅, 遂

以蒐"라 함. '岐陽'은 岐山에서 남쪽. '陽'은 山南江北曰陽이라 함. 지금의 陝西省 扶風縣 서북쪽으로 周나라의 發祥地. 그러나 《左傳》昭公 4년에 의하면 이는 成王의 일로 되어 있는데, 韓愈는 이를 宣王의 일로 잘못 여긴 것임. 《詩經》車攻의 "我車旣攻, 我馬旣同"은 〈石皷文〉의 첫 구절과 같으나 〈攻車篇〉은 宣王이 畋獵을 노래한 것은 맞지만 그 장소는 東都(洛邑)로서 여기서의 岐陽과는 맞지 않음. '遮羅'는 가로막고 모두를 그물로 망라함. 《東雅堂昌黎集註》에 "蒐, 狩也. 今岐山縣, 舊曰岐陽. 《左氏》成有岐陽之蒐, 左氏言成王, 公今言宣王. 未詳"이라 함.

【鐫功勒成告萬世, 鑿石作皷隳嵯峩】'鐫功勒成'은 功績과 成就를 돌에 파고 새김. 《眞寶》注에 "鐫, 子泉反, 刻也"라 함. '勒'은 돌에 글씨를 새겨 기록함을 말함. 《眞寶》注에 "勒, 刊也. 勒石, 紀功也"라 함. '隳'(휴)는 허물어짐. 파괴됨. 높은 산을 허물어 돌을 채취함. '嵯峩'는 다른 원전에는 거의 '嵯峩'로 표기되어 있으며, 산이 높은 모습을 표현하는 疊韻連綿語. 여기서는 거대한 山石을 뜻함.

【從臣才藝咸第一, 簡選譔刻留山阿】'從臣'은 宣王을 따르던 신하. '簡選譔刻'은 《東雅堂昌黎集註》, 《五百家注昌黎文集》, 《別本韓文考異》, 《全唐詩》등에는 모두 '揀選撰刻'으로 되어 있음. '山阿'는 〈古詩十九首〉 "冉冉孤生竹, 結根泰山阿"의 注에 "阿, 曲也"라 함.

【雨淋日炙野火燒, 鬼物守護煩撝訶】'野火燒'는 《東雅堂》, 《五百家》, 《別本》, 《全唐詩》 등에는 모두 '野火燎'로 되어 있음. '撝訶'는 《東雅堂》, 《五百家》, 《別本》, 《全唐詩》 등에는 모두 '撝呵'로 표기되어 있음. '撝'는 指와 같으며, 《眞寶》注에 "撝, 音麾"라 하여 '휘'로 읽도록 되어 있음. '訶'는 斥과 같은 뜻. 세차게 소리를 질러 사악한 것을 叱斥해 쫓아냄. '撝'는 혹 '揮'의 뜻으로도 봄. 온갖 풍화작용과, 세월, 전란 등을 이겨내고 그대로 남았음을 말함.

【公從何處得紙本? 毫髮盡備無差訛】'紙本'은 石皷文의 拓本.

【辭嚴義密讀難曉, 字體不類隷與蝌】'隷與蝌'는 隷書와 蝌蚪文. '隷書'는 秦나라에서 시작되어 漢나라 때 크게 통용된 글씨. 《漢書》藝文志에 "(秦)始造隷書矣. 起於官獄多事, 苟趨省易, 施之於徒隷也"라 하였고, 《說文解字敍》에는 "是時, 秦燒滅經書, 滌除舊典, 大發隷卒, 興役戌, 官獄職務繁, 初有隷書, 以趨約易"라 하였으며, 張懷瓘《書斷》에는 "隷書者, 秦下邽人程邈所造也, 邈字元岑, 始爲衛吏, 得罪始皇, 幽繫雲陽獄中, 覃思十年, 益大小篆方圓而爲書三千字奏之. 始皇善之, 用爲御史, 以奏事繁多, 篆字難成, 乃用隷書以爲隷人佐書, 故名隷書"라 함. 대표적인 비문으로는 〈禮器碑〉, 〈張遷碑〉, 〈韓仁銘碑〉, 〈石門頌〉, 〈曹全碑〉, 〈華山碑〉, 〈乙

瑛碑〉,〈熹平石經〉 등이 있음. 한편 '蝌蚪文'은 先秦시대 大篆體의 일종이며 먹, 종이, 붓 등 필기도구가 발달하지 않아, 먹은 옻 즙으로, 종이는 비단이나 대나무(죽간)로, 붓은 대나무를 뾰족하게 깎아 사용하여, 옻 즙의 강한 黏性과 竹筆의 경직성 때문에 획의 시작은 거칠고 끝은 가늘어, 글씨가 올챙이 모양이 되어 '蝌蚪文'(科斗文)이라 부르게 된 것임. 아울러 옻 즙으로 썼다 하여 '漆書'로도 불림. 특히 漢 武帝 때 魯 共王이 曲阜의 자신 궁실을 넓히고자 孔子 舊宅을 허물다가 벽에서 나온 經書와 張敞이 獻書한 책은 이 글씨로 되어 있어 '古文體'라 부르기도 함.《後漢書》盧植傳의 "古文蝌蚪" 注에 "古文, 謂孔子壁中書也, 形似蝌蚪, 因以爲名"이라 하였고,《晉書》束晳傳에는 "蝌蚪者, 周時古文也, 其頭粗尾細, 形似蝌蚪, 故名焉"이라 하였으며, 元吾衍은 "上古無筆墨, 以竹挺點漆書竹上, 竹硬漆膩, 書不能行, 故頭粗尾細, 似其形耳"라 하였고,《水經注》에는 "古文出於黃帝之世, 倉頡本鳥迹爲字. 秦用篆書, 焚燒先典, 古文絶矣. 魯共王得孔子宅書, 不知有古文, 謂之蝌蚪"라 함. '體'는 다른 판본에는 모두 '軆'로 되어 있으며, '蝌' 역시 모두 '科'로 표기되어 있음.

【年深豈免有缺畫? 快劍斫斷生蛟鼉】'畫'은《五百家》에는 '劃'으로 되어 있음. '斫斷'은 뚝 잘라버림. 이 때문에 石鼓文의 이러한 아름다움을 '截釘美'라고도 함. 일부 판본에는 '砍斷'으로 되어 있음. '蛟鼉'는 모두 神異한 용의 일종. '鼉'는 鰐魚의 일종으로 鼉龍, 猪婆龍, 揚子鰐으로도 불림.

【鸞翔鳳翥衆仙下, 珊瑚碧樹交枝柯】'鸞翔鳳翥'의 '鸞鳳이 춤을 추다'의 뜻으로 筆勢의 뛰어남을 표현한 것. '翥'는 '飛'와 같음. 章燮 注에 "其狀活潑也"라 함. '珊瑚碧樹'는 珊瑚와 碧樹. 진귀한 것을 다 모았음을 말함. 章燮 注에 "其狀珍重也"라 함.《漢武故事》에 武帝가 神屋을 지으면서 앞에 玉으로 나무 형상을 만들어 심고, 珊瑚로 가지를 만들었으며, 碧玉으로 잎을 만들어 장식하였다 함.

【金繩鐵索鎖紐壯, 古鼎躍水龍騰梭】'金繩鐵索'은 石鼓文의 글씨 기세가 굳고 강함을 뜻함. '鎖紐'는 鐘鼎의 고리 부분.《東雅堂》,《五百家》,《別本》,《全唐詩》 등에는 모두 '鎖鈕'로 표기되어 있음. '古鼎躍水'는《水經注》泗水에 周 顯王 42년 九鼎을 泗水에 빠뜨렸는데 뒤에 秦始皇 때 이 九鼎이 드러남. 이에 秦始皇이 수천 명을 파견하여 철사 줄로 이를 묶어 끌어올리자 교룡이 나타나 그 줄을 끊어버려 다시 가라앉았다는 고사를 원용한 것으로 보임. 한편《漢書》郊祀志(上)에는 "汾陰巫錦爲民祠魏脽後土營旁, 見地如鉤狀, 掊視得鼎. 鼎大異於衆鼎, 文鏤無款識, 怪之, 言吏. 吏告河東太守勝, 勝以聞. 天子使驗問巫得鼎無姦詐, 乃以禮祠, 迎鼎至甘

泉, 從上行, 薦之'라 함. 章燮 注에 "狀其遒勁也"라 함. '龍騰梭'의 '梭'(사)는 베를
짤 때 사용하는 북. 《晉書》陶侃傳에 "侃少時漁於雷澤, 網得一纖梭, 掛於壁, 有
頃, 雷雨化爲龍而去"라 함. 章燮 注에 "狀其剛健也"라 함.

【陋儒編詩不收入, 二雅褊迫無委蛇】'不收入'은 《五百家》에는 '不得入'으로 되어 있
음. '二雅'는 《詩經》의 大雅와 小雅. 여기서는 비루한 유생들이 시를 편집할 때
宣王의 이 〈石鼓文〉 시를 싣지 않았음을 말함. '委蛇'는 '위이'로 읽음. 넓고 포용
성이 있으며 自得한 모습을 표현하는 雙聲連綿語. 《眞寶》注에 "委蛇, 《詩》委蛇,
注:行何從迹也. 《毛詩》叶韻:蛇. 唐何反, 亦音移"라 함. 그러나 《詩經》召南 〈羔
羊〉의 '委蛇委蛇'에 대하여 顧炎武는 "委蛇之蛇, 音徒何反;亦作佗"라 하여 '위타'
로 읽도록 하였음. 《別本韓文考異》注에는 "委蛇. 上於爲反, 下音移"라 함.

【孔子西行不到秦, 掎摭星宿遺羲娥】'孔子西行不到秦'은 孔子가 石鼓가 있던 서쪽
秦나라 지역까지 가지 않아 《詩經》을 정리할 때 이 〈석고문〉을 미처 보지 못하
였다는 뜻임. '掎摭'(기척)은 채집하여 수습함. 《字彙》에 "掎, 居里反, 偏引也;摭,
音之石切, 拾也"라 함. '星宿'는 '성수'로 읽으며 별자리. '羲娥'의 '羲'는 羲和와 羲
仲. 고대 해를 담당하던 관리. '娥'는 嫦娥로 달을 管掌하는 선녀. 따라서 '羲娥'
는 日月(時間)을 의미하는 말로 대신 쓰인 것임. 《眞寶》注에 "孫曰:羲和日御, 嫦
娥月御"라 함. "星宿, 즉 자질구레한 별(《詩經》 작품)은 주위 모으면서, 가장 중요
한 羲娥, 즉 해와 달(石鼓文의 시)은 거두지 못하였음"을 말함. 孔子가 《詩經》을
編定함에 〈石鼓文〉을 빠뜨렸음을 뜻함. 《別本韓文考異》注에 "孫曰:羲娥, 日月
也. 羲和, 日御;嫦娥, 月御. 韓曰:詩意謂「石鼓文不編於詩, 而二雅不載. 孔子言詩
小者具述, 而此文獨遺. 是猶掎摭星宿而遺日月也.」"라 함.

【嗟余好古生苦晚, 對此涕淚雙滂沱】'余'는 《全唐詩》와 《別本》에는 '予'로 되어 있음.
韓愈 자신을 가리킴. '好古'는 옛것을 좋아함. 《論語》述而篇에 "述而不作, 信而好
古"라 함. '生苦晚'은 늦게 태어나 그 당시 상황을 볼 수 없었음을 안타까워함.
'滂沱'는 '눈물을 펑펑 쏟아내다'의 連綿語. 《詩》〈澤陂〉에 "彼澤之陂, 有蒲與荷.
有美一人, 傷如之何. 寤寐無爲, 涕泗滂沱"라 함.

【憶昔初蒙博士徵, 其年始改稱元和】'博士徵'은 唐 憲宗 元和 원년(806) 6월 韓愈가
江陵法曹參軍에서 京兆의 國子博士로 불려가게 되었음. 《舊唐書》韓愈傳에 "元
和 初, 召爲國子博士"라 하였으며, 唐나라 太學에서 國子監의 여러 博士들을 敎
授하는 官吏가 되었음. '元和'는 唐 憲宗(李純)의 연호. 806년~820년까지 15년간
임. 《眞寶》注에 "愈, 元和元年, 徵爲國子博士"라 함.

【故人從軍在右輔, 爲我度量掘臼科】‘故人’은 韓愈의 친구. 구체적으로는 鄭餘慶으로 보고 있음. ‘右輔’는 右扶風. 鳳翔府를 가리킴. 漢나라 때 서울 長安을 셋으로 나누어 京兆와 右扶風, 左馮翊으로 하여 三輔라 하였으며, 唐나라의 鳳翔은 바로 右扶風에 해당하는 지역이었음. 鄭餘慶이 鳳翔節度使가 되어 韓愈와 石鼓文의 문제를 해결하기 위하여 나섰음. ‘度量’은 《東雅堂》, 《別本》, 《五百家》에는 모두 ‘量度’으로 되어 있으며 《眞寶》注에 “度, 音鐸”이라 하여 ‘탁’으로 읽음. ‘헤아리고 재어보다’의 뜻. ‘臼科’는 石鼓가 발견된 구덩이. ‘臼’는 窠와 같으며 ‘科’는 坎과 같음. 물체가 차지하고 있던 공간을 뜻함. 《孟子》離婁(下) “原泉混混, 不舍晝夜. 盈科而後進, 放乎四海, 有本者如是, 是之取爾”의 注에 “科, 坎也”라 함. 《五百家》에는 ‘舊科’로 표기되어 있음. 여기서는 둘을 묶어 雙聲連綿語로 사용함과 아울러 韻을 맞춘 것임. 《眞寶》注에 “謂安置石鼓處”라 함.

【濯冠沐浴告祭酒, 如此至寶存豈多】‘濯冠沐浴’은 복장을 단정히 하고 몸을 깨끗이 씻음. 윗사람에게 보고하는 자세를 말함. 《論語》憲問篇에 “孔子沐浴而朝, 告於哀公”이라 함. 韓愈가 鄭餘慶에게 정중하게 石鼓의 문제를 보고함. 《禮記》禮器篇에 “浣衣濯冠而朝”라 함. ‘祭酒’는 ‘좨주’로 읽으며 관직 이름. 國子監의 우두머리. 《事文類聚》(31)에 “國子祭酒, 東漢置, 博士十四人, 而聰明有威重者一人爲祭酒, 謂之博士祭酒. 唐祭酒爲大司成, 領六學國子, 太學, 四門, 律學, 書學, 算學, 皆以儒學優重者爲之”라 함. 여기서는 구체적으로 鄭餘慶을 가리킴. 《唐六典》에 “國子監祭酒一人, 從三品, 掌邦國儒學訓導之政令. 按鄭餘慶於元和元年罷相, 九月任國子祭酒”라 함. 그러나 《眞寶》注에는 “愈, 召拜國子祭酒”라 함.

【氊包席裹可立致, 十鼓只載數駱駝】‘氊’은 氈과 같음. 裹는 ‘과’로 읽으며 ‘싸서 묶다’의 뜻. ‘包席’은 《東雅堂》과 《五百家》에는 ‘苞席’으로 되어 있음. ‘只’는 《全唐詩》, 《東雅堂》, 《五百家》에는 모두 ‘祇’로 되어 있으며, ‘祇’는 只와 같은 뜻임. ‘駱駝’는 다른 원전에는 모두 ‘駱駝’로 되어 있음. 원래는 ‘橐駝’, ‘馲駝’, ‘橐佗’ 등 雙聲連綿語로 표기하였음. 《漢書》西域傳에 “大月氏國出一封橐駝”라 하였고 顔師古 注에 “脊上有一封也. 封, 言其隆高若封土也. 今俗呼爲封牛. 《山海經》云:「號山陽光之山, 其獸多橐駝. 一日行三百里, 負千斤.」”이라 함. 《字彙》에는 “馲駝. 《埤雅》:駝. 背有肉, 鞍如峯, 長頸高脚. 知泉脈所在. 亦作橐佗. 言能負囊橐而馱物, 故曰橐佗, 又作駱駝”라 함.

【薦諸大廟比郜鼎, 光價豈止百倍過】‘諸’(저)는 ‘之於’, ‘之于’, ‘之乎’의 合音字. ‘大廟’의 大는 ‘태’로 읽으며 다른 모든 원전에는 모두 ‘太’로 되어 있음. 太廟와 같음.

帝王의 先代 위패를 모신 사당. '郜鼎'은 春秋시대 郜國의 鼎. '郜'는 지금의 山東
祁縣 서쪽에 있던 작은 제후국으로 周 文王의 庶子가 봉해졌던 나라이며 宋나
라에게 망하였음.《左傳》桓公 2年에 "四月, 取郜大鼎于宋, 戊申, 納于大廟"라 함.
《眞寶》注에 "《春秋》桓二年. 魯取郜大鼎于宋, 納于大廟"라 함.

【聖恩若許留大學, 諸生講解得切磋】'大學'은 다른 모든 원전에는 모두 '太學'으로
되어 있음. 나라의 최고 學府. 唐代에는 國子監 아래에 太學, 國子學, 西門學 등
七學을 두고 있었음. '切磋'는 닦고 연마함.《詩經》淇奧篇에 "如切如磋, 如琢如
磨"라 하여 學問을 修行함이 옥기를 제작하는 과정과 같음을 말함.

【觀經鴻都尙塡咽, 坐見擧國來奔波】'觀經'의 '經'은 漢나라 때 세운 熹平石經을
말함.《後漢書》靈帝紀에 의하면 東漢 靈帝 熹平 4년(175) 蔡邕이 經書의 문자를
비문에 새겨 太學門 앞에 세우기를 청하여, 채옹이 붉은 글씨로 새겼으며 이것
이 지금의 熹平石經임. 이는 古今文의 분쟁을 막기 위한 것이었으며 蔡邕이 古文,
小篆, 隸書 三體로 太學門 밖에 돌에 五經의 經文을 새긴 것. 이로써 經文의 통
일은 물론, 正統 漢隷를 완성한 서예작품이기도 함. 한말 董卓의 난과 西晉 永嘉
之亂 때에 많이 소실되었다가 그 후 洛陽에서 鄴縣으로, 다시 洛陽, 長安 등으
로 옮겼으며 民國 이후에 殘片이 출토됨.《水經》穀水 注에 "蔡邕等奏求正定六
經文字, 靈帝許之. 邕乃自丹書於碑, 使工鐫刻, 立於太學門外. 及碑始立, 其觀視及
筆寫者, 車乘日千餘輛, 塡塞街陌矣"라 함. '鴻都'는 鴻都門.《後漢書》靈帝紀에
"光和元年二, 始置鴻都門學士"라 하여 鴻都門學士를 두었던 것과 熹平石經을 세
운 일이 연관이 있음을 말함. '鴻都門'은 東漢 洛陽의 北宮門이며 太學과 書庫가
그 안에 있었음.《五百家》에는 '洪都'로 표기되어 있음.《眞寶》注에 "漢靈帝熹平
四年, 詔諸儒, 正五經文字, 命議郞蔡邕, 爲古文篆隸三體書之, 刻石, 立于大學門
外"라 함. '塡咽'은 목구멍을 메우듯이 熹平石經을 구경하러 온 사람들이 모여들
어 길을 메움. '來奔波'는 나라의 인재들이 학문에 뜻을 두어 물결처럼 몰려듦.
《別本韓文考異》注에 "孫曰:漢靈帝元和元年, 始置鴻都門學, 熹平四年詔諸儒正五
經, 議郞蔡邕爲古文篆隸三體, 書之, 刻石于太學門外. 碑始立, 觀覽及謄寫者, 車乘
日千兩, 塡塞街陌, 鴻都觀經, 蓋二事公倂用之"라 함.

【剜苔剔蘚露節角, 安置妥帖平不頗】'剜苔剔蘚'의 苔와 蘚은 모두 石鼓에 낀 이끼
와 잡티. '剜'과 '剔'은 긁어내어 말끔하게 함. '節角'은 石鼓文字의 筆畫이 方正하
고 뾰족한 모퉁이와 구부러진 부분. '妥帖'은 안정되게 놓음.《字彙》에 "妥, 音唾,
安也, 平也. 妥帖, 定也."라 함. '頗'는 '기울다'의 뜻.

【大厦深簷與盖覆, 經歷久遠期無佗】'大厦'는 큰 건물. 石鼓를 보존할 閣. '簷'은 《五百家》에는 '檐'으로 되어 있음. '盖覆'의 '盖'는 '蓋'와 같으며, 《五百家》에는 '覆盖'로 되어 있음. '無佗'는 《五百家》, 《別本》 등에는 '無他'로 되어 있음. 틀림이 없음. 별 탈이 없을 것임을 말함.

【中朝大官老於事, 詎肯感激徒媕婀】'中朝'는 중앙의 朝廷을 말함. '詎'는 疑問詞. '詎肯'은 不肯의 뜻. '媕婀'는 《五百家》, 《全唐詩》 등에 '媕娿'로 표기되어 있으며 '의심을 품고 망설이며 결정하지 못하는 모습'을 표현하는 雙聲連綿語. 《五百家》注에 "觀詩意: 公蓋欲遷此鼓於太學, 是時必有阻之者也"라 함.

【牧童敲火牛礪角, 誰復著手爲摩挲】'摩挲'는 손으로 어루만지며 안타까워하면서 차마 손을 떼지 못함을 표현하는 疊韻連綿語.

【日銷月鑠就埋沒, 六年西顧空吟哦】'六年西顧'의 '西顧'는 《詩》大雅 皇矣에 "乃眷西顧"의 구절을 원용한 것이며, 실제로는 鳳翔이 長安 서쪽에 있음을 말한 것. 이는 鄭餘慶이 자신의 일을 하느라 세월을 보냄. 여기서는 鄭餘慶의 활동을 칭송한 것. 그는 元和 원년 5월 太子賓客으로부터 9월 國子祭酒, 이듬해 河南尹을 거쳐 원화 9년 宰相 직에서 물러나 鳳翔節度使가 되어 石鼓를 孔廟로 옮기는 등 노력을 아끼지 않음.

【義之俗書趁姿媚, 數紙尙可博白鵝】'義之'는 王義之. 생졸 연대는 각각의 주장이 달라 321-379, 혹 303-361, 혹 309-365으로 보고 있음. 자는 逸少. 琅琊 臨沂(지금의 山東省) 사람으로 주로 會稽 山陰(지금의 浙江省 紹興)에 살았으며 벼슬이 右軍將軍, 會稽內史 등을 역임하여 흔히 "王右軍"으로 불림. 어린 나이에 衛夫人에게 글씨를 배웠으며, 뒤에 前代의 많은 墨跡을 두루 섭렵하였음. 특히 張芝와 鍾繇의 글씨를 정밀히 익혀 漢魏의 樸實한 서풍을 근거로 다시 妍美하고 流便한 今體를 창조하였음. 그리하여 草書, 正書(楷書), 行書 등에 고르게 뛰어난 재질을 발휘하여 書藝史上 '繼往開來'의 공헌을 한 것으로 널리 평가받고 있음. 그의 書法은 역대 書學의 전형으로 지금도 칭송되고 있으며 '書聖'으로 추앙됨. 지금 전하는 墨跡 摹本으로는 〈蘭亭序〉, 〈快雪時晴〉, 〈喪亂〉, 〈孔侍中〉, 〈奉橘〉, 〈二謝〉 등의 帖이 있으며, 刻本으로는 〈樂毅論〉, 〈蘭亭序〉, 〈十七帖〉 등이 유명함. 《晉書》(80)에 傳이 있으며, 그 외에 그에 관한 評傳으로는 朱傑勤의 《王義之評傳》(1948)이 널리 알려져 있음. '俗書趁姿媚'는 "왕희지의 글씨는 이 石鼓文의 글씨에 비하면 俗體에 불과하지만 그래도 그 글씨가 예쁘다는 당시 시세를 타고"의 뜻임. '趁'은 '따르다, 추세에 응하다'의 뜻. '可博白鵝'는 그의 글자는 當世에 통행

하는 俗體로 勢가 빼어나게 예쁘지만 그 글자는 흰 거위 한 마리와 바꿀 수 있다는 말. '博'은 《字彙》에 "博, 貿易也"라 함. 《晉書》王義之傳에 "義之性愛鵝, 山陰有一道士, 養好鵝. 義之往觀焉, 意甚悅, 固求市之. 道士云:「如寫《道德經》, 當擧群相贈耳.」義之欣然, 寫畢, 籠鵝而歸"라 함. 이는 〈王右軍〉(034)을 참조할 것. 《眞寶》注에 "白鵝, 王義之在山陰作書換鵝"라 함. 《別本韓文考異》注에 "王右軍書多不講偏旁, 此退之所謂俗書趁姿媚者也"라 함.

【繼周八代爭戰罷, 無人收拾理則那】'繼周'는 《論語》爲政篇에 "子張問:「十世可知也?」子曰:「殷因於夏禮, 所損益, 可知也; 周因於殷禮, 所損益, 可知也. 其或繼周者, 雖百世, 可知也.」"라 함. '八代'는 秦, 漢, 魏, 晉, 北魏, 北周, 隋, 唐을 가리킴. 혹 秦, 漢, 晉, 宋, 齊, 梁, 陳, 隋를 가리키기도 함. 《五百家注昌黎文集》에는 "孫曰:《論語》:「其或繼周者, 雖百世可知也.」八代謂:漢, 魏, 晉, 宋, 齊, 梁, 陳, 隋. 樊曰:自周而下, 不啻八代. 論其正統, 又頗多說. 今以石鼓所在言之, 其秦, 漢, 魏, 晉, 元魏, 齊, 周, 隋, 八代歟!"라 함. 《眞寶》注에는 "周至唐, 凡八代"라 함. '理則那'의 '那'는 '哪'와 같으며 '何'의 뜻. 《別本韓文考異》注에 "那, 何也. 《左傳》:「犀兕尙多棄甲則那?」"라 함. '무슨 이유 때문인가? 왜 그런가?'의 뜻.

【方今太平日無事, 柄用儒術崇丘軻】'方今'은 韓愈가 활동하던 당시 唐나라. '柄用'은 《東雅堂》, 《別本》, 《全唐詩》 등에는 모두 '柄任'으로 되어 있음. '丘軻'는 孔丘(仲尼)와 孟子(軻). 儒家의 대표적 聖人과 亞聖.

【安能以此上論列, 願借辯口如懸河】'懸河'는 懸河之辯. 벼랑에서 물을 내달아 놓아 쏟아 붓듯이 시원하게 끝없이 말을 잘함을 비유함. 《世說新語》言語篇에 "郭子玄語如懸河瀉水, 注而不竭"이라 하였고, 《晉書》郭象傳에는 "太尉王衍每云:「聽象語如懸河瀉水, 注而不竭.」"이라 하여 당시의 '懸河瀉水'의 성어로 널리 쓰였으며, '卷霧懸河' 등의 고사가 생겨남. 이 구절은 "석고를 안치하는 문제는 거론할 필요조차 없는데도 말을 잘하면 되는 것처럼 되었는가?"하는 탄식의 뜻이 들어 있음. 《東雅堂昌黎集註》에 "晉王衍曰:「聽郭象語, 如懸河瀉水, 注而不竭.」"이라 함.

【石鼓之歌止於此, 嗚呼吾意其蹉跎】'蹉跎'는 넘어짐. 절뚝거림을 표현하는 疊韻連綿語. 좌절하거나 실현해 내지 못함을 뜻함. 《韻會》에 "蹉跎, 言不遂其意也"라 함.

참고 및 관련 자료

1. 韓退之: 韓愈, 韓文公, 韓昌黎. 008 참조.
2. 이 시는 《五百家注昌黎文集》(5), 《別本韓文考異》(5), 《東雅堂昌黎集註》(5), 《唐

文粹》(17上),《全唐詩》(340),《全唐詩錄》(49),《御選唐詩》(9),《唐宋詩醇》(30),《周秦刻石釋音》(石鼓文),《陝西通志》(95),《墨池編》(4),《式古堂書畫彙考》(17),《古今事文類聚》(別集13),《唐詩品彙》(35),《唐詩鏡》(39),《竹莊詩話》(19),《聲調譜》(2) 등에 널리 실려 있음.

3. 韻脚은 '歌, 何, 戈, 磨, 羅, 峨, 阿, 呵, 訛, 蝌, 鼉, 柯, 梭, 蛇, 娥, 沱, 和, 科, 多, 駝, 過, 磋, 波, 頗, 佗, 婀, 挲, 哦, 鵝, 那, 軻, 河, 跎'.

4.《五百家注昌黎文集》(5)《別本韓文考異》(5) 및《東雅堂昌黎集註》(5)도 같음)

〈石鼓歌〉: 樊曰: 歐陽文忠《集古錄》云: 「石鼓文, 在岐陽. 初不見稱于世, 至唐人始盛稱之, 而韋應物以爲「周文王之鼓, 至宣王刻詩爾」. 韓退之直以爲「宣王之鼓」. 在今鳳翔孔子廟. 鼓有十, 先時散棄于野, 鄭餘慶始置于廟, 而亡其二. 皇祐四年, 向傳師求于民間, 得之十鼓, 乃足. 其文可見者四百六十五, 磨滅不可識者過半. 然其可疑者四, 退之好古不妄者, 予姑取以爲信耳. 至于字畫, 亦非史籒不能作也.」文忠所跋如此. 此歌元和六年作. 孫曰: 石鼓文可見者, 其畧曰: 『我車既攻, 我馬既同.』又曰: 『我車既好, 我馬既駒. 君子員獵, 員獵員游. 麀鹿速速, 君子之求.』又『左驂旛旛, 右驂騜騜. 秀弓時射, 麋豕孔庶.』又曰『其魚維何, 維鱮維鯉. 何以棗之? 維楊與柳.』'棗' 符霄切.《說文》曰: 「橐也.」補注《筆墨間錄》云: 「此歌全仰止杜子美〈李潮八分小篆歌〉: 「才薄將奈石鼓何?」即子美云: 「潮乎潮乎奈爾何? 快劍斫斷生蛟鼉.」即子美云: 「快劍長戟森相向.」

5.《全唐詩》(340)

〈石鼓歌〉: 歐陽修《集古錄》云: 石鼓文, 在岐陽. 初不見稱於世, 至唐人始盛稱之, 而韋應物以爲「周文王之鼓, 至宣王刻詩耳」. 韓退之直以爲「宣王之鼓」. 在今鳳翔孔子廟. 鼓有十, 先時散棄於野, 鄭餘慶始置於廟, 而亡其二. 皇祐四年, 向傳師求於民間, 得之十鼓, 乃足. 石鼓文可見者, 其畧曰: 『我車既攻, 我馬既同.』又曰『我車既好, 我馬既駒. 君子員獵, 員獵員游. 麀鹿速速, 君子之求』又曰『左驂旛旛, 右驂騜騜. 秀弓時射, 麋豕孔庶.』又曰: 『其魚維何, 維鱮維鯉. 何以棗之, 維楊與柳.』

6. 清 東方樹《昭昧詹言》

一段來歷, 一段寫字, 一段敍初年已事, 抵一篇傳記, 來敍夾議, 容易解. 但其字句老練, 不易及耳.

7. 清 趙翼《甌北詩話》

河嘗有一語奧澀, 而磊落豪横, 自然挫籠萬有. ……昌黎自有本色, 仍在文從字順中, 自然雄厚博大, 不可捉摸, 不專以奇險見長, 恐昌黎亦不自知, 後人平日讀之自見, 若徒以奇險求昌黎, 轉失之矣.

193. 〈後石鼓歌〉 ·················· 蘇子瞻(蘇東坡)

후석고가

＊《眞寶》注에 "東坡年二十六, 初入仕, 作〈鳳翔八觀〉, 此其一也"라 함.
＊〈後石鼓歌〉: 시간적으로 韓愈의 〈石鼓歌〉 뒤에 지어졌다 하여 '後'자를 붙인 것
  임. 원제목은 모두 〈石鼓〉, 〈石鼓歌〉로 되어 있음. 이는 蘇軾이 26세에 鳳翔府
  大理評事簽書로 처음 벼슬길에 나섰을 때, 그곳을 두루 돌아보고 지은 〈鳳翔
  八觀〉 중 첫째 시임. 《蘇詩補註》(4)에 "〈鳳翔八觀〉詩, 記可觀者八也. 昔司馬子長,
  登會稽探禹穴, 不遠千里, 而李太白亦以七澤之觀至荊州, 二子蓋悲世悼俗, 自傷不
  見古人而欲. 一觀其遺蹟, 故其勤如此. 鳳翔當秦蜀之交, 士大夫之所朝夕往來. 此
  八觀者, 又皆跬步可至, 而好事者有不能徧觀焉. 故作詩以告欲觀而不知者"라 함.

송 인종仁宗 가우嘉祐 6년 신축辛丑 겨울 섣달에,

나는 첫 벼슬을 얻어 정치에 종사하여 봉상현鳳翔縣 공묘孔廟를 참배
했네.

일찍부터 석고石鼓가 있다는 말을 듣기는 하였으나 이제 이를 보게
되니,

그 문자 꾸불꾸불하여 교룡蛟龍이나 뱀이 내달리는 듯한 모습일세.

자세히 보며 처음엔 손가락으로 배 위에 따라 쓰면서,

읽어보려 하였으나 한스럽게도 입에 재갈을 물린 듯하네.

한유韓愈는 옛것을 좋아하였으나 태어난 게 늦음을 한탄하였는데,

하물며 나는 지금 다시 그보다 백 년 뒤에나 태어났음에랴?

억지로 편방偏旁을 찾아보고 점획을 추측해 보았으나,

열 자 중 한두 자는 알아볼 수 있으나 여덟, 아홉 글자는 알 수가 없네.

'내 수레 이미 수리하였고, 말도 잘 갖추어졌다'는 말과,

'물고기는 서어鱮魚인데 이를 버들가지로 꿰었네'라는 말만 알겠네.

옛 그릇이 마구 흩어진 속에서 겨우 솥만을 알아보는 것과 같고,

많은 별들 어지럽게 펼쳐진 속에 북두칠성 이름만 아는 것 같네.
글씨들 모호하여 반은 이미 흉터지고 딱정이 붙은 것 같은데,
꾸불꾸불하여 발뒤꿈치와 팔꿈치만 능히 분별해 내는 형국일세.
그럼에도 곱고 고운 조각달이 운무에 가리어 은은한 모습이며,
싱싱하게 잘 자란 벼가 강아지 풀 속에 솟아 있는 듯하네.
수백 번의 전쟁 속에 떠돌다가도 이 석고는 우연히 남게 되었으니,
천 년을 홀로 서서 누구와 벗하였을까?
비교해보면 위로 헌원씨軒轅氏나 창힐蒼頡과도 서로 응답할 글씨요,
아래로는 당唐 이양빙李陽氷이나 진秦 이사李斯 정도는 어린 새와 같네.
옛날 주周 선왕宣王 때 홍안鴻鴈을 노래했던 일 생각하니,
당시 사주史籒가 과두문자蝌蚪文字를 변화시켜 대전大篆을 만들었다지.
혼란에 염증을 내며 바야흐로 성현의 출현을 생각하고 있던 당시,
중흥을 위해 하늘이 원로들을 탄생시켜주었지.
동쪽 서徐나라 반역자들을 정벌할 때엔 포효하는 범이 성내는 듯하였고,
북쪽 견융犬戎을 복종시켜 정벌해서는 손가락으로 시키는 대로 따르게 했지.
상서象胥에게는 사방 이민족들 몰려와 이리와 사슴을 공물로 바치도록 하였고,
방숙方叔과 소호召虎에게는 옥 술잔과 검은 기장 술 한 통 하사하셨지.
드디어 비고鼙皷 치는 소리는 훌륭한 장수를 생각하게 하는 것이었으니,
어찌 치고 두드리는 장님 악공들 번거롭게 할 이유가 있었겠는가?
누가 이러한 송가頌歌를 지어 〈숭고崧高〉에 비기게 하였을까?
만고를 두고 이 글은 구루산岣嶁山 우왕비禹王碑와 나란할 것이로다.

선왕은 공로가 이처럼 지극히 크지만 뽐내고 자랑하지는 아니하였으니,

문왕文王 무왕武王 두 왕으로부터 멀지 않아 그래도 충후忠厚했기 때문이었지.

연대를 찾아보려 해도 갑을甲乙의 간지조차 없으니,

누가 지었다고 기록한 문자인들 어찌 있을 수 있겠는가?

주周나라가 쇠함으로부터 다시 칠웅七雄이 대립하던 시대를 지나,

마침내 진秦나라로 하여금 구주九州를 차지하게 하였네.

그러자 진시황秦始皇은 《시서詩書》를 없애버리고 법률이나 외우게 하면서,

조두俎豆 따위는 내던져 버리고 채찍과 형틀만 늘어놓게 하였지.

당시 누가 조룡祖龍 진시황을 보좌하였던가?

상채上蔡 출신 이사로서 사형당할 때 황구를 끌고 사냥하고 싶다던 바로 그 자.

진시황을 도와 태산泰山에 올라 바위에 공렬功烈을 새겨 칭송하되,

뒤에는 진秦을 이을 나라 없고 전에도 이와 같은 공로는 없다 했었지.

그 모든 글에 '황제께서 사방 나라를 순수巡狩하시어,

강폭한 자들을 삶아 죽여 없애 백성들 구제했다'고 운운하였지.

그러나 육경六經은 이윽고 분서焚書로 재와 먼지가 된 채 버려졌으니,

이 석고도 역시 당연히 두드려 부서짐을 당하고 말았으리라.

시황제는 구정九鼎이 사수泗水에 빠졌다는 말을 전해 듣고,

만 명의 장정들로 하여금 물속에 들어가 찾아내도록 하였지.

이처럼 폭군이 자기 마음대로 백성의 힘을 다 짜내고자 하였지만,

신물神物 구정九鼎은 의로 보아 진나라의 더러운 때가 묻을 수 없는 것.

이 때 석고는 어느 곳에서 피하고 있었을까?

하늘의 조화로 귀신으로 하여금 지키도록 했던 것은 아닐까?

흥망이 백 번 변하였으되 이 물건은 스스로 한적하였으니,

부귀는 하루아침이지만 이름은 영원히 삭지 않는 것.

만물의 이치 이러함을 자세히 생각하며 앉아서 탄식하노니,
사람으로 태어나 어찌하면 너처럼 영원히 장수할 수 있을까?

冬十二月歲辛丑, 我初從政見魯叟.
舊聞石鼓今見之, 文字鬱律蛟蛇走.
細觀初以指畫肚, 欲讀嗟如箝在口.
韓公好古生已遲, 我今況又百年後?
强尋偏旁推點畫, 時得一二遺八九.
「我車旣攻馬亦同」,「其魚維鱮貫之柳」.
古器縱橫猶識鼎, 衆星錯落僅名斗.
糢糊半已似瘢胝, 詰曲猶能辨跟肘.
娟娟缺月隱雲霧, 濯濯嘉禾秀稂莠.
漂流百戰偶然存, 獨立千載誰與友?
上追軒頡相唯諾, 下挹氷斯同轂轂.
憶昔周宣歌鴻鴈, 當時籀史變蝌蚪.
厭亂人方思聖賢, 中興天爲生者耉.
東征徐虜闞虓虎, 北伐犬戎隨指嗾.
象胥雜遝貢狼鹿, 方召聯翩賜圭卣.
遂因夔鼓思將帥, 豈爲考擊煩矇瞍?
何人作頌比崧高? 萬古斯文齊岣嶁.
勳勞至大不矜伐, 文武未遠猶忠厚.
欲尋年代無甲乙, 豈有文字記誰某?
自從周衰更七國, 竟使秦人有九有.
掃除詩書誦法律, 投棄俎豆陳鞭杻.
當年何人佐祖龍? 上蔡公子牽黃狗.
登山刻石頌功烈, 後者無繼前無偶.
皆云皇帝巡四國, 烹滅疆暴救黔首.

六經旣已委灰塵, 此皷亦當隨擊掊.

傳聞九鼎淪泗上, 欲使萬夫沈水取.

暴君縱欲窮人力, 神物義不汙秦垢.

是時石皷何處避? 無乃天工令鬼守?

興亡百變物自閑, 富貴一朝名不朽.

細思物理坐歎息, 人生安得如汝壽?

【冬十二月歲辛丑, 我初從政見魯叟】'辛丑'은 宋 仁宗의 嘉祐 6년(1061). 蘇軾 26세
되던 해로서 이해에 蘇軾은 制科에 3등으로 급제하여 大理評事簽書가 되어, 그
해 겨울 鳳翔으로 부임하였고, 12월에 〈鳳翔八觀〉을 지었음. '見魯叟'는 '魯나라
의 長老를 뵙다'의 뜻으로 孔子를 가리키며, 鳳翔의 孔子廟를 참배한 것을 말함.
《眞寶》注에 "魯叟, 孔子也"라 함. '見'은 '현'으로 읽음.《眞寶》注에 "見, 音現"이라
함. 당시 石皷는 孔子廟에 안치되어 있었음.《眞寶》注에 "伸縮, 仁宗嘉祐六年"이
라 함.

【舊聞石皷今見之, 文字鬱律蛟蛇走】'鬱律'은 험하고 꾸불꾸불한 모습을 표현하는
疊韻連綿語.《文選》〈西京賦〉 "隱轔鬱律"의 注에 "隱轔鬱律, 皆險曲貌"라 함. '蛟
蛇走'는 교룡이나 뱀이 구불구불 내닫는 모습임.

【細觀初以指畫肚, 欲讀嗟如箝在口】'指畫肚'는 자신의 배에 손가락으로 글씨를 씀.
唐初 行草書의 名人이었던 虞世南이 글씨를 배울 때 이불 속에서도 손가락으로
자신의 배 위에 글씨를 썼다 함.《眞寶》注에 "虞世南學書, 常於被下, 以指書肚"라
함. 한편 張懷瓘《書斷》(3)에는 "虞世南字伯施, 會稽人. 仕隋爲秘書郞, 仕唐至秘
書監. 文皇曰:「世南一人邃兼五絶. 一曰博學, 二曰德行, 三曰書翰, 四曰詞藻, 五曰
忠直. 有一於此, 足爲名臣, 而世南兼之.」行草之餘, 尤所偏工, 本師於釋智永. 及其
暮齒加以遒逸, 卒年八十九"라 함. '箝在口'는 재갈을 입에 물림. 읽어내지 못함을
안타깝게 여겨 형용한 말. '箝'(겸)은 재갈을 물려 말을 하지 못하는 상태.《漢書》
爰盎傳에 "閉箝天下之口而日益愚"라 하였고 〈鼂錯傳〉에도 "天下之士箝口, 不敢
復言矣"라 함.《眞寶》注에는 "歐詩 '有口欲說嗟如箝.'"이라 함.

【韓公好古生已遲, 我今況又百年後】'韓公'은 韓愈. 앞 〈石皷歌〉에서 "嗟余好古生苦
晚"의 구절을 원용한 것.

【强尋偏旁推點畫, 時得一二遺八九】'强尋偏旁'은 억지로 石皷 글자의 偏旁을 찾아

봄. '偏'은 漢字의 오른쪽 글자, '旁'은 왼쪽.《蘇詩補註》,《施註蘇詩》,《東坡詩集註》에는 모두 '偏傍'으로 표기되어 있음. '點畫'은 '점획'으로 읽음.《眞寶》注에 "偏旁, 點畫, 皆字畫也"라 함.

【我車旣攻馬亦同, 其魚維鱮貫之柳】'我車旣攻'은〈石皷文〉구절 '我車旣攻, 我馬亦同'을 말함. '魚維鱮貫之柳' 역시〈石皷文〉의 '其魚維何? 維鱮維鯉. 何以貫之? 維楊與柳'를 말함.《眞寶》注에는 "公自注: 石皷文之辭云: 「我車旣攻, 我馬亦同.」又曰: 「其魚維何? 維鱮維鯉. 何以貫之? 維楊與柳.」 惟此六句可讀, 餘不可通."이라 함. '鱮'는 연어.《眞寶》注에 "鱮, 音序"라 함.

【古器縱橫猶識鼎, 衆星錯落僅名斗】'古器縱橫'은 글자의 모습이 마치 옛날 그릇들이 이리저리 많이 놓여 있는 것과 같음. '衆星'은《論語》爲政篇에 "譬如北辰居其所而衆星共之"라 하여 많은 별들을 가리킴. '錯落'은 어지러이 뒤섞여 있는 모습을 뜻하는 疊韻連綿語.

【糢糊半已似瘢胝, 詰曲猶能辨跟肘】'糢糊'는 흐릿하여 잘 알아볼 수 없음을 뜻하는 疊韻連綿語.《東坡詩集註》에는 '模糊'로 표기되어 있음. '瘢胝'는 흉터와 딱지. '胝'는 흉터가 굳어 딱지가 생긴 것.《字彙》에 "瘢, 音盤. 瘢痕. 徐曰: 「瘢處已癒有痕曰瘢. 胝, 音支. 皮厚也. 又跰也.《史記》: 「禹手足胼胝.」"라 함. '詰曲'은 古音으로 雙聲連綿語. 구불구불한 형체. '詰詘'과 같음. '跟肘'는 발뒤꿈치와 팔꿈치.

【娟娟缺月隱雲霧, 濯濯嘉禾秀稂莠】'娟娟'은 곱고 아름다운 모양. '濯濯'은 싱싱하게 잘 자란 모양. 혹 윤기가 나는 모습.《詩》大雅 靈臺에 "王在靈囿, 麀鹿攸伏, 麀鹿濯濯, 白鳥翯翯"이라 함. '稂莠'는 강아지풀. '莠'는 '유'(酉)로 읽음.《字彙》에 "稂, 音郎. 禾粟之穗生而不成者謂之童蓈. 又曰害苗草也. 莠, 音有, 禾粟下狗尾草也."라 하였고,《爾雅翼》에는 "莠似稷無實"이라 함.《詩》小雅 大田에 "旣方旣皁, 旣堅旣好, 必稂不莠"라 함.《眞寶》注에 "莠, 音西. 言字之難識者"라 함.

【漂流百戰偶然存, 獨立千載誰與友】'漂流'는 떠서 흘러 다니는 것.

【上追軒頡相唯諾, 下挹氷斯同鷇鷇】'軒頡'의 '軒'은 軒轅氏, 結繩의 방법으로 천하를 다스린 제왕. '頡'은 옛날 한자를 처음으로 만들었다는 倉頡(蒼頡). 張懷瓘《書斷》에 "古文, 黃帝史蒼頡所造也. 頡首有四目, 通於神明, 仰觀奎星圜曲之勢, 俯察龜文鳥跡之象, 博采衆美, 合而爲字, 是曰古文"이라 함.《眞寶》注에 "軒, 黃帝軒轅; 頡, 倉頡"이라 함. '相唯諾'은 서로 대등하게 응대하는 것. '唯'와 '諾'은 같은 뜻이며 긍정으로 답하는 말.《禮記》曲禮(上) "必愼唯諾"의 注에 "唯諾, 皆應辭, 當愼於應對也"라 함. '挹'은《蘇詩補註》,《施註蘇詩》에는 '挹'으로 되어 있음. '氷斯'

는 唐 李陽氷과 秦 李斯를 가리킴. '李陽氷'은 小篆의 名家.《國史補》에 "李陽氷, 善小篆. 自言:「斯翁之後直至小生, 曹喜蔡邕不足言.」"이라 함. '李斯'는 小篆을 만든 사람.《史記》李斯傳 참조. 한편 張懷瓘《書斷》에 "秦丞相李斯曰:「自上古作大篆, 頗行於世, 但爲古遠, 人多不詳, 今刪略繁者, 取其合體, 參爲小篆. 斯善書, 自趙高已下, 咸見伏焉. 各諸名山碑璽銅人, 並斯之筆書"라 함.《眞寶》注에 "氷斯. 唐 李陽氷, 秦李斯也. 二人能篆文"이라 함. '鷇㲉'는 어린 새 새끼를 뜻하는 疊韻連綿語.《字彙》에 "鷇, 音寇. 鳥生須母食之者謂之鷇. 燕雀之類, 是也"라 하였고, 《韻會》에는 "鷇, 乃后切, 乳子也"라 함. 한편《眞寶》注에는 "鷇, 苦候反. 鳥母哺子者. 又鳥雛生而待哺者曰鷇, 能自食曰鷇;㲉. 乃后反, 乳子也. 言石鼓之文, 上可追配於軒轅, 下視陽氷李斯, 如未成之鳥雛也"라 하여 '구누'로 읽도록 되어 있음.

【憶昔周宣歌鴻鴈, 當時籀史變蝌蚪】'鴻鴈'은 기러기.《詩》小雅의 편명. 朱熹 注에 "舊說周室中衰, 萬民離散, 而宣王能勞來還定安集之, 故流民喜之而作此詩"라 함. 《眞寶》注에 "鴻鴈.《詩》小雅之篇名"이라 함. '籀史'는 周 宣王(姬靖) 때의 太史籀. 大篆(籀書)의 書體를 만들었으며 그의 이름을 따서 大篆은 '籀書'라고도 함.《書斷》에 "按大篆者, 周宣王太史史籀所作也. 或曰柱下史始變古文, 或銅或異, 謂之篆. 篆者, 傳也. 傳其物理施之無窮, 甄酆定六書, 三曰篆書八體. 書法一曰大篆"이라 함.《眞寶》注에 "籀, 音宙, 宣王時史官"이라 함. '蝌蚪'는 科斗로도 표기하며 올챙이. 여기서는 蝌蚪文字로 자획이 올챙이같이 생긴 옛날 書體의 일종. 앞장 주를 참조할 것.《尙書》序에 "魯共王始治宮室, 壞孔子舊宅以廣, 其居於壁中, 得先人所藏古文, 虞夏商周時書及傳論孝經, 皆蝌蚪文字"라 하였고, 注에 "科斗, 蟲名, 蝦蟆子. 書形似之"라 하였으며, 〈正義〉에 "科斗書, 古文也. 所謂蒼頡本體, 周所用之, 而今所不識, 是古人所爲, 故名古文. 形多頭麤尾細, 腹團圓, 似水蟲之科斗, 故曰科斗"라 함.《眞寶》注에 "蝌蚪, 蚪, 音科斗. ○宣王時, 史籀著《大篆》十五篇. 魯共王壞孔子宅, 得古書, 皆科斗文字"라 함.

【厭亂人方思聖賢, 中興天爲生耆耇】'中興'은 쇠해가는 나라를 중간에 다시 흥성케 함. 周 宣王의 치적을 뜻함. '耆耇'는 노인을 뜻하는 雙聲連綿語.《禮記》曲禮 (上)에는 "六十曰耆"라 함.《眞寶》注에 "耆, 音其, 老人;耇, 音垢. 老人, 面若垢"라 함. 여기서는 천자를 보좌할 老練한 大臣, 元老를 뜻함. 〈本集〉注에는 구체적으로 史籀, 方叔, 召穆公, 申何, 仲山甫, 尹吉甫 등을 가리킨다 하였음.

【東征徐虜闞虓虎, 北伐犬戎隨指嗾】'徐虜'는 徐나라의 적. 당시 반역을 일으켰던 徐나라. 徐나라는 지금의 安徽省 북쪽 徐州 일대에 있던 작은 나라로 伯益의 후

손의 淮夷. 周初부터 왕을 참칭하다가, 穆王 때 망하여 다시 子國으로 강등되었음. 《詩》大雅 常武篇에 "王謂尹氏, 命程伯休父. 左右陳行, 戒我師旅. 率彼淮浦, 省此徐土. 不留不處, 三事就緒. 王舒保作, 匪紹匪遊, 徐方繹騷. 震驚徐方, 如雷如霆, 徐方震驚"라 함. 《眞寶》注에 "徐, 淮夷也"라 함. '虜'는 《施註蘇詩》에는 '鹵'로 되어 있음. '闞虓虎'는 호랑이가 성을 내며 포효함. '闞'은 호랑이가 성내는 모양. '虓'는 호랑이의 울부짖는 소리. 역시 《詩》大雅 常武篇에 "王奮厥武, 如震如怒. 進厥虎臣, 闞如虓虎. 王猶允塞, 徐方旣來. 徐方旣同, 天子之功. 四方旣平, 徐方來庭. 徐方不回, 王曰還歸"라 함. '北伐'은 《東坡前集》, 《蘇詩補註》, 《施註蘇詩》 등에는 '北伏'으로 되어 있음. '犬戎'은 서쪽 이민족. 犬夷, 畎夷, 昆夷 등으로도 불렸으며 지금의 陝西 鳳翔府 북쪽에 있었음. 《詩》小雅 六月에 "六月棲棲, 戎車旣飭. 四牡騤騤, 載是常服. 玁狁孔熾, 我是用急. 王于出征, 以匡王國."이라 하였고, 朱熹 注에 "玁狁, 北狄也. 成康旣沒, 周室寢衰. 八世而厲王胡暴虐, 周人逐之, 出居于彘. 玁狁來浸, 逼近京邑, 王崩. 子宣王靖卽位, 命尹吉甫帥師伐之, 有功而歸"라 함. '隨指嗾'는 손가락질하는 대로 따르도록 복종시킴. '嗾'(주)는 使嗾하는대로 따르도록 함. 이는 宣王이 사방 주위를 모두 평정하여 안정시켰음을 칭송한 것이며, 그러한 내용을 石鼓에 기록한 것으로 여긴 것.

【象胥雜遝貢狼鹿, 方召聯翩賜圭卣】'象胥'는 통역관, 외교관. 사방 이민족의 사신들을 맞이하고 안내하며 통역하는 임무를 맡음. 《周禮》秋官에 "象胥, 掌蠻夷閩貉戎狄之國使, 掌傳王之言, 而諭說焉, 以和親之. 若以是入賓, 則協其禮, 與其辭言傳之"라 함. 《眞寶》注에 "象胥, 卽後世之譯史, 能通四夷之語者"라 함. '雜遝'은 몰려옴을 뜻하는 疊韻連綿語. 《文選》〈西征賦〉에 "都中雜遝, 戶千人億"이라 함. 《東坡詩集註》, 《蘇詩補註》, 《東坡前集》 등에는 '雜沓'으로 되어 있고, 《施註蘇詩》에는 '襍沓'으로 표기되어 있음. 모두 '뒤섞여 많은 사람들이 몰려옴'을 뜻하는 疊韻連綿語임. '貢狼鹿'은 犬戎이 이리와 사슴을 공물로 바쳐옴. 그러나 이는 宣王 때가 아니라 穆王 때의 일임. 《史記》周本紀에 "穆王將征犬戎, 祭公謀諫, 穆王不聽, 遂征之, 得四白狼四白鹿以歸"라 함. '方召'는 方叔과 召虎. 周 宣王 때 南蠻을 정벌했던 신하들임. 《眞寶》注에 "方召, 方叔, 召虎, 宣王二臣也"라 함. '聯翩'은 새가 나는 날렵한 모습을 뜻하는 疊韻連綿語. 여기서는 말을 타고 날렵하게 활동함을 말함. '圭卣'(규유)는 옥 술잔과 검은 기장 술 한 통. 《眞寶》注에 "圭, 瑞玉, 上銳下方, 以封爵. 公侯伯子男, 各有制;卣, 音酉, 中罇也. 有功者賜玉瓚秬鬯一卣也"라 함. 《詩》大雅 江漢篇에 宣王이 召虎에게 "釐爾圭瓚, 秬鬯一卣"라 함. '圭'는 圭

瓚으로 옥 술잔, '卣'는 검은 秬鬯酒 한 통[卣]을 말함.

【遂因夔鼓思將帥, 豈爲考擊煩矇瞍】'夔鼓'는 작은 북의 일종. 石鼓는 夔鼓의 모양을 따서 만들었음. 《眞寶》注에 "《記》: 聽鼓擊之聲, 則思將帥之臣"이라 함. '考擊'은 북을 두드리고 침. '考'는 擊과 같음. 《詩》唐風 山有樞 "子有鐘鼓, 弗鼓弗考"의 注에 "考, 擊也"라 함. '矇瞍'는 장님. 고대 樂官은 주로 장님들이 담당하였음. 《詩》大雅 靈臺篇 "於論鼓鐘, 於樂辟雍. 鼉鼓逢逢, 矇瞍奏公"의 注에 "有眸子而無見曰矇, 無眸子曰瞍. 古者, 樂師皆以瞽者爲之, 以其善聽而審於音也"라 함. 《眞寶》注에 "矇瞍, 音蒙叟. ○《詩》:「子有鍾鼓, 弗擊弗考.」又曰:「矇瞍奏功.」"이라 함. 이 구절은 "개선하는 장수들의 북소리로 인해 그들의 공덕을 칭송하는 것인데, 아예 석고를 만들어 공을 기록하면 매번 악공들이 번거롭게 음악을 연주하지 않아도 될 것이라 여겼음"을 말함.

【何人作頌比崧高? 萬古斯文齊岣嶁】'頌'은 稱頌, 贊頌의 노래. 여기서는 석고에 새겨진 송가를 말함. '崧高'는 《詩》大雅의 편명. 《蘇詩補註》에는 '嵩高'로 되어 있음. 宣王의 외삼촌 申伯을 봉지 謝로 보내자 尹吉甫가 그를 면려하기 위해 지은 시. 《詩傳》朱熹 注에 "宣王之舅申伯, 出封于謝, 而尹吉甫作詩以送之"라 함. '斯文'은 石鼓에 기록된 시의 내용. '岣嶁'는 湖南 衡山縣 북쪽에 있는 산 이름으로 衡山의 主峯을 가리키며 疊韻連綿語로 표기한 것. 《大明一統志》에 "衡州府岣嶁峯, 在府城北五十二里, 高一千五百丈. 《湘中記》:岣嶁山有玉牒禹案, 上有禹碑. 韓愈詩:「岣嶁山尖神禹碑, 字靑石赤形摹奇. 科斗拳身薤葉披, 鸞飄鳳泊拏虎螭, 事嚴跡秘鬼莫窺.」"라 함. 여기에서는 거기에 있는 岣嶁碑를 가리키며, 그것은 夏나라 禹임금이 治水를 할 때 써서 새겨놓은 것이라 하여 神禹碑라고도 부름. 모두 70여 자로 篆書도 蝌蚪文도 아니며, 明나라 揚愼이 이를 해석한 것이 있음. 《眞寶》注에 "岣, 古后反;嶁, 力后反. 行陽縣北之山神. 禹碑, 今名碧碑. 二字, 一音巨窶, 此歌從韻爵古后力后反. 退之詩:「岣嶁山尖神禹碑.」字靑石赤形摹奇"라 함.

【勳勞至大不矜伐, 文武未遠猶忠厚】'勳勞'는 宣王의 공훈과 공로. '矜伐'은 뽐내고 자랑함. '문무'는 文王(姬昌)과 武王(姬發). 宣王 세대는 그로부터 머지않아 그래도 忠厚한 기풍이 살아 있었음을 말함.

【欲尋年代無甲乙, 豈有文字記誰某】'年代'는 모든 원전에 '年歲'로 되어 있음. '甲乙'은 고대 干支로 年數를 표시하였음. '文字'는 《補註》, 《施註》, 《集註》에 모두 '名字'로 되어 있음. 〈本集〉注에 "次公云:宣王在位四十六年, 而史冊無載石鼓之事. 宣王之詩, 其見於經所作者, 有曰仍叔有曰尹吉甫. 今石鼓之上, 又無名氏, 故云爾也"

라 함.

【自從周衰更七國, 竟使秦人有九有】 '更七國'은 秦, 楚, 韓, 趙, 燕, 魏, 齊 등 戰國七雄으로 바뀜. '九有'는 九州, 즉 천하를 가리킴. 《詩》 商頌 玄鳥篇 "方命厥后, 奄有九有"의 注에 "九有, 九州也"라 함. 《眞寶》 注에도 "九有, 九州也"라 함.

【掃除詩書誦法律, 投棄俎豆陳鞭杻】 '掃除詩書'는 《詩》, 《徐》를 쓸어 없앰. 秦始皇의 焚書坑儒를 뜻함. 《史記》 秦始皇本紀 34년에 "丞相李斯曰:「五帝不相復, 三代不相襲, 各以治, 非其相反, 時變異也. 今陛下創大業, 建萬世之功, 固非愚儒所知. 且越言乃三代之事, 何足法也? 異時諸侯並爭, 厚招游學. 今天下已定, 法令出一, 百姓當家則力農工, 士則學習法令辟禁. 今諸生不師今而學古, 以非當世, 惑亂黔首. 丞相臣斯昧死言: 古者天下散亂, 莫之能一, 是以諸侯並作, 語皆道古以害今, 飾虛言以亂實, 人善其所私學, 以非上之所建立. 今皇帝幷有天下, 別黑白而定一尊. 私學而相與非法敎, 人聞令下, 則各以其學議之, 入則心非, 出則巷議, 夸主以爲名, 異取以爲高, 率群下以造謗. 如此弗禁, 則主勢降乎上, 黨與成乎下. 禁之便. 臣請史官非秦記皆燒之. 非博士官所職, 天下敢有藏詩, 書, 百家語者, 悉詣守, 尉雜燒之. 有敢偶語詩書者棄市. 以古非今者族. 吏見知不擧者與同罪. 令下三十日不燒, 黥爲城旦. 所不去者, 醫藥卜筮種樹之書. 若欲有學法令, 以吏爲師.」制曰:「可.」라 함. '俎豆'는 祭器, 禮器. 儒家의 禮를 대신하는 말. 《論語》 衛靈公篇에 "孔子曰:「俎豆之事, 則嘗聞之矣. 軍旅之事, 未之學也」라 함. '鞭杻'(편뉴)는 채찍과 刑具. '杻'는 手械로 손을 구속하는 형구. 가혹한 법치로 천하를 다스렸음을 말함.

【當年何人佐祖龍? 上蔡公子牽黃狗】 '祖龍'은 秦始皇을 가리킴. 《史記》 秦始皇本紀 36년에 "秋, 使者從關東夜過華陰平舒道, 有人持璧遮使者曰:「爲吾遺滈池君.」因言:「今年祖龍死.」使者問其故, 因忽不見, 置其璧去. 使者奉璧具以聞. 始皇黙然良久, 曰:「山鬼固不過知一歲事也.」退言曰:「祖龍者, 人之先也.」使御府視璧, 乃二十八年行渡江所沈璧也."라 하였고, 注에 "蘇林曰:「祖, 始也; 龍, 人君. 象謂始皇也」라 함. 《搜神記》(4)에도 "秦始皇三十六年, 使者鄭容從關東來, 將入函關. 西至華陰, 望見素車白馬, 從華山上下. 疑其非人, 道住, 止而待之. 遂至. 問鄭容曰:「安之?」答曰:「之咸陽.」車上人曰:「吾華山使也. 願託一牘書, 致滈池君所. 子之咸陽, 道過滈池, 見一大梓, 下有文石, 取款梓, 當有應者, 卽以書與之.」容如其言, 以石款梓樹, 果有人來取書. 明年, 祖龍死."라 하였고, 《漢書》 五行志(中之上)에도 《史記》 秦始皇帝三十六年, 鄭客從關東來, 至華陰, 望見素車白馬從華山上下, 知其非人, 道住止而待之. 遂至, 持璧與客曰:「爲我遺滈池君.」因言:「今年祖龍死.」忽不見. 鄭

客奉璧. 卽始皇二十八年過江所湛璧也. 與周子鼂同應. 是歲, 石隕于東郡, 民或刻其石曰:「始皇死而地分.」此皆白祥. 炕陽暴虐, 號令不從, 孤陽獨治, 羣陰不附之所致也. 一曰, 石, 陰類也. 陰持高節, 臣將危君, 趙高, 李斯之象也. 始皇不畏戒自省, 反夷滅其旁民, 而燔燒其石. 是歲始皇死, 後三年而秦滅."이라 하였으며, 《論衡》 紀妖篇에도 "秦始皇帝三十六年, 熒惑守心, 有星墜下, 至地爲石, 刻其石曰:「始皇死而地分.」始皇聞之. 令御史逐問, 莫服: 盡取石旁家人誅之, 因燔其石妖. 使者從關東夜過華陰平野, 或有人, 持璧遮使者曰:「爲我遺鎬池君.」因言曰:「今年祖龍死.」使者問之. 人忽不見, 置其璧去. 使者奉璧, 具以言聞. 始皇帝黙然長久曰:「山鬼不過知一歲事, 乃言曰: '祖龍者.' 人之先也.」使御府視璧, 乃二十八年行渡江所沈璧也. 明三十七年, 夢與海神戰. 如人狀. 是何謂也? 曰:「皆始皇且死之妖也.」始皇夢與海神戰. 恚努入海, 候神射大魚, 自琅邪至勞成山不見: 至之罘山, 還見巨魚, 射殺一魚, 遂旁海西, 至平原津而病: 到沙丘而崩. 當星墜之時, 熒惑爲妖, 故石旁家人刻書其石, 若或爲之, 文曰:「始皇死.」或敎之也. 猶世間童謠, 非童所爲, 氣導之也. 凡妖之發, 或象人爲鬼, 或爲人象鬼而使, 其實一也."라 하였으며, 그 외에 《水經注》(19), 《北堂書鈔》(160), 《後漢書》(襄楷傳), 《琱玉集》(14), 《初學記》(5) 등 아주 널리 실려 있음. 《眞寶》 注에 "祖龍, 秦始皇也"라 함. '上蔡公子'는 秦始皇의 丞相이었던 李斯를 가리킴. '公子'는 여기서는 丞相을 뜻함. 《史記》 李斯傳에 "二世二年七月, 具斯五刑, 論腰斬咸陽市. 斯出獄, 與其中子俱執, 顧謂其中子曰:「吾欲與若復牽黃犬俱出上蔡東門逐狡免, 豈可得乎!」遂父子相哭, 而夷三族."이라 함. 《眞寶》 注에 "上蔡, 李斯也"라 함. 李斯는 上蔡 사람이었음.

【登山刻石頌功烈, 後者無繼前無偶】 '登山刻石'은 秦始皇 28년에 동쪽 郡縣을 순행하면서 鄒嶧山(山東省 鄒縣 동남쪽 嶧山)에 올라 돌에 秦의 공덕을 새기고, 남쪽 琅琊山(山東省 諸城縣 동남 바닷가)에 올라 송덕비를 세웠음. 《史記》 始皇本紀에 "二十八年, 始皇東行郡縣, 上鄒嶧山. 立石, 與魯諸儒生議, 刻石頌秦德, 議封禪望祭山川之事. 乃遂上泰山, 立石, 封, 祠祀. 下, 風雨暴至, 休於樹下, 因封其樹爲五大夫. 禪梁父. 刻所立石, 其辭曰:『皇帝臨位, 作制明法, 臣下脩飭. 二十有六年, 初幷天下, 罔不賓服. 親巡遠方黎民, 登茲泰山, 周覽東極. 從臣思迹, 本原事業, 祇誦功德. 治道運行, 諸產得宜, 皆有法式. 大義休明, 垂于後世, 順承勿革. 皇帝躬聖, 既平天下, 不懈於治. 夙興夜寐, 建設長利, 專隆敎誨. 訓經宣達, 遠近畢理, 咸承聖志. 貴賤分明, 男女禮順, 愼遵職事. 昭隔內外, 靡不淸淨, 施于後嗣. 化及無窮, 遵奉遺詔, 永承重戒.』於是乃並勃海以東, 過黃, 腄, 窮成山, 登之罘, 立石頌秦德焉而去."라 함.

【皆云皇帝巡四國, 烹滅彊暴救黔首】'四國'은 사방의 나라. 《詩》曹風 鳲鳩篇에 "其儀不忒, 正是四國"이라 함. '烹滅彊暴'는 강하고 난폭한 자들을 삶아 죽여 없앰. '彊'은 彊(强)의 오기. 《施註》와 《集註》에는 '彊'으로 표기되어 있음. 《史記》秦始皇本紀에 "二十九年, 始皇東游. 至陽武博狼沙中, 爲盜所驚. 求弗得, 乃令天下大索十日. 登之罘, 刻石. 其辭曰:『維二十九年, 時在中春, 陽和方起. 皇帝東游, 巡登之罘, 臨照于海. 從臣嘉觀, 原念休烈, 追誦本始. 大聖作治, 建定法度, 顯箸綱紀. 外敎諸侯, 光施文惠, 明以義理. 六國回辟, 貪戾無厭, 虐殺不已. 皇帝哀衆, 遂發討師, 奮揚武德. 義誅信行, 威燀旁達, 莫不賓服. 烹滅彊暴, 振救黔首, 周定四極. 普施明法, 經緯天下, 永爲儀則. 大矣哉! 宇縣之中, 承順聖意. 群臣誦功, 請刻于石, 表垂于常式.』"이라 함. '黔首'는 평민들. 검은 머리를 드러내고 있어 혹 '黎民'으로도 부름. 秦나라 때 백성을 부르던 명칭. 《史記》秦始皇本紀에 "二十六年, 更名民曰黔首"라 하였고 注에 "應劭曰:「黔, 亦黎黑也.」"라 함. 《眞寶》注에 "黔, 音鉗. 黔首, 秦謂百姓曰黔首, 謂其頭黑, 猶言黎民也也"라 함.

【六經旣已委灰塵, 此皷亦當隨擊捊】'六經'은 儒家의 經典을 총칭하는 말. 구체적으로 《易》, 《書》, 《詩》, 《禮》, 《樂》, 《春秋》를 가리키며 《樂》은 전하지 않아 뒤에 흔히 五經을 거론함. '委灰塵'은 재와 먼지가 된 채로 버려짐. 焚書를 당했음을 뜻함. '隨'는 다른 모든 원전에는 모두 '遭'로 되어 있어 의미가 훨씬 순통함. '擊捊'는 쳐서 깨버림. '捊'는 《全集》에는 '剖'로 되어 있음. '捊'는 《眞寶》注에 "裒上"이라 하여 '부'로 읽음.

【傳聞九鼎淪泗上, 欲使萬夫沈水取】'九鼎'은 禹임금이 九牧(九州의 長官)의 쇠를 모아들여 九州를 상징하는 아홉 개의 솥을 만들어, 국권을 상징하게 함. 禹는 荊山 아래에서 이를 주조하여 國都(山西省 夏縣)에 두었고, 殷 湯王은 商邑에 두었으며, 周나라는 洛邑에 두었음. 그 뒤 顯王 때에 秦나라가 周를 공격하여 九鼎을 빼앗았는데 그때 하나는 泗水에 빠뜨렸다 하고, 나머지 八鼎도 행방을 알 수 없게 되었다 함. 始皇 26년에 천여 명을 동원하여 泗水에 빠진 鼎을 건져올리려 하였으나 실패하였다 함. 《漢書》郊祀志(上)에 "後百一十歲, 周赧王卒, 九鼎入於秦. 或曰, 周顯王之四十二年, 宋太丘社亡, 而鼎淪沒於泗水彭城下. 自赧王卒後七年, 秦莊襄王滅東周, 周祀絶. 後二十八年, 秦幷天下, 稱皇帝."라 하였고, 《水經注》泗水에도 비슷한 기록이 실려 있음. '淪'은 물속에 빠져 가라앉음. 《眞寶》注에 "淪, 沈也. 九鼎, 禹鼎也. 取九州之金也"라 함. 《東坡詩集註》에 "周末九鼎沒泗水, 始皇過彭城, 齋戒禱祠, 欲出鼎, 使千人沒水求之, 弗得"이라 함.

【暴君縱欲窮人力, 神物義不汙秦垢】'神物'은 鼎을 가리킴. "惠氏易傳"에 "鼎, 神物也"라 함. '汙秦垢'은 秦나라 때[垢]에 더럽혀짐. 무도한 秦나라의 때에 더럽혀짐. '汙'는 汚와 같음.

【是時石鼓何處避? 無乃天工令鬼守】'無乃'는 反語法의 疑問文을 구성하는 構文. '天工'은 《尙書》皐陶謨의 "天工人其代之"(하늘의 공교한 원리를 사람이 대신하다)의 뜻. 여기서는 하늘의 조화를 뜻함. 그러나 《東坡詩全集》에는 '天公'으로 되어 있음.

【興亡百變物自閑, 富貴一朝名不朽】'自閑'은 《全集》과 《補註》에는 '自閒'으로 되어 있음.

【細思物理坐歎息, 人生安得如汝壽】'歎息'은 《補註》에는 '嘆息'으로 되어 있음. 〈本集〉注에 "次公曰: 上兩句, 蓋言興亡雖有百變, 而物則自閑; 富貴止乎一朝, 而名不能朽也. 此詩人因物起興, 以結一篇之成也. 自周宣卽位, 歲在甲戌, 至大宋英宗踐祚之初, 歲在癸卯, 時已幾二千年矣. 更秦漢魏晉隋唐之代, 其物宛然而存, 豈不謂之禱乎!"라 함.

참고 및 관련 자료

1. 蘇軾. 蘇東坡, 蘇子瞻, 044 참조.

2. 이 시는 《東坡全集》(1), 《東坡詩集註》(4), 《施註蘇詩》(1), 《蘇詩補註》(4), 《御選宋詩》(5), 《唐宋詩醇》(32), 《宋詩鈔》(20), 《竹莊詩話》(19), 《周秦刻石釋音》, 《陝西通志》(95), 《國子監志》(59), 《雍錄》(9), 《六藝之一錄》(27, 28, 29) 등에 실려 있음.

3. 韻脚은 '叟, 走, 口, 後, 九, 柳, 斗, 肘, 莠, 友, 縠, 蝌, 耇, 嗾, 卣, 腜, 嶁, 厚, 某, 有, 枏, 狗, 偶, 首, 掊, 取, 垢, 守, 朽, 壽'.

《古文眞寶》[前集] 卷九

가류歌類

卷八의 해제를 볼 것.

194. <戲作花卿歌> ·················· 杜子美(杜甫)
장난삼아 화경을 두고 노래를 지음

＊《眞寶》注에 "花卿, 西川牙將花敬定也"라 함.

＊<戲作花卿歌>:장난삼아 花卿을 두고 노래를 지음. '歌'는 詩體의 한 장르.《文體
明辨》에 "其放情長言, 雜而無方者曰歌"라 함. '花卿'은 본명이 花敬定(《杜詩鏡銓》
注에는 花驚定)으로 成都尹 崔光遠 밑의 牙將. 縣州의 반란군 段子璋을 평정하
여 용맹을 날렸던 인물. 뒤에 도리어 표략질을 일삼아 그곳의 怨聲을 산 인물이
기도 함.《舊唐書》蕭宗紀에 "上元二年四月, 梓州刺史段子璋反, 襲東川節度使李
奐於綿州, 自稱梁王, 改元黃龍, 以綿州爲黃龍府, 置百官. 五月, 成都尹崔光遠率
將花驚定拔綿州, 斬子璋"이라 하였고, <高適傳>에는 "西川牙將花驚定恃勇, 旣
誅子璋, 大掠東蜀. 天子怒光遠不能戢軍, 乃罷之"라 함.《山谷詩話》에는 "花卿家
在丹稜縣之東館鎭, 至今有英氣, 血食其鄉, 宜子美爲之作歌也"라 함. 杜甫의 <贈
花卿>시에도 "錦城絲管日紛紛, 半入江風半入雲. 此曲祇應天上有, 人間能得幾回
聞?"이라 하였고, 楊升菴의 評에 "花卿在蜀, 頗僭用天子禮樂, 子美作此譏之"라
하여 花卿은 成都에서 天子의 禮樂을 僭用하여 譏弄한 것이라 하였음.

성도成都에 맹장猛將 화경花卿이란 분 있었으니,
말 배우는 어린아이도 그의 이름을 알 정도.
용감하기 날쌘 매 같아 바람과 불을 일으키며 달리니,
보이는 적이 많아야 몸이 비로소 가벼워진다네.
면주부사縣州副使 단자장段子璋이 모반하여 자황柘黃의 천자 옷을 입자,
우리 화경이 쓸어 없애 당일로 평정하였네.
단자장의 해골은 피가 묻어 알아볼 수 없이 모호한데,
손으로 들어 내던지고 돌아와 최광원崔光遠에게 보고하였네.
이환李奐은 다시 동천절도사東川節度使 자리로 되돌아왔으니,
사람들은 우리 화경은 세상에 다시 없을 장수라고 말들 하네.

세상에 다시 없을 장수라 칭송되는 자라는데 천자께서는,
어찌하여 그를 불러 경도京都를 탈환하여 지키게 하지 않는가?

成都猛將有花卿, 學語小兒知姓名.
勇如快鶻風火生, 見賊唯多身始輕.
緜州副使著柘黃, 我卿掃除卽日平.
子璋髑髏血模糊, 手提擲還崔大夫.
李侯重有此節度, 人道我卿絶世無.
旣稱絶世無天子, 何不喚取守京都?

【成都猛將有花卿, 學語小兒知姓名】'成都'는 蜀(四川省)의 省都. 蜀州, 錦城 등으로도 불림. '學語小兒'는 이제 겨우 말을 배우기 시작하는 어린 아이. 그런 아이조차 花卿의 이름을 알고 있을 정도로 유명함.

【勇如快鶻風火生, 見賊唯多身始輕】'勇'은 杜詩 관련 모든 판본에 '用'으로 되어 있으며《杜詩諺解》에도 "ᄡᅮ미 날난 매 ᄀᆞᆮ고 ᄇᆞᄅᆞᆷ매 블 나ᄂᆞᆫ ᄃᆞᆺ 하니"라 함. 여기서는 본문에 따라 잠정적으로 '勇'으로 해석함. '快鶻'은 날쌘 매. 빠른 매. '風火生'은 바람과 불을 일으킴. 南朝 梁나라 때 曹景宗이 용처럼 빠른 말을 타고 달렸는데, 귀 뒤에서는 바람이 일고 코끝에서는 불이 이는 것 같았다 함.《南史》曹景宗傳에 "景宗好內, 妓妾至數百, 窮極錦繡. 性躁動, 不能沈默. 出行常欲裹車帷幔, 左右輒諫以位望隆重, 人所具瞻, 不宜然. 景宗謂所親曰:「我昔在鄕里, 騎快馬如龍, 與年少輩數十騎, 拓弓弦作霹靂聲, 箭如餓鴟叫, 平澤中逐獐, 數肋射之, 渴飮其血, 饑食其脯, 甜如甘露漿. 覺耳后生風, 鼻頭出火, 此樂使人忘死, 不知老之將至. 今來揚州作貴人, 動轉不得. 路行開車幔, 小人輒言不可. 閉置車中, 如三日新婦, 此邑邑使人氣盡.」爲人嗜酒好樂, 腊月於宅中使人作邪呼逐除, 遍往人家乞酒食. 本以爲戲, 而部下多剽輕, 因弄人婦女, 奪人財貨. 帝頗知之, 景宗懼乃止."라 함.《眞寶》注에 "《南史》:曹景宗謂所親曰:「我昔在鄕里, 騎快馬如龍, 覺耳後生風, 鼻尖出火, 此樂使人忘死.」"라 함. 曹景宗의〈競病韻〉(019)를 참조할 것. '見賊唯多身始輕'은 賊을 많이 보아야 몸이 비로소 가벼워짐.

【緜州副使著柘黃, 我卿掃除卽日平】'緜州'는 綿州로도 표기하며 지금의 四川省 綿陽縣.《唐書》에 "綿州, 巴西郡屬, 劍南東道. 本金山郡, 天寶元年更名, 置副使一人"

이라 함. '縣州副使'는 段子璋을 가리킴. '柘黃'(자황)은 산뽕나무[柘] 즙으로 누렇
게 물들여 만든 천자의 옷. 《唐六典》에 "隋文帝著柘黃袍, 巾帶聽朝"라 함. 《杜詩
鏡銓》에 "子璋時兼節度副使. '著柘黃', 謂僭天子服色"이라 하였고, 《眞寶》注에
"柘, 音蔗. 柘黃袍, 天子服也. 謂段子璋反"이라 함. 唐 肅宗의 上元 2년(761) 4월에
段子璋이 반란을 일으켜 縣州를 차지하고 자칭 梁王이라 하였으며, 연호를 黃
龍, 縣州를 黃龍府라 하였음. 아울러 百官을 배치하고 皇帝의 복식을 하며 天子
행세를 하였음. '我卿掃除卽日平'은 花卿이 段子璋 반군을 쓸어버려 당일에 평정
해버림.

【子璋髑髏血糢糊, 手提擲還崔大夫】'髑髏'는 죽은 사람의 해골과 뼈. '糢糊'는 模
糊로도 표기하며 분간하기 어려운 모양. 여기서는 피가 많이 묻어 있어 시신을
구별할 수 없을 정도임을 말함. '手提擲還'은 손으로 들어 내던지고 귀환함. '崔大
夫'는 成都尹 崔光遠을 가리킴. 《眞寶》注에 "崔大夫, 崔光遠"이라 함.

【李侯重有此節度, 人道我卿絶世無】'李侯'는 李奐을 가리킴. 당시 東川節度使였음.
段子璋이 반란을 일으켜 綿州를 차지하고 梁王이라 자칭하자, 李奐은 成都로 도
망쳤다가 花卿이 段子璋을 평정하고 나서 다시 되돌아옴. '重'은 《杜詩詳註》에
"李奐初出奔成都, 後復鎭東川, 故曰重"이라 함. 《杜詩鏡銓》에 "李奐以子璋亂, 奔
成都, 及平, 得復之鎭"이라 함. '節度使'는 《唐六典》에 "諸軍各置節度使一人, 五千
人以上, 置副使一人"이라 함. '人道我卿絶世無'의 '道'는 說, 稱, 言과 같음. 사람들
은 화경을 두고 絶世에 없을 사람이라 칭송함.

【旣稱絶世無天子, 何不喚取守京都】'天子'는 다음 구절 '何不喚取守京都?'로 연결
됨. '京都'는 《杜詩詳註》와 《杜詩鏡銓》에는 '東都'로 되어 있음. 洛陽을 가리킴. 段
子璋이 반란을 일으켰던 上元 2년에 安祿山의 부하 史思明을, 그 아들 史朝義가
죽이고 대신 자립하여 東都를 차지하고 있었음. "그를 불러 東都를 史朝義로부
터 탈환하여 지키게 하지 않을까?"의 뜻. 그러나 이는 '화경은 그런 큰일을 해낼
수 없는 인물일뿐더러 그를 京都로 불러들이면 두려워 나쁜 짓을 하지 못할 것
임'을 말한 것이라 한 것이라고도 함. 《杜詩鏡銓》에 《唐書》: 上元二年三月, 史朝
義殺其父思明而自立, 時據東都. 朱鶴齡曰: 「花卿恃勇剽掠, 不過成都一猛將耳, 使
移守東都, 安能掃除大寇? 末語刺之, 意甚微婉.」 又張溍曰: 「在遠故縱掠, 至內地
則不敢妄行, 亦所謂因材器使之道.」라 함. 《杜詩詳註》에도 "據〈崔光遠傳〉: 花敬定
將土肆其剽掠, 婦女有金銀釧者, 多斷腕以取之, 蜀人之受毒甚矣. 詩云: 「何不喚取
守東都?」 此馭將之善術也"라 함.

1. 杜子美: 杜甫, 杜少陵, 杜工部. 042 참조.

2. 이 시는 《九家集注杜詩》(7), 《補注杜詩》(7), 《集千家註杜工部詩集》(7), 《杜詩詳注》(10), 《杜詩鏡銓》(8), 《唐文粹》(16上), 《全唐詩》(219), 《全唐詩錄》(27), 《唐宋詩醇》(11), 《詩人玉屑》(10), 《詩林廣記》(2), 《杜工部詩年譜》, 《淵鑑類函》(207, 284), 《山堂肆考》(117), 《成都文類》(12), 《漁隱叢話》(전집 14) 등에 널리 실려 있음.

3. 韻脚은 '卿, 名, 輕, 平'. '糊, 夫, 無, 都'.

4. 《杜詩諺解》重刊本(5)

成都애 勇猛혼 將軍이 花卿이 잇ᄂᆞ니

말 비호ᄂᆞᆫ 죠근 아히 니르리 姓과 일후믈 아ᄂᆞ다

ᄡᅳ미 ᄂᆞᆯ난 매 ᄀᆞᆮ고 ᄇᆞᄅᆞ매 블 나ᄂᆞᆫ 듯 하니

盜賊의 오직 하믈 보고아 모미 비르수 가비얍ᄂᆞ니라

縣州ㅅ 副使ㅣ 누른 오ᄉᆞᆯ 니버늘

우리 花卿이 ᄡᅳ러ᄇᆞ려 卽日에 平히오니라

子璋의 어리ᄲᅠ에 피 무드닐

소ᄂᆞ로 자바 崔大夫의 알ᄑᆡ 더디니라

李侯ㅣ 이 節度를 다시 두니

사ᄅᆞᆯ 니로ᄃᆡ 우리 花卿이 世예 그치 업다 ᄒᆞᄂᆞ다

ᄒᆞ마 世예 그치 업다 니ᄅᆞ거시니 天子ᄂᆞᆫ

엇뎨 블러다가 京都를 守히이디 아니ᄒᆞ시ᄂᆞ뇨

195. <題李尊師松樹障子歌> ·················· 杜子美(杜甫)
이존사의 소나무 병풍에 적은 노래

*<題李尊師松樹障子歌>: 李尊師의 소나무 가리개 그림에 題詩한 노래. '李尊師'는
唐 玄宗 때의 道士. '障子'는 가리개 또는 병풍. 《補註杜註》에 "乾元元年(758)作"
이라 하였으나, 《杜詩詳註》에는 "黃鶴載在乾元元年, 蓋詩言玄都道士, 乃長安人
也. 又云:「時危慘淡」, 知安史尙未平也. 若至德元年, 身陷賊中, 何心題咏? 若在二
年, 則冬日至京, 亦恐不暇及此"라 함.

이 늙은이 내가 이른 새벽 흰머리 빗고 있는데,
현도도사玄都道士가 나를 만나러 찾아왔네.
머리 움켜쥔 채 아이 불러 마중해 맞아들이게 했더니,
그의 손에 새로 그린 푸른 소나무 가리개 그림이 들려 있네.
가리개 속 소나무 숲 고요하고 가물가물한 모습인데,
난간에 기대어 놓고 보니 홀연히 그림이 아닌 실물 같네.
그늘진 절벽은 엎드린 채 서리와 눈에 눌린 나무줄기를 받쳐 들고 있고,
누운 채 덮여 반대쪽으로 뻗어 내닫는 가지는 규룡虯龍 형상일세.
이 늙은 나는 평소 기이하고 오래된 것 좋아하여 왔던 터라,
이를 대하니 흥취와 정령精靈이 모두 모여드네.
이미 이 선객仙客 이존사李尊師와 뜻 서로 통해 친해졌음 알겠고,
더욱이 훌륭한 화공으로서 홀로 마음고생 했었음 깨닫도다.
소나무 아래 노인은 두건과 신발도 나와 똑같으니,
나란히 앉아 있는 모습 마치 상산商山 노인들 같네.
창망히 바라보며 애오라지 <자지곡紫芝曲>을 불러보니,
시국이 위태로워 참담하게 슬픈 바람이 불어오네.

老夫淸晨梳白頭, 玄都道士來相訪.

握髮呼兒延入戶, 手提新畫靑松障.

障子松林靜杳冥, 憑軒忽若無丹靑.

陰崖却承霜雪幹, 偃盖反走虯龍形.

老夫平生好奇古, 對此興與精靈聚.

已知仙客意相親, 更覺良工心獨苦.

松下丈人巾屨同, 偶坐似是商山翁.

悵望聊歌〈紫芝曲〉, 時危慘淡來悲風.

【老夫淸晨梳白頭, 玄都道士來相訪】'老夫'는 杜甫가 자신을 칭하는 말. '淸晨'은 이른 새벽. '梳白頭'는 빗으로 흰 머리를 빗음. '玄都道士'는 唐나라 長安 朱雀街에 있던 玄都觀의 도사 李尊師를 가리킴. 《杜詩詳註》에 "《長安志》:崇業坊玄都觀, 隋開皇二年, 自長安故城, 徙道觀於此, 改名玄都, 與善慶寺相比.《唐會要》:京城朱雀街, 有玄都觀"이라 함.

【握髮呼兒延入戶, 手提新畫靑松障】'握髮'은 손님이 찾아왔을 때 감던 머리를 움켜쥐고 맞이함을 뜻함. 《史記》魯周公世家와 《說苑》 등에 실려 있는 "一沐三握髮, 一飯三吐哺"의 고사를 원용한 것. '延入戶'는 마중하여 문 안으로 들어오게 안내함. '手提新畫靑松障'은 《杜詩詳註》에 "首叙李師見訪, 握髮呼兒急於迎客, 手提新畫索公題句也"라 하여 杜甫에게 그림의 題句(畵題)를 얻고자 찾아온 것이라 하였음.

【障子松林靜杳冥, 憑軒忽若無丹靑】'杳冥'은 멀고 아득한 모습을 표현하는 雙聲連綿語. 《楚辭》에 "杳冥兮晝晦"라 함. '憑軒'은 난간에 기댐. '軒'은 난간. 그림을 보기 위해 물러서 난간에 기댐. 혹 그림을 난간에 기대어 놓고 살펴봄. '無丹靑'은 그린 것이 아니라 진짜 소나무처럼 느껴짐. 《杜詩鏡銓》에 "朱注:言無異眞松, 不知其爲丹靑也"라 함. '丹靑'은 '그림', 혹은 '그림을 그리다'의 뜻.

【陰崖却承霜雪幹, 偃盖反走虯龍形】'霜雪幹'은 서리와 눈 맞으며 여러 해 묵은 소나무 줄기. '幹'은 幹과 같음.《杜詩詳註》에 "畫松神妙. '無丹靑', 言不異眞松, 崖在松下, 故云'却承'; 松勢逆盤, 故云'反走'. 却, 俯也"라 함. '偃盖反走'는 소나무 가지가 옆으로 누워(偃) 덮어(盖) 반대편으로 내달리듯 뻗어 있음. '虯龍'은 뿔 없는 용.

그림 속의 소나무 형상을 말한 것.

【老夫平生好奇古, 對此興與精靈聚】'平生'은 平素와 같음.《杜詩詳註》와《杜詩鏡銓》에는 '生平'으로 되어 있음. '精靈'은 그림을 보고 느끼는 상상들.

【已知仙客意相親, 更覺良工心獨苦】'心獨苦'는 좋은 작품을 창작하기 위해 애썼을 것임을 말함.《杜詩詳註》에 "此與李師賞畫也. '霜雪', '虬龍', 此即奇古. '精靈', 指畫; '仙客', 指李; '良工', 指畫者"라 함.

【松下丈人巾屨同, 偶坐似是商山翁】'丈人'은 老人과 같음. '巾屨'는 두건과 신발. '偶坐'는 짝지어 마주 앉음.《杜詩詳註》에 "偶坐, 並坐也. 顔延之詩:「獨靜闕偶坐.」"라 함. '商山翁'은 商山四皓를 가리킴.《眞寶》注에 "商山, 四皓也"라 함. '商山'은 陝西城 商縣 동남쪽에 있는 산. 秦나라 말엽 東園公, 甪里先生, 綺里季, 夏黃公 네 사람. '皓'는 머리 흰 노인의 뜻. 자세한 것은 〈商山路有感〉(021), 〈寄李白〉(095), 〈李伯時畫圖〉(157) 등의 注를 참고할 것.

【悵望聊歌〈紫芝曲〉, 時危慘淡來悲風】'悵望'은 슬픔을 표현하는 疊韻連綿語.《杜詩詳註》에 "一作惆悵"이라 하여 雙聲連綿語로 되어 있음. '〈紫芝曲〉'은 商山四皓가 불렀다는 〈紫芝歌〉. '紫芝'는 보랏빛 靈芝로 仙藥의 일종. 皇甫謐《高士傳》(中)에 "四皓者, 皆河內軹人也. 或在汲, 一曰東園公, 二曰甪里先生, 三曰綺里季, 四曰夏黃公, 皆修道潔己, 非義不動. 秦始皇時, 見秦政虐, 乃退入藍田山, 而作歌曰:「莫莫高山, 深谷逶迤. 曄曄紫芝, 可以療飢. 唐虞世遠, 吾將何歸? 駟馬高蓋, 其憂甚大. 富貴之畏人, 不如貧賤之肆志.」乃共入商雒, 隱地肺山, 以待天下定. 及秦敗, 漢高聞而徵之, 不至. 深自匿終南山, 不能屈己."라 함.《杜詩詳註》에 "因松下老人, 忽動商山之興. 蓋世亂而思高隱也."라 함. '慘淡'은 처참하고 쓸쓸한 모습을 표현하는 疊韻連綿語.《杜詩詳註》에 "慘淡悲風, 畫景亦若增愁矣."라 함.

참고 및 관련 자료

1. 杜子美: 杜甫, 杜少陵, 杜工部. 042 참조.

2. 이 시는《九家集注杜詩》(7),《補注杜詩》(7),《集千家註杜工部詩集》(4),《杜詩詳注》(6),《杜詩鏡銓》(4),《佩文齋書畫譜》(48),《錦繡萬花谷》(전집 33),《全唐詩》(219),《石倉歷代詩選》(45),《歷代題畫詩類》(71),《歷代詩話》(67) 등에 널리 실려 있음.

3. 韻脚은 '訪, 障'. '冥, 靑, 形'. '古, 聚, 苦'. '同, 翁, 風'.

4.《東坡志林》

唐人爲詩, 皆量己力以致功, 常積精思數十年, 然後各自名家. 今人不然, 未有小得於己, 高視前人, 自以爲無敵. 然知音之難, 萬事悉然. 杜工部云:「更覺良工心獨苦.」
用意之妙, 有擧世莫知之者, 此其所以爲獨苦歟!

5. 《杜詩諺解》初刊本(16)

老夫ㅣ 물ᄀᆞ 새배 셴 머리를 빗다니

玄都壇ㅅ 道士ㅣ 와 서르 보더라

머릿터리 쥐오 아ᄒᆡ를 블러 혀 이페 드료니

소내 새 프른 솔 그륜 障子를 가져왯더라

障子앳 숩 수프리 寂靜ᄒᆞ야 아득ᄒᆞ니

軒檻애 비겨 거로니 忽然히 그리미 아닌 ᄃᆞᆺᄒᆞ도다

어득ᄒᆞᆫ 비레는 도ᄅᆞ혀 서리와 누넷 웃듬 남ᄀᆞᆯ 바댓ᄂᆞ니

기웃ᄒᆞᆫ 蓋예는 龍의 얼구리 도로 든ᄂᆞᆫ ᄃᆞᆺᄒᆞ도다

老夫ㅣ 平生애 奇怪ᄒᆞᆫ 이를 즐기다니

이를 對ᄒᆞ야셔 興이 精靈과 다뭇 몯ᄂᆞ다

仙客이 ᄠᅳ디 서르 솔와 親호믈 ᄒᆞ마 알오

어딘 畫工이 ᄆᆞᅀᆞ미 ᄒᆞ올로 苦ᄅᆞ왼 고ᄃᆞᆯ ᄯᅩ 알와라

솔 아랫 얼운 사ᄅᆞ미 頭巾과 신쾌 ᄒᆞᆫ가지니

마조 안재시니 이 商山앳 늘그니 ᄀᆞᆮ도다

슬허 ᄇᆞ라셔 紫芝曲을 블로니

時節이 바ᄃᆞ라온 제 慘澹히 슬픈 ᄇᆞᄅᆞ미 오ᄂᆞ다

196. 〈戲韋偃爲雙松圖歌〉 .... 杜子美(杜甫)

위언의 쌍송도를 두고 장난삼아 노래로 지음

*〈戲韋偃爲雙松圖歌〉: 장난삼아 韋偃의 雙松圖 그림을 노래함.《全唐詩》에는 제
목이 〈戲爲雙松圖歌〉(韋偃畵)로 되어 있음. '韋偃'은 蜀의 畵家로 少監 벼슬을 지
냈음. 山水와 竹, 人物 외에 특히 松石에 뛰어 났었다 함.《歷代名畵記》에는 이
름이 '韋鷗'으로 되어 있으며,《唐書》藝文志에는 '鷗鑾子'로 되어 있음.《杜詩鏡
銓》注에 "《名畵記》: 韋鷗工山水, 高僧, 奇士, 老松, 異石. 筆力勁健, 風格高擧"라
함. 이 시는 上元 元年(760)에 지은 것이라 함.

천하에 몇 사람이나 노송을 잘 그렸던고?
필굉畢宏은 이미 늙었고 그대 위언韋偃은 젊다네.
절세의 필력에 긴 바람을 일으키며 가지 끝 솔잎까지 일으켜 세우니,
방 안 가득한 사람들 감동한 표정으로 신묘함을 감탄하네.
두 그루 소나무는 이끼 낀 껍질이 처참하게 갈라졌고,
굽은 쇠가 뒤엉키듯 높은 가지를 휘돌아 감고 있네.
흰 곳은 용이나 호랑이가 죽어 썩은 뼈가 부러져 꺾여 있는 듯하고,
검은 곳은 태음太陰의 세계로 들어가 뇌우雷雨가 드리운 듯하네.
소나무 뿌리에는 호승胡僧이 적막하게 쉬고 있는데,
더부룩한 눈썹 흰머리에 그 어떤 집착에도 얽매임이 없는 듯.
오른편 어깨 드러내고 두 발도 맨발인데,
솔잎 속의 솔방울이 그 스님 앞에 떨어지네.
위韋선생이여, 위선생이여, 우리는 자주 만나는 사이,
나에게 한 필의 좋은 동견東絹이 있는데,
소중히 여겨 금수단錦繡段 못지않게 아끼고 있다오.
이미 잘 털고 닦아 손질하여 빛도 현란하니,

청컨대 그대께서 붓을 휘둘러 줄기 곧은 소나무나 좀 그려 주시구려!

天下幾人畵古松? 畢宏已老韋偃少.
絶筆長風起纖末, 滿堂動色嗟神妙.
兩株慘裂苔蘚皮, 屈鐵交錯廻高枝.
白摧朽骨龍虎死, 黑入太陰雷雨垂.
松根胡僧憩寂寞, 厖眉皓首無住著.
偏袒右肩露雙脚, 葉裏松子僧前落.
韋侯韋侯數相見, 我有一匹好東絹.
重之不減錦繡段, 已令拂拭光凌亂, 請公放筆爲直榦!

天下幾人畵古松? 畢宏已老韋偃少 '畢宏'은 唐 玄宗 天寶 연간(742–755)에 御史 벼
슬을 지냈으며 老松을 잘 그렸던 화가.《眞寶》注에는 "畢宏, 唐大曆中, 爲給事中"
이라 하였으며,《補註杜詩》에도 "洙曰: 畢宏亦畫工也. 鄭曰: 宏大曆二年爲給事中"
이라 하였으며,《佩文齋書畫譜》(47)에는 "畢宏, 天寶中御史. 善畫古松, 後見張璪
於是閣筆"이라 함.《九家集註杜詩》에는 '畢宏'이 '翠宏'으로 잘못 표기되어 있음.
《補註杜詩》에 "師曰: 畢宏, 韋偃, 皆唐之善畫者也."라 함.

【絶筆長風起纖末, 滿堂動色嗟神妙】'絶筆'은 절세의 필력. 세상에 다시없이 빼어
난 그림 솜씨. '長風起纖末'은 멀리서 불어오는 바람이 가지 끝의 터럭 같은 부
분을 일으켜 세우는 것까지도 그려냄.《杜詩鏡銓》注에 "〈長笛賦〉: 其應淸風也,
纖末奮梢"라 함. '長風'은 멀리서 불어오는 바람. '動色'은 감동한 얼굴빛.

【兩株慘裂苔蘚皮, 屈鐵交錯廻高枝】'慘裂苔蘚皮'는 이끼 긴 껍질이 처참할 정도
로 갈라져 있음. '屈鐵交錯'은 굽은 쇠가 엇갈려 있음. 소나무 가지가 꾸불꾸불
엇갈려 있는 모습을 표현한 것.

【白摧朽骨龍虎死, 黑入太陰雷雨垂】'白摧朽骨'은 노송 그림의 흰 부분은 썩은 뼈
가 부러져 있는 모습처럼 되어 있음.《補註杜詩》에 "師曰:'白摧朽骨龍虎死', 謂松
枝也."라 함. '黑入太陰'은 노송 그림의 검은 부분은 太陰의 세계로 들어간 듯함.
'太陰'은 북쪽 끝 太陽의 반대편.《史記》索隱에 "極南爲太陽, 極北爲太陰"이라
함.《杜詩鏡銓》注에 "朱注: 皮裂, 故幹之剝蝕如龍虎骨朽; 枝廻, 故氣之陰森如雷

雨下垂'라 함.

【松根胡僧憩寂寞, 厖眉皓首無住著】'胡僧'은 西域에서 온 僧侶. '憩寂寞'은 적막한
모습으로 쉬고 있음. 《補註杜詩》에 "師曰: '黑入太陰雷雨垂', 謂暗碧之色也"라 함.
'厖眉'는 《杜詩鏡銓》에는 '龐眉'로 표기되어 있음. 큰 눈썹. '皓首'는 하얀 머리카
락. '龐眉皓髮'과 같음. 《漢書》에 "武帝過郎署, 見顔駟龐眉皓髮"이라 함. '無住著'
은 집착하는 데가 없음. 주는 머묾. '著'은 '착'으로 읽음. 집착. 佛家語로 '無住無
著'의 줄인 말. 마음을 매어둔 곳도 없고 붙여둔 곳도 없음. 《楞嚴經》에 "名無住
行, 名無著行"이라 함.

【偏袒右肩露雙脚, 葉裏松子僧前落】'偏袒'은 한쪽 팔을 드러내어 노출시킴. 특히
佛徒들이 어깨가 노출되는 袈裟를 입은 모습을 말함. 《眞寶》注에 "西域事佛之
禮"라 함. '露雙脚'는 두 다리를 맨발로 드러내 놓음. 《九家集註杜詩》에 《金剛
經》: 「偏袒右肩, 右膝著地.」 趙云: 因畫胡僧而紀咏之, 故用佛書字爲. 〈張良傳〉載四
皓之「龐眉皓首, 衣冠甚偉」, 《楞嚴經》云「名無住行, 名無著行」, 公摘其字而合用之
也. 然唐有《中興間氣集》載鄭賢詩云: 「高僧無住著, 何日出東林」, 賢與公同時人, 莫
知孰先用也."라 하였고, 《補註杜詩》에도 "洙曰: 《金剛經》: 「偏袒右肩, 右膝著地.」
《楞嚴經》云: 「名無住行, 名無著行」 公取而合用之也"라 함. 《補註杜詩》에 "師曰: 偏
袒右肩露雙脚言胡僧之狀也"라 함. '松子'는 솔방울 혹은 잣.

【韋侯韋侯數相見, 我有一匹好東絹】'韋侯'는 韋偃. '數'(삭)은 자주. '東絹'은 東川
陵州에서 나는 鵝溪絹이라는 좋은 비단. 《唐志》에 "東川陵州, 上貢鵝溪絹"이라
함. 《眞寶》注에 "東絹, 鵝溪絹也"라 함.

【重之不滅錦繡段, 已令拂拭光凌亂, 請公放筆爲直榦】'錦繡段'의 '段'은 '緞'으로도
쓰며 수놓은 좋은 비단. 《眞寶》注에 漢 張衡의 〈四愁詩〉를 인용하여 "美人贈我
錦繡段"이라 함. 《補註杜詩》에 "師曰: '東絹', 謂山東大練也"라 함. '拂拭'은 털고
비벼서 닦아 잘 손질해 놓음. '凌亂'은 요란하고 어지러운 상태를 표현하는 雙聲
連綿語. 여기서는 '현란하고 아름답다'의 뜻에 가까움. '放筆'은 《杜詩詳註》에 "放
筆, 縱筆也"라 함. 마음껏 붓을 휘두름. '爲直榦'은 '줄기가 곧은 소나무를 그려보
라'의 뜻. 韋偃이 항상 굽은 노송 가지만을 그렸으므로 杜甫가 곧은 소나무도 그
려 보라고 戲言으로 말한 것. 《杜詩鏡銓》注에 "杜臆: 韋之畫松以屈曲見奇, 直便
難工. 四絹幅長, 汝能放筆爲直榦乎? 戲之也"라 함. 《眞寶》注에 "韋偃, 松枝不作
直榦, 故戲之云"이라 함.

1. 杜子美:杜甫, 杜少陵, 杜工部. 042 참조.

2. 이 시는 《九家集注杜詩》(7), 《補注杜詩》(7), 《集千家註杜工部詩集》(7), 《杜詩攟》(3), 《杜詩詳注》(9), 《杜詩鏡銓》(7), 《唐詩品彙》(28), 《歷代題畫詩類》(72), 《全唐詩》(219), 《後村詩話》(9), 《山堂肆考》(166) 등에 실려 있음.

3. 韻脚은 '少, 妙'. '皮, 枝, 垂'. '寞, 著, 落'. '見, 絹'. '段, 亂, 鞍'.

4. 《杜詩諺解》初刊本(16)

天下애 몃 사르미 늘근 소를 그리느니오

畢宏은 ᄒᆞ마 늙고 韋偃이 져맷도다

絶等ᄒᆞᆫ 부든 긴 ᄇᆞ르미 ᄀᆞᆮᄂᆞᆫ 그테 니렛ᄂᆞ니

지븨 ᄀᆞᄃᆞᆨ기 안즌 사르미 눗비츨 뮈워 神妙호믈 嗟嘆ᄒᆞᄂᆞ다

두 남기 슬피 잇ᄂᆞᆫ 무든 거프리 뼈더니

구븐 쇠 섯거 노픈 가지예 횟도랫도다

서근 쌔 허어ᄒᆞ야 믈어뎌시니 龍과 버미 주겟ᄂᆞᆫ ᄃᆞᆺᄒᆞ고

거믄 비치 큰 어득ᄒᆞᆫ ᄃᆡ 드니 雷雨ㅣ ᄃᆞ리옛ᄂᆞᆫ ᄃᆞᆺᄒᆞ도다

솔 미틧 되즁이 寂寞ᄒᆞᆫ ᄃᆡ셔 쉬ᄂᆞ니

눈섭 거츨오 머리 셰오 住著ᄒᆞᆫ ᄆᆞᅀᆞ미 업도다

올ᄒᆞᆫ 엇게를 메왓고 두 허튀를 내얏ᄂᆞ니

닙 소뱃 슯방오리 즁의 알ᄑᆡ ᄃᆞ렛도다

韋侯 韋侯아 ᄌᆞ조 서르 보노니

내 ᄒᆞᆫ 匹ㅅ 됴ᄒᆞᆫ 東녁 기블 뒤쇼ᄃᆡ

교믈 錦繡段애 디우 아니 너기노라

ᄒᆞ마 ᄒᆡ여 ᄠᅥᆯ며 스저 비치 어즈러우니

請ᄒᆞᆫᄃᆞᆫ 그듸 부들 노하 고든 웃드믈 밍글라

197. 〈劉少府畫山水障歌〉 ·················· 杜子美(杜甫)

유소부가 그린 산수 병풍을 두고 노래함

*〈劉少府畫山水障歌〉: 劉少府가 그린 산수 가리개 병풍을 두고 노래함. '劉少府'
는 奉先尉 벼슬을 지낸 劉單. 同州 蒲城(지금의 大荔縣 서쪽)을 開元 年間에 奉
先縣으로 고쳤음. '少府'는 郡이나 縣의 副郡守나 副縣令에 해당하는 벼슬 이름.
《杜詩鏡銓》등에는 제목이 모두 〈奉先劉少府新畫山水障歌〉로 되어 있음. 이 시
는 天寶 14년(755)에 지은 것이라 함.

대청 안은 단풍나무가 자라기에 합당하지 않은 곳,
괴상하도다, 어떤 물건이기에 그림의 강산에는 연무煙霧가 일고 있네.
들건대 그대가 〈적현도赤縣圖〉를 휙 그렸다 하더니,
흥을 타고 은거하고 싶은 곳 창주滄州의 흥취를 그렸겠지.
화가는 역시 무수히 많지만,
잘 그리는 이는 만날 수 없었다네.
그런데 이 그림 대하니 마음과 정신 녹아내리며,
그대가 붓과 종이를 소중히 여김을 알게 되었네.
어찌 단지 기악祁岳과 정건鄭虔 정도에 그치겠는가?
붓 솜씨 양거란楊契丹보다 훨씬 뛰어나네.
어찌 곤륜산의 현포玄圃를 잘라다 놓은 것이 아니겠으며,
다시 소수瀟水와 상수湘水가 뒤집혀 흐르는 것이 아니겠는가?
초연히 나를 천모산天姥山 아래 앉혀 놓아,
귓가에 이미 맑은 원숭이 소리 듣도록 하는 듯.
돌이켜 생각해보니 어젯밤 비바람 세찼는데,
그것은 곧 포성蒲城에 귀신이 들어와 있었던 것이리라.
원기가 흐드러져 가리개조차 젖어 있는 듯하니,

진재眞宰가 위로 올라가 호소하면 하늘도 응당 울고 말리라.
들판 정자에 봄 돌아왔으나 아직 꽃들은 필 날이 멀었고,
늙은 어부 어둠 속에 외로운 배를 밟고 서 있구나.
창랑滄浪 물은 깊고 푸른 바다는 넓은데,
언덕을 기대어 곁에 있는 섬의 미세한 모습까지 그렸구려.
상비湘妃가 슬瑟을 타던 때는 보지 못하였으나,
지금에 이르도록 반죽斑竹은 강물 가에 자라고 있다오.
유소부劉少府는 자연의 이치에 정통하고,
그림을 좋아함이 골수에 박혔네.
그 자신에게 두 아들 있는데,
붓 휘두르는 솜씨 역시 비길 데가 없다오.
큰아들 총명함이 지극하여,
능히 산꼭대기와 절벽에 늙은 나무 덧붙여 그려 넣을 수 있고,
작은아들 마음의 구멍이 열려 있어,
산승山僧과 동자의 모습을 그려낼 수 있다네.
약야계若耶溪와 운문사雲門寺여!
어찌하여 나만 진흙 먼지 속에 있는가?
짚신에 삼베 버선 신고 이제부터 시작해보리라.

堂上不合生楓樹, 怵底江山起煙霧.
聞君掃却<赤縣圖>, 乘興遣畫滄州趣.
畫師亦無數, 好手不可遇.
對此融心神, 知君重毫素.
豈但祁岳與鄭虔? 筆跡遠過楊契丹.
得非玄圃裂, 無乃瀟湘翻?
悄然坐我天姥下, 耳邊已似聞清猿.
反思前夜風雨急, 乃是蒲城鬼神入.

元氣淋漓障猶濕, 眞宰上訴天應泣.
野亭春還雜花遠, 漁翁暝踏孤舟立.
滄浪水深靑溟闊, 欹岸側島秋毫末.
不見湘妃皷瑟時, 至今斑竹臨江活.
劉侯天機精, 愛畫入骨髓.
自有兩兒郎, 揮灑亦莫此.
大兒聰明到, 能添老樹巓崖裏;
小兒心孔開, 貌得山僧及童子.
若耶溪, 雲門寺!
吾獨胡爲在泥滓? 靑鞋布韈從此始.

【堂上不合生楓樹, 怪底江山起煙霧】'堂上'은 집안 대청. 산수 병풍을 대청 안에 놓고 보는 것. '怪底'의 '怪'는 怪와 같음. '底'는 당시 방언으로 '何物'과 같은 뜻임. 《杜詩詳註》에 "唐方言'底'字, 作何字解.《顏氏家訓》師古正謬云:「何物爲底?」 此本言「何等物?」 其後遂省何言, 直云等物耳"라 함.

【聞君掃却〈赤縣圖〉, 乘興遣畫滄州趣】'赤縣圖'는 劉少府가 그렸던 奉先縣의 산수화.《杜詩鏡銓》注에 "劉爲奉先尉, 先寫其邑之山水爲圖"라 함. '掃却'은 비로 쓸듯 시원하게 그려냄.《杜詩詳解》에 "掃, 謂揮灑筆下也"라 함. 〈赤縣圖〉의 '赤縣'은 원래 京都의 畿內를 가리킴. 즉 中國의 中央을 뜻함.《眞寶》注에 "赤縣, 畿內也"라 함. '乘興遣畫'의 '乘興'은 '흥을 타다, 흥에 겨워' 등의 뜻. '遣畫'는 속에 품은 뜻이나 상상을 그림으로 표현해냄. '滄州'는 다른 모든 원본에 모두 '滄洲'로 되어 있으며 물가 隱者가 寄居하는 곳을 뜻하는 말.

【畫師亦無數, 好手不可遇】화가는 매우 많으나 좋은 솜씨를 가진 자는 쉽게 만날 수 없음.

【對此融心神, 知君重毫素】'毫素'는 붓과 종이.

【豈但祁岳與鄭虔? 筆跡遠過楊契丹】'祁岳'은 唐나라 때의 화가. 朱景玄의 《唐朝名畫錄》에는 이름만 보임.《眞寶》注에 "祁, 音其. 姓也"라 함. '鄭虔' 역시 山水畫로 이름이 났던 唐代 화가.《杜詩鏡銓》注에 "李嗣眞《畫錄》:不見蹤跡二十五人, 祁岳在李國恒之下.《唐書》:鄭虔善圖山水"라 함. '楊契丹'은 隋나라 때의 화가로 上儀

同 벼슬을 지냄.《杜詩鏡銓》注에 "張彦遠《名畫記》: 隋楊契丹官至上儀同, 畫在閻立本下"라 함. '契丹'은 '걸안'으로 읽음.《眞寶》注에 "契, 音乞"이라 함. 그러나 우리 속음에 따라 '거란'으로 읽었음.

【得非玄圃裂, 無乃瀟湘翻】 '玄圃'는《杜詩鏡銓》에는 '元圃'로 되어 있으며 注에 "《穆天子傳》: 乃爲銘迹於元圃之上, 以詔後世"라 함. 崑崙山 위에 있는 신선들이 산다는 곳. '瀟湘'은 瀟水와 湘水. 湖南省에 흐르는 강물로 零陵縣에서 두 개가 합쳐져 洞庭湖로 흘러듦.《杜詩鏡銓》注에는 "《圖經》: 湘水至零陵而營水會之, 二水合流, 謂之瀟湘. 瀟者, 水淸深之名也"라 하였고,《眞寶》注에 "瀟湘, 二水名, 在湖南"이라 함.

【悄然坐我天姥下, 耳邊已似聞淸猿】 '悄然'은 고요한 상태. '天姥'는 浙江省 新昌縣 동쪽에 있는 天目山의 다른 이름 .《杜詩鏡銓》注에 "《吳越郡國志》: 天姥山與栝蒼相連.《寰宇記》: 在剡縣南八十里"라 하였고,《眞寶》注에는 "姥, 音母. 卽杭州天目山也"라 함. '耳邊已似聞淸猿'은 杜甫가 옛날 그 산 아래에서 놀았던 일을 회상한 것임.《杜詩鏡銓》注에 "公〈壯游〉詩:「歸帆拂天姥.」蓋舊遊之地, 故因畫而思及之"라 함.

【反思前夜風雨急, 乃是蒲城鬼神入】 '蒲城'은 奉先縣의 옛 이름.《杜詩鏡銓》注에 "蒲城, 卽奉先"이라 함.

【元氣淋漓障猶濕, 眞宰上訴天應泣】 '元氣'는 天地의 기운. '淋漓'는 물이 질펀한 모습을 표현하는 雙聲連綿語. 지난밤의 비로 인해 병풍에 습기가 찬 것을 말함. '眞宰'는 천지의 主宰者, 造物主.《杜詩鏡銓》注에 "《莊子》:「若有眞宰而不得其朕.」仇注: 言其巧奪天工, 亦暗用「倉頡造字, 天雨粟, 鬼夜哭」意"라 함.

【野亭春還雜花遠, 漁翁暝踏孤舟立】 '暝踏'은 어둠을 밟음. 즉 어둠 속에 있음.

【滄浪水深靑溟闊, 欹岸側島秋毫末】 '滄浪'은 물 이름. 屈原〈漁父辭〉와《孟子》離婁(上)에 "滄浪之水淸兮, 可以濯我纓; 滄浪之水濁兮, 可以濯我足"이라 하여, 당시 널리 퍼졌던 격언. 혹 長江의 지류 漢水의 지류라 함. '靑溟闊'은 푸른 바다는 넓음. '欹岸'은 물가 언덕에 기댐. 언덕 가까이에 있음. '欹'는 倚와 같음. '秋毫末'은 가는 털. 아주 미세함을 비유하는 말.《孟子》梁惠王(上)에 "曰:「有復於王者曰:『吾力足以擧百鈞, 而不足以擧一羽; 明足以察秋毫之末, 而不見輿薪』, 則王許之乎?」"라 함.

【不見湘妃鼓瑟時, 至今斑竹臨江活】 '湘妃'는 舜임금의 妃 娥皇과 女英. 舜이 남쪽을 巡狩하다 蒼梧에서 죽자 두 비가 湘水가에서 舜을 기다리다 죽어 湘水의 神

이 되었다 함. '皷瑟'은 《眞寶》注에 《楚辭》를 인용하여 "使湘靈皷瑟兮, 令滄海若
舞馮夷'라 함. '斑竹'은 舜이 죽은 뒤 娥皇과 女英이 흘린 눈물이 대나무에 얼룩
져 斑點이 있는 대나무가 되었다 하여 '湘妃竹'이라고도 부름.《杜詩鏡銓》注에
"《楚辭》:「使湘靈皷瑟兮.」《博物志》:「二妃啼, 以淚揮竹, 竹盡斑.」"이라 함. 張華《博
物志》(8)에 "洞庭之山, 堯之二女, 舜之二妃居之, 曰湘夫人. 舜崩, 二妃啼, 以涕揮
竹, 竹盡斑"이라 함.

【劉侯天機精, 愛畫入骨髓】'劉侯'는 劉少府 劉單을 가리킴. '天機'는 하늘의 精氣.
하늘의 움직이는 이치. 자연의 원리.

【自有兩兒郎, 揮灑亦莫此】'揮灑'는 먹을 묻힌 붓을 거침없이 휘두름. 능숙한 솜씨
의 글씨나 그림을 뜻함.

【大兒聰明到, 能添老樹巓崖裏】'巓崖'는 산꼭대기와 벼랑. 절벽.

【小兒心孔開, 貌得山僧及童子】'心孔'은 마음의 창. 心眼. '貌'은 '인물의 초상 등을
그림으로 그리다'의 動詞일 경우 '막'으로 읽음.《集千家注杜工部詩集》에 "貌, 莫
角切"이라 함.

【若耶溪, 雲門寺】'若耶溪'는 浙江省 紹興縣 남쪽에 있는 若耶山 아래 계곡 이름.
이 시내는 鏡湖로 흘러들며 옛날 西施가 浣紗한 곳으로도 유명함. '雲門寺'는 若
耶山에 있는 절 이름.《杜詩鏡銓》注에 "水經注」:「若耶溪上乘樵峴麻溪, 溪水至
淸, 照衆山倒影, 窺之如畫.」又云:「山陰縣南有玉笥, 竹林, 雲門, 天柱精舍, 盡泉石
之好.」《南史》:「何胤以會稽多靈異, 往遊焉. 居若耶山雲門寺.」"라 함. 杜甫가 은거하
고 싶어 하던 곳으로, 그림을 보고 그곳을 생각하고 있음을 말한 것. 이상《集千
家注杜工部詩集》에는 "洙曰:玄圃在崑崙, 瀟湘二水名. 黃曰:《吳越志》:天姥山與括
蒼山相連. 夢符曰:「張華《博物志》:舜死二妃淚下染竹, 竹斑. 妃死爲湘水神」貌, 莫
角切. 十朋曰:《南史》:「何玄, 字子季. 隱居不仕, 以會稽山多靈異, 往遊焉. 居若耶山
雲門寺.」"라 함.

【吾獨胡爲在泥滓? 靑鞋布韤從此始】'泥滓'는 진흙 찌꺼기. 흙먼지. 세속에 얽혀
은자처럼 살지 못함을 한탄한 것. '靑鞋布韤'는 '靑鞋'는 푸른 신, '布韤'은 麻布
로 만든 버선. 은자의 隱者의 옷차림. '從此始'는 이 그림에서처럼 은거를 실행에
옮기기 시작함.《杜詩鏡銓》注에 "舊注:公前送〈孔巢父〉詩云:「南尋禹穴見李白.」
時方遭亂, 思孔李輩或在剡中, 欲往從之而不可得也. 如此看, 則語意更有着落"이
라 함.

1. 杜子美:杜甫, 杜少陵, 杜工部. 042 참조.

2. 이 시는 《九家集注杜詩》(4), 《補注杜詩》(4), 《集千家註杜工部詩集》(2), 《杜詩擷》(3), 《杜詩詳注》(4), 《杜詩鏡銓》(3), 《文苑英華》(339), 《唐詩品彙》(28), 《全唐詩》(216), 《漁隱叢話》(後集6), 《詩人玉屑》(3, 14), 《詩林廣記》(5) 등에 실려 있음.

3. 韻脚은 ‘樹, 霧, 趣, 遇, 素’. ‘虔, 丹, 翻, 猿’. ‘入, 濕, 泣, 立’. ‘闊, 末, 活’. ‘髓, 比, 裏, 子, 寺, 始’.

4. 《杜詩諺解》初刊本(16)

堂上애 楓樹 나미 맛디 아니ᄒ니

怪異타 江山애 煙霧ㅣ 니렛도다

그듸의 赤縣ㅅ 圖ᄅᆯ 그리더라 드로니

즐거운 ᄆᅀᆞᄆᆯ 타셔 滄洲ㅅ 景趣ᄅᆯ 희여 그리도다

畫師ㅣ ᄯᅩ 數ㅣ 업스나

됴ᄒᆞᆫ 소ᄂᆞᆫ 可히 맛나디 몯ᄒ리로다

이 그리믈 對ᄒᆞ야셔 ᄆᅀᆞ미 흐웍ᄒ니

그듸의 분과 깁과ᄅᆯ 重히 너교ᄆᆯ 알와라

엇뎨 ᄒᆞᆫ갓 祁岳과 다ᄆᆞᆺ 鄭虔 ᄲᅭ니리오

筆迹이 楊契丹의게 머리 디나도다

시러곰 아니 玄圃山이 믜여뎌 왓ᄂᆞ니아

아니 瀟湘이 드위텻ᄂᆞ니아

슬피 나ᄅᆞᆯ 天姥山 아래 안치니

귓ᄀᆞᅀᅴ ᄒᆞ마 ᄆᆞᆯ곤 나비 소리ᄅᆞᆯ 든ᄂᆞᆫ ᄃᆞᆺᄒᆞ얘라

어젯 바미 ᄇᆞ름과 비 샐로ᄆᆯ 도ᄅᆞ혀 ᄉᆞ랑ᄒ니

이 蒲城에 鬼神이 드닷다

元氣ㅣ 즐우러 ᄒᆞ야 障子ㅣ 오히려 저젯ᄂᆞ니

眞宰ㅣ 하ᄂᆞᆯ해 올아가 할오 당당이 울리로다

믯햇 亭子애 보미 도라오니 雜고지 머리 폣고

고기잡ᄂᆞᆫ 한아비 나조ᄒᆡ 외로왼 비ᄅᆞᆯ 븓와셋도다

滄浪ᄆᆞ리 깁고 프른 바ᄅᆞ리 어위니

기웃ᄒᆞᆫ 두듥과 기웃ᄒᆞᆫ 셤과ᄂᆞᆫ ᄀᆞᆺ ᄂᆞ터릿 긑ᄀᆞ티 젹도다

湘妃의 거믄고 노던 저근 보디 몯거니와

이제 니르리 어르누근 대는 フ른믈 디러 사랫도다

劉侯ㅣ 天機ㅣ 精微ᄒ니

그림 ᄉ랑호미 骨髓에 드렛도다

제 두 아ᄃ를 뒷ᄂ니

그림 그리기 쏘 가즐비리 업도다

큰 아ᄃ른 聰明이 니르러

能히 늘근 남글 묏부리와 비렛 소개 더으놋다

져근 아ᄃ른 ᄆᅀᆷ 굼기 여러

묏 중과 아히를 그리놋다

若耶溪와 雲門ㅅ 뎌리로소니

내 ᄒ올로 엇뎨 홁 서리예 이시리오

프른 신과 뵈 보셔ᄂ로 일로브터 비릇 가리라

198. <李潮八分小篆歌> ·················· 杜子美(杜甫)
이조의 팔분과 소전을 두고 노래함

*<李潮八分小篆歌>:李潮의 八分과 小篆 글씨를 노래함. '李潮'는 小篆에 뛰어난 자로써 杜甫의 甥姪. 周越의 《書苑》에 "李潮善小篆, 師李斯嶧山碑, 見稱於時"라 하여, 李斯 <嶧山碑> 글씨를 體本으로 하여 小篆을 익혀 성취하였다 함. 한편 趙明誠의 《金石錄》에는 "唐慧義寺彌勒象碑, 李潮八分書也. 潮書初不見重, 當時 獨杜詩盛稱之"라 함. '八分'은 漢나라 때 유행했던 書體의 하나. 小篆이 隷書로 발전하던 중간 과정의 글씨체. 《集千家注杜工部詩集》에 "夢弼曰:《書苑》:「李潮 善小篆, 師李斯嶧山碑, 見稱於時.」 趙明誠《金石錄》云:「唐慧義寺彌勒像碑, 李潮 八分書. 潮書初不見重於當時, 獨子美詩盛稱之. 以比蔡, 有鄰, 韓擇木. 金石刻在 者, 絶少, 惟此碑與<彭元曜墓誌>爾.」 余皆得之, 其筆法亦不絶工. 非韓, 蔡比也. 邵氏《聞見錄》:「韓退之<石鼓詩>, 體子美<八分歌>也.」"라 함. '八分'은 《太平廣記》에 《書斷》을 인용하여 "波勢. 建初中, 以隷草作楷法, 字方八分, 言有模楷.」 始皇得次 仲文, 簡略, 赴急疾之用, 甚喜, 遣使召之. 三徵不至, 始皇大怒, 制檻車送之, 於道 化爲大鳥飛去."라 하였고, '小篆'은 "小篆者, 秦丞相李斯所作也. 增損大篆, 異同 籀文, 謂之小篆. 亦曰秦篆."이라 함. 이 시는 大曆 2년(767)에 지은 것이라 함.

창힐蒼頡이 새 발자국 보고 글자를 만들었다는 것은 이미 까마득한 옛일이며,

글자 자체의 변화는 마치 뜬 구름 같아 알 수가 없네.

진창陳倉의 석고石鼓 또한 이미 와전되었으니,

대전大篆과 소전小篆이 팔분서八分書를 낳게 했네.

진秦나라 이사李斯와 한漢나라 채옹蔡邕이 있었으나,

그 뒤로 중간에 글자를 변화시킨 작자들은 적막하여 알려진 이가 없네.

진시황秦始皇의 역산비嶧山碑도 들불에 타버렸고,

대추나무에 새겨 전하는 글자는 자획이 굵어 제 모습을 잃었네.

호현苦縣의 광화光和 연간에 세운 노자비老子碑는 아직 우뚝 서 있어,

그 글씨는 여위면서도 힘이 있어 귀중히 여기니 신과 통하고 있기 때문.

애석하도다, 이사와 채옹이 다시 나올 수 없으나,

나의 생질 이조李潮가 붓을 놀리면 그들과 가깝다네.

상서尙書 한택목韓擇木과,

기조騎曹 채유린蔡有隣이 있다네.

개원開元 이래로 팔분서 쓰는 이들이 몇 명 있었으니,

이조라면 그에게 가려진 두 아들 있으니 합하면 세 사람이 더 있는 셈.

하물며 이조의 소전은 진상秦相 이사에 아주 가까워,

예리한 칼과 긴 창이 삼엄하게 마주 향하고 있는 듯하네.

팔분서 한 글자는 백금百金의 값이 나가니,

교룡蛟龍이 서려 있는 듯 근육이 억세게 보이는 것 같네.

오군吳郡의 장욱張旭은 초서草書로 뽐내고 있지만,

초서는 옛것 아니고 부질없이 웅장하기만 한 것.

어찌 나의 생질이 유탕한 데로 흐르지 않아,

승상 이사나 중랑 채옹과 노숙한 선배의 경지에 다다름만 하겠는가?

파동巴東에서 이조를 만났더니,

한 달 넘도록 나에게 노래로 지어달라고 청하네.

나는 이제 노쇠하고 재주와 능력도 엷으니,

이조여! 이조여! 너를 위해 어떻게 해 줄 수 있겠는가?

蒼頡鳥跡旣茫昧, 字體變化如浮雲.
陳倉石鼓又已訛, 大小二篆生八分.
秦有李斯漢蔡邕, 中間作者寂不聞.
嶧山之碑野火焚, 棗木傳刻肥失眞.

苦縣光和尚骨立, 書貴瘦硬方通神.
惜哉李蔡不復得, 吾甥李潮下筆親.
尚書韓擇木, 騎曹蔡有隣.
開元已來數八分, 潮也奄有二子成三人.
況潮小篆逼秦相, 快劍長戟森相向.
八分一字直百金, 蛟龍盤拏肉屈強.
吳郡張顚誇草書, 草書非古空雄壯.
豈如吾甥不流宕, 丞相中郎丈人行?
巴東逢李潮, 逾月求我歌.
我今衰老才力薄, 潮乎潮乎奈汝何?

【蒼頡鳥跡旣茫昧, 字體變化如浮雲】'蒼頡'은 黃帝의 史官으로 글자를 처음 만든
사람. '鳥跡'은 새 발자국. 蒼頡은 새 발자국 형상을 보고 글자를 만들었다 함.
《眞寶》注에 "蒼頡, 黃帝臣. 蒼頡觀鳥跡而制字"라 함. 《杜詩鏡銓》注에 "衛恒《書
勢》: 黃帝之史, 沮誦, 蒼頡, 眺彼鳥跡, 始作書契"라 함. 許愼《說文解字》序 등에도
같음. '茫昧'는 아득하고 어두워서 알 수 없는 상태를 뜻하는 雙聲連綿語.
【陳倉石鼓又已訛, 大小二篆生八分】'陳倉石鼓'는 韓愈의 〈石鼓歌〉(192)와 蘇東坡
의 〈後石鼓歌〉(193)를 참조할 것. '陳倉'은 陝西盛 寶雞縣 동쪽의 지명. '訛'는 訛
傳됨. 《杜詩鏡銓》注에 《元和郡縣志》:「石鼓文在鳳翔天興縣南. 石形如鼓, 其數有
十, 蓋紀周宣王田獵之事, 卽史籀大篆也.」鶴注:「鳳翔府寶雞縣本陳倉縣.」王厚之
〈石鼓文考正〉:「石鼓粗有鼓形, 字刻於傍, 石質堅頑, 類今碓磑. 韓愈以爲宣王鼓.
韋應物以爲文王鼓宣王刻. 程大昌《雍錄》亦云是成王鼓.」라 함. '大小二篆'은 大篆
과 小篆. '大篆'은 籀書라고도 하며 周 宣王 때 太史籀가 만드는 글씨체. '小篆'은 秦
丞相 李斯가 文字統一 과정에서 大篆을 簡體化하여 만든 것임. 이것이 다시 隷
書로, 다시 八分書로 변화과정을 거침. 《眞寶》注에 "周太史籀, 始制大篆. 秦丞相
李斯爲小篆. 王次仲減隷書爲八分書. 蔡邕(蔡文姬의 오류)曰:「臣父嘗言: 八分書割
程邈隷字法, 去八法, 李斯小篆, 去二分, 取八分, 故曰八分書.」라 함. 《杜詩鏡銓》
注에 "衛恒《書勢》:「宣王太史籀著《大篆》十五篇, 與古文或異, 時人卽謂之籀書. 秦
李斯作《蒼頡篇》, 趙高作《爰歷篇》, 胡毋敬作《博學篇》, 皆取史籀式. 或頗省改, 所

謂小篆者也.」周越《書苑》:「八分者, 秦羽人上谷王次仲飾隷書爲之, 鍾繇謂之章程書.」〈蔡文姬別傳〉云:「臣父蔡邕言, 割程邈隷字, 八分取二, 割李斯小篆, 二分取八, 故名八分.」又云:「皆似八字, 勢有偃波.」라 함. '大篆'은《太平廣記》(63)에《書斷》을 인용하여 "按大篆者, 周宣王太史史籒所作也. 或云, 柱下史始變古文, 或同或異, 謂之篆. 篆者, 傳也. 傳其物理, 施之無窮. 甄酆定六書, 三曰篆書. 八體書法, 一曰大篆. 又《漢書》藝文志:《史籒》十五篇, 並此也. 以此官製之, 用以敎援, 謂之史書, 凡九千字."라 하였으며, '籒書'는 "周太史史籒所作也. 與古文大篆小異. 後人以名稱書, 謂之籒文.《七略》曰:「史籒者, 周時史官敎學童書也. 與孔氏壁中古文體異.」甄酆定六書, 二曰奇字是也."라 함.

【秦有李斯漢蔡邕, 中間作者寂不聞】'李斯'는 秦始皇 때의 승상. 郡縣制, 禁書令, 文字와 度量衡, 服食 등을 통일하도록 한 인물. 특히 小篆을 만들어 字體를 통일하였으며, 秦始皇을 수행하여 각지를 다니며 碑를 세우고 小篆으로 碑文을 새겨 넣음.《史記》李斯傳을 참고할 것. '蔡邕'(132-193)은 자는 伯喈. 東漢 때의 유명한 문학가이며 書藝家. 문학과 괴담에 많은 고사를 남긴 인물. 中郞將 벼슬을 지냈으며 그 딸이 蔡文姬였음. 音律, 天文, 卜筮, 文學, 글씨 등에 능했으며 특히 八分과 飛白에 뛰어났고, 大小篆과 隷書도 경지에 올랐었다 함.《杜詩鏡銓》注에 "張懷瓘《書斷》:「李斯小篆入神, 大篆入妙. 伯喈八分飛白入神, 大小篆隷書入妙.」"라 함. '中間'은 李斯와 蔡邕 이후 杜甫 당시까지의 기간. '寂不聞'은 적적하여 소문을 들을 수 없음. 뛰어난 이가 없었음을 말함.

【嶧山之碑野火焚, 棗木傳刻肥失眞】'嶧山之碑'는 秦始皇이 동쪽 郡縣을 巡狩하면서 山東 鄒縣 嶧山에 올라 세운 秦나라 頌德碑. 李斯의 小篆으로 새겼음.《眞寶》注에 "始皇東行上鄒嶧山, 刻石頌功德, 其文李斯小篆"이라 함. 특히 李潮가 이 〈嶧山碑〉 글씨를 體本으로 小篆을 익혔으므로 이를 거론한 것임. '野火焚'은 北魏 太武帝(拓跋燾)가 이 산에 올라 비를 넘어뜨리도록 하기도 하였으며, 다시 역대로 많은 이들이 '嶧山碑'의 탁본을 요구하자 고을 사람들은 이를 괴롭게 여겨 비석 아래 섶을 놓고 불을 질러 비를 태워버렸음. 그럼에도 요구가 끊이지 않자 縣宰가 옛 탁본을 다시 새겨 넣어 이를 縣廳에 두고 필요할 때마다 이를 탁본하여 제공하였다 함. 따라서 杜甫 당시 전하는 것은 새로 새긴 것의 탁본이라 하였음. '棗木傳刻'은 대추나무에 새겨 이를 전수함. 〈嶧山碑〉가 불에 탄 뒤 새로 비문을 새겨 전하여 여러 가지 別本이 전하게 되었다 하며, 唐代에는 대추나무에 摹刻한 비문도 있었다 함. '肥失眞'은 자획이 굵어져 원래 글씨의 진면목을 잃음.

《杜詩鏡銓》注에《封演聞見記》:「嶧山始皇刻石, 其文李斯小篆, 後魏太武登山, 使人排倒之. 然而歷代摹搨, 以爲楷則, 邑人疲於奔命, 聚薪其下, 因野火燒之, 由是殘闕, 不堪摹寫. 然猶求者不已, 有縣宰取舊文勒於石碑之上, 凡成數片, 置之縣嶧, 須則搨取. 今人間有嶧山碑, 皆新刻之碑也. 今公頌曰「棗木傳刻.」當是又翻刻者.」라 함.

【苦縣光和尙骨立, 書貴瘦硬方通神】'苦縣光和'의 '苦縣'(호현)은 老子의 고향. 지금의 河南 鹿邑縣 동쪽.《史記》老子傳에 "老子者, 楚苦縣厲鄕曲仁里人也, 姓李氏, 名耳, 字聃, 周守藏室之史也"라 함. 〈索隱〉에 "苦, 音怙"라 하여 '苦'는 '호'로 읽음. 後漢 靈帝 光和 연간(178–183)에 그곳에 老子碑를 세우고 蔡邕의 글과 글씨로 새겼음.《眞寶》注에 "苦縣老子碑, 乃東漢靈帝光和年間立, 蔡邕所書"라 함. '骨立'은 뼈만 우뚝 서 있음. 여윈 모습으로 있는 것.《杜詩鏡銓》注에 "骨立, 一作骨力.《金石錄》:「苦縣老子銘, 口傳蔡邕文幷書.」劉思敬《臨池漫記》:「老子, 苦人也. 今爲亳州眞縣; 縣有明道宮, 宮有漢光和年所立碑, 蔡邕書, 馬永卿贊, 字畫遒勁.」"이라 함. '瘦硬'은 글씨 획이 깡마른 듯하면서도 굳셈.

【惜哉李蔡不復得, 吾甥李潮下筆親】'下筆親'은 글씨 솜씨가 李斯나 蔡邕에 가까움을 말함.

【尙書韓擇木, 騎曹蔡有隣】'韓擇木'은 八分書와 隸書에 뛰어났던 인물.《杜詩鏡銓》注에 《舊唐書》肅宗紀:「上元二年四月, 右散騎常侍韓擇木爲禮部尙書.」《宣和書譜》:「韓擇木, 昌黎人, 工隷兼作八分, 風流閒媚, 世謂邕中興焉.」"이라 함. '蔡有隣'은 蔡有鄰으로도 표기하며 蔡邕의 18代孫. 벼슬은 右衛率府兵曹參軍을 지냈고 八分書에 뛰어났음.《杜詩鏡銓》注에 "竇泉〈述書賦〉:「衛包蔡鄰, 工夫亦到. 出於人意, 乃近天造.」《書史會要》:「有鄰, 邕十八代孫, 官至右衛率府兵曹參軍, 工八分書, 書法險勁.」"이라 함.

【開元已來數八分, 潮也奄有二子成三人】'數八分'은 八分書를 쓸 수 있는 이가 몇 명 있었음. '成三人'은 李潮와 두 아들을 합하면 세 사람이 더 있음을 뜻함.

【況潮小篆逼秦相, 快劍長戟森相向】'逼秦相'은 秦 丞相 李斯의 小篆에 逼眞하게 가까움.

'森相向'은 삼엄하게 서로 마주보고 있음.《杜詩鏡銓》注에 "劍戟相向, 蛟龍盤挐」, 卽所謂瘦硬通神者"라 함.

【八分一字直百金, 蛟龍盤挐肉屈强】'直百金'은 백금의 값에 해당함. '直'는 値와 같음. '盤挐'는 용처럼 서리고 구불거림. '屈强'은 억세고 강함을 뜻하는 雙聲連綿語.

【吳郡張顚誇草書, 草書非古空雄壯】'吳郡張顚'은 吳郡 사람 張旭. '張旭'은 자는 伯高. 당대 유명한 서예가. 吳中四士의 하나이며 李白의 詩, 裵旻의 劍舞와 더불어 당시 '三絶'이라 불렸음. 蘇州 사람으로 詩와 草書에 뛰어나 '草聖'이라 칭하였으며 《草書古詩四帖》을 남김. 《新唐書》 藝文志 張旭傳에 "旭, 蘇州人, 嗜酒, 每大醉, 呼叫狂走, 乃下筆. 或以頭濡墨而書, 旣醒, 自視, 以爲神, 世號張顚. 自言始見公主擔夫爭道. 又聞鼓吹而得筆法意. 觀倡公孫舞〈劍器〉得其神"이라 하여 奇行을 일삼은 것으로도 유명함. 특히 술에 취하면 머리[顚]에 먹을 묻혀 글씨를 쓰기도 하여 별명이 '張顚'이 된 것임. '吳郡'은 지금의 江蘇 蘇州. 《九家集註杜詩》 注에 "張旭, 吳郡人, 官左率府長史. 善草書, 言「吾見公主, 擔夫爭路而得其意.」後又觀公孫氏舞劍器而得其神, 醉取草書揮筆, 大叫, 以頭濡墨水中. 天下呼爲張顚. 醒後自視以爲神, 人謂之草聖"이라 하였고, 《太平廣記》(64)에 인용된 《國史補》에도 "張旭草書得筆法, 後傳崔邈, 顏眞卿. 旭言:「始吾聞公主與擔夫爭路, 而得筆法之得. 後見公孫氏舞劍器而得其神, 飮醉輒草書, 揮筆大叫, 以頭搵水墨中而書之, 天下呼爲張顚, 醒後自視, 以爲神異, 不可復得.」後輩言筆札者, 歐虞褚薛, 或有異論. 至長史無間言."이라 함.

【豈如吾甥不流宕? 丞相中郞丈人行】'流宕'은 流蕩과 같음. 멋대로 행동함. 거리낌이 없는 행동. 正道에서 벗어남. 《杜詩鏡銓》 注에 "言草書失之流宕, 篆書八分則不然"이라 함. '丈人行'은 항렬로 보아 선배인 사람. 경지에 오른 사람. '行'은 '항' (下浪反)으로 읽음. 《杜詩鏡銓》 注에 "〈匈奴傳〉:「漢天了; 吾丈人行.」言前後行輩也"라 함.

【巴東逢李潮, 逾月求我歌】'巴東'은 東漢 때 巴郡을 셋으로 나누어 三巴라 하였는데, 그 중의 한 郡.

【我今衰老才力薄, 潮乎潮乎奈汝何】《杜詩鏡銓》 注에 "趙曰: 退之〈石鼓歌〉:「少陵無人謫仙死, 才薄將奈石鼓何?」倣此詩末二語也"라 함.

참고 및 관련 자료

1. 杜子美: 杜甫, 杜少陵, 杜工部. 042 참조.

2. 이 시는 《九家集注杜詩》(14), 《補注杜詩》(14), 《集千家註杜工部詩集》(16), 《杜詩詳注》(18), 《杜詩鏡銓》(15), 《文苑英華》(338), 《全唐詩》(222), 《事文類聚》(別集 13), 《淵鑑類函》(82), 《墨池編》(4), 《書苑菁華》(17) 등에 널리 실려 있음.

3. 韻脚은 '雲, 分, 聞'. '眞, 神, 親, 隣, 人'. '相, 向, 强, 壯, 行'. '歌, 何'.

4.《杜詩諺解》初刊本(16)

蒼頡의 鳥跡書ㅣ ㅎ마 아ᅀᆞ라ᄒᆞ야 昧滅ᄒᆞ니

字體의 變化호미 뜬 구룸 ᄀᆞᆮ도다

陳倉ㅅ 石鼓앳 글지 쏘 ᄒᆞ마 訛傳ᄒᆞ니

크며 져근 두 篆字애 八分書ㅣ 나니라

秦ㅅ 저근 李斯ㅣ 잇고 漢ㅅ 저근 蔡邕이니

中閒애 니러나ᄂᆞᆫ 괴외ᄒᆞ야 듣디 몯ᄒᆞ리로다

嶧山ㅅ 碑를 믜햇 브리ᄉᆞ니

棗木애 옮겨 사곤 거시 술져 眞木을 일ᄒᆞ니라

苦縣ㅅ 光和ㅅ 저긧 그리 오히려 쎄 셧ᄂᆞ니

긿字ᄂᆞᆫ 여위오 세요미 貴ᄒᆞ야 보야ᄒᆞ로 神妙호매 通ᄒᆞᄂᆞ니라

슬프다 李斯 蔡邕을 다시 얻디 몯ᄒᆞ리로소니

우리 아ᄎᆞᆫ아ᄃᆞᆯ 李潮이 글 수미 親近ᄒᆞ도다

尙書 韓擇木과 騎曹 蔡有隣을

開元브터 오매 八分 수믈 혜더니

李潮ㅣ 믄드시 二子로 다못ᄒᆞ야 세 시ᄅᆞ미 ᄃᆞ외얏도다

ᄒᆞ믈며 潮의 져근 篆字ㅣ 秦ㅅ 丞相의게 逼近ᄒᆞ니

드ᄂᆞᆫ 갈콰 긴 戈戟이 森然히 서르 向ᄒᆞ얫ᄂᆞᆫ ᄃᆞᆺᄒᆞ도다

八分 흔 字ㅣ 비디 百金이 ᄉᆞ니

蛟龍이 서리여 고기 세워든 ᄃᆞᆺᄒᆞ도다

吳郡엣 張顚이 草書호믈 쟈랑ᄒᆞ더니

草書ᄂᆞᆫ 녯 거시 아니라 쇽절업시 雄壯ᄒᆞ도다

우리 아ᄎᆞᆫ아ᄃᆞ리 流宕티 아니ᄒᆞ야

丞相 中郞丈人의 行輩 ᄃᆞ외욜 고ᄃᆞᆯ 어느 알리오

巴東애 李潮ᄅᆞᆯ 맛보니

ᄃᆞ리 남ᄃᆞ록 내 놀애ᄅᆞᆯ 求ᄒᆞᄂᆞ다

내 이제 늘거 才力이 사오나오니

潮아 潮아 네게 엇데ᄒᆞ료

199. 〈天育驃騎歌〉 ·················· 杜子美(杜甫)
천육 표기의 노래

*《眞寶》注에 "天育, 廏名"이라 함.
*〈天育驃騎歌〉:天育의 나는 듯 달리는 말 그림을 노래함. '天育'은 천자의 말을 위한 마구간 이름. '驃騎'는 아주 좋은 말. 여기서는 말 그림을 두고 노래한 것임.《文苑英華》에는 제목이 〈天育驃圖歌〉로 되어 있음.《杜詩鏡銓》注에 "舊注: 天育, 廏名. 仇注: 按驃, 疾走也. 驃騎猶云飛騎. 又唐貞觀間, 骨利幹所貢馬十疋, 太宗爲製名, 其六曰飛霞驃"라 함.《補注杜詩》에는 "鶴曰:《唐會要》:「貞觀二十一年八月十七日, 骨利幹遣朝貢獻馬, 其中十疋尤駿. 太宗各爲製名, 其六曰飛霞驃.」按《新舊史》,《唐會要》諸書, 唐無天育名廏, 當是天寶末年作, 故詩云「見之坐右久更新, 年多物化空形影.」"이라 하였고,《杜詩詳註》에도 "洙曰: 天育馬廏名, 據《唐志》總十二門者, 爲二廏: 曰曰祥麟, 曰曰鳳苑. 其後但增八坊八監, 亦無以天育爲廏者. 當是云天子所育之馬而已"라 함.

내 듣기로 천자의 말은 하루에 천 리를 달린다던데,
지금 이 그림 속의 말이 바로 그것이 아니겠는가?
어쩌면 의태意態가 이토록 웅장하고도 걸출할까?
준마의 꼬리에선 나뭇가지 끝에 부는 북풍이 일고 있네.
털은 녹옥색이요, 두 귀는 노란색,
눈에선 자줏빛 불꽃이 일고 두 눈동자는 모가 나 있네.
교교矯矯한 용과 같은 성격은 변화에 적합하고,
우뚝 선 천골天骨은 삼엄하게 펼쳐져 있네.
지난날 태복太僕 장경순張景順이,
감목監牧으로서 망아지 길들이면서 청준淸俊한 것을 살펴 골라내어,
마침내 태노太奴로 하여금 천육天育 마구간에서 맡아 지키게 하고,
따로 좋은 말 새끼 기르도록 한 것은 그 신준神俊함을 아꼈기 때문.

그 당시 40만 필의 많은 말이 있었으나,

장경순은 그들 재질 모두 하급인 것을 탄식하였네.

그 때문에 홀로 실물대로 그림을 그려 세상 사람들에게 전하게 한 것이니,

자리 오른쪽에 걸어놓고 보니 오랠수록 더욱 새롭게 느껴지네.

여러 해 되면 실물은 사라지고 그저 그림자만 남는 것,

아! 힘찬 발걸음 달려볼 길이 없구나.

지금이라 해서 어찌 요뇨騕裊와 화류驊騮가 없겠는가?

때가 왕량王良이나 백락伯樂이 없으니 그냥 죽고 말 따름이지.

吾聞天子之馬走千里, 今之畫圖無乃是?

是何意態雄且傑? 駿尾蕭梢朔風起.

毛爲綠縹兩耳黃, 眼有紫焰雙瞳方.

矯矯龍性合變化, 卓立天骨森開張.

伊惜太僕張景順, 監牧攻駒閱淸峻.

遂令太奴守天育, 別養驥子憐神俊.

當時四十萬匹馬, 張公歎其材盡下.

故獨寫眞傳世人, 見之座右久更新.

年多物化空形影, 嗚呼健步無由騁.

如今豈無騕裊與驊騮? 時無王良伯樂死卽休.

【吾聞天子之馬走千里, 今之畫圖無乃是?】'天子之馬'는 《穆天子傳》에 "天子之馬走千里, 勝猛獸"라 함. '畫圖'는 말을 그림으로 그림. 《補注杜詩》에 "《莊子》曰: 「齊景公好馬, 命使善畫者圖之, 訪似者, 其年不得. 今人君考古籍, 以求賢, 亦不可得也.」라 함.

【是何意態雄且傑? 駿尾蕭梢朔風起】'意態'는 자태. 모습. '駿尾'는 준마의 꼬리. '蕭梢'는 낙엽 진 나뭇가지 끝. 《眞寶》注에 "漢〈天馬曲〉: 「尾蕭梢兮朔風起.」"라 하였고, 《補注杜詩》에도 "蘇曰:漢〈天馬曲〉曰:「尾蕭梢兮朔風起, 足銀站兮破層氷.」雖

用古人語而琢句法混然"이라 함. '朔風'은 北風과 같음. 〈古詩十九首〉에 "胡馬依北風"이라 함.

【毛爲綠縹兩耳黃, 眼有紫焰雙瞳方】'綠縹'는 녹색 옥빛. '縹'는 靑白色. 곧 옥색. 《說文》에 "縹, 淸白色"이라 함. '兩耳黃'은 《穆天子傳》 注에 "魏時鮮卑獻千里馬, 白色, 兩耳黃, 名曰黃耳"라 함. '紫焰'은 자주색 불꽃. '雙瞳方'은 두 눈동자는 方角임. 駿馬의 외모 특징을 표현한 것임.

【矯矯龍性合變化, 卓立天骨森開張】'矯矯'는 용감한 모양. 높이 솟아 있는 모양. 여기서는 빼어난 모양. '卓立天骨'은 우뚝한 타고난 뼈. '卓立'은 우뚝 솟은 모양. '天骨'은 천연의 뼈. '森開張'은 삼엄하게 벌려져 있는 것.

【伊惜太僕張景順, 監牧攻駒閱淸峻】'伊昔'의 '伊'는 어조사. '張景順'은 唐 玄宗 때 太僕少卿 겸 秦州都督監牧都副使로 나라의 말을 키우는 일을 관장했던 사람. 開元 원년(713) 24만 마리의 말을 기르기 시작하여 13년에는 43만 마리가 되게 하였다 함. 《杜詩鏡銓》 注에 "張說〈開元十三年隴右監牧頌德碑序〉: 開元元年, 牧馬二十四萬匹, 十三年乃有四十三萬匹, 上顧謂太僕少卿兼秦州都督張景順曰:「吾馬蕃息, 卿之力也.」"라 함. '監牧'은 말을 잘 먹여 기르고 번식시키는 것. '攻駒'는 사납게 대드는 망아지를 去勢하는 등 여러 방법을 동원하여 잘 길들이는 일. 《周禮》 夏官에 "「庾人掌敎駣攻駒.」"라 함. '閱'은 살펴보고 고름. '淸峻'은 청신하게 빼어난 말.

【遂令太奴守天育, 別養驥子憐神俊】'太奴'는 奴僕 중의 가장 長人한 자. 《杜詩鏡銓》 注에 "漢〈昌邑王傳〉「使大奴以衣車載女子.」注:「大奴, 奴之尤長大者.」此當卽指牧馬之人"이라 함. 그러나 《補注杜詩》에는 구체적으로 "大奴, 王毛仲也. 毛仲父高麗人, 坐事沒爲官奴, 守天育, 卽唐〈兵志〉云: 毛仲領內外廐, 所謂天育乃廐名也"라 하여, 高麗(高句麗) 출신의 王毛仲을 가리킴. 《眞寶》 注에 "王毛仲也"라 함. '驥子'는 천리마의 새끼. '憐神俊'은 신통하고 빼어남을 사랑하다. 神俊은 신통하고 빼어난 것.

【當時四十萬匹馬, 張公歎其材盡下】'當時'는 玄宗의 開元 13년(725). '材盡下'은 재질이 모두 낮음. 말의 수는 많았으나 뛰어난 말은 거의 없었음을 말함.

【故獨寫眞傳世人, 見之座右久更新】'寫眞'은 천리마의 실물을 그리는 것. 《杜詩鏡銓》 注에 "寫眞, 謂寫此驃馬之眞"이라 함. '座右'는 자리 오른쪽. 잊지 않고 늘 중시함을 뜻함. '久更新'은 오래될수록 더욱 새롭게 느껴짐.

【年多物化空形影, 嗚呼健步無由騁】'空形影'은 공연히 형체와 그림자만 있음. 부질

없이 그림으로만 남아 있는 것을 뜻함. '影'은 그림을 뜻함.

【如今豈無騕褭與驊騮? 時無王良伯樂死卽休】'騕褭'는 하루 1만 5천 리 달리는 神馬 이름. 疊韻連綿語의 馬名.《杜詩鏡銓》注에 "《瑞應圖》: 騕褭, 神馬. 明君有德則至. 應劭曰: 赤喙黑身, 一日行萬里"라 함. '驊騮'는 옛날 造父가 桃林의 野生馬 중에서 얻어 周穆王에게 바친 말의 하나로 하루 3만 리를 달렸다 함.《水經注》에 "桃林多野馬, 造父於此得驊騮"라 함. '王良'은 춘추시대의 유명한 말몰이 이름. '伯樂'은 옛날에 말을 잘 보았던 사람 이름.《杜詩詳註》에 "歐陽氏曰: 王良善御, 伯樂善相馬. 王良, 趙簡子時人, 天文有王良星, 蓋因人以取名耳.《史》: 伯樂, 名孫陽. 嘗過虞阪, 見駕鹽車馬曰:「此良馬也.」取而試之, 果然. 又有鬻馬者, 三日不售, 伯樂去而眄之, 回而睨之. 明日其價三倍.《後漢書》章懷太子注:「伯樂, 秦穆公時人, 善相馬.」趙曰: 韓退之文:「世有伯樂, 然後有千里. 馬千里馬常有, 而伯樂不常有.」意本於若"라 함.《眞寶》(後集) 韓愈〈雜說〉(044)을 참조할 것. '死卽休'는 죽으면 곧 그만이 됨. 천리마도 말을 잘 다루고 알아보는 이가 없으니 그대로 살다 죽으면 끝이라는 뜻임.

참고 및 관련 자료

1. 杜子美: 杜甫, 杜少陵, 杜工部. 042 참조.

2. 이 시는《九家集注杜詩》(1),《補注杜詩》(1),《集千家註杜工部詩集》(2),《杜詩詳註》(4),《杜詩鏡銓》(2),《文苑英華》(339),《文章正宗》(24),《全唐詩》(216),《漁隱叢話》(前集 10),《竹莊詩話》(14),《歷代詩話》(34) 등에 실려 있음.

3. 韻脚은 '里, 是, 起'. '黃, 方, 張'. '順, 峻, 駿'. '馬, 下'. '人, 新'. '影, 骋'. '騮, 休'.

4.《杜詩諺解》初刊本(16)
天子ㅅ ᄆ리 千里를 ᄃᆞᄂᆞ니라 내 ᄃᆞᆯ다니
이젯 그리미 아니이가
이 엇뎨 ᄠᅳᆮ과 양지 雄코 傑ᄒᆞ뇨
駿馬의 ᄭᅩ리 폇고 北녁 ᄇᆞᄅᆞ미 니렛도다
터리ᄂᆞᆫ 프러누러코 두 귀ᄂᆞᆫ 누르니
누넨 블근 붔고지 잇고 두 ᄂᆞᆾᄌᆞᅀᆞᆫ 너모 나도다
矯矯ᄒᆞᆫ 龍의 性이 모다 變化ᄒᆞ야 나니
구즈기 셔니 하ᄂᆞᆳ 氣骨이 森然히 폣도다
녜 太僕 張景順이

물 머기는 딕 點考ᄒ야 삿기 므를 질드려 淸峻호믈 보아

大奴로 히여 天育廐에 쳐셔

驥子를 各別히 養飼ᄒ야 神俊호믈 憐愛ᄒ니라

그 삣 四十萬匹ㅅ 므를

張公이 그 지조를 다 이 믈 아래라 嘆息ᄒ니라

이럴시 ᄒ올로 眞樣을 그려 世人의게 傳ᄒ니

안잿는 올흔 녀긔 보니 오라디 가시야 새롭도다

히 하고 物이 變化ᄒ야 ᄒ갓 얼굴와 그리메 쏙니로소니

슬프다 健壯ᄒ 거르믈 둘욜 주리 업도다

이젠들 騕褭와 다믓 驊騮ㅣ 엇뎨 업스리오마른

時예 王良 伯樂이 업슬시 주거 곧 마ᄂ니라

200. 〈江南遇天寶樂叟歌〉 ·················· 白居易(白樂天)

강남에서 천보 연간의 악공 늙은이를 만나서 노래함

*〈江南遇天寶樂叟歌〉: 江南에서 天寶 연간(742–755)의 樂工이었던 늙은이를 만나 지은 노래. '天寶'는 唐 玄宗이 楊貴妃에 빠져 음악과 연회로 지새우던 시대이며, 곧이어 安祿山의 난으로 인해 많은 이들이 江南으로 피난하였음. 그때 피난 와 있던 악공을 만나 天寶시대를 회상하며 슬픔을 노래한 것임. 다른 원문에는 제목에 '歌'자가 들어 있지 않음. 이 노래는 白居易 특유의 楊貴妃를 주제로 한 비판적 역사의식과 '新樂府運動'의 맥락을 잘 보여주고 있음.

백발에 병든 늙은이가 울면서 이렇게 말하네.
"안녹산安祿山의 난이 일어나기 전에 이원梨園에 들어가서는,
능히 비파琵琶를 잘 타며 법곡法曲에 화음도 잘 맞추어,
늘 화청궁華淸宮에서 지존至尊을 수행하며 모셨다오.
이때 천하는 오랫동안 태평을 누리며,
해마다 10월이면 조원각朝元閣에서 잔치를 벌였었지요.
여러 관리들은 움직일 때마다 환패環佩 소리가 화합하였고,
만국의 사절들은 회동會同하느라 거마가 분주했었소.
석옹사石甕寺는 여인들의 금비녀로 눈이 부셨고,
난향蘭香과 사향麝香은 온천 물 원천 증기에 달여지고 있었지요.
양귀비楊貴妃가 아름다운 몸매로 임금 곁에서 시중할 때는,
가냘프고 약하여 진주와 비취 장식을 이겨내지 못할 정도.
겨울눈이 휘날릴 때엔 비단옷 따뜻이 입었고,
봄바람 살랑이면 선녀의 무지개 같은 얇은 옷 펄럭였다오.
아직 즐김을 만족히 하지 못하였는데 연燕 땅의 안녹산 반군 닥쳐오니,
강한 활에 살찐 말 탄 그들은 오랑캐 말투로 시끄럽게 떠들었지요.

빈(邠, 豳, 長安) 땅 사람들 이적을 피해 옮겨 가니,

　정호鼎湖에서 용을 타고 가버린 헌원軒轅을 보고 우는 백성 꼴이 되었다오.

　나는 이로부터 떠돌아다니다 남녘 땅에 이르렀더니,

　그 많던 사람 모두 죽고 나 이 한 몸만 남았다오.

　가을바람 부는 강가엔 물결이 끝이 없고,

　저녁 비 내리는 배 안엔 술 한 동이 있다오.

　물 마른 웅덩이에 물고기가 오랫동안 풍파를 잃은 형세요,

　마른 풀도 한때는 우로와 같은 천자의 은혜 입었었는데.

　내가 장안 쪽에서 왔다고 해서 그대는 그곳 소식 묻지 마소,

　여산驪山과 위수渭水는 마치 황폐한 마을처럼 되었다오.

　신풍新豐의 가로수는 늙은 채 밝은 달 가리고 있고,

　장생전長生殿은 캄캄한 채 황혼에 잠겨 있다오.

　붉은 나뭇잎은 일그러진 기왓장을 어지러이 덮고 있고,

　푸른 이끼는 허물어진 담을 잔뜩 겹겹이 덮고 있다오.

　오직 내시內侍가 궁궐을 지키는 자가 되어,

　그저 매년 한식寒食날에만 한 번 문을 열 뿐이라오.”

白頭病叟泣且言:「祿山未亂入黎園.

能彈琵琶和法曲, 多在華淸隨至尊.

是時天下太平久, 年年十月坐朝元.

千官起居環佩合, 萬國會同車馬奔.

金鈿照耀石甕寺, 蘭麝薰炅溫湯源.

貴妃宛轉侍君側, 體弱不勝珠翠繁.

冬雪飄颻錦袍暖, 春風蕩漾霓裳翻.

歡娛未足燕寇至, 弓勁馬肥胡語喧.

邠土人遷避夷狄, 鼎湖龍去哭軒轅

從此漂淪到南土, 萬人死盡一身存.
秋風江上浪無際, 暮雨舟中酒一罇.
涸魚久失風波勢, 枯草曾霑雨露恩.
我自秦來君莫問, 驪山渭水如荒村.
新豐樹老籠明月, 長生殿暗鎖黄昏.
紅葉紛紛盖欹瓦, 綠苔重重封壞垣.
惟有中官作宮使, 每年寒食一開門.

【白頭病叟泣且言:「祿山未亂入黎園」】'病叟'는《白香山詩集》에는 '老叟'로 되어 있
고 注에 "一作病叟"라 함. 玄宗 때 樂工이었던 흰 머리의 늙은(병든) 노인. '祿山'
은 安祿山. 唐 營州 柳城의 胡人으로 楊貴妃의 養子를 자청하며 총애를 받아, 平
盧, 范陽, 河東 三鎭의 節度使가 되었다가 楊國忠과 반목이 생기자 755년에 반
란을 일으켜 자칭 雄武皇帝라 하고 국호를 燕이라 함. 長安을 함락하자 玄宗은
蜀으로 피난 갔으며 肅宗(李亨)이 靈武에서 즉위하여 兩京을 수복하게 되었고,
安祿山은 뒤에 아들 安慶緒에게 弑害를 당하고 난은 평정되었음.《舊唐書》(200
上)와《新唐書》(225 上)에 傳이 있음. 이 사건은 杜甫, 白居易, 李白 등 당대 모든
詩人墨客들의 작품 소재가 되었음. '黎園'은 '梨園'.《白香山詩集》에는 '梨園'으로,
《白氏長慶集》에는 '黎園'으로 되어 있음. '梨園'은 唐 明皇이 伶人(藝人)들을 훈련
시키던 곳이며, 지금의 長安 서북의 古宮 안에 있었음.《雍錄》에 "梨園在光化門
北, 開元二年置, 敎坊于蓬萊, 上自敎法典, 謂之梨園弟子"라 하였고,《新唐書》禮
樂志(11)에는 "玄宗旣知音律, 又酷愛法典, 選坐部伎子弟三百, 敎於梨園. 聲有誤
者, 帝必覺而正之, 號皇帝梨園弟子; 窮餘數百亦爲梨園弟子, 居宜春北院. 梨園法部
更置小部, 音聲三十餘"라 함. 이들 梨園弟子들은 玄宗의 宴會에 출연하여 연주
를 하는 專屬 樂團 藝人들이었음.
【能彈琵琶和法曲, 多在華淸隨至尊】'法曲'은 道觀(道敎寺院)에서 연주되던 악곡 이
름. 隋나라 때부터 있었던 음악으로 淸雅하였다 함. '華淸'은 宮이름. 陝西 臨撞縣
남쪽 驪山에 있었음. 그곳 溫泉에는 太宗 때 湯泉宮을 지었다가 현종이 溫泉宮,
華淸宮으로 이름을 바꾸고 楊貴妃와 자주 行幸함. '至尊'은 皇帝. 구체적으로 玄
宗을 가리킴.《眞寶》注에 "至尊, 天子也"라 함.
【是時天下太平久, 年年十月坐朝元】'朝元'은 驪山에 있는 樓閣 이름. 天寶 7년(748)

에 玄宗이 朝元閣에 갔다가 降聖閣이라 이름을 고침. 《眞寶》 注에 "《楊妃外傳》: 「玄宗每年十月, 駕幸華淸宮, 宴坐朝元閣.」"이라 함.

【千官起居環佩合, 萬國會同車馬奔】 '起居'는 일상생활. 움직일 때마다. 항상. '環佩'는 《長慶集》과 《白香山詩集》 등에는 모두 '環珮'로 되어 있음. 허리에 차던 옥으로 만든 장식. '萬國'은 각 제후국과 異國 여러 나라들.

【金鈿照耀石甕寺, 蘭麝薰煑溫湯源】 '金鈿'은 금비녀. 화려한 치장을 한 여인들을 가리킴. 그러나 《長慶集》에는 '金殿'으로, 《白香山詩集》에는 '金鈿'으로 되어 있음. '石甕寺'는 華淸宮 곁에 있던 절 이름. '蘭麝薰煑'는 蘭香과 麝香이 온천의 증기와 함께 섞여 피어오름. '煑'는 煮와 같음. '溫湯'은 온천탕.

【貴妃宛轉侍君側, 軆弱不勝珠翠繁】 '貴妃'는 楊貴妃. 字는 玉環. 玄宗의 18번째 아들 壽王(李瑁)의 妃로 들어왔으나 현종이 총애하여 道家 이름 太眞으로 호를 내리고 貴妃로 책봉함. 그러나 安祿山의 난으로 蜀으로 피난하던 중 馬嵬坡에서 죽임을 당함. 다음의 장의 〈長恨歌〉를 참고할 것. '宛轉'은 날렵하고 고운 곡선을 뜻함. 행동이나 모습이 아름다움을 뜻하는 疊韻連綿語. '軆'는 體와 같음. '珠翠'는 머리 장식을 위해 꽂은 구슬과 翡翠, 翠羽 따위.

【冬雪飄颻錦袍暖, 春風蕩漾霓裳翻】 '飄颻'는 이리저리 흩날리는 모습을 표현하는 疊韻連綿語. '錦袍'는 비단옷. 袍는 두루마기. '蕩漾'은 물이 출렁이는 모습을 표현하는 疊韻連綿語. 여기서는 봄바람이 살랑거리는 모습. '霓裳翻'은 玄宗이 道士의 術法으로 날나라에 가서 선녀들이 霓衣를 입고 넓은 뜰에서 춤을 추는 것을 보게 되자, 그 악곡 이름을 '霓裳羽衣曲'으로 명명하고 악공들에게 작곡을 하도록 하고 양귀비로 하여금 그 춤을 배우도록 하여 늘 즐기곤 하였음.

【歡娛未足燕寇至, 弓勁馬肥胡語喧】 '燕寇'는 燕 땅의 반란군. 安祿山은 燕 땅 漁陽(河北省 薊縣, 平谷縣 일대)에서 반란을 일으켰음. 《眞寶》 注에 "燕寇, 祿山也"라 함. '弓勁馬肥'는 활은 강하고 말은 살찜. 安祿山 반군의 군비와 武威가 대단한 것을 형용한 말. '胡語喧'은 호인들의 胡語로 떠드는 말소리가 시끄러움. '喧'은 諠과 같음. 安祿山 반군들이 胡語로 왁자지껄하게 떠들며 활보함.

【邠土人遷避夷狄, 鼎湖龍去哭軒轅】 '邠土'는 《長慶集》과 《白香山詩集》 등에는 모두 '豳土'로 되어 있음. '邠'은 豳과 같으며 長安이 있는 陝西 栒邑縣 서쪽 땅. '豳'은 周나라 선조 公劉가 세운 나라 이름. '鼎湖'는 河南 閿鄕縣 남쪽 荊山 아래의 지명. 《十八史略》(1)에 "世傳: 黃帝采銅鑄鼎, 鼎成, 有龍垂胡髥下迎. 帝騎龍上天, 羣臣後宮從者七十餘人, 小臣不得上, 悉持龍髥, 髥拔, 墮弓, 抱其弓而號. 後世名其

處曰鼎湖; 其弓曰烏號."라 하여, 임금이 사라지자 따르던 백성들이 갈 곳을 잃음을 뜻함. '軒轅'은 黃帝 軒轅氏. 軒轅의 언덕에 살면서 천하의 共主가 되었음. 五帝(黃帝, 顓頊, 帝嚳, 堯, 舜)의 첫째 임금.

【從此漂淪到南土, 萬人死盡一身存】'漂淪'은 표류함. 물에 떠다니는 듯 유랑함. 安祿山의 난을 피해 사방을 떠돌다가 南土(江南)까지 오게 되었음을 말함.

【秋風江上浪無際, 暮雨舟中酒一罇】'無際'는 《長慶集》과 《白香山詩集》 등에는 모두 '無限'으로 되어 있음. '罇' 역시 모두 '樽'으로 표기되어 있음.

【涸魚久失風波勢, 枯草曾霑雨露恩】'涸魚'(학어)는 말라가는 웅덩이 속의 물고기. 《莊子》外物篇에 "莊周家貧, 故往貸粟於監河侯. 監河侯曰:「諾. 我將得邑金, 將貸子三百金, 可乎?」莊周忿然作色曰:「周昨來, 有中道而呼者. 周顧視車轍中, 有鮒魚焉. 周問之曰:『鮒魚來! 子何爲者邪?』對曰:「我, 東海之波臣也. 君豈有斗升之水而活我哉?』周曰:『諾. 我且南遊吳越之土, 激西江之水而迎子, 可乎?』鮒魚忿然作色曰:『吾失我常與, 我无所處. 吾得斗升之水然活耳, 君乃言此, 曾不如早索我於枯魚之肆!』"라는 고사가 있음. 그러나 여기서는 뒤의 '枯草'와 함께 자신에 비유한 말. '霑'은 젖음, 은혜를 입음. 그러나 《長慶集》과 《白香山詩集》 등에는 모두 '沾'으로 되어 있음.

【我自秦來君莫問, 驪山渭水如荒村】'秦'은 長安이 있는 지금의 陝西 지역. '驪山'은 陝西 臨潼縣 동남쪽에 있는 산 이름. 그 곳에 온천 華淸池가 있으며 현종은 華淸宮을 짓고 楊貴妃는 자주 그곳에서 목욕함. '渭水'는 陝西 寶雞縣과 咸陽, 長安을 흘러 高陵縣에서 涇水와 합수하며 다시 朝邑縣에서 洛水와 합하여 黃河로 들어감.

【新豐樹老籠明月, 長生殿暗鎖黃昏】'新豐'은 陝西 臨潼縣 동쪽에 있던 縣名. 漢 高祖(劉邦)가 長安에 도읍하자 그의 아버지 太上皇이 고향 江蘇 沛縣의 豐邑으로 돌아가고 싶어하여 豐邑과 똑같은 마을을 건설하고 豐邑 사람들을 모두 이주시켜 '新豐'이라 하였음. 《西京雜記》(2)에 "太上皇徙長安, 居深宮, 悽愴不樂. 高祖竊因左右問其故, 以平生所好, 皆屠販少年, 酤酒賣餠, 鬪雞蹴踘, 以此爲歡, 今皆無此, 故以不樂. 高祖乃作新豐, 移諸故人實之, 太上皇乃悅. 故新豐多無賴, 無衣冠子弟故也. 高祖少時, 常祭枌榆之社. 及移新豐, 亦還立焉. 高帝旣作新豐, 並移舊社, 衢巷棟宇, 物色惟舊. 士女老幼, 相攜路首, 各知其室. 放犬羊雞鴨於通塗, 亦競識其家. 其匠人胡寬所營也. 移者皆悅其似而德之, 故競加賞贈, 月餘, 致累百金."이라 함. 《漢書》地理志(上) 京兆 新豐縣에 대한 應劭의 注도 같음. 《眞寶》注에는 "漢

太上皇居長安, 思故鄕, 欲歸豐沛. 高祖乃象豐邑里居, 營市井居室, 徙豐人居之. 故 云"이라 함. '籠明月'은 밝은 달을 대바구니로 씌우듯 덮고 있음. '長生殿'은 唐代 長安의 궁전 이름. '暗'은 闇과 같음. '鎖'는 자물쇠로 채움. '黃昏'은 《長慶集》과 《白香山詩集》 등에는 모두 '春雲'으로 되어 있고, 《白香山詩集》에는 "一作黃昏"이 라 함.

【紅葉紛紛盖欹瓦, 綠苔重重封壞垣】 '盖'는 《長慶集》과 《白香山詩集》 등에는 모두 '蓋'로 되어 있음. 덮고 있음. '欹瓦'는 일그러진 기와. '封'은 덮고 있음.

【惟有中官作宮使, 每年寒食一開門】 '惟'는 唯와 같음. '中官'은 宦官. 閹宦. '寒食'은 冬至 뒤 105일 되는 날. 春秋시대 晉文公(重耳)을 따라 다닌 介子推의 고사와 관 련이 있음. 《荊楚歲時記》(1)에 "去冬節一百五日卽有疾風甚雨, 謂之寒食, 禁火三日, ……琴操曰:晉文公與介子綏俱亡, 子綏割股以啖文公, 文公復國, 子綏獨無所得, 子 綏作龍蛇之歌而隱, 文公求之, 不肯出, 乃燔左右木, 子綏抱木而死. 文公哀之, 令人 五月五日不得擧火. ……云寒食斷火起於子推, 琴操所云子綏, 卽推也, 又云五月五日 與今有異, 皆因流俗傳, 據左傳及史記並無介子推被焚之事."라 하였고, 《十八史略》 (1)에도 "後世至文公, 霸諸侯. 文公名重耳, 獻公之次子也. 獻公嬖於驪姬, 殺太子申 生, 而伐重耳於蒲. 重耳出奔, 十九年而後反國. 嘗餒於曹, 介子推割股以食之. 及歸 賞從亡者, 孤偃, 趙衰, 顚頡, 魏犨, 而不及子推. 子推之從者, 懸書宮門曰:『有龍矯矯, 頃失其所. 五蛇從之, 周流天下. 龍饑乏食, 一蛇刲股. 龍返於淵, 安其壤土. 四蛇入 穴, 皆有處處. 一蛇無穴, 號于中野.』公曰:「噫! 寡人之過也.」使人求之, 不得. 隱緜 上山中, 焚其山, 子推死焉. 後人爲之寒食. 文公環緜上田封之, 號曰介山."이라 함. 한 편 이 날은 죽은 이를 추모하는 날로서 玄宗의 혼을 위해 문을 열었던 것임.

> 참고 및 관련 자료

1. 白居易:白樂天, 白香山, 006 참조.

2. 이 시는 《白氏長慶集》(12), 《白香山詩集》(12), 《唐文粹》(14下), 《全唐詩》(435), 《事 文類聚》(別集 15), 《文苑英華》(348), 《唐詩品彙》(36), 《唐宋詩醇》(22), 《全唐詩錄》(62), 《韻語陽秋》(15) 등에 실려 있음.

3. 韻脚은 '言, 園, 尊, 元, 奔, 源, 繁, 翻, 喧, 轅, 存, 罇, 恩, 村, 昏, 垣, 門'.

201. 〈長恨歌〉 ·················· 白居易(白樂天)
장한가

*〈長恨歌〉: 길고 긴 恨의 노래. 이는 맨 끝 구절 "天長地久有時盡, 此恨綿綿無絶期"의 '長'자와 '恨'자를 취하여 제목으로 삼은 것임. '歌'는 詩體의 한 장르. 《文體明辨》에 "其放情長言, 雜而無方者曰歌"라 함. 이는 白居易 35세 때 주질위(盩厔尉, 盩厔은 지금의 陜西 盩厔縣이며 지금은 周至로 표기함)의 벼슬로 있을 때 지은 것임. 이 시는 모두 120행, 840자로 이루어졌으며 시간은 20여 년의 역사, 공간은 長安으로부터 蜀, 仙界에 이르기까지 두루 얽은 大敍事의 愛情詩로서, 구성이 치밀하고 표현이 절묘하여 흔히 그의 〈琵琶行〉과 더불어 대표적 명작으로 거론됨. 陳鴻이 동시에 唐 傳奇體의 〈長恨歌傳〉을 지어 人口에 膾炙하게 되었음. 아울러 唐 宣宗의 〈吊白居易〉 시에 "童子解吟長恨曲, 胡兒能唱琵琶篇"이라 할 정도로 널리 전송되었음. 그 외 元稹의 〈連昌宮詞〉와 鄭嵎의 〈津陽門詩〉역시 양귀비와 현종의 고사를 노래한 것이며, 특히 白樸의 〈梧桐雨〉와 洪升의 〈長生殿〉은 이를 題材로 한 유명한 元曲으로 천하에 그 명성을 떨쳤음. 〈長恨歌傳〉에 "樂天因爲〈長恨歌〉. 意者不但感其事, 亦浴懲尤物, 窒亂階, 垂誡於將來者也. 歌旣成, 使鴻傳焉. 世所不聞者, 予非開元遺民, 不得知; 世所知者, 有「玄宗本紀」在; 今但傳〈長恨歌〉云爾"라 하여 이 시를 지은 목적을 밝히고 있음.

한漢나라 황제는 색을 중히 여겨 경국지색을 만났으면 하되,
천하를 다스린 지 여러 해가 되도록 찾아내지 못하였네.
양씨楊氏 집안에 딸이 있어 이제 막 자라고 있었으나,
깊은 규방에서 길러지고 있어 남들이 알아보지 못하였네.
하늘이 내린 아름다운 바탕은 스스로도 버리기가 어려운 법,
하루아침 뽑혀 임금 곁에 있게 되었네.
머리 돌려 눈웃음 한 번 치면 백 가지 교태로움이 생겨나니,
후궁의 분바르고 눈썹 칠한 미녀들 드러낼 얼굴이 없네.

봄날 쌀쌀할 때 임금께서 화청지華淸池 온천에 가서 목욕하도록 하였더니,

매끄러워 온천물이 굳기름 같은 흰 살을 씻겨주네.

어린 시녀 부축하여 일으키자 교태 때문에 힘이 없는 듯,

이로부터 비로소 임금의 은총 입는 때가 시작되었네.

구름 모습 트레머리 꽃 같은 얼굴에, 머리에는 금보요金步搖,

부용芙蓉 무늬 휘장 따뜻함 속에 봄 밤을 보내었네.

봄 밤 괴롭도록 짧아 해가 높아야 잠자리에서 일어나니,

이로부터 임금님은 아침 조회를 일찍 열지 못하였네.

임금의 기쁨 받아주고 잔치 모시기에 한가할 틈이 없어,

봄이면 봄놀이요, 밤이면 오직 밤을 따라 모시네.

후궁의 아름다운 미녀들 삼천 명이나 되었건만,

삼천 명이 받을 총애, 그 한 몸에 다 있었네.

금옥金屋에서 화장하고 교태로써 밤을 모시며,

옥루玉樓에서 잔치 끝나면 화창한 봄기운에 취하였네.

형제자매 모두가 땅을 얻어 봉지를 받으니,

어여쁜 광채가 온 집안에 빛이 났네.

드디어 천하의 부모들 마음으로 하여금,

아들 낳는 것을 중히 여기지 아니하고 딸 낳는 것을 중히 여기도록 하였다네.

여산驪山 화청궁은 높아서 푸른 구름을 뚫고 솟아 있는데,

신선의 음악 소리는 바람을 타고 곳곳에서 들리네.

느린 노래에 느린 춤이 관현악에 응집되니,

임금께선 해가 지도록 보아도 다 보아낼 수가 없을 정도.

그런데 어양漁陽 땅 안녹산의 반란 북소리가 땅을 울리며 다가오자,

예상우의곡霓裳羽衣曲이 놀라서 깨어지고 말았네.

구중궁궐까지 전쟁의 연기와 먼지가 자욱하자,
어쩔 수 없어 황제의 천승만기는 서남쪽으로 피난 가네.
임금 깃발이 흔들흔들 가다가는 다시 서며,
도성문으로부터 서쪽으로 백여 리에 이르렀을 때.
육군六軍의 군대가 가기를 거부하니 임금도 어쩔 수가 없었네.
아름다운 양귀비도 그 예쁜 눈썹이 말 앞에서 죽는구나.
꽃 모양 금을 박은 소지품들 땅에 던져진 채 거두는 사람 없으니,
머리에 꽂았던 취교翠翹와 금작金雀, 옥소두玉搔頭 등일러라.
임금은 얼굴을 감싸며 구해내려 해도 어쩔 수 없을 뿐,
돌아보며 피눈물이 뒤섞여 뒤범벅이 되어 흐르네.
누런 먼지는 산만히 흩어지며 바람은 쓸쓸한데,
구름사다리 길 구불구불 검각劍閣에 오르도다.
아미산峨嵋山 아래에는 다니는 사람도 적은 데다가
황제의 깃발이건만 빛을 잃고 햇빛조차 희미하네.
촉蜀 땅 강물은 파랗고 촉 땅 산들도 푸르기만 한데
거룩하신 임금님 아침이고 밤이고 귀비 생각에 젖을 뿐,
행궁에서 달을 보니 가슴 아픈 달빛이요,
비오는 밤 들리는 풍령風鈴 소리는 창자를 끊어내는 소리일세.

하늘이 돌고 땅이 돌아 전쟁이 끝나 귀환하나,
귀비 죽은 이곳에 이르러 머뭇거리며 떠나지 못하누나.
마외파馬嵬坡 아래 진흙 속에는,
옥안은 보이지 않고 한갓 죽은 장소만 쓸쓸히 남아 있었네.
임금과 신하들 서로 보며 옷깃에 모두가 눈물 가득,
동쪽으로 도성문이 보이건만 말 가는 대로 몸을 맡길 뿐.
궁궐로 돌아오니 연못과 꽃밭 옛날대로 여전하니,
태액지太液池의 부용이며, 미앙궁未央宮의 버들이더라.

부용꽃은 귀비의 얼굴이요, 버들잎은 눈썹으로 보이나니,
이를 마주하고 어찌 눈물을 떨구지 않을 수 있으리오!
봄바람 불고 복사꽃 오얏꽃 피는 날이나,
가을비에 오동잎이 뚝뚝 지는 때로다.
서궁西宮과 남원南苑에는 가을 풀만 우거져 있고,
낙엽이 섬돌 가득 붉게 덮여도 쓸어내지 않고 있네.
이원梨園의 제자들은 백발이 새롭고,
초방椒房의 아감阿監도 그 곱던 모습 이미 다 늙었네.
저녁 궁전에 나는 반딧불은 생각할수록 그리움에 사무치게 하고,
홀로 지키는 등불은 심지를 다 돋우도록 잠을 이루지 못하고 있네.
느리고 느린 종소리 북소리는 일찍부터 긴 밤이 될 것임을 예고하고,
가물가물 은하수는 벌써 새벽이 되려 하는구나.
원앙 기와는 냉기 돌아 서리꽃이 무거운데,
비취 이불 차가우니 누구와 더불어 함께 할꼬?
아득하다, 살고 죽음의 이별이 벌써 몇 해가 지났건만,
귀비의 혼백은 일찍이 꿈에라도 들어오지 않네.

임공臨邛 땅 도사 하나 나그네로서 홍도문鴻都門에 와 있었는데,
능히 정신을 집중하여 혼백을 불러낼 수 있는 능력을 가졌다네.
임금님의 뒤척거리며 잠 못 듦에 느낀 바 있어,
드디어 방사方士로 하여금 은근히 양귀비 혼을 찾아보도록 하였네.
공중을 밀치고 공기를 조종하여 번개처럼 분주히 돌아다니면서,
하늘에도 올라보고 땅 속도 들어가 두루두루 찾았고,
위로는 벽락碧落까지 올라보고 아래로 황천黃泉까지 다 가봤으나,
두 곳 모두 망망할 뿐 아무것도 보이지 않았다네.
홀연히 듣건대 바다 가운데 신선 사는 산이 있다는데,
그 산은 아무것도 없는 아득하고 가물가물한 곳에 있었네.

누각은 영롱하여 오색구름 일어나고,

그 가운데 아리따운 많은 신선들이 있었는데,

그 중에 한 사람 자字가 바로 옥진玉眞이라 하네.

눈 같은 흰 살갗, 꽃 같은 모습에 참치參差함이 바로 그였네.

황금 궁궐 서쪽 건물에 옥 문고리를 두드려서,

시녀 소옥小玉을 거쳐 쌍성雙成에게 보고하니,

한漢나라 천자의 사신이 왔다는 말을 그녀가 듣고는,

구화九華 장막 깊은 속에 꿈속에 젖었던 혼이 놀라.

옷깃을 잡고 베개 밀치며 일어나 배회터니,

주렴 발과 은 병풍이 드르륵 열리누나.

구름 같은 머리가 반쯤은 기울어 새 잠에 깨어나서,

화관花冠도 바르게 쓰지 못한 채 당에 내려서는구나.

바람이 불어와 신선의 소매를 나풀나풀 들어올리니,

그 모습 마치 예상우의무 춤을 추는 것 같았네.

옥 같은 얼굴엔 적막함이 감돌며 눈물은 주룩주룩.

배나무 한 가지에 봄비 방울 매달린 배꽃이로다.

정을 머금은 채 응시하며 임금에게 감사의 말을 표하네.

"한 번 이별함에 음성도 얼굴도 모두가 아득한데,

지난날 소양전昭陽殿에서 받던 그 은애恩愛는 이미 끊어졌고,

이곳 봉래궁蓬萊宮에 온 지도 세월만 길었다오.

고개 돌려 아래로 인간 세상 내려다보니,

장안은 보이지 않고 티끌, 안개만 보입니다.

오직 옛날 약속한 물건으로 깊은 그리움을 표하려고,

전합鈿슴과 황금 비녀를 증거물로 보내리니,

황금 비녀 한 부분, 전합도 한 조각만은 남기고자,

비녀는 황금 부분을 손으로 자르고 전합은 새긴 부분을 둘로 나눕니다.

다만 임금 마음으로 하여금 이 황금과 새긴 부분만큼 굳셀 수만 있
다면,
　하늘 세계와 인간 세상에 헤어져 있어도 만날 수가 있을 것입니다."
이별에 임하여 은근히 거듭 전할 말을 이렇게 일러주네.
"이 전할 말 속에 서로 맹세한 내용이 있어 두 마음을 알 수 있을 것
이니,
　칠월 칠석 장생전長生殿에서,
　한밤중 아무도 없을 때에 사사롭게 하던 말씀.
　'우리가 다시 하늘에 태어나면 비익조比翼鳥로 태어나고,
　땅에서 태어나면 연리지連理枝가 되자꾸나'라고 한 것이라오."
끝없는 하늘, 영원한 땅이라 해도 다할 날이 있겠지만,
이들의 이 한이야 면면히 이어져 끝날 날이 없으리라!

漢皇重色思傾國, 御宇多年求不得.
楊家有女初長成, 養在深閨人未識.
天生麗質難自棄, 一朝選在君王側.
回頭一笑百媚生, 六宮粉黛無顔色.
春寒賜浴華淸池, 溫泉水滑洗凝脂.
侍兒扶起嬌無力, 始是新承恩澤時.
雲鬢花顔金步搖, 芙蓉帳暖度春宵.
春宵苦短日高起, 從此君王不早朝.
承歡侍宴無閑暇, 春從春遊夜專夜.
後宮佳麗三千人, 三千寵愛在一身.
金屋粧成嬌侍夜, 玉樓宴罷醉和春.
姉妹弟兄皆列土, 可憐光彩生門戶.
遂令天下父母心, 不重生男重生女.
驪宮高處入靑雲, 仙樂風飄處處聞.

緩歌慢舞凝絲竹,盡日君王看不足.

漁陽鼙鼓動地來,驚破霓裳羽衣曲.
九重城闕煙塵生,千乘萬騎西南行.
翠華搖搖行復止,西出都門百餘里.
六軍不發無奈何,宛轉蛾眉馬前死.
花鈿委地無人收,翠翹金雀玉搔頭.
君王掩面救不得,回看血淚相和流.
黃埃散漫風蕭索,雲棧縈紆登劍閣.
峨嵋山下少人行,旌旗無光日色薄.
蜀江水碧蜀山青,聖主朝朝暮暮情.
行宮見月傷心色,夜雨聞鈴腸斷聲.

天旋地轉回龍馭,到此躊躇不能去.
馬嵬坡下泥土中,不見玉顏空死處.
君臣相顧盡霑衣,東望都門信馬歸.
歸來池苑皆依舊,太液芙蓉未央柳.
芙蓉如面柳如眉,對此如何不淚垂!
春風桃李花開日,秋雨梧桐葉落時.
西宮南苑多秋草,落葉滿階紅不掃.
梨園弟子白髮新,椒房阿監青娥老.
夕殿螢飛思悄然,孤燈挑盡未成眠.
遲遲更鼓初長夜,耿耿星河欲曙天.
鴛鴦瓦冷霜華重,翡翠衾寒誰與共?
悠悠生死別經年,魂魄不曾來入夢.

臨邛道士鴻都客,能以精誠致魂魄.

爲感君王展轉思, 遂教方士殷勤覓.
排風馭氣奔如電, 升天入地求之徧.
上窮碧落下黃泉, 兩處茫茫皆不見.
忽聞海上有仙山, 山在虛無縹緲間.
樓閣玲瓏五雲起, 其中綽約多仙子.
中有一人字玉眞, 雪膚花貌參差是.
金闕西廂叩玉扃, 轉教小玉報雙成.
聞道漢家天子使, 九華帳裏夢魂驚.
攬衣推枕起徘徊, 珠箔銀屛迤邐開.
雲鬢半偏新睡覺, 花冠不整下堂來.
風吹仙袂飄飄擧, 猶似霓裳羽衣舞.
玉容寂寞淚闌干, 梨花一枝春帶雨.
含情凝睇謝君王:「一別音容兩渺茫.
昭陽殿裏恩愛絶, 蓬萊宮中日月長.
回頭下望人寰處, 不見長安見塵霧.
唯將舊物表深情, 鈿合金釵寄將去.
釵留一股合一扇, 釵擘黃金合分鈿.
但令心似金鈿堅, 天上人間會相見.」
臨別殷勤重寄詞:「詞中有誓兩心知.
七月七日長生殿, 夜半無人私語時.
'在天願作比翼鳥, 在地願爲連理枝.'
天長地久有時盡, 此恨緜緜無絶期!

【漢皇重色思傾國, 御宇多年求不得】'漢皇'은 唐나라 때 시나 문장에서는 직접 자
신의 當代 王朝를 거론할 수 없어, 漢代를 빗대어 말한 것임. 漢 武帝와 李夫人의
일인 것으로 말머리를 시작한 것이며, 실제 唐 玄宗(李隆基)을 가리킴. '重色'은
색을 중히 여김. 예쁜 여자를 구하는 일을 중시함. '傾國'은 나라를 기우뚱하게

할 정도의 절세의 미인. 《漢書》外戚傳에 "李延年善歌, 侍武帝, 歌曰:「北方有佳人, 絶世而獨立. 一顧傾人城, 再顧傾人國. 寧不知傾城與傾國, 佳人難再得!」上嘆息曰:「善! 世豈有此人乎?」平陽主因言延年有女弟, 上乃召見之. 實妙麗善舞, 由是得幸"이라 하여 李延年이 자신의 여동생을 武帝에게 추천한 말에서 비롯됨. 《眞寶》 注에도 "漢李延年歌曰:「北方有佳人, 天子初未識. 一笑傾人城, 再笑傾人國, 豈不知傾城傾國? 佳人難再得.」"이라 함. '御宇'는 宇宙(天下)를 다스림. '御'는 '어거하다, 다스리다, 통치하다'의 뜻. 賈誼 〈過秦論〉에 "始皇振長策而御宇內"라 함. 여기서는 玄宗(李隆基)이 황제의 지위에 있음을 말함.

【楊家有女初長成, 養在深閨人未識】 '楊家'는 楊氏 집안. 楊貴妃는 蜀司戶 벼슬의 楊玄琰의 딸로 隋나라 때 梁郡通守 楊汪의 4세손으로 蜀에서 태어나 일찍 고아가 되어 蒲州(지금의 山西) 永樂에서 숙부 楊玄珪의 집에서 성장하였으며, 楊玄珪는 당시 河南府의 士曹라는 낮은 직책이었음. 어릴 때 이름은 玉環. 《新唐書》 楊貴妃傳에 "幼孤, 養叔父家, 始爲壽王妃. 開元二十四年武惠妃薨, 後廷無當帝意者. 或言妃姿質天挺, 宜允掖廷. 遂召內禁中, 異之, 卽爲自出妃意者, 丙籍女冠, 號太眞, 更爲壽王聘韋昭訓女, 而太眞得幸"이라 하여, 원래는 開元 22년(734) 16살의 나이로 壽王 李瑁(玄宗의 18번째 아들)의 妃가 되었으나 玄宗의 황후 武惠皇后가 죽고 開元 28년(740) 10월 현종이 華淸宮에 나갔다가, 그의 미모를 보고 그를 맞아들여 남의 이목을 피하기 위하여, 우선 道敎의 女道士로 삼아 호를 太眞이라 하고 太眞宮(궁중의 도교 사원)에 거하도록 하였음. 이때 양귀비는 22세였으며 현종은 57세였음. 한편 壽王에게는 韋昭訓의 딸을 주어 비를 삼도록 하였음. 이어서 天寶 4년(745) 8월 정식으로 貴妃로 세움.

【天生麗質難自棄, 一朝選在君王側】 '天生麗質'은 하늘이 내린 아름다운 본바탕. '一朝選在君王側'은 《眞寶》 注에 "開元十一年, 歸于壽邸爲壽王妃. 後召爲女官號太眞, 更爲壽王, 娶韋昭訓女"라 함.

【回頭一笑百媚生, 六宮粉黛無顔色】 '回頭'는 《白氏長慶集》에는 '回頭'로 되어 있으나, 《白香山詩集》에는 '廻眸'로, 《全唐詩》에는 '回眸'로 되어 있음. 눈동자를 돌림. 아름다운 표정의 눈짓을 말함. '百媚'는 온갖 교태로움. 梁나라 江總 시에 "春心百媚勝楊柳"라 함. '六宮'은 고대 천자는 여섯 後宮을 두게 되어 있으며, 흔히 三千宮女라 하여 많은 妃嬪을 둠. 《後漢書》后妃傳 "六宮稱號唯皇后貴人"의 注에 "鄭玄注:《周禮》曰:皇后正寢一, 燕寢五, 是爲六宮也"라 함. 여기서는 후궁의 수없이 많은 아름다운 여인들을 가리킴. '粉黛'의 '粉'은 화장용 흰 가루분. '黛'는 여

인들의 눈썹을 그리는 검은색 顔料. 여기서는 화장하고 눈썹을 칠하여 임금의 사랑을 받고자 경쟁하던 수많은 妃嬪들을 말함.

【春寒賜浴華淸池, 溫泉水滑洗凝脂】'華淸池'는 溫泉의 浴池. 지금의 昭應(陝西 臨潼縣) 동남쪽 驪山 北麓에 있으며, 開元 11년(723) 초 溫泉宮을 짓고 天寶 6년 (747) 華淸宮이라고 고쳤으며, 玄宗이 자주 추위를 피하기 위하여 다녀오던 곳임. 《大明一統志》에 "陝西華淸宮在驪山下, 唐太宗建以溫湯所在, 初名溫泉宮. 玄宗改 曰華淸, 治湯爲池, 環山列宮室. 每歲臨幸, 內有飛霜九龍長生明珠等殿, 久廢, 今湯 存焉"이라 함. 唐 崔魯 詩에 "草遮回磴絶鳴鑾, 雲樹深深碧殿寒. 明日自來還自去, 更無人倚玉闌干"이라 함. '凝脂'는 여인의 희고 매끄러운 피부. 원래는 쇠기름 등 이 굳어 희게 응고된 상태를 말함.《詩經》衛風 碩人에 "膚如凝脂"라 함. '侍兒'는 貴妃를 모시는 궁녀.

【侍兒扶起嬌無力, 始是新承恩澤時】'嬌無力'은 너무 교태스러워 힘이 없음. 이 때 부터 비로소 玄宗이 楊貴妃의 자태에 반하자 楊貴妃가 은택을 받기 시작함.

【雲鬢花顔金步搖, 芙蓉帳暖度春宵】'雲鬢'은 고대 여인들의 머리 모습. 구름처럼 틀어 올린 트레머리. 梁 沈約의 詩에 "雲鬢垂寶花, 輕粧染微汗"이라 함. '花顔'은 《白香山詩集》에는 "一作冠"이라 함. '金步搖'는 걸음을 걸을 때 흔들리도록 하는 여자의 머리 장식물. 금실로 꽃가지를 만들어 이를 묶어 구슬을 달아, 쪽 밑에 꽂으며 느릿느릿 걸음에 따라 움직이도록 되어 있음.《禮記》明堂位 "夫人副褘立 于房中"의 注에 "副, 首飾也. 今之步搖也"라 함.《眞寶》注에 "首飾"이라 함.《釋名》 釋首飾에 "步搖, 上有金珠, 步則搖也"라 함.《新唐書》五行志에 "天寶初, ……婦人 則簪步搖釵, 衿袖窄小"라 하여 유행하였음을 알 수 있으며, 樂史의《楊太眞外 傳》에 "是夕, 授金釵鈿合. 上又自執麗水鎭庫紫磨金琢成步搖至妝閣, 親與挿鬢"이 라 함. '芙蓉帳'은 부용꽃 무늬를 수놓은 천으로 만든 휘장. '芙蓉'은 꽃 이름. 원 래 연꽃과는 다른 식물이나 흔히 연꽃으로 해석함. '度春宵'는 봄밤을 보냄. "芙 蓉帳暖度春宵"는《白香山詩集》과《全唐詩》注에는 "一作:芙蓉帳裏暖春宵"라 함.

【春宵苦短日高起, 從此君王不早朝】'苦短'은 괴롭도록 짧음. 봄밤은 지극히 짧아 남녀 사랑의 안타까움을 표현하기도 함. 蘇東坡의〈春夜〉에 "春宵一刻値千金, 花有淸香月有陰. 歌管樓臺聲細細, 鞦韆院落夜沉沉"이라 함.

【承歡侍宴無閑暇, 春從春遊夜專夜】'夜專夜'는 밤이면 오로지 황제와 함께 밤을 보냄. 원래 황제는 皇后, 九嬪, 世婦, 御妻가 있어 밤마다 자는 곳이 다르지만 이 때부터 오로지 양귀비만이 황제와 함께 할 수 있었음을 표현한 것.

【後宮佳麗三千人, 三千寵愛在一身】'三千人'은 천자 후궁의 妃嬪이 많음을 뜻함. 陳
鴻의 〈長恨歌傳〉에 "三夫人, 九嬪, 二十七世婦, 八十一御妻暨後宮才人"이라 함.

【金屋粧成嬌侍夜, 玉樓宴罷醉和春】'金屋'은 화려한 宮室. 사랑하는 여인을 위해
특별히 금으로 장식하여 맞아들이는 집. '粧'은 '妝', '粧로도 표기함.《漢武故事》
에 "漢陳嬰曾孫女名阿嬌, 其母爲武帝姑館陶長公主, 武帝爲膠東王, 數歲, 長公主
抱置膝上, 問曰:「兒欲得婦否?」曰:「欲得.」長公主指左右長御百餘人, 皆云不用. 指
其女曰:「阿嬌好否?」帝笑對曰:「好! 若得阿嬌作婦, 當作金屋貯之.」主大悅, 遂因
要求成婚, 帝旣卽位, 立爲皇后"라 함. '玉樓'는 東方朔의《海內十洲記》에 "昆侖山
有玉樓十二所"라 하여 神仙들이 사는 옥으로 만든 아름다운 누각. 당 현종이
양귀비를 위해 잔치를 벌였던 궁궐을 말함.

【姊妹弟兄皆列土, 可憐光彩生門戶】'姊妹弟兄'는 楊貴妃 집안의 죽은 부모 및 세
언니와 두 오빠, 심지어 친척까지 모두 冊封을 받음. 天寶 7년(748) 이미 죽은 아
버지 楊玄琰은 太尉와 齊國公에 추증하고, 어머니는 涼國夫人에 追封하였으며,
숙부 楊玄珪는 光祿勳으로, 宗兄 楊銛은 鴻臚卿으로, 楊錡는 侍御史로 하여 심
지어 太和公主를 아내로 맞도록 하였고, 從祖兄 楊釗에게는 이름을 바꾸어 楊
國忠으로 하고, 天寶 11년(752) 右丞相에 임명하였으며, 큰언니는 韓國夫人, 셋째
언니는 虢國夫人, 여덟째 여동생은 秦國夫人에 封하는 등 집안이 모두 현달하여
마음대로 궁중을 드나들며, 그 위세가 천하에 진동함.《新唐書》楊貴妃傳에 "天
寶初, 注冊貴妃. 追贈父玄琰太尉, 齊國公, 擢叔玄珪光祿勳, 宗兄銛鴻臚卿, 錡侍
御史, 尙太和公主, ……而釗亦浸顯. 釗, 國忠也. 三姊皆美劭, 帝號爲姨, 封韓, 虢,
秦三國夫人. 出入宮掖, 恩寵聲燄震天下"라 함. '列土'는 천하 토지에 줄을 설 정
도로 차지함.《眞寶》注에 "貴妃從兄國忠封公, 女兄弟封國, 號曰韓虢秦三夫人"이
라 함. 혹 일부 본에는 '裂土'로 되어 있으며 '땅을 찢어서 모두 이 양씨 집안에서
가지다'의 뜻으로 보았음.

【遂令天下父母心, 不重生男重生女】'不重生男重生女'는 〈長恨歌傳〉에 "故當時謠
詠有云:『生女勿悲酸, 生男勿喜歡.』又曰:『男不封侯女作妃, 看女卻爲門上楣.』其
爲人心羨慕如此"라 하였고, 秦나라 때 이미 "生男愼勿擧, 生女哺用脯"라 하였으
며, 漢나라 때는 "生男無喜, 生女無怒, 獨不見衛子夫, 霸天下"라는 노래가 있어
唐代 이 내용이 演化된 것으로 봄.

【驪宮高處入靑雲, 仙樂風飄處處聞】'驪宮'은 驪山의 華淸宮. '驪宮'은《新唐書》地
理志에 "驪山在關內道, 京兆府昭應縣"이라 하였고,《大明一統志》에 "陝西西安府

驪山在臨潼縣東南三里"라 하였으며, 그곳에는 瑤光殿, 飛霜殿, 九龍殿, 宜春亭, 朝元閣, 長生殿, 羯鼓樓, 重明閣, 芳風閣 등의 궁궐, 누각 등이 있음. '仙樂'은 신선 세계에나 있을 아름다운 음악.

【緩歌慢舞凝絲竹, 盡日君王看不足】'緩歌慢舞'는 곡조가 느리고 춤이 느림. 한껏 시간적 여유를 부리며 연회를 즐김을 말함. '慢舞'는 《白氏長慶集》에는 '謾舞'로 되어 있음. '凝絲竹'은 管樂과 絃樂이 혼성으로 合奏하여 춤과 음악에 맞춤. 王羲之 〈蘭亭記〉에 "雖無絲竹管絃之聲, 一觴一咏亦足以暢敍幽情"이라 함. '看不足'은 다 보아낼 수 없을 정도로 많음.《白香山詩集》과 《全唐詩》에는 "一作聽不足"이라 함.

【漁陽鼙鼓動地來, 驚破霓裳羽衣曲】'漁陽'은 《唐書》 地理志에 "薊州漁陽郡, 開元十八年置"라 함. '漁陽'은 范陽. 지금의 北京 大興, 宛平, 昌平, 房山縣 일대의 唐代 范陽節度使 관할 지역. 그 중 漁陽은 고대 薊縣으로 秦나라 때의 군 이름이며, 天寶 연간에 漁陽郡으로 고쳐 范陽節度使 관할의 8郡 중의 하나. 玄宗 天寶 14년(755) 11월 安祿山이 范陽節度使의 직책을 이용하여 군사를 일으켜 반기를 들고 長安으로 밀고 들어옴. '范陽'이라 하지 않고 '漁陽'이라 한 이유에 대해 《唐宋詩擧要》에 "唐薊州, 天寶時改漁陽郡, 隷范陽節度. 安祿山據范陽反唐, 如彭寵據漁陽反漢, 故不擧范陽而擧漁陽"이라 함. '鼙鼓'는 《白香山詩集》, 《白氏長慶集》, 《全唐詩》에 모두 '鞞鼓'로 표기되어 있음. 전쟁의 북소리를 뜻함. '霓裳羽衣曲'은 원래 그 곡조 이름이 〈婆羅門〉으로 지금의 인도, 서역 지역에서 성행하던 樂曲. 무지갯빛의 의상에 새 깃의 옷을 입고 추는 춤.《唐會要》(33)와 《白氏長慶集》 自注에 의하면 開元 연간에 新疆, 甘肅을 거쳐 中原으로 전해졌으며, 이에 西涼節度使 陽敬述이 玄宗에게 바치자 현종이 이를 개편하여 연습을 시킨 다음 양귀비를 맞이할 때 그를 위해 이 춤을 추게 하였다 함.《太平廣記》(26) 葉法善에 의하면 "葉法善字道元, 本出南陽葉邑, 今屬處州松陽縣. 四代修道, 皆以陰功密行, 及劾召之術, 救物濟人. 母劉因晝寐夢, 流星入口吞之, 乃孕, 十五月而生. ……嘗因八月望夜, 師與玄宗遊月宮, 聆月中天樂, 問其曲名曰〈紫雲曲〉. 玄宗素曉音律, 黙記其聲, 歸傳其音, 名之曰〈霓裳羽衣〉"라 하여 小說家들은 "唐 明皇이 月宮에서 노닐 때에 그 音譜를 黙記했다"라 하였음. 한편 《唐逸史》에는 "開元中, 中秋夜, 羅公遠奏曰:「陛下莫要至月中看否?」 乃取拄杖向空擲之, 化爲大橋, 其色如銀. 請元宗同登, 約行數十里至大城闕, 公遠曰:「此月宮也.」 見仙女數百, 皆素練寬衣舞於廣庭, 元宗問曰:「此何曲也?」 曰:「霓裳羽衣之曲.」 元宗密記其聲調, 且召伶官依其聲,

作霓裳羽衣之曲"이라 함.

【九重城闕煙塵生, 千乘萬騎西南行】'九重城闕'은 皇城. 長安 천자의 궁궐.《楚辭》
九辯에 "君之門兮九重"이라 함. '煙塵生'은 戰亂으로 인해 도처에 연기와 불, 먼
지가 일어남. '西南行'은 唐 玄宗이 安祿山의 난을 피하여 蜀으로 蒙塵함. 蜀(지금
의 成都)은 長安에서 방위로 보아 서남쪽에 해당함.《通鑑輯覽》(55) '帝出奔蜀'에
"哥舒翰麾下來告急, 上不時召見, 及暮平安火不至, 上始懼. 召宰相謀之, 楊國忠首
唱幸蜀之策. 上然之, 乃御樓下制云:「欲親征.」聞者皆莫之信, 既夕, 命龍武大將軍
陳元禮整比六軍, 厚賜錢帛, 選閑廐馬九百餘匹. 黎明上獨與貴妃姊妹皇子妃主皇
孫及親近宦官宮人出延秋門, 妃主皇孫之在外者, 皆委之而去, 次于馬嵬. 楊國忠爲
禁軍所殺, 貴妃楊氏賜死"라 함.

【翠華搖搖行復止, 西出都門百餘里】'翠華'는 皇帝의 儀仗 깃발.《眞寶》注에 "翠華,
天子之旗"라 함.《文選》司馬相如〈上林賦〉에 "建翠華之旗"라 하고, 注에 "以翠
羽爲葆也"라 함. '百餘里'는 馬嵬驛을 가리킴. 옛날 晉나라 때 馬嵬라는 사람이
이곳에 성을 쌓아 이름이 전해졌다 함. 興平縣(지금의 陝西) 서쪽 25리에 있으며
長安 延秋門으로부터 90리가 됨. 天寶 15年(756)에 安祿山이 潼關을 깨뜨리자 玄
宗이 蜀으로 피난하면서 이곳을 지날 때 병사들이 난의 책임을 楊貴妃와 楊國
忠에게 있다고 하며 변란을 일으킬 조짐을 보이자 楊貴妃를 목매어 죽도록 한
곳임. 그 뒤 蕭宗 至德 2年(757) 9월 長安이 수복되었고 그 해 12월 玄宗은 장안
으로 돌아오는 길에 馬嵬佛寺를 지어주었음.

【六軍不發無奈何, 宛轉蛾眉馬前死】'六軍'은 皇帝의 護衛軍. 구체적으로 羽林軍을
말함. '宛轉'은 아름답고 완곡하게 굽은 모습을 말하는 疊韻連綿語. 그러나 일부
해석에는 '양귀비가 죽지 않겠다고 버티는 형상'으로 풀이하였음. '蛾眉'는 나방
의 날개에 있는 무늬와 눈썹을 대칭하여 미인의 아름다운 눈썹을 이르는 말. 楊
貴妃를 가리킴.《詩經》衛風 碩人에 "螓首蛾眉"라 함. '馬前死'는 현종이 탄 말 앞
에서 죽음. 현종이 양귀비의 죽음을 그대로 볼 수밖에 없음.〈長恨歌傳〉의 표현
을 참조할 것.《通鑑輯覽》(55)에 "上至馬嵬驛, 將士饑疲, 皆憤怒陳元禮, 以禍由楊
國忠, 欲誅之. 因李輔國以告太子, 未決. 會吐蕃使者二十餘人, 遮國忠馬, 訴以無食,
軍士呼曰:「國忠與東宮宦者逆賊謀反.」國忠走, 追殺之, 屠割支體, 以槍揭其首于
驛門外, 并殺韓國秦國夫人. 上聞誼譁, 出門慰勞, 令收隊軍士, 不應. 上使高力士
問之, 元禮對曰:「國忠謀反, 貴妃不宜供奉, 願陛下割恩正法!」上曰:「朕當自處之.」
入門倚杖, 傾首而立. 久之, 京兆司祿韋諤(見素之子)前言曰:「今衆怒難犯, 安危在晷

刻, 願陛下速決!」因叩頭流血, 上曰:「貴妃常居深宮, 安知國忠反謀?」高力士曰:「貴
妃誠無罪, 然將士已殺國忠, 而貴妃在陛下左右, 豈敢自安? 願陛下深思之! 將士安,
則陛下安矣.」上乃命高力士引貴妃于佛堂, 縊殺之, 輿尸置驛庭. 召元禮等入觀之,
元禮乃免冑釋甲頓首謝罪, 軍士皆呼:「萬歲!」于是始整部伍爲行計(國忠妻子及虢國
夫人走陳倉縣令薛景仙誅之)」라 함.

【花鈿委地無人收, 翠翹金雀玉搔頭】'花鈿委地'의 '花鈿'은 부녀자의 머리 수식용
품으로 금으로 象嵌한 장식품.《酉陽雜俎》에 "今婦人面飾用花子, 起自唐上官昭容
所制, 以掩點迹也"라 함. '委地'는 땅을 맡겨둠. 거두는 사람이 없음을 말함. '翠
翹金雀玉搔頭'에서 翠翹와 金雀은 모두 비녀 이름. 玉搔頭는 옥으로 만든 搔頭.
搔頭는 머리 긁는 부녀자의 首飾品.《西京雜記》(2)에 "武帝過李夫人, 就取玉簪搔
頭, 自此後宮人皆用玉, 玉價倍貴焉"이라 함. 이상 모두 양귀비의 화려한 소지품
들을 말함.《眞寶》注에 "皆婦人首飾"이라 함.

【君王掩面救不得, 回看血淚相和流】'回看'은《白氏長慶集》에는 '回頭'로 되어 있음.
'血淚'는 눈물이 피와 함께 흘러내림.《韓非子》和氏篇에 "楚人和氏抱玉璞而哭楚
山之下, 三日三夜, 淚盡而繼之以血"이라 함.

【黃埃散漫風蕭索, 雲棧縈紆登劍閣】'散漫'은 어지럽게 일어남을 표현하는 疊韻連
綿語. '蕭索'은 바람 등이 쓸쓸함을 표현하는 雙聲連綿語. 蕭瑟과 같음. '雲棧'은
구름사다리. 棧道. 雲梯. 두 산의 공중에 줄을 매고 나무판자를 설치하여 건널
수 있도록 한 구름다리. 蜀으로 가는 길에 劍閣山이 험하여 그 길은 棧道로 되
어 있음.《梁州圖經》에 "棧道連空極天下之至險, 與利州至三泉縣, 橋閣共一萬
九千三百八十間, 護險編欄共四萬七千一百三十四間"이라 함. 특히 이곳은 張良이
漢王(劉邦)을 위해 項羽를 안심시키고자 棧道를 건넌 다음 바로 불태웠던 고사
로도 유명한 곳임.《史記》留侯世家에 "漢元年正月, 沛公爲漢王, 王巴蜀. 漢王賜
良金百溢, 珠二斗, 良具以獻項伯. 漢王亦因令良厚遺項伯, 使請漢中地. 項王乃許
之, 遂得漢中地. 漢王之國, 良送至襃中, 遣良歸韓. 良因說漢王曰:「王何不燒絶所
過棧道, 示天下無還心, 以固項王意.」乃使良還. 行, 燒絶棧道. 良至韓, 韓王成以良
從漢王故, 項王不遣成之國, 從與俱東. 良說項王曰:「漢王燒絶棧道, 無還心矣.」乃
以齊王田榮反書告項王. 項王以此無西憂漢心, 而發兵北擊齊"라 함. '縈紆'는 이리
저리 구불구불 얽히고설킨 모습을 표현하는 雙聲連綿語. '劍閣(劍閣)'은 劍閣山
을 가리키며 동시에 그곳의 樓閣. 지금 四川 劍閣縣 북쪽에 있으며 蜀과 長安이
통하는 유일한 길로 천하에 험하기로 유명한 곳임.《水經注》에 "小劍大劍三千里,

連山絶險飛閣相通, 故謂之劍閣"이라 하였고, 左思의 〈蜀道賦〉에는 "一人守險, 萬人莫向"이라 하였으며, 《文選》 劍閣銘에는 "劍閣壁立千仞, 窮地之險, 險路之峻, 一人荷戟, 百夫 趑趄"라 함. 李白의 〈蜀道難〉(176)은 이 길을 노래한 것임.

【峩嵋山下少人行, 旌旗無光日色薄】'峩峨山'은 峨嵋山, 峨眉山 등 여러 가지로 표기함. 成都의 서남쪽에 있으며 四川의 名山. 실제 長安에서 蜀으로 가는 길에는 이산을 경유하지 않으나 四川의 산을 대신하여 지칭한 것임. '旌旗'는 천자의 의장깃발. 《周禮》 春官에 "司常掌九起之物名, 熊虎爲旗, 折羽爲旌"이라 함.

【蜀江水碧蜀山靑, 聖主朝朝暮暮情】'蜀江'은 玄宗이 피난 와 있는 蜀 成都를 흐르는 강물. 長江의 상류.

【行宮見月傷心色, 夜雨聞鈴腸斷聲】'行宮'은 황제가 다른 지방을 순행할 때 잠깐거처하는 곳. 蔡邕의 《獨斷》에 "天子自謂曰行在所, 猶言今雖在京師行所至耳. 巡狩天下所奏事處, 皆爲宮"이라 함. '夜雨聞鈴'의 '鈴'은 집의 처마에 달아놓은 風鈴, 風磬. 玄宗이 이 소리를 듣고 〈雨淋鈴〉이라는 곡을 지었다 함. 鄭處誨의 《明皇雜錄》에 "明皇旣幸蜀, 西南行, 初入斜谷, 霖雨涉旬, 於棧道雨中聞鈴音, 與山相應. 上旣悼念貴妃, 采其聲爲〈雨淋鈴曲〉以寄恨焉"이라 함. '腸斷'은 애(창자)를 끊어내는 듯이 슬프고 안타까움. 《世說新語》 黜免篇에 "桓公入蜀, 至三峽中, 部伍中有得猨子者, 其母緣岸哀號, 行百餘里不去; 遂跳上船, 至便卽絶; 破視其腹中, 腸皆寸寸斷. 公聞之, 怒, 命黜其人."이라 함.

【天旋地轉回龍馭, 到此躊躇不能去】'天旋地轉'은 하늘이 돌고 땅이 바뀌어 국면이 반전됨. 전쟁이 끝났음을 말함. 玄宗의 태자 李亨이 肅宗으로 즉위한 이듬해, 즉 至德 2년(757) 10월, 郭子儀가 長安을 수복하자 肅宗이 太子太師 韋見素를 蜀郡으로 보내어 上皇 玄宗을 맞아오도록 하였으며, 12월 현종은 드디어 장안으로 되돌아 올 수 있었음. '回'는 '廻'로도 표기함. '龍馭'는 皇帝의 御駕. 현종이 장안으로 돌아옴. '躊躇'는 머뭇거리며 돌아서지 못하는 상황을 표현하는 雙聲連綿語. 《字彙》에 "躊躇, 猶豫也. 又住足也"라 함. 《新唐書》 楊貴妃傳에 "妃縊祠下, 瘞道側. ……帝至自蜀, 道過其所, 使祭之"라 함.

【馬嵬坡下泥土中, 不見玉顔空死處】'馬嵬坡'는 지금의 山西 興平縣 서쪽 23里에 있는 언덕이며 驛. 楊貴妃가 죽음을 당했던 곳. '泥土'는 《白香山詩集》과 《全唐詩》注에 "一作塵土"라 함.

【君臣相顧盡霑衣, 東望都門信馬歸】'霑'은 《白氏長慶集》과 《白香山詩集》에는 모두'沾'으로 되어 있음. '信馬歸'는 자신의 의사에 관계없이 말이 가는 대로 따라감.

전쟁이 끝나고 장안으로 돌아오는 즐거움보다는 양귀비에 대한 그리움에 더욱 애가 끊어짐을 표현한 것으로, 본 〈長恨歌〉에서 '嬌無力'과 함께 두 개의 눈동자에 해당하는 구절이라 함.

【歸來池苑皆依舊, 太液芙蓉未央柳】'太液'은 太液池. 원래 漢 武帝가 建章宮 북쪽에 만든 못으로, 그 안에 三神山(蓬萊, 方丈, 瀛洲)을 만드는 등 神仙世界를 즐기고자 하였던 곳임. 唐나라 때도 大明宮 안에 이를 그대로 두었으며 지금의 長安 북쪽에 있음. 《三輔黃圖》(4)에 "太液池在長安故城西建章宮北未央宮西南. 太液者, 言其津潤所及廣也"라 하였고, 《漢書》에는 "建章宮北治太液名曰太液池, 中起三山以象瀛洲, 蓬萊, 方丈, 刻金石爲魚龍奇禽異獸之屬. 〈廟記〉太液之周廻十頃, 有采蓮女鳴鶴之舟"라 함. '未央' 역시 漢나라 때의 궁궐 이름. 漢 高祖 劉邦이 漢나라를 건국하고 장안을 도읍으로 하면서 蕭何로 하여금 지금의 陝西 長安縣 서북쪽에 세우도록 한 正宮. 《三輔黃圖》(2)에 "《漢書》曰:高祖七年蕭何造, 周回二十八里, 前殿東西五十丈, 深十五丈, 高三十五丈, 營未央宮因龍首山, 以制前殿"이라 함.

【芙蓉如面柳如眉, 對此如何不淚垂】《西京雜記》(2)에 "司馬相如初與卓文君還成都, 居貧愁懣, 以所著鷫鷞裘就市人陽昌貰酒, 與文君爲歡. 旣而文君抱頸而泣曰:「我平生富足, 今乃以衣裘貰酒.」遂相與謀於成都賣酒. 相如親著犢鼻褌滌器, 以恥王孫. 王孫果以爲病, 乃厚給文君, 文君遂爲富人. 文君姣好, 眉色如望遠山, 臉際常若芙蓉, 肌膚柔滑如脂. 十七而寡, 爲人放誕風流, 故悅長卿之才而越禮焉"이라 함.

【春風桃李花開日, 秋雨梧桐葉落時】이 구절을 제목으로 하여 元代 四大雜曲의 하나인 白樸의 〈梧桐雨〉는 양귀비의 애정 고사를 戲曲으로 탄생시킨 것임. '花開日'은 《白氏長慶集》과 《全唐詩》에는 "花開夜"로 되어 있으며 注에 "夜, 一作日"이라 함.

【西宮南苑多秋草, 落葉滿階紅不掃】'西宮南苑'의 '南苑'은 《白香山詩集》에는 '南內'로 되어 있으며, 《白氏長慶集》에는 '南苑'으로, 《全唐詩》에는 "南苑, 一作南內"라 함. 《唐書》 地理志에 "關內道:《西京》注云:皇城謂之西內, 大明宮在禁苑東南, 西接宮城之東北隅, 曰東內; 興慶宮在皇城之東南. 開元初置, 至十四年, 又增廣之, 謂之南內"라 함. 지금 長安縣 서북에 있으며, 興慶宮이 남쪽에 있어 이렇게 부른 것. 玄宗이 蜀으로부터 돌아와 太上皇이 되었을 때 처음 南內(興慶宮)에 거처하였으나 대로변에 너무 가깝다 하여 肅宗이 西內 甘露殿으로 옮기도록 하여 거처하였음. 《眞寶》 注에 "或作'宮葉'者, 非"라 함. '落葉'은 《白氏長慶集》과 《全唐詩》에는 '宮葉'으로 되어 있음.

【梨園弟子白髮新, 椒房阿監靑娥老】'梨園'은 唐 明皇이 伶人(藝人)들을 훈련시키던 곳이며 지금의 長安 서북의 古宮 안에 있음. 《雍錄》에 "梨園在光化門北, 開元二年置, 敎坊于蓬萊, 上自敎法典, 謂之梨園弟子"라 하였고, 《新唐書》禮樂志(11)에는 "玄宗旣知音律, 又酷愛法典, 選坐部伎子弟三百, 敎於梨園. 聲有誤者, 帝必覺而正之, 號皇帝梨園弟子, 窮餘數百亦爲梨園弟子, 居宜春北院. 梨園法部更置小部, 音聲三十餘"라 함. 弟子는 演藝를 가르치고 배우는 徒弟들을 말함. 이들은 玄宗의 專屬 樂團이었음. '椒房'은 원래 漢나라 때 皇后가 거처하던 곳. 未央宮에 있었으며 산초나무와 진흙으로 벽을 칠하여 온기와 향기, 그리고 多産을 상징하였다 함. 《三輔黃圖》(3)에 "椒房殿在未央宮, 以椒和泥塗, 取其溫而芬芳也. 武帝時後宮八區有昭陽, 飛翔, 增成, 合歡, 蘭林, 披香, 鳳凰, 鴛鴦等殿, 後有增修, 安處, 掌寧, 茝若, 椒風, 發越, 蕙草等殿爲十四位, 成帝趙皇后居昭陽舍, ……班婕妤居增成舍, 哀帝董昭儀居椒風舍"라 함. 뒤에는 后妃가 거하는 방, 혹은 后妃를 椒房이라 불렀음. '阿監'은 太監. 舍監. 궁중의 女官으로 궁중의 제자와 후비를 감독하고 관리함. 《宋書》后妃傳에 "紫極中監女史一人, 光興中監女史一人, 官品第三"이라 함. '靑娥'는 청춘 시기의 아름다운 나이의 여자.

【夕殿螢飛思悄然, 孤燈挑盡未成眠】'孤燈'은 외로운 하나의 등불. '挑盡'은, 고대 등불은 심지를 가장자리로 내어 이 심지로 滲透된 기름이 타도록 한 것이며, 심지가 타면 이를 돋우어주어야 함. 그처럼 '돋우기를 다하여 심지가 다 타다'의 의미로 잠을 이루지 못한 채 밤을 새움을 뜻함. 《邵氏見聞續錄》(19)에 "寧有興慶宮中夜不燒蠟油, 明皇自挑燈者乎? 書生之見可笑矣"라 하였으나, 이는 詩作의 한 방법일 뿐임.

【遲遲更皷初長夜, 耿耿星河欲曙天】'更皷'는 고대 밤의 시간 五更을 차례로 알리는 북소리. 그러나 《白氏長慶集》, 《白香山詩集》, 《全唐詩》에는 모두 '鐘皷'로 되어 있음. '耿耿'은 별이나 불빛이 반짝반짝, 깜빡깜빡 가물거리는 모습의 疊語. 《詩》邶風 柏舟에 "汎彼柏舟, 亦汎其流. 耿耿不寐, 如有隱憂"라 함. '星河'는 銀河水. 河漢.

【鴛鴦瓦冷霜華重, 翡翠衾寒誰與共】'鴛鴦瓦'는 기와의 막새를 원앙 형태로 만들어 부부의 사랑을 상징한 건축물. 《三國志》魏志 方伎 周宣傳에 "文帝問宣曰:「吾夢殿屋兩瓦墮地, 化爲雙鴛鴦.」"이라 함. '翡翠衾'은 翡翠를 수로 놓아 문채가 아름다운 이불. 《楚辭》招魂에 "翡翠珠被, 爛齊光些"라 함. "翡翠衾寒誰與共"은 《白氏長慶集》과 《全唐詩》注에 "一作:舊枕故衾誰與共"이라 함.

【悠悠生死別經年, 魂魄不曾來入夢】'經年'은 몇 해가 經過함. 시간이 흐름.

【臨邛道士鴻都客, 能以精誠致魂魄】'臨邛'은 지명. 지금의 四川 邛崍縣. 《漢書》地理志에 "蜀郡有臨邛縣"이라 하였고, 《唐書》地理志에는 "邛州臨邛郡有臨邛縣"이라 함. 고래로 四川 臨邛 지역에는 점복과 방술이 발달하였으며, 道敎도 유행하여 이를 원용한 것. 이하의 이야기는 당대 흥했던 傳奇의 서술방법을 동원하여 창작한 것임. '道士'는 도술로 귀신을 불러오고 저승과 통하며 신선 세계를 드나드는 등 기이한 일을 해낼 수 있는 사람. 구체적으로 楊通幽라 함. 《眞寶》注에 "道士, 姓楊名通幽"라 함. '鴻都客'의 鴻都는 洛陽의 궁문 이름. 여기서는 長安을 대신하여 쓴 것. 臨邛 도사가 여객으로서 홍도에 묵고 있었음을 말함. '精誠'은 정신을 집중하고 성의를 다함. 도사가 혼백을 부르기 위한 방법.

【爲感君王展轉思, 遂敎方士殷勤覓】'展轉'은 輾轉으로도 표기하며 잠을 이루지 못하여 뒤척이는 상태를 표현하는 雙聲連綿語. 《詩》周南 關雎 "求之不得, 寤寐思服. 悠哉悠哉, 輾轉反側"의 注에 "輾者, 轉之半; 轉, 輾之周. 皆臥而不安席之意"라 함. '方士'는 방술을 하는 사람. 術士와 같음. 《史記》封禪書에 "天子始親祠竈, 遣方士入海求蓬萊安期生之屬"이라 함. 鴻都客이 자신의 부하를 부려 직접 찾아보도록 한 것임. 여기서의 方士는 道士의 명령을 수행하는 자. '殷勤'은 《白氏長慶集》에는 '慇懃'으로 표기되어 있으며 疊韻連綿語. 《史記》司馬相如傳에 "相如使人重賜文君侍者通殷勤"이라 함.

【排風馭氣奔如電, 升天入地求之徧】'排風馭氣'는 《白氏長慶集》과 《全唐詩》에는 '排空馭氣'로, 《白香山詩集》에는 '排雲馭氣'로 되어 있음. 바람(공중, 구름)을 밀치고 공기를 제어하며 사람이 다닐 수 없는 곳까지 사방을 두루 다님. '徧'은 《白氏長慶集》과 《白香山詩集》에는 '遍'으로 되어 있음.

【上窮碧落下黃泉, 兩處茫茫皆不見】'碧落'은 하늘 세계. 원래 도교에서 말하는 天上界. 《度人經》에 "昔于始青天中碧落高歌"라 하였고, 注에 "如青天, 乃東方第一天, 有碧霞遍滿, 是云碧落"이라 함. '黃泉'은 지하 세계. 九泉. 〈古詩十九首〉(13) "下有陳死人, 杳杳卽長暮. 潛寐黃泉下, 千載永不寤"의 注에 "善曰:服虔《左氏傳》注曰:「天玄地黃, 泉在地中, 故言黃泉」"이라 함.

【忽聞海上有仙山, 山在虛無縹緲間】'縹緲'는 아득하고 가물가물함을 표현하는 疊韻連綿語. 《文選》〈海賦〉"神仙縹緲, 餐玉清崖"의 注에 "向曰:縹緲, 高遠貌. 善曰:縹緲, 遠視之貌"라 함.

【樓閣玲瓏五雲起, 其中綽約多仙子】'玲瓏'은 반짝반짝하는 모습을 표현하는 雙聲連綿語. '五雲'은 다섯 색깔의 구름. 《雲笈七籤》에 "元洲有絶空之宮, 在五雲之中"

이라 하여 신선이 사는 세계를 말함. '綽約'은 부드럽고 아름다우며 빼어난 모습을 뜻하는 疊韻連綿語로 '淖約', '汋約' 등으로도 표기함. 《莊子》逍遙遊에 "邈姑射山, 有神人居焉. 肌膚若冰雪, 淖約若處子"라 하였고, 《楚辭》에도 "質銷鑠以汋約"의 注에 "汋約, 柔弱貌"라 함.

【中有一人字玉眞, 雪膚花貌參差是】'玉眞'은 《白香山詩集》, 《白氏長慶集》, 《全唐詩》에는 모두 '太眞'으로 되어 있음. 楊玉環의 도교식 號. 太眞宮에 거하게 하여 그렇게 부른 것임. 《眞寶》注에 "玉眞, 乃貴妃也"라 함. 《舊唐書》楊貴妃傳에 "時妃衣道士服, 號曰太眞"이라 함. 여기서는 그가 양귀비임이 확인되었음을 말한 것임. '參差'는 '참치'로 읽으며, 원래는 올망졸망한 모습을 뜻하는 雙聲連綿語. 《詩》周南 關雎에 "參差荇菜, 左右流之"라 하였고 注에 "參差, 不齊貌"라 함. 여기서는 髣髴(비슷함)의 의미에 가까움.

【金闕西廂叩玉扃, 轉敎小玉報雙成】'金闕'은 황금궁궐. 신선 세계의 궁궐을 말함. 《史記》封禪書에 "蓬萊, 方丈, 瀛洲, 此三神山者, 其傳在渤海中, 蓋嘗有至者, 諸仙人及不死之藥皆在焉. 其物禽獸盡白, 以黃金銀爲宮闕"이라 함. '西廂'은 본궁 서쪽에 딸린 건물. 《文選》〈魯靈光殿賦〉"西廂踟躕以閑宴"의 注에 "西廂, 西序也"라 하였고, 《爾雅》에 "東西廂, 謂之序"라 함. '玉扃'은 玉으로 만든 문고리 손잡이. 이를 잡고 문을 여닫기도 하며 또는 두드려 사람이 왔음을 신호하기도 함. '小玉'은 선녀의 이름. 양귀비의 몸종. 원래는 吳王 夫差의 딸 이름임. '雙成' 역시 선녀의 이름. 원래 이름은 董雙成이며 西王母의 시녀였음. 《漢武內傳》에 "帝閑居承華殿, 忽見一女子著靑衣, 美麗非常, 帝愕然問之. 女對曰:「我墉宮玉女王子登也, 乃爲王母所使.」又云:「七月七日王母至也.」命侍女董雙成吹雲和之笙"이라 함. 《眞寶》注에도 "小玉, 雙成, 西王母二侍女"라 함. 양귀비가 신선이 된 후에 부리던 시녀 둘을 임의로 이름을 지어 붙인 것.

【聞道漢家天子使, 九華帳裏夢魂驚】'聞道'의 '道'는 說, 言과 같음. '九華帳'은 여러 가지 화려한 주옥으로 장식한 寶帳. 《博物志》(3)에 "漢武帝好仙道, 時西王母遣使乘白鹿告帝當來, 乃供帳九華殿以待之"라 함.

【攬衣推枕起徘徊, 珠箔銀屛迤邐開】'攬衣'는 옷을 잡아 올려 걷거나 행동이 편하도록 함. 〈古詩十九首〉(19)에 "明月何皎皎, 照我羅床緯. 憂愁不能寐, 攬衣起徘徊"라 함. '徘徊'는 초조히 어슬렁거림을 표현하는 疊韻連綿語. '裵回(裵回)'로도 표기함. 《漢書》外戚傳 武帝〈賦〉에 "何靈魂之紛紛兮, 哀裵回以躊躇"라 함. '珠箔銀屛'은 구슬을 엮어 만든 箔簾과 은으로 장식한 병풍. 《三輔黃圖》(2)에 "桂宮中有

光明殿, 皆金玉珠璣爲簾箔"이라 함.《白香山詩集》에는 '銀屛'이 '銀鉤'로 되어 있음. "迤邐'는 '이리'로 읽으며 '드르륵'하는 문이나 발이 열리는 소리와 형상을 표현하는 疊韻連綿語.《白氏長慶集》과《全唐詩》에는 '邐迤'로 되어 있음. 蕭子顯 詩에 "邐迤因臺榭"라 하였고,《字彙》에는 "邐迤, 行貌, 又連接也, 因循也"라 함.

【雲鬢半偏新睡覺, 花冠不整下堂來】'雲鬢'은《白香山詩集》에는 '雲髻'로 되어 있음. '半偏'은 반쯤 비스듬히 기울어져 있음. '花冠不整'은 꽃 장식을 한 모자를 바르게 고쳐 쓰지 못한 채 堂을 내려섬. 〈古樂府〉君子行에 "瓜田不納履, 李下不整冠"이라 함.

【風吹仙袂飄飄擧, 猶似霓裳羽衣舞】'風吹'는 바람이 옷깃을 날림. 陶淵明 〈歸去來辭〉에 "風飄飄以吹衣"라 함.

【玉容寂寞淚闌干, 梨花一枝春帶雨】'闌干'은 눈물이 마구 흐르는 모습을 표현하는 疊韻連綿語. 李太白 〈烏夜啼〉에 "停梭悵然憶遠人, 獨宿孤房淚如雨"라 함.

【含情凝睇謝君王, 一別音容兩渺茫】'含情'은 그리운 정을 한껏 머금음. 沈約의 詩에 "含情寄盃酒"라 하였고, 王僧孺의 詩에는 "含情一寄語"라 함. '凝睇'는 凝視와 같음. '睇'는《說文》에 "睇, 小視也"라 함.《白氏長慶集》과《白香山詩集》에는 '凝涕'로 되어 있으며 注에 "一作睇"라 함. '一別' 이하는 양귀비가 부탁한 말. '音容'은 목소리와 얼굴. 여기서는 消息의 뜻으로 쓰였음. 謝靈運 詩에 "歡愛隔音容"이라 함. '渺茫'은 아득함을 뜻하는 雙聲連綿語.

【昭陽殿裏恩愛絶, 蓬萊宮中日月長】'昭陽殿'은 원래 漢나라 때 後宮의 內殿으로 趙飛燕이 거처하던 곳. 여기서는 楊貴妃가 생전에 거처하였던 곳을 뜻함.《三輔黃圖》(3)에 "成帝趙皇后居昭陽殿(號飛燕以其體輕也), 有女弟俱爲婕妤, 貴傾後宮. 昭陽舍蘭房椒壁, 其中庭彤朱, 而庭上髹漆切皆銅, 沓黃金塗白玉堦壁帶, 往往爲金缸, 函藍田璧, 明珠翠羽飾之. 自後宮未嘗有焉"이라 함. '蓬萊宮'은 전설 속의 道敎 三神山의 하나인 蓬萊山에 있는 궁궐. 양귀비가 죽은 후 신선이 되어 자신이 살고 있는 궁궐을 말함.

【回頭下望人寰處, 不見長安見塵霧】'人寰'은 畿內 지역. 혹 사람이 사는 人間世上. 여기서는 明皇이 살고 있을 長安 일대를 말함.《說文》에 "寰, 王子封畿內縣也"라 함. '不見長安'은《世說新語》夙慧篇에 "晉明帝年數歲, 坐元帝膝上, 有人從長安來, 元帝問洛下消息, 潸然流涕. 明帝問何以致泣? 具以東渡意告之; 因問明帝:「汝意謂長安何如日遠?」答曰:「日遠. 不聞人從日邊來, 居然可知.」元帝異之. 明日集群臣宴會, 告以此意, 更重問之. 乃答曰:「日近.」元帝失色, 曰:「爾何故異昨日之言邪?」

答曰:「擧目見日, 不見長安.」이라 함. '塵霧'는 티끌 먼지와 안개. 謝朓 詩에 "京洛多塵霧"라 함.

【唯將舊物表深情, 鈿合金釵寄將去】'鈿合金釵'의 '鈿合'은 鈿盒과 같음. 金을 새겨넣은 상자. '金釵'는 금으로 된 비녀.《古今注》에 "釵子, 蓋古笄之遺象也. 至秦穆公以象牙爲之, 敬王以玳瑁爲之, 始皇以金銀作鳳頭, 以玳瑁爲脚. 號曰鳳釵"라 하였고,《潛確類書》(88)에는 "金釵蔽髻, 晉令六品以下得服金釵以蔽髻, 三品以上服爵釵"라 함.

【釵留一股合一扇, 釵擘黃金合分鈿】'釵留一股合一扇'은 '金釵는 두 부분을 잘라 하나씩, 그리고 鈿合(鈿盒)도 역시 반으로 잘라 하나씩 나누어 남겨둠'을 뜻함. '辟'은 '擘'으로 표기해야 하며《白氏長慶集》,《白香山詩集》,《全唐詩》에는 모두 '擘'으로 되어 있음. 손으로 분질러 둘로 잘라 나눔.《唐宋詩醇》(22)에는 「花鈿委地無人收」, 伏後「鈿合金釵」, 案意者, 妃就絶之時, 花鈿散逸, 民間必有得之者, 方士特挾此以欺上皇, 非有他術也."라 함.

【但令心似金鈿堅, 天上人間會相見】'令'은《白香山詩集》과《全唐詩》에는 '敎'로 되어 있음. '令', '敎' 모두 使役助動詞로 '使'와 같은 뜻임. '金鈿堅'은 黃金이나 鈿合처럼 堅固함. '人間'은 人間世上. 天上에 상대하여 쓴 말. '會'는 '할 수 있다'의 可能補助語幹으로 쓰였음.

【臨別殷勤重寄詞, 詞中有誓兩心知】'臨別'은 '헤어짐에 임해서'의 뜻. 陳鴻〈長恨歌傳〉에 "方士受辭與信, 將行, 色有不足. 玉妃固徵其意. 復前跪致詞:「請當時一事, 不爲他人聞者, 驗於太上皇. 不然恐鈿合, 金釵負新垣平之詐也.」"라 함.

【七月七日長生殿, 夜半無人私語時】'七月七日'은 칠월칠석. 견우와 직녀가 만나는 날.《續齊諧記》에 "天河之東有織女, 天帝之孫也. 勤習女工, 容貌不暇整理, 帝憐其獨處, 許嫁河西牽牛郎. 嫁後, 竟廢女工. 帝怒, 令仍歸河東, 惟七夕一相會"라 함. 중국에서는 '戀人節'로 여김. '長生殿'은 당나라 때 후비가 거처하던 齋殿으로 양귀비를 위해 集靈臺를 짓고 도교식의 재(齋)를 올리며 사사롭게 둘이 사랑을 나누던 곳.《唐會要》에 "天寶元年十月造長生殿, 名爲集靈臺以祠神"이라 함. 그러나《唐詩紀事》〈津陽門 詩〉注에 "飛霜殿, 卽寢殿, 而白傳〈長恨〉以長生殿, 殊誤矣"라 함.《眞寶》注에 "天寶十載, 明皇憑楊妃肩, 仰天感牛女之事, 密相誓心, 願世世結爲夫婦"라 함.〈長恨歌傳〉에 "玉妃茫然退立, 若有所思, 徐而言曰:「昔天寶十載, 侍輦避暑於驪山宮; 秋七月, 牽牛織女相見之夕, 秦人風俗, 是夜張錦繡, 陳飮食, 樹瓜果, 焚香於庭, 號爲乞巧, 宮掖間尤尙之. 是夜殆半, 休侍衛於東西廂, 獨侍上. 上

凭肩而立, 因仰天感牛女事, 密相誓心, 願世世爲夫婦; 言畢, 執手各嗚咽, 此獨君王知之耳.」因自悲曰:「由此一念, 又不得居此, 復墮下界, 且結後緣. 或爲天, 或爲人, 決再相見, 好合如舊.」因言:「太上皇亦不久人間, 幸惟自安, 無自苦耳!」라 함.

【在天願作比翼鳥, 在地願爲連理枝】'比翼鳥'는 암수가 날개를 붙여 함께 하여 날아가는 전설 속의 새. 恩愛가 분리되지 않음을 비유함. 《爾雅》 釋地에 "南方有比翼鳥焉, 不比不飛, 其名謂之鶼鶼"이라 하였고, 《山海經》〈西次三經〉崇吾山에는 "有鳥焉, 其狀如鳧, 而一翼一目, 相得乃飛, 名曰蠻蠻, 見則天下大水"라 함. 《史記》 封禪書 "東海致比目之魚, 西海致比翼之鳥"의 注에 "韋昭曰:各有一翼不比不飛, 其名曰鶼鶼. 〈索隱〉曰:《山海經》云:崇丘之山有鳥, 狀如鳧, 一翼一目相得乃飛, 名云蠻. 郭璞注:《爾雅》亦作鶼鶼"이라 함. '連理枝'는 두 개의 가지가 서로 이어져 한 몸으로 되어 있는 나무. 부부가 한 몸처럼 분리될 수 없음을 비유함. 《藝文類聚》(98)에 "〈晉中興徵祥說〉曰:王子德澤純洽, 八方同一, 則木連理. 連理者, 仁木也. 或二枝還合, 或兩樹共合. 建元元年木連理者四. 晉范甯爲豫章郡, 表曰:「永修公國相萬主解列到縣巡行邑治, 縣西北出二里有林, 中兩桐樹, 下根相去一丈, 枝相去丈八, 連合爲一.」"이라 함.

【天長地久有時盡, 此恨緜緜無絶期】'天長地久'는 天(시간)과 地(공간)는 영원히 존속하여 끝날 수가 없음. 《老子》(7)에 "天長地久. 天地所以能長且久者, 以其不自生, 故能長生"이라 함. '緜緜'은 '綿綿'과 같으며 길고 멀어 끊임이 없음. 《詩》大雅〈緜〉에 "緜緜瓜瓞. 民之初生, 自土沮漆. 古公亶父, 陶復陶穴, 未有家室"이라 히였고, 《老子》(6)에 "緜緜若存, 用之不勤"이라 하였으며, 그 注에 "緜緜, 不已不絶之意"라 함. 한편 〈長恨歌傳〉에는 "使者還奏太上皇; 皇心震悼, 日日不豫, 其年夏四月, 南宮晏駕"라 하여 明皇은 생을 마치고 양귀비가 있는 저승으로 갔다고 하였음. '無絶期'는 《白香山詩集》에는 '無盡期'로 되어 있으며, 《全唐詩》에는 "絶, 一作盡"이라 함.

참고 및 관련 자료

1. 白居易:白樂天, 白香山, 006 참조.
2. 이 시는 《白香山詩集》(12), 《白氏長慶集》(12), 《全唐詩》(435), 《唐宋詩醇》(22), 《說郛》(13上, 111下), 《文苑英華》(346), 《石倉歷代詩選》(61), 《歷代詩話》(35), 《太平廣記》(486), 《歲寒堂詩話》(上), 《竹莊詩話》(11), 《鶴林玉露》(8), 《嬾眞子》(2), 《學齋佔畢》(1), 《識遺》(3), 《賓退錄》(9) 등에 실려 있음.

3. 韻脚은 '國, 得, 識, 側, 色'. '池, 脂, 時'. '搖, 宵, 朝'. '暇, 夜'. '人, 身, 春'. '土, 戶',
'女'. '雲, 聞'. '竹'. '足, 曲'. '生, 行'. '止, 里, 死'. '收, 頭, 流'. '索, 閣, 薄'. '淸, 情, 聲'. '馭,
去, 處'. '衣, 歸'. '舊, 柳'. '眉, 垂, 時'. '草, 掃, 老'. '然, 眠, 天'. '重, 共, 夢'. '客, 魄, 覓'.
'電, 徧, 見'. '山, 間'. '起, 子, 是'. '局, 成, 驚'. '徊, 開, 來'. '擧'. '舞, 雨'. '王, 茫, 長'. '霧,
去'. '扇, 鈿, 見'. '詞, 知, 時, 枝, 期'.

4.《新唐書》(76) 后妃傳(上) 玄宗妃楊氏(楊貴妃)

隋梁郡通守汪四世孫. 徙籍蒲州, 遂爲永樂人. 幼孤, 養叔父家. 始爲壽王妃. 開元
二十四年, 武惠妃薨, 後廷無當帝意者. 或言妃姿質天挺, 宜充掖廷, 遂召內禁中, 異
之, 卽爲自出妃意者, 丐籍女官, 號「太眞」, 更爲壽王聘韋昭訓女, 而太眞得幸. 善歌
舞, 邃曉音律, 且智算警穎, 迎意輒悟. 帝大悅, 遂專房宴, 宮中號「娘子」, 儀體與皇后
等. 天寶初, 進冊貴妃. 追贈父玄琰太尉, 齊國公. 擢叔玄珪光祿卿, 宗兄銛鴻臚卿,
錡侍御史, 尙太華公主. 主, 惠妃所生, 最見寵遇. 而釗亦寖顯. 釗, 國忠也. 三娣皆美
劭, 帝呼爲姨, 封韓, 虢, 秦三國, 爲夫人, 出入宮掖, 恩寵聲焰震天下. 每命婦入班,
持盈公主等皆讓不敢就位. 臺省, 州縣奉請托, 奔走期會過詔敕. 四方獻餉結納, 門
若市然. 建平, 信成二公主以與妃家忤, 至追內封物, 駙馬都尉獨孤明失官. 它日, 妃以
譴還銛第, 比中仄, 帝尙不御食, 答怒左右. 高力士欲驗帝意, 乃自以殿中供帳, 司農
酒饎百餘車送妃所, 帝卽以御膳分賜. 力士知帝旨, 是夕, 請召妃還, 下鑰安興坊門馳
入. 妃見帝, 伏地謝, 帝釋然, 撫尉良渥. 明日, 諸姨上食, 樂作, 帝驟賜左右不可貲. 由
是愈見寵, 賜諸姨錢歲百萬爲脂粉費. 銛以上柱國門列戟, 與銛, 國忠, 諸姨五家第舍
聯亘, 擬憲宮禁, 率一堂費緡千萬. 見它第有勝者, 輒壞復造, 務以環侈相誇詡, 土木
工食不息. 帝所得奇珍及貢獻分賜之, 使者相銜於道, 五家如一. 妃每從游幸, 乘馬則
力士授轡策. 凡充錦繡官及治珫金玉者, 大抵千人, 奉須索, 奇服秘玩, 變化若神. 四
方爭爲怪珍入貢, 動駭耳目. 於是嶺南節度使張九章, 廣陵長史王翼以所獻最, 進九
章銀靑階, 擢翼戶部侍郎, 天下風靡. 妃嗜荔支, 必欲生致之, 乃置騎傳送, 走數千里,
味未變已至京師. 天寶九載, 妃復得譴還外第, 國忠謀於吉溫. 溫因見帝曰:「婦人過
忤當死, 然何惜宮中一席廣爲鈇鑕地, 更使外辱乎?」帝感動, 輟食, 詔中人張韜光賜
之. 妃因韜光謝帝曰:「妾有罪當萬誅, 然膚髮外皆上所賜, 今且死, 無以報.」引刀斷一
繚髮奏之, 曰:「以此留訣.」帝見駭惋, 遽召入, 禮遇如初. 因又幸秦國及國忠第, 賜兩
家鉅萬. 國忠旣遙領劍南, 每十月, 帝幸華淸宮, 五宅車騎皆從, 家別爲隊, 隊一色,
俄五家隊合, 爛若萬花, 川谷成錦繡, 國忠導以劍南旗節. 遣鈿墮舄, 瑟瑟璣珮, 狼藉
于道, 香聞數十里. 十載正月望夜, 妃家與廣寧主僮騎爭鬪門, 鞭挺讙競, 主墮馬, 僅

得去. 主見帝泣, 乃詔殺楊氏奴, 貶駙馬都尉程昌裔官. 國忠之輔政, 其息昢尙萬春公
主, 暄尙延和郡主; 弟鑑尙承榮郡主. 又詔爲玄琰立家廟, 帝自書其碑. 銛, 秦國早死,
故韓, 虢與國忠貴最久. 而虢國素與國忠亂, 頗爲人知, 不恥也. 每入謁, 幷驅道中,
從監, 侍姆百餘騎, 炬密如晝, 靚粧盈里, 不施幃障, 時人謂爲「雄狐」. 諸王子孫凡婚
聘, 必先因韓, 虢以請, 輒皆遂, 至數百千金以謝. 初, 安祿山有邊功, 帝寵之, 詔與諸
姨約爲兄弟, 而祿山母事妃, 來朝, 必宴餞結歡. 祿山反, 以誅國忠爲名, 且指言妃及
諸姨罪. 帝欲以皇太子撫軍, 因禪位, 諸楊大懼, 哭於廷. 國忠入白妃, 妃銜塊請死,
帝意沮, 乃止. 及西幸至馬嵬, 陳玄禮等以天下計誅國忠, 已死, 軍不解. 帝遣力士問
故, 曰:「禍本尙在!」帝不得已, 與妃訣, 引而去, 縊路祠下, 裹屍以紫茵, 瘞道側, 年
三十八. 帝至自蜀, 道過其所, 使祭之, 且詔改葬. 禮部侍郎李揆曰:「龍武將士以國忠
負上速亂, 爲天下殺之. 今葬妃, 恐反仄自疑.」帝乃止. 密遣中使者具棺槨它葬焉. 啓
瘞, 故香囊猶在, 中人以獻, 帝視之, 凄感流涕, 命工貌妃於別殿, 朝夕往, 必爲梗欷.
馬嵬之難, 虢國與國忠妻裴柔等奔陳倉, 縣令率吏追之, 意以爲賊, 棄馬走林. 虢國
先殺其二子, 柔曰:「勾我死!」即幷其女刺殺之, 乃自剄, 不殊, 吏載置於獄, 問曰:「國
家乎? 賊乎?」吏曰:「互有之.」乃死, 瘞陳倉東郭外.

5. 陳鴻〈長恨歌傳〉

開元中, 泰階平, 四海無事. 玄宗在位歲久, 倦於旰食宵衣, 政無大小, 始委於右丞
相, 稍深居游宴, 以聲色自娛. 先是元獻皇后, 武淑妃皆有寵, 相次卽世. 宮中雖良家
子千數, 無可悅目者. 上心忽忽不樂. 時每歲十月, 駕幸華淸宮, 內外命婦, 熠耀景從;
浴日餘波, 賜以湯沐. 春風靈液, 澹蕩其間, 上心油然, 若有所遇, 顧左右前後, 粉色
如土. 詔高力士潛搜外宮, 得弘農楊玄琰女於壽邸, 旣笄矣. 鬒髮膩理, 纖穠中度, 擧
止閑冶, 如漢武帝李夫人. 別疏湯泉, 詔賜藻瑩. 旣出水, 體弱力微, 若不任羅綺. 光
彩煥發, 轉動照人. 上甚悅. 進見之日, 奏霓裳羽衣曲以導之; 定情之夕, 授金釵, 鈿
合以固之; 又命戴步搖, 垂金璫. 明年, 冊爲貴妃, 半后服用. 由是冶其容, 敏其詞, 婉
孌萬態, 以中上意. 上益嬖焉. 時省風九州, 泥金五嶽, 驪山雪夜, 上陽春朝, 與上行
同輦, 居同室, 宴專席, 寢專房. 雖有三夫人, 九嬪, 二十七世婦, 八十一御妻, 曁後宮
才人, 樂府妓女, 使天子無顧盼意. 自是六宮無復進幸者. 非徒殊豔尤態致是, 蓋才智
明慧, 善巧便佞, 先意希旨, 有不可形容者. 叔父昆弟皆列位淸貴, 爵爲通侯. 姉妹封
國夫人, 富埒王宮, 車服邸第與大長公主侔矣. 而恩澤勢力, 則又過之. 出入禁門不
問, 京師長吏爲之側目. 故當時謠詠有云:『生女勿悲酸, 生男勿喜歡.』又曰:『男不封
侯女作妃, 看女卻爲門上楣.』其爲人心羨慕如此. 天寶末, 兄國忠盜丞相位, 愚弄國

柄. 及安祿山引兵嚮闕, 以討楊氏爲詞. 潼關不守, 翠華南幸, 出咸陽, 道次馬嵬亭, 六軍徘徊, 持戟不進, 從官郎史伏上馬前, 請誅鼂錯以謝天下. 國忠奉氂纓盤水, 死於道周. 左右之意未快, 上問之, 當時敢言者, 請以貴妃塞天下怨. 上知不免, 而不忍見其死, 反袂掩面, 使牽之而去. 倉皇輾轉, 竟就絕於尺組之下. 既而玄宗狩成都, 肅宗受禪靈武. 明年, 大赦改元. 大駕還都. 尊玄宗爲太上皇, 就養南宮, 自南宮遷於西內. 時移事去, 樂盡悲來. 每至春之日, 冬之夜, 池蓮荷開, 宮槐秋落, 梨園弟子, 玉琯發音, 聞霓裳羽衣一聲, 則天顏不怡, 左右歔欷. 三載一意, 其念不衰. 求之夢魂, 杳不能得. 適有道士自蜀來, 知上皇心念楊妃如是, 自言有李少君之術. 玄宗大喜, 命致其神, 方士乃竭其術以索之, 不至. 又能游神馭氣, 出天界, 沒地府以求之, 不見. 又旁求四虛上下, 東極大海, 跨蓬壺, 見最高仙殿, 上多樓闕. 西廂下有洞戶, 東嚮, 闔其門, 署曰「玉妃太眞院」. 方士抽簪叩扉, 有雙鬟童女, 出應其門. 方士造次未及言, 而雙鬟復入. 俄有碧衣侍女又至, 詰其所從. 方士因稱唐天子使者, 且致其命. 碧衣云:「玉妃方寢, 請少待之.」於是雲海沉沉, 洞天日曉, 瓊戶重闔, 悄然無聲. 方士屏息斂足, 拱手門下. 久之, 而碧衣延入, 且曰:「玉妃出.」見一人冠金蓮, 披紫綃, 珮紅玉, 曳鳳舃, 左右侍者七八人. 揖方士, 問皇帝安否; 次問天寶十四載以還事, 言訖憫然. 指碧衣, 取金釵鈿合, 各折其半, 授使者曰:「爲我謝太上皇, 謹獻是物, 尋舊好也.」方士受辭與信, 將行, 色有不足. 玉妃固徵其意. 復前跪致詞:「請當時一事, 不爲他人聞者, 驗於太上皇. 不然恐鈿合, 金釵負新垣平之詐也.」玉妃茫然退立, 若有所思, 徐而言曰:「昔天寶十載, 侍輦避暑於驪山宮; 秋七月, 牽牛織女相見之夕, 秦人風俗, 是夜張錦繡, 陳飲食, 樹瓜果, 焚香於庭, 號爲乞巧, 宮掖間尤尚之. 是夜殆半, 休侍衛於東西廂, 獨侍上. 上憑肩而立, 因仰天感牛女事, 密相誓心, 願世世爲夫婦; 言畢, 執手各嗚咽, 此獨君王知之耳.」因自悲曰:「由此一念, 又不得居此, 復墮下界, 且結後緣. 或爲天, 或爲人, 決再相見, 好合如舊.」因言:「太上皇亦不久人間, 幸惟自安, 無自苦耳!」使者還奏太上皇; 皇心震悼, 日日不豫, 其年夏四月, 南宮晏駕. 元和元年冬十二月, 太原白樂天自校書郎, 尉於盩厔, 鴻與琅邪王質夫家於是邑, 暇日相攜遊仙遊寺, 話及此事, 相與感歎. 質夫舉酒於樂天前曰:「夫稀代之事, 非遇出世之才潤色之, 則與時消沒, 不聞於世. 樂天深於詩, 多於情者也; 試爲歌之, 如何?」樂天因爲〈長恨歌〉. 意者不但感其事, 亦浴懲尤物, 窒亂階, 垂誡於將來者也. 歌既成, 使鴻傳焉. 世所不聞者, 予非開元遺民, 不得知; 世所知者, 有「玄宗本紀」在; 今但傳〈長恨歌〉云爾.

6. 趙翼의《甌北詩話》에 "〈長恨歌〉一篇, 其事本易傳, 以易傳之事, 爲絕妙之辭, 有聲有情, 可歌可泣, 文人學士, 既嘆爲不可及, 婦人女子, 亦喜聞而樂誦之. 是以不脛

而走, 傳遍天下"라 함.

7.《唐宋詩醇》(22)

唐汝詢曰:「此譏明皇迷於色而不悟也. 始則求其人而未得, 既得而愛幸之, 即淪惑而不復理朝政矣. 不獨寵妃一身而, 又徧及其宗黨, 不惟不復早朝, 益且盡日耽於絲竹, 以致祿山倡亂, 乘輿播遷. 帝既誅妃以謝天下, 則宜悔過, 乃復展轉懷思不能自絶. 至令方士徧索其神, 得鈿合金釵而不辨其詐, 是眞迷而不悟者矣. 吁以五十年致治之主, 而一女子覆其成功, 權去勢詘而以憂死, 悲夫! 女寵之禍, 豈淺鮮哉! 花鈿委地無人收, 伏後鈿合金釵, 案意者, 妃就絶之時, 花鈿散逸, 民間必有得之者, 方士特挾此以欺上皇, 非有他術也.」

8.《隱居詩話》(《白香山詩集》(12) 注에 의함)

唐人詠馬嵬事多矣. 世所稱白居易「六軍不發無奈何, 宛轉蛾眉馬前死.」此乃歌詠祿山能使官軍叛逼追, 明皇不得已而誅楊妃也. 豈特不曉文章體裁, 而造語蠢拙? 抑亦失臣下事君之禮. 老杜則不然, 其〈北征詩〉曰:「不聞夏殷衰, 中自誅襃妲.」乃見明皇鑒夏商之敗, 畏天悔禍賜妃子以死, 官軍何與焉? 立名按此論爲推尊少陵, 則可若? 以此貶樂天, 則不可論詩. 須相題〈長恨歌〉本與陳鴻, 王質夫, 話楊妃始終而作. 猶慮詩有未詳, 陳鴻又作〈長恨歌傳〉, 所謂不特感其事, 亦欲懲尤物窒亂階, 垂于將來也. 自與〈北征詩〉不同, 若譚馬嵬事實, 則「長恨」二字, 便無著落矣. 讀書全不理會, 作詩本末, 而執片詞肆, 議古人已屬大過, 至謂歌詠祿山能使官軍云云, 則尤近乎鍛鍊矣. 宋人多文字吹求之禍, 皆釀于此等議論. 若唐人作詩, 本無所謂忌諱, 忠厚之風自可慕也. 然陳傳中敘貴妃進于壽邸, 而白詩諱之但云「楊家有女初長成, 養在深閨人未識. 天生麗質難自棄, 一朝選在君王側.」安得謂樂天不知文章大體耶? 倘有祖其謬, 以羅織少陵者, 必將以少陵〈憶昔〉詩:「張后不樂天子忙」句爲失以臣事君之禮;「百官跣足隨天王」句, 爲歌詠吐蕃追逼代宗, 又豈通論乎?

202. 〈六歌〉 ················ 文天祥

노래 여섯 가락

* 《眞寶》注에 "宋德祐丙子(1276)正月, 元伯顏領軍至臨安, 宋丞相文天祥使軍前,
與伯顏抗辭爭辯, 不屈被拘北行, 至鎭江以計脫歸, 時三宮已北遷矣. 景炎帝卽位
福州, 召拜右相, 傅以樞密出督, 志圖匡復, 至空坑敗績, 夫人歐陽氏, 男佛生, 還
生, 女柳娘, 妾黃氏, 顏氏, 俱被執, 妹女孫桌, 彭辰皆遇害. 公獨與長子道生, 以數
騎免, 收散卒, 居厓山. 戊寅(1278)十月, 引兵至潮州, 遇元兵被執, 北行至燕臺, 作
此六歌"라 함.

* 〈六歌〉: 여섯 가지 노래. 南宋 말엽 丞相 文天祥이 망해가는 나라의 광복을 위
하여 福州에서 景炎帝를 세우고 蒙古 元나라와 싸우다 가족도 모두 잃고, 祥
興 원년(1278)에는 자신도 元兵에게 잡혀, 다음해 북쪽 大都(지금의 北京)로 끌
려가면서 지은 것으로 알려짐. 아내(妻), 여동생(妹), 딸(女), 아들(子), 첩(妾), 자신
(我) 등 여섯을 두고 불운을 슬퍼한 작품임. 定型을 이루고 있지 않은 自由詩에
가까움. 後漢 張衡의 〈四愁詩〉, 唐나라 杜甫의 〈同谷七歌〉 등 이와 비슷한 구조
의 시들이 있음.

아내여, 아내여, 조강糟糠에서 시작하여,
어린 나이에 나와 결혼하여 당堂에서 내려서지 않았네.
난리 중에 길에서 호랑이 이리 같은 놈들 만나,
봉鳳새가 펄펄 날다가 황凰새 잃고 말았네.
어린 새끼 한두 마리 데리고 어디로 갔는가?
어찌 나라가 깨어지고 집안조차 망할 줄 알았으랴?
차마 그대가 입던 비단 치마 저고리 버릴 수 없구나.
하늘은 영원하고 땅은 변함없건만 종내 아득해져,
견우와 직녀처럼 밤마다 멀리 서로 바라만 보게 되었네.
아! 첫 번째 노랫소리는 정말로 길어,

슬픈 북쪽 바람에 일어나 방황하고 있다오.

누이동생이여, 누이동생이여, 집안이 흩어져,
남편 떠난 뒤 아이들만 데리고 있네.
북풍은 모래를 날리고 변방의 풀은 싸늘한데,
궁한 원숭이처럼 참담하니 장차 어디로 갈꼬?
지난해 남해南海 가에서 어머님 여의어,
우리 3남1녀 함께 흐느껴 울었는데,
오직 너만 없어 내 살갗을 찢는 듯 마음 아팠었네.
너의 집안 영락零落해진 것 어머니께선 아시지 못하셨으니,
어머니가 아셨다면 어찌 그 때 눈감으실 수 있었겠는가?
아! 두 번째 노랫소리 매우 슬픈데,
할미새 언덕에 있으나 내 어찌 할 수 있겠는가?

딸아, 딸아, 아름다운 눈과 넓은 이마에,
큰놈은 서첩書帖으로 종요鍾繇와 왕희지王羲之 글씨 임서하고,
작은놈은 글 읽는 소리 낭랑했었지.
북풍에 옷자락 날려 밝던 해가 누렇게 되었는데,
한 쌍의 백옥 같은 딸 길 가에 버려졌네.
기러기 새끼 먹이 계속 쪼고 있으나 가을인데도 곡식이 없어,
어미 따라 북쪽으로 향하고 있을 텐데 지금 누가 보살펴주나?
아! 세 번째 노랫소리 더욱 슬프니,
아녀자가 아닌데도 눈물이 줄줄.

아들아, 아들아, 풍골이 빼어나,
부처님이 안아다 주었다는 서경徐卿 집안 아들 같고,
4월 초파일의 마니주摩尼珠 같았지.

석류꽃 장식과 외뿔소 뿔로 만든 동전을 비단 저고리에 달아 주었고,
난향蘭香 섞은 물 백 번 끓여 몸 씻기면 향기롭기 연유 같았는데,
홀연히 번개 따라 진흙길로 날아가 버렸네.
너의 형은 열세 살에 고래 타고 하늘로 가듯 죽었고,
너는 지금 세 살일 터인데 있는 곳을 모르겠구나.
아! 네 번째 노랫소리 노래가 곧 한숨인데,
등불 앞의 늙은 나를 명월이 외롭게 비추고 있네.

첩이여, 첩이여, 지금은 어떻게 되었는가?
큰 첩은 손에 작은 두꺼비 같은 아들을 이끌고 있었고,
다음 첩은 친히 천리마 망아지 같은 아들 안고 있었지.
이른 아침 화장하고 깨끗한 옷 입고 서호西湖로 나서면,
아름답기 기러기 내려앉은 듯 패옥佩玉 소리 바람에 날렸었지.
바람에 꽃잎 날아 떨어져 새들은 지저귀고,
금경화金莖花 이슬 머금은 채 연못 도랑에 떠 있었지.
하늘이 무너지고 땅이 찢어져 용과 봉이 죽으니,
미인이 진토가 되는 일이야 어느 시대엔들 없었겠는가?
아! 다섯 번째 노랫소리 울적하니,
그대들 위해 바람 마주하여 한동안 서 있다오.

나의 태어남이여, 나의 태어남이여, 어이 때를 이토록 잘못 만났나?
외로운 집안 뿌리에서 태어나 복사꽃 오얏꽃 피는 봄을 몰랐지.
날씨는 차갑고 해는 짧아 거듭 시름 안겨주는데,
북풍은 나를 따라 철마鐵馬의 먼지 일으키네.
처음에는 내 골육들에게 기이한 재앙이 몰려드는 것 가엾게 여겼는데,
지금은 골육들이 거듭 나를 가엾게 여기게 되었구나.
너희들 살아 있으면 공연히 나에게 근심만 얽히게 하겠지만,

나 죽고 나면 누가 내 해골 거두어 줄 것인가?

인생 백년에 무엇이 좋고 나쁜 것이겠는가?

황량몽黃粱夢과 같으니 얻고 잃는 것 모두 덧없어라.

아! 여섯 번째 노랫소리 더 이상 말하지 말라,

문을 나서서 한번 웃으니 하늘과 땅도 늙었구나.

有妻有妻出糟糠, 自少結髮不下堂.

亂離中道逢虎狼, 鳳飛翩翩失其凰

將雛一二去何方? 豈料國破家亦亡?

不忍舍君羅襦裳, 天長地久終茫茫, 牛女夜夜遙相望.

鳴呼一歌兮歌正長, 悲風北來起彷徨.

有妹有妹家流離, 良人去後携諸兒.

北風吹沙塞草萋, 窮猿慘淡將安歸? 去年哭母南海湄.

三男一女同歔欷, 惟汝不在割我肌.

汝家零落母不知, 母知豈有瞑目時?

鳴呼再歌兮歌孔悲, 鶺鴒在原我何爲?

有女有女婉淸揚, 大者學帖臨鍾王, 小者讀字聲琅琅.

朔風吹衣白日黃, 一雙白璧委道傍.

鴈兒啄啄秋無粱, 隨母北首誰人將?

鳴呼三歌兮歌愈傷, 非爲兒女淚淋浪.

有子有子風骨殊, 釋氏抱送徐卿雛, 四月八日摩尼珠.

榴花犀錢絡繡襦, 蘭湯百沸香似酥, 欻隨飛電飄泥途.

汝兄十三騎鯨魚, 汝今三歲知在無.

鳴呼四歌兮歌以吁, 燈前老我明月孤.

有妾有妾今何如? 大者手將小蟾蜍, 次者親抱汗血駒.
晨粧靚服臨西湖, 英英鴈落飄瓊琚,
風花飛墜烏鳴呼, 金莖沆瀣浮汙渠.
天摧地裂龍鳳殂, 美人塵土何代無?
嗚呼五歌兮歌鬱紆, 爲爾遡風立斯須.

我生我生何不辰? 孤根不識桃李春.
天寒日暖重愁人, 北風隨我鐵馬塵.
初憐骨肉鍾奇禍, 而今骨肉重憐我.
汝在空令嬰我懷, 我死誰當收我骸?
人生百年何醜好? 黃粱得喪俱草草.
嗚呼六歌兮勿復道, 出門一笑天地老.

【有妻有妻出糟糠, 自少結髮不下堂】'出糟糠'은 술지게미와 겨를 먹고 살아왔음.
《眞寶》注에 "糟糠, 貧時妻也"라 함. '結髮'은 머리를 묶음. 成人이 됨을 뜻하나 여
기서는 결혼을 의미함. '不下堂'은 아내를 집에서 내쫓지 않음.《後漢書》宋弘傳
에 "謂弘曰:「諺言『貴易交, 富易妻』. 人情乎?」弘曰:「臣聞『貧賤之交不可忘, 糟糠之
妻不下堂』. 帝顧謂主曰:「事不諧矣.」라 함.

【亂離中道逢虎狼, 鳳飛翩翩失其凰】'虎狼'은 호랑이와 이리. 포악하고 인정이 없
음을 말함.《戰國策》(2)에 "秦者, 虎狼之國也"라 함. 여기서는 蒙古 元兵을 가리
킴. '鳳'은 수컷, '凰'은 암컷으로 짝을 이룸을 말함. 德祐 2년(1276)에 景炎帝를 모
시고 右相이 되어 元兵과의 空坑 전투에 패하여 부인 歐陽氏와 아들 佛生, 還
生, 딸 柳娘, 姜 黃氏, 顔氏 등이 모두 잡혀가 잃고, 자신과 맏아들 道生만이 厓
山으로 피하여 살아났음.

【將雛一二去何方? 豈料國破家亦亡】'雛'는 병아리. 새의 새끼. 여기서는 文天祥의
어린 가족을 가리킴. '國破'는 나라가 전쟁에 휩쓸려 짓밟힘을 말함. 杜甫〈春望〉
에 "國破山河在, 城春草木深"이라 함.

【不忍舍君羅襦裳, 天長地久終茫茫, 牛女夜夜遙相望】'舍'는 捨와 같음. '羅襦裳'은
비단 저고리와 치마. 妻를 가리킴. '天長地久'는《老子》(7)에 "天長地久. 天地所以

能長且久者, 以其不自生, 故能長生"이라 하였으며, 앞의 〈長恨歌〉에도 "天長地久有時盡, 此恨綿綿無絶期"라 함. '牛女'는 牽牛星과 織女星. 7월 칠석날 저녁에 한 번만 볼 수 있을 뿐 늘 서로 마주보고만 있음.

【嗚呼一歌兮歌正長, 悲風北來起彷徨】 '正長'은 아주 긺. '悲風北來'는 자신이 북쪽 元나라로 끌려감을 뜻함. '彷徨'은 疊韻連綿語.

【有妹有妹家流離, 良人去後携諸兒】 '流離'는 흩어져 헤어짐을 뜻하는 雙聲連綿語. '良人'은 남편을 가리킴. 《詩》椒聊 "今夕何夕? 見此良人"의 注에 "良人, 夫稱也"라 함.

【北風吹沙塞草萋, 窮猿慘淡將安歸? 去年哭母南海湄】 '沙塞'는 북쪽 변방. '草萋'는 《文山集》에는 '草淒'로 되어 있으며 둘 모두 싸늘함을 뜻하는 雙聲連綿語. '窮猿'은 궁지에 몰린 원숭이. 누이동생을 가리킴. '哭母'는 어머니의 죽음을 곡함. 文天祥의 어머니는 齊魏國夫人 曾氏이며 祥興 원년(1278)에 죽었음. '南海湄'는 南海의 바닷가. '湄'는 물가, 바닷가를 뜻하며 구체적으로 지금의 廣東 厓山. 이 해 문천상은 端宗(景炎帝)이 죽자 端宗의 어린 아우 昺(帝昺, 趙昺)을 옹립하고 廣東惠州, 雷州 둥지에서 버티었고, 帝昺은 南海 厓山(崖山)으로 옮겨 재상 陸秀夫가 모시고 있다가 결국 그곳에서 陸秀夫가 배에서 帝昺을 업고 바다로 뛰어들어 최후를 마쳤으며 이로써 南宋이 망함. 《十八史略》(7)에 "會日暮, 風雨昏霧四塞, 咫尺不辨, 世傑乃與蘇劉義斷維, 以十六舟奪港而去. 陸秀夫走帝舟, 帝舟大, 且諸舟環結, 度不得出走. 乃先驅其妻子入海, 卽負帝同溺焉, 帝崩"이라 함.

【三男一女同歔欷, 惟汝不在割我肌】 '歔欷'는 '흐느껴 울다'의 雙聲連綿語.

【汝家零落母不知, 母知豈有瞑目時】 '零落'은 몰락함을 뜻하는 雙聲連綿語.

【嗚呼再歌兮歌孔悲, 鶺鴒在原我何爲】 '孔悲'는 매우 비통함. '孔'은 大의 뜻. '鶺鴒在原'은 할미새가 들에 날고 있음. 《詩》小雅 常棣에 "脊令在原, 兄弟急難. 每有良朋, 況也永歎. 兄弟鬪于牆, 外禦其務. 每有良朋, 烝也無戎. 喪亂旣平, 旣安且寧. 雖有兄弟, 不如友生"이라 하여 脊令(鶺鴒)은 할미새로 빠르게 날아다녀 형제 사이에 어려움이 생기면 할미새처럼 민첩하게 행동하여 어려움을 도와야 함을 뜻함. 《眞寶》注에 "鶺鴒, 譬兄弟也"라 함.

【有女有女婉淸揚, 大者學帖臨鍾王, 小者讀字聲琅琅】 '婉淸揚'의 '婉淸'은 아름답고 맑음. '揚'은 이마가 넓음. 《詩》鄭風 野有蔓草에 "有美人, 淸揚婉兮"라 함. '學帖'은 書帖을 가지고 글씨를 공부함. '臨鍾王'은 魏나라 鍾繇와 晉 王羲之의 글씨를 臨摹함. '鍾繇'(151–230)는 자는 元常. 三國시대 魏나라의 걸출한 書藝家. 潁川 長社(지금의 河南省 許昌 長葛縣) 사람. 벼슬이 太傅에 이르러 흔히 "鍾太傅"라 불림.

어려서 劉德昇에게 글씨를 배웠으며 前代 각 서예가의 장점을 널리 취하고 各體를 고루 섭렵하였고 특히 正楷에 뛰어났었음. 점획이 異趣하였으며 結構가 樸實하여 자연미를 최대한 살리는 필법을 구사하였음. 그리고 隸書에서 楷書로 변화하는 중요하고 새로운 모습을 창안한 자로 널리 알려져 있음. 흔히 王羲之와 함께 "鍾王"으로 병칭되며 역대로 이를 추앙하였음. 아깝게도 眞跡은 전하지 아니하나 이를 法帖으로 刻한 〈宣示表〉, 〈賀克捷表〉, 〈力命表〉, 〈薦季直表〉 등이 있으며, 모두가 晉唐 시대 사람들이 臨摹한 것임. 《三國志》(13)에 傳이 있으며, 唐張彦遠의 《法書要錄》(8), 그리고 張懷瓘의 《書斷》에 그에 관한 기록이 있음. 梁武帝의 《古今書人優劣評》에 "繇書如雲鵠游天, 群鴻戲海, 行間茂密, 實亦難過"라 하였고, 南梁의 庾肩吾의 《書品》에는 그를 張芝와 王羲之를 上之上에 넣으면서 "鍾書天然第一, 工夫次之. 妙盡許昌之碑, 窮極鄴下之牘"이라 함. 한편 唐 李嗣眞의 《書後品》에서는 "元常正隸如郊廟旣陳, 俎豆斯在; ……秋山嵯峨"라 하였음. 唐張懷瓘의 《書斷》에서는 "太傅雖習曹(喜), 蔡(邕)隸法, 藝過於師. 靑出於藍, 獨探神妙"라 하고, 다시 "眞書古雅, 道合神明, 則元常第一"이라 하면서, 贊에는 "元常眞書絶世, 乃過於師, 剛柔備焉. 點畫之間, 多有異趣. 可謂幽深無際, 古雅有餘, 秦漢以來, 一人而已"라 극찬하였음. 宋 黃庭堅의 《山谷題跋》에서는 "鍾小字筆法淸勁, 殆欲不可攀"이라 하였으며, 明 岑宗旦의 《書評》에는 "繇書如盛德君子, 容貌若愚"라 하였고, 淸 劉熙載의 《書槪》에는 "鍾繇茂密, 然茂密正能走馬"라 하고, 다시 "其書之大巧若拙, 後人莫及"이라 함. 그러나 唐 太宗은 《王羲之論》에서 "鍾雖擅美一時, 亦爲逈絶, 論其盡善, 或有所疑. 至於布纖濃, 分疏密, 霞舒雲卷, 無所間然. 但其體則古而不今, 字則長而逾制"라 하였음. 王羲之는 李白의 〈王右軍〉(034)을 참조할 것. 둘 모두 뛰어난 서법가로 후세 많은 이들은 그의 글씨를 모사하는 것으로 글씨 공부를 했음. '琅琅'은 옥이 부딪쳐 나는 맑고 깨끗한 소리.

【朔風吹衣日日黃, 一雙白璧委道傍】'朔風'은 北風. '一雙白璧'은 한 쌍의 흰 옥. 두 딸을 가리킴. '委道傍'은 길가에 버려짐. 전란 속에 길에서 元軍에게 잡혀 감.

【鴈兒啄啄秋無粱, 隨母北首誰人將】'鴈兒'는 기러기 새끼. 두 딸을 가리킴. '啄啄'은 鳥類가 먹이를 쪼아 먹음을 뜻함. '隨母北首'는 어미 따라 북쪽으로 향함. 元兵에게 잡혀갔음을 말함. '誰人將'은 '누가 거느려줄까'의 뜻. '將'은 '거느리다, 보살피다'의 뜻.

【嗚呼三歌兮歌愈傷, 非爲兒女淚淋浪】'愈傷'은 더욱 슬픔. '愈'는 副詞로 益甚形 문장을 형성함. '非爲兒女'는 '아녀자가 아닌데도'의 뜻. 王勃의 〈送杜少府之任蜀州〉에 "海內存知己, 天涯若比鄰. 無爲在岐路, 兒女共沾巾!"이라 함. '淋浪'은 눈물을

줄줄 흘림을 표현하는 雙聲連綿語.

【有子有子風骨殊, 釋氏抱送徐卿雛, 四月八日摩尼珠】'釋氏抱送徐卿雛'는 부처님이 徐卿의 아이들 같은 아들들을 안아다 주었음. 이는 杜甫의 〈徐卿二子歌〉(182) "'君不見徐卿二子生絶奇, 感應吉夢相追隨. 孔子釋氏親抱送, 並是天上麒麟兒"를 인용한 것임. '摩尼珠'는 佛家의 용어로 '寶珠', '末尼'라고도 하며 물에 던지면 흐린 물도 맑아진다고도 함. 《淵鑑類函》(128)에 "摩尼珠, 摩尼寶珠, 置泥潦中, 經百千歲, 不能染汚, 以本體自堅淨也"라 함.

【榴花犀錢絡繡襦, 蘭湯百沸香似酥, 欻隨飛電飄泥途】'榴花'는 석류꽃. '犀錢'은 외뿔소 뿔로 만든 동전 모습의 장식품. '絡繡襦'는 수놓은 저고리에 매달아 줌. '蘭湯'은 蘭香을 섞어 끓인 목욕물. '香似酥'는 향기가 酥(소)와 같음. '酥'는 煉乳. '欻'은 갑자기. 홀연히. '飄泥途'는 진흙길로 흩날려 사라짐. 《文山集》에는 '飄泥塗'로 되어 있음. 元兵에게 잡혀간 것을 가리킴.

【汝兄十三騎鯨魚, 汝今三歲知在無】'騎鯨魚'는 고래를 타고 하늘로 올라감. 李白 죽음의 전설을 원용한 것. 梅堯臣이 李白을 노래한 〈采石月贈郭功甫〉(138)에 "不應暴落飢蛟涎, 便當騎鯨上靑天"을 말함. '知在無'는 지금은 죽고 없음. 이 구절은 《文山集》에는 "汝今知在三歲無"로 되어 있음.

【嗚呼四歌兮歌以吁, 燈前老我明月孤】'歌以吁'의 '吁'는 크게 한숨을 쉼.

【有妾有妾今何如? 大者手將小蟾蜍, 次者親抱汗血駒】'有妾'은 문천상의 첩 黃氏와 顔氏를 가리키며 모두 元兵에게 잡혀갔음. '蟾蜍'는 두꺼비를 뜻하는 物名. 姮娥가 남편 羿가 西王母에게서 얻어온 불사약을 훔쳐 달로 가서 蟾蜍가 되었다 함. 여기서는 달의 선녀처럼 아름다움을 비유한 것. '汗血駒'는 땀을 피로 흘리는 망아지. '汗血馬'는 漢代 李廣利가 西域 大宛王으로부터 구해온 名馬. 《史記》大宛列傳에 "大宛在匈奴西南, 在漢正西, 去漢可萬里. 其俗土著, 耕田, 田稻麥. 有蒲陶酒. 多善馬, 馬汗血, 其先天馬子也. 有城郭屋室. 其屬邑大小七十餘城, 衆可數十萬. 其兵弓矛騎射"라 하였고, 《漢書》武帝紀에는 "四年春, 貳師將軍廣利斬大宛王首, 獲汗血馬來. 作〈西極天馬之歌〉"라 함.

【晨粧靚服臨西湖, 英英鴈落飄瓊琚】'晨粧靚服'은 새벽이면 화장을 하고 깨끗한 옷을 입음. '粧'은 妝과 같음. '西湖'는 지금의 浙江 杭州에 있는 호수. 당시 杭州는 臨安이라 불리었으며 南宋의 수도였음. '英英'은 빼어나게 멋진 것. '鴈落'은 흔히 동행을 뜻하며, 여기서는 두 첩이 늘 기러기처럼 함께 나란히 다니며 함께 하였음을 말함. '瓊琚'는 《文山集》에는 '璚琚'로 표기되어 있으며 佩玉의 일종으로 雙聲連綿語로 표기한 것. 이 패옥이 바람에 움직이며 소리를 냄.

【風花飛隊鳥鳴呼, 金莖沆瀣浮汙渠】'鳥鳴呼'는 새들이 지저귐. '金莖'은 꽃. 金莖花.
《本草綱目》(21)에 "金莖:《別錄》曰:「味苦, 平無毒, 主金瘡內漏. 一名葉金草, 生澤中
高處」라 함. 滄浪洲에 피는 꽃으로 여인들이 머리장식으로 썼다 함.《杜陽雜編》.
'沆瀣'(항해)는 맑은 이슬을 뜻하는 雙聲連綿語. '汙渠'는 못과 운하. 못과 도랑.
'汙'는 '오'로 읽음.

【天摧地裂龍鳳殂, 美人塵土何代無】'天摧地裂'은 하늘이 무너지고 땅은 찢어짐.
元兵으로 인해 온 세상이 짓밟힘. '龍鳳殂'의 '龍鳳'은 두 첩을 가리킴.

【嗚呼五歌兮歌鬱紆, 爲爾遡風立斯須】'鬱紆'는 시름에 뒤얽힘을 뜻하는 雙聲連綿
語. '遡風'은 바람을 맞받음. '斯須'는 잠깐. 須臾와 같음. 짧은 시간을 뜻하는 雙
聲連綿語.

【我生我生何不辰? 孤根不識桃李春】'不辰'은 때를 잘못 타고남. '孤根'은 외로운 뿌
리. 집안이 매우 빈한했음을 뜻함. '桃李春'은 복숭아꽃 오얏꽃이 피는 봄.

【天寒日暖重愁人, 北風隨我鐵馬塵】'天寒日暖'은《文山集》에는 '天寒日短'으로 되
어 있음. '鐵馬塵'은 軍馬가 일으키는 먼지. 元나라 騎兵이 일으키는 먼지.

【初憐骨肉鍾奇禍, 而今骨肉重憐我】'鍾奇禍'는 기이한 재앙이 몰려듦. '鍾'은 '集聚'
의 뜻. '重憐我'는《文山集》에는 '相憐我'로 되어 있어 뜻이 순통함.

【汝在空令嬰我懷, 我死誰當收我骸】'汝在'는 가족들이 죽지 않고 元兵에게 잡혀
있어 살아 있기는 함. 그러나 '汝在空令'은《文山集》에는 '汝在北兮'로 되어 있음.
따라서 '空令'은 '北兮'로 풀이함이 순통할 것으로 여김. '嬰我懷'의 '嬰'은 '얽어매
다'의 뜻.

【人生百年何醜好? 黃粱得喪俱草草】'何醜好'는 '무엇이 나쁜 것이고 좋은 것인가?'
의 뜻. '黃粱'은 누런 기장, 좁쌀. 이는 唐 傳奇小說 沈旣濟의《枕中記》故事. 흔히
'黃粱之夢, 邯鄲之夢', '一炊之夢' 등으로 널리 알려져 있음. 盧生이란 자가 邯鄲의
한 주막에서 呂翁이라는 道士를 만나 베개 하나를 얻어 꿈속에서 50년 간 온갖
부귀영화를 누리다가 깨어보니 짓고 있던 黃粱(기장) 밥이 아직 뜸이 들기 전이
었다 함. 비슷한 이야기가《三國遺事》에 〈調信之夢〉으로 실려 있음. '南柯一夢'과
도 비슷한 고사이며 인생이 '一場春夢'의 허무한 꿈이라는 뜻.《眞寶》注에 "黃
粱, 一夢也"라 함. '得喪'은 얻는 것과 잃는 것. 성공과 실패. '俱草草'의 '草草'는
별것 아님, 덧없음을 뜻함.

【嗚呼六歌兮勿復道, 出門一笑天地老】'勿復道'는 '더 이상 말하지 말라'의 뜻. 〈古
詩十九首〉(077)에 "棄捐勿復道, 努力加餐飯"이라 함. '出門一笑'는 문을 나서서
한 번 웃음.

1. 文天祥(1236-1283)

南宋 멸망 때의 忠臣. 吉州 廬陵 사람으로 자는 履善, 혹 宋瑞, 호는 文山. 理宗 寶祐 4년(1256) 進士에 올라 開慶(1259) 초에 元兵이 宋을 공격하자 환관 董宋臣이 천도를 주장할 때 文天祥은 元兵에 맞설 것을 上書하여 주장하였으나 의견이 채택되지 않음. 다시 賈似道를 탄핵하다가 도리어 화를 입고 파직당함. 度宗 咸淳 9년(1273)에 다시 湖南提刑을 거쳐 知贛州에 오름. 恭帝 德祐(1275) 초에 元兵이 다시 남하하자 자신의 재산을 모두 군비에 충당하며 義兵 만여 명을 모아 '還我江山'을 외치며 臨安(지금의 浙江 杭州, 당시 南宋 수도)에 이르렀으며, 이듬해 右丞相兼樞密使가 되어 信國公에 봉해짐. 그 때 원군과의 담판을 위해 사신으로 나섰다가 鎭江에서 포로가 되었으나 겨우 탈출하여 돌아옴. 그러자 그 때 즉위한 端宗이 그의 직함을 그대로 회복하였으나 左相 陳宜中과 의견이 맞지 않아 군대를 이끌고 福州, 廣州 등지를 지키며 원병에 대항함. 그 뒤 祥興 원년(1278) 五坡嶺에서 원병에 포로가 되어 元將 張弘範의 투항 권유를 받자 시로써 거절하다가 大都(元나라 수도, 지금의 北京)로 끌려가 옥에 갇힌 채 온갖 유혹과 협박을 뿌리치고 사형에 이르러 유명한 〈正氣歌〉를 지음. 南宋은 결국 趙昺 祥興 2년(1279)에 망하고 말았음. 시호는 忠烈. 그의 시문을 모은 《文山集》21권이 전함. 《宋史》(418)에 그의 傳이 있음. 〈四庫全書〉《文山集》提要에 "天祥字履善, 又字宋瑞, 廬陵人. 寶祐四年登進士第一, 官至少保右丞相兼樞密使, 封信國公. 督兵潮州被執, 死柴市. 事迹具《宋史》本傳. 天祥平生大節, 照耀今古, 而著作亦極雄贍, 如長江大河, 浩瀚無際."라 함. 《眞寶》諸賢姓氏事略에는 "文天祥, 字宋瑞, 號文山, 廬陵人, 寶祐壯元, 德祐初拜右相, 封信國公. 奉二王, 入潮廣, 兵敗被執, 不屈, 死"라 함.

2. 이 시는 《文山集》(19), 《宋藝圃集》(21), 《宋詩紀事》(67), 《六藝之一錄》(352), 《趙氏鐵網珊瑚》(4), 《式古堂書畫彙考》(15) 등에 실려 있음.

3. 韻脚은 '糠, 堂, 凰, 亡, 望, 徨'. '離, 兒, 湄, 飢, 時, 爲'. '揚, 琅, 傍, 將, 浪'. '殊, 雛, 珠, 途, 無, 如, 駒, 琚, 渠, 無, 須'. '辰, 春, 塵'. '禍, 我, 骸'. '好, 草, 老'.

4. 《宋史》(418) 文天祥傳

文天祥, 字宋瑞, 又字履善, 吉之吉水人也. 體貌豐偉, 美晳如玉, 秀眉而長目, 顧盼燁然. 自爲童子時, 見學宮所祠鄕先生歐陽修, 楊邦乂, 胡銓像, 皆諡「忠」, 即欣然慕之. 曰「沒不俎豆其間, 非夫也.」年二十擧進士, 對策集英殿. 時理宗在位久, 政理浸怠, 天祥以法天不息爲對, 其言萬餘, 不爲稿, 一揮而成. 帝親拔爲第一. 考官王應麟奏曰:「是卷古誼若龜鑑, 忠肝如鐵石, 臣敢爲得人賀.」尋丁父憂, 歸. 開慶初, 大元兵伐宋, 宦官董宋臣說上遷都, 人莫敢議其非者. 天祥時入爲寧海軍節度判官, 上書「乞斬宋臣, 以一人心」. 不報, 即自免歸. 後稍遷至刑部郞官. 宋臣復入爲都知, 天祥又上書極言其罪, 亦不報. 出守瑞州, 改江西提刑, 遷尙書左司郞官, 累爲臺臣論罷. 除軍器監兼權直學士院. 賈似道稱病, 乞致仕, 以要君, 有詔不允. 天祥當制, 語皆諷似道. 時內制相承皆呈稿, 天祥不呈稿, 似道不樂, 使臺臣張志立劾罷之. 天祥既數斥, 援錢若水例致仕, 時年三十七.(下略)

5. 〈正氣歌〉《文山集》(20)

予囚北庭, 坐一土室, 室廣八尺, 深可四尋, 單扉低小, 白間短窄, 汙下而幽暗. 當此夏日, 諸氣萃然, 雨潦四集, 浮動牀几, 時則爲水氣. 塗泥半朝, 蒸漚歷瀾, 時則爲土氣, 乍晴暴熱, 風道四塞, 時則爲日氣. 簷陰薪爨, 助長炎虐, 時則爲火氣. 倉腐寄頓, 陳陳逼人, 時則爲米氣. 駢肩雜遝, 淋漓汗垢, 時則爲人氣. 或圊溷, 或毀屍, 或腐鼠, 惡氣雜出, 時則爲穢氣. 疊是數氣, 當之者鮮不爲厲, 而予以孱弱, 俯仰其間, 于玆二年矣. 審如是, 殆有養致然爾. 然亦安知所養何哉? 孟子曰:「我善養吾浩然之氣.」彼氣有七, 吾氣有一, 以一敵七, 吾何患焉? 況浩然者, 乃天地之正氣也. 作〈正氣歌〉一首:

天地有正氣, 雜然賦流形; 下則爲河嶽, 上則爲日星,
於人曰浩然, 沛乎塞蒼冥; 皇路當清夷, 含和吐明庭.
時窮節乃見, 一一垂丹青.
在齊太史簡, 在晉董狐筆; 在秦張良椎, 在漢蘇武節.
爲嚴將軍頭, 爲嵇侍中血; 爲張睢陽齒, 爲顏常山舌.
或爲遼東帽, 清操厲冰雪; 或爲出師表, 鬼神泣壯烈.
或爲渡江楫, 慷慨吞羌羯; 或爲擊賊笏, 逆豎頭破裂.
是氣所旁薄, 凜烈萬古存; 當其貫日月, 生死安足論?
地維賴以立, 天柱賴以尊; 三綱實係命, 道義爲之根.
嗟予遘陽九, 隸也實不力; 楚囚纓其冠, 傳車送窮北.
鼎鑊甘如飴, 求之不可得; 陰房闐鬼火, 春院閟天黑.
牛驥同一皁, 雞棲鳳凰食; 一朝濛霧露, 分作溝中瘠.
如此再寒暑, 百沴自辟易; 嗟哉沮洳場, 爲我安樂國?
豈有他繆巧, 陰陽不能賊; 顧此耿耿在, 仰視浮雲白.
悠悠我心悲, 蒼天曷有極? 哲人日已遠, 典刑在夙昔.
風簷展書讀, 古道照顏色.

《古文眞寶》[前集] 卷十

행류行類

'行'은 詩體의 한 장르이며 문체의 이름. 《文體明辨》에 "步驟馳騁, 疎而不滯者曰行. 歌行有有聲有詞者, 樂府所載諸歌是也; 有有詞無聲者, 後人所作諸歌詩也. 其名多與樂府同, 而曰詠, 曰謠, 曰哀, 曰別, 則樂府所未有, 蓋卽事命篇, 旣不沿襲古題而聲調亦復相遠, 乃詩之三變也"라 함. 한편 《詩人玉屑》 1에는 "守法度曰: 詩載始末曰引, 體如行書曰行, 放情曰歌, □兼之曰歌行, 悲如蛩螿曰吟, 通乎俚俗曰謠, 委曲盡情曰曲"이라 하였고, 《滄浪詩話》 詩體篇에는 "有歌行: 古有鞠歌行, 放歌行, 長歌行, 短歌行. 又有單以歌名者, 行名者"라 함.

203. 〈貧交行〉 ·················· 杜子美(杜甫)

　　가난할 때의 사귐

*〈貧交行〉: 가난할 때의 사귐을 노래함.《補注杜詩》에 "鶴曰: 師云: 公作此詩爲嚴
　武者非, 意是公獻賦後寓京華, 故人莫有念之者. 故有此作, 所以梁權道從舊次編.
　在天寶十一載爲是. 又疑爲高適作"이라 하였고,《杜詩詳註》에도 "鶴注: 此必公
　獻賦後久寓京華, 故人莫有念之者, 故有此作. 梁氏編在天寶十一載, 是也"라 함.
　天寶 11년(752) 작이라 함.

　손 뒤집으면 구름 일게 하고, 손 엎으면 비 오게 하듯 하는 인심이니,
　수없이 어지럽고 경박함을 어찌 따질 필요 있겠는가?
　그대는 보지 못했는가, 관중管仲과 포숙鮑叔의 가난할 적의 사귐을?
　이 도리를 지금 사람들은 흙 버리듯 하고 있네.

　　翻手作雲覆手雨, 紛紛輕薄何須數?
　　君不見管鮑貧時交? 此道今人棄如土.

【翻手作雲覆手雨, 紛紛輕薄何須數】'翻手'는 손을 뒤집음. '覆手'는 손을 엎음. 아
주 쉬운 행동을 뜻함.《史記》(97) 陸賈傳에 "高祖使陸賈賜尉他印爲南越王. 陸生
至, 尉他魋結箕倨見陸生. 陸生因進說他曰:「漢誠聞之, 掘燒王先人冢, 夷滅宗族,
使一偏將將十萬衆臨越, 則越殺王降漢, 如反覆手耳.」"라 함. '紛紛'은 어지러움. 흔
함. '輕薄'은 가볍고 천박함. '何須數'는 '어찌 반드시 일일이 세어야 하는가?'의
뜻. '數'는 '따지다. 잘못 등을 지적하다'의 뜻도 들어 있음.
【君不見管鮑貧時交, 此道今人棄如土】'管鮑'는 春秋시대 齊나라의 管仲과 鮑叔. 어
릴 때부터 친구로서 관중의 욕심과 속임을 친구 포숙이 끝까지 이해해 주면서
결국 桓公에게 추천하여 관중이 재상에 오르도록 함.《史記》管晏列傳,《列子》
力命篇,《說苑》復恩篇 등을 참조할 것.《九家集註杜詩》에 "《史》: 管仲少時與鮑叔

牙游, 鮑叔終善遇之. 管仲曰:「吾始困, 嘗與鮑叔賈, 分利每多自與, 鮑叔不以我爲
貪. 知我貧也; 吾嘗與鮑叔謀事, 而更窮困, 鮑叔不以我爲愚. 知時有利不利也; 吾
嘗三仕三見逐於君, 鮑叔不以我爲不肖. 知我不遇時; 吾嘗三戰三走, 鮑叔不以我爲
退却. 知我有老母也. 公子紏敗, 召忽死之, 吾幽囚受辱. 鮑叔不以我爲無恥. 知我不
羞小節而恥功名不顯于天下也. 生我者父母, 知我者鮑子也.」鮑子既退, 管仲以身下
之. 不多管仲之賢而多鮑叔能知人"이라 함. '貧交'는《後漢書》宋弘傳에 "謂弘曰:
「諺言'貴易交, 富易妻'. 人情乎?」弘曰:「臣聞'貧賤之交不可忘, 糟糠之妻不下堂'. 帝
顧謂主曰:「事不諧矣.」라 함. '棄如土'는 흙을 버리듯 쉽게 여김.《杜詩詳註》에
"公見交道之薄, 而傷今思古也"라 함.《杜詩鏡銓》에는 "王右仲云:「作行止此四句,
語短而恨長, 亦唐人所絶少者.」라 함.

참고 및 관련 자료

1. 杜子美:杜甫, 杜少陵, 杜工部. 042 참조.
2. 이 시는《九家集注杜詩》(1),《補注杜詩》(1),《杜詩詳註》(2),《杜詩鏡銓》(2),《文章
正宗》(24),《唐詩品彙》(28),《全唐詩》(216),《唐宋詩醇》(9),《全唐詩錄》(27),《古今詩
刪》(12) 등에 널리 실려 있음.
3. 韻脚은 '雨, 數, 土'.
4.《杜詩諺解》初刊本(25)
소늘 두위혀 구루믈 짓고 소늘 업더리혀 비를 ᄒᆞ느니
어즈러운 가비얍고 열운 사ᄅᆞ믈 엇뎨 구틔여 혜리오
그듸는 管仲 鮑叔의 가난ᄒᆞᆫ 젯 사괴요믈 보디 아니ᄒᆞᆫ다
이 道를 이젯 사ᄅᆞ믄 ᄇᆞ료믈 흙ᄀᆞ티 ᄒᆞᄂᆞ다

204. 〈醉歌行〉 ·················· 杜子美(杜甫)

취하여 부르는 노래

*《眞寶》注에 "甫從姪杜勤, 下第歸鄕, 甫於長安醉中作"이라 하였고, 《杜詩鏡銓》
 에도 "別從姪勤落第歸"라 하였으며, 《補注杜詩》에도 "甫從姪杜勤落第歸, 甫作
 此以別之"라 함.

*〈醉歌行〉: 취하여 부른 노래. 杜甫의 조카 杜勤이 과거에 떨어져 고향으로 돌아
 갈 때, 杜甫가 長安에서 전송하며 醉中에 지은 것이라 함. 天寶 14년(755)의 작품.

육기陸機는 스무 살에 〈문부文賦〉를 지었다지만,
너는 그보다 더 젊은 나이에 글을 잘 엮었었지.
총각 때 이미 초서草書를 매우 신속하게 익혔으니,
세속의 아이들은 한갓 쓸모없이 많기만 하였지.
화류驊騮는 망아지였을 때 이미 피 색깔의 땀을 흘렸고,
지조鷙鳥는 죽지를 들면 청운靑雲에 맞닿는 법.
너의 문장 원천은 삼협三峽을 거꾸로 흐르게 하였고,
너의 필진筆陣은 혼자서 적군 3천 명을 쓸어낼 기세였지.
지금 나이 겨우 16, 7세로서,
사책射策은 임금 대문 앞에서 제 1등일 것으로 기대하였지.
양유기養由基처럼 버들잎 백발백중일 것으로 내 알고 있었으니,
서리도 밟아내는 말이 잠시 넘어졌다 해도 실패는 아니란다.
우연히 수재秀才로 발탁됨을 얻기 어려운 것이 아니리니,
이는 바람을 밀고 날아오를 우모羽毛의 자질을 가지고 있기 때문이지.
너는 그 몸에 이미 침을 뱉으면 진주가 되듯 글재주를 보이고 있으나,
너의 백부 나는 흰 머리카락이 어찌 다시 칠흑처럼 검어질 수 있겠
는가?

봄빛이 살랑거리는 장안長安 동정東亭에,
물가 창포는 흰 싹 돋우고 마름 풀은 파랗구나.
바람은 나그네 옷자락에 불고 햇빛은 밝고 밝은데,
나무는 이별의 시름 흔들고 꽃은 자욱하도다.
백사장 가에서 백옥병 두 병 술을 다 마시고 나니,
여러 손님들 모두 취하였으나 나만은 깨어 있구나.
이제야 빈천한 이들의 이별이란 더욱 괴로운 줄 알겠노니,
소리 삼켜 흐느끼며 머뭇머뭇 눈물만 방울진다.

陸機二十作文賦, 汝更少年能綴文.
總角草書又神速, 世上兒子徒紛紛.
驊騮作駒已汗血, 鷙鳥擧翮連靑雲.
詞源倒流三峽水, 筆陣獨掃千人軍.
只今年纔十六七, 射策君門期第一.
舊穿楊葉眞自知, 暫蹶霜蹄未爲失.
偶然擢秀非難取, 會是排風有毛質.
汝身已見唾成珠, 汝伯何由髮如漆?
春光淡沲秦東亭, 渚蒲芽白水荇靑.
風吹客衣日杲杲, 樹攬離思花冥冥.
酒盡沙頭雙玉瓶, 衆賓皆醉我獨醒.
乃知貧賤別更苦, 呑聲躑躅涕淚零.

【陸機二十作文賦, 汝更少年能綴文】'陸機'(261–303)는 晉나라 문인. 자는 士衡. 아
우 陸雲과 함께 文名을 날렸으며, 그의 〈文賦〉는 文論을 읊은 대표적인 문학 이
론임.《杜詩鏡銓》에 "臧榮緖《晉書》:「機少襲父兵爲牙門將軍, 年二十而吳滅, 退臨
舊里, 與弟雲勤學. 機妙解情理, 心識文體, 故作〈文賦〉.」"라 함.
【總角草書又神速, 世上兒子徒紛紛】'總角'은 옛날 冠을 쓰기 전 아이들이 머리를
묶어 뿔처럼 된 모습. 아직 미혼의 사내아이들을 일컫는 말. '紛紛'은 쓸모없이

많기만 함.

【驊騮作駒已汗血, 鷙鳥擧翮連靑雲】 '驊騮'는 옛 周 穆王의 八駿馬의 하나. 털빛이 붉은 준마 이름임. '汗血'은 피 같은 땀을 흘림. 漢 武帝 때 大宛國에서 李廣利가 구해온 천리마. 달릴 때 땀을 흘리면 그 땀이 핏빛이었다 함. '鷙鳥'(지조)는 매나 독수리 따위의 猛禽類. '翮'(핵)은 죽지. 새 날개의 힘을 받쳐주는 근육.

【詞源倒流三峽水, 筆陣獨掃千人軍】 '詞源'은 문장의 원천. '三峽'은 長江 四川省과 湖北省 사이 세 곳 협곡의 급류. 瞿塘峽, 巫峽, 西陵峽. 그러나 《杜詩鏡銓》에는 "《益州記》:明月峽, 巫山峽, 廣谿峽, 謂之三峽"이라 함. '倒流三峽水'는 《九家集註杜詩》에 "倒流三峽水, 謂源源壯健, 可以衝三峽之水, 使之倒流也"라 함. '筆陣'은 붓으로 친 陣. 여기서는 글씨의 기세를 뜻함. 《杜詩鏡銓》에 "王羲之〈題衛夫人筆陣圖〉:「紙者, 陣也; 筆者, 刀矟也; 墨者, 鍪甲也; 硯者, 城池也; 本領者, 將軍也; 心意者, 副將也.」"라 함.

【只今年纔十六七, 射策君門期第一】 '纔'는 才와 같으며 副詞로 '겨우, 막'의 뜻. '射策'은 옛날 科擧 시험의 한 가지로, 問題를 적은 策(대쪽) 하나를 뽑아 그에 맞는 답을 쓰는 방법. 활을 쏘듯 策問에 맞추어 답을 씀을 비유함. 《漢書》蕭望之傳 "蕭望之以射策甲科爲郞"의 注에 "師古曰:師策者, 謂爲難問疑義, 書之於策, 量其大小, 署爲甲乙之科, 列而置之, 不使彰顯, 有欲射者, 隨其所取得而釋之, 以知優劣. 射之言投射也"라 함.

【舊穿楊葉眞自知, 暫蹶霜蹄木爲失】 '舊穿楊葉'은 楚나라 養由基는 활의 명수로서 百步 밖에서 쏘아 버들잎을 뚫었다 함. 《眞寶》注에 "舊穿楊葉, 善射者也"라 함. 《左傳》成公 16年에 "晉楚遇於鄢陵. ……養由基蹲甲而射之, 徹七札焉"이라 하였으며, 《杜詩鏡銓》에 "《戰國策》:「楚有養由基者, 去柳葉百步而射之, 百發百中.」"이라 함. 《史記》周本紀에 "楚有養由基者, 善射者也. 去柳葉百步而射之, 百發而百中之. 左右觀者數千人, 皆曰善射. 有一夫立其旁, 曰:善, 可敎射矣. 養由基怒, 釋弓搤劍, 曰:客安能敎我射乎? 客曰:非吾能敎子支左詘右也. 夫去柳葉百步而射之, 百發而百中之, 不以善息, 少焉氣衰力倦, 弓撥矢鉤, 一發不中者, 百發盡息"이라 하였고, 《戰國策》西周策에도 "蘇厲謂周君曰:「敗韓, 魏, 殺犀武, 攻趙, 取藺, 離石, 祁者, 皆白起. 是攻用兵, 又有天命也. 今攻梁, 梁必破, 破則周危, 君不若止之. 謂白起曰:『楚有養由基者, 善射; 去柳葉者百步而射之, 百發百中. 左右皆曰:'善.' 有一人過曰:'善射, 可敎射也矣.' 養由基曰:'人皆善, 子乃曰:可敎射, 子何不代我射之也?' 客曰:'我不能敎子支左屈右. 夫射柳葉者, 百發百中, 而不已善息, 少焉氣力倦, 弓撥

矢鉤, 一發不中, 前功盡矣.' 今公破韓, 魏, 殺犀武, 而北攻趙, 取藺, 離石, 祁者, 公也. 公之功甚多. 今公又以秦兵出塞, 過兩周, 踐韓而以攻梁, 一攻而不得, 前功盡滅, 公不若稱病不出也.」'라 함. 여기서는 杜勤이 과거에 급제하는 것은 틀림없을 것임을 말한 것. '暫蹶'은 잠시 넘어짐. 여기서는 科擧에 한 번 낙방함을 뜻함. '霜蹄'는 《莊子》 馬蹄篇에 "馬, 蹄可以踐霜雪, 毛可以禦風寒, 齕草飲水, 翹足而陸, 此馬之眞性也"라 하여 말은 굽으로 서리와 눈을 밟아 냄. 어떠한 악조건에도 굴하지 않고 달리는 준마를 대신하는 말로 쓰임. 元 吳澄의 〈八駿圖〉 詩에 "陰山鐵騎千千匹, 雨鬣霜蹄神鬼出"이라 함.

【偶然擢秀非難取, 會是排風有毛質】'擢秀'는 秀才로 발탁됨. 빼어난 인물로 드러남을 비유함. '排風'은 바람을 밀침. 鷥鳥가 바람을 밀치고 하늘로 높이 날아오름. '毛質'은 羽毛의 재질. 높이 날아오를 수 있는 본질. 《杜詩鏡銓》에 "仇注: 蹶踶應驊騮, 惜其不遇也. 排風應鷥鳥, 望其終達也"라 함.

【汝身已見唾成珠, 汝伯何由髮如漆】'唾成珠'는 침이 진주가 됨. 글을 쓰면 모두 훌륭한 작품이 됨을 비유함. 《後漢書》 文苑傳(趙壹)에 "魯生歌曰:「家勢多所宜, 咳唾自成珠.」"라 함. '汝伯'은 '너의 伯父'. 杜甫 자신을 가리킴. '如漆'은 《杜詩鏡銓》에 "二句謂「汝自無憾, 但我年不再少也.」"라 함. 자신은 다시 젊어질 수 없음을 말함.

【春光淡沲秦東亭, 渚蒲芽白水荇靑】'淡沲'는 潭沲, 淡蕩과 같은 뜻이며 물이 출렁거림을 표현하는 雙聲連綿語. 《杜詩詳註》에는 '潭沲'로 되어 있음. 《杜詩鏡銓》에 "富嘉謨詩:「春光潭沲度千門.」潭沲, 猶淡蕩也"라 함. '秦東亭'은 秦은 長安. 東亭은 동쪽의 驛亭. '亭'은 고대 지방 행정의 최소 단위로 마을. 두보가 조카를 보내며 술에 취해 시를 쓴 곳. '渚蒲'는 물가의 부들. 《詩》 陳風 〈澤陂〉 "彼澤之陂, 有蒲與荷. 有美一人, 傷如之何"의 注에 "蒲, 水草, 可爲席者"라 함. '水荇'은 水草의 일종. 마름풀의 한 종류. 《詩》 周南 關雎 "參差荇菜, 左右流之. 窈窕淑女, 寤寐求之"의 注에 "荇, 接余也. 根生水底, 莖如釵股, 上靑下白, 葉紫赤圓徑寸餘, 浮在水面"이라 함.

【風吹客衣日杲杲, 樹攬離思花冥冥】'杲杲'(고고)는 밝은 모양. 《詩》 衛風 〈伯兮〉에 "其雨其雨, 杲杲出日"이라 함. '攬'은 攪의 오류. 《杜詩鏡銓》, 《補注杜詩》, 《杜詩詳註》 등에는 모두 '攪'로 되어 있으며 '어지럽히다, 흔들다'의 뜻. 《杜詩鏡銓》에 "陳子高詩:「花片攪春心.」"이라 함. '冥冥'은 어둡고 자욱한 상태. 《詩》 小雅 〈將無大車〉 "無將大車, 維塵冥冥. 無思百憂, 不出于熲"의 注에 "冥冥, 昏晦也"라 함.

【酒盡沙頭雙玉瓶, 衆賓皆醉我獨醒】'沙頭'는 沙場 가. '雙玉瓶'은 두 옥병의 술.

《楚辭》漁父篇에 "衆人皆醉我獨醒"이라 함.

【乃知貧賤別更苦, 吞聲躑躅涕淚零】'貧賤別更苦'의 '更'은 副詞로 '더욱'의 뜻. 자신이 가난하고 천하여 조카와 이별하면서 더 이상 어찌 해 줄 수가 없음을 한탄한 것. '吞聲'은 소리를 삼킴. 소리를 참으며 욺. '躑躅'은 머뭇거리거나 서성이는 상태를 표현하는 疊韻連綿語. 《文選》〈古詩十九首〉 "沈吟聊躑躅"의 注에 "住足也. 行不進貌"라 함.

참고 및 관련 자료

1. 杜子美: 杜甫, 杜少陵, 杜工部. 042 참조.

2. 이 시는 《九家集注杜詩》(1), 《補注杜詩》(1), 《集千家註杜工部詩集》(2), 《杜詩詳注》(3), 《杜詩鏡銓》(2), 《文苑英華》(336), 《全唐詩》(216), 《事文類聚》(前集46), 《唐詩品彙》(28), 《竹莊詩話》(11) 등에 실려 있음.

3. 韻脚은 '文, 紛·雲, 軍'. '七, 一, 失, 質, 漆'. '亭, 靑, 冥, 醒, 零'.

4. 《杜詩鏡銓》注

浦二田云: 「以半老人送少年, 以落魄人送下第, 情緖自爾纏綿愷惻.」 ○首贊其才, 中慰其遇, 後惜其別, 章法易明.

5. 《杜詩諺解》初刊本(8)

陸機는 스믈헤 文賦를 지스니

너는 가식야 나히 져고틱 能히 그를 짓놋다

總角애 草書 수미 또 神速ᄒᆞ니

世上애 아히돌흔 흔갓 어즈럽도다

驊騮는 삿기 두외야실 저긔 ᄒᆞ마 피쏜물 내오

鷙鳥는 곳 ᄂᆞᆯ개 들 저긔 프른 구루메 니서 가ᄂᆞ니라

긼 출흔 三峽 므를 갓고로 흘리리오

분 陣은 ᄒᆞ올로 즈믄 사ᄅᆞ믹 軍을 쓰러 ᄇᆞ리리로다

이제 나히 아야라 열여닐구비니

君門에 와 射策ᄒᆞ야 第一을 期望ᄒᆞ놋다

녜 버듨닙 들오소믄 진실로 스싁로 아ᄂᆞ니

잠깐 霜蹄ㅣ 업더듀믄 過失이 아니니라

偶然히 英秀글희요믈 어려이 얻디 아니ᄒᆞ리니

모로매 이 바ᄅᆞ믈 헤이즐 毛質이 잇ᄂᆞ니라

네 모매는 ᄒ마 바ᄐᆞᆫ 추미 구슬 ᄃᆞ외요믈 보앳거니와

네 아자비는 어느 말ᄆᆡ로 머리터리 옷 ᄀᆞ투리오

ᄇᆞᆰ비치 秦ㅅ 東녁 亭子애 믈ᄀᆞ니

ᄆᆞᆰ곳 즐핏 어미 히오 브렛 荇草ㅣ 퍼러ᄒᆞ도다

ᄇᆞᄅᆞ미 나그내 오ᄉᆞᆯ 불어늘 히 돋ᄂᆞ니

남기 여희ᄂᆞᆫ ᄆᆞᄉᆞ믈 이어니 고지 아득아득ᄒᆞ도다

수를 다 머그니 몰앳 ᄀᆞ테 두 玉甁이 잇ᄂᆞ니

모ᄃᆞᆫ 소ᄂᆞᆫ ᄒ마 醉커늘 내 ᄒᆞ오ᅀᅡ 씨야쇼라

가난코 賤ᄒᆞ매 여희유미 가ᄉᆡ야 苦로왼 ᄃᆞᆯ 아ᄂᆞ니

소리ᄅᆞᆯ 머굼고 머므러셔 눉므를 ᄠᅳ들이노라

205. <麗人行> .... 杜子美(杜甫)

고운 여인들을 노래함

*《眞寶》注에 "天寶十三載(754), 楊國忠與虢國夫人鄰居第, 往來無期, 或並轡入朝, 不施幃幕, 道路爲之掩目, 子美因作〈麗人行〉"이라 함.

*〈麗人行〉:'麗人'은 곱고 예쁜 여인들. 미인. 여기서는 구체적으로 楊貴妃의 자매 虢國夫人, 韓國夫人, 秦國夫人을 가리킴. '行'은 樂府體의 형식, 장르이며 문체의 이름. 《文體明辨》에 "步驟馳騁, 疎而不滯者曰行"이라 함. 《杜詩鏡銓》注에 "《困學紀聞》: 王無功〈三月三日賦〉:「聚三都之麗人.」杜語本此"라 함. 이 시는 新樂府體로써 楊貴妃의 총애로 자매가 모두 득세하고, 특히 天寶 11년(752) 楊國忠이 左丞相에 올랐던 이듬해(753) 3월 삼진날 이들이 曲江池에 봄놀이를 나서서, 음식을 장만하여 떠들썩하게 굴며 질탕하게 노는 모습을 풍자하여 읊은 것임. 《新唐書》(76) 后妃(上) 楊貴妃傳에 "國忠既遙領劍南, 每十月, 帝幸華淸宮, 五宅車騎皆從, 家別爲隊, 隊一色, 俄五家隊合, 爛若萬花, 川谷成錦繡, 國忠導以劍南旗節. 遺鈿墮舄, 瑟瑟璣琲, 狼藉於道, 香聞數十里. 十載正月望夜, 妃家與廣寧主僮騎爭闤門, 鞭挺讙競, 主墮馬, 僅得去. 主見帝泣, 乃詔殺楊氏奴, 貶駙馬都尉程昌裔官. 國忠之輔政, 其息昢尙萬春公主, 暄尙延和郡主; 弟鑑尙承榮郡主. 又詔爲玄琰立家廟, 帝自書其碑. 銛, 秦國早死, 故韓, 虢與國忠貴最久. 而虢國素與國忠亂, 頗爲人知, 不恥也. 每入謁, 幷驅道中, 從監, 侍姆百餘騎, 炬蜜如晝, 靚妝盈里, 不施幃障, 時人謂爲「雄狐」. 諸王子孫凡婚聘, 必先因韓, 虢以請, 輒皆遂, 至數百千金以謝."라 함.

3월 삼진날 날씨 새로운데,
장안長安 물가에 봄놀이 나온 많은 미인들.
용태는 농염하고 뜻은 원숙하고도 진실하며,
살결 곱고 매끄러우며 몸매는 균형이 잡혔도다.
수놓은 비단 옷 늦봄 풍경에 비추었고,
옷깃은 공작과 기린 무늬 금실 은실 박았네.

머리 위엔 무엇이 있나?

비취 깃의 머리 장식 귀밑머리에 가로로 늘어뜨렸네.

등 뒤엔 무엇이 보이나?

구슬로 허리 옷자락 눌러 몸매와 어울리네.

운막雲幕과 초방椒房에 가까운 친척들이라,

대국부인의 명호를 내리니 괵국부인虢國夫人과 진국부인秦國夫人.

보랏빛 낙타 봉 요리를 비취색 가마솥에서 삶아내고,

흰 비늘 물고기 요리는 수정 쟁반에 담아내네.

실컷 먹고 나서도 물소뼈 젓가락 아직 내려놓지 않고 있는데,

방울 소리 난새 장식의 칼은 가늘게 써느라 어지럽네.

황문黃門 내시는 먼지도 없이 말을 몰아 달려오고,

궁중 부엌에선 팔진미八珍味를 끊임없이 보내오네.

퉁소라 북소리 애절하여 귀신도 감동시키고,

시끌벅적 따라온 귀빈들 요직을 차지한 사람들.

뒤늦게 와 안장에 앉은 이는 어찌 그리 느긋한고?

장막 아래 이르러 말을 내리더니 비단 방석에 자리를 잡네.

버드나무 꽃이 눈처럼 날려 부평초를 희게 덮고,

푸른 새 날아가더니 여인의 붉은 수건을 물고 오네.

손을 데일 정도로 뜨거운 그 권세 비길 데 없으니,

삼가 가까이 하지 말라, 승상께서 노하실라!

三月三日天氣新, 長安水邊多麗人.

態濃意遠淑且眞, 肌理細膩骨肉勻.

繡羅衣裳照暮春, 蹙金孔雀銀麒麟.

頭上何所有? 翠爲匌葉垂鬢脣.

背後何所見? 珠壓腰衱穩稱身.

就中雲幕椒房親, 賜名大國虢與秦.

紫駝之峰出翠釜, 水精之盤行素鱗.

犀筯厭飫久未下, 鸞刀縷切空紛綸.

黃門飛鞚不動塵, 御廚絡繹送八珍.

簫皷哀吟感鬼神, 賓從雜遝實要津.

後來鞍馬何逡巡, 當軒下馬入錦茵.

楊花雪落覆白蘋, 靑鳥飛去銜紅巾.

炙手可熱勢絶倫, 愼莫近前丞相嗔!

【三月三日天氣新, 長安水邊多麗人】 '三月三日'은 원래 음력 3월 上旬 上巳日에 거행
하던 봄씻이 풍속. 魏나라 이후에는 3월 3일이 巳日이 아니더라도 그 날로 확정
되어 흔히 삼짇날이라 함. 흔히 禊事라 하였으며 이 날 새봄을 맞아 曲水의 물
가에 나가 잔을 띄우고 妖邪를 제거하며, 제를 올리고 겨우내 움츠렸던 활동을
다시 시작함. 그 기원에 대해 《晉書》(51) 束晳傳에는 "(晉)武帝嘗問摯虞三日曲水之
義, 虞對曰:「漢章帝時, 平原徐肇以三月初生三女, 至三日俱亡. 村人以爲怪, 乃招攜
之水濱, 洗祓. 遂因水以汎觴, 其義起此.」帝曰:「必如所談, 便非好事.」晳進曰:「虞
小生, 不足以知. 臣請言之: 昔周公城洛邑, 因流水以汎酒. 故逸詩云『羽觴隨波』. 又
秦昭王以三日置酒河曲, 見金人奉水心之劍, 曰:『令君制有西夏.』乃霸諸侯, 因此立
爲曲水. 二漢相緣, 皆爲盛集.」帝大悅, 賜晳金五十斤"이라 함. 한편 王羲之의 〈蘭
亭集序〉(後集 012)에도 "永和九年歲在癸丑暮春之初, 會于會稽山陰之蘭亭, 修禊事
也. 群賢畢至, 少長咸集, 此地有崇山峻嶺, 茂林修竹, 又有淸流激湍, 映帶左右, 引
以爲流觴曲水, 列坐其次, 雖無絲竹管絃之盛, 一觴一詠, 亦足以暢敍幽情. 是日也
天朗氣淸, 惠風和暢. 仰觀宇宙之大, 俯察品類之盛, 所以遊目騁懷, 足以極視聽之
娛, 信可樂也"라 함. 《杜詩鏡銓》注에 "朱注: 此刺諸楊遊宴曲江也. 《舊唐書》:「玄
宗每幸華淸宮, 國忠姊妹五家扈從, 每家爲一隊, 著一色衣. 五家合隊, 照映如花,
遺鈿墜舃, 瑟瑟珠翠, 燦爛芳馥於路. 而國忠私於虢國, 不避雄狐之刺, 聯鑣方駕,
不施帷幔.」其從幸華淸如此, 度上巳修禊, 亦必爾也"라 함. '長安水邊'은 曲江을 가
리킴. 曲江은 못 이름. 漢 武帝 때 축조하였으며 물굽이가 嘉陵江과 같아 曲江이
라 부른 것이며 長安의 가장 뛰어난 경승지였음.
【態濃意遠淑且眞, 肌理細膩骨肉勻】 '淑且眞'은 貞淑하고 또한 眞實됨. 《杜詩鏡銓》
注에 "淑眞, 婦人美德, 公反言以刺之也"라 함. '肌理'는 살결의 무늬. 여인의 고운

피부 살결을 말함. '細膩'는 미세하고 기름기가 흐름. '勻'은 均과 같음. 고름.

【繡羅衣裳照暮春, 蹙金孔雀銀麒麟】'蹙金'은 刺繡의 用語로써 '撚金'이라고도 함. 《杜詩詳註》에 "趙曰:杜牧自謂其詩「蹙金結繡」, 知'蹙金', 乃唐人常語"라 하여 唐나라 때의 常語(套語)라 함. 금이나 은을 가늘고 얇게 비벼 꼬아 옷의 가장자리나 알맞은 위치에 여러 가지 형태의 무늬를 넣는 것을 말함.

【頭上何所有? 翠爲匌葉垂鬢脣】'翠爲'는 《九家集註杜詩》와 《補注杜詩》, 《杜詩詳註》 등에는 '翠微'로 되어 있으며, 注에 "一作爲"라 함. 翡翠로 가볍게 흔들리도록 장식한 首飾. '匌葉'은 여인들의 묶은 머리 위에 다시 꽃으로 장식하여 꾸민 것. '匌'은 '압'(烏合切)으로 읽으며 韻尾를 동일하게 한 連綿語로 볼 수 있음. 《杜詩詳註》에 "趙曰:翠微匌葉, 言翡翠微布於匌綵之葉. 若作翠爲匌葉, 則以翠爲匌匜之葉也. 杜曰:《廣韻》:匌綵婦人髻飾花也."라 함. 한편 《杜詩》注에 "匌葉, 夫人鬢邊花, 以翠羽鋪飾, 其狀輕微也"라 하였고, 《杜詩鏡銓》注에는 "《玉篇》:匌綵, 婦人頭花髻飾"이라 함. '鬢脣'은 귀밑으로 난 머리의 끝. 《杜詩詳註》에 "鬢脣(脣), 鬢邊也."라 함.

【背後何所見? 珠壓腰衱穩稱身】'背後'는 《補注杜詩》에는 '身後'로 되어 있음. '珠壓'은 옷 뒤쪽 가장자리를 옥으로 눌러 달아 옷이 처져 몸매가 고르게 드러나도록 한 복장 형태. '腰衱'은 허리띠. 치마끈. 그러나 《爾雅》 釋器에 "衱謂之裾"라 하고 郭璞 注에 "衣後襟也"라 하여 옷 뒤쪽의 옷깃이라 하였음. 《杜詩》注에 "腰衱, 卽今裙帶. 綴珠其上壓而不垂也"라 하였고, 《杜詩鏡銓》注에는 "蓋衣裾以珠綴之"라 함.

【就中雲幕椒房親, 賜名大國虢與秦】'就中'은 '그들 속으로 나가보니'의 뜻. '雲幕'은 漢나라 때 궁궐의 전각 이름. 《西京雜記》(1)에 "武帝設雲帳, 雲幄, 雲幕於甘泉紫殿, 世稱三雲殿"이라 함. 그러나 《杜詩》注에는 "夢弼注:雲幕, 謂鋪設幕吹如雲霧之垂也"라 함. '椒房'은 원래 漢나라 때 皇后가 거처하던 곳. 未央宮에 있었으며 산초나무와 진흙으로 벽을 칠하여 온기와 향기, 그리고 다산을 상징하였다 함. 뒤에는 后妃가 거하는 방, 혹은 후비를 椒房이라 불렀음. 《三輔黃圖》에 "椒房殿在未央宮, 以椒和泥塗壁"이라 함. 《漢書》 車千秋傳 및 주를 볼 것. 白居易의 〈長恨歌〉에도 "梨園弟子白髮新, 椒房阿監靑蛾老"라 함. '虢與秦'은 楊貴妃가 총애를 얻고 나자 그의 세 자매가 모두 '夫人'(궁중 后妃의 칭호)에 올랐으며 天寶 7년 (748) 큰언니는 韓國夫人(崔氏), 셋째 자매는 虢國夫人(裴氏), 여덟째 자매는 秦國夫人(柳氏)에 봉해졌음. 《杜詩鏡銓》注에 "《唐書》:太眞姊三人, 皆有才貌, 並封國

夫人. 長姨韓國, 三姨虢國, 八姨秦國, 同日拜命"이라 함. 〈長恨歌〉에는 "姉妹兄弟
皆列土, 可憐光彩生門戶. 遂令天下父母心, 不重生男重生女"라 하였음.

【紫駞之峰出翠釜, 水精之盤行素鱗】 '紫駞之峯'은 駝峯(駞峯). 單峰 낙타의 자주색
혹. 西域 낙타에서 나며 이를 훌륭한 요리 재료로 여겼음. '峯'은 《杜詩詳註》에는
"一作珍"이라 함. 《杜詩鏡銓》 注에 《漢書》: 「大月氏出一峯橐駝.」 注: 「脊上有一峯高
也, 如封土然, 今俗呼爲犎.」 《西陽雜俎》: 「衣冠家名食有將軍曲, 良翰能爲駝峯炙.」
라 함. 이로써 요리한 것은 八珍味의 하나임. '駞'는 駝와 같음. '翠釜'은 翠綠의
玉色 돌로 만든 가마솥. '水精'은 水晶과 같음. '素鱗'은 깨끗한 물고기. 흰 비늘을
가진 좋은 생선의 요리재료.

【犀筯厭飫久未下, 鸞刀縷切空紛綸】 '犀筯'는 물소 뼈로 만든 좋은 젓가락. '筯'는
箸와 같음. 《西陽雜俎》에 "安祿山恩寵莫比, 其所賜有金平脫犀頭匙筯"라 함. '厭
飫'의 '厭'은 饜과 같음. 싫증이 나도록 먹음. 실컷 먹어 음식에 싫증을 느낌. '久未
下'는 음식을 더 들 수는 없을 정도로 배가 부르고 싫증이 나지만 그래도 미련이
있어 한참 동안 머뭇거리며 젓가락을 얼른 내려놓지 못함. 또는 젓가락을 둘 곳
이 없음. 《晉書》(23) 何曾傳에 "(何曾)性奢豪, 務在華侈, 帷帳車服, 窮粒綺麗. 厨膳
滋味, 過於王者, 每燕見不食. 太官所設, 帝輒命取其食, 蒸餅上不拆, 作十字不食,
食日萬錢, 猶曰無下箸"라 함. '鸞刀'는 《杜詩鏡銓》과 《補注杜詩》, 《集千家註杜工部
詩集》, 《杜詩詳註》 등에는 모두 '鑾刀'로 되어 있으며 작은 난새 방울을 달아 장
식한 조리용 칼. 그러나 '鑾'은 방울을 뜻하여 같은 뜻으로 통용한 것임. '縷切'은
실처럼 가늘게 썰어 요리를 만듦. '紛綸'은 바삐 움직이는 모습을 표현한 疊韻連
綿語.

【黃門飛鞚不動塵, 御廚絡繹送八珍】 '黃門'은 東漢 이후 中書省에 黃門을 설치하고
환관을 관리하도록 하였으며 이들은 주로 환관으로 충원하여, 환관을 일컫는
말로 쓰였음. 太監이라고도 함. 그 관청의 벽을 노랗게 칠하여 '黃門'이라 하였
음. 《杜詩鏡銓》 注에 "《漢書》注: 禁中黃門謂閹人, 在內給事者"라 함. 《明皇雜錄》에
"虢國夫人出入禁中, 常秉紫驄, 使小黃門爲御. 紫驄之駿健, 黃門之端秀, 皆冠絶一
時"라 함. 《眞寶》 注에 "黃門, 宦官供奉於黃門者"라 함. '飛鞚'의 '鞚'은 말의 굴레.
나는 듯이 빠른 말을 타고 나타남. '絡繹'은 끊임없이 이어지는 모습. 《九家集注
杜詩》와 《補注杜詩》, 《集千家註杜工部詩集》에는 '絲絡'으로 되어 있으며 注에
"絲絡, 一作絡繹"이라 함. '八珍'은 여덟 가지의 이름나고 진귀한 요리. 《周禮》 天官
膳夫에 "珍用八物"이라 하였고, 注에 "淳熬, 淳毋, 炮豚, 炮牂, 擣珍, 漬, 熬, 肝膋"

이라 함. 한편 《南村輟耕錄》에는 "所謂八珍, 則醍醐, 麏沆, 野駝蹄, 鹿脣, 駝乳糜, 天鵝炙, 紫玉漿, 玄玉漿也"고 하였고, 지금의 중국 요리에서는 흔히 龍肝, 鳳髓, 豹胎, 鯉尾, 鴞炙, 猩脣, 熊掌, 酥酪蟬을 들기도 함.

【簫皷哀吟感鬼神, 賓從雜遝實要津】'簫鼓'는 《杜詩詳註》에는 '簫管'으로 되어 있으며, '簫'는 퉁소의 일종. 여기서는 각종 악기, 즉 음악을 대신하는 말로 쓰였음. '賓從'은 楊氏 가문의 門客들. '雜遝'은 《杜詩詳註》에 "遝, 一作沓"이라 하였으며, 사람들이 모여들어 들끓는 모습을 표현하는 疊韻連綿語. '要津'은 要路津. 아주 중요한 요직. 《古詩十九首》에 "人生寄一世, 奄忽若飈塵, 何不策高足, 先據要路津?"이라 하였고, 杜甫의 〈奉贈韋左丞丈二十二韻〉(097)에도 "自謂頗挺出, 立登要路津. 致君堯舜上, 再使風俗淳"이라 함.

【後來鞍馬何逡巡, 當軒下馬入錦茵】'逡巡'은 천천히 걷는 걸음이나 태도를 표현하는 疊韻連綿語. 《杜詩鏡銓》注에 "仇注:鞍馬逡巡, 見賓從伺候之多. 當軒下馬, 見旁若無人之象"이라 함. '錦茵'은 비단으로 만든 깔개. 양탄자.

【楊花雪落覆白蘋, 靑鳥飛去銜紅巾】'楊花雪落覆白蘋'은 '버들 꽃이 눈처럼 희게 떨어져 부평초 위에 덮이다'의 뜻. '白蘋'은 浮萍과 같음. 부평초를 뜻하며 뿌리가 없는 수초로서 楊國忠을 비유함. 한편 이 구절은 《梁書》에 楊華라는 사람을 직접 지칭하여 그 고사를 인용한 것이기도 함. 北朝 北魏의 胡太后(北魏 鮮卑族 拓跋氏 孝明帝의 태후)가 젊고 힘찬 楊華와 강제로 사통하자 楊華는 화가 미칠 것을 두려워하여 그 부족을 이끌고 남쪽 梁나라로 투항해버렸음. 그러자 胡太后는 그를 그리워하여 〈楊白花歌〉를 지어 궁인들로 하여금 팔을 서로 잡고 발을 구르며 노래를 부르도록 하였는데, 그 소리가 심히 애절하였다(楊華少有勇力, 容貌雄偉. 魏太后逼通之. 華懼及禍, 乃率其部曲降梁. 太后思之, 爲作〈楊白華歌〉, 使宮人連臂蹋足歌之. 聲甚悽惋) 함. 그 가사는 "陽春二三月, 楊柳齊作花. 春風一夜入閨闥, 楊花飄蕩落南家. 含情出戶脚無力, 拾得楊花淚沾臆. 春去秋來雙燕子, 願銜楊花入窠裏"라 하였음. 여기서는 楊國忠과 虢國夫人의 사통을 비유하기도 한 것이라 함. 《杜詩鏡銓》注에 "《廣雅》:「楊花入水化爲萍」《爾雅翼》:「萍, 大者曰蘋.」《樂府》〈楊白花歌〉:「白楊花, 飄蕩落南家.」又曰:「願銜楊花入窠裏.」此胡太后淫辭, 用之亦以託諷楊氏也"라 함. '靑鳥'는 신화 속의 三足鳥. 三靑鳥라고도 하며 西王母의 使者. 《山海經》海內北經에 "西王母梯几而戴勝, 其南有三靑鳥, 爲西王母取食. 在昆侖虛北"라 함. 《杜詩鏡銓》注에 "《漢武故事》:七月七日王母至, 有二靑鳥如烏夾侍王母旁"이라 함. '紅巾'은 부인들이 사용하는 장식 손수건이나 목도리. 楊國忠이 나

타나자 虢國夫人에게 자신이 나타났음을 알리기 위해 靑鳥가 날아가 그의 붉은
수건을 입에 물고 다시 날아와 알림. 여기에서는 楊國忠과 虢國夫人의 은근한
私通을 暗示한 것이라 함.《杜少陵集》(2)에 의하면 양국충과 괵국부인은 이웃에
살며 자주 왕래하였는데 혹 수레를 함께 타고 입조할 때에도 장막을 치지 않아
길가 사람들이 눈을 감아야 할 정도였다 함.

【炙手可熱勢絶倫, 愼莫近前丞相嗔】'炙手可熱'은 손을 댔다가는 화상을 입을 정도
로 그 세력이 불꽃처럼 기세가 등등함을 말함. '丞相嗔'의 丞相은 楊國忠을 가리
킴. 天寶11년(752)에 楊國忠이 左丞相에 임명되었음. 丞相 楊國忠의 심기를 건드
리지 말 것을 주문한 것. '嗔'은 '성내다'의 뜻. 그러나《杜詩詳註》에는 '瞋'으로 되
어 있으며 이 역시 '눈을 부릅뜨며 화를 내다'의 뜻.《杜詩詳註》注에 "末乃指言
國忠形容, 其烜赫聲勢也. 秦虢前行, 國忠殿後, 鞍馬逶巡, 見擁護塡街, 按轡徐行
之象, 當軒下馬, 見意氣揚揚, 旁若無人之狀. 楊花靑鳥, 點暮春景物, 見唯花鳥相
親, 遊人不敢仰視也. 一時氣燄, 可畏如此也"라 함.

> ### 참고 및 관련 자료

1. 杜子美:杜甫, 杜少陵, 杜工部. 042 참조.

2. 이 시는《九家集注杜詩》(2),《補注杜詩》(2),《集千家註杜工部詩集》(2),《杜詩詳
註》(2),《杜詩鏡銓》(2),《文苑英華》(350),《全唐詩》(25, 216),《全唐詩錄》(27),《竹莊詩
話》(14),《樂府詩集》(68) 등에 실려 있음.

3. 七言을 위주로 하되 중간에 五言의 두 구절을 넣고 있으며, 韻脚은 '新, 人,
眞, 勻, 春, 麟, 脣, 身, 親, 秦, 鱗, 綸, 塵, 珍, 神, 津, 巡, 茵, 蘋, 巾, 倫, 嗔'임.

4. 淸, 施補華는《峴傭說詩》에서 "〈麗人行〉, 前半竭力形容楊氏姉妹之游冶淫佚,
後半敍國忠之氣焰逼人, 絶不作一斷語, 使人於意外得之. 此詩之善諷也"라 하였고,
浦起龍은《讀杜甫心解》에서 "無一刺譏語, 描摹處, 語語刺譏. 無一慨嘆聲, 點逗處,
聲聲慨嘆"이라 하였음.

5.《杜詩諺解》初刊本(11)

三月三日에 하ᄂᆞᆳ 氣運이 새ᄅᆞ외니

長安ㅅ 믌ᄀᆞᅀᅵ 고온 사ᄅᆞ미 하도다

양ᄌᆡ 돋겁고 ᄠᅳ디 멀오 ᄆᆞᆰ고 眞實ᄒᆞ니

ᄉᆞᆯ햇 그미 ᄀᆞᄂᆞᆯ오 ᄉᆞᆯ지고 ᄲᅢ와 ᄉᆞᆯ쾌 고ᄅᆞ도다

繡혼 노 옷 고외 暮春에 비취엣ᄂᆞ니

金孔雀과 銀麒麟괘 뗑긔엣도다

머리 우흰 므스거시 잇ᄂᆞ니오

프른 거스로 荀葉을 밍ᄀᆞ라 구민과 이베 드리엣도다

둥어리엔 므스 거슬 보리오

구스를 바갓ᄂᆞᆫ 腰袯이 便安ᄒᆞ야 모매 맛도다

그 中에 구룸 ᄀᆞᆮᄒᆞᆫ 지븐 椒房앳 아ᅀᆞ미니

일후믈 큰 나라ᄒᆞᆯ 주시니 虢과 다뭇 秦이로다

블근 약대의 고기를 프른 가마애 술마 내오

水精盤ᄋᆞ로 흰 비느를 다마 녜놋다

犀角ᄋᆞ로 밍ᄀᆞ론 져를 비 블어 오래 ᄂᆞ리오디 아니커늘

鸞刀로 실 ᄀᆞ티 버휴믈 흔갓 어즈러이 ᄒᆞ놋다

黃門의 톤 ᄂᆞᆫ 무리 드트리 뭐디 아니ᄒᆞᄂᆞ니

御廚에셔 실 ᄂᆞᆮ시 八珍을 보내놋다

피리와 붑괘 슬피 이퍼 鬼神을 感動히오ᄂᆞ니

뫼셔 어즈러이 왯ᄂᆞ닌 眞實로 조ᅀᆞᄅᆞ왼 놀잇 사ᄅᆞ미로다

後에 오ᄂᆞᆫ 믈 ᄐᆞ니ᄂᆞᆫ 엇뎨 머믈리오

軒檻을 當ᄒᆞ야 믈 브려 錦茵에 드놋다

버듯고지 눈 디ᄃᆞᆺ ᄒᆞ야 흰 말와매 두폣ᄂᆞ니

프른 새 ᄂᆞ라가 블근 巾을 므럿도다

소ᄂᆞᆯ 쬐면 어루 더울 ᄃᆞᆺᄒᆞᆫ 權勢ㅣ 무레 그츠니

삼가 알픽 갓가이 말라 丞相이 믜리라

206. <古栢行> ·················· 杜子美(杜甫)

오래된 잣나무를 노래함

*<古栢行>: '古栢'은 오래된 잣나무. '栢'은 柏의 속자로 원본에는 모두 '古柏'으로
표기되어 있음. 諸葛亮 祠堂인 武侯祠에 심어진 아주 오래된 잣나무. 한편 '栢'
(柏)은 '측백나무'를 뜻하기도 하나 《杜詩諺解》에 따라 '잣나무'로 풀이함. 《杜詩
鏡銓》注에 "趙曰: 成都武侯祠堂附於先主廟, 夔州則先主武侯廟各別. 此詩專咏
夔廟柏.〈夔州十絶〉所謂「武侯祠堂不可忘, 中有松柏參天長」是也"라 함. '行'은 歌
曲의 한 장르이며 문체의 이름. 《文體明辨》에 "步驟馳騁, 疎而不滯者曰行"이라
함. 이 시는 두보가 夔州의 諸葛亮 祠堂을 참관하면서 그 앞에 오래 되어 늙은
잣나무를 두고 노래한 것임. 《九家集註杜詩》에는 "傷有其才而不得其用也"라 함.
大曆 元年(766)에 지은 것임.

제갈공명諸葛孔明 사당 앞의 늙은 잣나무,
가지는 푸른 구릿빛이요 뿌리는 돌 같도다.
서리 맞은 껍질은 빗물이 흘러들었고 둘레는 마흔 아름,
검은 색으로 하늘에 닿아 2천 척이나 되도다.
임금과 신하가 이미 이곳에 모여 시국을 논했으니,
나무도 그처럼 사람들로부터 사랑을 받고 있구나.
구름이 다가오니 그 기운이 멀리 무협巫峽까지 이어졌고,
달이 솟아오르니 추운 기운이 설산雪山의 흰색에 통하는구나.
기억하건대 어제는 구불구불 길을 돌아 금정錦亭의 동쪽을 돌아왔
었지.
거기에는 선주 유비劉備와 제갈량 사당이 함께 있었네.
아스라이 높은 가지와 줄기는 교외 들판에서 오래됨을 드러내고,
그윽한 단청은 빈 창문에 공허함을 더하도다.
낙락한 모습으로 서려 있어 비록 제자리를 얻었으나,

컴컴하고 어두운 속에 외롭게 높이 솟아 매운바람 많이도 맞는구나
그렇게 스스로 버티고 서 있을 수 있는 것은 신명의 힘이요,
바르고 곧게 솟아 있을 수 있는 것은 조화옹造化翁의 덕분이로다.
큰 집이 기울 때면 이를 대들보나 기둥으로 쓸 수 있고,
1만 마리 소가 머리를 돌려 끌어당겨도 산처럼 중후하게 버티리라.
나무 속 무늬결을 드러내지 아니하여도 세상은 이미 경탄하였고,
베어내기를 사양한 적이 없었으나 누가 능히 이를 베어다 쓸꼬?
누의 螻蟻 같은 소인배로 인한 괴로운 심사를 어찌하면 면할 수 있
을까?
향내 나는 잎은 끝내 난새나 봉황 같은 군자의 쉼터가 될 것이로다.
지사와 은자들이여, 원망하거나 한탄을 하지 말라.
예로부터 큰 재목은 오히려 쓰이기 어려웠더니라!

孔明廟前有老栢, 柯如靑銅根如石.
霜皮溜雨四十圍, 黛色參天二千尺.
君臣已與時際會, 樹木猶爲人愛惜.
雲來氣接巫峽長, 月出寒通雪山白.
憶昨路繞錦亭東, 先主武侯同閟宮.
崔嵬枝幹郊原古, 窈窕丹靑戶牖空.
落落盤踞雖得地, 冥冥孤高多烈風.
扶持自是神明力, 正直原因造化功.
大厦如傾要梁棟, 萬牛回首丘山重.
不露文章世已驚, 未辭剪伐誰能送?
苦心豈免容螻蟻? 香葉終經宿鸞鳳
志士幽人莫怨嗟, 古來材大難爲用!

【孔明廟前有老栢, 柯如靑銅根如石】 '孔明廟'는 夔州의 諸葛亮 사당인 武侯廟. 지

금 四川省 奉節縣 入陳臺 아래에 있음.《大明一統志》에 "夔州先主廟在府治東六里. 祀蜀漢先主. 唐杜甫詩:「蜀主窺吳幸森峽, 崩年亦在永安宮. 翠華想像空山裏, 玉殿虛無野寺中. 古廟松杉巢水鶴, 歲時伏臘走村翁. 武侯祠屋長隣近, 一體君臣祭祀同.」武侯廟在府治八陣臺下, 武侯蜀漢相諸葛亮"이라 함.《唐宋詩擧要》(高步瀛) 九家注에 趙彦材의 말을 인용하여 "成都先主廟, 武侯祠堂附焉. 夔州則先主廟武侯廟各別. 今詠柏專是孔明廟而已, 豈非夔州柏乎? 公詩集中, 其在夔也屢有孔明廟詩, 於〈夔州十絶〉云:'武侯祠堂不可忘 中有松柏參天長.' 以絶句證之, 則此乃夔州之詩明矣"라 함.

【霜皮溜雨四十圍, 黛色參天二千尺】'霜皮溜雨'는 서리 맞은 껍질에 빗물이 흘러내림.《杜詩鏡銓》에 "此特形容柏之高大, 不必泥"라 함. '四十圍'는 나무가 차지하고 있는 전체 공간을 말함. '黛色'은 여인들 눈썹 화장의 검은색처럼 짙은 색을 말함.

【君臣已與時際會, 樹木猶爲人愛惜】이 구절은 傳寫 과정에서 오류가 있는 것을 봄.《本集》注에 "昭曰:「君臣已與時際會, 樹木猶爲人愛惜. 雲來氣接巫峽長, 月出寒通雪山白.」兩聯似乎倒置, 氣脈不屬, 嘗問須溪先生, 先生曰:「然. 傳寫之訛耳.」"라 함.

【雲來氣接巫峽長, 月出寒通雪山白】章燮 注에는 이 구절을 '黛色參天二千尺'句의 아래에다 옮겨 놓았으며 "二句舊在愛惜之下, 今依須溪改正, 則氣順矣"라 함. '巫峽'은 四川省 巫山縣으로부터 湖北 巴東縣 사이에 걸려 있는 60리의 협곡, 西陵峽, 瞿塘峽과 함께 長江三峽의 하나.《大明一統志》에 "夔州巫峽, 在巫山縣東二十里, 卽巫山也. 與西陵峽, 歸峽, 竝稱三峽. 連山七百里, 路無斷處, 自非亭午夜分不見日月"이라 함. '雪山'은 四川成 松潘縣 남쪽의 岷山. 만년설이 덮여 있음.《大明一統志》에 "成都府雪山, 在威州西南一百里, 與乳川白狗嶺相連, 山有九峯, 上有積雪, 春夏不消"라 함.《杜詩鏡銓》에 "雪山, 在成都西. 此更言其聳峙陰森之象"이라 함.

【憶昨路繞錦亭東, 先主武侯同閟宮】'錦亭'은 정자 이름. 成都 杜甫草堂 안에 있음. 錦江 가에 있어 이름을 錦亭이라 한 것임.《杜詩鏡銓》에 "錦亭, 卽成都錦江亭"이라 함. '閟宮'은 원래는 周나라 때 조상을 모시는 사당이었으나 뒤에 범칭으로 사당을 일컫는 말로 쓰임.《詩》魯頌 閟宮에 "閟宮有侐, 實實枚枚. 赫赫姜嫄, 其德不回. 上帝是依, 無災無害. 彌月不遲, 是生后稷, 降之百福"이라 하였고, 序에 "閟宮頌僖公能復周公之宇也."라 하였으며, '閟宮有侐'은《毛詩》注에 "閟, 閉也. 先妣姜嫄之廟在周, 常閉而無事. 侐, 淸淨也."라 하였으며, 朱熹 注에는 "閟, 深閉也; 宮, 廟也; 侐, 淸靜也"라 함. 여기서는 成都의 先主廟와 武侯廟를 가리킴. 成都의

諸葛武侯祠는 先主廟 곁에 있으며, 사당 앞의 큰 잣나무는 제갈량이 직접 심은 것이라 함. 《眞寶》注에 "《詩》閟宮有侐"이라 함. 《集千家註杜工部詩集》注에 "「憶昨路繞錦亭東」, 此乃追言成都先主廟之柏, 按成都先主廟西院卽武侯祠, 有武侯手植古柏, 公有〈蜀相〉詩云: 「丞相祠堂何處尋, 錦官城外柏森森.」是也"라 함. '先主'는 三國 蜀漢의 君主 劉備(玄德). '武侯'는 諸葛孔明의 시호.

【崔嵬枝榦郊原古, 窈窕丹靑戶牖空】'崔嵬'은 까마득히 높은 모습을 표현하는 疊韻連綿語. 《九家集註杜詩》에는 '崔巍'(최외)로 되어 있음. '窈窕'는 고요하고 그윽함을 뜻하는 疊韻連綿語. 《詩經》關雎에 "窈窕淑女, 君子好逑"라 함. '丹靑'은 건물의 丹靑. 원래는 그림을 통칭하는 말. 《晉書》顧愷之傳에 "顧愷之, 字長康, 尤善丹靑, 圖寫特妙"라 함. '戶牖'는 창문. '戶'는 열고 닫을 수 있는 창문이며 '牖'는 옹기의 둥근 틀로 만든 창문. 《杜詩鏡銓》에 "《成都記》: 先主廟西院卽武侯廟, 廟前有雙大柏, 人云諸葛手植, 卽所謂 '錦官城外柏森森'者"라 함.

【落落盤踞雖得地, 冥冥孤高多烈風】'落落'은 나무가 아주 높고 무성한 모습을 표현하는 疊語. 漢 杜篤의 〈首陽山賦〉에 "長松落落, 卉木蒙蒙"이라 함. '盤踞'는 이리저리 서려 자리를 잡고 있음. 《九家集註杜詩》에는 '盤居'로 되어 있음.

【扶持自是神明力, 正直原因造化功】'扶持'는 붙들어 지탱시켜줌. 《論語》季氏篇에 "危而不持, 顚而不扶, 則將焉用彼相矣?"라 함. '神明'은 《左傳》襄公 14년에 "民奉其君, 愛之若父母, 仰之如日月, 敬之如神明"이라 함. '原因'은 《補注杜詩》와 《集千家註杜工部詩集》, 《杜詩詳註》, 《唐文粹》 등에는 '元因'으로 되어 있음. '造化功'은 造物主의 功. 기묘함을 일컫는 말. 《杜詩鏡銓》에 "朱注: 言成都廟柏在郊原平地, 故可久存, 若此之盤踞高山而烈風莫撼者, 誠有得於神明造化之力耳"라 함.

【大廈如傾要梁棟, 萬牛回首丘山重】'大廈'는 大廈와 같음. 아주 큰 건물. 《淮南子》에 "大廈成而燕雀相賀"라 하였고, 王褒의 〈講德論〉에 "大廈之材, 非一丘之木"이라 함. '萬牛'는 《全唐詩》 등에는 '萬牛'로 되어 있으나 〈四部叢刊〉 본에는 '萬年'으로 되어 있음. '萬年'의 경우 "천만 년 후에도 사람들은 머리를 돌려 우러러볼 것"이라는 뜻이 되며, '萬牛'의 경우 "일만 마리 소가 머리를 돌려 끌어당겨도"의 뜻이 됨. 여기서는 《杜詩諺解》의 해석을 따름. '首丘'는 《杜詩鏡銓》에 '首邱'로 되어 있으며 注에 "言木重不能載也"라 함.

【不露文章世已驚, 未辭剪伐誰能送】'文章'은 나무의 무늬 결. 그러나 제갈량의 뛰어난 문장과 품격 및 능력으로 보기도 함. 重義法 표현. '未辭剪伐誰能送'의 '送'은 '베어서 재목으로 보냄'. "베어내어 사용해도 좋다고 나무 스스로 거부한 적

이 없었으니 누가 능히 이를 베어다 써 줄 수 있을까?"의 뜻. 제갈량이 세상의
훌륭한 재목감이 됨을 잣나무에 비유한 것. '剪'은 일부 원본에는 '翦'으로 표기
된 것도 있음.《眞寶》注에 "《詩》甘棠: 勿剪勿伐"이라 함.

【苦心豈免容螻蟻? 香葉終經宿鸞鳳】'螻蟻'는 땅강아지와 개미. 小人을 비유함. '終
經宿'은 일부 본에는 '曾經宿'으로 되어 있어 '일찍이 난봉이 잠을 잤던 적이 있
다'라 하여 과거의 일로 여겼으나,《杜詩諺解》에는 '終經宿'으로 되어 있어 '마침
내는 난봉이 잠을 자는 영광을 겪게 되리라' 하는 미래의 뜻으로 보았음. '鸞鳳'
은 난새와 봉황. 곧 君子를 비유함.《杜詩鏡銓》에 "謝承《後漢書》: 方儲遭母憂, 種
松柏, 鸞棲其上"이라 함.

【志士幽人莫怨嗟, 古來材大難爲用】'志士幽人'은 다른 판본에는 모두 '志士仁人'으
로 되어 있으나,《杜詩諺解》에는 '志士幽人'으로 되어 있어 이를 따름.《論語》衛
靈公篇에 "志士仁人, 無求生以害仁, 有殺身以成仁"이라 하였고,《孟子》滕文公
(下)에는 "志士不忘在溝壑, 勇士不忘喪其元"이라 함. '幽人'은 隱者를 뜻함. '材大
難爲用'은《莊子》山木篇에 "莊子行於山中, 見大木, 枝葉盛茂, 伐木者止其旁而不
取也. 問其故, 曰:「无所可用.」莊子曰:「此木以不材得終其天年夫!」"라 함.

참고 및 관련 자료

1. 杜子美: 杜甫, 杜少陵, 杜工部. 042 참조.

2. 이 시는《九家集注杜詩》(7),《補注杜詩》(7),《集千家註杜工部詩集》(14),《杜詩
詳注》(15),《杜詩鏡銓》(12),《文苑英華》(337),《唐文粹》(17上),《全唐詩》(221),《唐詩品
彙》(28),《文章正宗》(24),《石倉歷代詩選》(45),《成都文類》(10),《全唐詩錄》(28),《竹莊
詩話》(15),《諸葛忠武書》(10),《蜀中廣記》(61) 등에 널리 실려 있음.

3. 韻脚은 '石, 尺, 惜, 白'과 '宮, 空, 風, 功, 重, 送, 鳳, 用' 등 둘로 나누어 사용하
고 있음.

4.《杜詩詳註》에 王嗣奭(右仲)은 "公生平極贊孔明, 蓋竊比之意. 孔明才大而不盡其
用, 公嘗竊比稷契, 而人莫之用, 故篇終結出材大難用, 此作本詩發興於古柏者"라 함.

5.《杜詩諺解》重刊本(18)

　　孔明ㅅ 廟ㅅ 알픽 늘근 잣남기 잇ᄂᆞ니

　　가지ᄂᆞᆫ 프른 구리쇠 ᄀᆞᆮ고 불휘ᄂᆞᆫ 돌 ᄀᆞᆮ도다

　　서리 마즌 거프리 비 저저 마ᄋᆞᆫ 아ᄂᆞ미오

　　프른 비치 하ᄂᆞᆯ혜 다ᄒᆞ니 二千자히로다

님금과 臣下괘 ᄒᆞ마 時로 다ᄆᆞᆺ 맛ᄃᆞᄅᆞ니

나모도 오히려 사ᄅᆞ미 ᄉᆞ랑 ᄒᆞ요미 ᄃᆞ외얏도다

구루미 오니 氣運이 武峽이 긴 ᄃᆡ 니엇고

ᄃᆞ리 도ᄃᆞ니 서늘호ᄆᆞᆫ 雪山이 허연 ᄃᆡ ᄉᆞᄆᆞᆺ찻도다

뎌 주움 ᄢᅴ 길흘 錦亭 東 녀그로 버므러 가ᄆᆞᆯ ᄉᆞ랑호니

先主와 武侯왜 기픈 宮이 ᄒᆞᆫ ᄃᆡ러라

노ᄑᆞᆫ 가지와 웃듬괘 미햇 두들게 녀ᄅᆞ외니

깁수윈 칠ᄒᆞ욘 戶牖ㅣ 뷔엇더라

놉고 불휘 서려 비록 ᄯᅡ흘 어더시나

아ᄋᆞ라히 외로외오 노파 미온 ᄇᆞᄅᆞ미 하도다

더위자바 슈믄 스싀로 이 神明의 힘이로소니

正直호ᄆᆞᆫ 본ᄃᆡ로 造化ㅅ 功ᄋᆞᆯ 因ᄒᆞ도다

큰 지비 ᄒᆞ다가 기울면 梁棟 밍글 오져 조오로이 너리리니

一萬 쇠 그어 가노라 머리를 도로혀셔 丘山 ᄀᆞ티 므거이 너리리로다

비츨 나토이 아니 ᄒᆞ야도 世예셔 ᄒᆞ마 놀라ᄂᆞ니

버휴믈 마다 ᄒᆞ이 아니 컨마ᄅᆞᆫ 뉘 能히 버혀보내리오

ᄲᅳᆫ ᄆᆞᅀᆞᆷ 엇뎨 가야미 드러슈믈 免ᄒᆞ리오

곳다온 니픈 ᄆᆞᄎᆞ매 鸞鳳자ᄆᆞᆯ 디내리로다

ᄠᅳᆮ 가진 士와 幽隱ᄒᆞᆫ 사ᄅᆞᆷ 怨嗟ᄒᆞ디 말라

녜로 오매 材質이 큰 거슨 ᄢᅴ유미 어려우니라

207. <兵車行> ················· 杜子美(杜甫)
병거를 노래함

*《眞寶》注에 "傷唐玄宗末年, 從事於邊功, 而窮兵不已也"라 함.
*<兵車行>: '兵車'는 戰車. 《論語》 憲問篇에 "子曰:「桓公九合諸侯, 不以兵車, 管仲之力也. 如其仁, 如其仁.」"이라 함. 이 시는 天寶 14년(755) 長安에 거류할 때 지은 것으로 唐 玄宗의 끊임없는 대외확장 정책과 吐蕃(티베트)을 막기 위한 전투로 인해 징병이 잦아짐을 보고 읊은 것임. '行'은 歌曲의 한 장르이며 문체의 이름. 《文體明辨》에 "步驟馳騁, 疎而不滯者曰行"이라 함. 《杜詩鏡銓》注에 "朱注: 玄宗季年, 窮兵吐蕃, 徵戍繹騷內郡幾遍. 詩故託爲從征者自愬之辭"라 함. 《杜詩詳註》에는 "杜臆舊注謂: 明皇用兵吐蕃, 民苦行役, 而作是也. 此當作於天寶中年"이라 하였으나, 《補注杜詩》에는 "天寶九載作. 師曰: 此行爲唐玄宗而作, 初用張九齡爲相, 開元中號爲賢君. 其後用李林甫, 楊國忠之徒, 從事吐蕃, 訖. 唐之世吐蕃爲患"이라 함. 한편 《集千家註杜工部詩集》에는 "師曰: 此詩爲唐玄宗用兵吐蕃而作, 託漢武以風刺也"라 함.

수레 소리 덜컹덜컹, 말울음 소리 소소蕭蕭한데,
행역行役에 나선 사람들 각기 허리에 활과 화살을 찼구나.
부모처자 온 가족 달려나와 전송하느라,
먼지 자욱하여 함양교咸陽橋가 보이지 않을 정도.
옷깃을 붙들고 발 구르며 길을 막아 우는 소리,
그 통곡 소리 곧바로 저 하늘 구름 위까지 닿는구나!
길가 지나가던 사람 그들에게 물었더니,
그들의 대답은 다만 '징병이 잦다오'라고 말할 뿐.
혹은 열다섯에 북쪽 하수河水 방비에 나갔었는데
곧바로 마흔에 이르러 이제는 다시 서쪽 둔전屯田을 일구러 간다는구나.

떠날 때 마을 이정里正이 그에게 머리띠를 묶어주었었는데
돌아올 땐 머리가 하얗게 세었건만 다시 변방 수자리 나가라 하네!
변방 고을마다 흐르는 피가 바다를 이루었으나,
무황武皇께서는 변방 개척의 의지를 그만두지 않고 있네.
그대는 듣지 못하였는가, 한漢나라 산동山東 지역 2백 주州는,
모든 촌락이 가시덩쿨이 뒤덮여 황폐해졌다는 말을!
비록 건장한 아내가 있어 호미와 보습을 들고 농사에 매달린다 해도,
작물은 나도 밭고랑이 동서남북 제대로 줄도 맞추지 못하는 걸.
하물며 다시 진秦 땅 병사들이 괴로운 전투를 겪어내고 있는 터에,
몰리고 쫓기기를 개나 닭과 다를 바 없다오.
상관이 비록 위로의 말을 걸어오지만,
병졸이 감히 어찌 자신의 한을 실토할 수 있겠는가?
게다가 금년 겨울에는,
관서關西의 병졸들에게는 아직 휴식도 없었다오.
현縣의 관리들은 급히 세금을 독촉하나,
부담할 조세가 어디에서 나온단 말인가?
진실로 알겠도다, 아들 낳는 것이 미운 일이며,
도리어 딸을 낳는 것이 좋은 일임을.
딸을 낳으면 이웃에 시집보낼 수 있지만,
아들을 낳으면 풀 우거진 들판에 그대로 처박혀 묻히고 마는걸.
그대는 보지 못하였는가, 저 청해青海 가 전투장에,
예로부터 백골이 널브러져 있어도 아무도 거두어주지 못한 채,
　새로 된 귀신은 괴로움에 원통해하고, 묵은 귀신은 곡소릴 그칠 줄 몰라,
　날씨 흐리고 비 내려 젖을 때면 추추啾啾하는 귀신소리 들려옴을!

車轔轔, 馬蕭蕭, 行人弓箭各在腰.
爺孃妻子走相送, 塵埃不見咸陽橋.
牽衣頓足攔道哭, 哭聲直上干雲霄!
道旁過者問行人, 行人但云點行頻.
或從十五北防河, 便至四十西營田.
去時里正與裹頭, 歸來頭白還戍邊!
邊庭流血成海水, 武皇開邊意未已.
君不聞漢家山東二百州, 千村萬落生荊杞!
縱有健婦把鋤犂, 禾生隴畝無東西.
況復秦兵耐苦戰, 被驅不異犬與鷄.
長者雖有問, 役夫敢伸恨?
且如今年冬, 未休關西卒.
縣官急索租, 租稅從何出?
信知生男惡, 反是生女好.
生女猶得嫁比鄰, 生男埋沒隨百草!
君不見靑海頭, 古來白骨無人收,
新鬼煩冤舊鬼哭, 天陰雨濕聲啾啾!

【車轔轔, 馬蕭蕭, 行人弓箭各在腰】'轔轔'은 수레의 소리. 많은 수레들이 함께 시끄
럽게 움직이는 소리. 《眞寶》 注에 《詩》有車轔轔. 註:衆車聲也"라 함. 《詩》秦風에
"有車鄰鄰, 有馬白顚. 未見君子, 寺人之令"이라 함. '蕭蕭'는 말의 울음소리. 그러나
《眞寶》 注에는 "《詩》蕭蕭馬鳴. 註:言不諠譁也"라 하여 '말들이 시끄럽지 않게 조
용히 움직임'을 뜻하는 것이라 하였음. 《詩》 小雅 攻車에 "蕭蕭馬鳴, 悠悠旆旌. 徒
御不驚, 大庖不盈"이라 하였고, 朱熹 注에 "蕭蕭, 閑暇之貌"라 함. '行人'은 출정하
는 士兵.
【爺孃妻子走相送, 塵埃不見咸陽橋】'爺孃'은 爺娘과 같음. 할아버지 할머니. 그러
나 여기서는 부모로 보고 있음. 실제로는 온 가족을 함께 지칭하기 위하여 거론
한 것. 《杜詩鏡銓》, 《集千家註杜工部詩集》, 《補注杜詩》, 《杜詩詳註》 등에는 모두

976《고문진보》[전집]

'耶孃'으로, 《九家集註杜詩》에는 '耶娘'으로 표기되어 있으며, 注에 "〈古樂府〉:「不聞耶孃哭子聲, 但聞黃河水流鳴濺濺.」"이라 함. '咸陽橋'는 일명 便橋, 西渭橋라고도 불렀으며 長安城 북쪽 渭水 위에 있는 다리. 《元和郡縣志》에 "便橋在縣(咸陽縣)西南十里"라 하였고, 《淸通志》에는 "西渭橋在咸陽西南, 一名便橋. 《縣志》: 一名咸陽橋"라 함. 《杜詩鏡銓》注에 "咸陽橋, 《一統志》: 西渭橋在舊長安西, 唐時名咸陽橋"라 함.

【牽衣頓足攔道哭, 哭聲直上干雲霄】 '干雲霄'의 '干'은 '닿다, 치솟다, 찌르다'의 뜻. '雲霄'는 구름이 떠 있는 높은 하늘.

【道旁過者問行人, 行人但云點行頻】 '點行'은 名簿를 점검하여 그 명단에 따라 징집하여 출정하도록 하는 징집 명령. 《補注杜詩》에 "玄宗數出兵, 故點行之法頻"이라 함.

【或從十五北防河, 便至四十西營田】 '北防河'의 북쪽 黃河에 방위를 위해 제방을 쌓음. 北方 吐蕃을 막기 위한 정책이었음. 《資治通鑑》唐紀(29)에 "開元十五年十二月, 以吐蕃爲邊患, 令隴右道及諸軍團兵五萬六千人, 河西道及諸軍團兵四萬人, 又徵關中兵萬人集臨洮, 朔方兵二萬人, 集會州防, 秋至冬初, 無寇而罷"라 함. 《杜詩鏡銓》注에도 "《舊唐書》: 開元十五年制, 以吐蕃爲邊害, 徵關中兵萬人集臨洮防, 秋至冬初, 無寇而罷"라 함. 그러나 《眞寶》注에는 "防河, 爲築堤, 備河水之泛決"이라 하였고, 《補注杜詩》에도 "師曰: 防河, 謂築隄備河水泛決"이라 하여 단순히 河水의 범람을 막기 위해 제방을 쌓는 토목공사라 하였음. '營田'은 변방을 지키는 병사들이 전투가 없을 때는 황무지나 빈 땅에 직접 농사를 지어 식량을 조달하는 屯田. 《眞寶》注에 "營田, 如漢趙忠國獻營田之策, 無事則耕, 有事則戰"이라 함. 《新唐書》食貨志에 "唐開軍府以攡要衝, 因隙地置營田, 有警則以兵若夫千人助收"라 함. 《杜詩鏡銓》注에 "《唐》食貨志: 開軍府以捍要衝, 因隙地以置營田, 有警則以軍若夫千人助役"이라 함.

【去時里正與裹頭, 歸來頭白還戍邊】 '里正'은 里長. 保正과 같음. 唐나라 때에 百戶를 里로 삼고 里正 한 사람을 두었음. 《通典》食貨志에 "大唐令諸戶以百戶爲里, 五里爲鄕, 每里置正一人, 掌按比戶口, 課植農桑, 檢察非違, 催驅賦役"이라 함. '裹頭'는 '裹頭擐甲'과 같음. 머리를 묶어주고 갑옷을 입힘. 《補注杜詩》에 "洙曰: 鮑明遠〈東武吟〉:「少壯辭家去, 窮老還入門.」 韓駒曰:「古者, 及丁方裹頭, 少年裹頭行役, 及歸來, 頭已白, 還又屯戍邊彊.」 蓋言役使無已故也"라 함.

【邊庭流血成海水, 武皇開邊意未已】 '邊庭'은 변방. 《文苑英華》에는 '邊亭'으로 되

어 있으며, 이 경우 '亭'은 마을의 최소 단위. '流血'은 天寶 8년(749)에 哥舒翰이 吐蕃의 石堡城을 함락시킬 때 사상자가 수만이나 되어 碧血이 바다를 이루었다 함. '武皇'은 원래는 漢나라 武帝 劉徹(B.C140–B.C.87년 재위)을 가리킴. 西域 등 변방 개척에 온 힘을 쏟았음. 그러나 여기서는 당대의 임금을 곧바로 지칭할 수 없어 빗댄 것이며, 실제로는 唐 明皇(玄宗, 李隆基, 712–756 재위)을 가리킴. 開元之治로 치적을 이루었으며 변방 개척에 힘을 쏟았고 뒤에 楊貴妃에게 현혹되어 安史의 난을 자초하는 등 한때 정치가 어지러웠음. 《補注杜詩》에 "洙曰:〈嚴助傳〉武帝好征伐, 四夷開, 置邊郡. 班固曰:「武帝廣開三邊.」"이라 함.

【君不聞漢家山東二百州, 千村萬落生荊杞】'山東'은 華山의 동쪽 일대를 가리키며 211개의 州가 있었다 함. 지금의 山東이 아님. 《杜詩鏡銓》注에 "閻若璩曰:山東謂華山以東也. 《通鑑》:秦孝公時, 河山以東强國六, 乃通韓魏燕趙齊楚言之, 不專指今之山東"이라 함. 그러나 《補注杜詩》에는 "山東者, 太行山之東也"라 하였고, 〈補注〉에는 "希曰:古所謂山東, 乃今之河北晉地是也. 今所謂山東, 古之齊地青齊是也. 杜牧所言山東, 指今之河北二百州, 正謂太行以東冀州之域"이라 함. '荊杞'는 가시[荊棘]나무와 구기(枸杞)나무. 농토가 황폐해짐을 비유한 것. '荊棘'과 같음. 《老子》(33)에 "師之所處, 荊棘生焉"이라 함.

【縱有健婦把鋤犁, 禾生隴畝無東西】'縱'은 雖와 같은 뜻. '鋤犁'는 호미와 보습. 농기구. 농사일을 가리킴. '無東西'는 《杜詩鏡銓》注에 "此蓋天下言"이라 함. 《補注杜詩》에는 "蘇曰:漢末喪亂, 禾與莠俱滿壟畝, 人多迷昏, 東西莫辨, 壟畝不成. 故曰無東西也"라 함.

【況復秦兵耐苦戰, 被驅不異犬與鷄】'秦兵'의 '秦'은 지금의 陝西 일대. 고대 秦나라 땅이었으며 關中이라 불렸음. 그곳에서 吐蕃을 막기 위한 전투에 고전을 면치 못함.

【長者雖有問, 役夫敢伸恨】'長者'는 어른, 上官, 軍吏. '問'은 激勵의 말로 물음. '役夫'는 출정하는 士兵.

【且如今年冬, 未休關西卒】'今年冬'은 天寶 9年(750) 12월 唐나라가 吐蕃을 정벌하기 위해 나선 戰役. '關西'는 函谷關 서쪽, 그곳에서 전투를 벌이고 있는 병졸들. 《眞寶》注에 "前言山東, 此言關西, 則知無處不用兵也"라 함.

【縣官急索租, 租稅從何出】'縣官'은 縣 단위로 세금을 징수하는 관원. 《杜詩鏡銓》注에 "《史記》索隱:謂國家爲縣官者, 畿內縣則國都, 王者官天下, 故曰官也"라 함. '租稅從何出'에 대해 《杜詩鏡銓》注에는 "朱注:名隷征伐, 則生當免其租稅矣. 今以

遠戍之身, 復督其家之輸賦, 豈可得哉? 此承上更進一層語, 亦與上村落荊杞相應"
이라 함. 〈舊本〉에는 이 구절이 "縣官云急索"으로 되어 있었다 함.

【信知生男惡, 反是生女好】《補注杜詩》에 "師曰: 生男人之所喜, 生女人之所賤, 此常
理也. 今以生男爲惡, 生女爲好, 蓋男兒充丁, 驅之戰, 埋没草野, 曾不如生女, 尙得
嫁比鄰, 或時相見, 此皆有所相感而激爲是言"이라 함. 陳琳의 詩에 "生男愼莫擧,
生女哺用脯"라 함.

【生女猶得嫁比鄰, 生男埋沒隨百草】'猶得'은《九家集注杜詩》에는 '猶是'로 되어 있
음. '比鄰'은 이웃하여 곁에 살고 있어 늘 만날 수 있음. 王勃의 〈杜少府任蜀州〉에
"海內存知己, 天涯若比隣"이라 함.

【君不見靑海頭, 古來白骨無人收】'靑海'는 지금의 靑海省. 天寶 연간에 哥舒翰이
靑海에 神威軍을 주둔시켰지만 吐蕃이 공격하여 무너지고, 다시 龍駒島에다 城
을 쌓자 吐蕃이 그 때부터 감히 접근하지 못하였다 함.《唐書》哥舒翰傳에 "翰
築神威軍於靑海上, 吐蕃攻破之, 更築於龍狗島, 以人二千戍之, 由是吐蕃不敢近"
이라 함.《杜詩鏡銓》注에 "《水經注》: 金城郡南有湟水出塞外, 又東南逕卑禾羌海,
世謂之靑海.《舊唐書》: 吐谷渾有靑海, 周圍八九百里. 高宗龍朔三年, 爲吐蕃所倂,
開元中王君㚟, 張景順, 張忠亮, 崔希逸, 皇甫惟明, 王忠嗣, 先後破吐蕃, 皆在靑海
西"라 함.《眞寶》注에 "時有事于吐藩, 乃靑海之地, 哥舒翰所立功處也"라 함.

【新鬼煩寃舊鬼哭, 天陰雨濕聲啾啾】'煩寃'은 우울하고 괴롭고 원통함. '啾啾'는 귀
신의 우는 소리를 音寫한 것.《楚辭》九歌 "猿啾啾兮又夜鳴"의 注에 "啾啾, 小聲
也"라 하였고, 揚雄 〈羽獵賦〉의 注에 "啾啾, 衆聲也"라 함. 여기서는 억울하게 죽
어 귀신이 된 이들이 함께 중얼거리거나 원통해 울음을 토하는 소리.《眞寶》注
에 "《左》文二年: 「吾見新鬼大, 故鬼小.」"라 함.《左傳》文公 2년에 "秋八月丁卯, 大
事於大廟, 躋僖公, 逆祀也. 於是夏父弗忌爲宗伯, 尊僖公, 且明見曰: 「吾見新鬼大,
故鬼小. 先大後小, 順也. 躋聖賢, 明也. 明, 順, 禮也.」"라 함.

참고 및 관련 자료

1. 杜子美: 杜甫, 杜少陵, 杜工部. 042 참조.
2. 이 시는《九家集注杜詩》(1),《補注杜詩》(1),《集千家註杜工部詩集》(1),《杜詩詳
注》(2),《杜詩鏡銓》(1),《文苑英華》(333),《文章正宗》(24),《全唐詩》(216)《全唐詩錄》
(27),《樂府詩集》(91),《唐詩品彙》(28),《石倉歷代詩選》(45),《竹莊詩話》(6) 등에 실려
있음.

3. 韻脚은 '蕭, 腰, 橋, 霄', '人, 頻', '田, 邊', '水, 已, 杞', '犁, 西, 鷄', '問', '恨', '問', 願', '卒', '出', '月, 質', '好, 草', '頭, 收, 啾'로 전체 9번 換韻함.

4. 《杜少陵集詳註》에 "此爲明皇用兵吐蕃而作, 故托漢武以諷, 其辭可哀也"라 함. 그러나 錢謙益《錢註杜詩》(3)에서 "天寶十載(751), 鮮于仲通討南詔蠻, 士卒死者六萬. 楊國忠掩其敗狀, 反以捷聞. 制大募兩京及河南北兵, 以擊南詔. 人聞雲南瘴癘, 士卒未戰而死者十八九, 莫肯應募. 國忠遣御史分道捕人, 連枷送軍所. 於是行者愁怨, 父母妻子送之, 所以哭聲震野"라 하여 배경을 달리 보고 있음.

5. 《杜詩鏡銓》注

蔡寬夫曰: 齊梁以來, 文士喜爲樂府詞, 往往失其命題本意. 惟老杜〈兵車行〉, 〈悲靑坡〉, 〈無家別〉等篇, 皆因時事, 自出己意, 立題略不更蹈前人陳跡, 眞豪傑也.

6. 《杜詩諺解》重刊本(4)

술위 轔轔ᄒ며 ᄆ리 蕭蕭ᄒᄂ니

녜ᄂᆫ 사ᄅᆞ미 화사리 제여곰 허리에 잇도다

아비와 어미와 妻子들히 ᄃᆞ라 가 서ᄅᆞ 보내ᄂᆞ니

ᄃᆞ트리 이러 나니 咸陽ㅅ ᄃᆞ리를 보이 몯ᄒ리로다

옷브티 ᄃᆞᆯ며 발 구르고 길헤 ᄀᆞᄅᆞ셔셔 우ᄂᆞ니

우ᄂᆞᆫ 쇠 바ᄅᆞ 올아 구룸 씬 하ᄂᆞᆯ해 干犯ᄒ놋다

길ㅅ ᄀᆞᅌᆞ로 디나 가 리 行人 더브러 무러든

行人이 오직 닐오ᄃᆡ 點考ᄒ야 녜요믈 ᄌᆞ조 ᄒᆞᄂᆞ니라 ᄒᆞᄂᆞ다

시혹 열다ᄉᆞᆺ 브터 北녀그로 ᄀᆞᄅᆞ매 가 防禦ᄒ고

곧 마ᅀᆞ내 니르러 西ㅅ 녀그로 가 녀름 짓놋다

갈 時節에 里正이 머리 ᄡᆞᆯ 거슬 주더니

도라오니 머리 셰요ᄃᆡ 도로 邊方애 屯戍ᄒ놋다

邊庭에 흐르ᄂᆞᆫ 피 바ᄅᆞᆺ 믈 ᄀᆞ티 ᄃᆞ외요ᄃᆡ

武皇이 ᄀᆞᆺ 여ᄂᆞᆫ ᄠᆞᆮ든 마ᅀᆞ미 아니 ᄒ시놋다

그ᄃᆡᄂᆞᆫ 듣디 아니ᄒᄂᆞᆫ다 漢家ㅅ 山東 二百 ᄀᆞ올해

千村萬落애 가ᄉᆡ 남기 낫도다

비록 잇ᄂᆞᆫ 健壯ᄒᆞᆫ 겨지비 호미와 짜보ᄅᆞᆯ 자ᄇᆞ나

禾穀이 나니 받 이러미 東西ㅣ 업게 가랫도다

ᄒᆞ믈며 ᄯᅩ 秦ㅅ 兵士ᄂᆞᆫ 受苦ᄅᆞ왼 사호믈 ᄎᆞ모ᄃᆡ

몰여 ᄃᆞᆮ뇨미 가히와 ᄃᆞᆰ괘 다ᄅᆞ디 아니ᄒ도다

위두 ᄒ니 비록 모로미 이시나

役夫ᄂ 敢히 셜운 뜯을 펴 니ᄅ리아

ᄯ 萬一에 옳 겨으레

關西엣 軍卒을 마디 아니 ᄒ면

縣官이 뽈리 租稅를 바ᄃ리니

租稅ᄂ 어듸를 브터 날고

진실로 아ᄃᆯ 나호ᄆᆫ 사오납고

도ᄅ혀 ᄯᆯ 나호미 됴ᄒ물 아노라

ᄯᆯ란 나하 오히려 시러곰 이우제 얼여 이시려니와

아ᄃᆞᆯ란 나하 무텨 온 가짓 프를 좃놋다

그ᄃᆡᄂ 보디 아니ᄒᄂ다 靑海ㅅ 우희

녜로 오ᄂ 힌 ᄲᅢ를 사ᄅ미 收葬ᄒ 리 업스니

새 귓거슨 어즈러이 애 와텨 ᄒ고 녯 귓거슨 우ᄂ니

하ᄂᆯ히 어듭고 비 와 저즌 저긔어든 소리 숫두워리놋다

208. 〈洗兵馬行〉 ·················· 杜子美(杜甫)

병마를 씻는 노래

*〈洗兵馬行〉: 兵馬를 씻는 노래. 兵馬는 軍馬. 그러나 다른 원문에는 제목이 모두
〈洗兵馬〉로 되어 있음. 《杜詩詳註》에만 〈洗兵行〉으로 되어 있으며 그 注에 "杜
臆作'行', 舊作'馬'. 鶴注: 當是乾元二年仲春作. 按相州兵潰在三月壬申, 乃初三日其
作詩. 時兵尙未敗也. 原注: 收京後作. 朱注: 公華州試進士策問云: 「山東之諸將雲合,
淇上之捷書日至.」 詩蓋作於其時也"라 함. 《杜詩鏡銓》注에는 "原注: 收京後作. 左
思〈魏都賦〉: 「洗兵海島, 刷馬江州.」 浦注: 時慶緖圍困, 官軍勢張, 公在東都作此詩
以鼓其氣, 多欣喜願望之語, 當在相州未潰時"라 하였고, 그곳 말미 〈評語〉에 "此
及〈古柏行〉多用偶句, 對仗工整, 近初唐四家體, 少陵偶一爲之, 其氣骨沈雄, 則仍
係公本色"이라 하였으며, 이어서 "朱鶴齡曰: 中興大業, 全在將相得人, 前曰「獨任
朔方無限功」; 中曰「幕下復用張子房」, 此是一詩眼目. 使當時能專任子儀, 終用鎬,
則洗兵不用, 且夕可期, 而惜乎肅宗非其人也. 王荊公選工部詩, 以此詩壓卷, 其大
旨不過如此. 若玄肅父子之間, 公爾時不應遽加譏切"이라 함. 《集千家註杜工部詩
集》에는 "公自注: 收京後作. ○乾元二年(759)春, 自東都回華州以後所作"이라 함.

중흥中興의 여러 장수들이 산동山東을 수복하여,
승전 보고가 밤에도 통보되어 밝은 대낮 같았네.
황하黃河가 넓다지만 듣건대 갈대 하나로 건널 수 있다더니,
안녹산安祿山 반군들, 그 위태로운 목숨 파죽지세破竹之勢에 놓여
있네.
다만 업성鄴城이 남았다지만 하루도 안 되어 수복될 것이니,
삭방절도사朔方節度使에게 전임시켜 무한한 공을 이룬 것이지.
경사京師 사람들 모두 한혈마汗血馬 타고 싸웠고,
회흘回紇 원군들에게는 포도궁蒲萄宮에서 배불리 고기를 먹여 주었지.
이미 황제의 위세가 동해東海와 태산泰山을 청소한 것 기쁘기는 하나,

항상 임금의 행차가 공동산崆峒山 지나 피난 갔던 일 생각나네.

지난 3년 동안 피리 소리 들으며 관산關山의 달을 바라보았고,

만국萬國 군사들 앞에 초목들은 바람에 흔들렸지.

태자 성왕成王은 공이 클수록 마음은 더욱 작게 하여 겸손하였고,

재상 곽자의郭子儀는 계략이 깊기가 옛날 사람 중에도 드물 정도였으며,

사도司徒 이광필李光弼의 또렷한 식별력은 밝은 거울을 달아놓은 듯하고,

상서尚書 왕사례王思禮의 기개는 가을 하늘처럼 아득하였지.

이들 두세 분의 호걸들이 시국을 위해 나와서,

천지를 정돈하여 시국을 구제하기를 마쳤다네.

동쪽으로 가더라도 다시는 농어鱸魚 생각할 이 없게 되었고,

남쪽으로 날아가도 편안히 깃들 둥지가 있음을 깨닫게 되었지.

푸른 봄에 다시 관면冠冕의 대신들을 따라 궁중으로 들어오니,

궁성은 연화煙花가 둘러쳐져 참으로 궁궐다운 모습이었네.

태자의 수레 밤새도록 임금을 위해 대비하고 있다가,

닭이 울면 상황上皇 침소에 문안드리려 새벽 용루문龍樓門을 나서네.

용龍에 매달리고 봉鳳에 붙어 공로 세운 그 기세 감당할 수 없으니,

천하 사람들 모두 후왕侯王이 된 듯하네.

그대들 어찌 임금의 힘을 입고 있음을 알기나 하겠는가?

때가 왔다고 해서 자신의 능력이 강했다고 뽐내지 마오.

관중關中에는 이미 소하蕭何 같은 두홍점杜鴻漸이 머물고 있고,

군막軍幕에는 다시 장자방張子房 같은 장호張鎬가 등용되었지.

장호는 평생을 강해江海를 떠돌던 나그네였는데,

키는 9척에 수염과 눈썹 검푸른 모습이라오.

임금에게 불려 등용되자 용호가 풍운을 만난 것처럼,

넘어지는 나라 부축해 일으키니 비로소 계책이 훌륭함을 알게 되었지.

푸른 옷에 백마 탄 반란군이 다시 어찌 있을 수 있겠는가?

후한後漢 광무제光武帝나 주周 선왕宣王 같은 시대로 다시 창성함을 기뻐하도다.

천지 그 어느 작은 나라라도 모두 조공朝貢을 바쳐오고,

기이한 상서祥瑞들을 다투어 보내오네.

어느 나라인지 알 수 없으나 흰 옥고리를 보내왔고,

다시 여러 산에서는 은항아리가 나왔다고도 하네.

은사들은 〈자지곡紫芝曲〉을 부르지 않아도 되었고,

문인들은 〈하청송河淸頌〉을 지을 줄 알게 되었네.

농가에서는 농사짓기를 바라면서 빗물 마르고 있음을 안타까워하는데,

곳곳에서 뻐꾹새는 봄이 왔으니 어서 씨 뿌리라고 재촉하고 있네.

기수淇水 가의 건장한 병사들 고향 돌아갈 일 게을리 말게나,

장안 성 남쪽에는 남편 그리워하는 부인들 시름에 꿈도 많다오.

어찌하면 힘센 장사를 구하여 은하수 물을 끌어다가,

갑옷과 무기 깨끗이 씻어 영원히 쓰지 않도록 할 수 있을까?

中興諸將收山東, 捷書夜報淸晝同.

河廣傳聞一葦過, 胡危命在破竹中.

秖殘鄴城不日得, 獨任朔方無限功.

京師皆騎汗血馬, 回紇餧肉蒲萄宮.

已喜皇威淸海岱, 常思仙仗過崆峒.

三年笛裏關山月, 萬國兵前草木風.

成王功大心轉小, 郭相謀深古來少.

司徒淸鑑懸明鏡, 尙書氣與秋天杳.

二三豪俊爲時出, 整頓乾坤濟時了.

東走無復憶鱸魚, 南飛各有安巢鳥.

靑春復隨冠冕入, 紫禁正耐煙花繞.

鶴駕通宵鳳輦備, 雞鳴問寢龍樓曉.
攀龍附鳳勢莫當, 天下盡化爲侯王.
汝等豈知蒙帝力? 時來不得誇身强.
關中旣留蕭丞相, 幕下復用張子房.
張公一生江海客, 身長九尺鬚眉蒼.
徵起適遇風雲會, 扶顚始知籌策良.
青袍白馬更何有? 後漢今周喜再昌.
寸地尺天皆入貢, 奇祥異瑞爭來送.
不知何國致白環, 復道諸山得銀甕.
隱士休歌<紫芝曲>, 詞人解撰<河清頌>.
田家望望惜雨乾, 布穀處處催春種.
淇上健兒歸莫懶, 城南思婦愁多夢.
安得壯士挽天河, 淨洗甲兵長不用?

【中興諸將收山東, 捷書夜報清晝同】'中興'은 왕조가 한 번 꺾인 다음 다시 흥함을
말함. 班固 <東都賦>에 "遷都改邑, 有殷宗中興之則焉"이라 함. 여기서는 唐나라
가 玄宗 때 安祿山의 난을 치르고 肅宗이 들어선 시대임을 말함. '諸將'은 安祿
山의 난을 평정하여 당나라를 중흥시킨 여러 장수들. 郭子儀 이하 이 시에 보이
는 여러 장수들을 가리킴. '山東'은 太行山 동쪽 지방. 乾元 원년(758) 10월 郭子
儀가 杏園에서 河東으로 건너가 獲嘉에 이르러 安太淸을 격파하자, 그는 衛州
로 도망함. 이에 곽자의는 衛州를 포위하고 魯炅, 李先琛, 崔光遠, 李嗣業 등과
함께 安慶緒(안녹산의 아들)의 援軍 7만을 쳐부수고, 그의 아우 安慶和를 잡아
죽인 뒤에 衛州까지 회복함. 《杜詩鏡銓》注에 "《通鑑》:乾元元年十月, 郭子儀自杏
園渡河至獲嘉, 破安太淸. 太淸走保衛州, 子儀進圍之, 遣使告捷. 魯炅, 季廣琛, 崔
光遠與李嗣業兵皆會於衛. 慶緒來救, 復大破之, 遂拔衛州. 慶緒走, 子儀等追至鄴,
許叔冀, 董秦等皆引兵繼至. 慶緒收餘兵拒戰於愁思岡, 又敗. 慶緒乃入城固守, 子
儀等圍之"라 함. '捷書'는 승전 보고서. '淸晝同'은 밝은 낮처럼 깨끗함. 승전 보고
는 밤에 왔지만 낮이나 마찬가지로 즉시 임금에게 보고함.
【河廣傳聞一葦過, 胡危命在破竹中】'河廣'은 황하가 넓음. 《詩》衛風 河廣에 "誰謂

河廣? 一葦杭之'라 하였고, 注에 "衛在河北, 但以一葦加之, 則可以渡矣"라 하여, 옛날 衛나라가 황하를 쉽게 건너 옛 땅을 수복하였음을 뜻함. '胡危命'은 胡族(安祿山 군대)들의 위태로운 목숨. '破竹'은 대나무 쪼개듯 쉽게 무너지거나 일이 급속함을 말함. 원래 《晉書》杜預傳에 있는 말. 《杜詩鏡銓》注에 "〈杜預傳〉:「今兵威已振, 勢如破竹, 數節之後, 迎刃而解.」'라 함. 《補注杜詩》에 "希曰:河廣, 指河北 衛州, 時子儀破賊十萬衛州, 獲安慶緒弟慶和"라 함.

【秪殘鄴城不日得, 獨任朔方無限功】'秪'는 '祇'와 같으며 '只'의 뜻. 다만. 오직. 《杜詩鏡銓》에는 '祇'로 되어 있음. '鄴城'은 옛 魏郡의 縣 이름. 《杜詩鏡銓》注에 "〈舊唐書〉:相州屬河北道, 天寶改鄴郡, 乾元改鄴城"이라 함. 지금의 河南 臨漳縣 서쪽임. '不日'은 하루가 미처 끝나기도 전. 《詩》大雅 文王篇 "庶民攻之, 不日成之"의 注에 "不日, 不終日也"라 함. '朔方'은 朔方節度使 郭子儀를 가리킴. 《杜詩鏡銓》注에 "〈舊唐書〉:「祿山反, 以郭子儀爲靈武太守充朔方節度使, 自陳濤斜之敗, 帝惟倚朔方軍 爲根本.」 朱注:「是時命九節度討安慶緒, 又以魚朝恩爲觀軍容使, 雖圍相州, 而兵不一. 此曰'獨任朔方無限功', 蓋擧前事以風之, 欲其專任子儀也.」'라 함. 《眞寶》注에 "指言郭子儀爲朔方節度使, 時方專任子儀也"라 함.

【京師皆騎汗血馬, 回紇餧肉蒲萄宮】'京師'는 長安을 가리킴. 蔡邕《獨斷》에 "天子 所都曰京師. 京, 水也. 地下之衆者莫過於水, 地上之衆者莫過於人. 京, 大; 師, 衆 也. 故曰京師"라 함. '汗血馬'는 漢代 李廣利가 西域 大宛王으로부터 구해온 名馬. 《史記》大宛列傳에 "大宛在匈奴西南, 在漢正西, 去漢可萬里. 其俗土著, 耕田, 田 稻麥. 有蒲陶酒. 多善馬, 馬汗血, 其先天馬子也. 有城郭屋室. 其屬邑大小七十餘 城, 衆可數十萬. 其兵弓矛騎射"라 하였고, 《漢書》武帝紀에는 "四年春, 貳師將軍 廣利斬大宛王首, 獲汗血馬來. 作〈西極天馬之歌〉"라 함. 이때 回紇에서 3천 騎兵을 보내와 安慶緒를 치는 것을 도왔던 일을 가리킴. '回紇'은 위구르(維吾爾)의 한 자 音譯. 匈奴의 후예로 突厥에 소속되었으나, 唐代에 돌궐로부터 분리되어 唐의 판도에 들었다가 郭子儀를 도와 安祿山의 난을 평정하여, 回鶻이라 표기되었음. 지금의 新疆위구르 자치주 일대에 분포함. '餧'는 '먹이다'의 뜻. '蒲萄'는 '葡萄'와 같으며 漢나라 때 張騫이 西域에서 들여와 당시 '蒲萄', '蒲桃' 등으로 표기하였음. 《太平御覽》(972, 996)과 《齊民要術》에 《博物志》를 인용하여 "張騫使西域還, 所得蒲桃, 胡葱, 苜蓿"이라 함. 한편 '蒲萄宮'은 漢代 上林苑에 있던 궁 이름. 漢 元帝 때 匈奴의 선우(單于, 흉노 왕)가 來朝하여 묵었던 곳. 이 고사를 이용 回紇 군대에게 잔치를 열어준 곳을 '蒲萄宮'이라 이른 것임. 《杜詩鏡銓》注에 "漢〈張耳

傳〉:「如以肉餧虎, 何益? 卽留花門, 所謂飽肉氣勇決也.」〈匈奴傳〉:「元帝元壽二年, 單于來朝, 舍之上林苑蒲萄宮.」《通鑑》:「是年八月, 回紇遣驍騎三千助討安慶緖, 上命僕固懷恩領之.」라 함.

【已喜皇威淸海岱, 常思仙仗過崆峒】'皇威'는 皇帝의 威嚴. 張華 詩에 "戎車振朔野, 軍帥贊皇威"라 함. '海岱'는 東海와 泰山. '岱'는 山東 泰山의 略號. 고대 靑州 지역. 지금의 山東, 河北(燕冀) 지역을 가리킴.《杜詩鏡銓》注에 "〈禹貢〉:海岱維靑州. 海岱與燕冀接壤"이라 함. '仙仗'은 神仙의 儀仗. 여기서는 천자의 행렬을 가리킴.《眞寶》注에 "仙杖, 天子儀杖"이라 함. 安祿山의 난이 일어나자 玄宗이 피란길을 나섰던 것을 가리킴. '崆峒'은 甘肅省 平凉府 固原州 서쪽에 있는 산 이름. 長安에서 靈武로 가는 길목.《杜詩鏡銓》注에 "《括地志》:「笄頭山, 一名崆峒山, 在原州平凉縣西百里.」朱注:肅宗自馬嵬經彭原, 平凉至靈武, 合兵興復, 道必由崆峒, 及南回, 亦自原州入. 此欲其以起事艱難爲念也"라 함.《眞寶》注에 "崆峒, 山名, 在西. 皇帝問道, 廣成子之所. 明皇西幸, 臣子不忍斥言, 故托之崆峒"이라 함.

【三年笛裏關山月, 萬國兵前草木風】'三年'은 肅宗 至德 원년(757)에서 乾元 2년(759)에 이르는 3년. '關山月'은 〈樂府〉 笛曲의 이름. 關門에서 달을 보며 헤어진 가족을 그리워하는 가사임.《杜詩鏡銓》注에 "《樂府解題》:〈關山月〉, 傷離別也"라 함. '草木風'은 초목을 흔드는 바람. 戰雲이 감도는 바람을 말함. 前秦 苻堅의 淝水之戰에서 유래된 고사 '風聲鶴唳'를 인용한 것.《杜詩鏡銓》注에 "《晉》載記:「苻堅與苻融登城而望, 見八公山草木皆類人形, 風聲鶴唳, 疑以爲兵.」此言興師以來, 笛咽關山, 兵驚草木, 征戍之勤, 鋒鏑之慘, 爲不可忘也."라 함.

【成王功大心轉小, 郭相謀深古來少】'成王'은 肅宗(李亨)의 아들 廣平王 李俶. 乾元 원년(758) 2월에 成王에 봉해졌고 4월엔 皇太子가 되었음. 長安과 東都(낙양) 수복에 큰 공을 세웠음.《杜詩鏡銓》注에 "《唐書》:「廣平王俶進爵楚王, 徙封成王. 乾元元年四月立爲皇太子.」浦注:收復兩京廣平爲帥, 今圍鄴未與, 而詩首及之, 誌元勳尊主器也"라 함. '心轉小'는 마음을 더욱 겸허하고 세심하게 가짐. '郭相'은 中書令 郭子儀.《杜詩鏡銓》注에 "子儀, 時進中書令"이라 함.

【司徒淸鑑懸明鏡, 尙書氣與秋天杳】'司徒淸鑑'의 司徒는 교육을 관장하는 벼슬로 李光弼을 가리킴. 李光弼은 柳城 사람으로 肅宗이 節度使로 拜任하여 安史의 난을 평정한 공로로 郭子儀와 이름을 나란히 하였음.《杜詩鏡銓》注에 "李光弼先加檢校司徒"라 하였고,《眞寶》注에는 "李光弼爲司徒"라 함. '淸鑑'은 맑고 또렷한 鑑識. '尙書'는 兵部尙書 王思禮를 가리킴.《杜詩鏡銓》注에 "王思禮, 時遷

兵部尙書. 公〈哀思禮〉詩云:「爽氣春淅瀝.」與此詩話合"이라 하였고, 《眞寶》注에 "王思禮爲尙書"라 함. 王思禮도 李光弼과 함께 安慶緖 토벌에 참가했음. '杳'는 渺와 같으며 아득함. 高遠한 것.

【二三豪俊爲時出, 整頓乾坤濟時了】'二三豪俊'은 두세 명의 호걸들. 郭子儀, 李光弼, 王思禮 등 뛰어난 인물들. '濟時了'는 '시국을 완전히 구제하다. 반란으로 어지러운 세상을 완전히 바로잡다'의 뜻.

【東走無復憶鱸魚, 南飛各有安巢鳥】'鱸魚'는 晉나라 때 張翰(季鷹)의 '吳江鱸魚' 고사를 말함. 《世說新語》識鑒篇과 《晉書》(92) 張翰傳에 "張季鷹辟齊王東曹掾, 在洛, 見秋風起, 因思吳中菰菜, 蓴羹, 鱸魚膾, 曰:「人生貴得適意爾! 何能羈宦數千里以要名爵?」遂命駕便歸. 俄而齊王敗, 時人皆謂爲見機"라 하여 가을바람이 일자 고향 吳 땅의 菰菜와 순채(蓴菜)국, 그리고 농어회(鱸魚膾)가 생각나 벼슬을 버리고 동쪽 고향으로 낙향해버린 고사. 《杜詩鏡銓》注에 "翻用張翰語"라 함. '南飛'는 魏 曹操의 〈短歌行〉 "烏鵲南飛, 繞樹三匝, 何枝可依?"를 인용한 것. 《杜詩鏡銓》注에 "翻魏武語"라 함. '各'은 《九家集註杜詩》, 《補注杜詩》, 《杜詩鏡銓》, 《集千家註杜工部詩集》, 《杜詩詳註》 등에는 모두 '覺'으로 되어 있으며, 《杜詩諺解》 역시 이에 따라 "南으로 ᄂᆞ라가 기세 편안히 안잿는 새 이슈믈 알리로다"로 풀이되어 있음.

【靑春復隨冠冕入, 紫禁正耐煙花繞】'靑春'은 至德 元年(756) 전란 중에 玄宗이 肅宗(李亨)에게 皇位를 넘겨주었으나 그로부터 2년 뒤 안녹산의 난이 평정되자 정식으로 玉璽를 내려줌. 이에 숙종은 연호를 乾元으로 바꾸고 입궐하였으며, 이때 많은 신하들이 戎服(軍服)을 벗고 冠冕의 복장으로 따라 들어와 이를 축하함. 따라서 '靑春'은 乾元 원년의 봄을 뜻함. '冠冕'은 고관들의 服飾. '紫禁'은 천자의 궁궐. 별자리 紫微宮에서 유래됨. '煙花繞'는 내(안개)가 꽃처럼 둘러싸여짐. 안정되어가는 분위기를 표현한 것.

【鶴駕通宵鳳輦備, 雞鳴問寢龍樓曉】'鶴駕'는 황태자의 수레. 周 靈王의 태자 王子喬(姬晉)가 신선이 되어 白鶴을 타고 승천한 고사를 말함. 劉向 《列仙傳》(上)에 "王子喬者, 周靈王太子晉也. 好吹笙作鳳凰鳴. 遊伊洛之間. 道士浮丘公, 接以上嵩高三十餘年. 後求之於山上, 見桓良曰:「告我家, 七月七日, 待我於緱氏山巓.」至時, 果乘白鶴, 駐山頭"라 하였고, 《藝文類聚》에 "太子晉乘白鶴仙去, 故後世稱太子之駕曰鶴駕"라 함. '通宵'는 '밤새도록'의 뜻. '鳳輦'은 천자의 수레. 鳳凰 장식이 있음. 《杜詩鏡銓》注에 "唐書儀衛志: 輦有七, 一曰大鳳輦"이라 함. '雞鳴問寢'은 새벽

닭이 울면 곧바로 寢所로 가서 문안드림.《禮記》文王世子篇에 "文王之爲世子, 朝於王季, 日三. 雞初鳴而衣服, 至於寢門外, 問內豎之御者曰:「今日安否何如?」內豎曰:「安.」文王乃喜. 及日中, 又至, 亦如之. 及莫, 又至, 亦如之"라 함. 여기서는 숙宗이 上皇 玄宗의 寢殿에 가서 문안을 드림을 말함. '龍樓'는 漢 太子宮의 문. 《杜詩鏡銓》注에 "《漢書》:「上嘗急召, 太子出龍樓門, 不敢絶馳道.」張晏曰:門樓上 有銅龍, 若曰鶴飛廉之爲名也.《雍錄》:桂宮南面有龍樓門. 言'鶴駕通宵', 備鳳輦以 迎上皇, 鷄鳴報曉, 趨龍樓以伸問寢也. 靑春重整朝儀, 人主復脩子道, 皆將見之寇 盡之餘, 語亦以頌寓規. 蓋移仗事雖在後, 而是時張李用事, 當已有先見其端者, 與 收京詩「文思憶帝堯同旨」, 正見公忠愛切摯處. 深文固非, 卽泛說亦非也"라 함.

【攀龍附鳳勢莫當, 天下盡化爲侯王】'攀龍附鳳'은 龍을 붙잡고 鳳에 붙음. 時局의 이 로움이나 權勢의 힘에 붙음.《杜詩鏡銓》注에 "《漢書》敍傳:攀龍附鳳, 並乘天衢, 雲 起龍驤, 化爲侯王"이라 하였고,《眞寶》注에는 "楊子:「攀龍鱗附鳳翼.」"이라 하였 으며 이는 楊子의《法言》에 "攀龍鱗附鳳翼, 巽以揚之, 勃勃乎其不可及乎"를 인용한 것임. '龍鳳'은 천자에 비유한 것이며 英主 아래에 벼슬하여 功業을 이룸을 뜻함. '爲侯王'는 제후나 왕에 봉해짐.

【汝等豈知蒙帝力? 時來不得誇身强】'蒙帝力'은 황제의 恩力을 입음.〈擊壤歌〉에 "日出而作, 日入而息. 鑿井而飮, 畊田而食, 帝力何有於我哉!"라 함. '誇身强'은 자신 의 강함을 뽐냄.《杜詩鏡銓》注에 "朱注:時加封寓從功臣, 二句卽介之推「貪天功 以爲己力」意"라 하였고,《史記》晉世家에 "介之推曰:「竊人之財, 猶曰是盜, 況貪天 之功以爲己力乎?」"라 함.

【關中旣留蕭丞相, 幕下復用張子房】'關中'은 函谷關 안쪽 지방. 長安을 중심으로 한 지방. '蕭丞相'은 漢 高祖의 승상 蕭何처럼 군비 보급에 공이 큰 杜鴻漸을 가 리킴.《杜詩鏡銓》注에 "《史記》蕭何傳:「漢王引兵東定三秦, 何以丞相留守巴蜀, 使 給軍食.」蕭丞相謂房琯自蜀奉冊, 留相肅宗. 一說:蔡夢弼謂指杜鴻漸.《唐書》:肅宗 按軍平涼, 鴻漸首建朔方興復之謀, 且錄軍資器械儲廥上之. 肅宗喜曰:「靈武吾關中, 卿乃吾蕭何也.」按鴻漸爲人無勳德, 且非公所喜, 自當指琯爲是."라 함. '張子房'은 漢 高祖의 智將이었던 張良(子房, 留侯).《漢書》高祖紀에 "運籌帷幄之中決千里之 外, 吾不如子房"이라 함. 여기서는 이에 빗대었던 張鎬를 가리킴. 至德 2년(757) 房 琯의 뒤를 이어 재상이 됨.《杜詩鏡銓》注에 "謂張鎬也. 琯罷相, 以張鎬代"라 함.

【張公一生江海客, 身長九尺鬚眉蒼】'張公'은 張鎬.《眞寶》注에 "謂張鎬也"라 함. '江海客'은 長江과 東海 지방을 돌아다니며 자유로이 살던 사람. '鬚眉蒼'은 수염

과 눈썹이 검푸름. 張鎬의 風采를 표현한 것.《杜詩鏡銓》注에《舊唐書》:「張鎬
風儀魁岸, 廓落有大志, 自褐衣拜左拾遺. 玄宗幸蜀, 徒步扈從, 玄宗遣赴行在, 至
鳳翔, 奏議多有宏益, 拜諫議大夫, 尋代房琯爲相.」《封氏聞見記》:「張鎬起自布素,
不二年而登宰相, 正身特立, 不肯苟媚閹人, 群閹疾之, 稱其無經濟才, 改荊府長史.」
朱注: 按史是年五月鎬已罷相, 此盛稱其籌策者, 惜其去而功不就也. 觀史思明, 許
叔冀之叛, 鎬先料之, 則比以子房, 豈爲過哉!'라 함. 한편《東坡志林》에는 "老杜
曰:「張公一生江海客, 身長九尺鬚眉蒼」, 謂張鎬也. 蕭嵩薦之云. 用之則爲帝王師,
不用則窮谷一曳爾'라 함.

【徵起適遇風雲會, 扶顚始知籌策良】'徵起'는 임금에게 불려 起用됨. '風雲會'는 호
랑이가 바람을 만나고, 용이 구름을 만나듯이, 明主가 賢臣을 만남.《易經》乾卦
文言傳에 "雲從龍, 風從虎"이라 함. '扶顚'은 엎어지고 있는 나라를 붙들어 일으
킴. '籌策'은 계책.《漢書》爰盎傳에 "盎雖居家, 景帝時時使人問籌策"이라 함.

【靑袍白馬更何有? 後漢今周喜再昌】'靑袍白馬'는 푸른 겉옷에 흰 말을 탄 자들.
安祿山의 叛軍을 가리킴. 梁나라 武帝 때 侯景이 반란을 일으키며 푸른 천으로
袍를 만들어 입게 하고 자신은 흰 말에 탔던 일을 원용한 것.《杜詩鏡銓》注에
《南史》侯景傳: 先時大同中童謠曰:「靑絲白馬壽陽來.」景渦陽之敗, 求錦, 朝廷給以
靑袍, 悉用爲袍. 景乘白馬, 靑絲爲轡, 欲以應謠"라 함. '後漢今周'은 肅宗이 당나
라를 중흥시킨 것은 漢을 중흥시킨 光武帝나 周나라를 중흥시킨 宣王과 같음.
'喜再昌'은 나라를 다시 창성케 함을 기뻐함.《補注杜詩》에 "「後漢今周喜再昌」,
謂肅宗如漢光武周宣王之中興也"라 함.《杜詩鏡銓》注에 "以漢光周宣比肅宗. 言
能專用鎬, 則餘寇不足平而太平可坐致也"라 함.

【寸地尺天皆入貢, 奇祥異瑞爭來送】'寸地尺天'은 아주 작은 나라들을 가리킴. '入
貢'은 공물을 들여옴. '奇祥異瑞'는 기이한 祥瑞. 太平聖代에는 반드시 祥瑞가 나
타난다고 여겼음.

【不知何國致白環, 復道諸山得銀甕】'白環'은 흰 옥고리. 舜임금 때 西王母가 白環
을 바쳐 축하했다고 함.《杜詩鏡銓》注에 "《竹書紀年》:帝舜九年, 西王母來朝, 獻
白環玉玦"이라 함. '銀甕'은 은으로 만든 항아리.《杜詩鏡銓》注에 "〈顧野王〉《瑞應
圖》:王者宴不及醉, 刑罰中則銀甕出焉"이라 함.

【隱士休歌〈紫芝曲〉, 詞人解撰〈河淸頌〉】'隱士'는 李泌을 가리킴.《杜詩鏡銓》注에
"當指李泌, 泌時歸衡山"이라 함. 〈紫芝曲〉'은 은사들이 부르던 노래. 秦末 商山四
皓가 불렀다는 노래. 〈題李尊師松樹障子歌〉(195)의 注를 참조할 것. 〈河淸頌〉'은

태평성세를 찬양하는 노래. 黃河는 천년에 한번 맑아지며 그 때는 聖君이 출현한다 함. 《杜詩鏡銓》注에 "《南史》:「宋元嘉中, 河濟俱淸, 當時以爲瑞, 逋租作〈河淸頌〉.」趙曰: 收京後, 嵐州, 合關河淸, 蓋紀實事也"라 함.

【田家望望惜雨乾, 布穀處處催春種】'望望'은 어서 농사를 짓고 싶어 하는 모습. '惜雨乾'은 빗물 있는 사이 서둘러 농사일을 해야 하나, 말라가고 있음을 애석히 여김. 《補注杜詩》에 "希曰: 按史: 乾元二年春旱, 故有「田家望望惜雨乾」之句"라 함. '布穀'은 뻐꾹새. '撥穀'으로도 표기하며 '뻐꾹'이라는 울음소리를 音寫함과 동시에 '곡식 씨를 뿌려라'는 뜻을 나타냄. 고대에는 鳲鳩, 鵠鵴 등으로 썼음. 《杜詩鏡銓》注에 "《爾雅》: 鳲鳩, 鵠鵴. 注: 今之布穀也. 《御覽》: 崔實曰: 夏扈趣耕鋤, 卽竊脂"라 하였고, 《眞寶》注에 "布穀, 催耕之鳥"라 함. 師曠《禽經》에는 "鳲鳩, 戴勝布穀也, 亦曰獲穀. 春耕候也, 注農事方起此鳥飛鳴于桑間云:「五穀可布種.」故曰布穀"이라 함.

【淇上健兒歸莫懶, 城南思婦愁多夢】'淇'는 河南 淇鎭 동쪽에서 시작하여, 湯陰縣을 거쳐 淇縣에서 衛河로 들어가는 강물 이름. 鄴城 근처로 安祿山의 殘黨이 최후까지 남아 있던 곳. 《杜詩鏡銓》注에 "淇水在衛地, 衛與相州相鄰, 指圍鄴之兵也. '歸莫懶', 蓋速其成功"이라 함. '城南思婦'는 長安城 남쪽의 남편을 그리워하고 있는 부인들. 《杜詩鏡銓》注에 "城南, 謂長安城南"이라 함. 일반 백성들의 거주 지역이며 그곳 장정들이 많이 징집되어 아내들이 남편을 기다리고 있음.

【安得壯士挽天河, 淨洗甲兵長不用】'挽天河'는 은하수를 끌어옴. 甲兵을 씻을 많은 물을 상징함. 《說苑》權謀篇에 "武王伐紂, 過隧斬岸, 過水折舟, 過谷發梁, 過山焚萊, 示民無返志也. 至於有戎之隧, 大風折旆. 散宜生諫曰:「此其妖歟?」武王曰:「非也. 天落兵也.」風霽而乘以大雨, 水平地而嗇. 散宜生又諫曰:「此其妖歟?」武王曰:「非也, 天灑兵也.」"라 하여, '洗兵'은 '灑兵'과 같은 뜻임. 《杜詩鏡銓》注에 "《說苑》: 武王伐紂, 風霽而乘以大雨, 王曰:「天洗兵也.」"라 함.

참고 및 관련 자료

1. 杜子美: 杜甫, 杜少陵, 杜工部. 042 참조.

2. 이 시는 《九家集注杜詩》(4), 《補注杜詩》(4), 《集千家註杜工部詩集》(5), 《杜詩詳注》(4), 《杜詩鏡銓》(5), 《全唐詩》(217), 《文章正宗》(24), 《唐詩品彙》(28), 《石倉歷代詩選》(45), 《全唐詩錄》(27), 《詩話總龜》(後集 18), 《歷代詩話》(36), 《義門讀書記》(51), 《白公六帖》(55) 등에 실려 있음.

3. 韻脚은 '東, 同, 中, 功, 宮, 峒, 風'. '小, 少, 杳, 了, 鳥, 繞, 曉'. '當, 王, 强, 房, 蒼, 良, 昌'. '貢, 送, 甕, 頌, 種, 夢, 用'.

4. 《杜詩諺解》重刊本(4)

中興호 여러 將軍이 山東을 收復ᄒᆞ니

사홈 이긘 글워리 바미 일외요믈 븓근 낫과 흔가지로다

河水의 너부믈 흔낫 글을 타 건나다 傳聞ᄒᆞ니

胡兒의 목수미 ᄠᅳ리ᄂᆞᆫ 댓가오ᄃᆡ 잇도다

오직 殘破호 鄴城을 날아니 ᄒᆞ야셔 得ᄒᆞ리로소니

호올로 朔方을 所任ᄒᆞ니 그지 업슨 功이로다

京師애 다 피ᄶᅥᆷ 나ᄂᆞᆫ ᄆᆞ를 트ᄂᆞ니

回紇능 蒲萄宮의 와 고기 머기놋도다

님긊 威嚴으로 海俗ㅅ 녀글 □기산 고돌 ᄒᆞ마 깃고

님긊 儀仗이 崆峒山을 디나가시던 이를 ᄆᆡ양 ᄉᆞ랑ᄒᆞ노라

세 ᄒᆡ를 뎟소리 안해 關山앳 ᄃᆞ리오

萬國ㅅ 兵馬ㅅ 알ᄑᆡᆫ 플와 남긧 ᄇᆞᄅᆞ미로다

成王은 功이 크샤ᄃᆡ ᄆᆞᄋᆞᆷ 가지미 ᄀᆞ장 져그시고

郭相은 쇠 기프니 녜로오매 젹도다

司徒의 ᄆᆞᆰ군 보믄 블근 거우뤼 다랫ᄂᆞᆫ 듯고

尙書ᄋᆡ 氣運은 ᄀᆞᄋᆞᆯ 하ᄂᆞᆯ와 다믓 아ᅌᆞ라 ᄒᆞ도다

두어 豪俊이 時節을 爲ᄒᆞ야 나

乾坤을 고텨 時世ㅣ 거느리츄믈 못도다

東으로 ᄃᆞ라 鱸魚 ᄉᆞ랑ᄒᆞ 리 쏘 업고

南으로 ᄂᆞ라가 기세 편안히 안잿ᄂᆞᆫ 새 이슈믈 알리로다

프른 보미 쏘 冠冕호 사라믈 조차 드러오니

大闕에 正히 늬 셴 고지 버므렛도다

鶴駕를 바미 ᄉᆞ뭇ᄃᆞ록 鳳輦을 ᄀᆞ초ᄒᆞ샤

ᄃᆞᆯ기 울어든 龍樓ㅅ 새배로셔 寢門에 가샤 安否를 뭇ᄌᆞᆸ놋다

龍을 더위자ᄇᆞ며 鳳을 브터 그 勢을 當ᄒᆞ디 몯ᄒᆞ리로소니

天下앳 사ᄅᆞ미 다 고텨 ᄃᆞ외야 諸侯王이 ᄃᆞ외얫도다

너희ᄃᆞᆯ흔 엇뎨 님긊 힘 닙ᄉᆞ와 쓰믈 알리오

시절 왓 다ᄒᆞ야 시러곰 몸의 强大호믈 쟈랑ᄒᆞᆯ디 아니니라

關中에 ᄒ마 蕭丞相을 머믈우시며
幕下애 ᄯ 張子房을 ᄡ시놋다
張公은 一生애 江海옛 客이러니
ᄆᆞᆷ 기릐 아홉자히오 입거웃과 눈섭괘 셰니라
블러 니러 鳳雲際會를 마치맛나니
업더듀믈 더위자보매 비르서 쇠 잘 호믈 알리로다
프른 옷과 힌 마른 ᄯ 어느 이시리오
後ㅅ 漢과 이젯 周를 다시 昌盛호믈 깃노라
寸만ᄒᆞᆫ ᄯ과 자만ᄒᆞᆫ 하ᄂᆞᆯ 아랫 사ᄅᆞ미 다 貢을 드리ᄂᆞ니
奇祥과 異瑞를 ᄃᆞ토와 ᄇ내야 오ᄂᆞ다
아디 몯ᄒᆞ리로다 어느 나라히 白環을 닐위뇨
여러 뫼애셔 銀甕을 엇다 ᄯ 니ᄅᆞᄂᆞ다
隱居ᄒᆞᆫ 사ᄅᆞᆷ 紫芝曲을 브르디 마롤디어다
글ᄒᆞᆫ 사ᄅᆞᆷ 黃河ㅣ 물ᄀᆞᆫ 頌을 지오 믈아롤디로다
녀름지을 지비 ᄇ라며 ᄇ라셔 비올로믈 슳ᄂᆞ니
버국새는 곧마다셔 봀곡식 심고믈 뵈아ᄂᆞ다
淇水ㅅ 우희 갯ᄂᆞ 健壯ᄒᆞᆫ 남자는 도라오믈 게을이 말롤디어다
城南앳 ᄉᆞ랑ᄒᆞᄂᆞ 겨지븐 시름ᄒᆞ야 ᄭᆞ미 하도다
어듸 ᄒᆞ야아 健壯ᄒᆞᆫ 사라믈 어더 天河를 긍어다가
甲兵을 조히 시서 기리 ᄡ디 말려뇨

209. 〈入奏行〉 ················ 杜子美(杜甫)

천자께 상주하러 들어가는 두시어竇侍御에게

*〈入奏行〉: 천자에게 上奏하러 들어감을 노래함. 이는 《杜詩鏡銓》과 《千家集注
杜工部詩集》, 《杜詩詳註》 등에는 제목이 〈入奏行贈西山檢察使竇侍御〉로 되어
있어, 四川 成都의 西山檢察使 竇侍御가 업무보고를 위해 조정으로 출장을 떠
날 때 지어 준 노래임. '侍御'는 벼슬이름이며, 竇侍御는 혹 '竇蓋'가 아닌가 하
였음. '竇蓋'는 구체적으로 알 수 없으나 太宗(李世民)의 皇后 竇太后의 正族이
었을 것이라 하였음. 《杜詩鏡銓》注에 "唐官名無檢察使. 朱注: 按《會要》有西山運
糧使檢校戶部員外郎. 詩云「運糧繩橋壯士喜」, 疑卽此官. 竇蓋以侍御出耳"라 함.
《杜詩詳註》에는 "黃鶴編在寶應元年. 夢弼曰: 時吐蕃分三道入寇, 欲取成都爲東
府. 竇公以御史出檢校諸州軍儲器械, 得以便宜入奏, 公作是詩以贈之. 鶴曰: 考《新
舊史》, 《會要》諸書, 無檢察使. 唯有巡察, 觀察, 按察之名, 然《歐陽詹集》有〈送韋
檢察詩〉, 又似史失書. 朱注: 《會要》有西山運糧使檢校戶部員外郎, 詩云「運糧繩橋
壯士喜」, 疑卽此官. 竇蓋以侍御出耳. 又曰詩云「八州刺史思一戰, 三城守邊却可
圖」, 是西山未沒吐蕃時作"이라 함.

두시어사竇侍御史는 천리마의 망아지요, 봉황새 어린 새끼처럼 뛰어난
인물,
　나이 서른 되기 전에 충성과 의리를 모두 갖추었지.
　골경骨鯁처럼 강직하기는 세상에 다시없을 정도요,
　번쩍이기는 한 덩어리 맑은 얼음이 온갖 골짜기에서 나와,
　영풍관迎風館과 한로관寒露館의 옥병에 담아 둔 것 같네.
　사탕수수 즙을 부엌으로 가져가 금 공기에 담아 얼려,
　무더위 식혀주면 족히 임금님 몸 편안케 해드릴 수 있으리.
　정사政事는 소통으로써 하되 법칙에 부합되고,
　친척은 호족과 귀족과 연결되며 문학과 유학儒學을 좋아한다네.

전쟁이 아직 끝나지 않아 사람들이 제대로 소생蘇生하지 못하고 있는데,

천자께서는 역시 서남쪽 귀퉁이 토번吐蕃을 염려하고 있다네.

토번은 시국을 믿고 나라를 업신여기며 기세 매우 난폭하니,

두씨竇氏가 이곳 검찰檢察이 된 것은 이 시기의 필요에 응한 것일세.

승교繩橋에 군량軍糧을 운반해 주니 장병들이 기뻐했고,

화정火井 지방에 나무를 다 베니 궁해진 원숭이들 울부짖었네.

팔주八州의 자사刺史들도 토번과 한번 싸워볼 만하다고 여기고,

삼성三城의 변경 수비도 오히려 시도해볼 만한 상황이 되었네.

이번 출장에 임금께 상주할 일은 작지 않은 계책이니,

은밀히 뜻을 받들게 되면 은총이 응당 특별하게 될 것일세.

수놓은 옷 입고 봄에 은하수 같은 궁궐에 서게 될 것이며,

색동옷 입고 날마다 부모님께 달려가게 될 것이네.

성랑省郞이나 경윤京尹쯤은 몸 굽혀 물건 줍듯 쉽게 얻을 것이요,

강가의 꽃이 지기 전에 이곳 성도成都로 돌아오게 되리라.

그 때는 완화계浣花溪 가의 이 늙은 나를 찾아주겠는가?

내 그대 위해 술을 사되 술통 가득 사올 것이며,

노비에게는 흰 밥 지어주고, 말에게는 푸른 꼴 먹여 주리라.

竇侍御驥之子鳳之雛, 年未三十忠義俱.

骨鯁絶代無, 炯如一段淸冰出萬壑, 置在迎風寒露之玉壺.

蔗漿歸廚金盌凍, 洗滌煩熱足以寧君軀.

政用疎通合典則, 戚聯豪貴耽文儒.

兵革未息人未蘇, 天子亦念西南隅.

吐蕃憑陵氣頗麤, 竇氏檢察應時須.

運粮繩橋壯士喜, 斬木火井窮猿呼.

八州刺史思一戰, 三城守邊却可圖.

此行入奏計未小, 密奉聖旨恩應殊.
繡衣春當霄漢立, 綵服日向庭闈趨.
省郎京尹必俯拾, 江花未落還成都.
肯訪浣花老翁無? 爲君酤酒滿眼酤, 與奴白飯馬青芻.

【竇侍御驥之子鳳之雛, 年未三十忠義俱】'竇侍御'의 竇는 姓, 侍御는 侍御史로 官
職 이름. 구체적인 이름은 알 수 없으나《杜詩鏡銓》과《杜詩詳註》등에는 '竇蓋'
가 아닌가 하였음. 한편 侍御史는 漢나라 때부터 두었던 관직으로 지방 행정의
監察職務를 띠고 있었음. 특히 州郡의 행정 감독과 물자 운송을 감찰하였음.
'驥之子'의 驥는 옛 천리마. '鳳之雛'는 봉황새의 어린 새끼. 아주 뛰어난 인물을
표현하는 말.
【骨鯁絶代無, 炯如一段淸冰出萬壑, 置在迎風寒露之玉壺】'骨鯁'은 강직함. 강직한
신하를 뜻함. '鯁'은 '骾'과 같은 뜻.《杜詩鏡銓》注에《荀子》:君有忠臣, 謂之骨鯁
이라 함.《補注杜詩》注에는 "趙曰:骨鯁者, 剛正之謂. 若肉之骨而魚之有鯁也."라
하였고,《字彙》에는 "鯁, 魚骨. 又骨不下咽也. 世謂謇諤爲骨鯁, 謂直言難受如骨之
哽咽也."라 함. '炯'은 빛남, 번쩍번쩍함. '迎風寒露'는 漢代 궁전 안의 迎風館과
寒露館. '寒露'는《杜詩鏡銓》에는 '露寒'으로 되어 있으며, 注에 "舊作寒露.〈西京
賦〉:「旣新作於迎風, 增露寒與儲胥.」 注:皆館名.《長安志》:在雲陽甘泉宮"이라 함.
'玉壺'는 옥으로 만든 병. 淸澈함을 의미함.
【蔗漿歸厨金盌凍, 洗滌煩熱足以寧君軀】'蔗'(音柘, 자)는 사탕수수. '蔗漿'은 사탕수
수 즙. '金盌凍'은 蔗漿을 얼려 금으로 만든 공기에 담음. '煩熱'은 무더위.《杜詩
鏡銓》注에 "朱注:淸冰寒蔗, 實之玉壺金盌, 足以滌君王之煩熱. 想竇侍御以淸望
稱於時, 故比之如此. 師曰:蔗漿可以除煩. 天子方憂吐蕃, 不無內熱, 今竇生入奏忠
言上沃帝心, 如蔗漿然"이라 함.
【政用疎通合典則, 戚聯豪貴耽文儒】'疎通'은 막힘없이 통함. '典則'은 법칙. '戚聯豪
貴'는 친척관계는 호족, 귀족들과 연결됨. 그는 太宗의 皇后 竇太后의 正族이었
으므로 豪貴들과 親分이 있었을 것이라 하였음.《集千家注杜工部詩集》注에 "太
宗皇后竇氏, 侍御正其族也, 故云戚聯豪貴"라 함. '耽文儒'는 文學과 儒學에 탐닉
함.《杜詩鏡銓》注에 "二句兼美其學術性情"이라 함.
【兵革未息人未蘇, 天子亦念西南隅】'兵革'은 무기와 갑옷. 전쟁, 반란을 뜻함. '人未

蘇'는 사람들이 소생되지 못하고 있음. 온전히 회복되지 못한 상태임을 말함. '西南隅'는 서남쪽 귀퉁이. 吐蕃(吐藩)을 가리킴.

【吐蕃憑陵氣頗麤, 寶氏檢察應時須】'吐蕃'은 지금의 티베트에 있던 나라. '憑陵'은 형세를 믿고 唐나라를 업신여김. '氣頗麤'는 기세가 매우 거침. '麤'는 粗와 같은 뜻으로 거칠고 조악함. 난폭함. '檢察'은 군사와 정치의 점검, 감찰하는 임무. 寶 侍御를 四川(蜀)에 보낸 것은 그곳과 인접해 있는 토번을 잘 대응하도록 한 것임을 말함.

【運粮繩橋壯士喜, 斬木火井窮猿呼】'粮'은 다른 원문에는 모두 '糧'으로 되어 있음. '繩橋'는 줄로 매달아 설치한 다리. 弔橋. 成都에 있었던 다리로 대나무를 줄로 엮어 만들었음.《杜詩鏡銓》注에 “《輿地紀勝》:繩橋在維州保寧縣東十五里, 辮竹爲繩, 其上施木板, 長三十丈, 通蕃漢路”라 하였고, 注에는 “鶴曰:繩橋在成都, 卽笮橋. 蓋蜀人以竹索爲橋也.《華陽國志》蜀志云:萬里橋西上曰笮橋.《大明一統志》:成都府笮橋在府城西四里. 晉桓溫伐蜀戰於此.”라 함. '火井'은 四川省 臨邛縣(邛峽縣)에 있던 지명. 火井은 천연가스와 온천이 나온 곳에서 유래된 지명.《杜詩鏡銓》注에 “〈蜀都賦〉:「火井欲其出火」, 先以家火投之, 須臾焰出通天, 以竹筒盛之, 接其光而無炭, 取井火環煮井水, 一斛得四五斗, 鹽家火煮之不過二三斗. 鶴曰:《寰宇記》:水涸詩以火投井中卽焰出, 移時方滅. 今在蓬州, 此指蓬州火井言. 仇注:斬木於火井之地. 言除道以通運, 無不可依, 故猿呼也”라 하였고,《華陽國志》蜀志에는 “臨邛縣火井江上有火井, 夜時光映上昭. 民欲其光以家火投之, 頃許如雷聲火焰出通曜數十里, 以竹筒盛其光, 可拽行終日不滅也”라 함. '猿呼'는 그곳 나무를 다 베어내니 원숭이들이 울부짖음. 또는 토번의 적들이 나무 잃은 원숭이처럼 울부짖음.

【八州刺史思一戰, 三城守邊却可圖】'八州'는 서쪽의 토번과 남쪽 蠻獠를 막던 劍南節度使 아래 속해 있던 松州, 維州, 蓬州, 恭州, 雅州, 黎州, 姚州, 悉州 등 여덟 주. 肅宗 때(757) 郡을 州로 고치고, 太守를 刺史라 부르며 국방의 임무를 함께 맡겼음.《杜詩鏡銓》注에 《舊唐書》:「劍南西川節度統松維恭蓬雅黎姚悉八州兵馬.」 公〈東西兩川說〉:「八州素歸心於其世襲刺史.」라 함. '三城'은 代宗(肅宗의 이들) 초에 토번에게 함락되었던 八州 중 松州, 維州와 保州의 세 곳 城(《唐書》).《眞寶》注에 “按《唐書》:劍南節度使西抗吐蕃, 南撫蠻獠, 統團結管, 及松維蓬恭雅黎姚悉八州兵馬. 三城, 是靑海三城”이라 하여 三城은 靑海에 있는 세 城이라 함. 그러나《杜詩鏡銓》注에 “浦注:高適〈論西山三城列戌疏〉:「平戎以西數城, 皆窮山之顚, 蹊隥險絶, 運糧束馬之路, 坐甲無人之境.」 按其地今爲威保松潘等處, 卽《唐

史》廣德初, 吐蕃所陷之松維保三州也. 三城當在其處. 朱注指彭州三守捉城, 非是.
二句言或戰或守, 皆當相機宜, 畫長策以入奏朝廷也'라 함.

【此行入奏計未小, 密奉聖旨恩應殊】 '密奉'은 토번이 모르도록 몰래 의견을 바침.

【繡衣春當霄漢立, 綵服日向庭闈趨】 '繡衣'는 侍御史의 예복이면서 동시에 황제로
부터 특별히 은총을 받고 出使할 때 입는 옷.《漢書》百官表 "侍御史有繡衣直指"
의 注에 "服虔曰:指事而行無阿私也. 師古曰:衣以繡者尊寵之也"라 함.《眞寶》注
에 "漢暴勝之衣綉衣持斧爲使者"라 함(《漢書》武帝紀). '春當'은《杜詩鏡銓》注에
"言當以春抵京"이라 함. '霄漢立'은 하늘의 은하 같은 궁전 안에 서 있음. '綵服'은
색동옷. 옛날 老萊子가 나이 70이 넘어서도 부모 앞에서는 五綵의 옷을 입고 어
린아이처럼 하면서 즐겁게 했다는 고사.《蒙求》(老萊斑衣)에《高士傳》:老萊子楚
人. 少以孝行, 養親極甘脆. 年七十, 父母猶存. 萊子服荊蘭之衣, 爲嬰兒戲於親前,
言不稱老. 爲親取食上堂, 足跌而偃, 因爲嬰兒啼, 誠至發中. 楚室方亂, 乃隱耕於蒙
山之陽, 著書號老萊子. 莫知所終. 舊注云:著五色斑斕之衣."라 하였고,《二十四孝》
(戲彩娛親)에도 "周, 老萊子, 性至孝, 奉養雙親, 備極甘脆. 行年七十, 言不稱老. 常
著五彩斑斕之衣, 爲嬰兒戲於親側. 又常取水上堂, 詐跌臥地, 作嬰兒啼以娛親意.
有詩爲頌, 詩曰:『戲舞學嬌癡, 春風動彩衣. 雙親開口笑, 喜氣滿庭幃.』"라 하였으
며,《小學》(內篇 稽古 明倫)에도 "老萊子, 孝奉二親, 行年七十, 作嬰兒戲, 身著五色
斑斕之衣. 嘗取水上堂, 詐跌仆臥地, 爲小兒啼, 弄雛於親側, 欲親之喜."라 하는 등
널리 전해오고 있음.《眞寶》注에는 "老萊子奉親事"라 함. '庭闈趨'는 부모님 계신
집으로 달려감. '庭闈'는 부모님의 집 또는 부모님을 가리키는 말로 쓰임. '趨'는
趨와 같음. 이로 보아 竇侍御의 부친이 조정에서 벼슬을 하고 있었을 것으로 봄.
《杜詩鏡銓》注에 "竇之父, 必官於朝"라 함.

【省郞京尹必俯拾, 江花未落還成都】 '省郞'은 中書省, 尙書省의 平章事 郞中이나 侍
郞의 벼슬. '京尹'은 京兆尹. 서울의 장관. 당시 成都는 南京이라 불렸으며 그곳의
장관이 될 것임을 축하한 것. '俯拾'은 몸을 숙여 물건을 주음. 어떤 일을 쉽게 함
을 뜻함.《漢書》夏侯勝傳에 "夏侯勝常謂諸生曰:『士病不明經術, 經術苟明, 其取
靑紫如俛拾地芥耳.』"라 하였고, 顔師古 注에 "俛而拾之, 言其易而必得也"라 함.
'江花'는 成都 錦江 가의 꽃들. 杜甫와 竇氏 모두 成都에 있었음.《杜詩鏡銓》注에
"祝其增秩也. 竇此時或未兼戶部銜, 並卽望爲成都尹, 成都時號南京"이라 함.

【肯訪浣花老翁無? 爲君酤酒滿眼酤, 與奴白飯馬靑芻】 '浣花'는 浣花溪. 杜甫가 살
고 있던 草堂 가의 냇물.《一統志》에 "成都府莞花溪在府城西南五里, 一名百花潭.

按〈吳中復襄國夫人任氏碑記〉:夫人微時見一僧墜汚渠, 爲濯其衣, 百花滿潭, 因名其潭曰莞花, 草堂在府城西南五里莞花溪上, 卽杜甫宅也. 甫詩「萬里橋西宅, 百花潭北莊」, 謂此"라 함. '酤酒'는 술을 받아옴. '滿眼酤'는 술통의 위쪽 구멍이 있는 부분을 끈으로 묶어 들었으며 이 구멍을 '筒眼'이라 하여, 그 '眼'에 가득 찰 정도로 술을 받아 올 것임을 말한 것.《杜詩鏡銓》注에 "舊注:蜀人以竹筒酤酒, 上有筒穿繩眼. '滿眼酤', 言其滿迫筒眼"이라 함. '蒭'는 芻와 같으며 말에게 먹일 꼴.

참고 및 관련 자료

1. 杜子美:杜甫, 杜少陵, 杜工部. 042 참조.

2. 이 시는《九家集注杜詩》(10),《補注杜詩》(10),《集千家註杜工部詩集》(8),《杜詩詳注》(10),《杜詩鏡銓》(8),《文苑英華》(340),《全唐詩》(219),《成都文類》(12),《全唐詩錄》(27),《唐詩鏡》(23),《事文類聚》(新集 18) 등에 실려 있음.

3. 韻脚은 '雛, 俱, 壺, 軀, 儒, 隅, 須, 呼, 圖, 殊, 趨, 都, 蒭'.

4.《杜詩諺解》初刊本(9)

竇侍御는 驥의 아드리며 鳳의 삿기로소니

나히 셜ᄒ니 몯ᄒ야셔 忠과 義왜 ᄀᆞᆺ도다

骨鯁호미 代예 그처 업스니

ᄇᆞᆰ고미 ᄒᆞᆫ낫 ᄆᆞᆯᄀᆞᆫ 어르믈 萬壑애 가 내야

迎風寒露館ㅅ 玉壺애 노ᄒᆡᆫᄂᆞᆫ 듯ᄒᆞ도다

蔗漿이 브ᅀᅥ븨셔 가니 金盌이 언 듯ᄒᆞ니

어즈러운 더위를 시서 足히 ᄡᅥ 님ᄀᆞᆷ 모믈 便安케 ᄒᆞ리로다

政事 ᄡᅥ 호미 疏通ᄒᆞ야 法에 마ᄌᆞ니

아ᅀᆞ미 豪貴예 니ᅀᅥ쇼ᄃᆡ 글ᄒᆞᄂᆞᆫ 션ᄇᆡ를 즐기놋다

兵革이 긋디 아니ᄒᆞ야 사ᄅᆞ미 蘇復디 몯홀ᄉᆡ

天子ㅣ ᄯᅩ 西南 모홀 思念ᄒᆞ시ᄂᆞ니라

吐蕃이 憑陵ᄒᆞ야 氣運이 ᄌᆞ모 멀터우니

竇氏의 檢察호미 時節ㅅ 求호믈 맛골마 나도다

繩橋애 軍粮을 옮기니 壯士ㅣ 깃고

火井縣에 남글 버히니 窮迫ᄒᆞᆫ 나비 우르놋다

여듧 ᄀᆞ옰 刺史ㅣ ᄒᆞᆫ번 사호고져 ᄉᆞ랑ᄒᆞᄂᆞ니

세 城으로 ᄀᆞᄉᆞᆯ 守禦호ᄆᆞᆫ 도ᄅᆞ혀 어루 圖謀ᄒᆞ리로다

이 行애 드러가 엽줍는 혜아료미 젹디 아니ᄒ니
秘密히 님금 ᄠᅳ들 받ᄌᆞ와 恩惠를 당당이 달이 ᄒ시리로다
繡혼 오ᄉᆞ로 보미 하ᄂᆞᆯ홀 當ᄒ야 셔고
빗난 오ᄉᆞ로 나날 庭闈를 向ᄒ야 ᄃᆞ리리로다
省郎과 京尹을 반ᄃᆞ기 구버 주ᄉᆞ리로소니
ᄀᆞᄅᆞᆷ맷 고지 디디 아니·ᄒ얏거든 成都애 도라오리니
浣花앳 늘근 한아비를 와 볼다 말다
그듸를 爲ᄒ야 수를 사ᄃᆡ 누네 ᄀᆞᄃᆞ기 사고
죵으란 흰 바블 주고 ᄆᆞᆯ란 프른 쇠를 호리라

210. <高都護驄馬行> ·················· 杜子美(杜甫)
고도호의 총마를 노래함

*《眞寶》注에 "驄音驄, 馬色靑白.《史》:高仙芝開元末爲西域副都護"라 함.
*<高都護驄馬行>:安西都護府의 副都護 직책이었던 高句麗 출신 高仙芝가 타던 驄馬(騘馬)를 두고 지은 것임. 唐 貞觀 17년(643)에 西州(지금의 新疆위구르)에 安 西都護府를 설치하였으며, 顯慶 3년(658)에 治所를 龜玆國으로 옮겼음. 이리하 여 于闐國 서쪽으로부터 波斯(페르시아) 동쪽 사이의 十六督府를 모두 여기 에 예속시켰음. 당시 高仙芝는 高句麗 출신으로 開元 말(741)에 安西副都護가 되었으며, 天寶 6년(747)에는 小勃律을 토벌하여 그 수령을 사로잡는 등 큰 공 을 세우고 天寶 8년(749) 長安으로 개선하였음. 高仙芝는《舊唐書》(104)와《新唐 書》(135)에 傳이 있음. 이 때 高仙芝가 타고 온 이 말을 두고 杜甫가 글로 지은 것임.《杜詩鏡銓》에 "黃鶴謂是高仙芝. 按《史》:仙芝爲安西副都護, 天寶六載平小 勃律, 八載入朝"라 함. '驄馬'(騘馬)는 大宛에서 나는 말로 털이 靑白色이라 함. 혹은 靑海에서 나는 말. '騘'은 驄과 같음.《隋書》西域傳에는 "西域吐谷渾有靑 海, 中有小山. 其俗至冬冰合, 輒放牝馬於其上, 言得龍種. 嘗得波斯馬放入海, 因 生驄駒, 日行千里, 故時稱靑海驄馬"라 함. 한편 이 詩는 舊注에 高都護를 高適 으로 여겼으나 이는 잘못된 것임.《千家集註杜工部詩集》에 "舊注以爲高適, 非 也"라 하였고,《補注杜詩》에도 "〈補注〉:師曰:高適爲哥舒翰掌書記, 甫嘗送以詩. 云:十年出幕府, 自可持旌麾, 至是爲安西都護. 其言豈不有徵? 鶴曰:按《新舊史》: 適未嘗爲安西都護, 乃高仙芝. 按本傳:開元末爲安西副都護, 四鎭都知兵馬使, 天 寶九載討小勃律, 是年八月, 以小勃律王并妻還連雲堡. 於是大食諸胡七十二國, 皆降附. 未幾擢仙芝鴻臚卿假御史中丞, 代夫蒙靈察爲四鎭節度使, 又加左金吾衛 大將軍. 此詩當作於天寶七載. 梁權道雖知非高適編之於天寶十一載, 然仙芝九載 已入朝, 拜開府儀同三司, 又爲羽林大將軍, 不應詩題尙曰高都護"라 함. 天寶 7년 (748)에 지은 것이라 함.

안서도호安西都護 고선지高仙芝의 푸른 총마驄馬가,
성가聲價를 지닌 채 홀연欻然히 동쪽 장안長安으로 왔네.

이 말 진중陣中에 임하면 오랫동안 대적할 상대 없었으며,
사람과 한마음이 되어 큰 공 이루었다네.
공을 이루고는 은혜로운 사육을 받으며 데리고 가는 대로 따라다녀,
펄펄 날 듯이 먼 유사流沙로부터 이곳에 이르렀네.
웅자雄姿한 모습은 마구간 판자에 엎드려 편히 쉬는 은혜 따위 받으려 하지 않고,
맹기猛氣는 오히려 싸움터에 나서서 날쌔게 달리기를 생각하네.
발목은 짧고 발굽은 두툼하게 높아 쇳덩이 엎어놓은 것 같으니,
교하交河에서는 몇 번이나 층층 언 얼음 걷어차 깨뜨렸던가?
오색 털빛 흩어져 구름을 일으키듯 온몸 가득 덮여 있고,
만 리를 달려야 비로소 피 색깔 땀이 흐르는 것이 나타난다네.
장안의 건장한 사내라 해도 감히 올라타 볼 엄두도 못내며,
달려 지나감이 번갯불처럼 빠름을 온 장안 사람들은 다 알고 있다네.
푸른 비단실 줄로 머리 동여맨 채 주인 위해 늙어가고 있으니,
어찌하면 다시 광문橫門을 나서서 서역길로 달려 볼거나?

安西都護胡靑驄, 聲價欻然來向東.
此馬臨陣久無敵, 與人一心成大功.
功成惠養隨所致, 飄飄遠自流沙至.
雄姿未受伏櫪恩, 猛氣猶思戰場利.
腕促蹄高如踣鐵. 交河幾蹴層冰裂?
五花散作雲滿身, 萬里方看汗流血.
長安壯兒不敢騎, 走過掣電傾城知.
靑絲絡頭爲君老, 何由却出橫門道?

【安西都護胡靑驄, 聲價欻然來向東】'安西'는 지금의 신강위구르 焉耆鎭.《補注杜
詩》에 "洙曰: 唐安西郡東至焉耆鎭, 去交河郡七百里, 南鄰吐蕃, 西連疏勒, 去葱嶺

七百里, 北拒突厥. 貞觀中初置安西都護府於西州, 顯慶中移龜玆城.《新唐書》地理志云: 安西大都護府置西州'라 함.《杜詩鏡銓》에는 "《舊唐書》: 貞觀十七年, 置安西都護府, 于闐以西, 波斯以東, 十六都督府隷焉"이라 함. 한편 '都護'는 변방 이민족을 다스리기 위해 都督府를 두었으며, 다시 이 도독을 총괄하는 부서로 둔 것이 大都護府로서 漢나라 때부터 있었음.《漢書》宣帝紀에 "秋, 匈奴日逐王先賢撣將人衆萬餘來降. 使都護西域騎都尉鄭吉迎日逐, 破車師, 皆封列侯"라 하였고 鄭吉傳에는 "鄭吉, 會稽人也, 以卒伍從軍, 數出西域, 由是爲郎. 吉爲人强執, 習外國事. 自張騫通西域, 李廣利徵伐之後, 初置校尉, 屯田渠黎. 至宣帝時, 吉以侍郎田渠黎, 積穀, 因發諸國兵攻破車師, 遷衛司馬, 使護鄯善以西南道. 神爵中, 匈奴乖亂, 日逐王先賢撣欲降漢, 使人與吉相聞. 吉發渠黎, 龜玆諸國五萬人迎日逐王, 口萬二千人, 小王將十二人隨吉至河曲, 頗有亡者, 吉追斬之, 遂將詣京師. 漢封日逐王爲歸德侯. 吉旣破車師, 降日逐, 威震西域, 遂幷護車師以西北道, 故號都護. 都護之置自吉始焉."이라 하여 이때부터 시작되었다 함. '胡靑驄'은 서쪽 이민족 땅 大宛에서 나는 驄馬. '聲價欻然'은 값이 갑자기 치솟음. 顔延年〈赭白馬賦〉 "齒算延長聲價隆振, 欻聳擢以鴻驚"의 注에 "善曰: 欻, 忽也, 欻有所吹起也. 欻然, 忽然也"라 함. '欻' (홀)은 歘의 이체자이며 '忽'과 같은 뜻. '來向東'은 동쪽 長安으로 옴.

【此馬臨陣久無敵, 與人一心成大功】 '無敵'은 대적할 자가 없음. 가장 뛰어남.《史記》項羽本紀에 "項王謂亭長曰:「吾騎此馬, 五歲所當無敵"이라 함. '大功'은 큰 성공.《史記》廉頗藺相如列傳에 "我爲趙將有攻城野戰之大功"이라 함.

【功成惠養隨所致, 飄飄遠自流沙至】 '惠養'은 사랑하며 잘 기름. 顔延年의〈赭白馬賦〉에 "願終惠養蔭本枝兮"라 함. '隨所致'는 데리고 가는 대로 따름. '飄飄'는 바람에 날리듯 가벼이 달리는 것. '流沙'는 사막. 특히 지금의 신강위구르 고비사막, 타클라마칸 사막 일대를 가리킴. 서쪽 끝을 이르는 말.《尙書》禹貢 "東漸于海, 西及于流沙"〈正義〉에 "流沙, 當是西境最遠者也"라 하였고, 揚雄〈甘泉賦〉에 "東燭滄海, 西耀流沙"라 함.《杜詩鏡銓》에는 "〈天馬歌〉: 天馬來, 從西極, 涉流沙"라 함.

【雄姿未受伏櫪恩, 猛氣猶思戰場利】 '伏櫪'은 마구간 板에 엎드려 주는 대로 받아먹으며 편히 지냄. '櫪'은 마구간의 구유, 혹은 바닥에 깔아 놓은 판자.《漢書》(75) 李尋傳에 "馬不伏历, 不可以趨道; 士不素養, 不可以重國.《詩》曰「濟濟多士, 文王以寧」, 孔子曰「十室之邑, 必有忠信」, 非虛言也"라 하였고, 그 注에 "師古曰:伏歷, 謂伏槽而秣之也"라 함. '戰場利'는 전쟁터에 나가 내달리는 것이 유리함.

【腕促蹄高如踏鐵. 交河幾蹴層冰裂】 '腕促'은 말발굽 위의 관절이 짧고 가늘어 매

우 잘 달림. '蹄高'는 말발굽이 두껍고 높아 잘 달리도록 되어 있음. '踣鐵'은 엎어 놓은 듯한 모습. '踣'은 '匐'(복)으로 읽음. 엎어 놓아 안정된 모습을 이룸.《杜詩鏡銓》에《相馬經》:「馬腕欲促, 促則健; 蹄欲高, 高耐險峻.」邵注: 踣鐵, 言馬蹄之堅"이라 함. '交河'는 지금의 新疆省 吐魯番縣의 옛 지명. 그곳에 交河가 흐름.《杜詩鏡銓》에《元和郡縣志》: 貞觀四年, 於漢車師前王地置交河縣, 取界內交河爲名. 交河源出縣北天山, 分流城下.《一統志》: 今西番火州地"라 함.《漢書》西域傳(車師前國)에는 "車師前國, 王治交河城. 河水分流繞城下, 故號交河. 去長安八千一百五十里. 戶七百, 口六千五十; 勝兵千八百六十五人"이라 함. '層冰'은 두꺼운 얼음.

【五花散作雲滿身, 萬里方看汗流血】'五花'는 五色의 무늬가 있는 말, 혹은 名馬의 이름. 혹은 말갈기가 휘날릴 때 五花의 꽃무늬가 나는 말이라고도 함.《杜詩鏡銓》에 "仇注:《名畫錄》: 開元內廐有飛黃, 照野, 浮雲, 五花之乘. 李白集注: 五花, 馬毛色也. 于郭若虛云: 五花者, 翦鬃爲瓣, 或三花或五花. 白樂天詩所謂「馬鬣翦三花」是也. 此另一說"이라 함. 李白〈將進酒〉(158)을 참조할 것. '汗流血'은 汗血馬를 가리킴. 汗血馬는 漢代 李廣利가 西域 大宛王으로부터 구해온 名馬.《史記》大宛列傳에 "大宛在匈奴西南, 在漢正西, 去漢可萬里. 其俗土著, 耕田, 田稻麥. 有蒲陶酒. 多善馬, 馬汗血, 其先天馬子也. 有城郭屋室. 其屬邑大小七十餘城, 衆可數十萬. 其兵弓矛騎射"라 하였고,《漢書》武帝紀에는 "四年春, 貳師將軍廣利斬大宛王首, 獲汗血馬來. 作《西極天馬之歌》"라 함.《杜詩鏡銓》注에《漢書》注: 大宛舊有天馬種, 蹋石汗血, 汗從肩髆小孔中出如血"이라 함.《眞寶》注에 "顏延年賦:「膺門沬赭, 汗溝走血.」"이라 함.

【長安壯兒不敢騎, 走過掣電傾城知】'掣電'(제전)은 번개가 침. '傾城'은 성 안의 모든 사람들.

【靑絲絡頭爲君老, 何由却出橫門道】'靑絲絡頭'는 파란 비단실로 짠 줄로 말의 머리를 묶어 맴.《杜詩鏡銓》注에〈古樂府〉:「靑絲纏馬尾, 黃金絡馬頭.」"라 함. '爲君老'는 주인을 위해 늙어가고 있음. 제대로 그 재능이 쓰이지 못함을 안타깝게 여긴 것. '橫門'은 長安城 북서쪽의 가장 큰 문. 西域으로 나서는 문.《杜詩鏡銓》注에《漢》西域傳:「百官送至黃門外.」《三輔黃圖》:「長安城北出西頭第一門曰黃門.」呈大昌:「自黃門渡渭而西, 是趨西域之路.」"라 함. 한편《杜詩鏡銓》注에 "孟康, 音光"이라 하여, '黃'은 '광'으로 읽음.

1. 杜子美:杜甫, 杜少陵, 杜工部. 042 참조.

2. 이 시는 《九家集注杜詩》(1), 《補注杜詩》(1), 《集千家註杜工部詩集》(1), 《杜詩詳注》(2), 《杜詩鏡銓》(1), 《文章正宗》(24), 《文苑英華》(209), 《全唐詩》(216), 《唐詩品彙》(28), 《唐宋詩醇》(9), 《竹莊詩話》(14), 《淵鑑類函》(434), 《甘肅通志》(49) 등에 실려 있음.

3. 韻脚은 '驄, 東, 功'. '致, 至, 利'. '鐵, 裂, 血'. '驕, 知'. '老, 道'.

4. 《杜詩諺解》初刊本(17)

安西都護이 되 프른 驄馬ㅣ

소리와 빗괘 믄드시 오믈 東으로 向ᄒ도다

이 ᄆ리 戰陣을 臨ᄒ야 오래 글오리 업스니

사름과 다믓 ᄒ 모ᅀᆞ미 두외야 큰 功을 일우도다

功을 일우고 恩惠로 이바다 제 오ᄂ 딕 조쳐 오니

飄飄히 머리 流沙로브터 오도다

雄壯ᄒ 양ᄌᄂ 멀허메 굽스러셔 恩惠를 튿디 아니ᄒ리로소니

미온 氣運은 오히려 戰場애 늘카이 둔뇨믈 ᄉ랑ᄒ놋다

밧모기 뎌르고 구비 노파 쇠롤 넓ᄂ 듯ᄒ니

交河애 몃 버늘 層層인 어르믈 볼와 뼈혀 버리니오

다ᄉᆞᆺ 가짓 비치 흐러 지서 구루미 모매 ᄀ득ᄒ니

萬里 가매 뵈야ᄒ로 ᄯᄆᆯ 피 흘류믈 보리로다

長安앳 健壯ᄒ 아히도 구틔여 튿디 몯ᄒᄂ니

ᄀ리티ᄂ 번게를 디나 드로믈 城中이 기울에 모다 아ᄂ다

프른 실로 머리를 미야 그듸를 爲ᄒ야셔 늙ᄂ니

어느 말ᄆᆡ로 도로 橫門ㅅ 길호로 나가리오

211. <李鄠縣丈人胡馬行> ················· 杜子美(杜甫)
호현 어르신의 호마

*《眞寶》注에 "鄠, 扶古反. 扶風縣名"이라 하여 '鄠'를 '보'로 읽도록 되어 있음.
*<李鄠縣丈人胡馬行>: 호현(鄠縣) 이씨(李氏) 丈人의 胡馬를 두고 노래로 읊은 것
  이며 이씨는 구체적으로 이름은 알 수 없음. '丈人'은 어른을 높여 부르는 칭호.
  鄠縣은 陝西 扶風縣 근처의 옛 지명.《補注杜詩》에 "鄭曰:鄠, 扶古切. 扶風縣名"
  이라 하여 '鄠'는 '보'로 읽도록 되어 있으나《杜詩詳註》에는 "侯古切"이라 하였고,
  《集千家註杜工部詩集》에도 "鄭曰:鄠縣屬長安. 鄠, 侯古切"이라 하여 '호'로 읽음.
  丈人은 노인, 어른.《杜詩詳註》에 "鶴注:此乾元元年冬, 往東都時作. 觀「洛陽再淸」,
  句可見. 朱注:鄠縣, 屬長安"이라 함. 이 시는 乾元 元年(758)에 지은 것임.

장인丈人의 준마駿馬는 이름이 호류胡騮,
지난해 호적胡賊의 난을 피해 금우金牛 땅을 지나갔네.
그러다가 채찍 돌려 되몰아 달려가 천자 뵈었는데,
아침에 한수漢水 물마시고 저녁에 영무靈武에 이르렀네.
스스로 뽐내기를 호류는 세상에 다시 없이 기이하여,
타고 나서면 천만 사람 모두 사랑한다 하였네.
나는 그 말이 위급함을 구제해 줄 재능 지녔다는 말을 한 번 듣고는,
노둔한 말 무리들을 보면 그들을 향해 더욱 애처롭게 여기네.
머리 위 뾰족한 귀는 가을 대나무를 깎아놓은 듯하고,
다리 아래 높은 굽은 차가운 옥돌 잘라놓은 듯하네.
비로소 신비한 용마는 종자가 따로 있음을 알겠노니,
속된 말들 공연히 살만 많이 찐 것과는 견줄 수 없네.
낙양洛陽의 큰 길 다시 시국이 맑아졌으니,
여러 날 만에 이런 말을 얻어 함께 동쪽으로 가게 됨을 기뻐하도다.

봉황새의 가슴에 기린의 말갈기는 알아보기 쉽지 않으나,
몸 기울여 눈을 주시해 보면 긴 바람 일고 있다네.

丈人駿馬名胡騮, 前年避胡過金牛.
回鞭却走見天子, 朝飲漢水暮靈州.
自矜胡騮奇絶代, 乘出千人萬人愛.
一聞說盡急難材, 轉益愁向駑駘輩.
頭上銳耳批秋竹, 脚下高蹄削寒玉.
始知神龍別有種, 不比俗馬空多肉.
洛陽大道時再淸, 累日喜得俱東行.
鳳臆麟鬐未易識, 側身注目長風生.

【丈人駿馬名胡騮, 前年避胡過金牛】'胡騮'는 西域에서 나는 名馬. '避胡'는 胡賊(安祿山은 胡族 출신이었음)을 피함. 《杜詩詳註》에는 避賊으로 되어 있으며 "一作胡"라 함. 安祿山의 난 때 玄宗의 피난을 수행하였음을 뜻함. '金牛'는 옛날 秦나라가 蜀을 정벌할 때 蜀王에게 金糞을 누는 금소를 주겠다고 속여 길을 트게 한 다음 이를 정벌하였다는 고사를 말함. 《杜詩鏡銓》에 "揚雄《蜀土記》:秦欲伐蜀無路, 遣人告蜀王曰:「秦有金牛, 其糞成金.」蜀王使五丁力士開山路通, 秦遂取蜀, 因號其國曰金牛.《舊唐書》:梁州金牛縣, 漢葭萌地, 此指其扈從明皇"이라 함. 《杜詩詳註》에도 "過金牛, 扈從明皇也. 揚雄《蜀土記》:秦欲伐蜀而無路, 遣人告蜀王曰:「秦有金牛, 其糞成金.」使蜀迎之, 蜀王使五丁力士, 開山路通, 秦遂伐蜀, 取其國, 因號其國曰金牛.《舊唐書》梁州金牛縣, 漢葭萌地. 武德三年分綿谷縣, 置屬襄州, 後州廢屬梁州.《元和郡國志》:漢水出嶓冢山, 在金牛縣東二十八里"라 함.
【回鞭却走見天子, 朝飲漢水暮靈州】'回鞭却走'의 回鞭은 말을 되돌려 모는 것. '却走'는 되돌아 달려오는 것. 이때 肅宗은 靈武(寧夏省 平羅縣 근처)에 있어 그를 찾아 다시 되돌아옴. '天子'는 肅宗을 가리킴. '漢水'는 蜀 가까이 흐르는 長江의 상류이며 가장 큰 支流. '靈州'는 靈武의 다른 이름. 安祿山의 난으로 長安이 함락되고 玄宗이 蜀으로 피하여, 靈武에 있던 셋째 아들 李亨을 그곳에서 제위에 오르도록 현종이 허락하였음. 이가 肅宗임. 《杜詩鏡銓》에 "漢水在漢中近蜀, 靈州卽

靈武, 乃肅宗即位處, 此言其走謁肅宗"이라 함. 《杜詩詳註》에 "'見天子', 趨謁肅宗
也; '却走', 退走也. 《舊唐書》靈州大都督府, 屬關内道, 天寶元年改爲靈武郡, 乾元
元年復爲靈州, 天寶十五載七月肅宗即位靈武, 故廻鞭見之"라 함.

【自矜胡騮奇絶代, 乘出千人萬人愛】'絶代'는 한 세대에는 다시없을 만큼 대단함.

【一聞說盡急難材, 轉益愁向駑駘輩】'急難材'는 危難을 구해줄 만한 뛰어난 재질.
'材'는 다른 원전에는 '才'로 되어 있음. 《杜詩鏡銓》에 "趙注: '急難才', 如劉備的顧
躍過檀溪, 以免劉表之追; 劉牢之馬跳五丈澗, 以免慕容之逼. 此處指'避胡'言"이
라 함. '轉益愁向'은 더욱더 시름 안고 바라보게 됨. '駑駘輩'는 駑馬, 鈍馬 따위의
다른 말들. 胡騮처럼 해내지 못함을 안타깝게 여김. 《杜詩鏡銓》에 "自傷所乘, 皆
駑駘也"라 함.

【頭上銳耳批秋竹, 脚下高蹄削寒玉】'銳耳'는 날카로운 귀. 《杜詩詳註》에 "寫其神
駿之姿. 耳銳蹄堅筋勝於肉, 此良馬之相也."라 함. '批秋竹'은 가을의 대나무를 깎
아놓은 듯함. 《九家集註杜詩》에 "黃伯仁〈龍馬頌〉曰: 耳如剡箭, 目象明星"이라 하
였고, 《集千家註杜工部詩集》에는 "伯樂《相馬經》: 耳欲銳而小, 如削筒"이라 하여
'剡箭', '削筒'과 같은 뜻임. 말 귀의 생김이 대나무 통을 깎은 것처럼 반듯하고 예
리함을 형용한 말. '高蹄'는 높은 발굽. '削寒玉'은 찬 기운이 나는 옥돌을 잘라
놓은 듯함. 《杜詩鏡銓》에 "言其堅有如削玉"이라 함.

【始知神龍別有種, 不比俗馬空多肉】'神龍'은 좋은 말. 龍馬. '龍'은 말을 뜻함. 《北史》
隋煬帝紀에 "置馬牧於青海渚中, 以求龍種"이라 함. 《周禮》에 "凡馬高八尺以上爲
龍"이라 하였음. '俗馬'는 《杜詩鏡銓》에 '凡馬'로 되어 있으며 "一作俗"이라 함. 《杜
詩詳註》에 "《齊民要術》: 望之大, 就之小, 筋馬也; 望之小, 就之大, 肉馬也"라 함.

【洛陽大道時再清, 累日喜得俱東行】'時再清'은 時局이 다시 맑아짐. 난이 평정되
어 평온을 되찾음. 東都 洛陽도 安祿山의 난이 평정되었음. '東行'은 며칠 만에
이 말을 타고 함께 洛陽으로 가게 됨을 말함.

【鳳臆麟鬐未易識, 側身注目長風生】'鳳臆麟鬐'는 봉황새 같은 가슴과 기린 같은
말갈기. 《杜詩鏡銓》에 "鳳臆麟鬐, 一作鳳臆龍鬐"라 함. 이는 大宛國에서 前秦 苻
堅에게 바친 천리말 망아지가 '鳳膺麟身'이라 한 데서 유래됨. 《杜詩鏡銓》에 "《晉
載記: 苻堅時大宛獻千里駒, 朱鬣五色, 鳳膺麟身"이라 함. '長風生'은 멀리 달리는
바람이 일어남.

1. 杜子美:杜甫, 杜少陵, 杜工部. 042 참조.

2. 이 시는《九家集注杜詩》(4),《補注杜詩》(4),《集千家註杜工部詩集》(4),《杜詩詳注》(6),《杜詩鏡銓》(5),《全唐詩》(217),《文苑英華》(344),《唐宋詩醇》(10),《淵鑑類函》(434) 등에 실려 있음.

3. 韻脚은 '騧, 牛, 州'. '代, 愛, 輩'. '竹, 玉, 肉'. '淸, 行, 生'.

4.《杜詩諺解》初刊本(17

丈人의 駿馬는 일후미 되 騧馬ㅣ니

前年에 되를 避ᄒ야 金牛를 디나가

채를 돌아 도로 돌여 天子를 와 보ᄉ오니

아ᄎ미 漢水를 머기고 나조히 靈州오니라

되 騧馬의 奇異호미 一代예 그츤 고들 제 矜誇호ᄃᆡ

타 나거든 千人萬人이 ᄉ랑ᄒᄂ니라 ᄒᄂ다

어려운 ᄃᆡ 救ᄒᄂᆫ 材質을 다 니르거늘 ᄒ번 듣고

더욱 駑駘 무를 向ᄒ야 시름ᄒ노라

머리 우흿 눌카온 귀는 ᄀ슨 대를 버힌 ᄃᆞᆺ고

허튓 아랫 노픈 바론 츤 玉을 갓곤 ᄃᆞᆺ도다

神龍은 各別히 삐 이쇼믈 비르서 아노니

샹ᄆᆞ리 ᄒᆞᆫ갓 고기 함 ᄀᆮ디 아니ᄒ니라

洛陽ㅅ 큰 길헤 時節이 다시 ᄆᆰ거늘

여러 나를 시러곰 흐ᄢᅴ 東ᄋ로 녀가믈 깃노라

鳳의 가슴 ᄀᆮ투며 龍이 갈기 ᄀᆮᄒᆞ닐 수이 아라보디 몯ᄒ리로소니

모믈 기우려 누늘 ᄡᅡ아 보니 긴 ᄇᆞ로미 나놋다

212. 〈驄馬行〉 ·················· 杜子美(杜甫)

총마를 노래함

＊〈驄馬行〉: 驄馬(驄馬)를 두고 노래함. '驄馬'는 앞 장의 注를 볼 것. 천자가 太常
梁卿에게 내린 말. 뒤에 馬癖을 가지고 있던 李鄧公이 이를 보고 좋아하여 건
네받아 소유한 다음 杜甫에게 시를 짓도록 하였다 함.《杜詩鏡銓》에 "原注: 太
常梁卿敕賜馬也, 李鄧公愛而有之, 命甫製詩"라 함. 한편《九家集註杜詩》에는
"太常梁卿敕賜馬也. 李鄧公愛而有之, 命甫製詩. 趙云: 竊嘗論此一篇之大意, 馬乃
太常梁卿所受賜於君者也, 君賜之物, 不可以取, 亦不可以予. 李鄧公者, 乃愛而有
之, 則其取之, 非是. 故公詩首託之以「鄧公馬癖」而已, 且曰「夙昔傳聞思一見」, 則其
欲之也舊矣. 又曰「卿家舊賜公能取」, 則見鄧公以勢位取之, 而梁卿不能保君賜之
舊物矣. 又曰「豈有四蹄疾於鳥」至「肯使麒麟地上行」六句, 其意以言馬之神駿如此,
亦非人臣得而有之, 當爲至尊之御, 且以言卿受賜於君, 公能取之, 而不能拒公, 既
奪賜於卿家, 宜必爲君王之詔復取之矣. 嗚呼! 取非其有謂之盜, 公之詩微文婉義
而寓箴規之意. 彼爲鄧公者, 能不知恥乎!"라 하여 李鄧公이 梁卿의 말을 갖게
된 것은 도덕적으로 옳지 못하여, 微文婉義로써 箴規의 뜻을 표현한 것이라 하
였음. 天寶 14년(755)에 지은 것이라 함.

이등공李鄧公의 말에 대한 기벽奇癖은 누구나 알고 있으니,
비로소 대완大宛에서 나는 화총花驄을 얻게 되었네.
지난날 그 소식 전해 듣고 한 번 보고 싶어하였는데,
이를 끌고 오자 좌우 사람들 모두 정신이 아찔해졌네.
웅장한 모습과 빼어난 자태 어찌 그리 우뚝한가?
그림자 돌아보고 교만한 울음으로 스스로 총애 받음을 뽐내네.
네모진 눈은 푸른빛이 나서 거울 두 개를 매달아 놓은 듯하고,
살과 갈기 장식은 울퉁불퉁하여 동전을 이어 붙여놓은 듯 움직이네.
아침에 끌고 와서 화려한 수레 밑에서 잠시 시험해 보니,

알지 못하겠노라, 천금이라도 그 높은 값에 만족할지는.

붉은 땀이 백설 같은 털에 약간 배어 나오는데,

은 안장은 도리어 향기로운 비단수건으로 덮여 있네.

양경梁卿 집안의 이 옛 물건 공께서 가지셨으니,

이는 천자 마구간의 진짜 용마에 버금가는 것일세.

낮에는 모름지기 경수徑水, 위수渭水의 깊은 물에 씻고 뛰쳐나와,

아침에 유주幽州, 병주幷州까지 달려가 밤에는 털 솔질할 수 있을 정도.

내 듣건대 천리마千里馬란 늙어야 비로소 이루어진다 했으니,

이 말은 몇 년 지나면 사람들을 더욱 놀라게 하리라.

빠르기가 새와 같은 네 발굽 가졌으니,

팔준마八駿馬와 함께 하면 어찌 제가 먼저 앞에 나서서 울지 않겠는가?

시속時俗에 어찌 갑자기 이런 말이 나타날 수 있겠는가?

운무雲霧가 자욱하여 어두컴컴해야 비로소 정기精氣있는 말이 태어나는 법.

근래 듣건대 말 구한다는 조명詔命 내려 도읍이 떠들썩하니,

기린 같은 이런 말로 하여금 땅 위나 걷도록 놔두려 하겠는가?

鄧公馬癖人共知, 初得花驄大宛種.

夙昔傳聞思一見, 牽來左右神皆竦.

雄姿逸態何崷崒? 顧影驕嘶自矜寵.

隅目青熒夾鏡懸, 肉駿碨礧連錢動.

朝來少試華軒下, 未覺千金滿高價.

赤汗微生白雪毛, 銀鞍却覆香羅帕.

卿家舊物公能取, 天廐眞龍此其亞.

畫洗須騰涇渭深, 朝趨可刷幽幷夜.

吾聞良驥老始成, 此馬數年人更驚.
豈有四蹄疾如鳥, 不與八駿俱先鳴?
時俗造次那得致? 雲霧晦冥方降精.
近聞下詔喧都邑, 肯使騏驎地上行?

【鄧公馬癖人共知, 初得花驄大宛種】'鄧公'은 李鄧公. 이 말을 산 사람. '馬癖'은 말
을 奇癖에 가깝도록 좋아함.《杜詩鏡銓》注에 "《晉書》:王濟有馬癖"이라 하였고,
《九家集註杜詩》에 "晉時王濟解相馬, 甚愛之; 而和嶠頗聚歛. 預常稱:「濟有馬癖,
嶠有錢癖.」"이라 함. '花驄'은 푸르고 흰 말. '花'는 갈기가 꽃잎처럼 여러 색깔이
나는 말. '大宛種'은 西域 大宛에서 나는 말. '大宛'은 漢 武帝 때 汗血馬를 얻었
던 나라. 漢代 李廣利가 大宛王으로부터 汗血馬를 구해왔음.《史記》大宛列傳에
"大宛在匈奴西南, 在漢正西, 去漢可萬里. 其俗土著, 耕田, 田稻麥. 有蒲陶酒. 多善
馬, 馬汗血, 其先天馬子也. 有城郭屋室. 其屬邑大小七十餘城, 衆可數十萬. 其兵弓
矛騎射"라 하였고,《漢書》武帝紀에는 "四年春, 貳師將軍廣利斬大宛王首, 獲汗血
馬來. 作〈西極天馬之歌〉"라 함.

【夙昔傳聞思一見, 牽來左右神皆竦】'夙昔'은 '宿昔', '夙夕', '宿夕' 등 여러 표기가
있으며 지난밤, 혹 하룻밤 사이의 짧은 시간을 뜻하는 雙聲連綿語.《戰國策》
楚策(4)에 "擢閔王之筋, 縣於其廟梁, 宿夕而死"라 함.《文選》注에는 "《廣雅》曰:
「昔, 夜也.」"라 함. '神皆竦'은 정신조차도 모두 떨림. '竦'은 '가슴이 뛰다, 떨리
다' 등의 뜻.

【雄姿逸態何崷崒? 顧影驕嘶自矜寵】'崷崒'(추줄)은 원음은 '崷'(自由切), '崒'(昨没切)
이라 하여 '주졸'로 읽으며, 높이 솟은 모습을 표현하는 雙聲連綿語.《眞寶》注에
"高峻貌"라 함. '顧影驕嘶'는 자기 그림자를 돌아보며 교만하게 울음소리를 냄.
《杜詩詳註》에 "顧影驕嘶, 其逸態也"라 함.

【隅目青熒夾鏡懸, 肉駿磈礧連錢動】'隅目青熒'은 눈이 모가 나 있으며 파랗게 반
짝임.《相馬經》에 눈이 모가 나고 눈두덩은 높은 말이 좋은 말이라 하였음. '夾
鏡懸'은 좌우 두 개의 눈이 마치 거울을 매달아 놓은 것과 같음.《杜詩鏡銓》注
에 "《西京賦》:隅目高匡. 注:隅目, 謂目有角也"라 함. '肉駿'은 筋肉과 말갈기.《杜詩
鏡銓》注에 "駿, 馬鬣也.《舊唐書》:開元二十九年, 滑州刺史李邕獻馬, 肉駿麟臆."이
라 하여 玄宗 때 李邕이 西域의 駿馬가 '肉駿麟臆'이었다 함. '磈礧'(외뢰)는 울퉁

불퉁한 돌기를 뜻하는 疊韻連綿語.《杜詩鏡銓》注에 "蔡注:磈礧, 謂肉駿突起"라 함. '連錢動'은 말의 얼룩무늬가 '이어 연결한 동전꾸러미가 움직이는 듯함'을 말함.《杜詩鏡銓》注에 "《爾雅》:靑驪麟曰驒. 注:色有深淺斑駁如魚鱗. 今連錢驄也."라 함.《杜詩詳註》에 "夾鏡, 連錢, 其雄姿也"라 함.

【朝來少試華軒下, 未覺千金滿高價】'華軒'는 화려한 수레.

【赤汗微生白雪毛, 銀鞍却覆香羅帕】'赤汗'은 붉은 땀. 피 같은 땀. 千里馬, 汗血馬임을 말함. '香羅帕'는 향내 나는 비단 수건으로 말의 땀을 닦기 위한 것. 매우 사치스럽게 말을 아꼈음을 말함.

【卿家舊物公能取, 天廐眞龍此其亞】'卿家'는 천자로부터 말을 하사받던 사람. '公能取'는《杜詩詳註》에는 '公取之(一作能取, 一作有之)'로 되어 있음. '天廐眞龍'은 천자의 마구간에 진짜 용 같은 말. '龍'은 말을 뜻함.《眞寶》注에 "《周禮》:凡馬高八尺以上爲龍"이라 하였고,《禮記》에도 "孟春之月, 天子乘蒼龍"이라 함.

【晝洗須騰涇渭深, 朝趨可刷幽幷夜】'涇渭'는 涇水와 渭水. 長安 근처를 흐르는 두 강물. 洛水와 합쳐 黃河로 들어감. '朝趨'는《杜詩詳註》등에 모두 '夕趨'로 되어 있어 시간상으로 타당함. '刷'는 말 털을 솔이나 빗으로 빗거나 긁어줌. '幽幷'는 幽州와 幷州.《杜詩鏡銓》注에 "(顏延年)〈赭白馬賦〉:「旦刷幽燕, 晝秣荊楚.」《說文》:「刷, 刮也.」張澔注:涇渭二水在西, 幽幷二州在北, 相去幾千里. 晝洗涇渭, 夜刷幽幷, 言其疾也"라 함.

【吾聞良驥老始成, 此馬數年人更驚】'老始成'은 말은 어느 정도 시간이 흘러야 그 良馬의 本領이 드러남.《九家集註杜詩》에 "趙云:馬得齒歲而後驄. 故曰「數年人更驚」, 言八駿, 所以引下句「將下詔取之」爲天子之御矣"라 함.

【豈有四蹄疾如鳥, 不與八駿俱先鳴】'八駿'는 周 穆王의 八駿馬.《杜詩鏡銓》注에 "《穆天子傳》:八駿曰赤驥, 盜驪, 白義, 踰輪, 山子, 渠黃, 驊騮, 騄耳"라 함. '俱先鳴'은 함께 달리되 먼저 욺.

【時俗造次那得致? 雲霧晦冥方降精】'造次'는 '초차'로 읽어야 하며 雙聲連綿語.《論語》里仁篇"君子無終食之間違仁, 造次必於是, 顚沛必於是"의 音注에 "造, 七到反. 急遽苟且之時"라 하여 아주 다급하거나 구차한 짧은 시간을 뜻함. '雲霧晦冥'은 구름과 안개가 자욱하여 어두움. 龍馬가 태어날 때의 모습을 말함.《杜詩鏡銓》注에 "雲霧晦冥, 龍馬降生時也"라 함. '精'은 月精. 달의 精氣가 말이 된다고 믿었으며, 1년은 12달이므로 말은 임신한 지 12달이 지나야 태어남.《杜詩鏡銓》注에 "《春秋考異記》:地生月精爲馬, 月數十二, 故馬十二月而生"이라 함.

【近聞下詔喧都邑, 肯使騏驎地上行】'下詔'는 詔命이 내려옴. 여기서는 좋은 말을 구하는 詔命이 내린 것. '騏驎'은 천리마 이름. 麒麟의 異表記.《杜詩鏡銓》注에 "朱注:言時方下求馬之詔, 此馬必當騰躍天衢, 殆以況李鄧公也?"라 하여 李鄧公을 비유하여 표현한 것임. 그 말은 결국 朝廷에서 거두어갈 것임을 말한 것.

참고 및 관련 자료

1. 杜子美:杜甫, 杜少陵, 杜工部. 042 참조.

2. 이 시는《九家集注杜詩》(2),《補注杜詩》(2),《集千家註杜工部詩集》(2),《杜詩詳注》(4),《杜詩鏡銓》(2),《文苑英華》(209),《唐文粹》(13),《全唐詩》(216),《事文類聚》(後集 38),《唐詩品彙》(28),《古今詩刪》(12),《淵鑑類函》(434) 등에 실려 있음.

3. 韻脚은 '種, 竦, 寵, 動'. '下, 價, 帕, 亞, 夜'. '成, 驚, 鳴, 精, 行'.

4.《杜詩諺解》初刊本(17)

鄧公이 물 ᄉᆞ랑ᄒᆞᄂᆞᆫ 病을 사ᄅᆞ미 다 아ᄂᆞ니

처어믜 花驄을 어드니 大宛앳 삐로다

녜 傳聞ᄒᆞ고 ᄒᆞᆫ번 보고져 ᄉᆞ랑ᄒᆞ다니

오ᄂᆞᆯ 잇거오니 左右엣 사ᄅᆞ미 精神을 다 竦動ᄒᆞᄂᆞ다

雄壯ᄒᆞᆫ 양ᄌᆞ와 俊逸ᄒᆞᆫ 양ᄌᆞ왜 ᄌᆞ모 노ᄑᆞ니

그르메를 도라보고 驕慢히 우러 제 榮寵호ᄆᆞᆯ 矜誇ᄒᆞᄂᆞ다

모난 누니 빗나 거우루틀 뼈 ᄃᆞ랏ᄂᆞᆫ ᄃᆞᆺᄒᆞ고

肉駿이 머흘오 니ᄉᆞᆫ 도니 뮈엿도다

아ᄎᆞ미 빗난 軒檻 아래다가 져기 보니

千金이 노ᄑᆞᆫ 비듸 ᄀᆞ득호ᄆᆞᆯ 아디 몯ᄒᆞ리로다

블근 ᄯᆞ미 힌 눈 ᄀᆞᄐᆞᆫ 터리예 져기 나ᄂᆞ니

銀 기르마애 도로 香羅로 밍ᄀᆞ론 帕ᄅᆞᆯ 두펏도다

公卿의 짒 녯 物을 그듸 能히 아ᄉᆞ오니

하ᄂᆞᆳ 馬廐앤 眞實ㅅ 龍이오 이ᄂᆞᆫ 그 버그니로다

나직 싯규므란 모로매 涇水 渭水ㅅ 기픈 ᄃᆡ 들여가고

나조히 들여 幽州 幷州ㅅ 바미셔 可히 빗기리로다

나ᄂᆞᆫ 드로니 됴ᄒᆞᆫ 驥馬ᄂᆞᆫ 늘거ᅀᅡ 비르서 이ᄂᆞ니

이 ᄆᆞ리 두ᅀᅥ 히면 사ᄅᆞ미 다시 놀라리로다

엇뎨 네 바리 새라와 ᄢᆡ롬이 이실 ᄯᆞ니리오

八駿으로 다뭇ᄒ야 ᄒᄢ 가디 아니ᄒ고 몬져 울리로라
時俗은 아니 한 싀예 엇뎨 시러곰 닐위리오
雲霧ㅣ 어듭거든 뵈야ᄒ로 精氣 ᄂ리ᄂ니라
近閒애 드로니 詔書ㅣ ᄂ려 都邑에셔 수ᅀᄂ니
엇뎨 麒麟으로 히여 地上애셔 ᄃ니게 ᄒ리오

《古文眞寶》[前集] 卷十一

행류行類

卷十의 해제를 볼 것.

213. 〈草書歌行〉 ·················· 李太白(李白)

초서를 노래함

＊《眞寶》注에 "按陸羽撰〈懷素傳〉云:「懷素, 踈放不拘細行, 飮酒以養性, 草書以暢志, 酒酣興發, 遇寺壁里墻, 靡不書之. 貧無紙, 乃種芭草萬餘株, 以供揮洒.」"라 함.

＊〈草書歌行〉: 草書를 두고 노래함. '草書'는 《書斷》에 "按草書者, 後漢徵士張伯英所造也. 梁武帝草書狀曰:「蔡邕云: 昔秦之時, 諸侯爭長. 羽檄相傳, 望烽走驛, 以篆隸難, 不能救急. 遂作赴急之書, 蓋今之草書是也.」"라 하였고, '章草'에 대해서는 역시 《書斷》에 "按章草, 漢黃門令史史游所作也. 衛恒, 李誕並云:「漢初而有草法, 不知其誰?」蕭子良云:「章草者, 漢齊相杜操, 始變藁法, 非也.」王愔云:「元帝時, 史游作急就章. 解散隸體, 麤書之. 漢俗簡惰, 漸以行之是也.」"라 함. 이 시는 僧侶懷素의 草書 쓰는 모습을 노래한 것이며, '懷素'는 俗姓은 錢氏, 자는 藏眞.《太平廣記》(64)에 《國史補》를 인용하여 "長沙僧懷素好草書, 自言:「得草聖三昧. 棄筆堆積, 埋於山下.」號曰筆塚."이라 함.《李太白集注》에 《國史補》: 長沙僧懷素好草書, 自言得草聖三昧. 棄筆堆積埋於山下, 號曰筆塚.《宣和書譜》: 釋懷素字藏眞, 俗姓錢, 長沙人, 徙家京兆. 初勵律法, 晚精意於翰墨, 追倣不輟, 禿筆成家, 一夕觀夏雲隨風, 頓悟筆意, 自謂得草書三昧. 斯亦見其用志不分, 乃凝於神也.』"라 함.

젊은 스님이 호를 회소懷素라 했는데,

초서草書 솜씨가 천하에서 독보라 칭찬들 하네.

먹물이 이룬 못은 북해北海의 큰 물고기도 튀어나올 정도로 엄청나고,

필봉筆鋒은 닳아서 중산中山의 토끼를 다 잡아 없애게 하였다네.

8월 9월 날씨 청량한데,

술꾼과 사객詞客들 그 집 대청에 가득 찼네.

삼베 종이 흰 비단 여러 행랑에 늘어놓고,

선주宣州의 돌벼루에는 먹물이 빛나네.

우리 스님 취한 뒤 호상胡牀에 기대앉아,

잠깐 사이에 수천 장을 다 써버리네.
회오리바람 일며 소나기 같은 쉭쉭하는 소리 놀라게 하고,
지는 꽃잎 같고 날리는 눈과 같으니 어이 그리 망망茫茫한고?
일어서서는 벽을 향해 손 멈추지 않고 써내려가니,
한 줄에 네댓 자씩 크기는 말[斗]만 하네.
정신 아찔한 사이 귀신도 놀라는 소리를 듣고 있는 듯하고,
때때로 오직 교룡蛟龍이 내달리는 모습만 보이는 듯하네.
왼쪽은 서리게 하고 오른쪽은 끌어당기기를 번개 치듯 하여,
모습은 마치 초楚, 한漢 두 나라가 공전攻戰을 벌이는 것 같네.
호남湖南의 일곱 군郡에 모두 몇 집이나 되겠는가?
집집마다 그의 글씨 병풍이나 가리개가 두루 퍼져 있네.
왕희지王羲之나 장지張芝 같은 사람들은,
예부터 얼마나 부질없이 명성만을 얻었는가?
장욱張旭은 늙어 죽었으니 따질 것도 없으려니와,
우리 스님의 이러한 필법은 옛 분을 스승삼은 것도 아닐세.
예로부터 만사는 하늘이 내려준 그대로를 귀히 여기는 것이니,
어찌 반드시 공손대낭公孫大娘의 혼탈무渾脫舞를 필요로 하겠는가?

少年上人號懷素, 草書天下稱獨步.
墨池飛出北溟魚, 筆鋒殺盡中山兔.
八月九月天氣凉, 酒徒詞客滿高堂.
牋麻素絹排數廂, 宣州石硯墨色光.
吾師醉後倚繩床, 須臾掃盡數千張.
飄風驟雨驚颯颯, 落花飛雪何茫茫?
起來向壁不停手, 一行數字大如斗.
恍恍如聞神鬼驚, 時時只見蛟龍走.
左盤右蹙如飛電, 狀同楚漢相攻戰.

湖南七郡凡幾家, 家家屛障書題徧.
王逸少張伯英, 古來幾許浪得名?
張顚老死不足數, 我師此義不師古.
古來萬事貴天生, 何必要公孫大娘渾脫舞?

【少年上人號懷素, 草書天下稱獨步】'上人'은 佛敎에서 上德之人의 뜻으로 스님을
높여 부르는 말. '獨步'는 《一統志》에 "懷素零陵人, 覩二王眞跡及二張草書, 而學
之. 書漆盤三面俱穴, 贈之歌者三十七人, 皆當世名流. 顔眞卿作序:「北齊書雕蟲之
美.」獨步當時."라 함.

【墨池飛出北溟魚, 筆鋒殺盡中山兎】'墨池'는 먹물로 이루어진 못. 王羲之가 永嘉
太守로 있을 때 글씨 연습의 먹물이 못으로 흘러들어 墨池라 불렸다 함. 지금의
浙江省 永嘉縣 積穀山 기슭에 있음. 《太平寰宇記》에 "墨池, 王右軍洗硯池也. 并
書宅在蕺山下, 去會稽縣二里餘."라 하였고, 《方輿勝覽》에도 "紹興府戒珠寺, 本王
羲之故宅, 門外有二池, 曰墨池, 鵝池."라 함. '北溟魚'는 북극 바다의 鯤. 《莊子》
逍遙遊에 "北冥有魚, 其名爲鯤. 鯤之大, 不知其幾千里也. 化而爲鳥, 其名爲鵬. 鵬
之背, 不知其幾千里也; 怒而飛, 其翼若垂天之雲. 是鳥也, 海運則將徙於南冥. 南
冥者, 天池也"라 하여, 글씨를 많이 써서 큰 물고기가 날아오를 정도의 天池에
비유한 큰 墨池를 말함. '中山兎'는 中山의 토끼. 中山은 安徽 宣城縣 북쪽에 있
는 산 이름. 이곳에서 나는 토끼털로 만든 붓이 예로부터 유명하였음. 《元和郡縣
志》에 "中山在宣州溧水縣東南十五里, 出兎毫爲筆精妙"라 하였고, 《太平寰宇記》
에도 "溧水縣中山, 又名獨山. 在縣東南十里, 不與羣山連接. 古老相傳中山有白兎,
世稱爲筆最精."이라 함. 韓退之 〈毛穎傳〉(後集 050)에 "毛穎者, 中山人也. 其先明
眎, 佐禹治東方土, 養萬物有功. 因封於卯地, 死爲十二神. 嘗曰:「吾子孫神明之後,
不可與物同. 當吐而生.」已而果然."이라 함.

【八月九月天氣凉, 酒徒詞客滿高堂】'酒徒'는 역이기(酈食其)가 처음 沛公 劉邦을
만나고자 했을 때 유방이 "儒生 따위는 필요없다"라고 거절하자, 대뜸 "우리는
'高陽酒徒'들이지 儒生이 아니다"라 한 말에서 비롯됨. 뒤에 호방한 술꾼들이 많
아 술꾼을 가리키는 말로 쓰임. 馬子才 〈邀月亭〉(166)을 참고할 것.

【牋麻素絹排數廂, 宣州石硯墨色光】'牋麻素絹'는 麻紙와 흰 비단. 《李太白集注》에
"牋麻, 皆紙也. 以五色染成, 或砑光或金銀泥, 畫花式者爲牋紙, 其以麻爲之爲麻紙.

唐時詔書用黃麻白麻, 是也. 絹素皆繒名繒, 中至下者謂之絹, 絹之精白者謂之素." 라 함. '麻紙'는 삼을 원료로 만든 종이. 王羲之가 중년에 많이 써서 유명해졌다 함. '排數廂'은 '몇 개의 방에 벌여놓다'의 뜻. '廂'은 행랑채의 방. '宣州'는 安徽 宣城의 옛 이름으로 벼루 宣州硯과 붓 宣州筆, 그리고 畫宣紙로 유명함.

【吾師醉後倚繩床, 須臾掃盡數千張】 '繩床'은 交椅. 끈을 엮어서 만든 寢床이나 座床. 북쪽 이민족으로부터 들어와 胡床이라고도 부름. 《十六國春秋》에 "佛圖澄坐繩牀, 燒安息香."이라 하였고, 程大昌의 《演繁露》에는 "今之交牀, 制本自虜來, 始名胡牀. 隋改名交牀, 唐穆宗於紫宸殿御大繩牀, 見羣臣則又名繩牀矣."라 함. '掃盡'은 다 쓸어서 없애버림.

【飄風驟雨驚颯颯, 落花飛雪何茫茫】 '飄風'은 회오리바람. 돌개바람. '驟雨'는 소나기. '颯颯'(삽삽)은 바람소리 또는 빗소리. '茫茫'은 廣大한 모양.

【起來向壁不停手, 一行數字大如斗】 '不停手'는 草書를 그침 없이 이어 써 내려감.

【恍恍如聞神鬼驚, 時時只見蛟龍走】 '恍恍'은 정신이 아찔한 상태. '蛟龍走'는 蛟龍이 달리듯이 草書를 써내려가는 모습을 형용한 것.

【左盤右蹙如飛電, 狀同楚漢相攻戰】 '左盤右蹙'은 왼쪽으로 盤旋(구부려 돌림)하고 오른쪽으로 蹙曲(오그라들게 굽힘)함. 거침없이 글씨를 쓰는 모습을 말함. '楚漢'은 楚漢戰. 項羽가 咸陽을 점령하여 秦 子嬰을 죽인 뒤 자신은 西楚霸王이 되고, 劉邦은 漢中王(漢王)으로 봉하였으나 뒤에 劉邦이 中原으로 나와 전투를 벌임. 결국 垓下 전투에서 項羽가 패하고 劉邦이 漢帝國을 건설함.

【湖南七郡凡幾家, 家家屏障書題徧】 '湖南七郡'은 洞庭湖 남쪽 일곱 개 郡. 湖南은 지금의 동정호 남쪽 전 지역을 일컫던 말. 《李太白集注》에 "湖南七郡, 謂長沙郡, 衡陽郡, 桂陽郡, 零陵郡, 連山郡, 江華郡, 邵陽郡. 此七郡皆在洞庭湖之南, 故曰湖南"이라 함. '凡幾'는 '모두 합해서 얼마나 되는가?'의 뜻. 혹은 '무릇 몇몇 집들은'의 뜻으로도 볼 수 있음. '屏障'은 병풍과 가리개. '書題'는 글씨를 쓴 額字. 書額, 匾額. '徧'은 遍과 같음. 널리, 두루 있음.

【王逸少張伯英, 古來幾許浪得名】 '王逸少'는 王羲之. 逸少는 그의 자. 右軍將軍의 벼슬을 역임하여 王右軍으로도 불림. 〈蘭亭集序〉(後集 012), 〈黃庭經〉 등을 남겼으며 書聖으로 추앙됨. 李白의 〈王右軍〉(034)을 참조할 것. '張伯英'은 後漢의 張芝. 伯英은 그의 자. 飛白書를 잘 썼고 草書에 뛰어나 草聖으로 불림. 《眞寶》注에 "張芝, 字伯英, 善草書"라 함. '幾許'는 '얼마쯤, 얼마나'의 뜻. 《李太白集注》에 "《世說》註《文字志》曰: 王羲之, 字逸少, 琅邪臨沂人, 善草隷, 累遷江州刺史, 右軍將

軍, 會稽內史.《後漢書》:張芝字, 伯英, 善草書. 衛恒《四體書勢》:漢興而有草書, 不知作者姓名, 至章帝時, 齊相杜度號稱善作篇, 後有崔瑗, 崔實, 亦皆稱工. 杜氏結字甚安而書體微瘦; 崔氏甚得筆勢而結字小疎, 弘農張伯英者, 因而轉精其巧, 凡家之衣帛必書而後練之, 臨池學書, 池水盡黑. 下筆必爲楷則, 常曰:「匆匆不暇草書, 寸紙不見遺.」至今世尤寶, 其書韋仲將謂之草聖."이라 하였고,《李太白集分類補註》에는 "齊賢曰:《九域志》:會稽有王右軍墨池. 晉王羲之, 字逸少, 三十七書《黃庭經》, 訖, 空中有語:「卿書感我而况人乎? 吾是天台丈人.」張芝, 字伯英, 性好書, 凡家之衣帛, 皆書而後練."이라 함. '浪'은 '부질없이, 하릴없이'의 뜻.

【張顚老死不足數, 我師此義不師古】'張顚'은 張旭. 자는 伯高. 唐代 草書의 名人. 술에 취해 미친 듯 글씨를 썼으며, 혹 머리에 먹을 묻혀 글씨를 쓰기도 하여 '張顚'이라 부르기도 하였음. 吳中四士의 하나이며 李白의 詩, 裴旻의 劍舞와 더불어 당시 '三絶'이라 불렀음. 蘇州 사람으로 詩와 草書에 뛰어나 '草聖'이라 칭하였으며《草書古詩四帖》을 남김.《新唐書》藝文志 張旭傳에 "旭, 蘇州人, 嗜酒, 每大醉, 呼叫狂走, 乃下筆. 或以頭濡墨而書, 旣醒, 自視, 以爲神, 世號張顚. 自言始見公主擔夫爭道. 又聞鼓吹而得筆法意. 觀倡公孫舞〈劍器〉得其神"이라 하여 기행을 일삼은 것으로도 유명함.《新唐書》李白傳에 "張旭草書爲三絶, 旭蘇州吳人, 嗜酒每大醉呼叫狂走, 乃下筆. 或以頭濡墨而書, 旣醒自視以爲神不可復得也. 世呼張顚"이라 함.《幽閒鼓吹》에 "旭釋褐爲蘇州常熟慰. 上後旬日, 有老父過狀, 判去, 不數日復至, 乃怒而責曰:「敢以閒事, 屢擾公門.」老父曰:「某實非論事, 但覩小公筆跡奇妙, 貴爲篋笥之珍耳.」長史異之, 因詰其何得愛書? 答曰:「先父受書, 兼有著述.」長史取視之, 信天下工書者也. 自是備得筆法之妙, 冠於一時."라 함. 그는 특히 公孫大娘의 劍器舞를 보고 靈感을 얻어 草書를 크게 발전시켰다 함. '此義'는 이러한 儀法, 筆法.

【古來萬事貴天生, 何必要公孫大娘渾脫舞】'公孫大娘'은 唐 玄宗 때의 敎坊 妓女舞人 이름. 劍器舞를 잘 추어 張旭뿐만 아니라 懷素까지도 그의 춤에서 屈曲하는 草書의 妙理를 얻었다 함. '渾脫舞'는 唐代에 유행하던 춤 이름. '渾脫'은 西域의 춤으로 公孫大娘의 칼춤을 '西河劍器', 또는 '劍器渾脫'이라 불렀음. '劍器'와 '渾脫' 모두 樂舞 이름으로 西域 高昌(지금의 新疆 吐魯番)에서 들어온 胡舞임. '渾脫'은 高昌語로 囊袋(주머니, 자루)를 뜻하는 말로, 높은 모자를 쓰고 주머니에 물을 담아 이를 술처럼 뿌리는 춤. 뒤에 長孫無忌가 새의 깃털로 모자를 만들어 사용하였다 함. 따라서 '劍器渾脫'은 이 두 樂舞를 혼합하여 하나의 춤으로 구성

하였음을 말함.《文獻通考》舞部에 "劒器, 古武舞之曲名, 其舞用女妓雄妝, 空手而舞"라 하여 여자가 춤을 추되 남자의 군복 복장을 하고, 맨손으로 추며 健武精神을 표현하는 것이라 함. '渾脫'은 역시 舞曲으로 氈帽(털모자)를 벗어 던지며 추는 춤. 한편《資治通鑑》(209) 胡三省 注에 "長孫無忌以烏羊毛爲渾脫氈帽, 人多效之, 謂之'趙公渾脫', 因演以爲舞"라 하여 趙國公 長孫舞忌가 이 춤에 능하여 '趙公渾脫'이라 불렀다 함. 아래 참고란의 杜甫〈觀公孫大娘弟子舞劒器行〉序를 참조할 것. 한편《眞寶》注에는 "按杜詩: 觀公孫大娘弟子舞劒器行. 序云:「吳人張旭善草書, 三帖數於鄴縣, 見公孫大娘, 舞西河劒器, 自此草書長進, 豪蕩感激云.」"이라 하였으며,《國史補》에도 "張旭草書得筆法, 後傳崔邈, 顏眞卿. 旭言:「始吾聞公主與擔夫爭路, 而得筆法之得. 後見公孫氏舞劒器而得其神, 飲醉輒草書, 揮筆大叫, 以頭搵水墨中而書之, 天下呼爲張顛, 醒後自視, 以爲神異, 不可復得.」後輩言筆札者, 歐虞褚薛, 或有異論. 至長史無間言."이라 함. 한편《李太白集注》에는 "《國史補》: 張旭草書得筆法, 後傳崔邈, 顏眞卿, 旭言:「始吾見公主擔夫爭路, 而得筆法之意; 後見公孫氏舞劒器, 而得其神」旭飲醉, 輒草書揮筆大叫, 以頭搵水墨中而書之, 天下呼爲張顛. 醒後自視以爲神異, 不可復得. 後輩言筆札者, 歐虞褚薛或有異論, 至張長史則無間言矣.《舊唐書》: 吳郡張旭, 善草書而好酒, 每醉後號呼狂走, 索筆揮洒, 變化無窮, 若有神助. 時人號爲張顛."이라 함.

참고 및 관련 자료

1. 이태백(李太白) 李白, 李翰林. 016 참조.
2. 이 시는《李太白文集》(6),《李太白集分流補註》(8),《李太白集注》(8),《全唐詩》(167),《墨池編》(1),《書苑菁華》(17),《六藝之一錄》(294, 297),《事文類聚》(別集 13),《山堂肆考》(133, 147),《淵鑑類函》(195, 326),《佩文齋詠物詩選》(176),《漁隱叢話》(別集 32),《湖廣通志》(85) 등에 실려 있음.
3. 韻脚은 '素, 步, 兎'. '凉, 堂, 光, 張, 茫'. '手, 斗, 走'. '電, 戰, 徧'. '英, 名'. '數, 古, 舞'.
4. 杜甫〈觀公孫大娘弟子舞劒器行〉幷序

大曆二年十月十九日, 夔府別駕元持宅, 見臨潁李十二娘舞劒器, 壯其蔚跂. 問其所師, 曰:「余公孫大娘弟子也.」開元五載, 余尙童稚, 記於郾城觀公孫氏舞劒器渾脫, 瀏灕頓挫, 獨出冠時. 自高頭宜春梨園二伎坊內人, 泊外供奉, 曉是舞者, 聖文神武皇帝初, 公孫一人而已. 玉貌錦衣, 況余白首! 今茲弟子, 亦匪盛顏. 既辨其由來, 知波瀾莫二. 撫事慷慨, 聊爲〈劒器行〉. 昔者吳人張旭, 善草書帖, 數嘗於鄴縣, 見公孫大娘舞西河劒器, 自此草書長進, 豪蕩感激. 卽公孫可知矣!

昔有佳人公孫氏, 一舞劒器動四方. 觀者如山色沮喪, 天地爲之久低昂.

燿如羿射九日落, 矯如群帝驂龍翔. 來如雷霆收震怒, 罷如江海凝淸光.

絳脣珠袖兩寂寞, 晚有弟子傳芬芳. 臨潁美人在白帝, 妙舞此曲神揚揚.

與余問答旣有以, 感時撫事增惋傷. 先帝侍女八千人, 公孫劒器初第一.

五十年間似反掌, 風塵澒洞昏王室. 梨園子弟散如煙, 女樂餘姿映寒日.

金粟堆前木已拱, 瞿塘石城草蕭瑟. 玳弦急管曲復終, 樂極哀來月東出.

老夫不知其所往, 足繭荒山轉愁疾.

214. ⟨偪側行⟩ ·················· 杜子美(杜甫)

핍측偪側함을 노래함

*《眞寶》注에 "贈畢曜"라 함.
*⟨偪側行⟩: '偪側'은 '偪仄', '逼仄'(逼側) 등으로도 표기하며, '좁고 窮迫함', '지나치게 협소함', '간격이 아주 가까움' 등을 뜻하는 連綿語.《杜詩詳註》에 "⟨上林賦⟩: 「偪側泌瀄.」司馬彪曰: 偪側, 相偪也."라 함. 한편 제목은《杜詩詳註》에는 ⟨偪側行贈畢四曜⟩로,《杜詩鏡銓》에는 ⟨偪側行贈畢曜⟩로,《九家集註杜詩》와《文苑英華》에는 ⟨偪仄行⟩으로 되어 있음. 이는 친구 畢曜(畢四曜, 畢四燿)라는 사람에게 준 시임. '畢四曜'는 杜甫의 또 다른 시 ⟨贈畢四曜⟩에 "才大今詩伯, 家貧苦宦卑. 飢寒奴僕賤, 顏狀老翁為. 同調嗟誰惜, 論文笑自知. 流傳江鮑體, 相顧免無兒"라 하여, 당시 걸인에 가까운 사람으로 '굶주리고 헐벗어 하인들도 천하게 여길 정도(飢寒奴僕賤)'라 하였음.《補注杜詩》에 "鶴曰:詩云「東家蹇驢許借我, 泥滑不敢騎朝天」, 當是乾元元年爲拾遺在京師作"이라 함.

핍측하기가 어찌 이리 핍측한가?
나는 남쪽 골목에, 그대는 북쪽 골목에 살고 있어,
한스럽게도 한동네 이웃 간에,
열흘에 한 번 얼굴도 보지 못하는구려.
관청에서 말 거두어 가 관청으로 되돌려준 뒤로부터,
길 다니기 어려움이 가시밭 가듯 껄끄럽네.
내 가난하여 탈 것 없다 해도 발까지 없는 것은 아니지만,
지난날 서로 만나듯 지금은 그렇게 할 수 없네.
실로 미미한 이 몸을 아껴서가 아니며,
또 다리에 힘이 없어서도 아닐세.
도보로 걷다가는 도리어 관청 어른 노여움을 살 것이니,
이런 내 마음 분명히 그대는 응당 알 것일세.

새벽에 급한 비가 내리고 봄바람 뒤집히니,
잠이 달콤하여 시각 알리는 종고소리도 듣지 못했네.
동쪽 집에서 절뚝거리는 나귀 나에게 빌려주기를 허락했으나,
진흙 미끄러워 감히 타고 궁궐 조회에 나갈 수 없네.
이미 임시 휴가를 신청하여 마침 문서로 통보는 받았지만,
남아의 생명 진실로 안타깝네.
그러나 어찌 하루 종일 마음에 붙들고 걱정만 하겠는가?
그대 생각하며 시나 외우고 있으니 정신이 늠름해지네.
신이화辛夷花 막 꽃 피우더니, 그 역시 이내 지고 말았으니,
하물며 나와 그대는 장년 나이 아니던가?
거리의 술값 너무 비싸 항상 괴로우니,
방외方外의 술꾼들 취해서 잠에 곯아떨어지는 자 드무네.
속히 의당 서로 만나 술 한 말 마셔야 할 터이니,
마침 나에게 3백 전錢의 푸른 동전이 있다오.

偏側何偏側? 我居巷南子巷北.
可恨鄰里間, 十日一不見顏色.
自從官馬送還官, 行路難行澁如棘.
我貧無乘非無足, 昔者相遇今不得.
實不是愛微軀, 又非關足無力.
徒步翻愁官長怒, 此心炯炯君應識.
曉來急雨春風顚, 睡美不聞鍾鼓傳.
東家寒驢許借我, 泥滑不敢騎朝天.
已令請急會通籍, 男兒性命絶可憐.
焉能終日心拳拳? 憶君誦詩神凜然.
辛夷始花亦已落, 況我與子非壯年?
街頭酒價常苦貴, 方外酒徒稀醉眠.

速宜相就飮一斗, 恰有三百靑銅錢.

【偪側何偪側? 我居巷南子巷北】'巷'은 일반 閭閻들이 사는 골목. 杜甫는 남쪽 골목에, 畢曜는 북쪽 골목에 살고 있었음.

【可恨鄰里間, 十日一不見顔色】'鄰里'는 마을 단위의 명칭. 《周禮》에 "五家爲鄰, 五鄰爲里"라 함. 《杜詩詳註》에 "歎比隣不得相見"이라 함.

【自從官馬送還官, 行路難行澁如棘】'官馬'는 여기서는 '관에서 요구하는 말'의 뜻. 至德 2년(757)에 肅宗은 安史의 난 叛徒들에게 빼앗긴 兩京을 수복하고자 전국에 徵馬令을 내렸음. 《杜詩詳註》에 "至德二載二月, 上幸鳳翔, 議大擧收復兩京, 盡括公私馬以助軍"이라 함. '澁如棘'은 깔끄럽기 가시 같음.

【我貧無乘非無足, 昔者相遇今不得】'相遇'는 《杜詩詳註》와 《杜詩鏡銓》, 《集千家注杜工部詩集》에는 '相過'로 되어 있으며, 注에 "平聲, 一作遇"라 하였음.

【實不是愛微軀, 又非關足無力】'非關'은 관계가 없음. 《杜詩鏡銓》에 "一本無實又二字"라 하여 《杜詩詳註》에는 "不是愛微軀, 非關足無力"로 되어 있으며, 注에 "諸本不是上有'實'字, 非關上有'又'字, 黃希從梁莊肅公家本無'實'又二字"라 함.

【徒步翻愁官長怒, 此心炯炯君應識】'翻愁'는 근심으로 뒤척임. 《九家集註杜詩》에는 '反愁'로 되어 있음. '炯炯'은 밝게 빛나는 모양. 또렷함. 潘岳 〈寡婦賦〉에 "目炯炯而不寢"이라 함. 《杜詩詳註》에 "此言以無馬之故, 不能見畢. '炯炯應識', 言欲見之心, 畢當知我也"라 함.

【曉來急雨春風顚, 睡美不聞鍾鼓傳】'顚'은 어지러움. 顚亂스러움. '睡美'는 잠을 푹 잘 잠. '鍾鼓'는 시각을 알리는 종소리와 북소리.

【東家蹇驢許借我, 泥滑不敢騎朝天】'蹇驢'는 절름발이 노새. '朝天'은 천자의 궁전으로 감. 《杜詩鏡銓》에 "詩意謂因無馬, 故久不出門, 今日欲上朝, 適晏起而又逢風雨也"라 함.

【已令請急會通籍, 男兒性命絶可憐】'請急'은 급한 일을 이유로 휴가를 청함. '會通籍'은 마침 허락이 남. '通籍'은 궁문을 드나들 수 있는 대쪽에 쓰인 공문. 《眞寶》注에 〈元帝紀〉: 通籍, 注: 籍者爲二尺竹牒, 記其年紀名字物色, 懸之宮門, 省禁相應, 乃得入也"라 함. 《杜詩詳註》에 "此言以請告在籍, 不敢見畢"이라 함. '性命'은 生命과 같음. 《文苑英華》에는 '信命'으로 되어 있음.

【焉能終日心拳拳? 憶君誦詩神凜然】'拳拳'은 꼭 쥐고 놓지 않는 상태. 《九家集註杜詩》에 〈中庸〉:「回之爲人也, 得一善則拳拳服膺, 弗失之矣.」注: 拳拳, 奉持之貌

也"라 함. '凜然'은 늠름함.

【辛夷始花亦已落, 況我與子非壯年】'辛夷'는 辛夷花. 木蘭花의 꽃봉오리로 피기 전의 봉오리는 붓처럼 생겼으며 藥材로도 쓰임. 木筆花, 辛矧, 迎春, 侯桃, 辛雉, 毛辛夷, 房木, 姜朴花 등으로도 불림. 《杜詩鏡銓》에 "陳藏器《本草》:「辛夷初發如筆頭, 人呼爲木筆, 其花最早, 南人呼迎春.」"이라 함. 《杜詩詳註》에 "《韓詩辯證》云: 辛夷花, 江南地暖正月開, 北地寒二月開. 初發如筆, 北人呼爲木筆, 其花最早. 南人呼爲迎春."이라 함.

【街頭酒價常苦貴, 方外酒徒稀醉眠】'方外'는 세상 밖. 세상일에 관심이 없는 상태나 그렇게 사는 사람. 方外之士. '酒徒'는 술꾼. 漢代 역이기(酈食其)가 자신을 '高陽酒徒'라 함. 馬子才 〈邀月亭〉(166)의 注를 참고할 것.

【速宜相就飮一斞, 恰有三百靑銅錢】'斞'는 斗와 같음. 《補注杜詩》에만 '斞'자로 되어 있고, 다른 원전에는 모두 '斗'로 표기되어 있음. 《九家集註杜詩》에 "阮籍謂王戎曰:「偶得一斗美酒, 當與君共飮.」"이라 함. '恰'은 마침, 아주 딱 맞음. '會', '適'과 같음. 《眞寶》注에 "宋鮑昭(照)〈行路難〉:「且願得志數相就, 床頭恒有沽酒錢.」"이라 함. 鮑照의 〈行路難〉에는 "且願得志數相就, 牀頭恒有沽酒錢. 功名竹帛非我事, 存亡貴賤委皇天"이라 함. '靑銅錢'은 바로 쓸 수 있는 돈. 지금의 現金과 같음. 杜甫가 자신에게 술 살 돈 3백 전이 있음을 말하여 함께 술을 마실 수 있음을 알려준 것. 《杜詩詳註》에 "遠注:唐人以現錢爲靑錢"이라 함.

참고 및 관련 자료

1. 杜子美:杜甫, 杜少陵, 杜工部. 042 참조.
2. 이 시는 《九家集註杜詩》(3), 《補注杜詩》(3), 《集千家註杜工部詩集》(4), 《杜詩詳註》(6), 《杜詩鏡銓》(4), 《文苑英華》(211), 《全唐詩》(216), 《全唐詩錄》(27) 등에 실려 있음.
3. 韻脚은 '側, 北, 色, 棘, 得, 力, 識'. '顚, 傳, 天, 憐, 然, 年, 眠, 錢'.
4. 《杜詩諺解》初刊本(25)
어려우니
나는 굴형 南녀긔 살오 그듸는 굴형 北녀기로·다
可히 슬프다 무슴 스싀예셔
열흐레 혼 번도 顔色을 보디 몯호라
구윗 무를 구위예 도로 보내요므로브터
녀는 길히 녀미 어려워 險灘호미 가싀서리 ᄀᆞᆮ도다

내 가난ᄒᆞ야 틀 거시 업스나 바ᄅᆞᆯ 업디 아니컨마ᄅᆞᆫ
녜 서르 디나가던 짜ᄒᆞᆯ 이제 몯ᄒᆞ노라
眞實로 이 져근 모ᄆᆞᆯ 스랑호미 아니며
ᄯᅩ 바래 힘 업수매 關係혼 디 아니라
거러가매 도로혀 官長이 怒ᄒᆞᆯ가 시름ᄒᆞ노니
이 ᄆᆞᄉᆞ미 불고ᄆᆞᆯ 그듸 당당이 아ᄂᆞ니라
새배 ᄲᆞᄅᆞᆫ 비예 봀ᄇᆞᄅᆞ미 업듣게 부니
ᄌᆞ오로미 됴하 鍾鼓ㅅ 소리 傳호ᄆᆞᆯ 듣디 몯ᄒᆞ라
東녁 집 젼 나귀ᄅᆞᆯ 날 빌이건마ᄅᆞᆫ
ᄒᆞᆯ기 믯그러워 구틔여 타 朝天ᄒᆞ디 몯ᄒᆞ라
ᄒᆞ마 히여 通籍 모든 ᄃᆡ 急을 請ᄒᆞ니
男兒이 性命이 ᄀᆞ장 可히 슬프도다
엇뎨 能히 나리 몯ᄃᆞ록 ᄆᆞᄉᆞ매 拳拳ᄒᆞ료
그듸ᄅᆞᆯ 스랑ᄒᆞ야셔 그를 외오니 ᄆᆞᄉᆞ미 凜然ᄒᆞ도다
辛夷 첫 고지 ᄯᅩ ᄒᆞ마 디니
ᄒᆞᄆᆞᆯ며 나와 그듸왜 져믄 나히니 아니로다
깁 머리옛 숤비디 댱샹 심히 貴ᄒᆞ니
方外옛 술 머글 무리 醉ᄒᆞ야 ᄌᆞ오로미 드므도다
ᄲᆞᆯ리 서르 나ᅀᅡ와 ᄒᆞᆫ 마ᄅᆞᆯ 머구미 맛당ᄒᆞ니
三百낫 靑銅도니 마치 잇다

215. 〈去矣行〉 ·················· 杜子美(杜甫)
떠나련다

*〈去矣行〉:떠나갈 것을 노래함. '去矣'는 '떠나겠다'는 강한 의지를 표현하는 말.
劉琨 詩에 "去矣若浮雲"이라 함. 天寶 14년(755) 杜甫는 右衛率府胄曹參軍의 벼
슬을 버리고 떠나가려는 뜻을 품고 비장하게 이를 노래한 것임.《杜詩鏡銓》注
에 "王阮亭云:胸次海闊天空"이라 함.《補注杜詩》에도 "鮑曰:天寶十四載, 歲次乙
未, 公年四十四, 在率府, 數上賦頌, 不蒙采錄, 欲辭職, 遂作〈去矣行〉. 師曰:此詩
爲嚴武作"이라 하여, 두보가 率府에 있을 때 자주 賦頌을 올렸으나 채록되지
않자 사직하고자 이 글을 지은 것이라 하였으며, 〈補注〉에는 "鶴曰:梁權道編在
天寶十四載, 長安詩內, 與鮑注同. 豈非以「明朝且入藍田山」? 故云然味「君不見韝
上鷹, 一飽則飛掣? 焉能作堂上燕, 銜泥附炎熱?」豈是在長安時語, 公在長安, 上
賦投詩, 唯恐君相莫我知, 而卒無其遇. 豈類韝鷹之飽, 未免如附炎之燕? 當是廣
德二年, 在嚴武幕中作, 所以永泰二年正月, 遂歸溪上, 入藍田山云者. 止是承上餐
玉之句耳, 非眞去爲藍田之人也. 師注爲是"라 함. 그러나《集千家注杜工部詩集》
에는 "鶴曰:公在嚴武幕中, 賦〈去矣行〉. 明年正月果歸溪上. 鮑注以爲天寶間, 公在
率府, 數上賦頌, 不蒙采錄, 欲辭職而賦此, 非"라 하여 嚴武 마하에 있을 때 이
를 지어 辭職하고, 이듬해 정월 溪上으로 돌아갔다고 하였음. 代宗(李豫) 廣德
2년(764)에 지은 것이라 함.

그대는 보지 못했는가, 가죽 토시 위에 앉았던 매가,
한번 배가 부르고 나면 곧 날아가 버리는 것을?
어찌 큰 집 대청의 제비가 되어,
진흙 물고 와 덥고 뜨거운 권세 있는 집안에 붙겠는가?
나 같은 야인野人은 넓고 거침이 없어, 부끄러운 얼굴 지은 적 없었
는데,
어찌 오랫동안 왕후王侯들 사이에 머물러 있을 수 있겠는가?
아직 주머니 속의 옥을 먹는 법을 시험해 본 적은 없으나,

내일 아침에는 장차 남전산藍田山으로 들어가리라.

君不見鞲上鷹, 一飽則飛掣?
焉能作堂上燕, 銜泥附炎熱?
野人曠蕩無䟽顔, 豈可久在王侯間?
未試囊中殮玉法, 明朝且入藍田山.

【君不見鞲上鷹, 一飽則飛掣】'鞲上鷹'은 가죽 토시 위의 매. '鞲'는 매사냥꾼의 가죽 토시나 깍지. 매를 그 위에 앉혀 놓았다가 사냥을 함. 《眞寶》注에 "音句, 臂捍"이라 하였고, 《杜詩鏡銓》에도 "《史記》滑稽傳注:「鞲, 臂捍也.」"라 함. '則'은 《杜詩鏡銓》에는 '卽'으로 되어 있음. '飛掣'(비철)은 매가 배가 부르면 주인을 버리고 휙 날아가 버림. 《眞寶》注에 "音徹. ○鮑明遠(《東武吟》)詩:「昔如鞲上鷹, 今似檻中猿.」 〈呂布傳〉:曹操曰:「譬如養鷹, 飢則爲用, 飽則颺去.」"라 함. 李白의 〈贈新平少年〉에도 "摧殘檻中虎, 羈絏鞲上鷹. 何時騰風雲, 搏擊中所能?"이라 함.
【焉能作堂上燕, 銜泥附炎熱】'堂上燕'은 큰 집 대청 처마 밑의 제비. '銜泥'는 진흙을 물어옴. '附炎熱'은 '뜨거운 열에 붙음.' 고관대작의 집에 빌붙어 권위를 누림을 말함. 《眞寶》注에 "《古詩》:「思爲雙飛燕, 銜泥巢君室.」"이라 함. 《補注杜詩》에는 "洙曰:〈古詩〉:「翩翩堂前燕.」 又:「思爲雙飛燕, 銜泥巢君室.」 趙曰:如鷹之飽而高, 不學燕之戀而附. 此賢人義士不阿附於權貴之門也"라 함.
【野人曠蕩無䟽顔, 豈可久在王侯間】'野人'은 《眞寶》注에 "公自謂也"라 함. '曠蕩'은 '마음이 넓어 거침이 없음'을 疊韻連綿語로 표현한 것. '䟽顔'(전안)은 부끄러운 얼굴. 《詩》小雅〈何人斯〉에 "有䟽面目, 視人罔極"이라 하였고, 《國語》에는 "范蠡曰:雖䟽然人面, 實禽獸也"라 함. 《補注杜詩》에 "曠蕩者, 以言懷抱之閑曠也. 公無慙顔, 豈肯曳裾於王侯之間乎?"라 함.
【未試囊中殮玉法, 明朝且入藍田山】'囊中'은 자루 속. 《史記》平原君列傳에 "毛遂曰:「臣乃今日請處囊中耳. 使遂蚤得處囊中, 乃穎脫而出, 非特其末見而已.」"라 함. '殮玉法'은 《杜詩鏡銓》에는 '餐玉法'으로 표기되어 있으며 '옥을 먹는 법'. 고대 道家 長生術의 하나로 옥을 가루로 만들어 복용하면 水氣를 막아 無病長壽한다고 믿었음. '藍田山'은 陝西 藍田縣 동남쪽에 있는 산. 覆車山이라고도 하며 옥의 산지. 《一統志》에 "西安府藍田縣, 東南在三十里, 山出玉英, 因名藍田. 又名玉山.

形如覆車, 亦名覆車山”이라 함. 이는 後魏 때 李預의 고사를 원용한 것.《杜詩鏡
銓》注에 “《後魏書》:「李預居長安, 羨古人餐玉之法, 乃采訪藍田, 掘得若環璧雜器
者大小百餘. 預乃椎七十枚爲屑, 食之.」라 함.《補注杜詩》에 “洙曰:《周禮》天官玉
府:「王齊則供食玉.」注:「玉是陽精之純者, 食之以禦水氣.」 鄭司農云:「王齊當食玉
屑.」《前漢》地理志: 藍田山出美玉, 在長安. 〈李預傳〉:預居長安, 每羨古人湌玉之法,
乃採訪藍田, 躬往攻掘, 得若環璧雜器形者大小百餘, 稍得蠲黑者, 亦篋盛以還, 而
至家觀之, 皆光潤可玩. 預乃椎七十枚爲屑, 日服食之”라 함. 李預는《魏書》(33)와
《北史》(27) 李先傳을 볼 것.

참고 및 관련 자료

1. 杜子美: 杜甫, 杜少陵, 杜工部. 042 참조.
2. 이 시는《九家集注杜詩》(2),《補注杜詩》(2),《集千家註杜工部詩集》(11),《杜詩詳
注》(3),《杜詩鏡銓》(3),《全唐詩》(216),《文章正宗》(24),《唐詩鏡》(24) 등에 실려 있음.
3. 韻脚은 ‘摯, 熱’. ‘顔, 間, 山’.
4.《杜詩諺解》初刊本(25)
그듸는 보디 아니ᄒᆞᄂᆞ다 버러 우횟 매
ᄒᆞᆫ번 비 브르면 ᄂᆞ라 ᄀᆞ리텨 가ᄂᆞ니
엇뎨 能히 집 우횟 져비 ᄃᆞ외야
ᄒᆞᆰ 므러 더운 ᄃᆡ 브티리오
미햇 사ᄅᆞ믄 므스미 훤츨ᄒᆞ야 번득ᄒᆞᆫ ᄂᆞ치 업소니
엇뎨 可히 王侯ㅅ 스ᅀᅵ예 오래 이시리오
ᄂᆞ뭇 안해 녀헛ᄂᆞᆫ 玉 먹논 法을 맛보디 아니ᄒᆞ얏ᄂᆞ니
ᄂᆡᇰ싈 아ᄎᆞ미 藍田山으로 드러가리라

216. 〈苦熱行〉·················· 王轂

괴로운 더위

*〈苦熱行〉: 심한 더위를 노래함. 한여름 무더위의 고통을 '行'으로 읊은 것. '行'은
歌曲의 한 장르이며 문체의 이름.《文體明辨》에 "步驟馳騁, 疎而不滯者曰行"이
라 함.

불의 신 축융祝融이 남쪽으로부터 화룡火龍을 채찍질하며 오니,
불꽃 깃발 펄펄 하늘에 붉게 타오르네.
태양이 하늘 가운데 엉겨붙어 떠나지 않아,
모든 나라들이 마치 붉게 타는 화로 가운데 놓인 듯.
모든 산의 푸른 초목은 말라 타들어가고, 구름은 빛깔조차 없어졌는데,
양후陽侯는 바다 밑에서 물결 말라 버림을 근심하고 있네.
어찌하면 하루 저녁에 가을바람 불어와,
나를 위해 천하의 열기를 쓸어 없애 줄 수 있을는지?

祝融南來鞭火龍, 火旗焰焰燒天紅.
日輪當午凝不去, 萬國如在紅爐中.
五嶽翠乾雲彩滅, 陽侯海底愁波竭.
何當一夕金風發, 爲我掃除天下熱?

【祝融南來鞭火龍, 火旗焰焰燒天紅】'祝融'은 불의 신. 여름의 신. 南方의 신. 더위
의 신.《禮記》月令篇에 "孟夏之月, 日在畢. 其日丙子其帝炎帝, 其神祝融"이라 하
였고, 注에 "顓頊氏之子名黎, 火官之神"이라 함. 한편《山海經》(8) 海外南經에는
"南方祝融, 獸身人面, 乘兩龍"이라 하였고, 郭璞 注에 "祝融, 火神也"라 함.《眞寶》
注에 "祝融, 南方之神"이라 함. '鞭火龍'은 축융의 수레를 모는 일을 맡은 火龍을
채찍질함. 祝融이 火龍이 모는 수레를 타고 다니며 세상에 열기를 뿌려 모두 말

라 타도록 한다 함. '火旗' 火龍의 수레에 꽂혀 있는 火旗.

【日輪當午凝不去, 萬國如在紅爐中】'日輪'은 해. '輪'은 해나 달의 둥근 수레바퀴 형태임을 말함. '當午'는 태양이 正午의 자리에 있음. 한낮 정오. '凝不去'는 얼어 붙은 듯이 움직이지 않음.

【五嶽翠乾雲彩滅, 陽侯海底愁波竭】'五嶽'은 중국 동서남북과 중앙의 명산으로 泰山, 衡山, 華山, 恒山, 嵩山. 고대 제왕이 숭배하여 제사를 지내던 산으로 漢 宣 帝 때에는 泰山을 東嶽, 華山(陝西省)을 西嶽, 天柱山(霍山, 安徽省)을 南嶽, 恒山 (河北省)을 北嶽, 嵩山(河南省)을 中嶽으로 삼았었음. 그러나 隋代에는 衡山(湖南 省)을 南嶽으로 고쳤으며, 明代에는 恒山(山西省)을 北嶽으로 하였음.《幼學瓊林》 에 "東嶽泰山, 西嶽華山, 南嶽衡山, 北嶽恒山, 中嶽嵩山, 此爲天下之五嶽"이라 함. 한편《說苑》辨物篇에는 "五嶽者, 何謂也? 泰山, 東嶽也; 霍山, 南嶽也; 華山, 西 嶽也; 常山, 北嶽也; 嵩高山, 中嶽也. 五嶽何以視三公? 能大布雲雨焉, 能大斂雲 雨焉; 雲觸石而出, 膚寸而合, 不崇朝而雨天下, 施德博大, 故視三公也."라 함. '翠 乾'은 푸르던 색깔이 모두 건조되어 말라 버림. '乾'은《眞寶》注에 "音干"이라 함. '陽侯'는 바다의 신. 물의 신. 波濤의 신.《淮南子》覽冥訓에 "武王伐紂, 渡于孟津, 陽侯之波逐流而擊"이라 하였고, 高誘 注에 "陽侯, 陵陽國侯也. 其國近水, 墮水而 死, 其神能爲大波, 有所傷害, 因謂之陽侯之波."라 함.《論衡》感虛篇에도 "傳書 言:「武王伐紂, 渡孟津, 陽侯之波, 逆流而擊; 疾風晦冥. 人馬不見. 於是武王, 左操 黃鉞, 右執白旄, 瞋目而麾之曰:『余在天下, 誰敢害吾意者!』於是風霽波罷.」此言虛 也."라 함.《眞寶》注에 "陽侯, 水神也"라 함.

【何當一夕金風發, 爲我掃除天下熱】'金風'은 秋風. 五行으로 金은 西, 秋, 白, 刑에 해당함. 歐陽修〈秋聲賦〉(後集 077)에 "夫秋, 刑官也. 於時爲陰, 又兵象也, 於行爲 金, 是謂天地之義氣, 常以肅殺而爲心"이라 함.

⬭ 참고 및 관련 자료 ⬭

1. 王轂

字는 虛中이며 號는 臨沂子.《新唐書》(藝文志, 4)와《宋史》(藝文志, 7)에《王轂集》 3卷이 著錄되어 있으나 지금은 전하지 않음.《臨沂子觀光集》3卷은 宋 鄭樵의 《通志》藝文略(8)에 著錄이 보이나 그 역시 지금은 전하지 않으며,《全唐詩》(694) 에 詩 18首가 실려 있고《唐詩紀事》(70)에 관련 기록이 실려 있음.《唐才子傳》(10) 에 "王轂, 字虛中, 宜春人, 自號「臨沂子」. 以歌詩擅名, 長於樂府. 未第時, 嘗爲〈玉樹

曲〉云:「璧月夜, 瓊樹春, 鶯舌泠泠詞調新. 當時狎客盡豐祿, 直諫犯顏無一人. 歌未闋, 晉王劒上粘腥血. 君臣猶在醉鄉中, 一面已無陳日月.」大播人口. 適有同人, 爲無賴輩所毆, 轂前救之, 曰:「莫無禮! 我便是道『君臣猶在醉鄉中』者.」無賴聞之, 慚謝而退. 轂亦大節士, 輕財重義, 爲鄉里所譽. 頗不平久困, 適生離難間, 辭多寄寓比興之作, 無不知名. 乾寧五年, 羊紹素榜進士, 歷國子博士, 後以郎官致仕. 有詩三卷. 於時宦進, 俱素餐尸位, 賣降恐後之徒, 轂因撰《前代忠臣臨老不變圖》一卷, 及《觀光集》一卷, 並傳.'이라 하였으며, 《唐詩紀事》(70)에 "轂, 唐末爲尙書郎中, 致仕. 轂始與崔胤同在庠序, 相善. 將赴舉, 胤餞之, 有日者在坐曰:「待此郎爲相, 乃登第.」二十年, 胤爲相, 轂遂登第. 轂, 字虛中, 宜春人. 登乾寧進士第. 有〈玉樹曲〉云:『陳宮內宴明朝日, 玉樹新粧逞嬌逸. 三閣霞明天上開, 靈鼉振攄神仙出. 天花數朶風吹綻, 對舞輕盈瑞香散. 金管紅絃旖旎隨, 霓旌玉佩參差轉. 璧月夜滿樓風輕, 連舌泠泠詞調新. 當行狎客盡持祿, 直諫犯顏無一人. 歌舞未終樂未闋, 晉王劍上黏腥血. 君臣猶在醉鄉中, 一面已無陳日月. 聖唐御宇三百祀, 濮上桑間宜禁止. 請停此曲歸正聲, 願將雅樂調元氣.』轂未及第時, 輕忽, 被人毆擊, 揚聲曰:「莫無禮! 吾便是『君臣猶在醉鄉中, 一面已無陳日月.』』毆者斂衽漸謝而退.'라 함.

2. 이 시는 《唐文粹》(13), 《文苑英華》(210), 《全唐詩》(24, 694), 《樂府詩集》(65), 《文毅集》(4), 《山堂肆考》(10), 《事文類聚》(前集 9) 등에 실려 있음.

3. 韻脚은 '龍, 紅, 中'. '滅, 竭, 熱'.

4. 같은 제목의 〈苦熱行〉을 읊은 시로는 鮑照, (梁)簡文帝, 任昉, 何遜, 庾信, 王維, (僧)皎然, (僧)齊己, 梅聖兪, 僧鸞 등이 매우 많음. 이에 王維의 시를 참고로 전재함.

赤日滿天地, 火雲成山嶽. 草木盡焦卷, 川澤皆竭涸. 輕紈覺衣重, 密樹苦陰薄. 莞簟不可近, 絺綌再三濯. 思出宇宙外, 曠然在寥廓. 長風萬里來, 江海蕩煩濁. 却顧身爲患, 始知心未覺. 忽入甘露門, 宛然淸凉樂.

217. 〈琵琶行〉 ················ 白居易(白樂天)

비파를 노래함

＊《眞寶》注에 〈琵琶行〉의 白居易 自序가 있음.

"元和十年, 予左遷九江郡司馬. 明年秋, 送客湓浦口, 聞舟船中夜彈琵琶者, 聽其音, 錚錚然有京都聲; 問其人, 本長安倡女, 嘗學琵琶於穆曹二善才. 年長色衰, 委身爲賈人婦. 遂命酒, 使快彈數曲. 曲罷憫然, 自敍少小時歡樂事, 今漂淪憔悴, 轉徙於江湖間. 予出官二年, 恬然自安; 感斯人言, 是夕, 始覺有遷謫意. 因爲長句歌以贈之, 凡六百一十二言, 命曰〈琵琶行〉."

(元和 10년(815) 나는 구강군 사마로 좌천되었다. 이듬해 가을 분포의 나루에서 손님을 보내게 되었을 때, 배 안에서 밤중에 비파 타는 소리를 듣게 되었다. 그 소리를 들었더니 쟁쟁하게 울리는 음이 서울에 유행하는 음악이었다. 이에 그 사람을 물었더니 본래 장안의 가녀로서 일찍이 목선재와 조선재 두 사람에게 비파를 배웠는데, 늙고 얼굴이 쇠하여 장사꾼에게 몸을 맡겨 그의 아내가 되었다는 것이었다. 드디어 술을 차리도록 명하고 그에게 몇 수 빠른 곡을 연주하도록 부탁하였다. 연주가 끝나자 그는 슬픈 듯한 표정을 짓고는 자신이 젊고 어렸을 때 즐거웠던 일과 지금 이렇게 초췌하게 강호 사이에 흘러 떠돌게 된 이야기를 술회하는 것이었다. 나는 조정에서 물러나 이렇게 좌천되어 온 지 2년이 되도록 그저 편안한 마음에 스스로 안위를 삼았었는데 이 여인이 들려준 이야기에 많은 느낌을 갖게 되었으니 이날 밤 비로소 좌천된 뜻을 깨닫게 된 것이다. 이로 인해 장구의 노래로써 그에게 주었으니 무릇 612글자이며 이름하여 〈비파행〉이라 하였다.)

＊〈琵琶行〉: '琵琶'는 絃樂器의 일종으로 西域에서 전래되었으며, 과일 枇杷와 같아 같은 이름을 취하되 글자를 달리한 것. 雙聲連綿語의 物名. '琵琶'는 초기에는 '批把'로 불렸으며, 《風俗通》(6)에 "謹按此近世樂家所作, 不知誰也. 以手批把因以爲名, 長三尺五寸, 法天地人與五行, 四絃象四時"라 하였고, 《釋名》에는 "批把本出於胡中, 馬上所皷也. 推手前曰批, 引手却曰把, 象皷, 時以爲名也"라 함. 한편 晉 成公綏의 〈琵琶賦〉에는 "八音之用, 誦于典藝. 簫韶九奏, 物有容制. 惟此

琵琶興自末世, 爾乃託巧班輸, 如意橫施, 因形造美, 洪殺得宜."라 함. '行'은 歌曲의 한 장르이며 문체의 이름.《文體明辨》에 "步驟馳騁, 疎而不滯者曰行"이라 함. 白居易는 40歲 되던(元和 10년, 815) 해에, 자신의 직책인 太子左贊善大夫로서 武元衡의 죽음을 상소한 것이 越權이라 하여 江州司馬로 좌천되었음. 따라서 이 작품은 感傷詩의 일종으로 비파를 연주하는 여인의 유랑이 자신의 처지와 같다고 여겨 그 심정을 토로한 것임.《眞寶》注에 "其抑揚頓挫流璃沈鬱之態, 雖千載之下, 宛然琵琶哀怨之聲也"라 함.

심양강潯陽江 가에서 밤에 손님을 보내노니,
붉은 단풍에 흰 갈대, 가을은 푸른색이로구나.
주인은 말에서 내려서고 객은 배에 오르면서,
술잔 들어 이별하고자 하나 음악이 없었노라.
취해도 기쁨은 없고 아픈 마음으로 막 헤어지려는 참에,
헤어지는 그 순간 망망히 강에 달이 잠기고 있었네.
그 때 홀연히 들려오는 강 위의 비파소리,
주인은 돌아가기를 잊고 나그네는 출발할 줄 모른 채,
소리 찾아 "누가 타는 것인가" 몰래 물었더니,
비파소리 그치더니 하는 말이 멈칫멈칫.
배를 옮겨 타고 다가가서 직접 마주하여 얼굴을 보고는,
술을 더 붓고 등잔을 되돌려 다시 잔치를 열었네.
천 번을 외치고 만 번을 불러서야 비로소 나오는데,
그래도 비파를 안은 채 얼굴은 반쯤 가리더라.
비파 줄, 줄을 맞춰 두세 번 튕기더니,
곡조도 타기 전에 한恨 먼저 드러내네.
현마다 눌러 앉으며 소리마다 슬픔으로,
일생의 불우함 하소연을 하는 듯.
눈썹을 내리고서 손닿는 대로 이어가며 튕기면서,
가슴속 맺힌 한을 끝없이 풀어내네.

가볍게 당기다가 느리게 눌렀다가 지웠다 돋우면서,
처음에는 〈예상우의곡霓裳羽衣曲〉이요, 뒤이어는 〈육요곡六么曲〉.
큰 줄은 텅텅하여 마치 소나기를 퍼붓는 듯,
가는 줄은 절절하여 마치 귓속말을 하는 듯.
텅텅하는 소리와 절절하는 소리를 뒤섞어 연주하니,
큰 구슬 작은 구슬이 옥쟁반에 떨어지듯.
꾀꼴꾀꼴 꾀꼴소리 꽃 아래로 미끌어지듯,
졸졸하는 샘물소리 얼음 밑을 소리 내듯.
언 샘물 차갑고 시려 줄이 멈추어 소리 끊어질 듯,
끊어질 듯 엉킨 소리 서로 통하지 못해 점점 사그라지네.
그와 달리 그윽한 슬픔 몰래 한이 생겨나니,
이때야 소리 없는 것이 소리 있음보다 더 낫구나.
그러다가 은병銀瓶이 갑자기 깨어져 물을 뻥하고 쏟아내듯,
철마鐵馬가 돌출하고 칼과 창이 부딪쳐 소리 내듯.
연주곡을 마치고는 줄을 모아 가운데에 한 번 획 그으니,
네 개의 줄이 한 소리를 내어 비단 찢는 소리로다.
동쪽 배나 서쪽 배나 초연하여 말이 없고,
오로지 강 가운데 가을달만 밝았구나.
잠긴 듯이 읊조리며 줄 거두어 가운데에 꽂고서
옷깃을 마무리하고 일어서서 얼굴을 다듬더니,
스스로 하는 말이 "저는 원래 서울 여자로,
장안長安 하마릉蝦蟆陵 아래에 살았답니다.
열세 살에 비파를 배우고서,
교방敎坊의 제第 일부一部에 제 이름이 속했다오.
한 곡조 끝내면 언제나 가르치던 선재善才들도 탄복을 했고,
화장하고 나설 때면 두추낭杜秋娘의 질투를 받았다오.
게다가 오릉五陵의 젊은이들 다투어 비단 상을 내렸으며,

한 곡조에 붉은 명주 비단 셀 수 없이 많았다오.
구경꾼의 전두纏頭와 은비녀는 박자 치다 부서질 지경이며,
붉은 색 비단 치마 술을 엎어 더럽힐 정도.
금년에도 즐거움에 웃음이요 이듬해도 그리하여,
가을 달 봄바람을 언제나 그렇게 등한히 보냈다오.
그러나 남동생은 군대 가고 아이阿姨는 죽고,
저녁 가고 아침 오니 얼굴색도 그를 따라 늙어가니,
대문 앞은 냉랭해지고 말 타고 찾아오는 분도 드물더니,
이윽고 몸이 늙어 장사꾼의 아내가 되고 말았다오.
장사꾼이란 이익은 중시하나 이별 따윈 가볍게 여기는 것,
지난 달 부량浮梁으로 차茶를 사러 떠났지요.
저는 강나루 오고 가며 빈 배만 지키는데,
뱃전을 도는 달은 밝고 강물은 차기만 하구려.
깊은 밤 홀연히 젊은 시절 꿈을 꾸니,
꿈속에서 울고 울어 화장한 얼굴에 붉은 눈물만 줄줄"
"비파소리 듣고 나서 내 이미 탄식하였는데,
다시 이 이야기 듣고 나니 거듭 울음이 울컥하오.
우리는 하늘 끝 이 먼 곳에 영락零落한 같은 처지,
서로 만남이 꼭 일찍이 알았어야 할 사람이어야만 하리오!
이 몸은 지난해 임금 계신 서울을 떠난 이후,
이곳 심양성에 귀양 와서 병들어 누웠다오.
심양 땅 외진 곳이라 음악이란 없는 곳,
한 해가 다 가도록 음악이란 듣지도 못하였소.
사는 집 근처 분강湓江 땅은 낮고도 습한 곳,
누른 갈대 마른 고죽苦竹만 집을 둘러 자라 있으니,
그 가운데 아침저녁 무슨 소리를 들었겠소?
그저 두견새 피울음과 원숭이 슬픈 울음뿐.

(봄날 꽃피는 강가 아침이나 가을 산 달 뜨는 저녁이면,

가끔씩 술가지고 돌아가 혼자서 기울인다오.)

어찌 산 노래며 촌사람 피리조차 없다고 말할까만,

주절주절, 시끌시끌 들어줄 수 없는 음악!

오늘밤 그대의 비파소리 듣고 나니,

신선 음악을 들은 듯 귀가 잠시 밝아졌소.

다시 앉아 한 곡조 더 타 주시기를 사양하지 말아주오.

그대 위해 악보 따라 〈비파행〉 가사를 지으리다."

내 말 듣고 감격하여 오래도록 서 있더니,

제자리 돌아가 앉아 현을 당기니 현이 점점 급해지네.

처량하고 슬프기가 방금 전 소리와 같지 않아,

앉아서 듣던 모든 이들 다시 듣고 얼굴 가려 울음 우네.

좌중에 흘린 눈물 누가 가장 많겠는가?

강주사마江州司馬 이 사람의 푸른 적삼 눈물로 범벅일세!

潯陽江頭夜送客, 楓葉荻花秋瑟瑟.

主人下馬客在船, 擧酒欲飲無管絃.

醉不成歡慘將別, 別時茫茫江浸月.

忽聞水上琵琶聲, 主人忘歸客不發.

尋聲暗問「彈者誰」, 琵琶聲停欲語遲.

移船相近邀相見, 添酒回燈重開宴.

千呼萬喚始出來, 猶抱琵琶半遮面.

轉軸撥絃三兩聲, 未成曲調先有情.

絃絃掩抑聲聲思, 似訴平生不得志.

低眉信手續續彈, 說盡心中無限事.

輕攏慢撚撥復挑, 初爲霓裳後六么.

大絃嘈嘈如急雨, 小絃切切如私語.

嘈嘈切切錯雜彈, 大珠小珠落玉盤.
間關鶯語花底滑, 幽咽泉流冰下灘.
冰泉冷澀絃凝絕, 凝絕不通聲暫歇.
別有幽愁暗恨生, 此時無聲勝有聲.
銀瓶乍破水漿迸, 鐵騎突出刀鎗鳴.
曲終收撥當心畫, 四絃一聲如裂帛.
東船西舫悄無言, 唯見江心秋月白.
沈吟放撥插絃中, 整頓衣裳起歛容.
自言「本是京城女, 家在蝦蟆陵下住.
十三學得琵琶成, 名屬敎坊第一部.
曲罷常敎善才服, 妝成每被秋娘妒.
五陵年少爭纏頭, 一曲紅綃不知數.
鈿頭銀篦擊節碎, 血色羅裙翻酒污.
今年歡笑復明年, 秋月春風等閑度.
弟走從軍阿姨死, 暮去朝來顏色故.
門前冷落鞍馬稀, 老大嫁作商人婦.
商人重利輕別離, 前月浮梁買茶去.
去來江口守空船, 遶船月明江水寒.
夜深忽夢少年事, 夢啼粧淚紅闌干.」
「我聞琵琶已歎息, 又聞此語重唧唧.
同是天涯淪落人, 相逢何必曾相識!
我從去年辭帝京, 謫居臥病潯陽城.
潯陽地僻無音樂, 終歲不聞絲竹聲.
住近湓江地低濕, 黃蘆苦竹遶宅生.
其間旦暮聞何物? 杜鵑啼血猿哀鳴.
(春江花朝秋月夜, 往往取酒還獨傾.)
豈無山歌與村笛, 嘔啞嘲哳難爲聽!

今夜聞君琵琶語, 如聽仙樂耳暫明.

莫辭更坐彈一曲, 爲君翻作<琵琶行>.」

感我此言良久立, 却(卻)坐促絃絃轉急.

淒淒不似向前聲, 滿坐聞之皆掩泣.

就中泣下誰最多? 江州司馬靑衫濕!

【潯陽江頭夜送客, 楓葉荻花秋瑟瑟】'潯陽江'은 지금의 江西 九江市 북쪽 一段의
長江을 가리킴.《眞寶》注에 "潯陽江, 州郡名"이라 함.《唐書》地理志에 "江州有
潯陽縣"이라 하였고,《一統志》에는 "九江府潯陽江在府城北, 源自岷山至此下流
四十里, 合彭蠡湖, 水東流入海"라 함. '荻花'는 갈대꽃. 蒹葭, 蘆葦의 이삭이 꽃처
럼 하얗게 핀 것. 明 楊愼의《升菴詩話》에 "白樂天〈瑟瑟行〉:'楓葉荻花秋瑟瑟', 此
句絶妙, 楓葉紅, 荻花白, 映秋色碧也. 瑟瑟, 眞寶名, 其色碧, 故以瑟瑟影指碧字,
讀者草草, 不知其解也"라 함. '瑟瑟'은 '가을의 푸른 벽옥색'을 의미하는 것이라
는 설과 '바람소리'라는 두 가지 주장이 있음. 즉 楊升菴(楊愼)의《文集》(57)에 "白
樂天〈琵琶行〉「楓葉荻花秋瑟瑟」, 今詳者多以爲蕭瑟, 非也. 本是寶名, 其色碧, 此
句言「楓葉赤」,「荻花白」,「秋色碧」也. 或者咸怪今說之異. 余曰:「曷不以樂天他詩說
之? 其〈出府歸吾廬〉詩曰『崶碧伊瑟瑟, 重修香山寺』,〈排律〉云『兩而蒼蒼岸, 中心
瑟瑟流』,〈薔薇〉云『猩猩疑血點瑟瑟』,〈鐇金匡間遊卽事〉云『寒食靑靑草, 春風瑟
瑟波』,〈大湖石〉云『未秋已瑟瑟, 欲雨先沉沉』.」'이라 함. 그러나 張初의《楓菴漫
錄》에는 "白樂天〈琵琶行〉「楓葉蘆花秋瑟瑟」, 楊愼謂「楓葉紅, 蘆花白, 映秋色碧也.
瑟瑟眞寶名, 其色碧, 故以瑟瑟映指碧字.」余謂瑟瑟, 當作風聲. 上句云「潯陽江頭
夜送客」, 當夜其色難辨也. 劉公幹詩云『瑟瑟谷中風』, 此豈言碧色耶?"라 하여 '바
람소리'로 보아야 한다고 하였음.《白氏長慶集》에는 "半紅半白之貌"라 함. 한편
《全唐詩》에는 '瑟瑟'이 '索索'으로 되어 있고 注에 "一作瑟瑟"이라 함.

【主人下馬客在船, 擧酒欲飮無管絃】'主人'은 白樂天 자신을 말함. '擧酒'는 이별의
술잔을 듦. '管絃'은 관악기와 현악기, 음악을 대신하는 말. 王羲之〈蘭亭序〉에
"雖無絲竹管絃之聲, 一觴一詠, 亦足以暢敍幽情"이라 함.《全唐詩》에는 '絃'이 모
두 '弦'으로 표기되어 있음.

【醉不成歡慘將別, 別時茫茫江浸月】'茫茫'은 아득함. 쓸쓸함.〈古詩十九首〉에 "四
顧何茫茫? 東風搖百草"라 함. '江浸月'은 달이 물속에 젖어들고 있음. 달이 물속

에 비침을 뜻함.

【忽聞水上琵琶聲, 主人忘歸客不發】홀연히 비파 연주 소리를 듣고 주인과 객이 헤어지지 못함.

【尋聲暗問「彈者誰」, 琵琶聲停欲語遲】'尋聲'은 소리가 나는 곳을 찾아감. '暗問'은 《白氏長慶集》에는 '闇問'으로 표기되어 있음. '欲語遲'는 얼른 대답을 하지 않음.

【移船相近邀相見, 添酒回燈重開宴】'回燈'은 철거하려다 다시 돌아와 등에 기름을 부어 불을 밝힘.《全唐詩》와《文苑英華》에는 '廻燈'으로 표기되어 있음.

【千呼萬喚始出來, 猶抱琵琶半遮面】'猶抱'는 '그래도 비파는 안은 채'의 뜻.《白香山詩集》에는 "猶抱, 一作猶把"라 함. '猶把''半遮面'은 얼굴을 반쯤 가림.

【轉軸撥絃三兩聲, 未成曲調先有情】'轉軸'은 비파를 연주하기 전 음을 조율하는 것.《眞寶》注에 "《釋名》:琵琶, 本胡中馬上所皷也. 推手前曰琵, 引手却曰琶"라 함. '撥絃'은 현을 튕겨 음을 시험해 봄. '三兩'은《文苑英華》에는 '三五'로 되어 있음.

【絃絃掩抑聲聲思, 似訴平生不得志】'掩抑'은 비파의 줄을 누름. 낮은 소리로 시작함. 王融의〈琵琶〉詩에 "掩抑有奇態, 悽鏘多好聲"이라 함. '平生'은 평소, 살아온 일생. '不得志'는《白香山詩集》에는 "一作不得意"라 함.《全唐詩》에는 '不得意'로 되어 있고, 注에 "一作志"라 함.

【低眉信手續續彈, 說盡心中無限事】'低眉'는 말없이 눈을 아래로 하고 한스러운 표정을 지음. 揚雄의〈答劉歆書〉에 "今學者懷板而低眉, 任者含聲而冤舌"이라 함. '信手'는 손 가는 대로 능숙하게 연주함. 혹은 '信'은 '伸'과 같으며 '손을 펴다'의 뜻.

【輕攏慢撚撥復挑, 初爲霓裳後六么】'攏', '撚', '撥'(抹), '挑'는 모두 비파를 타는 彈指法. 오른손으로 당기고 누르는 것과 왼손으로 잡아당기고 들어올리고 하는 여러 가지 奏法. 그러나 '撥'은《白香山詩集》과《白氏長慶集》,《全唐詩》,《文苑英華》 등에는 '抹'로 되어 있음 '霓裳'은〈霓裳羽衣曲〉.《眞寶》注에 "卽霓裳羽衣曲"이라 함. 앞의〈長恨歌〉를 참조할 것. '六么'는〈錄要(綠腰)〉라고 하며 唐代에 유행하던 비파 연주용 악곡 이름.《白香山詩集》과《全唐詩》에는 "一作綠腰"라 함.《文苑英華》에는 '綠腰'로 되어 있음.《眞寶》注에 "音腰. ○樂譜:琵琶曲, 有轉口六么, 護索, 梁州, 皆曲名也"라 함. '六么', '錄要', '綠腰' 등은 모두 그 음을 취한 것임.

【大絃嘈嘈如急雨, 小絃切切如私語】'大絃'은 큰 현. 비파의 줄은 4현, 혹 5현이며 차례대로 그 굵기가 가늘어짐. '嘈嘈'는 大絃은 沈重하고 무거우며 느리고 鈍濁한 음을 냄. '切切'은 小絃은 가볍게 휘날리며 날카로운 음을 냄.

【嘈嘈切切錯雜彈, 大珠小珠落玉盤】'錯雜'은 복잡하게 배치되어 있음. '大珠小珠'

는 大絃과 小絃에서 나는 소리.

【間關鶯語花底滑, 幽咽泉流冰下灘】'間關'은 원래는 수레바퀴 등이 돌아가는 소리를 형용한 雙聲連綿語이며 象聲語. 여기서는 새가 우짖는 소리를 표현한 것.《詩經》小雅 車舝에 "間關車之舝兮"의 注에 "間關, 設舝聲也"라 하였고,《後漢書》荀彧傳 "間關以從曹氏"의 注에 "間關, 猶展轉也"라 함. '婉轉'이나 '輾轉'과 같음. 여기서는 꾀꼬리 소리를 형상화 한 것.《後漢書》荀彧傳 "荀君乃越河冀, 間關以從曹氏"의 注에 "間關, 猶展轉也"라 함. '鶯'은《白香山詩集》과《白氏長慶集》,《全唐詩》등에는 '鶯'으로 되어 있으며,《文苑英華》에는 '鸎'으로 되어 있음. 꾀꼬리. 黃鶯, 流鶯. 孫綽 詩에 "鶯語吟脩竹"이라 함. '幽咽'은 '유열'로 읽으며 그윽하게 나는 소리를 나타내는 雙聲連綿語. 여기서는 샘물소리를 형상화 한 것.《三秦記》에 "〈俗歌〉曰: 「隴頭流水, 鳴聲幽咽.」"이라 하였고, 孔稚圭〈北山移文〉(後集 016)에 "風雲悽其帶憤, 石泉咽而下愴"이라 함. '泉流冰下灘'은 샘물이 얼음 아래로 흐르면서 내는 소리. '灘'은 소리를 내며 흐르는 물을 말함.《白香山詩集》과《白氏長慶集》,《全唐詩》,《文苑英華》등에는 '冰下'가 '水下'로 되어 있으며 "一作冰"이라 함. '灘'은《白香山詩集》에 "一作難"이라 함. 이에 段玉裁의《經韻樓集》(8)〈與阮藝臺書〉에 "「泉流下水灘」, 不成語. 此何以與上句屬對? 昔年曾謂當作'泉流冰下難', 故下文接以'冰泉冷澀'. '難'與'滑'對, '難'者, '滑'之反也. 鶯語花底, 泉流冰下, 形容澀滑二境, 可謂工絶"이라 하여 '冰下難'이어야 한다고 보았음.

【冰泉冷澀絃凝絶, 凝絶不通聲蹔歇】'冰'은《白香山詩集》과《白氏長慶集》,《全唐詩》에는 '水'로 되어 있음. '凝絶'은 凝滯하기도 하고 끊어지기도 함. 餘韻, 餘聲을 뜻함.《全唐詩》등 일부 판본에는 '疑絶'로 표기되어 있음. '蹔'은《白香山詩集》과《白氏長慶集》,《全唐詩》,《文苑英華》에는 '暫'으로 되어 있음. 혹 일부 판본에는 '漸'으로 된 것도 있음.

【別有幽愁暗恨生, 此時無聲勝有聲】'幽愁'는《白香山詩集》과《文苑英華》에는 '幽情'으로 되어 있음. '勝'은 '낫다'의 뜻. 王安石〈初夏卽事〉에 "晴日暖風生麥氣, 綠陰幽草勝花時"라 함.

【銀瓶乍破水漿迸, 鐵騎突出刀鎗鳴】'水漿迸'은 물이나 액체가 솟구쳐 나옴. '迸'은 '병'으로 읽으며 '뺑'하는 소리를 音寫한 것. '鐵騎'는 갑옷으로 무장한 기병. 武夫를 뜻함.《晉書》謝安傳에 "苻堅曰: 「我以鐵騎數十萬, 向水逼而殺之.」"라 함. '刀鎗'은 무기를 통칭하는 말. '鎗'(쟁)은《白香山詩集》,《全唐詩》에는 '槍'(창)으로 표기되어 있음.

【曲終收撥當心畫, 四絃一聲如裂帛】'收撥'은 연주를 마무리할 때 마지막 한 번 튕김. '當心畫'의 '畫'은 '劃'과 같음. 비파의 네 개 현을 모두 모아 중심을 향해 한번 휙 그어 내림. '裂帛'은 비단을 찢을 때 나는 음과 같음을 말함. 강렬하고 맑은 마무리를 뜻함. 江淹의 〈通恨賦〉에 "裂帛繫書"라 하였고, 《通鑑綱目》周紀에 "幽王見褒姒而嬖愛之, 褒姒好聞裂帛聲, 王發帛裂之以適其意"라 함.

【東船西舫悄無言, 唯見江心秋月白】'船'은 《全唐詩》에는 '舟'로 되어 있음. '舫'은 두 척을 이어 함께 움직이는 배를 舫이라 함. '見'은 《全唐詩》에는 "一作有"라 함.

【沈吟放撥插絃中, 整頓衣裳起斂容】'沈吟'은 沉吟으로도 표기하며 작은 소리로 읊음. 〈古詩十九首〉에 "馳情整巾帶, 沉吟聊躑躅. 思爲雙飛燕, 銜泥巢君屋"이라 함. '撥'은 《明皇雜錄》에 "楊貴妃琵琶以龍香板爲撥"이라 함. '斂容'은 옷 모양새를 거둠. 《漢書》霍光傳에 "光每朝見上, 虛己斂容"이라 함.

【自言「本是京城女, 家在蝦蟆陵下住】'家在'는 《文苑英華》에는 '家近'으로 되어 있음. '蝦蟆陵'은 蝦墓陵, 蝦蟇陵 등으로도 표기함. 蝦蟆(蝦蟇)는 두꺼비. 長安城 남쪽 曲江 지금의 西安市 和平門 안쪽에 있던 마을 이름. 당시 가무에 종사하던 이들이 모여 살던 곳. 본래 董仲舒의 묘가 있던 곳으로 下馬陵이라 불렸으나, 뒤에 발음이 비슷하여 표기의 오류가 생긴 곳임. 李肇의 《國史補》(下)에 "舊說董仲舒墓, 門人過皆下馬, 故謂之下馬陵, 後人語訛爲蝦蟇"라 함. 《雍錄》에도 "蝦蟆陵在萬年縣南六里. 韋述《西京記》: 蝦蟆陵本董仲舒墓. 李肇《國史補》: 武帝幸宜春苑, 每至此陵, 下馬. 時謂之下馬陵, 歲遠訛爲蝦蟆陵也"라 하였고, 《大明一統志》에도 "西安府董仲舒墓在府城南六里, 仲舒漢淳儒, 武帝幸芙蓉苑, 常至此下馬, 俗因呼爲下馬陵"이라 함.

【十三學得琵琶成, 名屬敎坊第一部】'敎坊'은 唐나라 때 歌妓를 훈련시키던 곳. 《敎坊記》에 "西京右敎坊在光宅坊, 左敎坊在延政坊. 右多善歌, 左多工舞"라 하였고, 《事物紀原》(6)에도 "《唐》百官志曰: 開元二年置敎坊蓬萊宮側, 東都置左右敎坊, 掌俳優雜劇, 以中官爲敎坊使, 此其始也. 又曰: 武德後置內敎坊, 武后改爲雲韶府, 以中官爲使, 開元後始不隷太常也. 《續事始》曰: 玄宗立敎坊, 以新聲散樂之曲, 優倡蔓衍之戲, 因其諧謔, 以金帛章綬賞之"라 함. 《眞寶》注에 "開元二年, 置左右敎坊, 以敎器樂"이라 함.

【曲罷常敎善才服, 妝成每被秋娘妒】"曲罷常敎善才伏"은 《白氏長慶集》에는 "曲罷長敎善才服"으로, 《全唐詩》과 《文苑英華》에는 "曲罷曾敎善才伏"으로 되어 있음. '善才'는 琵琶를 전문적으로 가르치던 사람, 즉 曲師을 뜻하는 일반 명사로 보기

도 하고, 혹 사람 이름으로 여기기도 함. 〈琵琶行序文〉에 "穆曹二善才"라 하여 당시 비파에 뛰어난 연주자이거나 혹은 스승 두 사람을 거론하고 있으며, 이로 보면 '善才'는 樂師를 일컫는 칭호로 여겨짐. 穆善才는 구체적으로 알 수 없으나 曹善才는 曹保의 아들을 가리키는 것이 아닌가 함. 《樂府雜錄》琵琶條에 "貞元 中有王芬, 曹保, 保其子善才, 其孫曹綱, 皆襲所藝"라 하였으며, 元稹의 〈琵琶歌〉 에도 역시 曹善才와 穆善才를 거론하고 있어 당시 대단한 명성을 가졌던 연주자 로 보임.《瑯琊臺醉編》(37)에 "白樂天〈琵琶行〉云「曲罷曾令善才伏」, '善才', 不知出 處. 〈琵琶錄〉云: 元和中王芬, 曹保, 保有子善才, 其孫曹綱, 皆習此藝, 次有裴興奴, 與曹同時. 綱善爲運撥若風雷, 不長於堤絃; 興奴則長於攏撚, 下撥稍軟, 時人謂 「綱有右手, 興奴有左手」. 白樂天又有〈聽曹綱琵琶示重蓮〉詩云:「撥撥絃絃意不同, 胡啼番語兩玲瓏? 誰能截得曹綱手, 揷向重蓮紅袖中?」"이라 하여 曹保의 아들 이 름이 善才였다 함. '妝'은 《白香山詩集》에는 '粧'으로, 《白氏長慶集》가 《文苑英華》 에는 '粧'으로 되어 있음. '秋娘'은 唐나라 때 가무로 이름을 날렸던 杜秋娘. 金陵 (지금의 南京)의 歌女였으며 15세에 鎭海節度使 李錡의 侍妾이 되었으나, 憲宗 때 李錡가 죄를 얻어 파면되자 그는 入宮하게 되었음. 이에 穆宗이 즉위하자 그 를 皇子의 傅姆로 삼음. 그러나 자신이 기른 漳王이 폐위되자 고향으로 돌아와 晩年을 보냄.《國史補》에 "李錡叛滅, 有妾杜秋娘沒入宮, 又放歸. 杜牧感而作詩" 라 함. 한편《唐詩三百首》에는 杜秋娘의 〈金縷衣〉"勸君莫惜金縷衣, 勸君惜取少 年時. 花開堪折直須折, 莫待無花空折枝!"라는 시가 실려 있으며, 唐 羅隱의 〈金 陵思古〉시에는 "杜秋在時花解語, 杜秋死後花更繁"이라 함.《眞寶》注에 "善才, 歌 也; 秋娘, 妓也"라 함.

【五陵年少爭纏頭, 一曲紅綃不知數】'五陵'은 지금의 長安城 북쪽 漢나라 때 다섯 임금의 무덤이 있던 곳. 즉 渭水의 북안의 漢 高帝(長陵), 惠帝(安陵), 景帝(陽陵), 武帝(茂陵), 昭帝(平陵)를 말함. 그곳에는 모두 귀족 자제들을 이주시켜 살게 하 였음. 이에 부유한 자제들이 많이 사는 곳을 뜻하는 말로 쓰임.《眞寶》注에 "漢 高帝長陵, 惠帝安陵, 景帝陽陵, 武帝茂陵, 昭帝平陵, 皆在京兆, 多徙豪富居之"라 함. '纏頭'는 당시의 풍속으로 歌女들의 음악과 춤이 끝나면 다투어 비단 수건이 나 목도리 등을 던져 인기를 표시하는 것. 뒤의 '紅綃'(붉은 빛의 명주와 비단)는 바로 그러한 선물을 말함.《書言故事》(7)에 "賜歌舞者利物曰錦纏頭. 杜詩「樽前應 有錦纏頭」. 唐王元寶富而無學, 嘗會賓. 明日人問必多佳論, 元寶曰:「但費錦纏頭.」 蓋元寶不學, 不知佳論, 但知費賞賜與歌舞者"라 함.《眞寶》注에 "賜歌舞者利物

也"라 함. 한편《開元遺事》에는 "官妓永新善歌, 帝曰:「此一曲直千金矣!」"라 하여 당시 풍속을 알 수 있음.

【鈿頭銀篦擊節碎, 血色羅裙翻酒汚】'鈿頭'와 '銀篦'는 모두 부녀자들의 머리 장식품. '鈿'은 金花를 象嵌技法으로 장식한 것이며, 篦(피)는 원래 대나무로 만든 머리의 때를 제거하는 기구. 따라서 '銀篦'는 은으로 만든 것임을 알 수 있음.《字彙》에 "篦, 毘意切. 竹爲之, 去髮垢者也"라 함. '擊節碎'는 노래를 부를 때의 박자를 맞추느라 鈿頭와 銀篦가 떨어져 부서질 정도임. 인기가 절정이었음을 말함. '血色羅裙'은 붉은 색의 고운 비단치마. 江淹〈別賦〉에 "送愛子兮霑羅裙"이라 함. '翻'은 飜과 같음. '汚'는 汙와 같음. 더럽혀짐.

【今年歡笑復明年, 秋月春風等閑度】'歡笑'는 웃고 즐김. 阮籍 시에 "歡笑不終宴, 俛仰復欷歔"라 함. '等閑度'는 等閒(等閑)히 보냄. '等閑'은 한가함, 아무 탈 없이 한가함. 걱정 없이 살아감.《白香山詩集》과《白氏長慶集》,《全唐詩》,《文苑英華》 등에는 '等閒'으로 표기되어 있음.

【弟走從軍阿姨死, 暮去朝來顔色故】'弟'는 남동생. '從軍'은 軍에 入隊함.〈古詩〉에 "十五從軍征, 八十始得歸. 道逢鄕里人, 家中有阿誰?"라 함. '阿姨'는 이모, 여기서는 가족을 뜻함. '暮去朝來'은 세월이 흘러감을 뜻함.

【門前冷落鞍馬稀, 老大嫁作商人婦】'冷落'은 쓸쓸히 零落함. 疊韻連綿語. '鞍馬'는 찾아오는 사람을 뜻함. 鮑照 시에 "鞍馬光照地"라 함. '老大'는 늙고 나이가 듦.〈古詩〉에 "老大徒傷悲"라 함.

【商人重利輕別離, 前月浮梁買茶去】'前月'은《白香山詩集》에는 '前年'으로 되어 있음. '浮梁'은 지명. 唐나라 때 饒州에 속하였으며 지금의 江西 鄱陽縣 東北 景德鎭. 茶와 도자기로 유명하여 부유한 곳이며 그곳에 장사를 하러 다녔음을 말함.《唐書》地理志에 "饒州有浮梁縣"이라 하였고,《元和郡縣志》에는 "每歲出茶七百萬駄, 稅十五餘萬貫"이라 함.《眞寶》注에 "饒州浮梁縣, 乃産茶之地"라 함.

【去來江口守空船, 遶船月明江水寒】'遶船'은 배를 둘러싸고 있음. 배를 돌고 있음.《全唐詩》에는 '繞船'으로 표기되어 있음.

【夜深忽夢少年事, 夢啼粧淚紅闌干】'少年事'는 어린 시절의 일들. '粧'은 化粧.《白香山詩集》에는 '粒'으로,《全唐詩》에는 '妝'으로 표기 되어 있음. '闌干'은 눈물이 줄줄 흐르는 상황을 표현하는 疊韻連綿語.《韻會》에 "闌干, 橫斜貌"라 함. 李白 詩에 "獨宿空房淚闌干"이라 함.《眞寶》注에 "以上係商人婦之所訴也"라 함. 한편 이 구절에 대해《白香山詩集》과《全唐詩》에는 "一作「啼粒淚落紅闌干.」"이라 하였

으며,《文苑英華》"啼粧淚落紅闌干"으로 되어 있음.

【我聞琵琶已歎息, 又聞此語重唧唧】'歎息' 아래에《眞寶》注에 "以下乃司馬荅商婦"라 함. '唧唧'은 탄식하는 소리.

【同是天涯淪落人, 相逢何必曾相識】'天涯'는 하늘 가 아주 먼 곳.〈古詩〉에 "各在天一涯"라 하였고, 王勃의 시에 "天涯若比隣"이라 함. '淪落'은 전락하여 빠져 헤어나오지 못함을 뜻하는 雙聲連綿語. '淪落人'은 이처럼 전락하여 옛 명성을 잃은 사람. '相識'은 서로 안면이 있거나 인연이 있는 경우.

【我從去年辭帝京, 謫居臥病潯陽城】'辭'는《白香山詩集》과《全唐詩》에는 "一作離"라 함. '帝京'은 황제가 있는 서울. 京師. 長安을 가리킴. '潯陽城'은 백거이가 江州司馬로 左遷되어 와 있던 곳. 江州의 서쪽.《一統志》에 "在府城西一十五里. 本漢潯陽縣, 其城晉孟懷玉所築, 隋因水患移入城爲附郭, 今名故州曰彰蠡, 曰澀城, 卽其地"라 함.

【潯陽地僻無音樂, 終歲不聞絲竹聲】'地僻'은 지역이 偏僻되고 鄙陋함. 僻地를 뜻함.《白香山詩集》에는 "一作小處"라 하였고,《全唐詩》와《文苑英華》에는 '小處'로 되어 있고 注에 "一作地僻"이라 함.

【住近澀江地低濕, 黃蘆苦竹遶宅生】澀江은 澀浦口. 澀江이 흘러 長江으로 들어가는 포구. 澀口라고도 하며 지금의 九江縣 서쪽. '黃蘆'는 누런 갈대. '苦竹'은 대나무의 일종. '遶'는《全唐詩》에는 '繞'로 되어 있음. 둘러치고 있음.

【其間旦暮聞何物, 杜鵑啼血猿哀鳴】'杜鵑啼血'의 杜鵑은 소쩍새, 子規, 杜宇, 鶗鴂라고도 하며 고대 蜀王 望帝 杜宇가 죽어 새가 되었다 함.《禽經》에 "江左曰子規, 蜀右曰杜鵑"이라 하였고,《蜀王本紀》에 "鼈靈死, 其屍逆江而流至蜀, 王杜宇以爲相, 宇自以德不及靈, 傳位而去, 其魄化爲鳥, 因名此, 亦曰杜鵑, 卽望帝也"라 함. 우는 소리가 '不如歸去'(돌아감만 못하다)라는 음을 내며 鼈靈에게 나라를 빼앗긴 것을 원통해한다고 믿었음. 그곳 남방 江州 땅에는 두견이 많아 이렇게 거론한 것. 한편《華陽風俗錄》에는 "杜鵑如鵲而羽烏, 其聲哀而吻有血, 土人云:「春至則鳴, 聞其初聲, 則有離別之苦.」人惡聞之, 惟田家候其鳴, 則興農事."라 함. '猿哀鳴'은《水經注》江水注의〈巴東三峽歌〉에 "巴東三峽巫峽長, 猿鳴三聲淚沾裳. 巴東三峽猿鳴悲, 猿鳴三聲淚沾衣"라 함. '猿'은《全唐詩》에는 '猨'으로 되어 있음.

【(春江花朝秋月夜, 往往取酒還獨傾.)】이 두 구절은《古文眞寶》에는 舊本에 따라 누락시켰음. 그러나《白香山詩集》과《白氏長慶集》,《全唐詩》,《文苑英華》,《唐詩解》및《唐詩歸》등에는 모두 들어 있음. 다만《唐詩品彙》에는 이 구절이 없음.

【豈無山歌與村笛, 嘔啞嘲哳難爲聽】'嘔啞'와 '嘲哳'은 모두 잡란하고 시끄러워 좋은 소리가 아님을 표현하는 雙聲連綿語. '嘔'는 원음이 '우'임. '嘔啞'는 원래 어린 아이가 말을 배울 때 내는 소리. '嘲哳'은 《楚辭》 "鵾雞嘲哳而悲鳴"의 注에 "嘲哳, 聲繁細貌"라 함. 《白香山詩集》과 《白氏長慶集》, 《全唐詩》, 《文苑英華》에는 '嘲'가 '嘲'로 표기되어 있음.

【今夜聞君琵琶語, 如聽仙樂耳蹔明】'耳蹔明'은 귀가 잠시 밝아짐. '蹔'은 '暫'과 같으며 《白香山詩集》과 《白氏長慶集》, 《全唐詩》, 《文苑英華》에는 '暫'으로 표기되어 있음.

【莫辭更坐彈一曲, 爲君翻作琵琶行】'翻作'은 비파 연주를 듣고 이를 바탕으로 歌詞를 지어냄. 《全唐詩》에는 '翻'이 飜으로 되어 있음.

【感我此言良久立, 却坐促絃絃轉急】'却坐'는 본래 앉았던 자리로 되돌아옴. '却'은 卻과 같음.

【淒淒不似向前聲, 滿坐聞之皆掩泣】'滿坐'는 《白香山詩集》과 《白氏長慶集》, 《全唐詩》, 《文苑英華》에는 '滿座'로 표기되어 있음. '聞之' 역시 《白香山詩集》과 《白氏長慶集》, 《全唐詩》, 《文苑英華》에는 '重聞'으로 표기되어 있음. '掩泣'은 淹泣과 같으며 슬픔에 겨워 끅끅 울며 눈물을 흘리는 모습을 표현하는 雙聲連綿語. 鮑照 詩에 "淹泣望荊流"라 함.

【就中泣下誰最多, 江州司馬靑衫濕】'就中'은 《白香山詩集》과 《白氏長慶集》, 《全唐詩》에는 '座中'으로 되어 있으며, 注에 "一作就中"이라 하였으며 '泣下' 역시 "一作淚下"라 함. '靑衫濕'의 靑衫은 唐나라 때 文官으로서 가장 낮은 직위(8품, 9품)의 복장 색깔이며, 白居易 자신의 江州司馬는 從九品으로 낮은 지위였음을 말함. '司馬'는 州郡의 刺史에 속한 屬官으로 낮은 직책임. 唐代에 이미 閑職이었음. 白居易가 40歲 되던(元和 10년), 자신의 직책인 太子左贊善大夫로서 武元衡의 죽음을 상소한 것이 越權이라 하여 江州司馬로 좌천되었음. 《眞寶》 注에 "此乃白樂天自謂"라 함.

> **참고 및 관련 자료**

1. 白居易: 白樂天, 白香山, 006 참조.

2. 이 시는 《白氏長慶集》(12), 《白香山詩集》(12), 《文苑英華》(334), 《全唐詩》(435), 《唐詩品彙》(37), 《事文類聚》(續集 22), 《石倉歷代詩選》(61), 《唐詩鏡》(43), 《全唐詩錄》(62), 《唐宋詩醇》(22), 《江西通志》(150) 등에 실려 있음.

3. 韻脚은 '客', '瑟', '船, 弦', '別, 月, 發', '誰, 遲', '見, 宴, 面', '聲, 情', '思, 志, 事', '挑, 幺', '雨', '語', '彈, 盤, 灘', '絶, 歇', '生, 聲, 迸, 鳴', '畫, 帛, 白', '中, 容', '女, 住, 部, 妬, 頭, 數, 汚, 度, 故, 婦', '離, 去', '船, 寒', '息, 唧, 識', '京, 城, 聲, 生, 鳴, 傾, 聽, 明, 行', '急, 泣, 濕'.

4.《白香山詩集》注

立名按《容齋五筆》: 白公〈琵琶行〉, 讀者但羨其風致, 敬其詞章, 至形於樂府詠歌之不足, 遂以謂眞爲長安故倡而作, 不知直欲攄寫天涯淪落之恨爾. 東坡謫黃州賦〈定惠院海棠〉詩有: 「陋邦何處得此花? 無乃好事移西蜀! 天涯流落俱可念, 爲飮一尊歌此曲.」其意亦爾也.

5.《舊唐書》白居易傳에 "元和九年, 授太子左贊善大夫. 十年七月, 盜殺宰相武元衡, 居易首上疏論其寃, 急請捕賊, 以雪國恥. 宰相以爲宮官非諫職, 不當先諫官言. 事會有素惡居易者, 掎摭居易言浮華無行, 其母因看花墮井而死, 而居易作〈賞花〉及〈新井〉詩, 甚傷名敎. 執政奏貶爲江表刺史. 詔出, 中書舍人王涯上疏論之, 言居易所犯狀迹, 不宜治郡, 追詔授江州司馬"라 함.

218. 〈內前行〉 ·················· 唐子西(唐庚)
대내 앞 광경

＊《眞寶》注에 "大觀四年, 張天覺拜相, 是夕彗星沒, 久旱而雨"라 함.

＊〈內前行〉: 大內 앞의 광경을 노래함. '內前'은 대궐 안의 앞쪽. 大觀 4년(宋 徽宗, 1110) 張天覺(商英)이 丞相에 임명되자, 그날 저녁 彗星이 사라지고 오랜 가뭄 끝에 비가 내렸음. 이를 태평의 징조로 여겨 노래로 읊은 것임. 張商英 앞서는 奸人 蔡京의 재상이었으며 彗星이 나타나고 가뭄이 드는 등 나라에 변고가 많아 백성의 원성을 사고 있었음.《宋史》(181)에 "大觀四年張商英爲相"이라 하였고, 390에는 "大觀四年孛星出"이라 함.《通鑑續編》(11)과《宋史紀事本末》(11)에 똑같이 徽宗 大觀四年에는 "六月, 以張商英爲尙書右僕射, 時蔡京久盜國柄, 中外怨疾, 見商英能立, 異同更稱爲賢, 帝因人望而相之. 時久旱彗星中天, 商英受命是夕, 彗不見, 明日雨. 帝喜因大書'商霖'二字以賜之"라 함. 한편 張尙英은 자가 天覺이며 蜀州 新津 사람. 형 張唐英에게 학문을 배워 進士에 급제한 다음 여러 관직을 거쳐 재상에 오른 인물. 불교를 믿어 無盡居士라 자호를 삼기도 하였음.《宋史》에는 傳이 실려 있지 않으며,《東都事略》(102)에 "張商英, 字天覺, 蜀州新津人也. 兄唐英字次公, 擧進士爲歸州理掾, 數上書論天下事. 英宗時首上書戒, 上以無顧私親. ……商英少受學於唐英, 中進士第, 調通州簿章惇薦其才, 召對除光祿寺丞權檢正, ……大觀四年京罷相除龍圖閣學士知杭州, 過闕賜對奏曰:「神宗修建法度務, 以去大害, 興大利而已. 今誠一一擧行, 則盡紹述之, 美法若有弊不可不變, 但不失其意足矣.」除資政殿學士中太一宮使尋, 除中書侍郎拜右僕射, 久旱彗出天心, 是夕大雨, 彗不見. 徽宗喜親書'商霖'字以賜之. 商英爲相, 務更蔡京事, 而減省用度. ……政和元年罷爲觀文殿大學士知河南府, 俄以通奉大夫提擧崇福宮, 復觀文殿學士, 又復觀文殿大學士, 卒年七十九, 贈少保, 欽宗即位特贈太保. 商英學浮圖法, 自號無盡居士."라 함.《宋詩紀事》(36)에도 "《獨醒雜志》:唐子西〈內前行〉爲張天覺作也. 天覺自中書侍郎除右僕射, 蔡京以少保致仕. 四海歡呼, 善類增氣, 時彗見而遽沒, 旱甚而雨. 人皆以爲天覺拜相, 感召所致. 上大喜書'商霖'二字以賜, 故子西具言之."라 함.

대내大內 앞의 거마車馬는 밀쳐내도 길이 열리지 않을 정도,

한 사람이 문덕전文德殿 아래 마지麻紙에 쓴 조칙詔勅 받들고 돌아가네.

중서성中書省의 사인舍人이 우승상右丞相에 임명되는 것으로써,

궁중의 사자使者가 천자께서 서명한 문서 받들고 문창대文昌臺로 달려가네.

혜성彗星이 어젯밤에도 창을 통해 비쳤었는데,

이날 저녁 그 별 꼬리가 몽당비처럼 되었네.

그리고 다음 날 아침엔 날씨 변해 단비가 내리니,

천자께선 음양을 조화시킬 재상 얻었음을 기뻐하심일세.

옛날 주공周公처럼 예악禮樂을 제정할 정도까지는 아니라 해도,

요숭姚崇과 송경宋璟처럼 몸 바쳐 일하는 것 나쁘지는 않으리라.

내가 듣건대 그들 두 분이 재상에 배임되던 해에는,

민간에 쌀 한 말이 3, 4전밖에 되지 않았었다지.

內前車馬撥不開, 文德殿下宣麻回.
紫微舍人拜右相, 中使押赴文昌臺.
旄頭昨夜光照牖, 是夕鋒芒如禿箒.
明朝化作甘雨來, 官家喜得調元手.
周公禮樂未制作, 致身姚宋亦不惡.
我聞二公拜相年, 民間斗米三四錢.

【內前車馬撥不開, 文德殿下宣麻回】'內前'은 《眞寶》注에 "大內之前"이라 함. '撥不開'는 밀어도 열리지 않음. 사람들과 車馬가 가득 모여 길을 트고 앞으로 나아갈 수가 없음을 말함. '文德殿'은 宋나라 때의 궁궐 이름. '宣麻'는 黃色 麻紙에 쓴 宣布할 詔書. 대신들을 임명할 때 천자가 먼저 黃麻紙에 이를 적어 公示하고 冊命의 禮를 행하는 것. 《百川學海退朝錄》(下)에 "唐日曆貞觀十年十月, 詔始用黃麻紙寫詔敕"이라 하였고, 《野客叢書》(8) 「禁用黃」에는 "禁門曰黃闥, 公府曰黃閣,

郡治曰黃堂, 三公黃閤……, 而臣下一切不得用黃矣. 敕舊用白紙, 唐高宗上元間以施行之制, 旣爲永式. 白紙多蠹, 遂改用黃. 除拜將相, 制書用黃麻紙, 其或學士制不自中書出, 故獨用白麻紙, 所以有黃麻白麻之異也. 詔晉時多用靑紙, 見楚王倫太子遹等傳. ……李肇《翰林志》曰:「凡賜予徵召宣索處分曰詔, 用白藤紙撫軍旅曰書, 用黃麻紙道觀薦告詞文用靑藤紙謂之靑詞. 凡諸陵薦告上表用白麻紙.」《石林燕語》曰:「唐中書制詔有四畫紙, 而施行者曰發曰敕; 用黃麻紙承旨而行者曰敕牒, 用黃藤紙敕書用涓黃紙.」 或云取其不蠹也」라 함.

【紫微舍人拜右相, 中使押赴文昌臺】 '紫微'는 中書省의 별칭. 唐 玄宗 때 中書省을 紫微省이라 고쳐 불렀으며 宋나라 때 이를 인습하여 그렇게 불렀음. 《通鑑》에 "唐玄宗開元元年十二月, 改尙書左僕射爲左右丞相, 中書省爲紫微省, 門下省爲黃門省, 侍中爲監."이라 함. 《眞寶》注에 "唐開元中, 改中書省爲紫微省"이라 함. '舍人'은 벼슬 이름으로 나라의 여러 업무를 총괄하고 천자의 명령을 받들어 실행하는 임무를 맡은 자. 《眞寶》注에 "張天覺自中書舍人爲相"이라 하여 張天覺이 中書舍人에서 宰相에 오른 것임. '右相'은 尙書省 右僕射. '中使'는 궁중의 사신. '押赴'는 천자가 서명한 辭令을 들고 전달하러 떠남. '文昌臺'는 尙書省의 별칭. 則天武后 때 尙書省을 文昌臺로 고쳐 불렀음. 《眞寶》注에 "唐則天改尙書省爲文昌臺"라 함.

【旄頭昨夜光照牖, 是夕鋒芒如禿箒】 '旄頭'는 二十八宿의 하나인 昴星. '旄'는 원래 물소 꼬리를 깃대 위에 꽂은 깃발. 《眞寶》注에 "旄音毛, 昴星也"라 함. '牖'는 둥근 형태의 창문. '鋒芒'은 창끝 같은 별빛. 곧 혜성의 꼬리. '鋒芒'은 《宋詩鈔》, 《詩人玉屑》 등에는 모두 '收芒'으로 되어 있음. 꼬리를 거두어 짧아짐을 뜻함. '禿箒'는 몽당비. 몽당빗자루. 다 닳아빠져 자루만 남은 비. 彗星의 꼬리가 줄어들었음을 말함. '箒'는 '帚'로도 표기함. '彗星'은 箒星, 孛星, 掃星이라고도 하며 모습이 빗자루와 같아 이름이 붙여진 것으로 不吉한 징조를 나타내는 것으로 여겼음. 《爾雅》에 "彗星爲欃搶, 形如掃帚"라 함. 《史記》天官書에는 "彗星長二丈, 類彗星"이라 하였고, 〈正義〉에 "天彗者, 一名掃星, 本類星末類彗, 小者數寸長, 長或竟天, 而體無光假日之光, 光芒所及爲災變, 見則兵起, 除舊布新, 彗所指之處弱也"라 함. 《通鑑綱目》에 "大觀四年夏五月, 彗星奎婁, 帝避殿減膳, 詔待從官直言指陳闕失"이라 함. 《宋宰輔編年錄》에는 이 구절이 "是夕收芒如禿帚"으로 되어 있음.

【明朝化作甘雨來, 官家喜得調元手】 '甘雨'는 오랜 가뭄 끝에 내리는 단비. 《詩》小雅 甫田에 "以御田祖, 以祈甘雨"라 함. '官家'는 官天下와 家天下를 합한 말. '官天

下'는 公天下와 같으며 五帝시대의 禪讓을 뜻하며, '家天下'는 夏王朝 이래 世襲을 뜻함.《說苑》至公篇에 "秦始皇帝旣吞天下, 乃召群臣而議曰:「古者, 五帝禪賢, 三王世繼, 孰是? 將爲之.」博士七十人未對. 鮑白令之對曰:「天下官, 則讓賢是也; 天下家, 則世繼是也. 故五帝以天下爲官, 三王以天下爲家.」秦始皇帝仰天而歎曰: 「吾德出于五帝, 吾將官天下, 誰可使代我後者?」"라 하였고, 蔣濟《萬機論》에는 "五帝官天下, 故傳之賢; 三王家天下, 故傳之子. 今之天子爲官家, 則猶言帝王野. 其義始諸此."라 함. 僧 文瑩의《湘山野錄》에는 "眞宗問李仲容:「何故謂天子曰官家?」遽對云:「蔣濟言三皇官天下, 五帝家天下, 兼三五之德, 故曰官家.」爲小異爾. 按《晉書》五行志:「安帝義熙初, 童謠曰:『官家養蘆化作荻.』」則晉末之語已云然矣"라 함. 여기서는 천자를 가리킴.《眞寶》注에 "五帝官天下, 三王家天下, 兼五三之德, 故曰官家"라 함. '調元手'는 만물의 元氣를 調和시킬 사람. 재상을 가리킴.《漢書》丙吉傳에 "吉又嘗出, 逢淸道羣鬪者, 死傷橫道, 吉過之不問, 掾史獨怪之. 吉前行, 逢人逐牛, 牛喘吐舌. 吉止駐, 使騎吏問:「逐牛行幾里矣?」掾史獨謂丞相前後失問, 或以譏吉, 吉曰:「民鬪相殺傷, 長安令, 京兆尹職所當禁備逐捕, 歲竟丞相課其殿最, 奏行賞罰而已. 宰相不親小事, 非所當於道路問也. 方春少陽用事, 未可大熱, 恐牛近行用暑故喘, 此時氣失節, 恐有所傷害也. 三公典調和陰陽, 職(所)當憂, 是以問之.」掾史乃服, 以吉知大體."라 하였고,《蒙求》에도 "前漢, 丙吉字少卿, 魯國人. 宣帝時爲丞相. 嘗出逢淸道群鬪者, 死傷橫道. 吉過之不問. 吉前行, 逢人逐牛, 牛喘吐舌. 吉止駐, 使騎吏問:「逐牛行幾里矣?」掾史獨謂:「丞相前後失問.」或以譏吉, 曰:「民鬪相殺傷, 長安令, 京兆尹, 職所當禁備逐捕. 歲竟丞相課其殿最, 奏行賞罰而已. 宰相不親小事, 非所當於道路問也. 方春少陽用事, 未可太熱, 恐牛近行, 用暑故喘. 此時氣失節, 恐有所傷害. 三公典調和陰陽, 職當憂. 是以問之.」掾史乃服以吉知大體."라 하였으며,《十八史略》에도 같은 내용이 전재되어 있음.

【周公禮樂未制作, 致身姚宋亦不惡】'周公'은 주초 文王(姬昌)의 아들이며 武王(姬發)의 아우로서 成王(姬誦)을 섭정하며 文物禮樂을 제정함.《史記》周本紀 및 魯周公世家를 참조할 것.《後漢書》南蠻西南夷列傳에 "交阯之南有越裳國. 周公居攝六年, 制禮作樂, 天下和平, 越裳以三象重譯而獻白雉"라 함. 이 구절은《宋宰輔編年錄》에는 "周公禮樂未要作"으로 되어 있음. '致身'은 자신의 몸을 다 바침.《論語》學而篇에 "子夏曰:「賢賢易色; 事父母, 能竭其力; 事君, 能致其身; 與朋友交, 言而有信. 雖曰未學, 吾必謂之學矣.」"라 함. '姚宋'은 唐 玄宗 開元 연간의 명재상이었던 姚崇과 宋璟.《眞寶》注에 "《通鑑》:唐開元間, 姚宋相繼爲相. 姚崇善應變

成務, 宋璟善守成持正. 唐世賢相, 前稱房杜, 後稱姚宋焉"이라 하여 姚崇은 應變
成務를 잘 하였고, 宋璟은 守成持正을 잘 하였으며, 唐나라 때 재상으로서, 먼저
는 房玄齡과 杜如晦를, 뒤에는 姚崇과 宋璟을 들고 있음. 姚崇과 宋璟은《舊唐
書》(96),《新唐書》(124)에 모두 각각 傳이 있음.

【我聞二公拜相年, 民間斗米三四錢】'二公'은 姚崇과 宋璟 두 사람.《宋宰輔編年錄》
에는 "鄕時兩翁當國年"로 되어 있음. '斗米三四錢'은 쌀 한 말에 3, 4전함. 물가가
싸서 살기 좋은 세상임을 말함.《眞寶》注에 "唐貞觀四年, 米斗三錢, 外戶不閉"라
함.《通鑑》太宗 貞觀 4년에 "大有年, 米斗不過三四錢, 終歲斷死刑纔二十九人, 外
戶不閉, 行旅不齎糧"이라 하였고,《貞觀政要》政體篇에도 "商旅野次, 無復盜賊,
囹圄常空, 馬牛布野, 外戶不閉. 又頻致豐稔, 米斗三四錢, 行旅自京師至於嶺表, 自
山東至滄海, 皆不齎糧, 取給於路. 入山東村落, 行客經過者, 必厚加供待, 或發時有
贈遺. 此皆古昔未有也"라 함.

참고 및 관련 자료

1. 唐子西, 唐庚. 126 참조.

2. 이 시는《宋詩鈔》(46),《宋元詩會》(33),《宋藝圃集》(14),《詩話總龜》(後集 6),《漁
隱叢話》(後集 34),《詩人玉屑》(18),《宋詩紀事》(36),《宋宰輔編年錄》(12),《佛祖歷代
通載》(19) 등에 실려 있음.

3. 韻脚은 '開, 回, 臺'. '牖, 箒, 手'. '作, 惡'. '年, 錢'.

4.《宋宰輔編年錄》(12) 張商英

蔡京再罷相, 遂以張商英爲右僕射, 商英乃辭而後受. 初蔡京既貶, 人心大悅. 是時
方久旱彗出奎婁間, 及商英視事之, 明日大雨彗不見, 上亦喜甚書'商霖'二字賜之. 於
是唐庚作〈內前行〉以紀其事. 其詩曰: 『內前車馬撥不開, 文德殿下宣麻廻. 紫微侍郎
拜右相, 中使押赴文昌臺. 旄頭昨夜光照牖, 是夕收芒如禿箒. 明日化爲甘雨來, 官家
喚作調元手. 周公禮樂未要作, 致身姚宋也不惡. 鄕時兩翁當國年, 民間斗米三四錢.』

219. 〈續麗人行〉 ·················· 蘇子瞻(蘇東坡)

〈여인행〉을 이어서

＊《眞寶》注에 "李仲謀家有周昉畫背面欠伸內人極精, 戲作此詩"라 함.
＊〈續麗人行〉:이는 杜甫〈麗人行〉(205)의 續作임. 注에 '李仲謀의 집에 周昉이 그린 등을 돌려 하품하며 기지개를 켜는 궁녀의 그림이 있어 매우 정교했다. 장난삼아 이 시를 짓는다'라 하였음. 한편 周昉은 張彦遠《歷代名畫記》에 "周昉, 字景玄, 官至宣州長史"라 하여 이름난 畫家였음.

깊은 궁궐 사람은 없고 봄날은 길고 긴데,
침향정沈香亭 북쪽엔 온갖 꽃이 향기롭다.
미인이 잠 깨어 일어나 가볍게 머리 빗고 세수하자,
제비는 춤을 추고 꾀꼬리는 짖어 공연히 애간장 끊는구나.
이 그림 그린 화공은 무궁한 정취를 그려내고자,
봄바람 등지고 서서 막 잠 깨는 모습을 그렸구나.
만약 그로 하여금 머리 돌려 방긋 웃음 짓게 한다면,
양성陽城과 하채下蔡의 귀공자들 모두 바람에 풀 쓸리듯 하였으리라.
두릉杜陵의 굶주린 나그네 두보杜甫는 안복眼福조차 늘 한미寒微하여,
절름발이 노새에 떨어진 모자 쓰고 금안장을 따라다니다가,
겨우 꽃을 사이에 두고 물가의 미인들을 한 번 볼 수 있었으나,
그것도 그저 허리와 다리를 등 뒤에서 볼 수 있었을 뿐이었지.
심취하여 자신의 모옥茅屋 안으로 돌아와서야,
비로소 인간 세상에 서시西施 같은 미인이 있음을 믿게 되었다지.
그대는 보지 못했는가, 맹광孟光이 밥상 들 때 눈썹 높이만큼 올려들었던 것을?
어찌 등을 돌려 봄빛 슬퍼하면서 울었던 일이 있었겠는가?

深宮無人春日長, 沈香亭北百花香.
美人睡起薄梳洗, 燕舞鸎啼空斷腸.
畫工欲畫無窮意, 背立春風初破睡.
若敎回首却嫣然, 陽城下蔡俱風靡.
杜陵飢客眼長寒, 寒驢破帽隨金鞍.
隔花臨水時一見, 只許腰肢背後看.
心醉歸來茅屋裏, 方信人間有西子.
君不見孟光擧案與眉齊? 何曾背面傷春啼?

【深宮無人春日長, 沈香亭北百花香】'沈香亭'은 唐나라 궁궐 안의 정자 이름. 외국에서 沈香을 바치자 그 기념으로 이 정자를 지음.《東坡詩集註》에 "沈香亭, 唐明皇以外國貢沈香材, 而作沈香亭"이라 함. 興慶池 동쪽에 있었으며, 唐 玄宗이 그 아래 모란을 심어 만발했을 때 양귀비와 함께 이곳에서 잔치를 벌였고, 또 이때 李白을 불러 〈淸平調〉 3수를 짓도록 한 고사로 유명함.《眞寶》注에 "李白進〈淸平詞〉云:「名花傾國兩相歡, 長得君王帶笑看. 解釋春風無限情, 沈香亭北倚闌干.」"이라 함.

【美人睡起薄梳洗, 燕舞鸎啼空斷腸】'薄梳洗'는 간단히 머리 빗고 세수함. '燕舞'는 제비가 가볍고 날렵하게 춤을 춤. '鸎'은 鶯과 같음. 꾀꼬리. 黃鸝. 流鶯. 黃鶯. '斷腸'은 애를 끊음.

【畫工欲畫無窮意, 背立春風初破睡】'畫工'은 畫員. 주로 궁중에서 後宮의 초상을 그려 임금에게 올리는 일을 함.《西京雜記》(2)에 "元帝後宮旣多, 不得常見, 乃使畫工圖形, 案圖召幸之"라 함. '初破睡'는 막 잠을 깸. 그림의 상황을 읊은 것.

【若敎回首却嫣然, 陽城下蔡俱風靡】'嫣然'은 방그레 웃는 모습.《眞寶》注에 "嫣, 虛延反, 笑貌"라 하여 '현연'으로 읽도록 되어 있음. '陽城下蔡'의 '陽城'과 '下蔡'는 楚나라의 두 縣 이름. 귀공자들이 받았던 封地로 그곳 귀공자들은 好色家들이었음.《文選》宋玉의 〈好色賦〉에 "臣里之美者, 莫若臣東家之子; 嫣然一笑, 惑陽城迷下蔡"라 하였고, 注에 "善曰: 嫣, 笑貌, 陽城下蔡, 二縣名. 蓋楚之貴介公子所封, 故取以喩焉"이라 함. '風靡'는 풀이 바람에 의해 한쪽으로 쓸리듯 마음을 빼앗김.《論語》顔淵篇에 "君子之德風, 小人之德草. 草上之風, 必偃"라 함.《眞寶》注에 "宋玉〈賦〉:「東家之子, 嫣然一笑, 惑陽城迷下蔡」"라 함.

【杜陵飢客眼長寒, 蹇驢破帽隨金鞍】 '杜陵飢客'은 杜陵의 굶주리던 나그네. 杜甫를 가리킴. 《東坡詩集註》에 "堯卿曰:「杜子美自謂'衣不蓋體, 常寄食於人, 奔走不暇, 常恐轉死溝壑, 可謂飢客矣.'」라 함. '眼長寒'은 눈이 늘 寒微함. 아름다운 것을 자주 보지 못함. 眼福이 없음. '蹇驢'는 절뚝거리는 나귀, 노새. '隨金鞍'은 금 말안장에 올라앉은 귀족들을 따라다님. 杜甫의 〈贈韋左丞〉에 "騎驢三十載, 旅食京華春. 朝扣富兒門, 暮隨肥馬塵"이라 함.

【隔花臨水時一見, 只許腰肢背後看】 '隔花臨水'는 꽃을 사이에 두고 저쪽 물가에 이름. 杜甫가 長安의 曲江에서 美人을 보고 〈麗人行〉을 지을 때의 상황. 두보는 미인을 가까이서 구경할 기회도 없었음.

【心醉歸來茅屋裏, 方信人間有西子】 '人間'은 인간 세상. 속세. 天上에 상대되는 말. '西子'는 西施. 춘추시대 越나라의 미녀. 越王 句踐이 吳王 夫差에게 바쳐 미혹하도록 한 다음 吳나라를 쳐서 멸망시킴. 《莊子》齊物論에 "毛嬙、西施, 人之所美也; 魚見之深入, 鳥見之高飛, 麋鹿見之決驟"라 하였고, 天運篇에는 "西施病心而矉其里, 其里之醜人見之而美之, 歸亦捧心而矉其里. 其里之富人見之, 堅閉門而不出, 貧人見之, 挈妻子而去走. 彼知矉美, 而不知矉之所以美"라 함. 越王 句踐이 苧蘿山에서 찾아 훈련을 시킨 다음 吳王 夫差에게 보내어 美人計로 활용한 여인. 이름은 夷光. 苧蘿山 아래 施姓의 두 집성촌이 있었으며 그 중 서쪽 마을 여인이었으므로 西施라 불렀다 함. 뒤에 范蠡의 愛人으로도 알려짐. 지금의 浙江 諸暨縣 남쪽 浣紗溪가 있으며 苧蘿山 아래에 浣紗石이 있음. 전설에 西施가 빨래하던 돌이라 하며 王羲之 글씨로 '浣紗' 두 글자, 그리고 바위 위에 浣紗亭, 안에는 西施에 관련된 碑碣 등이 있음. 한편 《孟子》離婁(下)에는 "孟子曰:「西子蒙不潔, 則人皆掩鼻而過之.」"라 하였고, 《越絶書》(10)에 "美人宮, 周五百九十步, 陸門二, 水門一, 今北壇利里丘土城, 句踐所習敎美女西施, 鄭旦宮臺也. 女出於苧蘿山, 欲獻於吳, 自謂東垂僻陋, 恐女樸鄙, 故近大道居, 去縣五里."라 하였으며, 《吳越春秋》(9)에는 "十二年, 越王謂大夫種曰:「孤聞吳王淫而好色, 惑亂沉湎, 不領政事, 因此而謀, 可乎?」種曰:「可破. 夫吳王淫而好色, 宰嚭佞以曳心, 往獻美女, 其必受之. 惟王選擇美女二人而進之.」越王曰:「善」乃使相者索國中, 得苧蘿山鬻薪之女, 曰西施、鄭旦. 飾以羅穀, 敎以容步, 習於土城, 臨於都巷, 三年學服, 而獻於吳. 乃使相國范蠡進曰:「越王句踐竊有二遺女. 越國洿下困迫, 不敢稽留. 謹使臣蠡獻之大王. 不以鄙陋寢容, 願納以供箕箒之用.」吳王大悅, 曰:「越貢二女, 乃句踐之盡忠於吳之證也.」子胥諫曰:「不可, 王勿受也. 臣聞:『五色令人目盲, 五音令人耳聾.』昔桀易湯

而滅, 周易文王而亡. 大王受之, 後必有殃. 臣聞越王朝書不倦, 晦誦竟夜, 且聚敢死之士數萬, 是人不死, 必得其願. 越王服誠行仁, 聽諫進賢, 是人不死, 必成其名. 越王夏被毛裘, 冬御絺綌, 是人不死, 必爲對隙. 臣聞: 『賢士, 國之寶; 美女, 國之咎.』夏亡以妹喜, 殷亡以妲己, 周亡以褒姒.」吳王不聽, 遂受其女."라 함.

【君不見孟光擧案與眉齊? 何曾背面傷春啼〕'孟光'은 後漢 梁鴻의 처. 孟光은 남편에게 밥상을 올릴 때 늘 눈썹 높이까지 들어 공경을 표시하였으며 이를 '擧案齊眉'라 함. '梁鴻'은 자는 伯鸞, 東漢 扶風 平陵 사람으로 范曄의 《後漢書》逸民傳에 그의 傳이 있음. '五噫歌', '孟光荊釵', '擧案齊眉' 등의 고사를 남긴 인물.《後漢書》逸民傳(梁鴻)에 "梁鴻字伯鸞, 扶風平陵人也. 父讓, 王莽時爲城門校尉, 封脩遠伯, 使奉少昊後, 寓於北地而卒. 鴻時尚幼, 以遭亂世, 因卷席而葬. 後受業太學, 家貧而尚節介, 博覽無不通, 而不爲章句. 學畢, 乃牧豕於上林苑中. 曾誤遺火, 延及它舍. 鴻乃尋訪燒者, 問所去失, 悉以豕償之. 其主猶以爲少. 鴻曰: 「無它財, 願以身居作.」主人許之. 因爲執勤, 不懈朝夕. 鄰家耆老見鴻非恆人, 乃共責讓主人, 而稱鴻長者. 於是始敬異焉, 悉還其豕. 鴻不受而去, 歸鄉里. 執家慕其高節, 多欲女之, 鴻並絕不娶. 同縣孟氏有女, 狀肥醜而黑, 力擧石臼, 擇對不嫁, 至年三十. 父母問其故. 女曰: 「欲得賢如梁伯鸞者.」鴻聞而娉之. 女求作布衣, 麻屨, 織作筐緝績之具. 及嫁, 始以裝飾入門. 七日而鴻不答. 妻乃跪牀下請曰: 「竊聞夫子高義, 簡斥數婦, 妾亦偃蹇數夫矣. 今而見擇, 敢不請罪.」鴻曰: 「吾欲裘褐之人, 可與俱隱深山者爾. 今乃衣綺縞, 傅粉墨, 豈鴻所願哉?」妻曰: 「以觀夫子之志耳. 妾自有隱居之服.」乃更爲椎髻, 著布衣, 操作而前. 鴻大喜曰: 「此眞梁鴻妻也. 能奉我矣!」字之曰德曜, 名孟光. 居有頃, 妻曰: 「常聞夫子欲隱居避患, 今何爲默默? 無乃欲低頭就之乎?」鴻曰: 「諾.」乃共入霸陵山中, 以耕織爲業, 詠《詩》,《書》, 彈琴以自娛. 仰慕前世高士, 而爲四皓以來二十四人作頌. 因東出關, 過京師, 作〈五噫之歌〉曰: 「陟彼北芒兮, 噫! 顧覽帝京兮, 噫! 宮室崔嵬兮, 噫! 人之劬勞兮, 噫! 遼遼未央兮, 噫!」肅宗聞而非之, 求鴻不得. 乃易姓運期, 名燿, 字侯光, 與妻子居齊魯之閒. 有頃, 又去適吳. 將行, 作詩曰: 「逝舊邦兮遐征, 將遙集兮東南. 心惙怛兮傷悴, 志菲菲兮升降. 欲乘策兮縱邁, 疾吾俗兮作讒. 競擧枉兮措直, 咸先佞兮唌唌. 固靡慙兮獨建, 冀異州兮尚賢. 聊逍遙兮遨嬉, 纘仲尼兮周流. 儻云覩兮我悅, 遂舍車兮即浮. 過季札兮延陵, 求魯連兮海隅. 雖不察兮光貌, 幸神靈兮與休. 惟季春兮華阜, 麥含含兮方秀. 哀茂時兮逾邁, 愍芳香兮日臭. 悼吾心兮不獲, 長委結兮焉究! 口囂囂兮余訕, 嗟恇恇兮誰留?」遂至吳, 依大家皋伯通, 居廡下, 爲人賃舂. 每歸, 妻爲具食, 不敢於鴻前仰視, 擧案齊眉.

伯通察而異之, 曰:「彼傭能使其妻敬之如此, 非凡人也.」乃方舍之於家. 鴻潛閉著書
十餘篇. 疾且困, 告主人曰:「昔延陵季子葬子於嬴博之閒, 不歸鄉里, 愼勿令我子持
喪歸去.」及卒, 伯通等爲求葬地於吳要離冢傍. 咸曰:「要離烈士, 而伯鸞淸高, 可令
相近.」葬畢, 妻子歸扶風. 初, 鴻友人京兆高恢, 少好《老子》, 隱於華陰山中. 及鴻東
遊思恢, 作詩曰:「鳥嚶嚶兮友之期, 念高子兮僕懷思, 相念恢兮爰集玆.」二人遂不
復相見. 恢亦高抗, 終身不仕.”라 함. 그 밖에 《蒙求》(115, 孟光荊釵. 234, 梁鴻五噫)
《列女傳》(續集, 梁鴻之妻)《高士傳》(下), 《東觀漢記》(梁鴻傳), 袁宏《後漢紀》(11) 등
에 그의 일화가 아주 널리 전함. 《眞寶》注에 “梁鴻至貧, 爲人賃舂, 每歸, 妻爲具
食, 擧按(案)齊眉”라 함.

참고 및 관련 자료

1. 蘇軾. 蘇東坡, 蘇子瞻, 044 참조.

2. 이 시는 《東坡全集》(9), 《東坡詩集註》(32), 《施註蘇詩》(14), 《蘇詩補註》(16), 《石
倉歷代詩選》(150), 《宋詩鈔》(20), 《宋元詩會》(20), 《宋藝圃集》(4), 《聲畫集》(2), 《竹莊
詩話》(9), 《唐宋詩醇》(35), 《御選宋詩》(5) 등에 실려 있음.

3. 韻脚은 '長, 香, 腸'. '睡, 靡'. '寒, 鞍, 見, 看'. '裏, 子, 齊, 啼'.

220. 〈莫相疑行〉 ·················· 杜子美(杜甫)
서로 의심하지 말자

*《眞寶》注에 "郭英義倅蜀, 公與英義不合, 去成都時作"이라 함.
*〈莫相疑行〉:'서로 의심하지 말 것'을 노래로 읊음. 杜甫는 安祿山의 난 뒤 成都에 살면서 成都尹 嚴武의 도움을 받고 있었음. 그러나 永泰 元年(765) 嚴武가 죽고 나자, 전부터 알던 30여 세의 郭英義(郭英乂)가 成都尹이 되었는데 두보는 그와 뜻이 맞지 않아 결국 成都의 浣花草堂을 떠나게 되었음. 이 때 지은 작품임. 《集千家註杜工部詩集》에 "鶴曰:此詩與後篇〈赤霄行〉, 皆爲郭英乂作也. 按是年四月嚴武薨, 五月以郭英乂爲成都尹. 公與英乂雖有舊, 然志不相合, 遂起去草堂之興"이라 하였고, 《杜詩詳註》에는 "黃氏編在永泰元年. 舊說嚴武鶴斥其非. 謂公與郭英乂不合, 去成都而作. 英乂帥蜀時, 年方三十餘也. 單注云:此與後詩必有爲而作, 今不知其所指"라 하였으며, 《補注杜詩》에는 "鶴曰:郭英乂帥蜀時, 年方三十餘. 此詩意是爲英乂作, 雖嚴武年少, 然於公未嘗不相知, 豈有當面輸心背後笑之事? 〈八哀詩〉中嚴武詩可見公待武. 初終無間, 應無此作. 當是永泰元年, 與英乂不合, 去成都時作"이라 함.

남아로 태어나 이루어 놓은 일 없이 머리만 희어지고,
이도 빠지려 하니 참으로 애석하네.
옛날 봉래궁蓬萊宮에서 〈삼대례부三大禮賦〉를 바쳤던 일 생각하니,
그때는 하루아침에 명성이 빛났던 일 스스로도 괴이하게 여겼었지.
집현전集賢殿 학사學士들이 담처럼 나를 에둘러 쌌었고,
중서당中書堂에서 붓 들어 글 쓰는 나를 모두가 구경했었지.
지난날에는 아름다운 문장이 임금도 감동시켰지만,
지금은 굶주리고 헐벗은 채 길가를 내달리고 있다네.
만년에는 말석이라도 젊은 그대에게 의탁하려 하였더니,
얼굴을 맞대었을 땐 마음을 주다가도 얼굴 돌려서는 비웃음 짓네.

수많은 세상 아이들에게 말 전하노니,
호오好惡를 두고 다투지 말고 서로 의심하지 말아다오.

男兒生無所成頭皓白, 牙齒欲落眞可惜.
憶獻三賦蓬萊宮, 自怪一日聲輝赫.
集賢學士如堵墻, 觀我落筆中書堂.
徃時文彩動人主, 此日飢寒趨路傍.
晚將末契託年少, 當面輸心背面笑.
寄謝悠悠世上兒, 不爭好惡莫相疑.

【男兒生無所成頭皓白, 牙齒欲落眞可惜】《眞寶》注에 "李陵書: 男兒生無所成名, (死
則葬蠻夷之中)"이라 함.

【憶獻三賦蓬萊宮, 自怪一日聲輝赫】'獻三賦'는 天寶 10년(751) 杜甫가 玄宗에게
〈三大禮賦〉를 지어 바쳤던 일을 가리킴. 〈三大禮賦〉는 玄宗이 太淸宮에 朝獻하
고, 太廟에 朝享하고 南郊에 제사지낸 일을 읊은 〈朝獻太淸宮賦〉, 〈朝享太廟賦〉,
〈有事於南郊賦〉 등 3편의 賦를 말함. 이 3편의 賦는 《杜詩詳註》(24) 등에 모두 실
려 있음. 杜甫 〈進三大禮賦表〉 注에 "朱注: 唐祀南郊, 即祠太淸宮, 太廟謂之三大
禮. 《舊書》文苑本傳: 天寶末, 獻三大禮賦.《新唐書》本傳: 天寶十三載, 玄宗朝獻太
淸宮饗廟及郊, 甫奏賦三篇"이라 함. '蓬萊宮'은 唐나라 궁전 이름. 大明宮이라 불
렸으나 이름을 바꾸었으며 西內에 있었음. 《唐書》地理志에 "龍朔後皇帝常居大
明宮, 乃謂之西內. 高宗以風痺, 厭西內湫濕. 龍朔三年始大興葺曰蓬萊宮"이라 함.
'聲輝赫'은 名聲과 榮光이 赫赫함. 《杜詩鏡銓》에는 "輝, 一作烜"이라 함. 《眞寶》注
에 "明皇天寶中, 朝獻太淸宮, 享廟及郊, 甫時獻〈三大禮賦〉"라 함.

【集賢學士如堵墻, 觀我落筆中書堂】'集賢學士'는 集賢殿 學士들. 唐 玄宗 때 集仙
殿을 설치하였으며, 뒤에 集賢殿이라 이름을 고쳤음. 《補注杜詩》에 "按開元十三
年改集仙殿爲集賢殿, 麗正殿書院爲集賢殿書院. 院內五品以上爲學士, 六品以上
爲直學士"라 함. '如堵墻'은 담과 같음. 담에 둘러싸인 것처럼 많은 사람들이 에
워싸고 구경함. 《眞寶》와 《杜詩鏡銓》注에 똑같이 "《禮記》:「孔子射於矍相之圃,
觀者如堵牆.」"이라 함. '中書堂'은 재상이 있는 궁중의 堂 이름. 《補注杜詩》에 "中

書堂, 即宰相所坐之堂"라 함. 《杜詩鏡銓》注에 "〈本傳〉: 甫獻〈三大禮賦〉, 帝奇之, 使待制集賢院, 命宰相試文章"이라 함.

【徃時文彩動人主, 此日飢寒趨路傍】人主는 玄宗을 가리킴. '趨路傍'은 길가를 이리저리 쫓아다님. 몸을 의탁할 곳도 없음을 표현한 것. '此日'은 《杜詩鏡銓》注에 "一作今"이라 함.

【晚將末契託年少, 當面輸心背面笑】'末契'는 붕우 사이에서의 말석. '契'는 의기가 투합하는 친구 사이를 뜻함. '託年少'는 젊은 사람에게 의탁함. '年少'는 嚴武를 가리킴. 《補注杜詩》에는 "洙曰: 時甫依嚴武, 幾爲武所殺. 年少, 指嚴武也. 甫與武父挺之素善, 武時尚少, 鎭成都. 甫往依焉, 故云「晚將末契託年少」, 甫嘗醉登武牀, 瞋目曰: 「嚴挺之, 乃有是兒!」武憾其斥父名, 拔劍將殺之, 賴武母救止, 乃免. 武與甫由是有隙, 故甫譏其不以誠相待而有是作"이라 함. 《杜詩鏡銓》注에는 "指同幕者"라 하였고, 《眞寶》注에는 "陸機〈歎逝賦〉: 「託末契於後生.」"이라 함. '輸心'은 마음을 줌. 친근하게 대함.

【寄謝悠悠世上兒, 不爭好惡莫相疑】'寄謝'는 말을 전함. '寄言'과 같음. '悠悠'는 수많은 모양. '不爭好惡'는 호오(好惡)를 두고 다투지 말 것을 의미함. 《杜詩鏡銓》注에 "前詩有分曹失異同句, 知辭幕之故, 大牛因同輩不合. 蓋一則老不入少, 一則主人相待獨優, 未免見忌. 然公實無心與競, 彼亦何用相疑哉! 末二句蓋開誠以示之也"라 함.

(참고 및 관련 자료)

1. 杜子美: 杜甫, 杜少陵, 杜工部. 042 참조.

2. 이 시는 《九家集注杜詩》(9), 《補注杜詩》(9), 《集千家註杜工部詩集》(12), 《杜詩詳注》(14), 《杜詩鏡銓》(12), 《唐文粹》(15下), 《全唐詩》(220), 《唐詩品彙》(28), 《古今詩刪》(12), 《後村詩話》(10) 등에 실려 있음.

3. 韻脚은 '白, 惜, 赫'. '墻, 堂, 傍'. '少, 笑'. '兒, 疑'.

4. 《杜詩諺解》初刊本(25)
男兒ㅣ 나 일운 이리 업고 머리 하야셰니
니 싸디고져 ᄒᆞ니 眞實로 可히 슬프도다
세 賦를 蓬萊宮에 받ᄌᆞ던 저글 ᄉᆞ랑호니
ᄒᆞ룻나래 소리 빗나믈 내 怪異히 너기다라
集賢殿ㅅ 學士ㅣ 담ᄀᆞ티 횟도로 안자셔

中書堂애 내 분 디요믈 보더라
니건 삐 빗나미 님그믈 뮈오숩다니
오늜나랜 주우리고 치워 깁ㄱ싀 든노라
늘거 그텟 사괴요믈 가져 나져믄 사ᄅ미게 브토니
ᄂ출 當ᄒ얀 므슥믈 보내요듸 ᄂ출 도라ᄂ 웃ᄂ다
悠悠ᄒᆞᆫ 世上앳 아히 거긔 愧謝ᄒ오믈 브티노니
됴ᄒ며 사오나오믈 ᄃ토디 아니ᄒᆞ노니 서르 疑心ᄒᆞ디 말라

221. 〈虎圖行〉 ·················· 王介甫(王安石)
호랑이 그림

*〈虎圖行〉: 호랑이 그림을 노래함. 《臨川文集》과 《王荊公詩注》에는 제목이 〈虎圖〉로 되어 있으며 '行'자는 없음. 《事文類聚》(後集 36)에 "《漫叟詩話》: 荊公嘗在歐公坐上賦〈虎圖〉, 衆客未落筆, 荊公已就. 歐公讀之爲之擊節, 坐客閣筆不敢作. 《聞見錄》: 韓魏公知楊州, 王荊公爲僉判, 以魏公非知我者. 每曰:「韓公但形相好耳. 作畫〈虎圖〉詩詆之"라 함. 한편 《詩人玉屑》(17)에도 《漫叟詩話》를 인용하여 "荊公嘗在歐公坐上賦〈虎圖〉, 衆客未落筆而荊公章已就. 歐公亟取讀之爲之擊節稱嘆, 坐客閣筆不敢作. 《苕溪漁隱》曰:《西淸詩話》中亦載此事云. 此乃體杜甫〈畫鶻行〉以紓急解紛耳. 吾今具載二詩, 讀者當有以辨之."라 함. 《王荊公詩注》에는 "或言:公作此詩譏韓忠獻, 恐無此"라 함.

웅장하도다, 곰도 아니요, 삵도 아닌데,
눈빛은 두 개 거울같이 빛나면서 모퉁이에 앉아 있네.
멋대로 다니며 꼬리 늘어뜨리고 쫓아도 두려워하지 않고,
돌아보며 떠나려 하다가도 여전히 머뭇거리네.
졸지에 한 번 보자마자 그 때는 심장이 놀라 뛰었는데,
자세히 들여다보고는 조금씩 그 수염을 만져볼 수 있었네.
진실로 화공이 기교를 다해 이 그림 그렸음을 알겠으니,
이놈이 어찌 마당 섬돌에까지 오려 했겠는가?
상상하건대 털썩 앉아 이 그림 그리려 했을 때는,
다른 여러 화공들 흘겨보며 종처럼 여겼으리라.
정신 가라앉히고 마음을 안정시켜 비로소 한 번 붓 휘두르니,
그 결과는 조물주의 솜씨와 치수錙銖의 차이를 논할 정도.
비풍悲風이 산들산들 누런 갈대에 불어오고,

위쪽에는 추위에 떠는 참새들 놀라 서로를 부르고 있네.

앙상하게 죽어 말라버린 나무에는 늙은 까마귀 울고 있는데,

나무 향해 몸을 굽혀 부리로 쪼는 것이 마치 새끼에게 먹이를 먹이는 듯.

산 속 집 담장이나 들판 집 벽에 해가 진 뒤 이 그림 걸어놓으면,

풍부馮婦도 멀리서 보고 호랑이 잡겠다고 수레에서 내려서겠네.

壯哉非熊亦非貙, 目光夾鏡當坐隅.
橫行妥尾不畏逐, 顧眄欲去仍躊躕.
卒然一見心爲動, 熟視稍稍摩其鬚.
固知畫者巧爲此, 此物安肯來庭除?
想當盤礴欲畫時, 睥睨衆史如庸奴
神閑意定始一掃, 功與造化論錙銖.
悲風颯颯吹黃蘆, 上有寒雀驚相呼.
槎牙死樹鳴老烏, 向之俛啄如哺雛.
山墻野壁黃昏後, 馮婦遙看亦下車.

【壯哉非熊亦非貙, 目光夾鏡當坐隅】 '貙'는 貍(삵의 일종)와 같으나 훨씬 크고 사나운 맹수라 함.《王荊公詩注》에 "《爾雅》: 羆如熊, 黃白. 文又曰貙, 似貍. 今貙虎大於虎豹, 文如貍"라 함.《史記》齊太公世家에 "西伯將出獵, 卜之, 曰: 「所獲非龍非彲, 非虎非羆, 所獲霸王之輔」라 함. '夾鏡'은 두 개의 거울. 양쪽 눈을 말함.《王荊公詩注》에 "顔延年〈赭白馬賦〉: 「雙瞳夾鏡.」"이라 함. '坐隅'는 座隅와 같음. 귀퉁이에 앉아 있음. 杜甫 詩에 "雲山湧座隅"라 함.

【橫行妥尾不畏逐, 顧眄欲去仍躊躕】 '橫行'은 옆으로 걸음. 거리낌 없이 마구 휘젓고 다님. '妥尾'는 꼬리를 늘어뜨림. '妥'는 垂와 같은 뜻임. '顧眄'은 돌아봄. '眄'는 盼, 眄 등과 같은 뜻임.《王荊公詩注》에는 '眄'가 '盼'으로 되어 있음. '躊躕'는 躊躇와 같은 뜻의 雙聲連綿語.《王荊公詩注》와《臨川文集》,《詩人玉屑》,《宋文鑑》 등 모두 '躊躇'로 표기되어 있으며, '躊躕'로 표기된 인용 판본은 없음.《眞寶》書

寫板刻의 오류로 여겨짐.《字彙》에 "躊躇, 猶豫也. 又住足也"라 함.

【卒然一見心爲動, 熟視稍稍摩其鬢】'卒然'은 갑자기. 猝地에.《孟子》梁惠王篇에 "襄王卒然問曰:「天下惡乎定?」"이라 함. '一見'은《王荊公詩注》와《臨川文集》,《詩人玉屑》등에는 모두 '我見'으로 되어 있음. '熟視'는 자세히 들여다봄. 劉伶〈酒德頌〉에 "熟視不見泰山之形"이라 함. '稍稍'는 조금씩 조금씩.

【固知畫者巧爲此, 此物安肯來庭除】'庭除'는 뜰의 섬돌. 마당과 섬돌. '除'는 섬돌을 뜻함. "門屛之間曰除"라 함.

【想當盤礴欲畫時, 睥睨衆史如庸奴】'盤礴'은 두 다리를 쭉 펴고 털썩 앉아 있는 모습을 표현하는 雙聲連綿語. 실제로 '털썩' 하는 소리와 모습을 함께 표현한 것임.《莊子》外篇 田子方篇 注에 "盤礴, 箕踞之貌"라 함.《王荊公詩注》과《詩人玉屑》,《宋文鑑》등에는 '槃礴'으로 표기되어 있음.《眞寶》注에 "《莊子》:宋元君將畫圖, 衆史改至, 受揖而立, 有一史後至, 受揖不立, 因之舍, 公使人視之, 解衣盤礴臝, 君曰:「可矣, 是眞畫也.」"라 함. '睥睨'는 무시하는 눈빛으로 봄을 뜻하는 疊韻連綿語.《史記》信陵君傳 "候生見其客朱亥睥睨"의〈索隱〉에 "睥, 音浦計反; 睨, 音五計反"이라 하였고,〈正義〉에 "不正視也"라 함. '衆史'는 여러 화공. '史'는 畫史. 畫工, 畫家. '庸奴'는 하인. '庸'은 傭과 같음.《楚辭》懷沙 "賦誹俊疑桀兮, 固庸態也"의 王逸 注에 "庸, 厮賤之人也"라 함.

【神閑意定始一掃, 功與造化論錙銖】'錙銖'는 지극히 작은 양이나 무게를 뜻함. '錙'는 6銖이며 一銖는 한 돈 정도의 무게.《說文》에 "錙, 六銖也. 又八兩王錙."라 함.《眞寶》注에 "八絲爲銖, 八銖爲錙"라 함. 따라서 '論錙銖'는 별 차이가 없음을 뜻함.

【悲風颯颯吹黃蘆, 上有寒雀驚相呼】'悲風'은 쓸쓸한 바람.〈古詩十九首〉에 "遠望悲風至, 對酒不能酬"라 함. '颯颯'은 '바람이 살랑살랑 불다'의 뜻.《楚辭》九歌에 "風颯颯兮木蕭蕭"라 함.《周易》乾卦에 "風從虎"라 함. '黃蘆'는 누런 갈대. '寒雀'은 참새.

【槎牙死樹鳴老烏, 向之俛喙如哺雛】'槎牙'는 잎이 다 떨어지고 나뭇가지만 앙상한 모습을 뜻하는 疊韻連綿語. '俛喙'은 몸을 굽혀 부리로 쫌.《眞寶》注에 "喙, 音畫. 喙也"라 함. '哺雛'는 새끼에게 먹이를 물어다 먹임.

【山墻野壁黃昏後, 馮婦遙看亦下車】'馮婦'는 春秋시대 晉나라 사람으로 호랑이를 잡는데 능했던 사람. 姓은 馮, 이름은 婦. 나중에 善士가 되어 그 일을 하지 않았으나, 호랑이 잡던 사람들이 자신을 바라보자 팔을 걷어붙이고 수레에서 내

려섰다 함. 《孟子》盡心(下)에 "孟子曰:「是爲馮婦也. 晉人有馮婦者, 善搏虎, 卒爲
善士. 則之野, 有衆逐虎. 虎負嵎, 莫之敢攖. 望見馮婦, 趨而迎之. 馮婦攘臂下車.
衆皆悅之, 其爲士者笑之.」"라 함. 《眞寶》注에 "《孟子》: 晉人有馮婦者, 善搏虎, 有
衆逐虎, 望見馮婦, 趨而迎之, 馮婦攘臂下車"라 함.

참고 및 관련 자료

1. 王介甫, 王安石, 王荊公, 半山, 005 참조.

2. 이 시는 《臨川文集》(5), 《王荊公詩注》(7), 《宋文鑑》(21), 《宋藝圃集》(7), 《佩文齋
詠物詩選》(401), 《歷代題畫詩類》(100), 《御選宋詩》(26), 《漁隱叢話》(前集 34), 《詩人
玉屑》(17), 《事文類聚》(後集 36), 《聲畫集》(7) 등에 실려 있음.

3. 韻脚은 '貙, 隅, 蹜, 鬚, 除, 奴, 銖, 呼, 雛, 車'.

4. 《王荊公詩注》

或言: 王介甫, 歐陽永叔, 梅聖俞, 與一時, 聞人坐上, 分題賦〈虎圖〉. 介甫先成, 衆服
其敏妙. 永叔乃袖手. 或曰: 此體杜甫〈畫鶻行〉耳, 大抵前輩多模取, 古人意以紓急解
紛, 此其一也.

222. 〈桃源行〉 ·················· 王介甫(王安石)
도원을 노래함

＊《眞寶》注에 "詳見〈桃源圖〉(154). 古今詠桃源者, 多惑於神仙之說, 荊公獨指爲避秦之人"이라 함.
＊〈桃源行〉: 桃源의 노래. '桃源'은 '桃花꽃이 물에 떠내려 오는 그 근원'이라는 뜻으로 晉나라 陶淵明의 〈桃花源記〉를 말하며 시는 王安石이 그 내용을 압축하여 쓴 것임. 이에 관련된 사항들은 韓愈의 〈桃源圖〉(154)의 注를 참조할 것.

망이궁望夷宮 안에서는 사슴을 말이라 하였고,
진秦나라 사람들은 장성長城 쌓느라 반이나 죽어갔지.
그때 세상을 피해 숨은 이들은 상산사호商山四皓뿐만이 아니었고,
역시 도원桃源으로 피하여 복숭아나무 심어 기른 이들도 있었다네.
한 번 와서 복숭아나무 기르다 보니 햇수도 기억 못한 채,
꽃 따고 열매 먹고 나뭇가지로는 땔나무로 썼다네.
자손들이 이어가면서 세상과 격隔하게 되자,
부자 관계가 있는 것은 알되 임금과 신하란 없는 것으로 알았네.
고기잡이 어부 배 가는 대로 가다가 원근을 잃고는,
꽃나무 사이에 홀연히 서로 보고 놀라서 물어보았지.
세상에 한갓 옛날에 진秦나라가 있었음을 알고 있으나,
산 속이라 지금이 진晉나라인 줄 어찌 알 수 있겠는가?
장안長安은 전쟁으로 먼지 날렸었다는 말을 듣고는,
봄바람에 머리를 돌리며 또한 눈물로 수건을 적시네.
순舜임금 같은 성군聖君 한번 가버렸으니 어찌 다시 그런 분이 있겠는가?
천하는 분분히 몇 번이나 진秦나라와 같은 일을 겪었었던가?

望夷宮中鹿爲馬, 秦人半死長城下.
避世不獨商山翁, 亦有桃源種桃者.
一來種桃不記春, 采花食實枝爲薪.
兒孫生長與世隔, 知有父子無君臣.
漁郎放舟迷遠近, 花間忽見驚相問.
世上空知古有秦, 山中豈料今爲晉?
聞道長安吹戰塵, 東風回首亦沾巾.
重華一去寧復得, 天下紛紛經幾秦?

【望夷宮中鹿爲馬, 秦人半死長城下】'望夷宮'은 秦나라의 궁전 이름. 뒤에 秦二世
(胡亥)가 여기에서 趙高에게 죽음을 당하였음.《史記》秦本紀에 "二世夢白虎齧其
左驂馬, 殺之, 心不樂, 怪問占夢. 卜曰:「涇水爲崇.」二世乃齋於望夷宮, 欲祠涇, 沈
四白馬"라 하였고, 注에 "張安曰:望夷宮在長陵西北長平觀道東, 故亭處是也. 臨
涇水作之以望北夷"라 하였으며, 〈正義〉에는 "《括地志》云:秦望夷宮在雍州咸陽縣
東南八里"라 함. '鹿爲馬'는 '指鹿爲馬'를 뜻함.《史記》秦本紀에 "(二世)三年, 冬, 趙
高爲丞相, 竟案李斯殺之. ……八月己亥, 趙高欲爲亂, 恐群臣不聽, 乃先設驗, 持鹿
獻於二世, 曰:「馬也.」二世笑曰:「丞相誤邪? 謂鹿爲馬.」問左右, 左右或黙, 或言馬
以阿順趙高. 或言鹿者, 高因陰中諸言鹿者以法. 後群臣皆畏高"라 함.《眞寶》注에
"望夷, 秦宮; 趙高指鹿爲馬"라 함. '長城'은 秦나라가 胡를 대비하기 위해 쌓기 시
작한 성. 원래 나라가 망하게 될 원인을 점쳤을 때 '胡 때문'이라 한 것은 胡亥(二
世)를 가리키는 것이었으나, 이를 북쪽 '胡'(匈奴)라고 여겨 장군 蒙恬으로 하여
금 長成을 쌓도록 한 것임.《史記》秦始皇本紀에 "燕人盧生使入海還, 以鬼神事,
因奏錄圖書, 曰「亡秦者胡也」. 始皇乃使將軍蒙恬發兵三十萬人北擊胡, 略取河南
地"라 하였고, 〈蒙恬列傳〉에는 "蒙恬者, 其先齊人也. ……始皇二十六年, 蒙恬因家
世得爲秦將, 攻齊, 大破之, 拜爲内史. 秦已幷天下, 乃使蒙恬將三十萬衆北逐戎狄,
收河南. 築長城, 因地形, 用制險塞, 起臨洮, 至遼東, 延袤萬餘里. 於是渡河, 據陽
山, 逶蛇而北. 暴師於外十餘年, 居上郡. 是時蒙恬威振匈奴."라 함.
【避世不獨商山翁, 亦有桃源種桃者】'避世'는 세상의 혼란이나 전쟁 등을 피함.
《論語》憲問篇에 "子曰:「賢者辟世, 其次辟地, 其次辟色, 其次辟言.」"이라 하였고,

〈微子篇〉에는 "桀溺曰:「與其從辟人之士也, 豈若從辟世之士哉?」"라 하여 '辟世'로 표기하였음. '商山翁'은 商山四皓. 商山은 陝西省에 있는 산 이름. 秦나라 때 난세를 피해 그 산으로 숨어들었던 '商山四皓'. 즉 東園公, 綺里季, 夏黃公, 甪里先生이 은거한 곳.《史記》(留侯列傳),《漢書》(張良傳),《新序》(善謀),《高士傳》(中) 등에 널리 전하는 고사로, 漢 高祖 劉邦이 呂后 소생 태자 劉盈(뒤에 惠帝)을 폐하고 戚姬 소생 如意로 바꾸려 하였을 때, 留侯 張良의 건의에 의해 이들을 모셔오자 그 때 한 번 산에서 내려와 高祖로 하여금 태자 폐출을 포기하도록 한 사건으로 유명함. 자세한 내용은 杜甫〈寄李白〉(095)의 注를 참조할 것.

【一來種桃不記春, 采花食實枝爲薪】'一來'는 '처음 이 도원에 들어온 이래 줄곧'의 뜻. '不記春'은 봄을 기억하지 못함. 세월의 흐름이나 四時의 변화를 모름. '采花'는 採花와 같음.

【兒孫生長與世隔, 知有父子無君臣】'知有父子'는 부자사이의 禮에 대해서 알고 있음. '無君臣'은 정치 조직이 없음으로 해서 君臣之間이라는 개념은 없음.

【漁郎放舟迷遠近, 花間忽見驚相問】'漁郎'은 고기잡이를 나섰던 어부, 漁舟子. 退溪 李滉의 時調에 "淸涼山 六六峯을 아ᄂᆞ니 나와 白鷗. 白鷗야 헌ᄉᆞᄒᆞ랴 못 미들슨 桃花ㅣ로다. 桃花야 ᄯᅥ드디 마라 漁舟子 알가 ᄒᆞ노라"라고 노래함. '迷遠近'은 漁父가 桃花源을 찾아 배를 저어 올라갔다가 멀고 가까운 것을 모른 채 길을 잃음.

【世上空知古有秦, 山中豈料今爲晉】'晉'은 東晉 때 陶淵明〈桃花源記〉에는 漁父가 桃源을 찾아간 것은 東晉 9대 황제 武帝 司馬曜의 太元(376-396년) 연간이라 하였음.《眞寶》注에 "已屬晉太康年中矣"라 하여, 太康으로 잘못 표기함. '太康'은 西晉 初 武帝(司馬炎)의 연호로 280-288년 사이임.

【聞道長安吹戰塵, 東風回首亦沾巾】'長安吹戰塵'은 長安에 전쟁의 먼지가 바람에 불려 휘날림. '長安'은 지금의 西安으로 많은 왕조가 도읍으로 삼았던 곳.〈西都賦〉에 "漢之西都在於雍州, 寔曰長安"이라 하였고, 注에 "漢稱長安, 言可長安子孫也"라 함. 秦나라 뒤를 이어 漢, 魏가 흥망을 거듭하였고 여러 번의 전쟁을 겪었음. '東風'은 봄바람.

【重華一去寧復得, 天下紛紛經幾秦】'重華'는 舜임금의 이름.《書經》舜典에 "曰若稽古, 帝舜曰重華, 協于帝"라 함. 舜은 帝舜 有虞氏. 虞舜으로도 불림. 五帝의 마지막 임금으로《十八史略》(1)에 "帝舜有虞氏: 姚姓, 或曰名重華, 瞽瞍之子; 顓頊六世孫也. 父惑於後妻, 愛少子象, 常欲殺舜. 舜盡孝悌之道, 烝烝乂不格姦. 畊歷山,

民皆讓畔; 漁雷澤, 人皆讓居; 陶河濱, 器不苦窳. 所居成聚, 二年成邑, 三年成都"
라 함. 《眞寶》注에 "重華, 舜也"라 함. '寧復得'은 '어찌 다시 나올 수 있겠는가?'
의 뜻. '紛紛'은 뒤얽혀 시끄럽고 어지러운 상태. '經幾秦'은 '몇 개의 秦나라와 같
은 혼란기를 經過했던가?'의 뜻. 즉 秦 이후 楚漢戰, 漢나라 건국, 王莽(新)의 폭
정, 東漢의 건립, 漢末 曹操의 擅權, 三國의 쟁패, 魏나라 건국, 西晉의 건국, 五
胡十六國의 跋扈, 晉의 南遷으로 東晉 건국 등 많은 사건과 혼란, 폭정 등이 있
었음.

참고 및 관련 자료

1. 王介甫, 王安石, 王荊公, 半山, 005 참조.

2. 이 시는 《九家集注杜詩》(1), 《補注杜詩》(1), 《集千家註杜工部詩集》(2), 《文章正
宗》(24), 《杜詩詳注》(3), 《杜詩鏡銓》(2), 《百菊集譜》(4), 《文章正宗》(24), 《全唐詩》(216)
등에 실려 있음.

3. 韻脚은 '馬, 下, 者'. '春, 薪, 臣, 問, 晉, 巾, 秦'.

4. 陶淵明 〈桃花源記〉

晉太元中, 武陵人捕魚爲業, 緣溪行, 忘路之遠近, 忽逢桃花林. 夾岸數百步, 中無
雜樹, 芳草鮮美, 落英繽紛, 漁人甚異之. 復前行, 欲窮其林. 林盡水源, 便得一山. 山
有小口, 髣髴若有光; 便捨船從口入. 初極狹, 纔通人; 復行數十步, 豁然開朗. 土地
平曠, 屋舍儼然, 有良田美池桑竹之屬; 阡陌交通, 鷄犬相聞. 其中往來種作, 男女衣
著, 悉如外人; 黃髮垂髫, 並怡然自樂. 見漁人, 乃大驚; 問所從來, 具答之. 便要還
家, 爲設酒殺鷄作食. 村中聞有此人, 咸來問訊. 自云先世避秦時亂, 率妻子邑人來
此絶境, 不復出焉; 遂與外人間隔. 問今是何世, 乃不知有漢, 無論魏晉. 此人一一爲
具言所聞, 皆歎惋. 餘人各復延至其家, 皆出酒食. 停數日, 辭去. 此中人語云:「不足
爲外人道也.」旣出, 得其船, 便扶向路, 處處誌之. 及郡下, 詣太守說如此. 太守卽遣
人隨其往. 尋向所誌, 遂迷不復得路. 南陽劉子驥, 高尙士也. 聞之, 欣然規往. 未果,
尋病終, 後遂無問津者.

嬴氏亂天紀, 賢者避其世. 黃綺之商山, 伊人亦云逝.
往跡寖復湮, 來逕遂蕪廢. 相命肆農耕, 日入從所憩.
桑竹垂餘蔭, 菽稷隨時藝. 春蠶收長絲, 秋熟靡王稅.
荒路暖交通, 鷄犬互鳴吠. 俎豆猶古法, 衣裳無新製.
童孺縱行歌, 斑白歡遊詣. 草榮識節和, 木衰知風厲.

雖無紀曆誌, 四時自成歲. 怡然有餘樂, 於何勞智慧!

奇蹤隱五百, 一朝敞神界. 淳薄既異源, 旋復還幽蔽.

借問游方士, 焉測塵囂外! 願言躡輕風, 高舉尋吾契.

5.《搜神後記》(1)

晉太元中, 武林人捕魚爲業. 緣溪行, 忘路之遠近, 忽逢桃花林, 夾岸數百步, 中無雜樹, 芳華鮮美, 落英繽紛. 漁人甚異之(漁人姓黃名道眞). 復前行, 欲窮其林. 林盡水源, 便得一山. 山有小口. 彷彿若有光. 便捨舟, 從口入. 初極狹, 纔通人, 復行數十步, 豁然開朗, 土地曠空, 屋舍儼然. 有良田美池桑竹之屬. 阡陌交通, 雞犬相聞. 男女衣著, 悉如外人. 黃髮垂髫, 並怡然自樂. 見漁人, 大驚, 問所從來, 具答之. 便要還家, 爲設酒殺雞作食. 村中人聞有此人, 咸來問訊. 自云先世避秦難, 率妻子邑人至此絕境, 不復出焉. 遂與外隔. 問今是何世, 乃不知有漢, 無論魏晉. 此人一一具言所聞, 皆爲歎惋. 餘人各復延至其家, 皆出酒食. 停數日, 辭去. 此中人語云:「不足爲外人道也.」既出, 得其船, 便扶向路, 處處誌之. 及郡, 乃詣太守說如此. 太守劉歆, 卽遣人隨之往, 尋向所誌, 不復得也.

223. 〈今夕行〉 ·················· 杜子美(杜甫)

오늘 저녁

*〈今夕行〉: 오늘 저녁을 노래함. '오늘 저녁'이란 '섣달 그믐날 밤'이며, 咸陽 宿舍에서 사람들과 '博塞' 노름을 하며 보냈던 일을 노래한 것임. 《詩》唐風 綢繆篇에 "今夕何夕, 見此良人?"이라 함. 蘇武詩에도 "歡娛在今夕"이라 함. 《山堂肆考》(14)에는 제목이 〈博簺爲歡〉으로 되어 있음. 《補注杜詩》에 "天寶五載作. 鶴曰:以咸陽客舍一事無, 當是天寶五載, 自齊趙西歸至咸陽時作"이라 함. 《竹莊詩話》(14)에 "見旅館博戲豪放之快"라 함.

오늘 저녁은 어떤 저녁인가, 한 해가 지나간다네,
밤은 길고 촛불은 밝아 홀로 지낼 수 없도다.
함양咸陽의 객사客舍에는 한 가지도 할 일이 없어,
서로 모여 박새博塞 투전으로 즐거움을 삼고 있네.
남을 이기려고 큰 소리로 오백五白을 외치며,
웃통 벗고 맨발로 하지만 효로梟盧는 만들어지려 하지 않네.
영웅도 때로는 역시 이처럼 놀았을 것이니,
우연히 서로 만나 즐김이 어찌 어찌 좋은 일이 아니겠는가?
그대는 옛날 유의劉毅가 포의布衣 때부터 품었던 소원 비웃지 말게나,
집 안에는 몇 섬의 곡식도 없으면서 노름에 백만 전을 걸었었지.

今夕何夕歲云徂, 更長燭明不可孤
咸陽客舍一事無, 相與博塞爲歡娛
憑陵大叫呼五白, 袒跣不肯成梟盧.
英雄有時亦如此, 邂逅豈卽非良圖?
君莫笑劉毅從來布衣願, 家無儋石輸百萬.

【今夕何夕歲云徂, 更長燭明不可孤】'歲云徂'는 '한 해가 간다고 말함'. '徂'는 '가다'의 뜻. '更長'은 밤이 깊음. '更'은 옛날 밤 시간을 2시간씩 初更부터 五更까지로 나누어 계산하였음. '不可孤'는 외롭게 보낼 수 없음. 세밑답게 놀아야 함. 《杜詩鏡銓》注에 "言不可負此夕也"라 함. 《庚溪詩話》(上)에 "「今夕何夕歲云徂」, 則言歲除夜也;「更長燭明不可孤」, 則言夜永人多守歲不寐, 當有以自遣也"라 함.

【咸陽客舍一事無, 相與博塞爲歡娛】'咸陽'은 지금의 陝西 西安에 있는 咸陽市. 고대 秦나라 도읍이었음. 《杜詩鏡銓》注에 "《唐書》: 咸陽縣屬京兆府"라 함. '博塞'는 '博簺'로도 표기하며 주사위나 윷 가지 등으로 노는 노름의 일종. 投錢의 한 종류. 樗蒲(摴蒱)놀이와 같은 類로 여겨지며 '博五', '聚某' 등 여러 가지로 불림. '塞'(簺)는 '새'(先代切, 蘇代切)로 읽음. 《補注杜詩》에는 "一作賭博"이라 함. 《杜詩鏡銓》注에 "《莊子》: 問穀奚事? 則博塞以遊"라 하였고, 《庚溪詩話》(上)에는 "「咸陽客舍一事無」, 則言旅中少況, 且無幹也;「相與博塞爲歡娛」, 則言爲此猶賢乎己也. 蓋謂窮冬, 佳節旅中, 永夕無事, 方可爲此自遣耳, 他時不可也"라 하여 가을에는 이러한 놀음을 하지 못하도록 금지되어 있었음. 《論語》陽貨篇에 "子曰:「飽食終日, 無所用心, 難矣哉! 不有博弈者乎? 爲之, 猶賢乎已.」"라 함. 《補注杜詩》에 《管子》曰: 秋行五政: 一曰秋禁博塞也"라 함. 《杜詩諺解》에는 '雙陸'으로 풀이하였음. '歡娛'는 신나게 즐김. 《文選》張景陽의 〈詠史詩〉에 "昔在西京時, 朝野多歡娛"라 함.

【憑陵大叫呼五白, 袒跣不肯成梟盧】'憑陵'은 《杜詩鏡銓》, 《補注杜詩》, 《九家集註杜詩》 등 모든 원전에 '馮陵'으로 되어 있으며 注에 "馮, 音憑"이라 함. 기세가 드높은 모습을 뜻함. 즉 남을 이기려드는 기세. 《左傳》襄公 25년에 "介恃楚衆以馮陵我敝邑"이라 함. 《杜詩鏡銓》注에 "仇注: 馮陵, 意氣發揚貌"라 함. '白'은 骰子(骰牌, 주사위나 윷가락)의 흰 부분. 六博에서 骰子는 모두 5개로, 한 면은 검은색에 송아지(犢) 그림, 한 면은 흰색에 꿩(雉) 그림이 그려져 있음. 이를 던져 모두가 검은색이 나오는 것을 '盧'라 하여 가장 높은 점수이며, 四黑一白이 그 다음, 차례로 등급이 내려가되 二白三黑을 '犍'이라 하여 가장 낮은 점수가 된다 함. '呼五白'은 주사위를 던지며 자신이 바라는 다섯 흰 부분이 나와 달라고 소리침. '梟盧'는 疊韻連綿語로 구성된 놀음 용어로 올빼미(梟)와 사냥개(盧, 獹, 《戰國策》에 보이는 韓盧)를 뜻하여 사냥에 성공한 것을 비유함. 《全唐詩》와 《杜詩詳註》'梟盧' 注에 "一作牟"라 하여, '梟牟'로도 불렸음을 알 수 있음. 《杜詩鏡銓》注에 "梟盧, 皆貴采, 晉謝艾曰: 六博得梟者勝. 〈招魂〉: 「成梟而牟, 呼五白些.」 注: 倍勝爲牟. 五白, 博齒也. 師氏曰: 卽今之骰子. 程大昌《演繁露》: 「古惟斲木爲之, 一具凡五子, 故亦名五木. 其

法: 上黑下白, 一子悉爲兩面, 一面塗黑畫犢, 一面塗白畫雉. 凡投子者五皆現黑, 其名盧, 在摴蒱爲最高之采, 其四黑一白, 其采名雉, 比盧降一等, 自此而降, 二白三黑爲犍, 卽爲惡齒.」《御覽》謂:「六博五擲皆犍, 不爲不能是也.」《晉書》劉毅傳:「毅於東堂聚摴蒱大擲, 餘人並黑犢以還, 惟劉裕及毅在後. 毅次擲得雉大喜, 繞牀叫謂同座曰:'非不能盧, 不事此耳.' 裕惡之, 因捼五木久之, 曰:'老兄試爲卿答.' 旣而四子俱黑, 一子轉躍未定, 裕厲聲喝之, 卽成盧.」朱注:按不肯成梟盧, 正用劉毅事, 兼擧六博之梟者. 原本〈楚辭〉語, 以摴蒱本博類也. 昌黎詩「六博在一擲, 梟盧叱廻旋」, 語與此同. 又按'捼'音那, 《說文》:「兩手相切摩也.」함. 《眞寶》注에는 《說文》:梟, 勝也. 盧, 勝之名也」라 함. 《杜詩詳註》에도 《唐國史補》:崔師本好爲古摴蒱, 其法三分:其子三百六十限, 以二關人, 執六馬, 其骰五枚, 上黑下白, 黑者刻二爲犢, 白者刻二爲雉. 擲之全黑爲盧, 二雉三黑爲雉, 二犢三白爲犢, 全白爲白四者, 貴采也」라 함. '袒跣'은 웃통은 벗고 발은 맨발. 《吳越春秋》에 "肉袒徒跣"이라 함.

【英雄有時亦如此, 邂逅豈卽非良圖】英雄은 劉裕, 劉毅, 慕容 등을 가리킴. 이들은 東晉 말 桓玄이 반란을 일으켜 稱帝하자 이에 반대하여 결국 이들을 물리친 뒤 南朝 宋(劉宋)나라를 세운 영웅들임. 이들도 때로는 이러한 놀음을 즐겼을 것임을 말한 것. '邂逅'은 우연히 만남을 뜻하는 雙聲連綿語. '良圖'는 좋은 생각. 좋은 계책. 훌륭한 일. 《補注杜詩》에 "趙曰:如劉裕, 劉毅, 慕容等, 皆一世英雄, 猶如此蒲博, 則今夕邂逅相遇, 未必非良圖. 所謂'良圖', 則毅裕以卜成事, 寶以卜富貴也"라 함.

【君莫笑劉毅從來布衣願, 家無儋石輸百萬】'劉毅'는 南朝 宋나라 때 담이 매우 컸던 인물. 그는 摴蒱놀이에서 한 번에 수백만 전을 걸었다 함. 한편 그는 劉裕, 何無忌 등과 함께 힘을 모아 桓玄의 叛逆을 평정하고 宋 太祖(劉裕)가 宋나라를 건국하는 데 큰 공을 세웠으나 劉裕와 反隙이 벌어져 자결함. 《南史》(1) 宋武帝本紀에 "玄曰:「劉裕足爲一世之雄, 劉毅家無儋石之儲, 摴蒱一擲百萬, 何無忌, 劉牢之之外甥, 酷似其舅, 共擧大事, 何謂無成?」"이라 하였으며, 《晉書》(85) 劉毅傳에 "後於東府聚摴蒱大擲, 一判應至數百萬, 餘人幷黑犢以還, 唯劉裕及毅在後. 毅次擲得雉, 大喜, 襄衣繞床, 叫謂同坐曰:「非不能盧, 不事此耳.」裕惡之, 因捼五木久之, 曰:「老兄試爲卿答.」旣而四子俱黑, 其一子轉躍未定, 裕厲聲喝之, 卽成盧焉. 毅意殊不快, 然素黑, 其面如鐵色焉, 而乃和言曰:「亦知公不能以此見借!」旣出外藩, 雖上流分陝, 而頓失內權, 又頗自嫌事計, 故欲擅其威强, 伺隙圖裕, 以至於敗. ……玄曰:「劉裕勇冠三軍, 當今無敵. 劉毅家無儋石之儲, 樗蒱一擲百萬. 何無忌, 劉

牢之之甥, 酷似其舅. 共擧大事, 何謂無成!」其見憚如此."라 함.《杜詩鏡銓》과《眞
寶》注에《南史》:劉毅, 家無儋石之儲, 樗蒱一擲百萬"이라 함. '儋石'에서 '儋'과
'石'('단'으로 읽음)은 모두 곡물을 세는 度量 單位. '儋'은 擔과 같은 뜻으로 齊人은
작은 독을 儋이라 하며 2斛들이라 함.《漢書》剒通傳「守儋石之祿, 雄傳家無儋石
之儲」의 應劭 注에 "齊人名甖爲儋石, 受米二斛"이라 함. 한편《通雅》算數에《漢
書》:一石爲石, 再石爲儋"이라 하였으며, '擔石'(사람이 메고 갈 만큼의 양)과 같음.
아주 적은 양의 儲穀을 뜻함.《隋書》盧思道傳에 "不營勢利, 家無儋石"이라 하였
으며《漢書》揚雄傳에 "家無儋石之儲"라 함. '輸百萬'의 '輸'는 현대 白話語에서는
'지다, 잃다'의 뜻으로 쓰임.

참고 및 관련 자료

1. 杜子美:杜甫, 杜少陵, 杜工部. 042 참조.

2. 이 시는《九家集注杜詩》(1),《補注杜詩》(1),《集千家註杜工部詩集》(1),《杜詩詳
注》(1),《杜詩鏡銓》(1),《全唐詩》(216),《石倉歷代詩選》(45),《山堂肆考》(14),《淵鑑類
函》(330),《全唐詩錄》(27),《庚溪詩話》(上),《竹莊詩話》(14),《事文類聚》(前集 12, 43),
《說郛》(84上) 등에 실려 있음.

3. 韻脚은 '徂, 孤, 娛, 盧, 圖'. '願, 萬'.

4.《杜詩諺解》初刊本(11)

오늘 나조흔 엇던 나조코 히 디나가ᄂᆞ니
更點이 길오 燭ㅅ브리 블ᄀ니 져ᄇ료미 可티 아니ᄒᆞ도다
咸陽ㅅ 客舍애 ᄒᆞᆫ 일도 업거늘
서르 다ᄆᆞᆺᄒᆞ야 雙陸ᄋᆞ로 歡娛를 ᄒᆞ노라
저리 쓰며 키 울어 五白ᄋᆞᆯ 블로니
옷 메와ᄉᆞ며 발 바사도 이긔유믈 일오디 몯ᄒᆞ리로다
英雄이 쏘 이ᄀᆞ티 홀 삐 잇ᄂᆞ니
오늘 맛니러슈미 엇뎨 곧 됴ᄒᆞᆫ 쐬 아니리오
그듸는 劉毅의 從來로 뵈옷 닙고셔 願ᄒᆞ던 이를 웃디 말라
지븨 儋石이 업서도 百萬금 뎐기더니라

224. 〈君子行〉 ·················· 聶夷中

군자를 노래함

＊《眞寶》注에 "此詩, 言君子擧事, 當防閑於未然之先, 不可以嫌疑自處也"라 함.
＊〈君子行〉: '君子'를 주제로 하여 行體로 읊은 노래. 작자를 聶夷中(837-?)이라 한
  것은 오류임. 원래 〈古樂府〉에 있던 아주 오래된 민간 노래 가사로 작자 미상의
  교훈적 내용으로 전래되던 것이었음. 《藝文類聚》, 《淵鑑類函》, 《曹子建集》 등에
  는 曹子建(曹植)으로 되어 있으나 이 역시 잘못된 것임. 宋 郭茂倩의 《樂府詩
  集》(32) 相和歌辭 平調曲에 실려 있으며, '古辭'로 되어 있음. 《樂府詩集》에는
  "《樂府解題》曰:「古辭云「君子防未然」, 蓋言遠嫌疑也. 又有〈君子有所思行〉, 辭旨與
  此不同"이라 하였고, 注에 "〈君子行〉, 此首無作者名, 《文選》卷二七作〈古辭〉, 《藝
  文》卷一三作曹植, 又見《曹子建集》卷六, 無「嫂叔不親授」四句, 注稱「古樂府作古辭」,
  「冠」字下有四句'云云. 恐編者有誤, 故附此.「後世」,《曹子建集》作「後人」."이라 하여
  曹子建(曹植)이라 알려진 것조차 오류임. 그럼에도 明 陸時雍(編)의 《古詩鏡》注
  에는 "風骨稜厲, 斷非漢語, 其爲子建作無疑也.「瓜田不納履, 李下不正冠.」此閱
  世名語"라 하여 曹植의 작품이라 강변하고 있음.

군자는 미연에 방지해야 하는 것이니,
혐의 받을 곳에 처하지 않는다네.
외밭에서는 신발을 신으려고 숙이지 않으며,
오얏나무 아래에서는 관을 바로잡으려 하지 않아야 하는 것.
형수와 시동생 사이엔 직접 물건 주고받지 아니하며,
어른과 아이는 어깨를 나란히 하고 걷지 않는다네.
겸손하겠노라 힘쓰면 권세를 얻게 되는 것이니,
자신의 재능을 감추기는 매우 어렵다네.
주공周公은 초가집 선비에게 몸을 낮추어 찾아다녔고,
먹던 밥도 뱉어놓고 나가느라 식사도 제때에 하지 못하였다네.

한 번 머리 감는 사이 세 번이나 머리 쥔 채 나가 손님 만났으니,
그래서 후세에 그를 성현이라 칭하게 되었던 것이지.

君子防未然, 不處嫌疑間.
瓜田不納履, 李下不正冠.
嫂叔不親授, 長幼不比肩.
勞謙得其柄, 和光甚獨難.
周公下白屋, 吐哺不及餐.
一沐三握髮, 後世稱聖賢.

【君子防未然, 不處嫌疑間】'未然'은 아직 그러한 일이 발생하기 전. '嫌疑'는 의심
을 받음.
【瓜田不納履, 李下不正冠】'瓜田'은 '苽田'과 같음. 외밭. '納履'는 '신을 들여놓다'의
뜻으로도 보고 있으나, '納'은 '著'(착)의 뜻으로 '신발 끈을 매다, 신을 신으려 몸
을 숙이다' 등으로도 해석함이 타당함. 《禮記》曲禮(上)에 "鄉長者而履; 跪而遷
履, 俯而納履"라 함. 따라서 '履'는 '屨'(구)의 誤記로 보기도 함. 《說郛》(6下)와 《兼
明書》(4)에 "古詩云「君子防未然, 不處嫌疑間. 瓜田不納履, 李下不整冠」, 明曰'履'
當爲'屨'字之誤也. 文章之體, 不應兩句之內, 二字同音. 又諸經傳無'納履'之語, 按
〈曲禮〉曰「俯而納屨」, 義曰:「俯, 低頭也. 納, 猶著也. 低頭著屨, 則似取瓜, 故爲人
所疑也.」履且無帶著, 時不必低頭, 故知'履'當爲'屨', 傳寫寫誤也"라 함. 《文選》注
에는 "翰曰: 納, 取也; 取履疑盜瓜. 正冠, 疑盜李也"라 함. 한편 이 구절은 《明心
寶鑑》에는 "瓜田勿躡履, 李下不整冠"으로 되어 있으며, 《列女傳》(齊威王虞姬篇)에
는 "經瓜田不納履, 過李下不整冠"으로 되어 있음. '李'는 오얏. 과일의 일종이며
지금의 자두. '正冠'은 많은 기록에 '整冠'으로 되어 있음. '正'은 '바르게 하다', '整'
은 '고치다, 수정하다'의 뜻.
【嫂叔不親授, 長幼不比肩】'嫂叔'은 형수와 시동생. 《禮記》曲禮(上)에 "男女不雜坐.
不同椸枷, 不同巾櫛, 不親授. 嫂叔不通問, 諸母不漱裳"이라 하였고, 〈內則〉에는
"男不言內, 女不言外; 非祭非喪, 不相授器"라 한 말을 원용한 것. '授'는 《文選》注
에 "授, 傳物也"라 함. 한편 《孟子》離婁(上)에 "淳于髡曰:「男女授受不親, 禮與?」

孟子曰:「禮也.」曰:「嫂溺則援之以手乎?」曰:「嫂溺不援, 是豺狼也. 男女授受不親, 禮也; 嫂溺援之以手者, 權也.」曰:「今天下溺矣, 夫子之不援, 何也?」曰:「天下溺, 援之以道; 嫂溺, 援之以手. 子欲手援天下乎?」라 함. '比肩'은 어깨를 나란히 함. 대등한 지위인 것처럼 여겨 함께 걷는 것.《禮記》曲禮(上)에 "年長以倍則父事之, 十年以長則兄事之, 五年以長則肩隨之, 羣居五人, 則長者必異席"이라 함.

【勞謙得其柄, 和光甚獨難】'勞謙'은 겸손하려 힘씀.《易》謙卦에 "九三, 勞謙君子, 有終, 吉. 象曰:「勞謙君子」, 萬民服也."라 함. '柄'은 권세. 근본. 물건의 자루. 중요한 지위.《易》繫辭傳(下)에 "謙, 德之柄也. 復, 德之本也. 恆, 德之固也. 損, 德之脩也. 益, 德之裕也. 困, 德之辨也. 井, 德之地也. 巽, 德之制也"라 함. '和光'은 才智를 밖으로 드러내지 않음. '和光同塵'을 말함.《老子》(4)에 "挫其銳, 解其紛, 和其光, 同其塵, 湛兮似或存"이라 함.

【周公下白屋, 吐哺不及餐】'周公'은 周公(姬旦). 周 文王(姬昌)의 아들이며 武王(姬發)의 아우. 어린 조카 成王(姬誦)을 보좌하여 周나라 文物制度를 이룩한 사람으로 聖人으로 추앙함. '白屋'은 草家, 茅屋, 草屋. 일반 서민들이 사는 집. '下白屋'은 周公이 白屋의 선비에게도 자신의 몸을 낮추어 직접 찾아다녔음을 말함.《文選》注에 "白屋, 草屋, 庶人居也"라 함. '吐哺'는 먹던 밥을 뱉음. 한 끼 식사 중에도 찾아온 손님을 만나기 위해 먹던 밥을 세 번이나 먹던 것을 뱉고 나서서 만나 줌. 이는 周公의 封地가 魯 땅이었으나 成王을 보좌하느라 자신이 직접 가지 못하게 되어 대신 아들 伯禽을 보내면서 일러준 말.《史記》魯周公世家에 "於是卒相成王, 而使其子伯禽代就封於魯. 周公戒伯禽曰:「我文王之子, 武王之弟, 成王之叔父, 我於天下亦不賤矣. 然我一沐三捉髮, 一飯三吐哺, 起以待士, 猶恐失天下之賢人. 子之魯, 愼無以國驕人.」"라 함. 이 고사는《荀子》(堯問篇),《尙書大傳》(梓材),《說苑》(敬愼),《十八史略》(1),《韓詩外傳》(3) 등에 아주 널리 실려 있으며 '哺吐握髮'의 成語가 됨. 한편《韓詩外傳》에는 "周公踐天子之位, 七年, 布衣之士所贄而師者十人, 所友見者十二人, 窮巷白屋先見者四十九人, 時進善百人, 敎士千人, 宮朝者萬人. 成王封伯禽於魯, 周公誡之曰:「往矣! 子無以魯國驕士. 吾, 文王之子, 武王之弟, 成王之叔父也, 又相天下, 吾於天下, 亦不輕矣. 然一沐三握髮, 一飯三吐哺, 猶恐失天下之士. 吾聞德行寬裕, 守之以恭者榮; 土地廣大, 守之以儉者安; 祿位尊盛, 守之以卑者貴; 人衆兵强, 守之以畏者勝; 聰明睿智, 守之以愚者善; 博聞强記, 守之以淺者智. 夫此六者, 皆謙德也. 夫貴爲天子, 富有四海, 由此德也; 不謙而失天下, 亡其身者, 桀紂是也; 可不愼歟? 故易有一道, 大足以守天下, 中足以守

其國家, 近足以守其身, 謙之謂也. 夫天道虧盈而益謙, 地道變盈而流謙, 鬼神害盈而福謙, 人道惡盈而好謙. 是以衣成則必缺袥, 宮成則必缺隅, 屋成則必加拙, 示不成者, 天道然也.《易》曰:『謙, 亨, 君子有終, 吉.』《詩》曰:『湯降不遲, 聖敬日躋!』誠之哉! 其無以魯國驕士也.」이라 함.

【一沐三握髮, 後世稱聖賢】'一沐三握髮'은 찾아온 손님을 놓치지 않으려고 감던 머리를 세 번이나 움켜쥐고 나감. 위의 구절 注를 볼 것. '握髮'은 혹 捉髮로도 표기함. '後世'는《藝文類聚》등에는 '後人'으로 되어 있음. '聖賢'은《博物志》에(6) 文籍考에 "聖人制作曰經, 賢者著述曰傳, 曰章句, 曰解, 曰論, 曰讀, 鄭玄注《毛詩》曰箋, 不解此意"라 하여, 聖人과 賢人을 구별하였으며, 儒家에서는 흔히 堯, 舜, 禹, 湯, 文, 武, 周公, 孔子를 八大聖人으로 추앙함.

참고 및 관련 자료

1. 聶夷中, 坦之. 028 참조.

2. 이 시는《樂府詩集》(32),《藝文類聚》(41),《文選》(27),《詩紀》(13),《曹子建集》(6),《太平御覽》(697, 968, 978),《事文類聚》(後集 25),《淵鑑類函》(282),《古樂紀》(16, 23),《古今詩刪》(2, 4),《古樂苑》(16),《古詩鏡》(5),《竹莊詩話》(2) 등에 실려 있음.

3. 韻脚은 '然, 間, 冠, 肩, 難, 餐, 賢'.

4. 張載의〈君子行〉(《張子全書》13)

君子防未然, 見幾天地先. 開物象未形, 弭災憂患前. 公旦立無方, 不恤流言喧. 將聖見亂人, 天厭懲孤偏. 竊攘豈予思, 瓜李安足論?

5. 來羅〈女兒子〉(《樂府詩集》49)

來羅,《古今樂錄》曰:「來羅, 倚歌也.」鬱金黃花標, 下有同心草. 草生日已長, 人生日就老. 君子防未然, 莫近嫌疑邊. 瓜田不躡履, 李下不正冠. 故人何怨新? 切少必求多. 此事何足道? 聽我歌來羅. 白頭不忍死, 心愁皆放然. 游戲泰始世, 一日當千年.

225. 〈汾陰行〉 ·················· 李嶠
분음의 노래

* 《眞寶》注에 "唐李嶠借漢武帝汾陰之祠, 以諷明皇幸蜀之事, 盛衰固不同也. 明皇在蜀聞歌此詞, 問之, 知爲嶠所作, 感之泣下"라 함.

* 〈汾陰行〉: 汾陰을 노래함. 汾陰은 山西 榮河縣 북쪽에 있던 縣 이름으로 山西를 세로로 흐르는 汾水의 북쪽에 있어 얻어진 지명. 漢 元鼎 4년(B.C. 113)에 이 汾陰에서 寶鼎이 발견되자 武帝가 직접 찾아가 后土祠를 세우고 제사를 지냈었음. 《史記》武帝紀와 《漢書》郊祀志(上)에 "其明年冬, 天子郊雍, 議曰:「今上帝朕親郊, 而后土母祀, 則禮不答也.」 有司與太史公, 祠官寬舒等議:「天地牲角繭栗. 今陛下親祀后土, 后土宜於澤中圜丘爲五壇, 壇一黃犢太牢具, 已祠盡瘞, 而從祠衣上黃.」 於是天子遂東, 始立后土祠汾陰脽上, 如寬舒等議."라 함. 이 시는 《唐才子傳》과 《全唐詩》注에 "《明皇傳信記》云: 上將幸蜀, 登花蕚樓, 使樓前善水調者, 登而歌. 至,「山川滿目」云云, 上顧侍者曰:「誰爲此?」 曰:「宰相李嶠詞也.」 因凄然涕下, 遽起曰:「嶠眞才子也.」 不待曲終而去"라 하여, 玄宗은 安祿山의 난을 피해 蜀으로 피난을 떠나면서 花蕚樓에 올라 노래를 들었더니 그 가사가 이 시의 일부였는데 작자를 묻자 재상 李嶠라 하자, '才子'라고 감탄하면서 다 듣지 않고 즉시 떠났다 함. 그러나 《唐詩紀事》에는 "天寶末, 明皇乘春登勤政樓, 命梨園弟子歌數関, 有唱歌至,「富貴榮華能幾時」以下四句, 帝春秋衰邁, 問:「誰詩?」 或對:「李嶠.」 因凄然涕下, 遽起曰:「嶠, 眞才子也.」 及其年幸蜀, 登白衛嶺, 覽眺良久, 又歌是詞, 復曰:「嶠, 誠才子也.」 高力士以下揮涕久之. 嶠有三戾, 性好榮遷, 憎人陞進; 性好文章, 憎人才華; 性貪濁憎人受賂"라 하여 勤政樓에서 梨園弟子가 불렀던 노래라 하였음.

그대는 보지 못했는가, 옛날 서한西漢의 전성시대를?
분음汾陰에서 후토后土의 사당에 친히 제사를 올렸었지.
재궁齋宮에서 숙박을 하고 제사 음식 만들어 바치면서,
종을 치고 북을 울리며 깃으로 장식한 깃대를 세웠지.

한漢나라 왕실 4대代는 재능도 있었고 영걸스러웠으니,
온갖 신령들을 맞아들였고 모든 이민족들이 복종해 왔지.
백량대栢梁臺에서 시를 읊으며 성대한 잔치를 끝내고는,
조서詔書를 내려 법가法駕를 타고 하동河東으로 행하셨네.
하동태수河東太守는 친히 나서서 주변을 깨끗이 청소한 다음,
지존至尊을 받들어 마중하고 수레를 인도하였지.
오영五營의 장교들 나열하여 의장과 호위를 담당하였고,
삼하三河 지방에서는 나와 실컷 구경하느라 마을이 텅 비었다네.
천자는 정문旌門으로 돌아와 강령장降靈場에 자리를 잡고,
향 피우고 맑은 술 올리며 온갖 상서로움을 맞이했다네.
금솥 열어 음식 꺼내니 곧바로 휘황한 빛이 났고,
신령께서도 번쩍번쩍 상서로운 빛을 발산하셨네.
옥을 땅에 묻고 제물 늘어놓고 신령께 제례 의식 끝내고는,
지휘 깃발 들어올리자 말 몰아 수레 타고 나서셨네.
저 분수汾水의 물굽이는 놀이하기 아주 좋은 곳,
목란木蘭으로 만든 노에 계수나무로 만든 배 타고서,
도가櫂歌 가늘게 읊조리며 채색으로 장식한 배를 띄우니,
퉁소와 북소리 애잔하게 울리고 흰 구름만 떠가는 가을이었지.
환오歡娛 속에 잔치 무르익자 제후들에게 상을 내리시고,
집집마다 부역을 면제하고 가호마다 쇠고기와 술을 내리셨네.
그 명성 밝게 드러나 하늘을 감동시키고 신령까지 즐겁게 해드리니,
천추만세를 두고 남산처럼 장수하시길 축원했었지.
그런데 지금 당唐나라 천자께서 진관秦關을 향해 떠나고 나서,
천자의 옥연玉輦과 금거金車는 다시 돌아오지 못하였네.
주렴珠簾과 우장羽帳은 오래도록 적막함에 묻혀 있으니,
정호鼎湖의 용 수염을 어찌 붙잡고 매달릴 수 있겠는가?
천년 두고 공들인 인간사人間事 하루아침에 공空이 되니,

사해四海를 한 집안으로 만들려던 이 길도 궁해지고 말았네.
영웅과 호걸들의 그 의기는 지금은 어디에 있는가?
제단과 궁원宮苑은 모두가 쑥대밭이 되고 말았네.
길에서 만난 나이 많은 노인들 길게 한숨을 짓노니,
세상사란 돌고 돌아 예측할 수 없는 것이라네.
옛날에는 청루靑樓에서 노래하고 춤추는 일 마주하였었는데,
오늘은 누런 먼지 형극荊棘에 모여드네.
눈에 가득한 산천의 모습에 눈물이 옷을 적시니,
부귀영화라는 것이 능히 그 몇 날이나 되겠는가?
보지 못하는가, 지금 다만 이 분수 가에는,
오직 해마다 가을 기러기만 날고 있음을?

君不見昔日西京全盛時? 汾陰后土親祭祠.
齋宮宿寢設齋供, 撞鍾鳴鼓樹羽旗.
漢家四葉才且雄, 賓延萬靈服九戎.
栢梁賦時高宴罷, 詔書法駕幸河東.
河東太守親掃除, 奉迎至尊導鑾輿.
五營將校列容衛, 三河縱觀空里閭.
回旌駐蹕降靈場, 焚香奠醑徼百祥.
金鼎發食正焜煌, 靈祇煒燁擴景光.
埋玉陳牲禮神畢, 擧麾上馬乘輿出.
彼汾之曲嘉可遊, 木蘭爲檝桂爲舟.
櫂歌微吟彩鷁浮, 簫鼓哀鳴白雲秋.
歡娛宴洽賜羣后, 家家復除戶牛酒.
聲明動天樂無有, 天秋萬歲南山壽.
自從天子向秦關, 玉輦金車不復還.
珠簾羽帳長寂寞, 鼎湖龍髯安可攀.

千齡人事一朝空, 四海爲家此路窮.
雄豪意氣今何在? 壇場宮苑盡蒿蓬.
路逢古老長太息, 世事回環不可測.
昔時靑樓對歌舞, 今日黃埃聚荊棘.
山川滿目淚沾衣, 富貴榮華能幾時?
不見只今汾水上, 惟有年年秋鴈飛?

【君不見昔日西京全盛時? 汾陰后土親祭祠】‘西京’은 長安. 여기서는 西漢 시대를 가리킴. 《眞寶》注에 “西京, 漢長安也”라 함. ‘后土’는 땅의 신. 大地의 신. 《國語》 魯語(上)에 “共公氏之伯九有也, 其子曰后土, 能平九土, 故祀以爲社”라 하였고, 《左傳》僖公 15년에 “晉大夫稽首曰:「君履后土而戴皇天.」”이라 하였으며, 文公 18년에는 “舜臣堯, 擧八愷, 使主后土, 以揆百事, 莫不時序, 地平天成”이라 하였고, 杜預 注에는 “后土, 地官. 禹作司空, 平水土, 卽主地之官”이라 함.

【齋宮宿寢設齋供, 撞鍾鳴皷樹羽旗】‘齋宮’은 천자가 齋戒하는 궁전. ‘齋供’은 재계에 사용할 祭需를 마련해 올림. 그러나 《全唐詩》와 《文苑英華》에는 ‘儲供’으로 되어 있고, 《唐文粹》와 《樂府詩集》에는 ‘廚供’으로 되어 있음. ‘樹羽旗’는 새의 깃을 꽂은 旗를 세움. ‘羽旗’는 五色의 새 깃털을 꽂은 깃발. 《全唐詩》에는 ‘羽旂’로 되어 있음.

【漢家四葉才且雄, 賓延萬靈服九戎】‘漢家四葉’은 漢 王室의 四代. 高祖, 惠帝, 文帝, 景帝, 武帝까지를 말함. 다섯 황제이지만 惠帝(劉盈, 呂后所生)와 文帝(劉恒, 薄后所生)는 둘 모두 高祖(劉邦)의 아들이므로 4대가 됨. 그러나 《全唐詩》에는 ‘五葉’으로 되어 있고 注에 “一作四世”라 하였으며, 《樂府詩集》에는 ‘五世’로 되어 있음. 《眞寶》注에 “四葉, 四世也. 自漢高帝至武帝四世”라 함. ‘賓延萬靈’은 모든 신령을 손님처럼 모심. ‘服’은 복종시킴. 그러나 《全唐詩》에는 朝로 되어 있음. ‘九戎’은 중국 주위의 모든 이민족들. 東夷, 西戎, 北狄, 南蠻을 가리킴.

【栢梁賦時高宴罷, 詔書法駕幸河東】‘栢梁賦詩’는 栢梁臺(柏梁臺)에서 시를 읊음. 漢 武帝는 元封 3년(B.C. 108), 栢梁臺를 짓고 여러 신하들을 모아 잔치를 벌이면서 모두에게 시를 읊도록 하였음. 한편 《史記》武帝本紀에 “十一月乙酉, 柏梁災. 十二月甲午朔, 上親禪高里, 祠后土”라 하여, 뒤에 화재가 나서 불에 탐. ‘高宴’은 성대한 잔치. ‘法駕’는 천자의 수레.

【河東太守親掃除, 奉迎至尊導鑾輿】'河東'은 山西省 경내의 黃河 동쪽 지역으로
汾陰이 있던 곳. '鑾輿'는 천자의 수레.

【五營將校列容衛, 三河縱觀空里閭】'五營將校'는 여러 軍營의 將校들. 長水, 步兵,
射聲, 屯騎, 越騎 등 五營의 將校들. 그러나 《全唐詩》와 《文苑英華》에는 '夾道'로
되어 있음. '列容衛'는 줄을 서서 儀容과 護衛를 담당함. '三河'는 漢代에 河東, 河
內, 河南의 三郡을 이르던 말. '空里閭'는 모두가 구경하러 나서느라 마을이 텅 빔.

【回旌駐蹕降靈場, 焚香奠醑徼百祥】'回旌'은 旌門으로 돌아옴. '旌門'은 천자가 밖
에 나가 제사를 지내거나 임시로 거처할 때 장막을 쳐 궁전을 삼고, 깃대를 세워
만들어 놓은 문. 《唐文粹》에는 '回旗'로 되어 있음. '駐蹕'은 천자가 머무는 것.
'靈場'은 신령이 내려와 임하는 장소. 여기서는 后土祠를 가리킴. '奠醑'는 좋은
술을 올림. '徼百祥'은 온갖 상서로움을 祈求하여 요청함. '徼'는 다른 원문에 모
두 '邀'로 되어 있음. 한편 '焚香奠醑徼百祥'는 《文苑英華》에는 '懷椒奠柱邀百祥'
으로 되어 있으며, 注에 '一作「焚香奠醑邀百祥'이라 함.

【金鼎發食正焜煌, 靈祇煒燁攄景光】'發食'은 음식을 꺼내어 祭需로 차려 올림. 그
러나 《全唐詩》와 《文苑英華》에는 '發色'으로 되어 있음. '焜煌'은 빛이 번쩍이며
환한 상태를 표현하는 雙聲連綿語. '靈祇煒燁'은 神靈 后土가 빛을 발함. '煒燁'
역시 雙聲連綿語. '攄景光'은 상서로운 빛을 펴서 발산함. 《文苑英華》에는 '攄'가
'摛'로 되어 있으며, 注에 "一作慮"라 함. 《漢書》 郊祀志(上)에는 "其明年, 天子郊雍,
曰:「今上帝朕親郊, 而后土無祀, 則禮不答也.」 有司與太史令談, 祠官寬舒議:「天地
牲角繭栗. 今陛下親祠后土, 后土宜於澤中圜丘爲五壇, 壇一黃犢牢具, 已祠盡瘞.
而從祠衣上黃.」 於是天子東幸汾陰. 汾陰男子公孫滂洋等見汾旁有光如絳, 上遂立
后土祠於汾陰脽上, 如寬舒等議. 上親望拜, 如上帝禮"라 하여 武帝가 汾陰에 갔
을 때, 公孫滂洋 등이 汾水 가에 붉은 비단 같은 빛을 보았다 하여, 그곳에 后土
祠를 세웠다 하였음.

【埋玉陳牲禮神畢, 擧麾上馬乘輿出】'埋玉'은 옥을 땅에 묻어 后土에게 제물로 바
치는 행사. 《山海經》에 의하면 산천에 제사를 올릴 때 흔히 옥을 땅에 묻고 시
작함. '麾'는 지휘할 때 쓰는 깃발.

【彼汾之曲嘉可遊, 木蘭爲橃桂爲舟】'嘉可遊'는 매우 놀기에 좋음. '橃'은 배의 노.
《全唐詩》와 《樂府詩集》에는 '楫'으로 되어 있음.

【櫂歌微吟彩鷁浮, 簫皷哀鳴白雲秋】'櫂歌'는 《文苑英華》에는 '棹歌'로 되어 있음.
뱃노래로 옛 晉나라 때 樂府 瑟調 곡의 하나. 《樂府詩集》(40)에 실려 있으며 《樂

府解題》에 "晉樂, 奏魏明帝辭云「王者布大化」, 備言平吳之勳"이라 하여, 魏 明帝가 吳나라를 평정했던 功勳을 노래한 내용이라 함. '彩鷁'은 채색으로 장식한 배. '鷁'은 白鷺 비슷한 큰 물새. 고대 '鷁'이라는 새는 바람의 방향을 알뿐더러 물속의 괴물이 무서워한다고 여겨 이를 조각하거나 그림으로 그려 뱃머리에 붙였음. 뒤에 배를 뜻하는 말로 쓰임.《淮南子》本經訓에 "龍舟鷁首, 浮吹以娛"라 함.《眞寶》注에는 "彩鷁, 舟也"라 함. 한편 '彩'는 다른 원문에는 모두 '綵'로 되어 있음.

【歡娛宴洽賜羣后, 家家復除戶牛酒】'宴洽'은 잔치가 흡족할 정도로 무르익음. '賜羣后'는 제후들에게 恩賜를 내림. '復除'의 '復'은 賦稅를 감면해주는 것. '除'는 徭役을 면제해 주는 것. '戶牛酒'는 家戶別로 牛酒를 내림. '牛酒'는 쇠고기와 술. 천자의 下賜品을 대신하는 말.《史記》文帝本紀에 "朕初卽位, 其赦天下, 賜民爵一級, 女子百戶牛酒, 酺五日"이라 함. 이 두 구절은《文苑英華》에는 "觀娛宴賜洽群后, 家賜復除戶牛酒"로 되어 있음.

【聲明動天樂無有, 天秋萬歲南山壽】'聲明動天'은 聲譽가 밝게 하늘을 움직임. 천자의 명성이 하늘을 감동시킴. 그러나《文苑英華》에는 '聲明'이 '聲鳴'으로 되어 있음. '無有'는 존재가 없는 것. 여기서는 后土 神을 가리킴. 따라서 '樂無有'는 神靈 后土를 즐겁게 해드림을 뜻함. '南山壽'는 長壽를 뜻함.《詩》小雅 天保篇에 "如月之恆, 如日之升. 如南山之壽, 不騫不崩. 如松柏之茂, 無不爾或承"이라 하였고, 중국 속담에 "壯如松柏, 壽比南山"이라 함.《眞寶》注에 "此已上說漢事"라 함.

【自從天子向秦關, 玉輦金車不復還】'秦關'은 秦나라 關門. 여기서는 唐 玄宗이 安祿山의 난을 피해 蜀으로 蒙塵 나갈 때 나갔던 關門을 말함. '玉輦金車'는 천자의 수레.《眞寶》注에 "此已下說唐"이라 함.

【珠簾羽帳長寂寞, 鼎湖龍髥安可攀】'羽帳'은《全唐詩》에는 '羽扇'으로 되어 있고, 注에 "一作帳, 一作蓋"라 함. '鼎湖龍髥'은 옛날 黃帝가 鼎湖에서 용을 타고 승천하자 신하들이 용의 수염을 잡고 따라 올라갔으나 모두 떨어졌다 함.《史記》武帝本紀에 "黃帝采首山銅, 鑄鼎於荊山下. 鼎旣成, 有龍垂胡髥下迎黃帝. 黃帝上騎, 群臣後宮從上龍七十餘人, 龍乃上去. 餘小臣不得上, 乃悉持龍髥, 龍髥拔, 墮黃帝之弓. 百姓仰望黃帝旣上天, 乃抱其弓與龍胡髥號. 故後世因名其處曰鼎湖, 其弓曰烏號."라 하였고,《十八史略》(1)에도 "黃帝采銅鑄鼎, 鼎成, 有龍垂胡髥下迎. 帝騎龍上天, 羣臣後宮從者七十餘人, 小臣不得上, 悉持龍髥, 髥拔, 墮弓, 抱其弓而號. 後世名其處曰鼎湖; 其弓曰烏號"라 함. 여기서 용의 수염은 권력이 추락하여 上皇이 된 玄宗을 가리킴.《眞寶》注에 "昔黃帝於鼎湖跨龍升天, 小臣持龍髥而上者

皆墮"라 함. '安可'은 《全唐詩》注에는 "一作何處"라 하였고, 《文苑英華》에는 '何處'로 되어 있으며, 注에 "一作安可"라 함.

【千齡人事一朝空, 四海爲家此路窮】'千齡人事'는 천년 두고 해온 인간사. '千齡'은 《文苑英華》에는 '千年'으로 되어 있고, 注에 "一作千齡"이라 함. 여기서는 千年 社稷의 唐나라를 말함. '四海爲家'는 온 세계를 집안으로 삼음. 《史記》 高祖本紀에 "蕭何曰:「天下方未定, 故可因遂就宮室. 且夫天子四海爲家, 非壯麗無以重威, 且無令後世有以加也.」高祖乃說"이라 함.

【雄豪意氣今何在? 壇場宮苑盡蒿蓬】'雄豪'는 《全唐詩》에는 '豪雄'으로 되어 있음. '壇場'은 壇을 쌓아 만든 제단. '宮苑'의 '苑'은 《全唐詩》와 《樂府詩集》에는 '館'으로 되어 있고, "一作觀"이라 하였으며, 《文苑英華》에는 '宮觀'(一作舘)이라 함. 《唐文粹》에도 '宮舘'으로 되어 있음. '蒿蓬'는 쑥. 쑥대가 우거진 것. 衰落과 無常을 의미하는 말로 쓰임.

【路逢古老長太息, 世事回環不可測】'路逢'은 《文苑英華》에는 '道邊'으로 되어 있으며, 注에 "一作路逢"이라 함. '古老'는 《全唐詩》에는 '故老'로 되어 있으며, 注에 "一作古老"라 함. '太息'은 《全唐詩》, 《文苑英華》, 《唐文粹》, 《樂府詩集》 모두 '歎息'(嘆息)으로 되어 있음. '回環'은 둥근 고리가 돌고 돌 듯함. '環'은 《全唐詩》 注에 "一作還"이라 함. '不可測'은 《文苑英華》에는 '不可識'이라 하였고, 注에 "一作測"이라 함.

【昔時靑樓對歌舞, 今日黃埃聚荊棘】'靑樓'는 妓樓. 기생집. '黃埃'는 누런 먼지. 白居易 〈長恨歌〉에 "黃埃散漫風蕭索, 雲棧縈紆登劒閣. 峨嵋山下少人行, 旌旗無光日色薄"이라 함. '荊棘'은 가시나무. 곤경에 빠져 있는 상황을 말함.

【山川滿目淚沾衣, 富貴榮華能幾時】'滿目'은 눈에 가득함. '沾衣'는 《文苑英華》에는 霑衣로 되어 있음. '能幾時'는 '그 몇 시일이나 되는가?'의 뜻.

【不見只今汾水上, 惟有年年秋鴈飛】'只'는 《全唐詩》에는 '秪'(一作卽)로, 《文苑英華》에는 '卽'(一作只)으로 되어 있음. '鴈'은 雁과 같음. 가을 기러기나 날아다니는 쓸쓸함을 뜻함.

참고 및 관련 자료

1. 이교(李嶠. 644~712)

　唐代 시인. 자는 巨山. 趙州 贊皇(지금의 河北 臨城縣) 사람. 당 太宗 貞觀 18년에 태어나 玄宗 開元 원년에 생을 마침. 향년 70세. 어릴 때 才名이 있었으며 高宗 麟

德 연간에 進士에 올라 高宗, 武后, 中宗, 玄宗 4朝를 섬겼음. 蘇味道와 이름을 함께 하여 '蘇李'라 불렸으며 그 외 崔融, 杜審言과 함께 당시 '文章四友'로 불리기도 함. 明代 집일한《李嶠集》이 있으며《全唐詩》에 시 5권이 수록되어 있음.《新, 舊唐書》에 傳이 있음.

2. 이 시는《全唐詩》(57),《唐文粹》(14 下),《唐詩鏡》(4),《石倉歷代詩選》(23),《樂府詩集》(93),《全唐詩錄》(3),《唐詩品彙》(25),《文苑英華》(348),《唐詩紀事》(10),《搜玉小集》,《山西通志》(59, 222) 등에 실려 있음.

3. 韻脚은 '時, 祠, 旗'. '雄, 戎, 東'. '除, 輿, 閭'. '場, 祥, 光'. '畢, 出'. '遊, 舟, 秋, 酒, 壽'. '關, 還, 攀'. '空, 窮, 蓬'. '測, 棘'. '衣, 時, 飛'.

4.《唐才子傳》(1) 李嶠

嶠, 字巨山, 趙州人. 十五通五經, 二十擢進士, 累遷爲監察御史. 武后時, 同鳳閣鸞臺平章事. 後因罪貶廬州別駕. 卒. 嶠富才思, 有所屬綴, 人輒傳諷. 明皇將幸蜀, 登花蕚樓, 使樓前善〈水調〉者奏歌, 歌曰:「山川滿目淚霑衣, 富貴榮華能幾時? 不見只今汾水上, 惟有年年秋鴈飛.」帝慘愴移時, 顧侍者曰:「誰爲此?」對曰:「故宰相李嶠之詞也.」帝曰:「眞才子!」不待終曲而去. 嶠前與王勃, 楊烱接, 中與崔融, 蘇味道齊名, 晩諸人沒, 爲文章宿老, 學者取法焉. 今集五十卷,《雜詠詩》十二卷,〈單題詩〉一百二十首, 張方爲註, 傳於世.

《古文眞寶》[前集] 卷十二

음류吟類

    '吟'은 詩體의 일종. 明 徐師曾의 《文體明辨》에 "吁嗟慨歌, 悲憂深思, 以呻其鬱者曰吟"이라 하였고, 《文選》〈會吟行〉의 注에는 "吟, 猶詠也"라 함. 한편 《詩人玉屑》(1)에는 "《白石詩說》: 「守法度曰詩, 載始末曰引, 放情曰歌, 悲如蛩蟹曰吟"이라 함.

226. 〈古長城吟〉 ·················· 王翰

옛 장성을 읊음

*〈古長城吟〉: 옛 長城을 읊음.《樂府詩集》,《唐詩品彙》,《古今詩刪》,《石倉歷代詩選》,《全唐詩》등에는 제목이 〈飲馬長城窟行〉으로 되어 있음. 長城을 쌓아 백성들을 도탄에 빠뜨렸던 秦始皇의 폭정을 노래한 것. '長城'은《史記》秦始皇本紀에 "始皇三十四年, 適治獄吏不直者築長城及南越地"라 하였고, 〈蒙恬列傳〉에는 "始皇二十六年爲秦將, 秦已幷天下, 乃使蒙恬將三十萬衆, 北逐戎狄, 收河南逐長城, 因地形用險制塞, 起臨洮至遼東, 延袤萬餘里. 於是渡河據陽山, 逶蛇而北, 暴師於外十餘年"이라 함. 한편《大明一統志》에는 "臨洮府長城, 在府城北.《史記》秦始皇遣蒙恬發兵三十萬北築長城起自臨洮, 卽此"라 함.

장안長安의 젊은이들 원대한 계획도 없으면서,
일생 동안 그저 집금오執金吾만 부러워하였지.
그러다가 기린전麒麟殿 앞에서 천자께 절하고,
말 달려 임금 위해 서쪽으로 흉노匈奴를 치러 나섰다네.
흉노 땅 사막에 휙휙 모래 바람 사람 얼굴에 불어오니,
한漢나라 군사와 흉노 군사 서로 만나도 보이지 않을 지경,
멀리서 종소리 북소리 땅을 울리며 들려오니,
듣기로 흉노 선우單于는 밤에도 싸우러 덤빈다고들 하네.
이 때 임금의 은혜만을 생각하지 어찌 제 몸 돌보겠는가?
임금 위해 한 번 달려 나가 만 명의 적을 꺾었다네.
장사가 창을 휘두르자 밝은 해도 되돌아올 정도이니,
선우는 피를 뿌려 죽으며 천자의 붉은 수레바퀴를 더럽혔네.
돌아오다 장성長城 동굴에서 말에게 물 먹이는데,
그 장성 길가에는 수많은 백골들.

어느 때 사람 뼈인가 노인에게 물었더니,

진시황秦始皇이 장성 쌓을 때 병사들의 뼈라 말하네.

황혼의 변방 북쪽에는 밥 짓는 연기의 인적도 보이지 않고,

귀신들 웅얼웅얼 우는 소리만 하늘에 들끓고 있네.

죄 없이 죽음만 당하고 공로 있어도 상은 받지 못한 채,

외로운 혼은 이 장성 가에 유랑하다 떨어져 있다네.

옛날에 진시황이 칼자루만 어루만지며 일어서도,

제후들은 무릎으로 기며 감히 쳐다보지도 못했었지.

부국강병의 정책을 펴며 20년 동안,

원한 쌓으며 요역을 일으켜 9천 리나 이어진 장성.

진시황이 성을 쌓은 것 어찌 그리 어리석었던가?

실은 하늘이 진秦나라를 망하게 한 것이지 북쪽 흉노 때문이 아니었는데.

하루아침에 재앙이 집안 안에서 일어나자,

위수渭水 가의 함양咸陽은 더 이상 도읍이 되지 못하였네.

長安少年無遠圖, 一生惟羨執金吾.

麒麟殿前拜天子, 走馬爲君西擊胡.

胡沙獵獵吹人面, 漢虜相逢不相見.

遙聞鍾鼓動地來, 傳道單于夜猶戰.

此時顧恩寧顧身? 爲君一行摧萬人.

壯士揮戈回白日, 單于濺血汙朱輪.

回來飮馬長城窟, 長城道傍多白骨.

問之耆老何代人? 云是秦王築城卒.

黃昏塞北無人煙, 鬼哭啾啾聲沸天.

無罪見誅功不賞, 孤魂流落此城邊.

當昔秦王按劍起, 諸侯膝行不敢視.

富國强兵二十年, 築怨興徭九千里.
秦王築城何太愚? 天實亡秦非北胡.
一朝禍起蕭墻內, 渭水咸陽不復都.

【長安少年無遠圖, 一生惟羨執金吾】'無遠圖'는 원대한 뜻이 없음. 그토록 나약하게 자라다가 결국 長城으로 끌려가 비참한 죽음을 당함. '執金吾'는 漢나라 때 옛날 벼슬 이름. 천자가 행차할 때에는 길을 인도하여 非常에 대비하며, 평시에는 長安을 순시하며 안전을 책임지는 임무를 띰.《漢書》百官公卿表에 "中尉, 秦官. 掌徼循京師. 武帝太初元年, 更名執金吾"라 하였고, 注에 "師古曰: 金吾, 鳥名也. 主辟不祥, 天子出行, 職主先導以禦非常, 故執此鳥之象, 因以名官"이라 함. 혹은 그들이 사용하는 구리로 만든 棒의 양 끝에 금을 입힌 것이어서 그렇게 불렀다 함. 崔豹《古今注》에 "興幅, 棒也. 漢朝執金吾, 金吾亦棒也, 以銅爲之, 黃金塗兩末, 謂爲金吾"라 함.《眞寶》注에도 "金吾, 漢官名. 吾, 杖也. 以金飾其末"이라 함. 한편 당시 長安 소년들이 執金吾가 되기를 부러워하였다는 것은《後漢書》(10) 皇后紀(上) 光烈陰皇后에 "光烈陰皇后諱麗華, 南陽新野人. 初, 光武適新野, 聞后美, 心悅之. 後至長安, 見執金吾車騎甚盛, 因歎曰:「仕宦當作執金吾, 娶妻當得陰麗華.」"의 고사에서 유래된 것임.

【麒麟殿前拜天子, 走馬爲君西擊胡】'麒麟殿'은 漢 未央宮에 있었던 殿閣.《三輔黃圖》(3)에 "未央宮有麒麟殿.《漢書》: 哀帝燕董賢父子於麒麟殿"이라 함.《全唐詩》注에는 '走馬西擊長城胡'라 함.

【胡沙獵獵吹人面, 漢虜相逢不相見】'胡沙'는 북쪽 광막한 사막. '獵獵'은 바람이 부는 소리.《韻會》에 "獵獵, 風聲也"라 함. '漢虜'는 漢나라 병사와 胡(匈奴)의 병사.《字彙》에 "北狄曰虜, 以其習尚虜掠也"라 함.

【遙聞鍾皷動地來, 傳道單于夜猶戰】'鍾皷'는《全唐詩》에는 '鼙鼓'로 되어 있음. '動地來'는 땅을 흔들며 다가옴. 적이 세찬 기세로 쳐들어옴을 뜻함.〈長恨歌〉에 "漁陽鼙鼓動地來, 驚破霓裳羽衣曲"이라 함. '單于'는 '선우'로 읽으며 匈奴의 임금을 부르는 칭호.《史記》匈奴傳 "匈奴單于曰頭曼"의 注에 "《漢書音義》曰:「單于者, 廣大之貌, 言其象天單于然.」"이라 하였고,〈索隱〉에 "案單于姓攣鞮氏, 其國稱之曰撑黎孤塗單于, 以匈奴謂天爲撑黎, 謂子爲孤塗. 單于者, 廣大之貌也. 言其象天, 故曰撑黎孤塗單于"라 함.

【此時顧恩寧顧身? 爲君一行摧萬人】 '顧恩寧顧身'은 '임금의 은혜만을 돌아볼 뿐 어찌 자신의 몸을 돌아보았겠는가?'의 뜻. 진나라 법에 의해 과감하게 희생하였음을 말함.

【壯士揮戈回白日, 單于濺血汚朱輪】 '揮戈回白日'은 한창 싸움에 이기고 있을 때 해가 저물어, 시간이 아까워 창으로 하늘의 해를 향해 찔러 뒤로 물리는 시늉을 하자 과연 해가 3舍(90리)쯤 물러섰다는 고사. 옛날 魯陽公(魯陽은 楚나라 縣. 楚 平王의 孫子. 《國語》에는 魯陽文子로 되어 있음)이 韓나라와 싸울 때의 고사. 《淮南子》覽冥訓에 "魯陽公與韓構難, 戰酣日暮, 援戈撝之, 日爲之退三舍"라 하였고, 注에 "魯陽, 楚之縣公. 撝, 揮也, 揮日令反却行三舍. 舍, 次宿也. 《增韻》:舍, 三十五里爲一舍"라 함. 한편 《博物志》(7)에도 "魯陽公與韓戰酣而日暮, 援戈麾之, 日反三舍"라 함. 《眞寶》注에도 "昔魯陽公與韓轉, 日暮, 援戈而揮之, 日爲反三舍"라 함. '汚朱輪'은 전차의 붉은 바퀴에 피가 묻어 더러워짐. 선우가 피를 뿌리며 패하여 죽음을 말함. 《唐文粹》와 《全唐詩》에는 '染朱輪'으로 되어 있음.

【回來飲馬長城窟, 長城道傍多白骨】 '回來'는 《全唐詩》에 "集作:歸來"라 함. '長城窟'은 長城 곁의 샘이 있는 동굴. 《文選》〈飮馬長城窟行〉 注에 "善曰: 酈善《水經》曰:「余至長城, 其下往往有泉窟可飮馬, 古詩〈飮馬長城窟行〉, 信不虛也.」銑曰:「長城秦所築以備胡者, 其下有泉窟, 可以飮馬, 征人路出於此而傷悲矣.」"라 함.

【問之耆老何代人? 云是秦王築城卒】 '耆老'는 노인. 오래 살아 옛일을 기억하고 있는 노인들. 《禮記》曲禮에 "六十曰耆"라 하였고, 《說文解字》에는 "七十曰老"라 함.

【黃昏塞北無人煙, 鬼哭啾啾聲沸天】 '啾啾'는 우는 소리. 《楚辭》九歌 "猿啾啾兮又夜鳴"의 注에 "啾啾, 小聲也"라 하였고, 揚雄 〈羽獵賦〉의 注에 "啾啾, 衆聲也"라 함. 여기서는 억울하게 죽어 귀신이 된 이들이 함께 중얼거리는 소리. 杜甫 〈兵車行〉에도 "新鬼煩冤舊鬼哭, 天陰雨濕聲啾啾"라 함. '聲沸天'은 소리가 하늘에 들끓음.

【無罪見誅功不賞, 孤魂流落此城邊】 '流落'은 흘러다니며 떨어짐을 표현하는 雙聲連綿語.

【當昔秦王按劍起, 諸侯膝行不敢視】 '按劍'은 곧 칼을 뽑을 양으로 칼에 손을 대고 어루만지고 있음. '按'은 撫와 같은 뜻임. 위협을 주는 행동을 뜻함. 《史記》平原君列傳에 "毛遂按劍而前曰:「王之所以叱遂者, 以楚國之衆也. 今十步之內, 王不得恃楚國之衆也, 王之命縣於遂手. 吾君在前, 叱者何也?」"라 함. '膝行'은 겁을

먹고 무릎으로 김.《史記》范雎傳에 "須賈大驚, 自知見賣, 乃肉袒膝行, 因門下人
謝罪. 於是范雎盛帷帳, 侍者甚衆, 見之"라 함.

【富國强兵二十年, 築怨興徭九千里】'富國强兵'은《全唐詩》에는 '富國彊兵'으로 되
어 있음. '二十年'은 秦始皇이 沙丘에서 생을 마칠 때까지 긴 기간 장성을 쌓는
일을 계속하였음을 강조한 것. '興徭'는 徭役을 일으킴. 많은 사람들을 징발하
여 戰役이나 토목공사를 벌임. '九千里'는 장성의 길이가 무려 그토록 길었음을
말함.《史記》秦始皇本紀에 "三十三年, 發諸嘗逋亡人, 贅壻, 賈人略取陸梁地, 爲
桂林, 象郡, 南海, 以適遣戍. 西北斥逐匈奴. 自楡中並河以東, 屬之陰山, 以爲
三十四縣, 城河上爲塞. 又使蒙恬渡河取高闕, 陶陽山, 北假中, 築亭障以逐戎人.
徙謫, 實之初縣"이라 함.

【秦王築城何太愚? 天實亡秦非北胡】'非北胡'는 북쪽 胡(匈奴)를 두고 한 말이 아
니었음. 즉 胡亥를 두고 한 말이었음을 뜻함.《史記》秦始皇本紀 "三十二年, 始皇
巡北邊, 從上郡入. 燕人盧生使入海還, 以鬼神事, 因奏錄圖書, 曰「亡秦者胡也」.
始皇乃使將軍蒙恬發兵三十萬人北擊胡, 略取河南地."의 注에 "鄭玄曰:胡, 胡亥,
秦二世名也. 秦見圖書, 不知此爲人名, 反備北胡"라 함.《眞寶》注에 "秦始皇得讖
書, 曰「亡秦者胡.」秦乃使蒙恬, 北築長城以防胡. 不知亡秦者, 乃太子胡亥"라 함.

【一朝禍起蕭墻內, 渭水咸陽不復都】'蕭墻'은 '蕭牆'으로도 표기하며 집안 안. 나
리 塞門 안을 가리킴. 君臣의 相見之禮에 肅然히 敬意를 표해야 하는 곳이라는
뜻에서 유래되었다 하며, 蕭는 肅의 뜻, 墻은 屛의 뜻.《字彙》에 "蕭墻, 門屛也"
라 하였고,《爾雅翼》에는 "周人炳蕭使臭氣達於墻屋, 故曰蕭墻"이라 하였으며,
《釋名》에는 "蕭墻, 在門內. 蕭, 肅也. 將入於此自肅敬之處也"라 함.《論語》季氏
篇에는 "吾恐季孫之憂, 不在顓臾, 而在蕭牆之內也"라 함. 나라의 멸망은 집안,
곧 나라 안의 문제에서 유래함을 뜻함.《眞寶》注에 "門, 屛也"라 함. '渭水'는 甘
肅 渭源縣에서 발원하여 지금의 陝西 鳳翔, 西安(長安), 朝邑을 거쳐 潼關에 이
르러 黃河와 합류하는 물. '咸陽'은 秦나라 都邑. 지금의 陝西 西安 咸陽市. 秦나
라는 처음 雍이 도읍이었으나 孝公 때 咸陽으로 옮겼으며 秦始皇 때 큰 도시
로 발전함. 秦始皇은 천하를 통일한 뒤 그곳에 阿房宮을 축조하는 등 천하제일
의 큰 도시를 건설하고자 하였음.

1. 王翰.

唐代 詩人. 字는 子羽, 晉陽人.《舊唐書》,《樂府詩集》등에는 '王澣'으로 표기되어 있음. 그의 文集과 詩에 대해서는《新唐書》(藝文志)에《王翰集》10권이 著錄되어 있으나 南宋 이후 보이지 않음.《全唐詩》에 詩集(156)과《唐詩紀事》(21)에 그에 관한 기록이 있으며,《全唐詩續拾》에 詩 1首가 補入되어 있음.《舊唐書》(190, 中) 文苑傳(中)과《新唐書》(202) 文藝傳(中)을 참조할 것. 참고로《新唐書》王翰傳에는 "王翰, 字子羽, 幷州晉陽人. 少豪健恃才, 及進士第, 然喜蒱酒. 張嘉貞爲本州長史, 偉其人, 厚遇之. 翰自歌以舞屬嘉貞, 神氣軒擧自如. 張說至, 禮益加. 復擧直言極諫, 調昌樂尉, 又擧超拔君類. 方說輔政, 故召爲秘書正字, 擢通事舍人, 駕部員外郎. 家畜聲伎, 目使頤令, 自視王侯, 人莫不惡之. 說罷宰相, 翰出爲汝州長史, 徙仙州別駕. 日與才士豪俠飮樂遊畋, 伐鼓窮歡, 坐貶道州司馬, 卒."이라 함.《唐才子傳》(1)에는 "王翰, 字子羽, 幷州人. 景雲元年, 盧逸下進士及第. 又擧直言極諫, 又擧超拔羣類科. 少豪蕩, 恃才不羈, 喜縱酒, 櫪多名馬, 家蓄妓樂. 翰發言立意, 自比王侯. 日聚英傑, 縱禽擊鼓爲歡. 張嘉貞爲本州長史, 厚遇之. 翰酒間自歌, 舞屬嘉貞, 神氣軒擧. 張說尤加禮異, 及輔政, 召爲正字, 擢駕部員外郎. 說罷, 翰出爲仙州別駕. 以窮樂畋飮, 貶嶺表, 道卒. 翰工詩, 多壯麗之詞. 文士祖詠, 杜華等, 嘗與遊從. 華母崔氏云:「吾聞孟母三遷, 吾今欲卜居, 使汝與王翰爲隣足矣.」其才名如此. 燕公論其文,「如璣杯玉斝, 雖爛然可珍, 而多玷缺」云. 有集今傳. ◎太史公恨古希衣之俠, 湮沒無聞, 以其義出亡生死之間, 而不伐其德, 千金駟馬, 纔甞草芥. 信哉! 名不虛立也. 觀王翰之氣, 其若人之儔乎!"라 하였고,《唐詩紀事》(21)에는 "翰, 字子羽, 晉陽人. 少豪健恃才. 張嘉貞, 張說爲幷州長史, 厚禮之. 爲駕部員外郎, 坐事貶道州司馬, 卒."이라 하였으며,《全唐詩》(156)에는 "王翰, 字子羽, 晉陽人. 登進士第, 擧直言極諫, 調昌樂尉. 復擧超拔羣類, 召爲秘書正字, 擢通事舍人. 駕部員外. 出爲汝州長史, 改仙州別駕. 日與才士豪俠飮樂遊畋, 坐貶道州司馬卒. 集十卷, 今存詩一卷."이라 함.

2. 이 시는《唐文粹》(12),《全唐詩》(20, 156),《樂府詩集》(38),《唐詩品彙》(25),《古今詩刪》(12),《石倉歷代詩選》(30),《唐詩紀事》(21) 등에 실려 있음.

3. 韻脚은 '圖, 吾, 胡'. '面, 見, 戰, 人, 輪'. '窟, 骨, 卒'. '煙, 天, 邊'. '起, 視, 里'. '胡, 都'.

227. 〈百舌吟〉 ·················· 劉禹錫(劉夢得)

백설조를 읊음

＊〈百舌吟〉: '百舌'은 새 이름으로 百舌鳥, 또는 反舌鳥라고도 하며, 온갖 새의 소리를 흉내 내며 따라 우짖어 그 새가 울 때는 꾀꼬리나 제비도 상대하지 못한다 함. 《禮記》月令에 의하면 "仲夏之月, 小暑至, 螳螂生. 鵙始鳴, 反舌無聲"이라 하여, 小暑(7월 초순)가 되어야 울지 않는다 함. 우리말로 흔히 때까치, 지빠귀, 개똥지빠귀, 검은지빠귀 등 지빠귓과 새를 통칭하며, 《周書》(逸周書) 月令에 "反舌有聲, 佞人在側"이라 하여, 讒佞한 자를 비유하는 뜻으로 널리 쓰임. 《藝文類聚》(92)에 《易緯》通卦曰: 百舌者, 反舌鳥也. 能反覆其口, 隨百鳥之音"이라 하였고, 《格致鏡原》(78)에는 "《格物總論》: 百舌鳥, 蒼毛尖觜, 形小於鴝鵒, 能反覆其舌隨百鳥之音, 故謂之百舌. 春二三月鳴, 至五月無聲, 亦候禽也"라 함. 한편 杜甫의 〈百舌吟〉에는 "百舌來何處, 重重秖報春. 知音兼衆語, 整翮豈多身? 花密藏難見, 枝高聽轉新. 過時如發口, 君側有讒人"이라 함.

샛별 점점 빛이 약해지고 봄날 구름 나직한데,
처음으로 백설조百舌鳥 짹짹 우는 소리 들었네.
꽃가지 공중에 가득하여 그 새 있는 곳 알지 못하겠는데,
많은 꽃 흔들어 꽃잎 붉은 비처럼 떨어지게 하네.
생황笙의 황簧이 떨려 온갖 소리 다양하니,
꾀꼬리도 소리를 삼키고 제비도 우짖지 못하네.
동녘에 아침 해 더디게 떠오르니,
바람을 맞이해 그림자 희롱하며 자신을 뽐내듯.
몇 번 울다가 그 소리 다 마치지도 않고 다시 날아가더니,
어디에서 만나려는가 했더니 녹양綠楊이 우거진 길에서라네.
이리저리 날아다니며 우는 소리 마치 사람을 즐겁게 해주려는 듯,
마음은 하나인데 백 개의 혀로 소리 내니 어찌 그리 분분한가?

술 취해 붉은 얼굴 유협소년도 부르던 노래 멈춘 채 그 소리 듣고,
귀걸이 떨어뜨린 채 예쁜 여자는 잠결에서 듣는다네.
아름다운 이 광경 그 어느 때나 다하려는가?
그 누가 이 새처럼 낮게 배회하여 능히 매나 새매 피할 수 있겠는가?
정위廷尉 적공翟公이 새그물을 쳐놓아도 자신은 상관없다 여기고,
반악潘岳이 탄궁彈弓을 들고 있다 해도 마음 손상할 일 없다 여기네.
하늘이 낳은 조류 중 너는 얼마나 미천한가?
그런데도 혀끝을 만 가지로 변화시키며 봄빛을 타고 있구나.
그러나 남쪽 주작朱雀이 하루아침에 여름을 몰고 나타나게 되면,
조용히 소리도 내지 못한 채 쑥대 밑에서나 날게 되리라.

曉星寥落春雲低, 初聞百舌間關啼.
花枝滿空迷處所, 搖動繁英墜紅雨.
笙簧百囀音韻多, 黃鸝吞聲燕無語.
東方朝日遲遲升, 迎風弄景如自矜.
數聲不盡又飛去, 何許相逢綠楊路.
縣蠻宛轉似娛人, 一心百舌何紛紜?
酡顏俠少停歌聽, 墮珥妖姬和睡聞.
可憐光景何時盡? 誰能低回避鷹隼.
廷尉張羅自不關, 潘郎挾彈無情損.
天生羽族爾何微? 舌端萬變乘春輝.
南方朱鳥一朝見, 索寞無言蒿下飛.

【曉星寥落春雲低, 初聞百舌間關啼】 '曉星'은 샛별, 晨星, 金星, 啓明星, 새벽별. '寥落'은 점점 사라져 약하게 됨을 뜻하는 雙聲連綿語. '間關'은 새 우는 소리를 音寫한 疊韻連綿語. 원래는 바퀴가 도는 소리를 형용한 雙聲 象聲語. 여기서는 새가 우짖는 소리를 표현한 것.《詩經》小雅 車舝에 "間關車之舝兮"의 注에 "間關,

設鞏聲也"라 하였고 《後漢書》荀彧傳 "間關以從曹氏"의 注에 "間關, 猶展轉也"라
함. 韓愈의 〈幽懷〉(069)의 注를 참조할 것.

【花枝滿空迷處所, 搖動繁英墜紅雨】'花枝'는 《劉賓客文集》와 《全唐詩》에는 '花樹'
로 되어 있음. '迷處所'는 새가 어디 있는지 알 수 없음. 있을 듯하면서 찾을 수
없도록 미혹하게 함. '搖動繁英'은 새가 많은 꽃부리를 흔듦.

【笙簧百囀音韻多, 黃鸝吞聲燕無語】'笙'은 악기 이름. '簧'은 笙이나 竽의 소리를 내
게 하는 얇은 막. 發聲膜의 떨림판. 《事物紀原》(2)에 "《禮記》明堂位曰:「女媧之笙
簧.」簧, 笙中之簧也. 《世本》曰:「女媧作笙簧.」高氏《小史》亦云:「曹植女媧.」贊曰造
簧作笙. 《隋》音樂志曰:「笙竽並女媧之所作也.」"이라 하였고, 《字彙》에는 "笙, 竽管
中金葉也. 蓋笙竽皆以竹管植於匏中, 以竅其管底之側, 以薄金葉障之, 吹則鼓之而
出聲, 所謂簧也. 故笙竽皆謂之簧, 笙十三簧, 或十九簧, 竽十六簧也"라 함. 《眞寶》
注에 "簧, 音黃, 笙中銅葉, 所以出聲者"라 함. '百囀'은 笙의 떨림판 簧이 백 가지
소리를 내듯 百舌鳥가 온갖 소리를 냄. '黃鸝'는 꾀꼬리. 鶯, 鷪, 流鶯, 黃鶯과 같
음. '吞聲'은 소리를 삼킴. 소리를 내지 못함.

【東方朝日遲遲升, 迎風弄景如自矜】'東方朝日'은 봄날 아침 해를 말함. 《詩》齊風
〈東方之日〉에 "東方之日兮, 彼姝者子, 在我室兮"라 함. '遲遲'는 봄날 해가 천천히
느리게 솟음. 《詩》豳風 〈七月〉에는 "女執懿筐, 遵彼微行. 爰求桑柔, 春日遲遲"라
함. '弄景'의 '景'은 影과 같음. 그림자. '自矜'은 스스로 뽐냄. 자신의 능력을 자랑함.

【數聲不盡又飛去, 何許相逢綠楊路】'數聲'은 《唐文粹》에는 '散聲'으로 되어 있음.
'何許'는 어디쯤. 《文苑英華》와 《全唐詩》에는 "一作何處"라 함. '綠楊路'는 푸른 버
들이 우거진 길.

【緜蠻宛轉似娛人, 一心百舌何紛紜】'緜蠻'은 綿蠻으로도 표기하며, 작은 새가 날
아다니며 우짖는 모습을 형용한 雙聲連綿語. 《詩》小雅 緜蠻에 "緜蠻黃鳥, 止于
丘阿. 道之云遠, 我勞如何?"의 朱熹 注에 "綿蠻, 鳥聲"이라 함. '宛轉'은 날렵하게
잘 움직이는 모습, 혹은 예쁜 곡선으로 도는 모습 등을 표현하는 疊韻連綿語. '一
心百舌'은 하나의 심장에서 백 개의 혀를 가지고 있음. 많은 소리를 냄을 뜻함.
'紛紜'은 어지럽고 요란함을 뜻하는 疊韻連綿語.

【酡顏俠少停歌聽, 墮珥妖姬和睡聞】'酡顏'은 술에 취해 붉어진 얼굴. 《韻會》에
"酡, 飲而赭色著面"이라 하였고, 《廣韻》에는 "飲酒朱顏貌"라 함. '俠少'는 俠氣 있
는 젊은이. 遊俠少年. '墮珥'는 귀걸이를 떨어뜨림. 《劉賓客文集》과 《全唐詩》에는

'墜珥'로 되어 있음.《眞寶》注에 "珥, 音二. 瑱也, 一曰珠玉飾耳璫也"라 함. '和睡聞'은 잠결에 들음.

【可憐光景何時盡? 誰能低回避鷹隼】'可憐'은 可愛와 같은 뜻임. 〈長恨歌〉에 "可憐光彩生門戶"라 함. '低回'는 徘徊함.《唐文粹》에는 '低徊'로 되어 있음. '鷹隼'은 매와 새매.

【廷尉張羅自不關, 潘郎挾彈無情損】'廷尉'는 재판관. 형벌을 관장하는 임무를 맡은 법관. '張羅'는 새그물을 쳐놓아도 될 정도로 한산함. 漢나라 때 翟公이 廷尉가 되자 그의 권세를 두려워하여 찾아오는 자들이 문 앞을 메웠음. 그러나 그가 廢職되자 그 문에 그물을 쳐도 될 정도로 한산하였다 함. 그런데 그가 復職을 하자 다시 사람들이 들끓어 대문에 '慕權趨利'의 한탄을 써붙여 경계한 고사.《史記》(120) 汲黯傳 贊에 "太史公曰: 夫以汲鄭之賢, 有勢則賓客十倍, 無勢則否, 況衆人乎! 下邽翟公有言, 始翟公爲廷尉, 賓客闐門; 及廢, 門外可設雀羅. 翟公復爲廷尉, 賓客欲往, 翟公乃大署其門曰:「一死一生, 乃知交情. 一貧一富, 乃知交態. 一貴一賤, 交情乃見.」 汲鄭亦云, 悲夫!"라 함.《眞寶》注에 "漢翟公爲廷尉, 賓客塡門, 及廢, 門外可設雀羅, 後復爲廷尉, 客欲往, 大書其門曰:「一死一生, 乃知交情; 一貧一富, 乃知交態; 一貴一賤, 交情乃見.」"이라 함. '潘郎'은 晉나라 때 문인 潘岳. '挾彈'은 彈弓을 끼고 꿩을 잡을 준비를 하고 있음.《文選》潘岳의 〈射雉賦〉을 말함. '無情損'은 자신의 사정에는 아무런 손상 받을 것이 없음. 전혀 개의치 않음.

【天生羽族爾何微? 舌端萬變乘春輝】'羽族'은 鳥類. 禽類. '乘春輝'는 봄빛을 탐. 좋은 시절을 적극 누림. '爾何微'의 '이'는 대명사, 너. 你와 같음. '微'는 微賤함.

【南方朱鳥一朝見, 索寞無言蒿下飛】'朱鳥'는 남방 火를 상징하는 새 朱雀.《淮南子》天文訓에 "南方火也, 其帝炎帝, 其佐朱明, 其神爲營惑, 其獸朱鳥"라 하였고, 注에 "朱鳥, 朱雀也"라 함. '見'(현)은 나타남.《眞寶》注에 "見, 音現. ○南方七宿, 有鳥象: 井鬼爲鶉首, 柳星張爲鶉火, 翼軫爲鶉尾. 夏火行, 火色赤, 故曰朱鳥.《記》月令:「夏至節則反舌無聲.」"이라 하여, 朱雀이 나타나면 여름이 시작되며, 百舌鳥는 더 이상 제 기능을 못하게 될 것임을 말한 것임. '索寞'은 적막함을 뜻하는 疊韻連綿語.《文苑英華》와《唐文粹》에는 '索漠'으로 되어 있으며 "一作索寞"이라 함. '蒿'는 쑥. 쑥대. 겨우 그러한 쑥대 아래에나 날고 있을 것임.

1. 劉禹錫(772-842)

字는 夢得. 자신의 〈子劉子自傳〉에 "其先漢景帝賈夫人子勝, 奉中山王, 諡曰靖, 子孫因奉爲中山人也"라 함. 그의 文集은 《新唐書》(藝文志, 4)에 《劉禹錫集》40卷으로 著錄되어 있고 《郡齋讀書志》(卷4, 上), 《直齋書錄解題》(6)와 《宋史》(藝文志, 7)에는 모두 《正集》30卷, 《外集》10卷으로 실려 있으며, 달리 劉禹錫과 다른 사람의 《唱和集》이 있음. 그의 詩는 《全唐詩》에 12卷(354-365)이 編輯되어 있으며, 《全唐詩外編》및 《全唐詩續拾》에 詩 6首, 斷句 6句가 실려 있음. 《唐詩紀事》(39)에 관련 기록이 실려 있음. 《舊唐書》(160)와 《新唐書》(168)를 참조할 것. 《眞寶》諸賢姓氏事略에는 "劉禹錫, 字蒙得, 中山人. 順宗時, 附王丕王叔文, 憲宗立, 貶朗州司馬, 入爲主客郎中. 會昌初, 禮部尙書"라 함. 《唐才子傳》(5)에는 "劉禹錫, 字夢得, 中山人. 貞元九年進士, 又中博學宏詞科. 工文章. 時王叔文得幸, 禹錫與之交, 嘗稱其有宰相器. 朝廷大議, 多引禹錫及柳宗元與議禁中. 判度支, 鹽鐵案, 憑藉其勢, 多中傷人. 御史竇羣劾云:「狹邪亂政」, 卽日罷. 憲宗立, 叔文敗, 斥朗州司馬. 州接夜郎, 俗信巫鬼, 每祀, 歌〈竹枝〉, 鼓吹俄延, 其聲傖儜. 禹錫謂屈原居沅, 湘間作〈九歌〉, 使楚人以迎送神, 乃倚聲作〈竹枝辭〉十篇, 武陵人悉歌之. 始坐叔文貶者, 雖赦不原. 宰相哀其才且困, 將澡濯用之, 乃詔悉補遠州刺史, 諫官奏罷之. 時久落魄, 鬱鬱不自抑, 其吐辭多諷託遠意, 感權臣, 而憾不釋. 久之, 召還, 欲任南省郎, 而作〈玄都觀看花君子〉詩, 語譏忿, 當路不喜, 又謫守播州. 中丞裴度言:「播猿狖所宅, 且其母年八十餘, 與子死決, 恐傷陛下孝治, 請稍內遷.」乃易連州, 又徙夔州. 後由和州刺史, 入爲主客郎中. 至京後, 遊玄都詠詩, 且言:「始謫十年還輦下, 道士種桃, 其盛若霞; 又十四年而來, 無復一存, 唯免葵燕麥動搖春風耳.」權近聞者, 益薄其行. 裴度薦爲翰林學士, 俄分司東都, 遷太子賓客. 會昌時, 加檢校禮部尙書, 卒. 公恃才而放, 心不能平, 行年益晏, 偃蹇寡合, 乃以文章自適. 善詩, 精絶, 與白居易酬唱頗多. 嘗推爲「詩豪」, 曰:「劉君詩, 在處有神物護持.」有集四十卷, 今傳."라 하였고, 《唐詩紀事》(39)에는 "禹錫, 字夢得. 附叔文, 擢度支員外郎. 人不敢斥其名, 號二王劉柳. 憲宗立, 禹錫貶連州. 未至, 斥朗州司馬, 作〈竹枝詞〉. 武元衡初不爲宗元所喜, 自中丞下除右庶子. 及是執政, 禹錫久落魄, 乃作〈問大鈞〉, 〈謫九年〉等賦, 又敍張九齡事爲詩, 欲感諷權要, 久之, 召還, 宰相欲任南省郎, 乃作〈玄都觀看花君子〉詩, 當路不喜, 出爲播州, 易連州, 徙夔州. 由和州刺史入爲主客郎中, 復作〈遊玄都觀〉詩, 有『兎葵燕麥』之語, 聞者益薄

其行. 俄分司東都, 裴度薦爲集賢學士. 度罷, 出刺蘇州, 徙汝, 同二州. 會昌時, 檢校禮部尙書, 卒."이라 하였으며, 《全唐詩》(354)에는 "劉禹錫, 字夢得, 彭城人. 貞元九年, 擢進士第, 登博學宏詞科, 從事淮南幕府, 入爲監察御史, 王叔文用事, 引入禁中, 與之圖議. 言無不從, 轉屯田員外郞, 判度支鹽鐵案, 叔文敗. 坐貶連州刺史, 在道貶朗州司馬. 落魄不自聊, 吐詞多諷託幽遠, 蠻俗好巫, 嘗依騷人之旨. 倚其聲作〈竹枝詞〉十餘篇. 武陵谿洞間悉歌之, 居十年, 召還. 將置之郞署, 以作〈玄都觀看花〉詩涉譏忿, 執政不悅, 復出刺播州, 裴度以母老爲言. 改連州, 徙夔, 和二州, 久之. 徵入爲主客郞中, 又以作〈重游玄都觀〉詩. 出分司東都, 度仍薦爲禮部郞中, 集賢直學士. 度罷, 出刺蘇州, 徙汝, 同二州, 遷太子賓客分司, 禹錫素善詩, 晚節尤精, 不幸坐廢. 偃蹇寡所合, 乃以文章自適. 與白居易酬復頗多, 居易嘗敍其詩曰:「彭城劉夢得, 詩豪者」也. 其鋒森然, 少敢當者, 又言其詩在處應有神物護持, 其爲名流推重如此. 會昌時, 加檢校禮部尙書, 卒年七十二. 贈戶部尙書, 詩集十八卷, 今篇爲十二卷"이라 함.

2. 이 시는 《劉夢得文集》(2), 《劉賓客文集》(21), 《唐文粹》(17 上), 《全唐詩》(356), 《文苑英華》(345), 《事文類聚》(後集 45), 《淵鑑類函》(427), 《唐詩品彙》(3), 《佩文齋詠物詩選》(453), 《全唐詩錄》(38) 등에 실려 있음.

3. 韻脚은 '低, 啼'.'雨, 語'.'升, 矜'.'去, 路'.'人, 紜, 聞, 隼, 損'.'微, 輝, 飛'.

4. 梁 蕭子暉의 〈反舌賦〉(《藝文類聚》92)

彼陶嘉之盛月, 氣依遲於池沼. 眷霏霏之花落, 愛翹翹之令鳥. 無榮辱之可因, 弄樞機而自表. 爾其聲也嘹唳, 胃結欝抑縈咽. 繁音瑣碎, 衆響攢巀. 或急囀赴機, 或緩引趨節. 或洪纖共起, 或長短俱折. 意疑續而更斷, 謂當擧而忽垂. 聲憑林而逾厲, 響因風而益危.

228. 〈梁甫吟〉 ·················· 諸葛孔明(諸葛亮)
양보의 노래

* 《眞寶》注에 "齊景公有勇士陳開疆, 顧冶子, 公孫接三人. 晏嬰曰:「大王摘三桃, 自
  食其一, 各令說功, 高者賜一顆.」陳顧二人食之, 公孫自刎, 而陳顧懷慙, 亦從而刎
  焉. 諸葛孔明步齊城而見三墳, 作是吟以嘆之"라 함.
* 〈梁甫吟〉: 옛 악부의 楚調曲 이름. '梁甫'는 梁父로도 표기하며 山東 泰山 아래
  의 작은 산 이름. 梁父山에는 무덤이 많아 이 노래는 일종의 葬歌였을 것으로
  보고 있음. 《樂府詩集》에 "按梁甫, 山名, 在泰山下. 〈梁甫吟〉, 蓋言人死葬此山, 亦
  葬歌也. 又有〈泰山梁甫吟〉, 與此頗同"이라 하였고 《古樂府》注에도 "梁甫, 山名,
  在泰山下. 〈梁甫吟〉, 蓋言人死葬此山, 亦葬歌也"라 함. 한편 諸葛亮은 蜀漢의 劉
  備를 섬기기 전 이 梁父山의 세 무덤, 즉 齊 景公을 섬기던 세 용사 田開疆(陳
  開疆, 田疆, 田强), 古冶子(顧冶子, 固野子), 公孫接(公孫捷)의 죽음을 안타깝게 여
  겨 읊은 것임. 즉 晏子가 景公에게 "세 勇士는 勇力만 있지 禮나 德은 없는 자
  들"이라는 명분으로 복숭아 2개만 주어 셋이 다투도록 하여 자멸토록 계략을
  꾸며 이를 실행하자 과연 세 용사는 모두 죽고 말았음. 이들 이 무덤은 지금도
  그 유적지가 남아 있음. 《三國志》(35) 蜀志 諸葛亮傳에 "諸葛亮字孔明, 琅邪陽都
  人也. 漢司隷校尉諸葛豐後也. 父珪, 字君實, 漢末爲太山郡丞. 亮早孤, 從父玄爲
  袁術所署豫章太守, 玄將亮及亮弟均之官. 會漢朝更選朱皓代玄. 玄素與荊州牧劉
  表有舊, 往依之. 玄卒, 亮躬耕隴畝, 好爲〈梁父吟〉"이라 함. 晏子(晏嬰)가 景公에
  게 계략을 일러주어 세 사람을 죽이도록 한 '二桃殺三士' 고사는 《晏子春秋》에
  매우 자세히 실려 있음. 《諸葛忠武書》(9)에는 "舊說齊有三勇士, 晏嬰讒於君, 饋
  之二桃, 令計功而食, 皆自刎"이라 함. 제목은 기록마다 〈梁父吟〉, 〈梁甫吟〉 등
  각기 다름.

걸어서 제齊나라 성문을 나와,

멀리 탕음리蕩陰里를 바라보도다.

마을 가운데 무덤 셋이 있는데,

연이어 있는 모습 서로 닮았구나.

문건대 누구의 무덤인가?

전개강田開疆, 고야자古冶子의 무덤이라네.

힘은 남산을 밀어낼 만하고,

글은 땅 위의 이치를 다할 수 있었는데.

하루아침에 참언의 말을 뒤집어썼으니,

두 개의 복숭아 때문에 세 장사 죽은 것이지.

누가 능히 이런 모책을 내놓았는가?

제齊나라 재상 안영晏嬰이었지.

步出齊城門, 遙望蕩陰里.

里中有三墳, 纍纍正相似.

問是誰家塚? 田疆古冶氏.

力能排南山, 文能絶地理.

一朝被讒言, 二桃殺三士.

誰能爲此謀? 相國齊晏子.

【步出齊城門, 遙望蕩陰里】'齊城'은 春秋戰國 시대 齊나라 도읍. 지금의 山東 淄博市 臨淄鎭. '蕩陰里'는 齊나라 성문 밖의 마을 이름. '陰陽里'라고도 함.《樂府解題》에 "今靑州有陰陽里"라 함.《居易錄》(28)에는 "《郡國志》: 臨淄縣東有陰陽里, 卽諸葛武侯〈梁甫吟〉: 「云步出齊城門, 遙望陰陽里」云云, 今樂府作'蕩陰'非是"라 함.

【里中有三墳, 纍纍正相似】'三墳'는 세 개의 무덤. 三士塚.《大明一統志》에 "靑州府臨淄縣三士塚齊臨淄縣南."이라 하였고,《靑州圖經》臨淄縣塚墓門에는 "三士冢在縣南一里, 三墳周圍一里, 高二丈六尺"이라 함. '纍纍'는 연이어져 있는 모습.《禮記》樂記에 "纍纍乎端如貫珠"라 함.

【問是誰家塚? 田疆古冶氏】'田疆古冶氏'는 田開疆과 古冶子. 실제로는 公孫接까지 포함한 세 사람이었음. 이들 이름은 田開疆(陳開疆, 田疆, 田强), 古冶子(顧冶子, 固野子), 公孫接(公孫捷) 등 여러 표기가 전함. '古冶氏'는《藝文類聚》,《樂府詩集》등

에는 모두 '古冶子'로 되어 있음.

【力能排南山, 文能絶地理】'排南山'은 南山을 밀어낼 정도의 힘. '文'은 학문. '絶地理'는 땅 위의 이치를 모두 꿰뚫을 정도임. 매우 훌륭한 선비들이었음을 말함.

【一朝被讒言, 二桃殺三士】'一朝'는 하루아침. '어느 날 갑자기'의 뜻.《論語》顔淵篇에 "一朝之忿, 忘其身, 以及其親, 非惑與?"라 함. '讒言'은 晏子(晏嬰)의 계략을 가리킴.

【誰能爲此謀? 相國齊晏子】'晏子'는 춘추시대 齊나라의 재상 晏嬰. 諡는 平, 자는 仲. 晏平仲이라고도 부름. 齊나라 靈公, 莊公, 景公 등 세 임금을 한 마음으로 섬겼으며, '馬夫之妻', '晏子使楚' 등 많은 고사를 남김.《史記》晏子列傳에 "晏平仲嬰者, 萊之夷維人也. 事齊靈公, 莊公, 景公, 以節儉力行重於齊. 旣相齊, 食不重肉, 妾不衣帛. 其在朝, 君語及之, 卽危言; 語不及之, 卽危行. 國有道, 卽順命; 無道, 卽衡命. 以此三世顯名於諸侯."라 함. 그의 언행을 기록한《晏子春秋》가 전함.

참고 및 관련 자료

1. 諸葛孔明

諸葛亮. 자는 孔明(191-234). 漢末 瑯琊 陽都人. 南陽에 은거하여 스스로 밭을 갈며 자신을 管仲과 樂毅에 비교하여 사람들이 그를 臥龍先生이라 불렀음. 뒤에 蜀漢 劉備의 三顧草廬로 불려가 天下三分之策을 정하고 劉備를 도와 荊州와 益州를 차지하여 吳, 蜀, 魏 三國鼎立을 이루었음. 劉備의 遺囑에 의해 그 아들 劉禪을 도와〈出師表〉를 쓰고 북벌을 시도했으나 五丈原에서 생을 마침. 죽은 뒤 武鄕侯에 봉해졌으며 諡號는 忠武.《三國志》(35)에 전이 있음.《眞寶》諸賢姓氏事略에 "諸葛孔明, 名亮. 寓襄陽隆中, 蜀先主三顧草廬, 乃出. 後相蜀爲名臣, 諡忠武侯"라 함.《眞寶》後集〈前後出師表〉(009, 010)를 참조할 것.

2. 이 시는《藝文類聚》(19),《諸葛忠武書》(9),《三國志補注》(5),《樂府詩集》(41),《古樂府》(5),《古文苑》(8),《古樂苑》(22),《古詩紀》(14),《文選補遺》(34),《齊乘》(5)《西溪叢話》(上),《太平寰宇記》(18),《山東通志》(35),《居易錄》(28),《說郛》(83 上),《淵鑑類函》(266),《太平御覽》(157),《事文類聚》(別集 21),《石倉歷代詩選》(1),《漢魏六朝百三家集》(22) 등에 실려 있음.

3. 韻脚은 '里, 似, 氏, 理'. '士, 子'.

4.《晏子春秋》(2)「景公養勇士三人, 無君臣之義, 晏子諫」

公孫接, 田開彊, 古冶子, 事景公. 以勇力搏虎聞. 晏子過而趨, 三子者不起, 晏子入見公曰:「臣聞明君之蓄勇力之士也, 上有君臣之義, 下有長率之倫. 內可以禁暴, 外可以威敵. 上利其功, 下服其勇. 故尊其位, 重其祿. 今君之蓄勇力之士也, 上無君臣之義, 下無長率之倫. 內不可以禁暴, 外不可以威敵. 此危國之器也. 不若去之.」公曰:「三子者, 搏之恐不得, 刺之恐不中也.」晏子曰:「此皆力攻勍敵之人也. 無長幼之禮.」因請公使人少餽之二桃, 曰:「三子何不計功而食桃?」公孫接仰天而歎曰:「晏子, 智人也. 夫使公之計吾功矣. 不受桃, 是無勇也. 士眾而桃寡, 何不計功而食桃矣? 接一搏特猏, 再搏乳虎. 若接之功, 可以食桃, 而無與人同矣.」援桃而起. 田開疆曰:「吾仗兵而卻三軍者再. 若開疆之功, 亦可以食桃, 而無與人同矣.」援桃而起. 古冶子曰:「吾嘗從君濟于河, 黿銜左驂, 以入砥柱之中流. 當是時也, 冶少不能游, 潛行. 逆流百步, 順流九里, 得黿而殺之. 左操驂尾, 右挈黿頭, 鶴躍而出. 津人皆曰:『河伯也.』視之則大黿之首也. 若冶之功, 亦可以食桃, 而無與同人矣. 二子何不反桃?」抽劍而起. 公孫接, 田開疆曰:「吾勇不子若, 功不子逮. 取桃不讓, 是貪也; 然而不死, 無勇也.」皆反其桃, 挈領而死. 古冶子曰:「二子死之, 冶獨生之, 不仁; 恥人以言, 而夸其聲, 不義; 恨乎所行, 不死, 無勇. 雖然, 二子同桃而節, 冶專其桃而宜.」亦反其桃, 挈領而死. 使者復曰:「已死矣!」公殮之以服, 葬之以士禮焉.

5.《蒙求》(002)「孔明臥龍」

《蜀志》: 諸葛亮字孔明, 琅邪陽都人. 躬耕隴畝, 好爲梁父吟, 每自比管仲, 樂毅, 時人莫之許. 惟崔州平, 徐庶與亮友善, 謂爲信然. 時先主屯新野, 徐庶見之謂曰:「諸葛孔明臥龍也. 將軍豈願見之乎? 此人可就見, 不可屈致. 宜枉駕顧之.」先主遂詣亮, 凡三往乃見. 因屏人與計事善之. 於是情好日密. 關羽, 張飛等不悅. 先主曰:「孤之有孔明, 猶魚之有水也. 願勿復言.」及稱尊號, 以亮爲丞相.《漢晉春秋》曰:「亮家南陽鄧縣襄陽城西, 號曰『隆中』.」

인류引類

'引'은 문체의 한 장르. 《文體明辨》에 "述事本末, 先後有序, 以抽其臆者曰
引. 按唐以前文章未有名引者, 漢班固雖作典引, 然實爲符命之文, 如雜著命題
各用己意耳. 非以引爲文之一體也. 唐以後始有此體, 大略如序而稍爲短簡, 蓋
序之濫觴也"라 하였고, 《詩人玉屑》1에 《白石詩說》: 「守法度曰詩, 載始末曰
引, 放情曰歌, 悲如蛩螿曰吟"이라 함.

229. 〈丹靑引〉 ·················· 杜子美(杜甫)
단청을 노래함

＊〈丹靑引〉: '丹靑'은 그림의 다른 말. '引'은 詩體의 한 장르. 원제목은 〈丹靑引贈
曹將軍霸〉로 되어 있음. 〈四部叢刊〉본과 章燮 注에는 〈丹靑引〉이라 하였고, 그
아래 副題로 '贈曹將軍霸'로 되어 있음. 이는 장군 曹霸에게 지어준 시의 형식
을 빈 小傳임. 《杜詩鏡銓》에 "《名畫記》:曹霸爲曹髦之後, 髦畫稱於魏代. 霸在開
元中已得名, 天寶末每詔寫御馬及功臣, 官至左武衛將軍"이라 함. '曹霸'는 唐나
라 때 장군을 지냈으나 도리어 화가로서 이름이 났던 인물. 유명한 韓幹은 그
의 제자였음. 杜甫와 친분을 가지고 있었던 것으로 보임. 三國 魏나라 曹髦의,
즉 魏武帝(曹操)의 孫子 高貴鄕公 曹髦(241–260)의 후손.《歷代名畫記》(9)에 傳이
있음. 이는 두보가 廣德 2년(764)에 지은 것임.

장군 조패曹霸, 그대는 위魏 무제武帝 증손 조모曹髦의 후손,

지금은 강등되어 청빈한 서인이 되고 말았네.

그 옛날 영웅으로 할거했던 일 비록 끝난 일이지만,

문채와 풍류는 지금도 남아 있네.

글씨에 뜻을 두어 처음에는 위부인衛夫人을 따라 배웠으나,

다만 왕우군王右軍을 넘어서지 못함을 한스럽게 여겼지.

그러나 그림에는 늙음이 장차 이를 것도 모르고 깊이 빠진 채,

부귀는 나에게 뜬구름 같은 것이라 여겼지.

개원開元 연간에 늘 황제의 부름을 받아,

은혜를 받들고 자주 남훈전南薰殿에 올랐었지.

능연각凌煙閣 공신 그림 색깔이 퇴색되어,

장군께서 보수를 마치니 생동하는 얼굴로 살아났네.

훌륭한 공신들 머리 위에 진현관進賢冠을 씌우고,

용맹한 장수들 허리에는 대우전大羽箭을 채우셨네.
포공褒公과 악공鄂公의 머리카락은 세워서 흔들리게 하시니,
영웅의 자태는 방금 신나게 전투를 치르고 온 모습인 듯.
현종玄宗의 어마 옥화총玉花驄이란 말은,
많은 화공들이 그렸지만 그림마다 실제와 너무 달랐는데,
오늘 궁궐 붉은 섬돌 아래로 끌고 와서,
창합문閶闔門 아래에 우뚝 세우니 긴 바람이 일도다.
임금의 조칙에 그대는 흰 비단을 한 번 털고,
마음속으로 이리저리 구상하여 그림을 얽어내니,
잠깐 뒤에 구중궁궐에 진짜 용 같은 말 그림이 나타나자,
만고의 범속한 말 그림들은 일시에 씻겨나가고 말았네.
옥화총 말 그림을 어탑御榻 위에 펼치니,
어탑 위의 말 그림과 뜰아래 진짜 말이 서로 우뚝 마주 향하네.
지존께서 웃음을 머금고 금을 하사하기를 재촉하시니,
어인圉人과 태복太僕들은 모두가 놀라워 어쩔 줄 몰라 하네.
그의 제자 한간韓幹은 일찍 경지를 터득하여,
역시 말 그림에 특수한 모습도 그려내었네.
한간은 그러나 겉모습만 그릴 뿐 골상은 그려내지 못하여,
화류마驊騮馬로 하여금 그 기상을 잃게 하니 차마 보아줄 수가 없네.
장군만은 그림에 신명함이 있으니,
어쩌다 훌륭한 선비를 만나면 그를 진짜처럼 그려주었지만,
지금은 전란 속에 이리저리 표박하는 신세,
자주 길가는 보통 사람도 그려주고 있다네.
삶의 길이 궁하여 도리어 속세로부터 백안시당하니,
세상에 그대처럼 가난한 이도 더 이상 없구려.
다만 보노라, 예로부터 이름난 위대한 사람은,
해가 마치도록 힘듦과 고달픔이 그 몸을 얽매어 묶었었음을!

將軍魏武之子孫, 於今爲庶爲淸門.
英雄割據雖已矣, 文彩風流今尙存.
學書初學衛夫人, 但恨無過王右軍.
丹靑不知老將至, 富貴於我如浮雲.
開元之中常引見, 承恩數上南薰殿.
凌煙功臣少顏色, 將軍下筆開生面.
良相頭上進賢冠, 猛將腰間大羽箭.
褒公鄂公毛髮動, 英姿颯爽猶酣戰.
先帝天馬玉花驄, 畫工如山貌不同.
是日牽來赤墀下, 迥立閶闔生長風.
詔謂將軍拂絹素, 意匠慘澹經營中.
斯須九重眞龍出, 一洗萬古凡馬空.
玉花卻在御榻上, 榻上庭前屹相向.
至尊含笑催賜金, 圉人太僕皆惆悵.
弟子韓幹早入室, 亦能畫馬窮殊相.
幹惟畫肉不畫骨, 忍使驊騮氣凋喪.
將軍畫善盖有神, 偶逢佳士亦寫眞.
卽今漂泊干戈際, 屢貌尋常行路人.
途窮反遭俗眼白, 世上未有如公貧.
但看古來盛名下, 終日坎壈纏其身!

【將軍魏武之子孫, 於今爲庶爲淸門】‘魏武’는 魏武帝. 삼국시대 魏나라 曹操(155–220). 자는 孟德. 어릴 때는 阿瞞으로 불렸음. 沛國 출신으로 기지와 변화는 물론 문장에도 뛰어났으며, 曹丕의 아버지로 漢末에 세력을 키워 魏나라를 건립하는 기초를 세움. 아들 曹丕가 獻帝로부터 나라를 禪讓받아 魏나라를 세운 뒤, 아버지 曹操를 武帝로 추존함. 《孫子略解》,《兵書接要》,《曹操集》 등이 있음. 《三國志》(1)에 紀가 있음. ‘爲庶淸門’은 玄宗 天寶 末에 曹霸는 죄를 얻어 장군 직위가 삭탈되고 서민으로 강등되었음. ‘淸門’은 淸寒한 가문. 寒門의 다른 말. ‘爲庶

는 귀족의 신분에서 서민의 신분이 됨을 말함. 《杜詩鏡銓》注에 "《左傳》: 三后之姓, 於今爲庶"라 함.

【英雄割據雖已矣, 文彩風流今尙存】 '英雄'은 《人物志》(中)에 "夫草之精秀者爲英, 獸之特群者爲雄"이라 하였으며, 《三國志演義》〈靑梅煮酒論英雄〉에 曹操가 劉備에게 '英雄'에 대하여 "夫英雄者, 胸懷大志, 腹隱良謀, 有包藏宇宙之氣, 吐沖天地之志, 方可謂英雄也"라 한 구절이 있음. '割據'는 東漢 말 천하가 셋으로 할거되어 魏, 蜀, 吳 삼국으로 鼎立됨을 말함. '今尙存'은 일부 본에는 '猶尙存'으로 되어 있음. '文彩風流'는 曹操, 曹丕, 曹植 三父子는 漢末 建安文學의 대표자이며 領袖로, 흔히 '三曹'라 불렀음. 아울러 조패의 직계 선조인 高貴鄕公 曹髦 또한 畫家로 이름을 날려 《歷代名畫記》에 "髦畫稱于後世"라 할 정도였음.

【學書初學衛夫人, 但恨無過王右軍】 '衛夫人'은 晉나라 河東 安邑(지금의 山西 夏縣) 사람으로 이름은 鑠, 자는 茂漪(茂猗), 李矩의 아내로 隸書에 뛰어났으며 鍾繇의 書法을 정통으로 이어받았음. 특히 書藝 이론 〈筆陣圖〉가 유명하며 王羲之는 그를 따라 배웠음. 張懷瓘의 《書斷》에 "衛夫人, 名鑠, 字茂猗. ……隸書尤善, 規矩鍾公, 右軍少嘗師之"라 함. 한편 唐代에 이르러 그의 이론을 중시하여 《佩文齋書畫譜》에 인용된 《唐人論書》에는 "衛夫人書如揷花舞女, 低昂美容; 又如美女登臺, 仙娥弄影, 紅蓮映水, 碧沼浮霞"라 하였음. 《杜詩鏡銓》에 "《法書要錄》: 衛夫人 名鑠, 字茂漪, 廷尉展之女弟, 恆之從女, 汝陰太守李矩之妻也. 隸書尤善, 規矩鍾公, 右軍少嘗師之"라 함. '王右軍'은 王羲之. 생졸 연대는 각가의 주장이 달라 321-379, 혹 303-361, 혹 309-365년으로 보고 있음. 자는 逸少. 琅琊 臨沂(지금의 山東省) 사람으로 주로 會稽 山陰(지금의 浙江省 紹興)에 살았으며 벼슬이 右軍將軍, 會稽內史 등을 역임하여 흔히 "王右軍"으로 불림. 어린 나이에 衛夫人에게 글씨를 배웠으며 뒤에 前代 각가의 墨跡을 두루 섭렵하였고, 특히 張芝와 鍾繇의 글씨를 정밀히 익혀 漢魏의 樸實한 서풍을 근거로 다시 姸美하고 流便한 今體를 창조하였음. 그리하여 草書, 正書(楷書), 行書 등에 고르게 뛰어난 재질을 발휘하여 書藝史上 '繼往開來'의 공헌을 한 것으로 널리 평가받고 있음. 그의 서법은 역대 서학의 전형으로 지금도 칭송되고 있으며 '書聖'으로 추앙됨. 지금 전하는 墨跡 摹本으로는 〈蘭亭序〉, 〈快雪時晴〉, 〈喪亂〉, 〈孔侍中〉, 〈奉橘〉, 〈二謝〉 등의 帖이 있으며, 刻本으로는 〈樂毅論〉, 〈蘭亭序〉, 〈十七帖〉 등이 유명함. 《晉書》(80)에 傳이 있으며, 그 외에 그에 관한 評傳으로는 朱傑勤의 《王羲之評傳》(1948)이 널리 알려져 있음. 張懷瓘의 《書斷》에는 "尤善書, 草隸八分飛白章行, 備

精諸體, 自成一家, 千變萬化, 得之神功, 自非造化發靈, 豈能登峰造極?"이라 하였고, 《杜詩鏡銓》에도 "張懷瓘《書斷》: 篆, 籕, 八分, 隷書, 章草, 飛白, 行書, 草書, 通謂之八體, 惟王右軍兼工"이라 함.

【丹靑不知老將至, 富貴於我如浮雲】 '丹靑'은 그림을 대신하여 쓴 말. 원래는 丹砂와 청확(靑雘)을 일컫는 말에서 유래됨.《山海經》南山經에 "其陽多玉, 其陰多靑雘"이라 하였으며, 靑雘은 돌에서 나는 油脂의 일종.《說文》에 "雘, 善丹也"라 함. 고대 아주 중요한 푸른색 顔料로 사용하였으며 '丹靑'은 바로 여기에서 비롯된 말임. '不知老之將至'는 늙음이 장차 오리라는 것을 알지 못한 채 어떤 일에 열중임.《論語》述而篇에 "葉公問孔子於子路, 子路不對. 子曰:「女奚不曰:『其爲人也, 發憤忘食, 樂以忘憂, 不知老之將至』云爾.」"라 함. '富貴於我如浮雲'은 《論語》述而篇에 "子曰:「飯疏食飲水, 曲肱而枕之, 樂亦在其中矣. 不義而富且貴, 於我如浮雲.」"이라 함.

【開元之中常引見, 承恩數上南薰殿】 '開元'은 唐 玄宗의 연호. 713–741년까지 29년간임. 盛唐의 성세를 이루었던 시기. '數'은 자주. '삭'으로 읽음.《眞寶》注에 "數, 音朔"이라 함. '南薰殿'은 《全唐詩》에는 '南熏殿'으로 되어 있음. 唐나라 宮殿 이름.《長安志》(9)에 "南內興慶宮, 宮內正殿曰興慶殿, 前有瀛洲門, 內有南薰殿, 北有龍池"라 하였고, 《杜詩鏡銓》에도 "《長安志》: 南內興慶宮內有南薰殿"이라 함.

【凌煙功臣少顔色, 將軍下筆開生面】 '凌煙'은 凌煙閣. 궁궐 서쪽 三淸殿 옆에 세웠던 누각으로 褚遂良이 현판을 썼으며, 貞觀 17년(643) 2월 이곳에 功臣 長孫無忌, 杜如晦, 魏徵 등 24명의 초상을 閻立本으로 하여금 그리도록 하여 걸어 표창하였음.《眞寶》注에 "閣名, 唐貞觀中, 畫長孫無忌等二十四人於凌煙閣上"이라 함. 한편 《歷代名畫記》(9)에 "閻本立, 貞觀十七年, 詔畫凌煙閣功臣二十四人圖, 上自爲讚"이라 하였으며, 《貞觀政要》任賢篇에 "因令起居褚遂良詣其靈帳讀訖焚之, 其悲悼也若此. 又令與房玄齡, 長孫無忌, 杜如晦, 李靖等二十四人, 圖形於凌煙閣"이라 하였음. 그런데 이 그림이 시간이 흘러 퇴색하자 唐 玄宗 開元 연간에 曹霸에게 명하여 다시 보수하도록 하여 그림이 다시 완성되자 생동감이 돌았다 하며, 이에 '別開生面'이라는 성어는 여기에서 비롯되었다 함.《杜詩鏡銓》에 "《唐書》: 貞觀十七年二月, 圖功臣於麒麟閣"이라 함.

【良相頭上進賢冠, 猛將腰間大羽箭】 '良相'은 훌륭한 재상. 당시 뛰어났던 魏徵, 房玄齡 등을 가리킴. '進賢冠'은 모자 이름.《後漢書》輿服志에 "進賢冠, 古緇布冠也. 文儒者之服"이라 함. 검은색 모자로 당대 百官들의 朝服이며 모두 이 進賢冠

을 썼음. 24공신의 文官의 그림에 이러한 모습을 그려 넣었음을 말함.《杜詩鏡銓》에 "唐書:百官朝服皆進賢冠.《舊書》:武德中制有爵弁, 遠遊, 進賢, 武弁, 獬豸諸冠"이라 함. '大羽箭'은 화살 이름. 唐 太宗 李世民이 즐겨 쓰던 화살.《酉陽雜俎》(1)에 "太宗好用四羽大笥長箭, 嘗一射洞門闔"이라 함. 그림에는 이를 허리에 찬 모습을 재현하여 그려 넣음.

【褒公鄂公毛髮動, 英姿颯爽猶酣戰】'褒公鄂公'의 '褒公'은 段志玄(元)을 가리키며 太宗 때 輔國大將軍, 揚州都讀 등을 역임하였고 褒國公에 봉해짐. 24功臣의 제 10번째 그림. '鄂公'은 울지경덕(尉遲敬德)을 가리키며 太宗 때 開府儀同三司 등을 역임하였고 鄂國公에 봉해짐. 7번째 화상에 올라 있음.《貞觀政要》등을 참조할 것. 모두 唐나라의 開國功臣으로 凌煙閣 24功臣이며 여기서는 이 두 사람을 들어 나머지 모두를 대신한 것.《眞寶》注에 "鄂公, 尉遲敬德; 褒公, 段志玄"이라 함.《杜詩鏡銓》에 "《舊書》:凌煙閣功臣二十四人, 開府儀同三司鄂國公尉遲敬德第七, 故輔國大將軍揚州都督褒國忠壯公段志元第十一"이라 함. '颯爽'은 시원하고 용감한 모습을 표현하는 雙聲連綿語. '來'는《全唐詩》注에 '一作猶'라 함. '酣戰'은 즐겁게 싸움. 자신감을 가지고 싸움에 나섬. '酣'은 洽과 같은 뜻임.《淮南子》覽冥訓에 "魯陽公與韓戰, 戰酣, 日暮, 援戈而撝之"라 하였고,《韓非子》十過篇에도 "酣戰之時, 司馬子反渴而求飮, 豎穀陽操觴酒而進之"라는 표현이 있음.《杜詩鏡銓》에 "黃注:功臣獨言褒鄂, 擧二公以見其餘, 想畫此尤生動耳"라 함.

【先帝天馬玉花驄, 畫工如山貌不同】'先帝'는 唐 玄宗(明皇)을 가리킴. '天馬'는 황제의 말. 御馬로 표기된 판본도 있음. '玉驊驄'은 玉花驄. 玄宗이 타고 다니던 名馬. 西域에서 나는 준마.《杜詩鏡銓》에 "《明皇雜錄》:上所乘馬有玉花驄, 照夜白"이라 함. '貌不同'은 그림과 실제 말의 모습이 다름.《杜詩鏡銓》에 "謂傳寫不肖也"라 하였으며, '貌'는 '莫角切'이라 하여 '막'으로 읽으며, '貌'은 '인물의 초상 등을 그림으로 그리다'의 動詞일 경우 '막'으로 읽음.

【是日牽來赤墀下, 迥立閶闔生長風】'赤墀'는 丹墀와 같음. 붉은색을 칠한 궁궐 앞의 섬돌. 墀는 '지'로 읽음.《漢官儀》에 "以丹漆階上地曰丹墀"라 하였고,《字彙》에 "階上地也. 天子以丹漆之, 故稱丹墀"라 함. '迥立'은 우뚝 서 있음. '閶闔'은 紫微宮의 天門. 閶闔門.《洛陽伽藍記》(序)에 "次北曰「閶闔門」. 漢曰「上西門」, 上有銅璇璣玉衡, 以齊七政. 魏晉曰「閶闔門」, 高祖因而不改"라 함.

【詔謂將軍拂絹素, 意匠慘澹經營中】'謂'는 '稱', '命'과 같음. '意匠'은 마음속에 그리거나 만들고자 하는 형상을 미리 구상하여 품고 있음. 晉 陸機의 〈文賦〉에 "意

司契而爲匠"이라 함. '慘澹經營'은 깊이 고심하여 설계하고 구상함. '慘澹'은 疊韻連綿語로 고심함을 뜻하며, '經營' 역시 疊韻連綿語로 이리저리 얽어냄. 《詩》大雅 靈臺篇에 "經始靈臺, 經之營之. 庶民攻之, 不日成之"라 함. 여기서는 그림을 구상하여 그려냄을 뜻함. 《杜詩鏡銓》에 "所謂良工心苦"라 함.

【斯須九重眞龍出, 一洗萬古凡馬空】'斯須'는 《杜詩鏡銓》에는 '須臾'로도 되어 있으며 둘 모두 '아주 짧은 시간'을 표현하는 雙聲連綿語와 疊韻連綿語임. 《禮記》樂記에 "禮樂不可斯須去身"이라 함. '九重'은 아홉 겹의 높은 하늘. 그러한 곳에 살고 있는 천자. 《楚辭》"君之門以九重"의 注에 "天子有九門. 所謂關門, 遠郊門, 近郊門, 城門, 皐門, 雉門, 應門, 庫門, 路門也"라 함. '眞龍'은 말의 형상이 마치 높은 하늘에서 내려온 진짜 용과 같음. '龍'은 말을 뜻함. 《周禮》에 "馬八尺以上爲龍"이라 함.

【玉花卻在御榻上, 榻上庭前屹相向】'玉花'는 玉花驄. '御榻'은 皇帝가 앉는 자리. 玉花驄을 그린 그림이 御榻 위에 걸려 있어 뜰 앞에 진열한 말과 구별할 수 없을 정도로 정교함을 말함.

【至尊含笑催賜金, 圉人太僕皆惆悵】'至尊'은 皇帝. 지극히 존귀한 사람이라는 뜻. '圉人'은 말을 기르는 사람. '太僕'은 말을 관장하는 官員. 《周禮》夏官에 "圉人掌養馬芻牧之事"라 하였고, 《漢書》百官公卿表에는 "太僕, 秦官, 掌輿馬"라 함. 唐나라 때는 태복시(太僕寺)와 사어시(司馭寺)를 설치하고 正卿을 두었음. '惆悵'은 '惆悄'과 같으며 雙聲連綿語. 그림 솜씨에 놀라기도 하고 슬퍼하기도 하면서 동시에 황제의 재촉 명령에 어쩔 줄 몰라 함. 《杜詩鏡銓》에 "朱注: 畫馬奪眞, 故圉人太僕爲之惆悵. 太僕, 馬官; 圉人, 廏養也"라 함.

【弟子韓幹早入室, 亦能畫馬窮殊相】'韓幹'은 唐代의 畫家로 曹霸의 弟子. 人物畫와 馬畫에 뛰어났음. 지금도 그의 그림이 남아 있으니 〈韓幹牧馬圖〉가 유명함. 王維가 그의 그림을 보고 추천하여 이름이 오르기 시작하였으며, 玄宗이 특히 말을 좋아하여 그로 하여금 준마를 그리도록 하였음. 《唐朝名畫錄》에 "韓幹, 京兆人也. 明皇天寶中, 召入供奉上令, 師陳閎畫馬, 帝怪其不同, 因詰之, 奏云:「臣自有師, 陛下內廏之馬, 皆臣之師也.」上甚異之, 其後果能狀飛黃之質, 圖噴玉之奇九, 方之職, 既精伯樂之相, 乃備. 且古之畫馬, 有穆王八駿圖, 後立本亦模寫之多, 見筋骨, 皆擅一時, 足爲希代之珍. 開元後, 四海清平, 外國名馬重譯累至, 然而沙磧之遥, 蹄甲皆薄. 明皇遂擇其良者, 與中國之駿, 同頒盡寫之. 自後內廏有飛黃, 照夜, 浮雲, 五花之乘. 奇毛異狀, 筋骨既圓, 蹄甲皆厚, 駕馭歷險, 若乘輿輦之安也. 馳驟

旋轉, 皆應韶濩之節. 是以陳閎貌之於前, 韓幹繼之於後, 寫渥洼之狀, 若在水中移, 驕裹之形, 出於圖上, 故韓幹居神品宜矣. 又寶應寺三門, 神西院北方, 天王佛殿前面菩薩, 及淨土壁, 資聖寺北門, 二十四聖, 皆奇蹤也. 畫高僧鞍馬菩薩鬼神等, 並傳於世"라 함. 《杜詩鏡銓》에 "《歷代名畫記》(9): 韓幹, 大梁人. 官至太府寺丞. 善寫貌人物, 尤工鞍馬. 初師曹霸, 後自獨擅. 玄宗好大馬, 西域大宛歲有來獻, 命幹悉圖其駿. 時岐, 薛, 申, 寧王廐中皆有善馬, 幹並圖之, 遂爲古今獨步"라 함. 《圖繪寶鑑》및 《太平廣記》(211)에도 그의 사적이 자세히 실려 있음. '入室'은 경지에 오름. 《論語》先進篇에 "子曰:「由之瑟奚爲於丘之門?」門人不敬子路. 子曰:「由也升堂矣, 未入於室也.」"라 함. '窮殊相'은 각기 다른 형태를 끝까지 궁구하여 표현해냄.

【幹惟畫肉不畫骨, 忍使驊騮氣凋喪】'畫肉不畫骨'은 겉모습은 그려내되 骨相을 제대로 그려내지 못함. 한편 《明心寶鑑》,《昔時賢文》 등에 "畫虎畫皮難畫骨, 知人知面不知心"이라 함. '驊騮'는 고대 駿馬 이름. '畫'는 《全唐詩》注에는 '一作盡'이라 함.

【將軍畫善盖有神, 偶逢佳士亦寫眞】'寫眞'은 본 모습 그대로 그려냄. 梁 蕭綱의〈詠美人看畫〉에 "誰能辨寫眞?"이라 함. 《杜詩鏡銓》에 "謂向日"이라 함.

【卽今漂泊干戈際, 屢貌尋常行路人】'干戈'는 戰爭. '尋常'은 평범함. '行路人'은 길 가는 보통 사람. 蘇武 詩에 "四海皆兄弟, 誰爲行路人?"이라 함.

【途窮反遭俗眼白, 世上未有如公貧】'途窮'은 뜻을 이루지 못하여 困窮한 모습. 顏延之 〈咏阮步兵〉詩에 "物故不可論, 途窮能無慟?"이라 함. '眼白'은 '白眼'과 같음. 白眼視함. 무시함. 혐오하는 눈빛으로 봄. 晉나라 때 阮籍의 고사에서 유래됨. 《晉書》阮籍傳에 "阮籍, 能爲靑白眼. 見禮俗之士, 以白眼對之. 及嵇喜來弔籍作白眼, 喜不懌而退. 喜弟康聞之, 乃齎酒挾琴造焉. 籍大悅, 乃見靑眼. 由是禮法之士, 疾之若讐, 而帝每保護之"라 하였고, 《世說新語》注에 "能爲靑白眼. 見凡俗之士, 以白眼對之, 見異才之人, 以靑眼對之"라 함.

【但看古來盛名下, 終日坎壈纏其身】'坎壈'은 '감람'으로 읽으며 불우하고 힘든 생활을 뜻하는 疊韻連綿語. 《楚辭》九辯에 "坎壈兮, 貧士失職而志不平"이라 함. 雙聲連綿語 '坎坷(轗軻)'와 같음.

1. 杜子美:杜甫, 杜少陵, 杜工部. 042 참조.

2. 이 시는 《九家集注杜詩》(8), 《補注杜詩》(8), 《集千家註杜工部詩集》(11), 《杜詩詳注》(13), 《杜詩鏡銓》(11), 《文苑英華》(339), 《全唐詩》(220), 《唐詩品彙》(28), 《事文類聚》(前集 41), 《草堂詩話》(下), 《漁洋詩話》(中), 《古今詩刪》(12) 등에 널리 실려 있음.

3. 韻脚은 '孫, 門, 存', '軍, 雲', '見, 殿, 面, 箭, 戰' '驄, 同, 風, 中, 空', '上, 向, 悵, 相, 喪', '神, 眞, 人, 貧, 身'으로 모두 5번 換韻함.

4. 淸 施均父의 《硯傭說詩》에 "〈丹靑引〉, 畫人是賓, 畫馬是主, 却從善書引其善畫, 從畫人引起畫馬, 又用韓幹之畫肉, 墊將軍之畫骨, 末後搭到畫人, 章法錯綜絶妙, 學者亟宜究心, 唯收處悲涼不可學"이라 함.

5. 《杜詩諺解》初刊本(16)

將軍은 魏ㅅ 武王의 子孫이니

이제 庶人이 ᄃᆞ외아 淸寒ᄒᆞᆫ 家門이 ᄃᆞ외얏도다

英雄의 버혀 브터슈미ᄉᆞ 비록 말리나

文彩와 風流ᄂᆞᆫ 이제 오히려 잇도다

글 수믈 비호되 衛夫人의게 처엄 비호니

오직 王右軍의게 넘디 몯호믈 뉘읏놋다

그림 그리기예 늘구미 將次 오믈 아디 몯ᄒᆞᄂᆞᆯ

가ᅀᆞ멸며 貴호믄 내게 ᄠᅳᆫ구룸 ᄀᆞᄐᆞ니라 너기놋다

開元中에 샹녜 혀 보시니

恩澤을 닙ᄉᆞ와 南薰殿에 ᄌᆞ조 오ᄅᆞ니라

凌煙閣앳 그롓ᄂᆞᆫ 功臣이 눗비치 젹거늘

將軍이 부들 ᄂᆞ리와 산 ᄂᆞ추를 여러 내니라

어딘 宰相의 머리 우힌 進賢冠을 셋고

勇猛ᄒᆞᆫ 將軍의 허릿 ᄉᆞᅵ엔 大羽箭이로다

褒公과 鄂公의 머릿터리 뮈ᄂᆞ니

豪英ᄒᆞᆫ 양지 싁싁ᄒᆞ니 흐들히 사호다가 온 ᄃᆞᆺᄒᆞ도다

先帝ㅅ 天馬玉花驄을

畫工이 뫼ᄀᆞ티 이셔셔 그료되 ᄀᆞᆮ디 아니터라

이 나래 赤墀ㅅ 아래 잇거 와

閶闔애 휫돌아 셰니 긴 ᄇᆞᄅᆞ미 나더라
將軍을 下詔ᄒᆞ야 니ᄅᆞ샤 흰 기베 ᄠᅥ러 그리라 ᄒᆞ시니
意匠이 經營ᄒᆞᄂᆞᆫ 中에 어렵더라
아니한 더데 九重에 眞實ㅅ 龍이 나
萬古앳 凡馬ᄅᆞᆯ ᄒᆞᆫ번 시서 뷔니라
玉花ㅣ 도ᄅᆞ혀 御榻 우희 이시니
榻 우콰 ᄠᅳᆯ 알ᄑᆡ 구즈기 서르 向ᄒᆞ얫도다
님그미 우수믈 머그샤 金을 주라 뵈아시니
圉人太僕은 다 슬허 ᄒᆞᄂᆞᆺ다
弟子 韓幹이 일 지븨 드니
ᄯᅩ 能히 ᄆᆞᄅᆞᆯ 그려 다ᄅᆞᆫ 양ᄌᆞᄅᆞᆯ 다 ᄒᆞᄂᆞ니라
幹은 오직 고기ᄅᆞᆯ 그리고 ᄲᅧᄅᆞᆯ 그리디 몯ᄒᆞᄂᆞ니
ᄎᆞ마 驊騮로 히여 氣運을 브ᅀᅳ왜에 ᄒᆞ리아
將軍의 다 잘 ᄒᆞ요미 神妙호미 잇ᄂᆞ니
반ᄃᆞ기 佳士ᄅᆞᆯ 맛보아ᄃᆞᆫ ᄯᅩ 眞樣ᄋᆞᆯ 그리더라
곧 이제ᄂᆞᆫ 干戈ㅅ ᄀᆞᅀᆡ 브터 ᄃᆞᆫ녀셔
샹녯 길 녀ᄂᆞᆫ 사ᄅᆞᄆᆞᆯ ᄌᆞ조 그리ᄂᆞᆺ다
길히 窮ᄒᆞ야 도로혀 俗人의 눈 흘긔여 보ᄆᆞᆯ 맛나니
世上애 그듸ᄀᆞ티 가난ᄒᆞ니 잇디 아니 ᄒᆞ니라
녜로 오매 盛ᄒᆞᆫ 일훔 아래ᄅᆞᆯ 오직 보라
나리 ᄆᆞᆺᄃᆞ록 어려운 이리 모매 얼켯ᄂᆞ니라

230. 〈桃竹杖引〉·················· 杜子美(杜甫)
도죽 지팡이 노래

*〈桃竹杖引〉: 桃竹으로 만든 지팡이를 두고 노래함.《杜詩鏡銓》과《杜詩詳註》,
《集千家注杜工部詩集》에는 제목이 〈桃竹杖引贈章留後〉로 되어 있음. 章留後는
章彝을 가리키며 留後는 벼슬 이름. 杜甫 詩 〈冬狩行〉 自注에 "梓州刺史章彝,
兼侍御史留後東川"이라 함. 그가 보내준 桃竹杖에 대한 답례로 지어 보낸 것임.
《杜詩鏡銓》注에 "〈蜀都賦〉:「靈壽桃枝.」注: 桃枝, 竹屬, 出墊江縣, 可以爲杖. 東
坡〈跋桃竹引後〉:「桃竹葉如棕, 身如竹, 密節而實中, 犀理瘦骨, 蓋天成拄杖也.」
出巴渝間, 子美有〈桃竹歌〉"라 하여 '桃竹'은 桃枝竹, 棕櫚竹이라고도 하며, 잎사
귀는 棕櫚나무처럼 생겼으며, 줄기는 대 같으면서도 마디 사이가 짧고 속이 차
있어 자연 그대로 지팡이로 삼기에 아주 훌륭한 재질이라 함. 주로 巴州, 渝州
등지에서 남. 이 시는 廣德 2년(764)에 지은 것임.

강 가운데 반석 위에 도죽桃竹이 나서,
뿜어내는 푸른 물결에 젖은 채 지팡이 만들기에 충분하네.
뿌리 자르고 껍질 벗기자 자옥紫玉 같은 모습이 나타나니,
강비江妃나 수선水仙도 아끼던 것일 테지만 어쩔 수 없네.
자동자사梓潼刺史가 도죽을 한 묶음 가져다 풀어놓으니,
당堂에 가득한 손님들 모두 감탄을 하네.
늙고 병든 나를 가엾게 여겨 두 대궁을 주었는데,
출입할 때 짚었더니 끝에서 쟁그랑거리는 쇳소리 날 정도일세.
이 늙은이 다시 동남쪽으로 여행하려고,
물결 타고 뱃전 두드리며 백제성白帝城을 지나게 되면,
길 으슥하여 틀림없이 귀신들이 이를 빼앗으려 들 터이니,
칼 빼들고 혹 교룡蛟龍과도 다툴 일이 벌어지겠네.
거듭 지팡이에게 고하노니 : "지팡이여, 지팡이여!

너는 자라남이 매우 바르고 곧았으니,

　삼가 물을 보고는 뛰어올라 용이 된 옛일을 흉내내지 말라.

　나로 하여금 너의 부축을 받지 못한 채,

　군산君山 동정호洞庭湖의 청봉靑峯에서 종적을 잃는 일 없도록 해다오."

　아! 풍진風塵이 자욱하도다, 승냥이와 호랑이가 사람을 무는 세상,

　갑자기 이 두 지팡이 잃으면 내 장차 무엇을 의지하랴?

　江心磻石生桃竹, 蒼波噴浸尺度足.

　斬根削皮如紫玉, 江妃水仙惜不得.

　梓潼使君開一束, 滿堂賓客皆歎息.

　憐我老病贈兩莖, 出入爪甲鏗有聲.

　老夫復欲東南征, 乘濤皷枻白帝城.

　路幽必爲鬼神奪, 拔劒或與蛟龍爭.

　重爲告曰:「杖兮杖兮! 爾之生也甚正直,

　愼勿見水踴躍學變化爲龍. 使我不得爾之扶持,

　滅跡於君山湖上之靑峯.」

　噫! 風塵澒洞兮豺虎咬人, 忽失雙杖兮吾將曷從?

【江心磻石生桃竹, 蒼波噴浸尺度足】'江心'은 강 가운데. '磻石'은 磐石. 넓고 편편한 큰 바위. '噴浸'은 물이 뿜어지면서 물에 젖음. '尺度足'은 길이와 굵기가 충분함. 지팡이로 삼기에 알맞음.

【斬根削皮如紫玉, 江妃水仙惜不得】'江妃'는 강의 여신. '水仙'은 물의 신선. 馮夷, 冰夷라고도 함.《杜詩鏡銓》注에 "《列仙傳》:「江妃二女出遊漢江湄, 逢鄭交甫, 解佩與之.」 王逸《楚辭》注:「馮夷, 水仙人也.」"라 하였고, 葛洪의《列仙傳》(上)에는 "江妃二女者, 不知何所人也. 出遊於江漢之湄, 逢鄭交甫, 見而悅之, 不知其神人也. 謂其僕曰:「我欲下請其佩.」 僕曰:「此間之人, 皆習於辭, 不得, 恐罹悔焉.」 交甫不聽, 遂下與之言曰:「二女勞矣!」 二女曰:「客子有勞, 妾何勞之有?」 交甫曰:「橘是柚也, 我

盛之以笥, 令附漢水, 將流而下. 我遵其傍, 探其芝而茹之. 以知吾爲不遜也, 願請子
之佩!」二女曰:「橘是柚也, 我盛之以笥, 今附漢水, 將流而下. 我遵其旁, 探其芝而
茹之.」遂手解佩與交甫. 交甫悅受, 而懷之中當心. 趨去數十步, 視佩空懷無佩, 顧
二女, 忽然不見. 詩曰:『漢有遊女, 不可求思.』此之謂也. 『靈妃艶逸, 時見江湄. 麗
服微步, 流盼生姿. 交甫遇之, 憑情言私, 鳴珮虛擲, 絶影焉追?』」라 함. 그리고 빙이
(馮夷)는 《博物志》(7)에 "馮夷, 華陰潼鄕人也, 得道成水仙, 是爲河伯. 豈道同哉?
仙人乘龍虎, 水神乘魚龍. 其行恍惚, 萬里如室"이라 하였고, 《搜神記》(4)에는 "宋
時, 弘農馮夷, 華陰潼鄕隄首人也. 以八月上庚日渡河, 溺死. 天帝署爲河伯"이라 하
였으며, 《史記》西門豹傳 正義에는 "河伯, 華陰潼鄕人也, 姓馮氏, 名夷. 浴於河中
而溺死. 遂爲河伯也"라 하는 등 널리 알려져 있음.

【梓潼使君開一束, 滿堂賓客皆歎息】'梓潼'은 梓州를 梓潼郡이라고도 부르며, 지금
의 四川 三台縣. '使君'은 고을의 태수 또는 刺史. 그때 章彛가 梓州刺史이면서
侍御史의 직분과 東川의 留後를 겸하여 章留後라 불렸음. 《杜詩鏡銓》注에 "鶴
注: 梓州梓潼郡, 西倚梓林, 東枕潼水"라 함.

【憐我老病贈兩莖, 出入爪甲鏗有聲】'兩莖'은 두 줄기. '爪甲'은 손발톱. '鏗有聲'은
'갱'하고 소리가 남. 《杜詩鏡銓》注에 "言其堅勁"이라 함.

【老夫復欲東南征, 乘濤鼓枻白帝城】'鼓枻'은 뱃전을 두드리는 소리. 혹은 노를 젓
는 소리. 《楚辭》漁父에 "漁父莞爾而笑, 鼓枻而去"라 함. '白帝城'은 四川 奉節縣
농쪽 白帝山에 있는 성. 그곳은 원래 지명이 魚復이었으나 東漢 때 公孫述이 그
곳에 이르러 白色(西方) 기운이 서린다 하여, 자립하여 成나라를 세우고 白帝城
을 쌓았음. 뒤에 三國 蜀의 劉備가 蜀으로 되돌아가다가 최후를 마친 곳이기도
함. 《大明一統志》에 "夔州府白帝城在府治東, 公孫述據蜀, 自稱白帝, 更號魚復曰白
帝城. 唐杜甫詩「城峻隨天壁, 樓高更女墻.」結云「公孫初恃險, 躍馬意何長?」"이라
함. 《杜詩鏡銓》注에는 "時有下峽之志"라 함.

【路幽必爲鬼神奪, 拔劍或與蛟龍爭】《杜詩鏡銓》注에 "用澹臺子羽拔劍碎璧事"라
함. 이는 《博物志》(7)에 "澹臺子羽渡河, 齎千金之璧於河, 河伯欲之, 至陽侯波起,
兩鮫挾船. 子羽左摻璧, 右操劍, 擊鮫皆死. 旣渡, 三投璧於河伯, 河伯三躍而歸之,
子羽毀璧而去."라 하였고, 《搜神記》(佚文) 澹臺子羽齎璧渡河에도 "澹臺子羽齎璧
渡河, 風波忽起, 兩龍夾舟. 子羽奮劍斬龍, 波乃止. 登岸, 投璧於河, 河伯三歸之.
子羽毀璧而去."라 하였으며, 《太平御覽》(930)에도 "澹臺子羽, 賚千金之璧渡河, 河
伯欲之, 陽侯波起, 兩蛟夾船. 子羽左操璧, 右操劍, 擊蛟皆死. 旣濟, 三投璧於河,

河伯三躍而歸之, 子羽毀璧而去."라 함. 그 외《蒙求》(079)에도 "《博物志》曰:澹臺字
子羽. 渡河齎千金之璧. 于河河伯欲之, 至陽侯波起兩鮫挾船. 子羽左操璧, 右操劍,
擊鮫皆死. 旣渡, 三投璧于河, 河伯躍而歸之, 子羽毀璧而去."라 하여 널리 알려진 고
사임. '拔劍'은《九家集註杜詩》와《集千家注杜工部詩集》등에는 '杖劍'으로 되어
있으며, 注에 "一作拔"이라 함.

【重爲告曰:杖兮杖兮! 爾之生也甚正直, 愼勿見水踴躍學變化爲龍. 使我不得爾之扶
持, 滅跡於君山湖上之青峯】'踴躍'은 '펄쩍 뛰어오르다, 빠르게 내달리다'의 雙聲
連綿語. '學'은 '흉내내다'의 뜻. '變化爲龍'은 변화하여 용이 됨. 壺公이 費長房을
돌려보내며 한 竹杖을 주고 타고 가도록 하였는데, 費長房이 돌아와 죽장을 葛
陂湖에 내던졌더니 青龍으로 변했다 함.《神仙傳》(9)에 "長房憂不能到家, 公以竹
杖與之曰:「但騎此到家耳.」長房辭去, 騎杖忽然如睡, 已到家, 家人謂之鬼. 其述前
事, 乃發視棺中惟一竹杖, 乃信之. 長房以所騎竹杖投葛陂中, 視之, 乃青龍耳."라
함.《杜詩鏡銓》注에도 "《神仙傳》:壺公遣費長房歸, 以一竹杖與之, 長房騎杖, 忽然
如眠, 便到家, 以杖投葛陂中, 視之, 乃青龍耳"라 함. '滅跡'은 실종됨. '君山'은 洞
庭湖에 있는 산. 洞庭山이라고도 부르며 선녀가 살았다는 전설이 있음.《大明一
統志》에 "岳州府君山, 在府城西南一十五里, 洞庭湖中, 一名洞庭山, 狀如十二螺鬟.
《山海經》云:「洞庭之山帝之二女居之, 蓋堯女湘君嘗居此, 故名. 道書以爲第十一福
地. 唐劉禹錫詩:「湖光秋水兩相和, 潭面無風鏡乍磨. 遙望洞庭山擁翠, 白銀盤裏一
青螺.」라 함.《杜詩鏡銓》注에 "君山, 乃洞庭湖山也.《水經注》:是山湘君所遊處,
故曰君山"이라 함.

【噫! 風塵澒洞兮豺虎咬人, 忽失雙杖兮吾將曷從】'澒洞'은 '鴻洞'으로도 표기하며.
'홍동'으로 읽음. 구름이나 안개 등이 휘돌며 자욱하게 피어오르는 모습을 표현
하는 疊韻連綿語.《字彙》에 "流轉貌, 氣澒洞, 未分之象也"라 함. '曷'은 의문사. 何,
焉, 安, 烏 등과 같음. '從'은 따름, 의지함, 부축을 받음.

참고 및 관련 자료

1. 杜子美:杜甫, 杜少陵, 杜工部. 042 참조.
2. 이 시는《九家集注杜詩》(8),《補注杜詩》(8),《集千家註杜工部詩集》(10),《杜詩詳
注》(12),《杜詩鏡銓》(10),《全唐詩》(220),《全唐詩錄》(28),《唐宋詩醇》(11),《竹譜》(8),
《蜀中廣記》(63),《淵鑑類函》(378),《唐詩鏡》(24) 등에 실려 있음.
3. 韻脚은 '竹, 足, 得, 息'. '莖, 聲, 城, 爭'. '龍, 峯, 從'.

4.《杜詩鏡銓》注評(《杜詩詳註》도 같음)

長短句公集中僅見, 字字騰擲跳躍, 亦是有意出奇. ○朱鶴齡曰:此詩蓋借竹杖規章留後也. 以踴躍爲龍戒之, 又以忽失雙杖危之, 其微旨可見.

5.《杜詩諺解》初刊本(16)

ᄀᆞᄅᆞᆷ 가온딧 서린 돌해 桃竹이 나니

프른 믌겨리 ᄡᅥᆷ겨 尺度ㅣ ᄌᆞ라도다

불휘ᄅᆞᆯ 버혀 거프를 갓ᄀᆞ니 블근 玉이 ᄀᆞᆮᄒᆞ니

江妃와 水仙괘 앗기다가 몯ᄒᆞ도다

梓潼ㅅ 使君이 ᄒᆞᆫ 무슬 여니

지븨 ᄀᆞᄃᆞ기 안즌 손ᄃᆞᆯ히 다 嘆息ᄒᆞᄂᆞ다

내 늙고 病ᄒᆞ몰 슬허 두 줄기를 주니

들며 날 저긔 슰토배 다텨 鏗然히 소리 잇도다

늘근 노미 ᄯᅩ 東南ᄋᆞ로 녀 가

白帝城ᄋᆞ로 믌결 트며 비츨 두드리고져 ᄒᆞ노니

길히 幽僻ᄒᆞ야 반ᄃᆞ기 鬼神의 아ᅀᆞ미 ᄃᆞ외며

갈ᄒᆞᆯ 디퍼 시혹 蛟龍과 다뭇 ᄃᆞ토리로다

다시 告ᄒᆞ야 닐오ᄃᆡ 막대여 막대여 네의 나미 甚히 正直ᄒᆞ니

믈 보고 ᄲᅱ노라 變化ᄒᆞ야 龍 ᄃᆞ외요믈 비화

날로 ᄒᆡ여 네 더위 자보믈 얻디 몯게 ᄒᆞ야

君山ㅅ ᄀᆞ름 웃 프른 뫼해 자최 滅沒ᄒᆞ몰 삼가 말라

슬프다 ᄇᆞᄅᆞ매 드트리 ᄀᆞ득ᄒᆞ고 豺虎ㅣ 사ᄅᆞ몰 므ᄂᆞ니

두 막대를 믄득 일흐면 내 將次ㅅ 누를 조ᄎᆞ리오

231. <韋諷錄事宅觀曹將軍畫馬圖引> ·············· 杜子美(杜甫)
녹사참군 위풍의 집에서 조장군의 말 그림을 보고

＊<韋諷錄事宅觀曹將軍畫馬圖引>: '韋諷'은 사람 이름으로 낭주(閬州)의 錄事參軍
을 지냈던 인물. 당시 그는 成都에 살고 있었으며 杜甫의 다른 시 <送韋諷錄事
上閬州錄事參軍>에 의하면 그는 매우 정직하고 식견이 있었다 함. '曹將軍은 曹
霸. 唐나라 때 將軍을 지냈으나 도리어 화가로서 이름이 났던 인물. 유명한 韓
幹은 그의 제자였음. 安史의 난으로 蜀 땅을 유랑하였으며, 그 때 두보와 교유
함.《歷代名畫記》(9)에 "曹霸, 魏曹髦之後, 髦畫稱於後代, 霸在開元中已得名. 天
寶末, 每詔寫御馬及功臣, 至左武衛將軍"이라 함. 앞장 <丹靑引>(229)을 참조할
것. 이 시는 杜甫가 廣德 2년(764) 東川에서 成都로 돌아온 뒤 지은 것으로 閬
州錄事 韋諷의 집에서 曹霸가 그린 말 그림을 보고 唐 玄宗 생시 말에 대한 멋
진 위풍과 고사 등을 회상하여 읊은 것임. 한편《杜詩鏡銓》注에는 "一本無歌
字. 朱注: 曹將軍<九馬圖>, 後藏長安薛紹彭家, 蘇子瞻作<贊>"이라 함.《補注杜詩》
에 "鶴曰: 詩云「君不見金粟堆前松柏裏, 龍媒去盡鳥呼風?」當是葬明皇後作, 梁權
道編在寶應元年梓州詩內, 恐非. 當在廣德二年公再到成都時作. 韋諷爲閬州錄事,
諷之居在成都"라 함.

당唐나라가 들어선 이래 말 그림에서는,
그 신묘神妙함에 있어서 오직 강도왕江都王을 꼽을 정도였다네.
그런데 조패曹霸 장군이 이름을 얻은 지 30여 년,
사람 사는 세상에 다시 진짜 승황乘黃을 보게 되었네.
일찍이 현종이 타던 조야백照夜白이라는 말을 그려내자,
용지龍池에 열흘 동안 벼락이 휘몰아쳤네.
궁전 안의 창고에서 진홍색 마뇌馬腦 쟁반을 하사하였고,
첩여婕妤는 임금의 조서를 전달하고 재인才人은 그를 찾았네.
쟁반을 하사하자 장군은 절하고 물러서며 예를 갖추었고,

함께 내린 가볍고 가는 비단, 연이어 서로 나는 듯이 뒤를 따르네.

귀척과 권문들 그의 필적을 얻으면,

비로소 그 집 병풍에 광채가 드날림을 알아차리게 된다네.

지난날 태종太宗께서는 권모와拳毛騧라는 말을 가지고 있었고,

근래 곽자의郭子儀 집안에는 사자화師子花라는 준마가 있었지.

지금 이 두 마리 말이 그림으로 그려졌으니,

알아보는 이로 하여금 한참 동안 다시 감탄을 자아내게 하네.

이들 말은 모두가 싸움에 나가면 만인을 상대하는 명마,

흰 비단 속 그림에서도 아득히 모래바람을 일으키네.

그 나머지 일곱 필도 역시 뛰어나긴 마찬가지,

아득히 마치 찬 공중에 안개 눈을 뿌리는 듯,

말발굽 내달아 가래나무 가로수 긴 도로를 휘달리니,

말 살피는 관리와 마구간 역부들 줄을 지어 늘어섰네.

아름답다, 그림 속의 아홉 필 말들 신준함을 다투니,

돌아보는 눈길 청고한 기운이 깊고 안온하여라.

빌어 묻건대 이토록 고심하며 말을 사랑한 사람이 그 누구던가?

뒤로는 위풍韋諷이요, 옛날에는 지둔支遁이 있었지.

기억하건대 현종이 옛날 신풍궁新豊宮에 행차하실 때,

의장 깃발 취화기翠華旗는 동쪽을 향해 나부꼈지.

수많은 말들이 흐드러져 삼만 필은 되었으니,

모두가 이 그림 속 말들과 근골이 같았었네.

구슬을 바쳐 하종河宗을 뵙고, 그 일로 현종이 승하하고 나서,

다시는 강물에 나가 교룡을 쏘았다는 위풍당당함은 사라지고 말았네.

그대는 보지 못하였는가? 금속퇴金粟堆 현종의 무덤 앞 소나무 잣나무에,

용매龍媒 같은 준마는 모두 사라지고 새들만이 바람맞아 우짖고 있음을!

國初以來畫鞍馬, 神妙獨數江都王.
將軍得名三十載, 人間又見眞乘黃.
曾貌先帝照夜白, 龍池十日飛霹靂.
內府殷紅馬腦盤, 婕妤傳詔才人索.
盤賜將軍拜舞歸, 輕紈細綺相追飛.
貴戚權門得筆跡, 始覺屛障生光輝.
昔日太宗拳毛䯄, 近時郭家師子花.
今之新圖有二馬, 復令識者久歎嗟.
此皆騎戰一敵萬, 縞素漠漠開風沙.
其餘七匹亦殊絶, 迥若寒空動煙雪.
霜蹄蹴踏長楸間, 馬官廝養森成列.
可憐九馬爭神駿, 顧視清高氣深穩.
借問苦心愛者誰, 後有韋諷前支遁.
憶昔巡幸新豐宮, 翠華拂天來向東.
騰驤磊落三萬匹, 皆與此圖筋骨同.
自從獻寶朝河宗, 無復射蛟江水中.
君不見金粟堆前松栢裏, 龍媒去盡鳥呼風!

【國初以來畫鞍馬, 神妙獨數江都王】 '國初'는 唐나라가 들어선 이래. '鞍馬'는 말 그림을 일컫는 그림 작법의 용어. '神妙'는 出神入妙의 줄인 말인 동시에 그림에 있어서의 神品과 妙品 등 최고 작품을 말함. '江都王'은 唐 太宗(李世民)의 조카 李緖. 霍王(李元軌)의 아들. 역시 鞍馬 그림에 뛰어났음. 江都王(江都는 지금의 江蘇 揚州)에 봉해짐. 《歷代名畫記》(10)에 "江都王緖, 霍王元軌之子, 太宗皇帝猶子也. 多才藝, 善書畫, 鞍馬擅名. 垂拱中官至金州刺史"라 하였고, 《眞寶》와 《杜詩鏡銓》도 《名畫記》:「江都王緖, 霍王元軌之子.」라 하여 같은 내용을 注로 싣고 있음. '神妙'는 《明皇雜錄》에 "王維, 鄭虔, 皆善繪畫, 詩稱神妙"라 함.

【將軍得名三十載, 人間又見眞乘黃】 '三十載'는 唐나라 때는 '年'을 '載'라 함. 廣德 2년(764)으로부터 30여 년 전은 開元(713-741) 연간에 해당함. '乘黃'은 神馬 이름.

《管子》小匡篇에 "河出圖, 洛出書, 地出乘黃"이라 함. 《廣川畫跋》에 "乘黃狀如狐, 背有角, 霸所畫馬, 未嘗如此, 特論其神駿耳"라 하였고, 《竹書紀年》에 "帝舜元年出乘黃之馬"라 함. 《杜詩鏡銓》注에도 《山海經》:「白民之國有乘黃, 其狀如狐, 背上有兩角, 乘之壽二千歲.」注云:「卽飛黃也.」"라 함. 《眞寶》注에는 "乘黃, 四馬黃也"라 함.

【曾貌先帝照夜白, 龍池十日飛霹靂】 '貌'은 '인물의 초상 등을 그림으로 그리다'의 動詞일 경우 '막'으로 읽음. '先帝'는 玄宗을 가리킴. 《杜詩鏡銓》注에 "先帝謂玄宗. 《畫鑒》:「曹霸〈人馬圖〉, 紅衣美髥奚官牽玉面騑, 綠衣閹官牽照夜白"이라 함. '照夜白' 역시 駿馬의 이름. 玄宗이 타던 말. 《明皇雜錄》에 "上所乘馬, 有玉花驄, 照夜白"이라 하였으며, 《歷代名畫記》(9)에는 "玄宗好大馬, ……西域大宛歲有來獻, ……遂命悉圖其駿, 則有玉花驄, 照白夜等"이라 함. 宋 郭茂倩의 《樂府詩集》에 唐 李濬의 《松窗雜錄》을 인용하여 "開元中, 禁中木芍藥花方繁開, 帝乘照夜白, 太眞妃以步輦從. 李龜年以歌擅一時. 帝曰:「賞名花, 對妃子, 焉用舊樂辭爲?」遂命李白作〈淸平調〉三章, 令梨園諸子略撫絲竹以促歌, 帝自調玉笛以倚曲"이라 함. '龍池'는 지명. 長安 南內 南薰殿 북쪽에 있음. 興慶宮은 玄宗이 제위에 오르기 전 상서로운 기운이 있었음. 즉 그곳 옆에 우물이 있어 어느 날 물이 솟나 못이 되었고 항상 안개가 끼어 黃龍이 출몰하였음. 이에 中宗 때 이를 넓혀 못으로 만들고 이름을 '龍池'라 하였음. 《杜詩鏡銓》注에 《唐六典》注:「興慶宮, 今上潛龍舊宅夜, 宅東有舊井, 忽涌爲小池, 常有雲氣, 或黃龍出其中. 景雲中其沼浸廣, 遂瀕洞爲龍池焉. 朱注:言霸畫逼眞龍馬, 故能感動龍池之龍, 隨風雷而至也"라 함. '龍'은 말을 뜻하며 《周禮》에 "凡馬八尺以上謂龍"이라 하며 이러한 용을 '駃'이라 불렀음. '霹靂'은 벼락, 疊韻連綿語. 그곳의 용이 벼락처럼 날아오름.

【內府殷紅馬腦盤, 婕妤傳詔才人索】 '內府'는 곧 內庫. 先帝가 皇家의 보물을 曹將軍에게 하사하였음을 말함. '殷紅'은 짙은 홍색. 深紅色. '馬腦'는 '瑪瑙'의 誤記. 《杜詩鏡銓》, 《杜詩詳註》, 《集千家注杜工部詩集》 등에는 모두 '瑪瑙'로 표기되어 있음. '碼磠'로도 표기하며 보석 이름. 《眞寶》注에 "馬腦(瑪瑙), 七寶之一"이라 함. 《杜詩鏡銓》注에 《唐書》裴行儉傳:平都支遮匐, 獲瑪瑙盤, 廣二尺, 文采粲然"이라 함. '婕妤'는 궁중 女官의 명칭. 健仔로도 표기함. 《漢書》外戚傳 顔師古 注에 "婕, 言接幸於上也; 妤, 美稱也"라 함. 《新唐書》百官志에 "唐因隋制, 婕妤九人, 正三品; 才人七人, 正四品"이라 함. '才人' 역시 女官의 명칭. 당나라 초기에는 才人 9인을 두었으며 正五品이었음. 뒤에 7人을 두어 궁전의 잡다한 일을 관리하도록 하

였음.

【盤賜將軍拜舞歸, 輕紈細綺相追飛】‘盤’은 《九家集註杜詩》와 《補注杜詩》에는 ‘盌’으로 되어 있으며 이는 ‘椀’과 같음. 주발, 밥공기. 《補注杜詩》에는 “鄭曰:「盌, 烏管切. 或作椀.」 趙曰:「盌, 別本作盤. 盖專賜瑪瑙盤, 故拜舞歸其從者, 輕紈細綺也.」”라 함. ‘拜舞’는 신하가 천자를 조견하거나 물러설 때나, 하사품을 받고 감사를 드릴 때 표하는 일종의 敬禮. 춤을 추는 것이 아니며 정식으로 手舞足蹈의 모습을 취하는 것이라 함.

【貴戚權門得筆跡, 始覺屛障生光輝】‘貴戚權門’은 왕실의 귀한 신분, 인척. 권세가의 가문. 《漢書》息夫躬傳에 “躬交遊貴戚趨權門爲名”이라 함. ‘屛障’은 병풍이나 가리개.

【昔日太宗拳毛騧, 近時郭家師子花】‘太宗’은 唐 太宗. 李世民. 高祖 李淵의 둘째 아들로 秦王에 봉해졌으며 玄武門의 정변을 일으켜 형 李建成과 아우 李元吉을 죽이고 제위에 오름. 뒤에 房玄齡, 杜如晦, 魏徵 등을 기용하여 貞觀의 치적을 이었으며 唐나라를 大帝國으로 성장시킴. 627-649년 재위. 《貞觀政要》를 참고할 것. ‘拳毛騧’의 ‘騧’는 《爾雅》에 “白馬黑喙曰騧”라 함. 章注에 《金石錄》을 引用하여 “太宗六馬之一, 其一曰拳毛騧, 黃馬黑喙”라 함. 《杜詩鏡銓》注에 “《長安志》: 太宗六駿刻石於昭陵北闕之下, 五曰拳毛騧, 平劉黑闥時所乘”이라 하였고, 《眞寶》注에도 “騧, 音瓜. 太宗所乘名拳毛騧, 乃平劉黑闥時所乘”이라 하였고, 《補注杜詩》에도 “鄭曰:騧, 古華切. 太宗所乘駿名. 拳毛騧, 乃平劉闥時所乘”이라 하여 ‘騧’는 ‘과’로 읽도록 하였으나, 《杜詩詳註》에 “騧, 烏華切”이라 하여 ‘와’로 읽음. 원음은 ‘왜’. 잠정적으로 ‘와’로 읽음. 唐 太宗은 태어나 죽을 때까지 모두 여섯 마리 말을 함께 하여 일생을 마쳐, 죽은 뒤 자신의 능묘 昭陵에 이 여섯 말의 형상을 돌로 만들어 세웠음. 이를 ‘昭陵六駿’이라 하며 그 중 하나가 이 ‘拳毛騧’였음. ‘蜷毛騧’로도 표기함. ‘郭家’는 郭子儀의 집안. 李光弼과 함께 安史의 난을 평정하여 최고의 공을 세운 將軍. 太尉, 中書令에 올랐으며 汾陽郡王에 봉해졌음. 호는 尙父. 《眞寶》注에 “音瓜. 太宗所乘, 名拳毛騧, 乃平劉黑闥時所乘”이라 함. ‘師子花’는 《杜詩鏡銓》과 《集千家注杜工部詩集》에는 ‘獅子花’로도 표기되어 있으며 역시 말 이름. 《杜詩鏡銓》注에 “《杜陽雜編》:代宗自陝還, 命以御馬九花虯幷紫玉鞭轡賜郭子儀. 九花虯額高九寸, 拳毛如麟, 亦有獅子鬉, 皆其類. 《天中記》載杜詩‘獅子花’, 卽九花虯”라 함. 《眞寶》注에 “郭子儀收復京師, 代宗以花虯賜之名師子鬉”이라 함. 이는 范陽節度使 李德山이 바친 것으로 몸에 아홉 가지 무늬가 있었다 함.

《杜陽雜編》(上)에 "副元帥郭子儀克復京都, 上遷宮闕, 因命御馬九花虬並紫玉鞭轡以賜"라 하였고, 原注에 "亦有獅子驄, 皆其類"라 함.

【今之新圖有二馬, 復令識者久歎嗟】'新圖'는《杜詩鏡銓》注에는 "一作畫圖"라 함.

【此皆騎戰一敵萬, 縞素漠漠開風沙】'騎戰'은《杜詩鏡銓》에는 '戰騎'로 되어 있으며, 注에 "一作騎戰"이라 함. '縞素'는 그림을 그리기 위한 흰 비단.《杜詩鏡銓》注에 "言縞素一開, 如見戰地風沙也"라 함.

【其餘七匹亦殊絶, 迥若寒空動煙雪】'其餘七匹'은〈九馬圖〉중 앞서 '拳毛騧'와 '師子花' 두 필을 설명한 나머지 일곱 필을 말함. '殊絶'은 아주 特殊하게 絶倫함을 말함. '迥(형)은 아주 까마득히 멂. '動煙雪'은《杜詩鏡銓》注에 "一作雜霞雪"이라 함.

【霜蹄蹴踏長楸間, 馬官廝養森成列】'霜蹄'는 말의 발굽.《莊子》馬蹄篇에 "馬, 蹄可以踐霜雪"이라 함. '蹴踏'은 내닫는 모습.《維摩經》에 "龍象蹴踏, 非驢所堪"이라 함. '長楸'의 '楸'는 가래나무. 가로수로 이 나무를 많이 심어 街路, 道路를 대신하는 말로 쓰였음.《杜詩鏡銓》注에 "曹植詩: 「走馬長楸間.」注: 「古人種楸於道, 故曰長楸」라 함. '馬官廝養'은 말을 관리하는 일꾼과 마구간에서 말을 기르는 천한 일을 맡은 사람.

【可憐九馬爭神駿, 顧視淸高氣深穩】'神駿'은 神逸한 말을 뜻함. 支道林(支遁)이 말을 좋아하여 멋진 말을 '神駿'이라 표현하였음. 아래 주를 볼 것.

【借問苦心愛者誰, 後有韋諷前支遁】'支遁'은 晉나라 때의 高僧. 자는 道林, 속성은 關氏. 25세에 출가하여 支硏山에 은거하여 支遁, 支道林, 林公 등으로 불림. 慧皎《高僧傳》(4)에 傳이 있음. 鶴과 말을 좋아하였으며《世說新語》言語篇에 "支道林常養數匹馬, 或言: 「道人畜馬不韻.」支曰: 「貧道重其神駿.」"이라 함.《杜詩鏡銓》注에도《世說》:支道林常養數匹馬, 或言: 「道人畜馬不韻.」支曰: 「貧道重其神駿耳.」라 함.《眞寶》注에 "支遁, 釋道林也"라 함.

【憶昔巡幸新豐宮, 翠華拂天來向東】'新豐宮'은 臨潼의 華淸宮. '新豐'은 지금의 陝西省 臨潼縣 동북. 高祖 7년(B.C.200)에 고조 劉邦이 자신의 아버지를 太上皇으로 모셔왔을 때 그 아버지가 고향 豐邑을 그리워하자 이곳에 고향과 똑같이 새로운 마을을 건설하고 豐邑의 백성들까지 모두 이주시켜 新豐이라 한 것임.《元和郡縣志》에 "漢七年, 高祖以太上皇思東歸, 於此置縣, 徙豐人以實之, 故曰新豐. 華淸宮在驪山上, 開元十一年初置溫泉宮, 天寶六年, 改爲華淸宮"이라 함.《西京雜記》(2)에 "太上皇徙長安, 居深宮, 悽愴不樂. 高祖竊因左右問其故, 以平生所好, 皆屠販少年, 酤酒賣餠, 鬪雞蹴踘, 以此爲歡, 今皆無此, 故以不樂. 高祖乃作新豐, 移

諸故人實之, 太上皇乃悅. 故新豐多無賴, 無衣冠子弟故也. 高祖少時, 常祭枌楡之社. 及移新豐, 亦還立焉. 高帝旣作新豐, 並移舊社, 衢巷棟宇, 物色惟舊. 士女老幼, 相攜路首, 各知其室. 放犬羊雞鴨於通塗, 亦競識其家. 其匠人胡寬所營也. 移者皆悅其似而德之, 故競加賞贈, 月餘, 致累百金"이라 함. 한편 唐 玄宗은 매년 가을이면 楊貴妃와 함께 이 華清池의 溫泉宮으로 가서 겨울을 넘긴 뒤, 봄이 되면 長安 本宮으로 돌아오곤 하였다 함.《新唐書》地理志에 "京兆府昭應縣本新豐, 有宮在驪山下, 貞觀十八年置. 咸亨二年始名溫泉宮, 天寶六載更溫泉曰華清宮"이라 함.《杜詩鏡銓》注에도《唐書》:「京兆府昭應縣, 新豐, 有宮在驪山下.」라 함. '翠華'는 天子의 의장 깃발. 물총새의 깃으로 장식하였다 함. 司馬相如〈上林賦〉"建翠華之旗"의 注에 "張揖曰:翠華, 以翠羽爲葆也"라 함.

【騰驤磊落三萬匹, 皆與此圖筋骨同】'騰驤'은 말이 신나게 뛰는 모습.〈西京賦〉"乃奮翅而騰驤"의 注에 "騰, 超也; 驤, 馳也"라 함. 玄宗이 驪山으로 행차할 때 수만 필의 말이 따라나섰음을 말함.《資治通鑑》에 의하면 당나라 초기 24만 필이었던 말이 개원 13년 43만 필로 늘어났으며, 泰山에 封禪을 나설 때 그 중 수만 필이 동원되었는데 이 말을 색깔별로 구분하여 마치 비단을 깔아놓은 것과 같았다 함. '磊落'은 아주 흐드러지게 많은 모습을 표현하는 雙聲連綿語.《舊唐書》에 "王毛仲知監牧使扈從東封, 而諸牧馬數萬疋從. 每色爲一隊, 望如雲錦"이라 하였고,《眞寶》注에도 "明皇幸驪山, 王毛仲以廐馬數萬從, 每色作一隊, 相間若錦繡"라 함.

【自從獻寶朝河宗, 無復射蛟江水中】'獻寶朝河宗'은 玄宗이 崩駕함을 말함. '河宗'은《杜詩鏡銓》注에 "謂河宗朝而獻寶.《穆天子傳》:「天子西征至陽紆之山, 河伯馮夷之所都居, 是惟河宗氏, 天子沈璧禮焉. 河伯乃按圖視典, 用觀天子之珤器.」《玉海》引《水經注》云:「玉果璿瑰燭銀金膏等物, 皆河圖所載, 河伯所獻, 穆王視圖, 乃導以西邁矣.」舊注:周穆王自此歸而上昇, 蓋以比玄宗之昇遐也"라 함.《舊唐書》肅宗紀에 "上元二年(761)建己月(四月)壬子, 楚州刺史崔侁獻定國寶玉十三枚. 表云:「楚州寺尼眞如者, 恍惚上昇, 見天帝, 帝授以十三寶, 曰:'中國有災, 宜以第二寶鎭之.' 甲寅, 太上皇帝崩於西內神龍殿"이라 함. 이 사실은 마치 周나라 때 穆王(穆天子)의 고사와 비슷하여 이를 對比한 것임. 즉《穆天子傳》(1)에 "天子西征, …… 河宗伯夭逆天子燕然之山, 勞用束帛加璧. 己未, 天子大朝于黃之山, 乃披圖視典, 用觀天子之珤器"라 하였으며, 이 일이 있고 나서 穆王은 승천하고 말았음. '無復射蛟江水中'은 玄宗이 崩駕한 뒤에 사냥을 나가 蛟龍을 잡은 일이 다시는 없게 되었음을 말함.《漢書》武帝紀에 "元封五年冬行南巡狩, 自尋陽浮江, 親射蛟江中,

獲之"라 한 고사를 원용한 것. 멋진 말을 타고 나서서 강에서 교룡을 쏘듯 위풍을 세웠던 기개는 현종이 죽은 뒤에는 더 이상 볼 수 없음을 말함. 《杜詩鏡銓》注에 "漢武帝紀:「元封五年, 自潯陽浮江, 親射蛟江中, 獲之.」 張溍云:「用周穆王漢武事, 亦見明皇好大喜功意"라 함. 《眞寶》注에는 "元封五年, 漢武帝自潯陽浮江, 親射蛟江中, 獲之"라 함.

【君不見金粟堆前松栢裏, 龍媒去盡鳥呼風】'金粟堆'는 山 언덕 이름. 玄宗의 陵墓가 있는 곳. 金粟山, 혹은 金粟堆라 함. 그곳의 돌들이 마치 황금 좁쌀 같아 지명이 된 것임. 陝西省 蒲城縣 東北에 있으며 능묘는 泰陵. 《眞寶》注에 "金粟堆, 明皇葬處"라 함. '松栢裏'는 묘를 일컫는 말. '栢'은 柏으로도 표기함. 고대 묘 주위에 소나무와 잣나무를 심었음. 《杜詩鏡銓》注에 "《唐書》: 明皇泰陵在奉先縣東北二十里金粟山, 廣德元年三月葬泰陵"이라 함. '龍媒'는 말 이름. 《漢書》郊祀志에 실려 있는 樂府〈天馬歌〉에 "天馬來, 龍之媒"라 하였고, 應劭 注에 "言天馬乃龍神之類. 今天馬已來, 此龍必至之效也"라 함. 《眞寶》注에 "《漢》禮樂志:天馬徠, 龍之媒"라 함. '鳥呼風'은 玄宗의 무덤인 泰陵의 새들이 바람을 맞아 우짖음. 죽은 뒤의 쓸쓸함을 표현한 것. 《集千家注杜工部詩集》에는 '鳥嚀風'으로 표기되어 있음.

참고 및 관련 자료

1. 杜子美:杜甫, 杜少陵, 杜工部. 042 참조.

2. 이 시는 《九家集注杜詩》(8), 《補注杜詩》(8), 《集千家註杜工部詩集》(11), 《杜詩詳注》(13), 《杜詩鏡銓》(11), 《文苑英華》(339), 《全唐詩》(216), 《唐詩品彙》(28), 《全唐詩錄》(28), 《歷代題畫詩類》(104), 《淵鑑類函》(328), 《古今詩刪》(12), 《唐詩鏡》(23) 등에 실려 있음.

3. 韻脚은 '王, 黃', '白, 靂, 索', '飛', '輝', '花, 此(嗟), 沙', '雪, 列', '穩, 遁', '東, 同, 中, 風'으로 일곱 번 換韻함.

4. 淸 施均父의 《硯傭說詩》에 "絶大波瀾, 無窮感慨, 學者熟此, 可悟開拓之法, 『皆與此圖筋骨同』一句作鉤勒, 更無奔放不收之病, 味之"라 함.

5. 《杜詩諺解》初刊本(16)
　　나랏 처서므로셔 오매 鞍馬 그리리를
　　神妙호믈 ᄒᆞ올로 江都王을 혜ᄂᆞ니라
　　將軍의 일훔 어던 디 셜흔 ᄒᆞ니
　　人間애 ᄡᅩ 眞實ㅅ 乘黃을 보리로다

先帝ㅅ 照夜白을 일즉 그리니

龍 잇ᄂᆞᆫ 모새 열흐ᄅᆞᆯ 霹靂이 ᄂᆞ랫더라

內府엣 검블근 碼磌盤을

婕妤ㅣ 詔命을 傳ᄒᆞ야ᄂᆞᆯ 才人이 어더

盤을 將軍을 주어시ᄂᆞᆯ 절ᄒᆞᆸ고 춤처 가니

가ᄇᆡ야온 깁과 ᄀᆞᄂᆞᆫ 기비 서르 조차 ᄂᆞ랫더라

貴戚과 權門괘 筆迹을 어ᄃᆡᆺ아

屛風障子애 비치 나ᄆᆞᆯ 비르수 아ᄂᆞ니라

昔日에 太宗ㅅ ᄐᆞ더신 拳毛騧와

近時예 郭子儀 지빗 師子花ㅣ

이젯 새 圖애 두 ᄆᆞ리 잇ᄂᆞ니

ᄡᅩ 아던 사ᄅᆞᄆᆞ로 히여 오래 슬케 ᄒᆞᄂᆞ다

이 다 타 사호매 ᄒᆞ나히 萬馬ᄅᆞᆯ 對敵ᄒᆞ더니

힌 기베 漠漠히 ᄇᆞᄅᆞ맷 몰애 여렛ᄂᆞᆫ ᄃᆞ시 그렛도다

그 나ᄆᆞᆫ 닐굽 匹이 ᄯᅩ 달오미 ᄀᆞ장ᄒᆞ니

아ᅀᆞ라히 치운 虛空애 ᄂᆡ와 눈괘 뮈ᄂᆞᆫ ᄃᆞᆺᄒᆞ도다

서리 ᄇᆞᆯ올 바리 긴 ᄀᆞ래나못 서리예셔 ᄇᆞᆲᄂᆞ니

ᄆᆞᆯ ᄀᆞᅀᆞᆷ아ᄂᆞ니와 치ᄂᆞ니왜 森然히 行列이 이렛도다

可히 듯온 아홉 ᄆᆞ리 ᄃᆞ토아 神俊ᄒᆞ니

도라보미 ᄆᆞᆯᄀᆞ며 놉고 氣運이 기피 安穩ᄒᆞ도다

묻노라 므ᅀᅳ매 심히 ᄉᆞ랑ᄒᆞᄂᆞ닌 누고

後엔 韋諷이 잇고 알ᄑᆡᆫ 支遁이로다

ᄉᆞ랑ᄒᆞ니 녜 新豐宮의 巡幸ᄒᆞ실 제

翠華ㅣ 하ᄂᆞᆯ해 다텨 東녀그로셔 向ᄒᆞ야 오더니라

ᄂᆞᆺᄂᆞᆫ 놉고 큰 三萬匹이

다 이 圖앳 筋骨와로 ᄀᆞᆮ더라

珍寶ᄅᆞᆯ 進獻ᄒᆞ야 河宗이 朝會호ᄆᆞ로브터

다시 江水ㅅ 가온ᄃᆡ 龍을 소디 몯ᄒᆞ시니라

그ᄃᆡᄂᆞᆫ 보디 아니ᄒᆞᄂᆞᆫ다 金粟堆ㅅ 앏 松柏 소개

ᄆᆞᄅᆞᆫ 다 나니거ᄂᆞᆯ 새옷 ᄇᆞᄅᆞ매셔 우놋다

곡류曲類

　‘曲’은 樂曲을 뜻하며 曲調가 있는 음악의 歌辭를 말함. 《詩》毛傳에는 “曲合樂曰歌, 徒歌曰謠”라 하였고, 《白石詩說》에는 “委曲盡情曰曲”이라 함. 《韻會》에는 “曲, 詞曲也. 《樂書》云 : 「樂有歌, 歌有曲, 曲有詞.」”라 하였고, 元稹의 〈樂府古題序〉에는 “音聲以度詞, 審調以節唱, 句度長短之數, 聲韻平上之差. 備曲度者, 總得謂之歌曲詞調, 斯皆由樂以定詞, 非選詞以配樂也”라 함. 따라서 원래는 음악과 관련이 깊었으나 뒤에 가사가 문학적 성격을 띠면서 분리된 것임.

232. 〈明妃曲〉(二首) ·················· 王介甫(王安石)
명비곡

＊《眞寶》注에 "元帝後宮人旣多, 不得常見, 乃使畫工毛延壽圖其形, 按圖召幸. 宮人
皆賂畫工, 多者十萬金, 少者不減五萬. 王嫱字昭君, 自恃其貌, 獨不與. 及匈奴入
朝, 選宮人配之, 昭君以圖當行, 入辭, 光彩動人, 竦動左右, 天子重信外國, 悔恨不
及, 窮究其事, 毛延壽竟棄市. ○晉, 避司馬昭諱, 故改昭君爲明妃"라 함.

＊〈明妃曲〉: 明妃의 노래. 明妃는 漢 元帝(西漢 제 8대 황제 劉奭: B.C.48-B.C.33년 재
위) 때의 후궁 王昭君(王嫱)을 가리킴.《漢書》에는 王檣, 王牆 등으로 표기되어
있으며 자는 昭君. 지금의 湖北 秭歸縣 동쪽 40리 長江 三峽 근처에 출생 유지
가 있음. 晉나라 때 司馬昭(晉 武帝 司馬炎의 아버지)의 이름 '昭'자를 피하여 明
君이라 불렀다가 다시 높여 明妃라 불렀음. 漢나라 元帝 때의 宮人으로 畫工
毛延壽가 고의로 醜하게 그려 임금의 사랑을 받지 못하였으며, 도리어 漢 元帝
竟寧 元年(B.C 33), 匈奴의 호한야선우(虖韓邪單于)가 漢나라 宮女를 자신의 연
지(閼氏, 왕비)를 삼겠다고 하자 이에 王昭君을 주어 화친을 맺기로 약속하였음.
그가 떠날 때 元帝는 그녀의 美色을 그제야 알아차리고 毛延壽를 棄市에 처하
였다함. 王昭君은 흉노로 보내져서 寧胡閼氏가 되었고 호한야선우가 죽자 그
아들 株絫若鞮單于가 다시 왕소군을 아내로 삼아 딸 둘을 낳기도 하였음. 왕소
군이 죽은 후 흉노 땅은 날씨가 한랭하여 모든 풀들이 白草인데 그의 무덤만
은 풀이 푸르러 '靑冢'이라 불렸으며, 지금의 內蒙古 후허호트(呼和浩特) 남쪽에
무덤이 있음. 그는 한나라를 그리워하여 "胡地無花草, 春來不似春"(唐 東方虬의
〈昭君怨〉(明妃曲))의 구절을 낳기도 하였음. 뒤에 역대 문인들은 王昭君을 두고
많은 작품을 썼으며, 특히 원곡《漢宮秋》는 이 고사를 바탕으로 이루어진 것으
로 元曲 최고의 작품으로 널리 알려져 있음.《漢書》元帝紀, 匈奴傳 및《太平廣
記》(210),《西京雜記》(2),《歷代名畫記》등에 그의 고사가 아주 널리 전함.《西京
雜記》(2)에 "元帝後宮旣多, 不得常見, 乃使畫工圖形, 案圖召幸之. 諸宮人皆賂畫
工, 多者十萬, 少者亦不減五萬, 獨王嫱不肯, 遂不得見. 匈奴入朝求美人爲閼氏,
於是上案圖以昭君行. 及去, 召見, 貌爲後宮第一, 善應對, 擧止閑雅, 帝悔之. 而名

籍已定, 帝重信於外國, 故不復更人. 乃窮案其事, 畫工皆棄市, 籍其家, 資皆巨萬. 畫工有杜陵毛延壽, 爲人形, 醜好老少, 必得其眞."라 하였고,《歸州圖經에 "王昭君冢草獨青, 號曰靑冢"이라 함. 기타 여러 사항은 李白의 〈王昭君〉(016)을 참조할 것.

其一

명비明妃가 처음 한漢나라 궁궐을 나설 때,
눈물에 젖고 봄바람에 흔들려 귀밑머리 늘어졌네.
머뭇거리며 제 그림자 돌아보는 얼굴빛 곱게 하지 않았으나,
그래도 임금은 스스로를 지탱할 수 없게 할 정도였다네.
침전으로 돌아온 원제元帝는 화공의 솜씨 이상하다 여겼으니,
눈에 드는 여인 평생 그림에선 보지 못하였던 미인이었기 때문이네.
사람의 의태意態란 예로부터 그대로 그려낼 수 없는 것이지만,
그 당시 모연수毛延壽는 잘못 그려 그만 죽임을 당하고 말았다네.
한 번 가면 다시는 돌아오지 않을 것임을 마음속으로 알고 있었으니,
가련하게도 한漢나라 궁전 옷을 다 입은 채로 갔다네.
소식 전하여 국경 남쪽 한나라 일 물어보고자 하였으나.
오직 해마다 큰 기러기만 날아갈 뿐이었다네.
아름다운 사람 만 리 멀리서 소식 전해 오건대,
흉노의 천막 성 안에 잘 지내며 고향 생각 말라 하네.
그대는 보지 못했는가, 지척에 있는 장문궁長門宮의 아교阿嬌를 유폐
시킨 일을?
사람이 태어나 뜻을 잃으면 남쪽에서나 북쪽에서나 다름이 없는 법.

明妃初出漢宮時, 涙濕春風鬢脚垂.
低回顧影無顔色, 尚得君王不自持.

歸來却怪丹青手, 入眼平生未曾有.

意態由來畫不成, 當年枉殺毛延壽.

一去心知更不歸, 可憐著盡漢宮衣.

寄聲欲問塞南事, 只有年年鴻鴈飛.

佳人萬里傳消息, 好在氈城莫相憶.

君不見咫尺長門閉阿嬌? 人生失意無南北.

【明妃初出漢宮時, 淚濕春風鬢脚垂】'鬢脚'은 머리털 끝쪽. 머리의 타락.

【低回顧影無顏色, 尙得君王不自持】'低回'는 차마 떠나지 못하는 모습. 徘徊함.《臨川文集》에는 '低個'로,《王荊公詩注》에는 '低徊'로 되어 있음. 連綿語임.《史記》孔子世家 贊에 "適魯觀仲尼廟堂, 車服禮器, 諸生以時習禮其家, 余低回留之不能去也"라 함.〈百舌吟〉(227)에도 "誰能低回避鷹隼"이라 함. '無顏色'은 얼굴빛이 없음. 王昭君이 스스로 아름다운 모습을 보이지 않음. '不自持'는 임금이 그의 아름다움을 보고 스스로를 몸을 가누지 못함.《王荊公詩注》에 "《後漢》南匈奴傳: 呼韓臨辭大會, 帝召五女以示之, 昭君豐容, 靚飾光明, 漢穹顧影徘徊, 竦動左右. 帝見大驚, 意使留之, 而難於失信"이라 함.

【歸來却怪丹青手, 入眼平生未曾有】'歸來'는 元帝가 寢殿으로 돌아옴. '怪'는 怪와 같음. '丹青手'는 화공. 화공의 솜씨. '入眼'은 눈에 드는 미인. '平生'은 平素, 혹 一生.

【意態由來畫不成, 當年枉殺毛延壽】'當年'은《臨川文集》과《王荊公詩注》에는 '當時'로 되어 있음. '毛延壽'는 畫工의 이름. 元帝의 명으로 미인들의 초상화를 그렸으며, 뒤에 棄市를 당함.《王荊公詩注》에 "〈南匈奴傳〉: 王昭君南郡人, 元帝以良家子選入掖庭, 時呼韓邪來朝, 帝敕以宮女五人賜之, 昭君入宮數歲, 不得見御, 積悲怨, 乃請. 掖庭令求, 行與匈奴生二子, 據此乃無毛延壽事, 古今詞人相傳如此, 必別有據也. 又《西京雜記》曰:「元帝後宮既多, 不得常見, 乃使畫工圖其形, 按狀幸之. 諸宮人皆賂畫工, 多者十萬. 王嬙不肯, 遂不得見. 後匈奴求美女, 帝按圖以昭君行. 及召見, 貌爲第一, 帝悔之而名籍已去, 乃按其事, 畫工弃市"라 함.

【一去心知更不歸, 可憐著盡漢宮衣】'著盡'은 있는 대로 모두 다 입음. 漢나라 궁궐에서 입던 옷은 모두 가지고 감.

【寄聲欲問塞南事, 只有年年鴻鴈飛】'寄聲'은 소식을 전함. '塞南'은 邊塞의 남쪽,

곧 長安. 漢나라의 소식. '只'는 《王荊公詩注》에는 '秖'로 되어 있음. '鴻雁'은 고니.
큰 기러기.

【佳人萬里傳消息, 好在氈城莫相憶】'佳人'은 《臨川文集》과 《王荊公詩注》에는 '家人'
으로 되어 있음. '好在'는 잘 지내고 있음. 잘 살고 있음. '氈城'은 담요를 쳐서 만
든 장막의 성. 匈奴의 遊牧民들이 사는 곳을 가리킴. '氈'은 氊과 같으며 털실로
짠 자리 털방석, 혹은 양탄자나 천막용 천.

【君不見咫尺長門閉阿嬌? 人生失意無南北】'咫尺'은 아주 가까운 거리. 《左傳》僖
公 9년에 "天威不違顔咫尺"이라 함. '長門'은 長安에 있던 漢나라 때의 궁전 이름.
《三輔黃圖》(3)에 "長門宮離宮在長安城, 孝武陳皇后居"라 함. '阿嬌'는 漢 武帝의
陳皇后의 어릴 때 字. 武帝의 총애를 받았으나 자식을 낳지 못하여 晩年에는 長
門宮에 갇혀 지냈음. 《漢書》(97) 外戚傳에 "孝武陳皇后, 長公主嫖女也. 曾祖父陳
嬰與項羽俱起, 後歸漢, 爲堂邑侯. 傳子至孫午, 午尙長公主, 生女. 初, 武帝得立爲
太子, 長主有力, 取主女爲妃. 及帝卽位, 立爲皇后, 擅寵驕貴, 十餘年而無子, 聞衛
子夫得幸, 幾死者數焉. 上愈怒. 後又挾婦人媚道, 頗覺. 元光五年, 上遂窮治之, 女
子楚服等坐爲皇后巫蠱祠祭祝詛, 大逆無道, 相連及誅者三百餘人, 楚服梟首於市.
使有司賜皇后策曰:「皇后失序, 惑於巫祝, 不可以承天命. 其上璽綬, 罷退居長門
宮.」明年, 堂邑侯午薨, 主男須嗣侯. 主寡居, 私近董偃. 十餘年, 主薨. 須坐淫亂, 兄
弟爭財, 當死, 自殺, 國除. 後數年, 廢后乃薨, 葬霸陵郎官亭東."이라 함. 《眞寶》注
에 "長門, 陳皇后宮也"라 함. '無南北'은 총애를 잃으면 남쪽에 있건 북쪽에 있건
다 같음. 그러나 《詩林廣記》(後集 1)에는 "黃山谷云: 往歲嘗與王深父語:「此詩以爲
詞意深盡.」深父曰:「不然. 孔子云『夷狄之有君, 不如諸夏之亡也』, '人生失意無南
北', 此語非是.」深父斯言, 可謂忠之心矣"라 함. 《王荊公詩注》에 "阿嬌, 武帝陳皇后
也. 以驕妒失寵, 退居長門宮"이라 함.

其二

명비明妃가 흉노 선우單于에게 시집갈 때에,
털방석 둘러친 수레 백 량兩에는 모두 흉노 여인들뿐이었네.
머금은 정 말하고자 해도 홀로 말할 상대가 없어,
비파琵琶에 마음 전해 타면서 혼자만 알고 있었네.

황금 채 잡고서 봄바람 같은 손으로,

비파 타면서 날아가는 기러기 보며 선우에게 오랑캐 술 권한다네.

한나라 궁궐 시녀들은 속으로 눈물 흘리고,

사막 길 가는 행인들도 고개를 돌렸네.

한나라의 은혜는 저절로 얕아지고 흉노에게 받은 은혜 갈수록 깊어
지니,

사람 살면서 즐거움이란 서로 마음 알아주는 데 있는 법.

가련하도다, 청총靑冢은 이미 풀 속에 묻혔으나,

아직도 애처로운 비파 가락은 지금까지 남아 있네.

明妃出嫁與胡兒, 氈車百兩皆胡姬.
含情欲語獨無處, 傳與琵琶心自知.
黃金捍撥春風手, 彈看飛鴻勸胡酒.
漢宮侍女暗垂淚, 沙上行人却回首.
漢恩自淺胡自深, 人生樂在相知心.
可憐靑冢已蕪沒, 尚有哀絃留至今.

【明妃出嫁與胡兒, 氈車百兩皆胡姬】 '胡兒'는 匈奴를 가리킴. '氈車'는 담요로 포장
을 친 匈奴의 수레. '百兩'은 많은 수레. '兩'은 輛과 같음.《詩》召南 鵲巢 "之子于
歸, 百兩御之"의 朱熹 注에 "兩, 一車也. 一車兩輪, 故謂之兩"이라 함.

【含情欲語獨無處, 傳與琵琶心自知】 '傳與琵琶'는 琵琶를 연주하여 자신의 情懷를
전달함. 王融〈詠琵琶〉에 "絲中傳意緒, 花裏寄春情"이라 함. 그러나 이때의 비파
연주는 떠나는 자가 하는 것이 아니라 보내는 이들이 하는 것이라 함. 宋 王楙
의《野客叢書》(10)에 "傅玄〈琵琶賦〉序曰:故老言漢送烏孫公主嫁昆彌, 念其行道思
慕, 使知音者於馬上奏之. 石崇〈明君詞〉亦曰匈奴請婚於漢元帝, 以後宮良家子配焉.
昔公主嫁烏孫, 令琵琶馬上作樂, 以慰其道路之思, 其送明君亦必爾也. 則知彈琵
琶者, 乃從行之人, 非行者自彈也. 今人畫〈明妃出塞圖〉作馬上愁容自彈琵琶, 而賦
詞者又述其自鼓琵琶之意矣. 魯直〈竹枝詞〉注引傅玄序以謂馬上奏琵琶, 乃烏孫公

主事, 以爲明妃用, 蓋承前人誤, 僕謂黃注, 是不考石崇〈明君詞〉故耳"라 함.

【黃金捍撥春風手, 彈看飛鴻勸胡酒】'捍撥'은 비파 줄을 뜯을 때 쓰는 연주용 채. 황금으로 만든 채.《唐書》樂志에 "高麗琵琶, 以蛇皮爲槽, 楸木爲面, 象牙爲捍撥"이라 함. '春風手'는 봄바람을 일으키듯 움직이는 손.《王荊公詩注》에 "嵇叔夜〈送秀才入軍中〉詩:「目送飛鴻, 手揮五絃.」勸胡酒而目屬飛鴻, 言意不在胡也"라 함.

【漢宮侍女暗垂淚, 沙上行人却回首】'沙上'은 흉노 지역의 사막.

【漢恩自淺胡自深, 人生樂在相知心】漢나라 때 입은 은혜에 대한 생각은 점차 엷어지고 匈奴로부터 받은 사랑이 갈수록 깊어짐. 이에 대해《王荊公詩注》에는 "范冲對高宗嘗云:「臣嘗於言語文字之間, 得安石之心, 然不敢與人言. 且如詩人多作〈明妃曲〉, 以失身單于爲無窮之恨. 讀之者, 至於悲愴感傷. 安石爲〈明妃曲〉, 則曰『漢恩自淺胡自深, 人生樂在相知心』, 然則劉豫不是罪過, 漢恩淺而虜恩深也. 今之背君父之恩, 投拜而爲盜賊者, 皆合於安石之意. 此所謂壞天下人心術. 孟子曰:『無父無君, 是禽獸也.』以單于有恩而遂忘君父, 非禽獸而何? 公語意固非然, 詩人務一時爲新奇, 求出前人所未道, 而不知其言之失也. 然范公傳致亦深矣.」"라 함. '人生'은 사람으로 태어남. '相知心'은 서로 마음을 알아줌.

【可憐靑冢已蕪沒, 尙有哀絃留至今】'靑冢'은 靑塚으로도 표기하며 푸른 무덤. 王昭君의 무덤만은 언제나 푸른 풀이 자라 靑冢이라 불렸으며, 지금의 內蒙古 후 허호트(呼和浩特) 남쪽에 있음. 明 王達의《筆疇》(上)에는 "客有自東勝來者, 言:「王昭君之墓之異. 黃土一堆, 其勢延袤, 或朝升而暮降, 或朝降而暮升, 隱隱隆隆如浮玉然. 與造化相爲消息, 兼之茂草瓊芝靑苔綠葉, 雖寒烈之際, 北霜之久, 而不見其衰零也.」予聞而爲之嘆曰:「天下焉有此理? 焉有此事哉? 昭君遠嫁匈奴而不死於中路, 及至見腥膻而後亡, 不亦晚乎? 生旣不烈, 死安有靈, 其墓與造化相爲消息, 決無此理!」越數日, 有一儒者, 自東勝來, 予詢之, 果誣也"라 하였고, 그 부록에 陸之箕의 說을 인용하여 "昭君其居穹廬爲閼氏, 蓋久矣. 死而無靈, 固不足辨. 但靑塚之說, 其來甚遠. 意者, 天故異之以貽漢家之辱邪?"라 함. '蕪沒'은 풀이 우거져 묻혀버림.《眞寶》注에 "單于死, 子達立, 昭君謂達曰:「將爲漢, 將爲胡?」曰:「爲胡.」昭君服毒而死, 擧國葬之. 胡中多白草, 而此冢草獨靑, 故曰靑冢"이라 함. '哀絃'은 슬픈 비파소리.《眞寶》注에 "哀絃, 謂琵琶也"라 함.

1. 王介甫, 王安石, 王荊公. 005 참조.

2. 이 시는 《臨川文集》(4), 《王荊公詩注》(6), 《宋藝圃集》(7), 《宋詩鈔》(18), 《石倉歷代詩選》(142), 《詩人玉屑》(17), 《漁隱叢話》(後集 23), 《竹莊詩話》(16), 《詩林廣記》(後集 1) 등에 실려 있음.

3. 韻脚은 (1) '時, 垂, 持'. '有, 壽'. '衣, 飛'. '息, 憶, 北'. (2) '兒, 姬, 知'. '手, 酒, 首'. '深, 心, 今'.

4. 杜甫 〈詠懷古跡〉

群山萬壑赴荊門, 生長明妃尙有村. 一去紫臺連朔漠, 獨留靑塚向黃昏.

畫圖省識春風面, 環佩空歸月夜魂. 千載琵琶作胡語, 分明怨恨曲中論.

5. 《王荊公詩注》 跋

○〈山谷跋〉:公此詩云:荊公作此篇, 可與李翰林, 王右丞並驅爭先矣. 往歲道出潁陰得見王深父先生, 最承敎愛, 因語及荊公此詩. 庭堅以爲「詞意深盡, 無遺恨矣.」深父獨曰:「不然, 孔子曰『夷狄之有君, 不如諸夏之亡也.』'人生失意無南北', 非是.」庭堅白先生:「發此德言, 可謂極忠孝矣. 然『孔子欲居九夷, 曰君子居之何陋之有?』恐王先生未爲失也. 明日深父見舅氏, 李公擇曰:「黃生宜擇明師畏友, 與居年甚少, 而持論知古, 血脉未可量也.」

233. <明妃曲> ·················· 歐陽永叔(歐陽脩)

명비곡

*<明妃曲>: 앞의 王安石의 <明妃曲>에 和作한 것이며,《歐文忠公文集》(8)에 제목
을 <再和明妃曲>이라 함.

한漢나라 궁중에 미인이 있었으나,
천자는 처음에는 알지 못하였지.
하루아침에 한나라 사신을 따라서,
멀리 선우單于의 나라로 시집갔다네.
절색의 미인은 천하에 없는 것이니,
한 번 잃고 나서는 다시 얻기 어려운 법.
비록 화공을 죽였으나,
그 일에 끝내 무슨 이익이 되겠는가?
이목이 미치는 일조차도 이와 같거늘,
만 리 먼 흉노를 어찌 제압할 수 있겠는가?
한나라 계책 진실로 졸렬했으니,
여색女色으로 한 일은 뽐내기 어려웠던 것.
명비는 떠날 때에 흘린 눈물을,
나뭇가지 위 꽃을 향해 뿌렸다네.
그런데 해 저물어 광풍이 일어나면,
이리저리 흩날리다 누구 집에 떨어질까?
홍안이 남보다 뛰어나면 박명薄命한 이 많은 법,
봄바람 원망 말고 의당 자신의 운명이나 한탄할 것을.

漢宮有佳人, 天子初未識.
一朝隨漢使, 遠嫁單于國.
絶色天下無, 一失難再得.
雖能殺畫工, 於事竟何益?
耳目所及尙如此, 萬里安能制夷狄?
漢計誠已拙, 女色難自誇.
明妃去時淚, 洒向枝上花.
光風日暮起, 飄泊落誰家?
紅顔勝人多薄命, 莫怨春風當自嗟.

【漢宮有佳人, 天子初未識】여기서는 漢代 李延年의 노래를 援用한 것.《漢書》外
戚傳(上) 李夫人傳에 "孝武李夫人, 本以倡進. 初, 夫人兄延年性知音, 善歌舞, 武帝
愛之. 每爲新聲變曲, 聞者莫不感動. 延年侍上起舞, 歌曰:「北方有佳人, 絶世而獨
立, 一顧傾人城, 再顧傾人國. 寧不知傾城與傾國, 佳人難再得!」上歎息曰:「善! 世
豈有此人乎?」"이라 함. '佳人'은《歐陽文忠集》에는 "一作美人"라 함.
【一朝隨漢使, 遠嫁單于國】'漢使'는 明妃가 漢나라 사신의 안내를 받으며 흉노로
시집감.
【絶色天下無, 一失難再得】'天下無'는 杜甫 시에 "閬風玄圃與蓬壺, 中有高堂天下
無"라 함.
【雖能殺畫工, 於事竟何益】'殺畫工'은 毛延壽를 죽인 일을 말함.
【耳目所及尙如此, 萬里安能制夷狄】'耳目所及'은 이목이 미치는 일. 아주 가까운
곳의 일. '制夷狄'은 멀리 있는 이민족을 통제함. 그러나《歐陽文忠集》에는 "制絶
域"으로,《詩林廣記》에는 '制疆場'으로,《宋詩紀事》에는 '遠制伊'로 되어 있음.
【漢計誠已拙, 女色難自誇】'漢計'는《宋詩紀事》에는 '吾北'으로 되어 있음. '誠'은
副詞로 강조의 뜻을 나타냄. '女色'은《歐陽文忠集》에는 "一作美色"이라 함. '難自
誇'는 스스로 뽐내는 일은 어려움. 흉노 문제를 쉽게 해결했다고 자랑할 일이 아
니었음을 말함.
【明妃去時淚, 洒向枝上花】'洒'는 灑와 같음. 물을 뿌림.《歐陽文忠集》에는 "灑"로
되어 있음.

【光風日暮起, 飄泊落誰家】'飄泊'은 바람에 날려 떠돌아다님.

【紅顔勝人多薄命, 莫怨春風當自嗟】'紅顔'은 붉은 얼굴. 젊은 날의 아름다운 얼굴. '薄命'은 薄福한 운명. '自嗟'는 스스로 한탄함.

참고 및 관련 자료

1. 歐陽永叔, 歐陽修, 歐陽脩, 歐陽文忠. 177 참조.

2. 이 시는 《歐陽文忠集》(8), 《宋文鑑》(13), 《事文類聚》(前集 21), 《歷代名賢確論》(45), 《漁隱叢話》(後集 23), 《詩人玉屑》(17), 《竹莊詩話》(16), 《詩林廣記》(後集 1), 《宋詩紀事》(12) 등에 실려 있음.

3. 韻脚은 '識, 國, 得, 益, 狄'. '誇, 花, 家, 嗟'.

234. <明妃曲和王介甫> ·················· 歐陽永叔(歐陽脩)
명비곡, 왕개보 시에 화운함

＊〈明妃曲和王介甫〉: 王安石〈明妃曲〉에 和作함.《詩林廣記》등에는 이 시를 첫수
로 싣고 있으며, 앞의〈明妃曲〉(233)이 둘째 수로 되어 있음.

호인胡人들은 안장의 말을 집으로 삼고, 활 쏘며 사냥하는 것을 풍속
으로 삼도다.
샘물 달고 풀 아름다운 곳 찾아다니며 일정하게 머물러 살지 않으며,
새가 놀라고 짐승이 놀라면 다투어 말을 달려 쫓아간다네.
누가 한漢나라 여인을 호아胡兒에게 시집보냈던가?
바람에 날리는 모래는 무정하게도 옥 같은 얼굴을 때리는데,
그 몸은 가도 가도 중국 사람은 만날 수 없어,
말 위에서 돌아가고픈 생각에〈사귀곡思歸曲〉을 지었다네.
손을 밀어 비琵가 되고 손을 당겨 파琶가 되니,
호인들도 함께 듣고는 역시 탄식을 하였다네.
옥 같은 얼굴에 흘러 떠돌다가 천애天涯 먼 곳에서 죽었으나,
그의 비파곡琵琶曲은 도리어 한나라로 전해져 들어왔네.
한나라 궁궐에서는 다투어 새로운 곡보曲譜라고 연주하니,
그가 남긴 한恨은 너무 깊어 소리 더욱 애처롭네.
섬섬옥수 여인 손은 깊은 방 안에서 자라,
비파만 배우느라 문 밖에 나서본 적 없었다네.
황운黃雲의 변방 길이란 알지도 못했으니,
어찌 알았으랴, 그 소리가 사람 애를 끊을 줄을?

胡人以鞍馬爲家射獵爲俗,
泉甘草美無常處, 鳥驚獸駭爭馳逐.
誰將漢女嫁胡兒? 風沙無情面如玉.
身行不遇中國人, 馬上自作〈思歸曲〉.
推手爲琵却手琶, 胡人共聽亦咨嗟.
玉顔流落死天涯, 琵琶却傳來漢家.
漢宮爭按新聲譜, 遺恨已深聲更苦.
纖纖女手生洞房, 學得琵琶不下堂.
不識黃雲出塞路, 豈知此聲能斷腸?

【胡人以鞍馬爲家射獵爲俗】'胡人'은 북쪽 소수 이민족을 통틀어 일컫는 말. 여기
서는 匈奴를 가리킴.《漢書》匈奴傳에 "匈奴, 其先夏后氏之苗裔, 曰淳維. 唐, 虞以
上有山戎, 獫允, 薰粥, 居於北邊, 隨草畜牧而轉移. 其畜之所多則馬牛羊, 其奇畜則
橐佗, 驢, 驘, 駃騠, 騊駼驒奚. 逐水草遷徙, 無城郭常居耕田之業, 然亦各有分地.
無文書, 以言語爲約束. 兒能騎羊, 引弓射鳥鼠, 少長則射狐菟, 肉食. 士力能彎弓,
盡爲甲騎. 其俗, 寬則隨畜田獵禽獸爲生業, 急則人習戰攻以侵伐, 其天性也"라 함.
《宋詩紀事》에는 '胡人'이 '單于'로,《詩林廣記》에는 '匈奴'로 되어 있음.
【泉甘草美無常處, 鳥驚獸駭爭馳逐】'無常處'는 일정한 거처가 없음. 遊牧生活을
함. '爭馳逐'은 다투어 말을 달려 쫓음.
【誰將漢女嫁胡兒? 風沙無情面如玉】'胡兒'는《歐陽文忠集》에는 '呼韓'으로 되어
있으며, 이는 구체적으로 王昭君을 아내로 맞은 匈奴王 호한야선우(呼韓邪單于)
를 가리킴. '如玉'은 얼굴이 옥과 같이 곱고 아름다움.《詩》野有死麕에 "林有樸
樕, 野有死鹿. 白茅純束, 有女如玉"라 함.
【身行不遇中國人, 馬上自作思歸曲】'身行'은 匈奴 沙漠 길 멀리 가고 있음. '中國'은
中原을 뜻함. '思歸曲'은 思鄕曲.〈昭君怨〉을 가리킴.
【推手爲琵却手琶, 胡人共聽亦咨嗟】'推手爲琵却手琶'는 손을 앞으로 밀어 '琵'가
되고 뒤로 당겨 '琶'가 됨.《釋名》에는 "批把本出於胡中, 馬上所鼓也. 推手前曰批,
引手却曰把, 象鼓, 時以爲名也"라 하여, '琵琶'는 '批把'로 표기하여 실제 연주하
는 행동을 표현하는 뜻으로 바꾸어, 원래 物名이 어떤 것의 語源을 묘하게 활용
한 것. '胡人共聽'은《歐陽文忠集》에는 '邊人共聽'으로,《詩林廣記》에는 '蕃人共聽'

으로, 《宋詩紀事》에는 '羌人共聽'으로 되어 있음. '咨嗟'는 탄식함. 길게 한숨을
지음.

【玉顔流落死天涯, 琵琶却傳來漢家】'流落'은 떠돌다 흩어짐. 雙聲連綿語로 표현한
것. '琵琶'는 《歐陽文忠集》에는 "一作此曲"이라 함.

【漢宮爭按新聲譜, 遺恨已深聲更苦】'爭按'은 다투어 연주함. '新聲譜'는 새로운 曲
譜. 〈昭君怨〉의 곡보.

【纖纖女手生洞房, 學得琵琶不下堂】'纖纖'은 여자의 곱고 여린 손. '洞房'(통방)은
깊숙한 방. 흔히 여인들의 閨房을 뜻함. '不下堂'은 대청을 내려오지 않음. 문밖에
나와 보지 않음.

【不識黃雲出塞路, 豈知此聲能斷腸】'斷腸'은 애가 끊어짐.

참고 및 관련 자료

1. 歐陽永叔, 歐陽修, 歐陽脩, 歐陽文忠. 177 참조.

2. 이 시는 《歐陽文忠集》(8), 《漁隱叢話》(後集 23), 《詩人玉屑》(17), 《竹莊詩話》(16),
《詩林廣記》(後集 1), 《宋詩紀事》(12) 등에 실려 있음.

3. 韻脚은 '俗, 逐, 玉, 曲'. '琶, 嗟, 家'. '譜, 苦'. '房, 堂, 腸'.

4. 《詩林廣記》評語(《宋詩紀事》도 일부 동일함)

○《石林詩話》云: 前輩詩文, 各有平日得意, 不過數篇, 然他人未必能盡知也. 毗陵
正素處士張子厚善書, 余嘗於其家見歐陽公子棐, 以烏絲欄絹一軸, 求子厚書文忠公
〈明妃曲〉兩篇, 〈廬山高〉一篇. 略云: 「先公生平未嘗矜大所爲文, 一日被酒語棐曰: 『吾
詩〈廬山高〉, 今人莫能爲, 惟李太白能之; 〈明妃曲後篇〉, 太白不能爲, 惟杜子美能
之; 至於〈前篇〉, 則子美亦不能爲, 惟吾能之也.』 因欲別錄此三篇藏之, 以誌公意.
余在汝陰, 見棐, 問之亦然. 今閱公詩者, 蓋未嘗獨異此三篇也.

○胡苕溪云: 《石林詩話》云: 歐公一日被酒語其子棐曰: 「吾詩〈廬山高〉, 今人莫能爲,
惟太白能之; 〈明妃曲後篇〉, 太白不能爲, 惟杜子美能之; 至於〈前篇〉, 則子美亦不
能爲, 惟吾能之也.」 近觀本朝名臣傳乃云: 歐陽某爲詩, 謂人曰: 〈廬山高〉, 惟韓愈可
及; 〈琵琶前引〉, 韓愈不可及, 杜甫可及; 〈後引〉李白可及, 杜甫不可及.」 其自負如
此, 則與石林所紀全不同, 〈琵琶引〉, 即〈明妃曲〉也.

○錢晉齋云: 歐陽公〈明妃後曲〉, 其間言近而宮廷聞見, 且有所不及, 況遠而萬里之
夷狄乎? 此語切中膏肓, 末言非元帝之不知幸於昭君, 乃昭君之命薄而不見幸於元帝
也, 信哉!

235. ＜塞上曲＞ ·················· 黃魯直(黃庭堅)(張耒)

　　변방의 노래

＊＜塞上曲＞: 邊塞의 노래. ＜樂府＞의 일종으로 邊塞詩임. 한편 이 시는 宋 張耒의
《柯山集》에 ＜塞獵＞이라는 제목으로 들어 있으며, "耒病臂比已平, 獨挽弓無力,
客言:「君爲史官, 何事挽弓?」戲作此詩"라 하였음. 그리고 《石倉歷代詩選》, 淸 鄭
方坤의 《五代詩話》(4) 등에도 모두 작자가 '張耒'로 되어 있음. 그러나 《記纂淵
海》(22)에는 張子潛(張文潛)으로, 《淵鑑類函》(336)에도 "唐張子(文)潛＜幽州詩＞曰"
이라 하여 전문이 실려 있음. 다만 明 彭大翼의 《山堂肆考》(161)에는 "＜塞上曲＞
宋黃庭堅作"이라 하였고, 明 李蓘(編)《宋藝圃集》(10)에도 '黃庭堅五十首'에 ＜塞
上曲＞의 제목으로 이 시가 실려 있음. 따라서 일부 잘못 전해지기도 하였으며,
본 《眞寶》에서 黃庭堅이라 한 것도 오류임.

10월 북풍 불어와 연燕 땅의 풀들 누렇게 시들어가자,
연 땅 사람들의 말은 살찌고 활의 힘도 강해졌다네.
호랑이 가죽 잘라 말안장 만들고, 독수리 깃으로 화살 깃 만들어,
산 북쪽 기슭에서 두 마리 흰 이리 쏘아 잡았네.
푸른 담요로 둘러친 장막 높아 눈에도 젖지 않으니,
북을 치며 술잔 어서 돌리라고 급하게 굴고 있네.
흉노 임금은 반쯤 취하여 담비 갖옷 끌어안고 있는데,
왕소군王昭君은 그래도 비파琵琶 안고 울고 있네.

十月北風燕草黃, 燕人馬肥弓力强.
虎皮裁鞍鵰羽箭, 射殺山陰雙白狼.
靑氈帳高雪不濕, 擊鼓傳觴令行急,
戎王半醉擁貂裘, 昭君猶抱琵琶泣.

【十月北風燕草黃, 燕人馬肥弓力强】'燕'은 지금의 河北, 遼寧, 內蒙古 동부 일대. 고
대 燕나라가 있었던 지역. 지금의 北京(薊) 북쪽이며 흔히 東北 邊塞를 지칭하는
지역이었음. 여기서는 匈奴 땅을 가리킴. '馬肥'는 다른 원문에는 모두 '馬飽'로
되어 있음.

【虎皮裁鞍鵰羽箭, 射殺山陰雙白狼】'裁鞍'은 裁斷하여 말안장을 만듦. '鵰'(조)는
독수리. 보라매. 그 깃으로 화살의 깃을 만듦. '山陰'은 산의 북쪽 그늘진 기슭.
'白狼'은 흰털의 이리. 《史記》匈奴傳에 "穆王伐犬戎, 得四白狼四白鹿以歸, 自是之
後, 荒服不至"라 함.

【靑氈帳高雪不濕, 擊皷傳觴令行急】'靑氈'은 양털로 짠 푸른색의 모포나 천. 이로
써 천막을 둘러 집을 만듦. '氈'은 氊과 같음. 양털로 짠 천이나 담요 양탄자, 털
방석 등. 《大明一統志》에 "安定韃靼別部, 居無城郭, 以氈帳爲廬舍"라 함. '傳觴'은
술잔을 전함. '令行急'은 《石倉歷代詩選》 및 《柯山集》 등에는 '打令急'으로 되어
있음.

【戎王半醉擁貂裘, 昭君猶抱琵琶泣】'戎王'은 匈奴의 單于. 《柯山集》에는 '單于'로 되
어 있음. '貂裘'는 담비 갖옷. '昭君'은 王昭君. 明妃, 明君. 匈奴의 單于와는 漢나
라 이래 혼인관계를 유지하여 和親을 이어왔으므로 상징적으로 王昭君을 내세
운 것. 이 구절은 《柯山集》에는 "單于半醉解貂裘, 昭君獨抱琵琶泣"으로 되어 있
고, 《石倉歷代詩選》에는 "戎王半醉貂裘眠, 昭君獨抱琵琶泣"이라 하여 각기 다름.

참고 및 관련 자료

1. 黃山谷, 黃庭堅, 魯直, 山谷道人. 046 참조. 張耒는 173을 참조할 것.

2. 이 시는 《柯山集》(11), 《宋藝圃集》(10), 《石倉歷代詩選》(154), 《五代詩話》(4), 《淵
鑑類函》(230, 336), 《山堂肆考》(161), 《記纂淵海》(22),

3. 韻脚은 '黃, 强, 狼'. '濕, 急, 泣'.

236. <烏棲曲> ·················· 李太白(李白)

오서곡

*<烏棲曲>: 까마귀가 깃듦을 주제로 한 노래.《樂府詩集》淸商曲辭 西曲歌에 들
어있는 옛 樂府 12곡의 하나이며 그 제목으로 읊은 것.《李太白集分類補注》에
"齊賢曰: 賀知章見太白<烏栖曲>, 嘆賞曰:「此詩可以泣鬼神!」"이라 하였고,《唐詩紀
事》에도 "天寶初賀知章見之曰:「此詩可以泣鬼神矣!」"라 함.《李太白集註》에는
"梁簡文帝, 梁元帝, 蕭子顯並有此題之作.《樂府詩集》列于西曲歌中<烏夜啼>之後"
라 함.

고소대姑蘇臺 위로 까마귀 돌아와 깃들고자 할 때,
오왕吳王은 궁궐에서 서시西施와 함께 술 취해 있었네.
오가吳歌와 초무楚舞로 즐거움 아직 다하지 못했는데,
푸른 산은 오히려 반쪽 해를 물고 있었네.
은 바늘 달린 금 물통에 물시계의 물은 자꾸 떨어져,
일어나 보니 가을 달 강 물결 속으로 떨어져가네.
동쪽 해 점점 솟아오르니 이 즐거움 어찌하려나?

姑蘇臺上烏棲時, 吳王宮裏醉西施.
吳歌楚舞歡未畢, 靑山猶銜半邊日.
銀箭金壺漏水多, 起看秋月墜江波.
東方漸高奈樂何?

【姑蘇臺上烏棲時, 吳王宮裏醉西施】'姑蘇臺'는 姑胥臺라고도 하며 江蘇 蘇州에 있
는 臺 이름. 春秋시대 吳나라의 도읍이었음. 吳王 闔閭가 지었고 다시 夫差가 증
수하였음.《越絶書》(14)에 "吳王不聽, 遂受之而起姑胥臺. 三年聚材, 五年乃成. 高

見二百里, 行路之人, 道死尸哭."이라 하였고, 《吳越春秋》句踐陰謀外傳에도 "子胥諫曰:「王勿受也. 昔者, 桀起靈臺, 紂起鹿臺, 陰陽不和, 寒暑不時, 五穀不熟, 天與其災, 民虛國變, 遂取滅亡. 大王受之, 必爲越王所戮.」吳王不聽, 遂受而起姑蘇之臺. 三年聚材, 五年乃成, 高見二百里. 行路之人, 道死巷哭, 不絶嗟嘻之聲, 民疲士苦, 人不聊生."이라 함.《漢書》濟南王 注에는 "姑蘇臺, 一名姑胥臺, 姑胥門外有九曲路, 乃闔閭遊姑蘇臺以望湖中"이라 함. '吳王'은 夫差를 가리킴. '西施'는 越王句踐이 吳王 夫差가 여색을 좋아함을 알고 바쳐, 吳나라를 멸하고자 계략에 동원되었던 미인. 西子, 先施 등으로도 불리며 중국 고대 四大 美女의 하나.《莊子》齊物論에 "毛嬙、西施, 人之所美也; 魚見之深入, 鳥見之高飛, 麋鹿見之決驟"라 하였고 天運篇에는 "西施病心而矉其里, 其里之醜人見之而美之, 歸亦捧心而矉其里. 其里之富人見之, 堅閉門而不出, 貧人見之, 挈妻子而去走. 彼知矉美, 而不知矉之所以美"라 함. 越王 句踐이 苧蘿山에서 찾아 훈련을 시킨 다음 吳王 夫差에게 보내어 美人計로 활용하였음. 이름은 夷光이라 함. 苧蘿山 아래 施姓의 두 집 성촌이 있었으며 그 중 서쪽 마을 여인이었으므로 西施라 불렀다 함. 뒤에 范蠡의 愛人으로도 알려짐. 지금의 浙江 諸暨縣 남쪽 浣紗溪가 있으며 苧蘿山 아래에 浣紗石이 있음. 전설에 西施가 빨래하던 돌이라 하며, 王羲之의 글씨로 '浣紗' 두 글자, 그리고 바위 위에 浣紗亭, 안에는 西施에 관련된 碑碣 등이 있음.《越絶書》(10)에 "美人宮, 周五百九十步, 陸門二, 水門一, 今北壇利里丘土城, 句踐所習教美女西施, 鄭旦宮臺也. 女出於苧蘿山, 欲獻於吳, 自謂東垂僻陋, 恐女樸鄙, 故近大道居, 去縣五里."라 함.

【吳歌楚舞歡未畢, 青山猶銜半邊日】'楚舞'는 초나라 춤으로《史記》留侯世家에 "戚夫人泣, 上曰:「爲我楚舞, 吾爲若楚歌.」歌曰:「鴻鵠高飛, 一擧千里. 羽翮已就, 橫絶四海. 橫絶四海, 當可奈何! 雖有矰繳, 尙安所施!」歌數闋, 戚夫人噓唏流涕, 上起去, 罷酒"라 함. '猶銜'은《全唐詩》등에는 '欲銜'으로 되어 있으며, 注에 "一作猶"라 함. '半邊日'은 기울어 반쯤 산에 걸린 해.《李太白集註》에 "《述異記》:吳王夫差築姑蘇之臺, 三年乃成. 周旋詰曲, 橫亙五里, 崇飾土木, 殫耗人力, 官妓千人, 上別立春宵宮, 爲長夜之飮, 造千石酒鍾作天池, 池中造青龍舟, 舟中盛陳妓樂, 日與西施爲水嬉."라 함.

【銀箭金壺漏水多, 起看秋月墜江波】'銀箭金壺'는 銀으로 만든 물시계의 시계 바늘과 金으로 만든 물시계 水桶.《李太白文集》과《李太白集註》에는 "一作金壺丁丁"이라 함. '漏'는 自擊漏, 漏刻. '漏水多'는 물시계에서 이미 흘러 떨어진 물이 많음.

시간이 많이 흘렀음을 뜻함. '墜江波'는《文苑英華》와《本事詩》등에는 '墮江波'
로 되어 있음.

【東方漸高奈樂何】'東方漸高'는 점차 날이 밝아 해가 떠오름. 즐길 시간이 다해가
자 안타까워 탄식함. '樂何'는《李太白文集》에는 "一作爾何"라 하였고,《唐文粹》
등에는 모두 '奈爾何'로 되어 있음.

참고 및 관련 자료

1. 이태백(李太白) 李白, 李翰林. 016 참조.

2. 이 시는《李太白文集》(2),《李太白集分類補註》(3),《李太白集註》(3),《唐文粹》
(13),《樂府詩集》(48),《全唐詩》(21, 162),《河嶽英靈集》(上),《唐詩品彙》(26),《唐詩紀
事》(18),《竹莊詩話》(5),《本事詩》,《太平廣記》(201),《文苑英華》(206),《石倉歷代詩選》
(44 上),《蜀中廣記》(101),《說郛》(80),《事文類聚》(後集 44),《詩林廣記》(3),《式古堂書
畫彙考》(27),《唐詩鏡》(18) 등에 널리 실려 있음.

3. 韻脚은 '時, 施'. '畢, 日'. '多, 波, 何'.

4.《李太白集分類補注》

士贇曰:「此詩雖只樂府, 然深得國風諷刺之體盛言, 其美而不美者自見, 觀者其毋
忽諸!」

사류辭類

 '辭'는《楚辭》에서 비롯된 문체로 屈原의 〈漁父辭〉나 漢 武帝의 〈秋風辭〉, 陶淵明의 〈歸去來辭〉 등이 그 시작임. 敍事的인 표현이 많으며 賦와 결합하여 辭賦文學으로 발전하였음.

237. 〈連昌宮辭〉 ·················· 元稹(元微之)
연창궁사

*〈連昌宮辭〉:連昌宮의 노래. '連昌宮'은 河南 壽安縣(지금의 河南省 宜陽縣) 서쪽 90리에 있던 行宮. 高宗 顯慶 3년(658)에 세웠음. 이는 元稹이 元和 13년(818) 通州司馬로 갈 때에 連昌宮 근처에 사는 노인의 말을 통해 玄宗과 楊貴妃, 그리고 安祿山의 난, 連昌宮의 興衰와 變遷 등을 짚어보고 太平의 소망을 읊은 長篇 敍事詩임. 한편 玄宗과 楊貴妃는 連昌宮에 갔었다는 기록은 어디에도 없으며, 이는 元稹이 가설하여 쓴 것임. 아울러 '辭'는 '詞'와 구분을 짓지 아니하여, 《元氏長慶集》, 《全唐詩》, 《文苑英華》 등에는 제목을 〈連昌宮詞〉로 표기하고 있음.

연창궁連昌宮 안에 가득 자란 대나무,
오랫동안 사람 없어 다발로 묶어놓은 듯 빽빽하네.
게다가 담장 머리에는 천엽도千葉桃가 있는데,
바람에 흔들려 떨어져 그 꽃잎 빨갛게 흩날리네.
궁전 옆 노인이 나에게 울며 이렇게 말하네.
"소년 시절 선발되어 한 번은 이 궁 안으로 들어갔었는데,
상황上皇께서는 마침 망선루望仙樓에 계셨고,
양귀비楊貴妃는 함께 난간에 기대어 서 있었다오.
누각 위나 누각 아래 온통 진주 비취로 장식한 여자들,
번쩍번쩍 휘황한 빛이 하늘과 땅을 비추고 있었다오.
돌아와 보니 꿈 같다가도 다시 바보가 된 것도 같았으니,
어느 겨를에 궁전 안에서 일을 갖추어 말할 수 있었겠습니까?
그 첫 해 동지冬至 지난 105일째 한식寒食을 쇨 때,
가게도 집도 불을 피우지 않아 궁궐 나무는 푸르기만 하였고,
한밤중 달 높이 뜨자 현악기 줄 소리 울려퍼지더니,

하회지賀懷知가 비파로 연주 시작을 알려 조용해졌다오.
고력사高力士가 소리쳐 임금의 뜻 전하여 염노念奴를 찾았더니,
염노는 남몰래 젊은 악공과 어울려 짝이 되어 자고 있었지요.
잠시 후 찾아내어 다시 연이어 재촉하며,
임금은 특명 내려 거리에 촛불을 밝히도록 허락하였지요.
봄기운의 아리따운 자태 눈에 가득, 붉은 비단 덮고 자다가,
구름 같은 머리를 빗질하고 재빨리 단장하여 띠를 묶고는,
구천九天으로 솟을 듯한 노래 한 곡조 부르니,
이십오랑二十五郎은 피리 소리로 맞추면서 뒤를 따랐지요.
뒤를 잠시 따르면서 대편大遍 양주곡梁州曲을 다 마치자,
색색의 구자악龜玆樂이 터지듯이 이어졌다오.
이때 이모李謨는 피리 잡고 궁전 담 곁에 기대어,
임금이 새로 작곡한 몇 곡조를 훔쳐서 베꼈지요.
이른 아침 천자의 수레 행궁行宮을 출발하니,
길 가운데 수많은 사람들 신이 나서 고무되었으며,
백관과 의장 행렬은 기왕岐王과 설왕薛王의 길 피해주고,
양귀비 여러 자매들 바람과 싸우듯 수레가 달렸다오.
이듬해 10월에 낙양洛陽이 함락되어,
임금 다니던 길 그대로 있으되 안록산安祿山이 지나는 길이 되었고,
반군이 몰아치며 숙식 제공하라 명하니 감히 숨기지도 못한 채,
만백성들 소리 없이 남몰래 눈물만 떨구었다오.
장안長安과 낙양이 수복된 뒤 6, 7년 만에,
내가 다시 집 찾아 행궁 앞 살던 곳으로 돌아와 보았더니,
농가들은 다 타고 마른 우물만 남아 있고,
행궁 문 안쪽에는 나무들만 완연합디다.
그 뒤로 여섯 황제가 차례로 천자 자리에 올랐으나,
아무도 이 행궁에는 오시지 않아 문은 오래 닫혀 있었지요.

오가는 젊은이들이 장안 소식 말하건대,

현무루玄武樓 새로 짓고 화악루花萼樓는 없애버렸다지요.

지난 해 천자의 칙사가 와서는 온 김에 대나무를 베었는데,

우연히 문을 열 때에 잠시 따라 들어가 보았더니,

가시나무 개암나무가 즐비하여 연못을 메워버렸고,

여우와 토끼는 교만과 멍청함 그대로 나무를 타고 놀고 있더이다.

춤추던 대사臺榭는 기울었으나 그 터는 그대로 남아 있고,

꽃무늬 창문은 그윽한데 비단 창호지는 그래도 녹색입디다.

먼지에 파묻힌 분바른 벽 가엔 옛 꽃비녀 그대로 있었고,

까마귀는 풍경風磬을 쪼아 마치 옥 부서지는 소리가 났었지요.

상황上皇께서는 섬돌 가까이 핀 꽃을 특히 좋아했었는데,

옛날대로 어탑御榻은 섬돌을 임해 기울어져 있더이다.

뱀은 제비집에서 기어 나와 기둥머리에 서려 있고,

곰팡이 난 향로 탁자는 집무실을 향해 놓여 있더이다.

침전寢殿은 단정루端正樓와 연이어져 있었는데,

양귀비가 그 누樓 위에서 머리 빗고 세수하던 곳이지요.

아침 햇빛이 나오지 않아 발그림자가 어두컴컴했었는데,

아직까지 산호 발[簾] 갈고리만은 젖혀진 채 걸려 있더이다.

옆 사람에게 손가락질하며 그를 통해 통곡하고,

궁문으로 물러나오면서 눈물은 연이어 흐르더이다.

이 뒤로부터는 다시 궁문은 닫히고 만 채,

밤마다 여우와 살쾡이가 문 위며 지붕 위 오르내리고 있지요.”

나는 이 말 듣고 마음과 뼛속까지 비통해졌네.

태평을 이룩한 자 누구이며 혼란을 일으킨 자 누구인가?

노인이 하는 말 : “이 촌 늙은이가 무슨 분별이 있겠소마는,

귀로 듣고 눈으로 본 것을 그대에게 설명하리다.
요숭姚崇과 송경宋璟이 재상 노릇을 할 때에는,
상황에게 권하고 간하는 말 절실하였고,
음양陰陽의 변화 잘 다스리어 곡식이 풍성하였으며,
나라 안팎을 조화시켜 전쟁이란 없었지요.
장관들은 청렴공평하고 태수들도 훌륭하여,
간선揀選도 모두 그러한 상공 때문이라 말했었지요.
그러다 개원開元 말엽에 요숭과 송경이 죽자,
조정은 점점 양귀비에 의해 결정이 나게 되었으니,
안녹산이 궁으로 들어와 양귀비의 양자가 되었고,
괵국부인虢國夫人 문 앞은 붐비기가 저자 같았소.
권세를 농간하던 재상들 이름 기억하진 못하지만,
어렴풋이 기억하건대 양씨楊氏와 이씨李氏겠지요.
그래서 조정의 계책이 무너지고 온 세상이 요동하여,
50년 동안 나라는 부스럼과 상처로 고통 받았지요.

지금의 황제는 신성하고 승상은 현명하여,
조서를 내리자마자 오촉吳蜀의 반란이 평정되었고,
관군이 다시 회서淮西의 반적叛賊들을 잡아들여,
이들 반적도 제거되니 천하가 안녕을 얻게 되었지요.
해마다 연창궁 문 앞의 길에까지 곡식을 심었는데,
금년에는 자손들 거기에 농사지으라 보내지 않았다오.
이 늙은이 이런 뜻은 천자께서 행차하시기 깊이 바라서이니,
힘써서 조정의 올바른 계책 세워 전란은 없었으면 한다오.”

連昌宮中滿宮竹, 歲久無人森似束.
又有墻頭千葉桃, 風動落花紅簌簌.

宮邊老人爲余泣:「少年選進因曾入.
上皇正在望仙樓, 太眞同憑欄干立.
樓上樓前盡珠翠, 炫轉熒煌照天地.
歸來如夢復如癡, 何暇備言宮裡事?
初過寒食一百五, 店舍無煙宮樹綠.
夜半月高絃索鳴, 賀老琵琶定場屋.
力士傳呼覓念奴, 念奴潛伴諸郎宿.
須臾覓得又連催, 特勅街中許燃燭.
春嬌滿眼睡紅綃, 掠削雲鬟旋粧束.
飛上九天歌一聲, 二十五郎吹管逐.
逡巡大徧梁州徹, 色色龜茲轟綠續.
李謨擘笛傍宮墻, 偸得新翻數般曲.
平明大駕發行宮, 萬人鼓舞途路中.
百官隊仗避岐薛, 楊氏諸姨車鬪風.
明年十月東都破, 御路猶存祿山過.
驅令供頓不敢藏, 萬姓無聲淚潛墮.
兩京定後六七年, 却尋家舍行宮前.
莊園燒盡有枯井, 行宮門闥樹宛然.
爾後相傳六皇帝, 不到離宮門久閉.
往來年少說長安, 玄武樓成花萼廢.
去年勅使因斫竹, 偶値門開暫相逐.
荊榛櫛比塞池塘, 狐兔驕癡緣樹木.
舞榭欹傾基尚存, 文窗窈窕紗猶綠.
塵埋粉壁舊花鈿, 烏啄風箏碎如玉.
上皇偏愛臨砌花, 依然御榻臨階斜.
蛇出燕巢盤鬪栱, 菌生香案正當衙.
寢殿相連端正樓, 太眞梳洗樓上頭.

晨光未出簾影黑, 至今反掛珊瑚鉤.
指向傍人因慟哭, 却出宮門淚相續.
自從此後還閉門, 夜夜狐狸上門屋.」

我聞此語心骨悲, 太平誰致亂者誰?

翁言:「野父何分別? 耳聞眼見爲君說.
姚崇宋璟作相公, 勸諫上皇言語切.
燮理陰陽禾黍豐, 調和中外無兵戎.
長官淸平太守好, 揀選皆言由相公.
開元欲末姚宋死, 朝廷漸漸由妃子.
祿山宮裏養作兒, 虢國門前鬧如市.
弄權宰相不記名, 依俙憶得楊與李.
廟謨顛倒四海搖, 五十年來作瘡痏.
今皇神聖宰相明, 詔書纔下吳蜀平.
官軍又取淮西賊, 此賊亦除天下寧.
年年耕種宮前道, 今年不遣子孫耕.
老翁此意深望幸, 努力廟謨休用兵.

【連昌宮中滿宮竹, 歲久無人森似束】'森似束'은 대나무가 빽빽하게 자라 마치 다발로 묶은 듯함. '森似束'은《全唐詩》에는 "一作森自束"이라 함.
【又有墻頭千葉桃, 風動落花紅簌簌】'千葉挑'는 碧桃의 별명. '紅簌簌'는 붉은 꽃잎이 어지러이 흩날리는 모습. '簌簌'은《元氏長慶集》과《唐文粹》,《全唐詩》에는 '蔌蔌'으로 되어 있음.
【宮邊老人爲余泣, 少年選進因曾入】'選進'은 부역을 위해 뽑혀 連昌宮에 들어가 본 적이 있음. '余'는 予와 같음. '老人'은《文苑英華》에는 '老翁'으로 되어 있음. 뒤의 구절은《元氏長慶集》과《全唐詩》에는 "小年進食曾因入"으로 되어 있음.
【上皇正在望仙樓, 太眞同憑欄干立】'上皇'은 玄宗, 아들 肅宗에게 제위를 물려주고

자신은 上皇의 자리에 있었음. '望仙樓'는 驪山의 華淸宮에 있던 樓臺. 그러나 현종과 양귀비는 連昌宮에 간 일이 없었음. 이에 元稹이 가설하여 쓴 것임. '太眞'은 楊貴妃의 玉環. '憑'은 《元氏長慶集》과 《文苑英華》, 《全唐詩》에는 '凭'으로 되어 있음. '欄干'은 《全唐詩》에는 '闌干'으로 되어 있음. 疊韻連綿語의 物名임.

【樓上樓前盡珠翠, 炫轉熒煌照天地】 '珠翠'는 眞珠와 翡翠. 미녀들을 가리킴. '炫轉'은 번뜩이며 돌고 있는 모습을 뜻하는 疊韻連綿語. '熒煌' 역시 찬란하고 휘황함을 뜻하는 雙聲連綿語.

【歸來如夢復如癡, 何暇備言宮裡事】 '如癡'는 바보가 된 듯함. '癡'는 痴와 같음.

【初過寒食一百五, 店舍無煙宮樹綠】 '寒食'은 冬至 후 105일 만에 오는 節候이며 春秋시대 晉 文公(重耳)의 신하 介子推의 고사로 인해 유래된 풍속. 이 날은 집에 불을 피우지 않았음. 《眞寶》注에 "冬至後過一百單五日, 爲寒食"이라 함. '店舍無煙'은 한식날이어서 가게나 집에서 불을 피우는 연기가 나지 않음. 《元氏長慶集》과 《唐文粹》, 《文苑英華》, 《全唐詩》 등에는 '一百五'가 모두 '一百六'으로 되어 있음.

【夜半月高絃索鳴, 賀老琵琶定場屋】 '賀老'는 賀懷知. 玄宗 때 琵琶의 명수. '定場屋'은 '壓場'이라고도 하며, 연회나 음악 연주를 시작할 때 場內를 조용하도록 하는 첫 신호 음악. 《眞寶》注에 "樂工賀懷知, 彈琵琶以定樂場"이라 함. 《元氏長慶集》에 "唐開元中賀懷智善琵琶"라 함. '定場屋'은 《全唐詩》에는 "一作擅場屋"이라 함.

【力士傳呼覓念奴, 念奴潛伴諸郞宿】 '力士'는 高力士. 玄宗 때 驃騎大將軍에 올랐으며 齊國公에 봉해졌던 인물. 玄宗의 총애를 받아 권세를 자랑하였음. '念奴'는 玄宗 때의 名妓. 《眞寶》注에 "念奴, 天寶中名技之善歌舞者"라 함. 《元氏長慶集》에 "念奴, 天寶中名倡善歌, 每歲樓下酺宴, 累日之後, 萬衆喧隘, 嚴安之辛(韋), 黃裳輩, 闢易不能禁, 衆樂爲之罷奏. 玄宗遣高力士大呼於樓上曰:「欲遣念奴唱歌! 邠二十五郎吹小管, 逐看人能聽否?」未嘗不悄然, 奉詔其爲當時所重也, 如此."라 함. '潛伴'은 남몰래 짝을 지음. 자신들끼리 짝을 지어 잠자리를 함께 함. '諸郞'은 궁전에서 일하는 젊은 藝人들.

【須臾覓得又連催, 特勅街中許燃燭】 '須臾'는 짧은 시간을 뜻하는 疊韻連綿語. '連催'는 연달아 재촉함. 천자의 잔치자리에 나갈 것을 재촉함. '許燃燭'은 한식날이지만 念奴의 몸치장을 위해 촛불 밝히는 것을 허락함. '燃燭'은 《全唐詩》에는 '然燭'으로 되어 있음.

【春嬌滿眼睡紅綃, 掠削雲鬟旋粧束】 '春嬌'는 봄 여인으로서의 애교. '紅綃'는 붉

은 비단. 그러나《文苑英華》에는 '紅綃'로 되어 있음. '掠削'는 손으로 빗고 쓰다
듬는 상황을 설명하는 疊韻連綿語. '旋粧束'은 재빨리 서둘러 화장하고 몸치장
을 함. '粧束'은《元氏長慶集》과《文苑英華》,《全唐詩》에는 '裝束'으로,《唐文粹》
에는 '糚束'으로 되어 있음.

【飛上九天歌一聲, 二十五郎吹管逐】'飛上九天'은 노랫소리가 높은 하늘로 솟아오
름. '二十五郎'은 빈왕(邠王) 李承寧. 玄宗의 아우로 笛의 명수였음.《眞寶》注에
"二十五郎, 邠王也"라 함.

【逡巡大徧梁州徹, 色色龜玆轟綠續】'逡巡'은 머뭇거림, 서성임을 뜻하는 疊韻連綿
語. '大徧梁州徹'은 大徧의〈梁州曲〉.〈梁州曲〉은《唐書》禮樂志에 의하면 西涼의
樂曲으로 大徧과 小徧이 있었음.《元氏長慶集》과《文苑英華》에는 '大徧'이 '大遍'
으로 표기되어 있음.《眞寶》注에 "梁州, 曲名"이라 함. '色色龜玆'는 여러 가지 龜
玆 음악. 龜玆는 漢代의 西域 나라 이름. 唐代에는 龜玆樂府를 두었을 정도로 그
곳 음악이 성행하였음.《眞寶》注에 "龜玆, 國名"이라 함. '綠續'은《元氏長慶集》
과《全唐詩》에는 '錄續'으로 되어 있으며 소리가 끊어지지 않고 울림을 뜻하는
疊韻連綿語. 글자의 뜻에는 관계없이 음만 취하여 이루어진 어휘.

【李謨擪笛傍宮墻, 偸得新翻數般曲】'李謨'는 笛의 명수.《元氏長慶集》과《唐文粹》,
《文苑英華》,《全唐詩》등에는 모두 '李暮'로 표기되어 있음. 玄宗이 밤에 上陽宮
에서 새로운 곡을 짓고는 다음 날 상원절(上元節, 元宵節, 정월 대보름)에 남몰래
등불놀이에 나갔는데, 어떤 자가 酒樓에서 그 곡을 피리로 부는 자가 있어 잡아
들여 심문했더니 "전날 밤 天津橋 위를 거닐다가 궁중에서 나는 음악 소리를 듣
고 손톱으로 記譜한 것"이라 하였음. 이에 이름을 물었더니 '李謨'라 하여 상을
내려 돌려보냈다 함.《眞寶》注에 "明皇上元夜潛遊燈下, 忽聞樓上吹笛, 奏前夕新
翻之曲者, 大駭, 密捕笛者, 詰問, 云:「是夕, 竊於天津橋上玩月, 聞宮中奏曲, 遂於
橋柱, 以爪畫譜, 記之.」問其誰氏, 曰:「李謨.」明皇異之, 賜物遣去"라 함.《元氏長
慶集》에 "又玄宗嘗於上陽宮, 夜後按新翻一曲屬, 明夕正月十五日, 潛遊燈下, 忽聞
酒樓上有笛奏前夕新曲, 大駭之. 明日密遣捕捉笛者, 詰驗之, 自云:「其夕竊於天津
橋翫月, 聞宮中度曲, 遂於橋柱上挿譜記之. 臣即長安少年善笛者李暮也.」玄宗異
而遣之."라 함. '擪笛'은 笛을 꽉 쥠. 피리를 연주하는 자세를 취함. '擪'은 '엽'(益涉
切)으로 읽으며 '손가락으로 누르다'(指按也)의 뜻.《唐文粹》에는 '壓'으로 표기되
어 있음.

【平明大駕發行宮, 萬人皷舞途路中】'平明'은 날이 샐 무렵. '皷舞'는 감동하여 춤

을 춤. '途路中'은《文苑英華》에는 '在途中'으로 되어 있음.

【百官隊仗避岐薛, 楊氏諸姨車鬪風】'隊仗'은 무리를 이루어 儀仗을 맡은 사람들. '岐薛'은 岐王(李範)과 薛王(李業). 모두 玄宗의 아우들.《眞寶》注에 "岐薛, 岐王, 薛王, 皆明皇弟"라 함. '楊氏諸姨'는 楊氏 집안의 출세한 여인들. 楊貴妃의 자매 韓國夫人, 虢國夫人, 秦國夫人 등을 가리킴.《元氏長慶集》에 "貴妃三姊, 帝呼爲姨, 封韓虢秦國三夫人"이라 함. '車鬪風'는 수레의 빠르기가 바람과 다툼. 매우 빨리 달리는 멋진 수레를 형용함.

【明年十月東都破, 御路猶存祿山過】'東都'는 洛陽. 天寶 14년(755) 12월에 東都 洛陽이 安祿山의 叛軍에게 함락되었음.《元氏長慶集》에 "天寶十三年, 祿山破洛陽"이라 함. '御路猶存'은《文苑英華》에는 '御路獨存'으로 되어 있음.

【驅令供頓不敢藏, 萬姓無聲淚潛墮】'驅令共頓'은 명령에 몰리고 쫓기어 어쩔 수 없이 먹을 것을 제공함. '無聲'은《文苑英華》에는 '無言'으로 되어 있음.

【兩京定後六七年, 却尋家舍行宮前】'兩京定後'는 長安과 洛陽이 郭子儀에 의하여 수복된 肅宗 때를 말함.

【莊園燒盡有枯井, 行宮門闥樹宛然】'莊園'은 시골 농가와 부속 시설들. '門闥'은 대궐문 안쪽. 그러나《元氏長慶集》과《文苑英華》,《全唐詩》에는 '門閉'로 되어 있어 뜻이 명확함. '宛然'은 뚜렷함.

【爾後相傳六皇帝, 不到離宮門久閉】'六皇帝'는 玄宗(李隆基), 肅宗(李亨), 代宗(李豫), 德宗(李适), 順宗(李誦), 憲宗(李純)에 이르는 여섯 황제.《眞寶》注에 "自明皇後, 又傳肅宗, 代宗, 德宗, 順宗, 憲宗, 六朝皇帝"라 함.

【往來年少說長安, 玄武樓成花萼廢】'玄武樓'은 長安 大明宮 북쪽에 있던 樓臺. 德宗 때 세움. '花萼'은 花萼樓, 花萼樓. 長安 興慶宮 서남쪽에 있던 樓臺. 玄宗 때 세웠음.《眞寶》注에 "昔於宮西, 創花萼相輝之樓, 後又建玄武樓, 遂廢花萼之樓"라 함.《唐文粹》에는 '玄武門成'이 '玄武樓前'으로 되어 있음.

【去年敕使因斫竹, 偶値門開蹔相逐】'斫'(작)은 찍어서 베어냄. '蹔相逐'은 잠시 따라 들어감. '蹔'은 暫과 같음.

【荊榛櫛比塞池塘, 狐兎驕癡緣樹木】'荊榛'은 싸리나무와 개암나무. 폐허가 되어 잡목이 울창함을 말함. '櫛比'는 빗살처럼 빽빽이 들어선 모습. '驕癡'는 교만하면서도 바보 같음. 여우와 토끼가 사람을 보고도 놀라지 않는 모습을 말함.

【舞榭欹傾基尚存, 文窗窈窕紗猶綠】'舞榭'는 춤추고 놀던 높은 정자. '尚存'은《元氏長慶集》,《文苑英華》,《全唐詩》에는 '尚在'로 되어 있음. '榭'는 臺榭. '文窗'은 꽃

무늬를 조각한 창문. '窓'(창)은 窓, 窗, 牕과 같음. '窈窕'는 깊고 으슥한 모습을 뜻하는 疊韻連綿語.

【塵埋粉壁舊花鈿, 鳥啄風箏碎如玉】'花鈿'은 꽃비녀. 꽃장식이 달린 여자의 머리 장식. '鳥啄'은 《文苑英華》에는 '鳥啄'으로 되어 있음. '風箏'은 원래는 연. 여기서 는 풍경을 뜻함. 지붕 처마에 달린 쇠방울로 바람에 소리가 울리도록 한 風磬. '如玉'은 《元氏長慶集》과 《唐文粹》, 《文苑英華》, 《全唐詩》 등에는 '珠玉'으로 되어 있음.

【上皇偏愛臨砌花, 依然御榻臨階斜】'臨砌花'는 섬돌 가까이에 피어 있는 꽃. '御榻' 은 天子의 榻床.

【蛇出燕巢盤鬪栱, 菌生香案正當衙】'盤鬪栱'은 기둥 위 나무를 타고 서려서 감김. '鬪栱'은 '斗栱'으로 보아 집의 기둥 위에 얹은 네모꼴 나무로 보기도 함. 《元氏長 慶集》, 《文苑英華》 등에는 '鬪拱'으로 되어 있음. '盤'은 蟠과 같음. 뱀이 서리고 감겨 오르는 모습. '菌'은 버섯이나 곰팡이. '正當衙'는 바로 천자 계시던 곳을 향 해 있음. '衙'는 천자가 거처하는 곳.

【寢殿相連端正樓, 太眞梳洗樓上頭】'端正樓'는 陝西 驪山의 華淸宮에 있던 樓臺.

【晨光未出簾影黑, 至今反掛珊瑚鉤】'簾影黑'은 발[簾]의 그림자가 어두움. 양귀비가 세수고 있을 때의 모습을 형용한 것. '珊瑚鉤'는 珊瑚로 만든 발을 거는 갈고리.

【指向傍人因慟哭, 却出宮門淚相續】'指向'은 《元氏長慶集》에는 '指示'로, 《文苑英 華》와 《全唐詩》에는 '指似'로 되어 있음. '傍人'은 旁人과 같음. 곁에 있는 사람을 향해 통곡을 하고는 궁문을 나서며 끝없이 눈물을 흘림.

【自從此後還閉門, 夜夜狐狸上門屋】이로부터 궁문이 닫히고는 밤마다 여우나 삵 이 문 위와 옥상에 오르내리고 있을 뿐임. '狐狸'는 《全唐詩》에는 '狐貍'로 되어 있음.

【我聞此語心骨悲, 太平誰致亂者誰】'心骨悲'는 심한 슬픔을 뜻함.

【翁言野父何分別? 耳聞眼見爲君說】'野父'는 시골 영감. 村老. '耳聞眼見'은 《文苑 英華》에는 '眼見耳聞'으로 되어 있음.

【姚崇宋璟作相公, 勸諫上皇言語切】姚崇과 宋璟은 玄宗 開元 연간의 두 재상. 치 적을 이루어 태평성대를 구개했던 시기. 姚崇은 應變成務를 잘하였고, 宋璟은 守成持正을 잘하였으며, 唐나라 때 재상으로서 먼저는 房玄齡과 杜如晦를, 뒤에 는 姚崇과 宋璟을 들고 있음. 姚崇과 宋璟은 《舊唐書》(96), 《新唐書》(124)에 모두 각각 傳이 실려 있음. 〈內前行〉(218)의 注를 참조할 것. 《眞寶》 注에 "姚崇, 宋璟,

皆作明皇賢相, 致太平"이라 함.

【燮理陰陽禾黍豐, 調和中外無兵戎】'燮理'는 燮理와 같음. '陰陽'은 陰陽의 변화를
잘 조절함. 宰相의 임무를 뜻함.《漢書》丙吉傳에 "吉又嘗出, 逢淸道羣鬪者, 死傷
橫道, 吉過之不問, 掾史獨怪之. 吉前行, 逢人逐牛, 牛喘吐舌. 吉止駐, 使騎吏問:
「逐牛行幾里矣?」掾史獨謂丞相前後失問, 或以譏吉, 吉曰:「民鬪相殺傷, 長安令, 京
兆尹職所當禁備逐捕, 歲竟丞相課其殿最, 奏行賞罰而已. 宰相不親小事, 非所當
於道路問也. 方春少陽用事, 未可大熱, 恐牛近行用暑故喘, 此時氣失節, 恐有所傷
害也. 三公典調和陰陽, 職(所)當憂, 是以問之.」掾史乃服, 以吉知大體."라 하였고,
《蒙求》에도 "前漢, 丙吉字少卿, 魯國人. 宣帝時爲丞相. 嘗出逢淸道群鬪者, 死傷
橫道. 吉過之不問. 吉前行, 逢人逐牛, 牛喘吐舌. 吉止駐, 使騎吏問:「逐牛行幾里
矣?」掾史獨謂:「丞相前後失問.」或以譏吉, 吉曰:「民鬪相殺傷, 長安令, 京兆尹, 職
所當禁備逐捕. 歲竟丞相課其殿最, 奏行賞罰而已. 宰相不親小事, 非所當於道路
問也. 方春少陽用事, 未可太熱, 恐牛近行, 用暑故喘. 此時氣失節, 恐有所傷害. 三
公典調和陰陽, 職當憂. 是以問之.」掾史乃服以吉知大體."라 하였으며,《十八史略》
에도 같은 내용이 전재되어 있음.

【長官淸平太守好, 揀選皆言由相公】'淸平'은《文苑英華》에는 '淸强'으로 되어 있음.
'揀選'은 관리를 뽑아 쓰는 것. '由相公'은《元氏長慶集》에는 '由至公'으로 되어
있음.

【開元欲末姚宋死, 朝廷漸漸由妃子】'開元'은 唐 玄宗의 연호. 713–741년까지 29년
간. 그 뒤를 이어 天寶(742–755) 14년이 이어짐. '妃子'는 楊貴妃를 가리킴.《眞寶》
注에 "唐之亂皆自此始矣"라 함. '開元欲末'은《元氏長慶集》과《全唐詩》에는 '開元
之末'로 되어 있음.

【祿山宮裏養作兒, 虢國門前鬧如市】'養作兒'는《文苑英華》에는 '養爲兒'로 되어 있
음. 天寶 10년(751) 楊貴妃가 安祿山을 궁중으로 불러 養子로 삼고 洗兒式을 행
하였으며, 이 때 玄宗이 洗兒錢을 내려주기도 하였음.《眞寶》注에 "天寶十載, 召
祿山入禁中, 貴妃使宮人以綵輿昇之, 上聞後宮喧笑, 左右以貴妃洗兒對, 上喜, 賜貴
妃洗兒錢"이라 함. '虢國'은 楊貴妃의 언니 虢國夫人.《眞寶》注에 "貴妃妹封虢國
夫人, 勢焰熏炙, 人皆附之, 其門如市"라 함.《十八史略》(5)에 "(天寶)十載, 爲安祿山
起第, 窮極華麗, 上日遣諸楊與之游. 祿山體肥大, 上嘗指其腹曰:「此胡腹中何所
有?」對曰:「有赤心耳.」祿山入禁中, 先拜貴妃, 上問其故, 曰:「胡人先母而後父.」祿
山生日, 賜予甚厚, 後三日召入, 貴妃以錦綉爲大襁褓, 使宮人以綵輿昇之.」上聞歡

笑問故, 左右以貴妃洗祿兒對. 上賜妃浴兒金銀錢, 盡歡而罷, 自是出入宮掖, 通宵
不出, 頗有醜聲聞于外, 上亦不疑."라 함.

【弄權宰相不記名, 依俙憶得楊與李】'依俙'는 《元氏長慶集》과 《全唐詩》에는 '依稀'
로 되어 있으며 희미한 기억 등을 표현하는 疊韻連綿語. 《文苑英華》에는 '憶得
依稀'로 되어 있음. '楊與李'는 楊國忠과 李林甫. 둘 모두 玄宗 天寶 연간의 재상
으로 권세를 휘두르며 나라에 혼란을 조성하였음. 《眞寶》注에 "楊國忠, 李林甫"
라 함.

【廟謨顚倒四海搖, 五十年來作瘡痏】'廟謨'는 조정의 계책. 《元氏長慶集》에는 '廟謀'
로 되어 있음. '瘡痏'는 부스럼과 상처.

【今皇神聖宰相明, 詔書纔下吳蜀平】앞 구절은 《唐文粹》에는 "今皇仁聖丞相明"으로
되어 있음. '今皇'은 憲宗. 《眞寶》注에 "今皇, 唐憲宗也"라 함. '宰相'은 裴度였음.
'宰相'은 《文苑英華》와 《全唐詩》에는 '丞相'으로 되어 있음. '吳蜀'의 '吳'는 江南東
道節度使 李錡, '蜀'은 西川節度使 劉闢를 가리키며, 당시 반란을 일으켜 천하를
혼란에 빠뜨림.

【官軍又取淮西賊, 此賊亦除天下寧】'淮西賊'은 淮西節度使 吳元濟를 가리킴. 元和
10년(815)에 반란을 일으켰다가 元和 12년말에 평정되었음. 唐 肅宗, 代宗, 德宗,
順宗을 이어오면서 藩鎭이 강해지자 李希烈, 朱滔, 田悅, 李納, 王武俊, 李錡, 吳
元濟 등 여러 節度使들이 중앙 조정에 맞서 난을 일으켰으며, 그 중 安史의 난
을 평정한 것 외에는 수십 차례 골머리를 앓고 있었음. 특히 建中 3년(782) 朱泚
와 李希烈의 난은 德宗이 奉天으로 피난을 가야 하였으며 朱泚는 한때 帝를 칭
하기도 하였음. 그리하여 憲宗이 즉위하자 차례로 西川節度史 劉辟, 鎭海節度使
李錡, 淮西節度使 吳元濟의 난을 평정함. 이를 역사에서는 '憲宗中興'이라고 칭
함. 淮西의 난을 진압하고 세운 비가 유명한 韓愈의 〈平淮西碑〉(後集 030)임.

【年年耕種宮前道, 今年不遣子孫耕】'宮前道'는 《眞寶》注에 "連昌宮前"이라 함. 임
금이 오지 않아 폐허가 되다시피 한 連昌宮 바로 문 앞까지 농사를 지었으나,
금년에는 혹 임금이 오실 것으로 여겨 자손들조차 그 근처에 가서 농사짓는 일
이 없도록 하고 있음을 말함.

【老翁此意深望幸, 努力廟謨休用兵】'望幸'은 천자가 連昌宮으로 幸行할 것을 바람.
'幸'은 천자의 幸次를 뜻함. '廟謨'는 《全唐詩》 등에는 모두 '廟謀'로 표기되어 있음.

1. 元稹(779-831)

字는 微之이며 혹 威明이라고도 함. 원래 北魏 鮮卑族 拓拔氏의 後裔. 元和 元年에 壯元하여 활동을 시작함. 白居易와 절친히 交遊하였으며 시풍도 비슷하여 '元白'이라 불렸음. 《新唐書》(藝文志, 4)에 "元氏長慶集一百卷, 又小集十卷, 元稹"이라 著錄되어 있으며, 《郡齋讀書志》(卷4, 中)에는 "有長慶集百卷, 今亡其四十卷"이라 하였고, 《直齋書錄解題》(18)에는 《元氏長慶集》이 60卷으로 著錄되어 있음. 한편 그의 詩는 《全唐詩》에 모두 28卷(396-423)이 실려 있으며, 《全唐詩外編》 및 《全唐詩續拾》에 詩 10首 斷句 53句가 補入되어 있음. 《唐詩紀事》(37)에 관련 기록이 실려 있음. 《舊唐書》(166)와 《新唐書》(274)를 참조할 것. 《眞寶》 諸賢姓氏事略에 "元微之, 名稹, 河南人. 與居易齊名, 時稱元白"이라 함.

2. 이 시는 《元氏長慶集》(24), 《唐文粹》(14 下), 《全唐詩》(419), 《文苑英華》(343), 《事文類聚》(續集 5), 《唐詩品彙》(37), 《唐詩紀事》(37), 《竹莊詩話》(11), 《山堂肆考》(170), 《說郛》(11 下), 《古文集成》(70), 《石倉歷代詩選》(62), 《十五家詞》(35) 등에 실려 있음.

3. 韻脚은 '竹, 束, 萩'. '人'. '立'. '地'. '癡, 事'. '綠, 屋, 宿, 燭, 束, 逐, 續, 曲'. '宮, 中, 風'. '破, 過, 墮'. '年, 前, 然'. '帝, 閉, 廢'. '竹, 逐, 木, 綠, 玉'. '花, 斜, 斝'. '樓, 頭, 鉤'. '哭, 續'.

4. 《唐才子傳》(6) 元稹

稹, 字微之, 河南人. 九歲工屬文, 十五擢明經, 書判入等, 補校書郎. 元和初, 對策第一, 拜左拾遺. 數上書言利害, 當路惡之, 出爲河南尉. 後拜監察御史, 按獄東川, 還次敷水驛, 中人仇士良夜至, 稹不讓邸, 仇怒, 擊稹敗面. 宰相以稹年少經威, 失憲臣體, 貶江陵士曹參軍, 李絳等論其枉. 元和末, 召拜膳部員外郎. 稹詩變體, 往往宮中樂色皆誦之, 呼爲才子. 然綴屬雖廣, 樂府專其警策也. 初在江陵, 與監軍崔潭峻善, 長慶中, 崔進其謳詩數千百篇, 帝大悅, 問:「今安在?」曰:「爲南宮散郎」擢祠部郎中, 知制誥. 俄遷中書舍人, 翰林承旨, 後拜同中書門下平章事. 初以瑕釁, 擧動浮薄, 朝野雜咲, 未幾, 罷. 然素無檢, 望輕, 不爲公議所右, 除武昌節度使, 卒. 在越時, 辟竇鞏. 鞏工詩, 日酬和, 故鏡湖, 泰望之奇益傳, 時號「蘭亭絶唱」. 微之與白樂天最密, 雖骨肉未至, 愛慕之情, 可欺金石, 千里神交, 若合符契, 唱和之多, 無踰二公者. 有《元氏長慶集》一百卷, 及《小集》十卷, 今傳. ◎夫松栢飽風霜, 而後勝梁棟之任; 人必勞餓空乏, 而後無充詘之態. 譽早必氣銳, 氣銳則志驕, 志驕則斂怨. 先達者, 未足喜; 晚成者, 或可賀. 況慶弔相望於門闔不可測哉! 人評元詩「如李龜年說天寶遺事, 貌悴而神不傷」. 況尤物移人, 移俗遷性, 足見其擧止斐薄丰茸, 仍且不容勝己, 至登庸成忝, 貽笑於多士, 其來尚矣. 不矜細行, 終累大德. 豈不聞「言行君子之樞機, 榮辱之主」邪? 古人不恥能治而無位, 恥有位而不能治也.

5.《唐詩紀事》(37)

元稹, 一云微之, 守浙東, 樂天守蘇臺, 遞簡唱和, 內一聯云:『有月多同賞, 無杯不共持』, 兩地暗合.

6.《全唐詩》(396)

元稹, 字微之, 河南河內人. 幼孤, 母鄭賢而文, 親授書傳, 擧明經書判入等. 補校書郎. 元和初, 應制策第一, 除左拾遺, 歷監察御使. 坐事貶江陵士曹參軍, 徙通州司馬. 自虢州長史徵爲膳部員外郎, 拜祠部郎中, 知制誥, 召入翰林爲中書舍人, 承旨學士, 進工部侍郎同平章事. 未幾罷相, 出爲同州刺史, 改越州刺史. 兼御史大夫, 浙東觀察使. 太和初, 入爲尙書左丞, 檢校戶部尙書, 兼鄂州刺史, 武昌軍節度使. 年五十三卒, 贈尙書僕射, 積自少與白居易倡和, 當時言詩者稱『元白』, 號爲『元和體』. 其集與居易同名《長慶》, 今編詩二十八卷.

임동석(茁浦 林東錫)

慶北 榮州 上茁에서 출생. 忠北 丹陽 德尙골에서 성장. 丹陽初中 졸업. 京東高 서울
敎大 國際大 建國大 대학원 졸업. 雨田 辛鎬烈 선생에게 漢學 배움. 臺灣 國立臺灣師範
大學 國文硏究所(大學院) 博士班 졸업. 中華民國 國家文學博士(1983). 建國大學校
敎授. 文科大學長 역임. 成均館大 延世大 高麗大 外國語大 서울대 등 大學院 강의.
韓國中國言語學會 中國語文學硏究會 韓國中語中文學會 등 會長 역임. 저서에
《朝鮮譯學考》(中文)《中國學術槪論》《中韓對比語文論》. 편역서에《수레를 밀기 위
해 내린 사람들》《栗谷先生詩文選》. 역서에《漢語音韻學講義》《廣開土王碑硏
究》《東北民族源流》《龍鳳文化源流》《論語心得》〈漢語雙聲疊韻硏究〉 등. 학술
논문 50여 편. 현 건국대 명예교수. 靑丘書堂 훈장.

임동석중국사상100

고문진보 [前集]

黃堅 撰/ 林東錫 譯註
1판 1쇄 발행/2017년 9월 9일
발행인 고정일
발행처 동서문화사
창업 1956. 12. 12. 등록 16-3799
서울 중구 다산로 12길 6(신당동 4층)
☎546-0331~6 (FAX) 545-0331
www.dongsuhbook.com
잘못 만들어진 책은 바꾸어 드립니다.

＊

＊
사업자등록번호 211-87-75330
ISBN 978-89-497-1637-4 04080
ISBN 978-89-497-0542-2 (세트)